세상의 속도를
따라잡고 싶다면

Do it!

기초 문법부터 안드로이드 활용까지!

코틀린 프로그래밍

안드로이드 분야만 10년! 어제도 코드를 짠 현업 개발자가 알려준다!
96개의 삽화와 도해로 빠르게 이해하고 285개의 예제로 익히자!

황영덕 지음

이지스퍼블리싱

세상의 속도를 따라잡고 싶다면 **Do it!**
변화의 속도를 즐기게 될 것입니다.

Do it!

Do it!

코틀린 프로그래밍

초판 발행 • 2019년 05월 28일
초판 4쇄 • 2022년 09월 23일

지은이 • 황영덕
펴낸이 • 이지연
펴낸곳 • 이지스퍼블리싱(주)
출판사 등록번호 • 제313-2010-123호
주소 • 서울시 마포구 잔다리로 109 이지스빌딩 4층(우편번호 04003)
대표전화 • 02-325-1722 | **팩스** • 02-326-1723
홈페이지 • www.easyspub.co.kr | **페이스북** • www.facebook.com/easyspub
Do it! **스터디룸 카페** • cafe.naver.com/doitstudyroom | **이메일** • service@easyspub.co.kr

기획 및 책임 편집 • 박현규, 강민철 | **표지 디자인 및 내지 디자인** • 트인글터
전산편집 • 트인글터 | **교정교열** • 오유진 | **인쇄 및 제본** • 보광문화사
마케팅 • 박정현, 한송이 | **독자지원** • 오경신 | **영업 및 교재 문의** • 이주동, 이나리(ri7951@easyspub.co.kr)

ISBN 979-11-6303-084-3 13000
가격 30,000원

배우고 생각하지 않으면 잊어버리고,
생각만 하고 배우지 않으면 위태로워진다.

學而不思則罔 학이불사즉망
思而不學則殆 사이불학즉태

공자

개념은 도해와 그림으로 쉽게 이해하고 문법과 기능은 예제와 함께 키보드 잡고 익혀 보세요!

구글이 안드로이드 공식 언어로 선정한 코틀린은 기존 언어에는 없던 널 검사, 코루틴, 람다식 등 현대 언어의 특징을 반영하여 만들어진 언어입니다. 이런 특징 덕분에 코틀린은 **'안전하면서도 간결해 개발 속도가 빠른 언어'**라는 평가를 받고 있습니다.

저는 안드로이드 분야에서 10년 넘게 개발을 해왔습니다. 당연히 코틀린이 등장하던 시기에 '코틀린을 실무 프로젝트에 바로 도입해도 괜찮을까'라는 걱정을 했습니다. 그렇지만 실제 상용 앱에 적용해 보니 그 걱정은 금방 사라졌습니다. 코틀린으로 작성한 코드는 간결하고 읽기 좋아 팀 단위 협업이 더욱 쉬웠고 언어 자체가 가진 안정성 덕분에 기능 개발에 더 집중할 수 있어 프로젝트 개발 속도는 더 빨라졌습니다. 그러다 보니 더 많은 사람들이 코틀린을 사용했으면 좋겠다는 생각으로 이 책까지 쓰게 되었습니다.

이 책에는 **독자 여러분이 충분히 코틀린 문법을 연습할 수 있도록 285개의 실습 예제**가 들어 있습니다. 키보드에 손을 올려 직접 코드를 입력해 보고 실행하며 코틀린을 여러분의 것으로 만드세요. 지루하게 느껴질 수 있는 내용은 **새 만들기, 자동차 만들기, 커피 제조기 만들기, 서점 만들기** 등의 시뮬레이션 예제를 통해 풀어냈습니다. 또한 넷째마당에서는 **코틀린을 안드로이드 앱에 적용하는 기초부터 안드로이드 확장 도구인 Anko를 사용하는 방법**까지 담았습니다. 알아 두면 좋은 정보들은 '오리의 프로그래밍 노트'라는 코너에 적어 두었고 **여러분의 이해를 돕기 위한 96개의 삽화와 도해도 있습니다.** 이 책이 여러분에게 코틀린 언어를 이해하는 데 좋은 길잡이가 되어줄 것이라고 확신합니다.

오랜 시간 책을 쓰는 동안 저에게 응원을 아끼지 않은 모두에게 감사 인사를 드립니다. 힘들 때마다 저의 두 팔을 잡아당겨 준 두 살 아들 주솔이와 가끔 키보드 자리를 내어주지 않은 코코 덕분에 조금씩 쉴 수 있었습니다. 무엇보다 나의 아내 희진의 지원이 없었다면 이 책은 완성할 수 없었을 것입니다. 책을 쓰는 내내 아들 주솔이를 돌보며 묵묵히 곁을 지켜준 그녀에게 깊은 감사와 사랑을 전합니다. 또 이 책의 집필 과정 내내 진행을 도와준 이지스퍼블리싱의 박현규, 강민철 님에게 감사 인사를 드립니다.

황영덕 드림(sean.ydhwang@gmail.com)

이 책을 2018년 12월 돌아가신 아버지에게 바칩니다. 중학교 시절 값비싼 컴퓨터를 사 주시며 저를 아낌없이 지원해 주신 아버지 덕분에 여기까지 올 수 있었습니다. 아버지의 조언을 잔소리처럼 여긴 지난 날을 후회합니다. 이 지면을 빌어 아버지께 자주 하지 못한 말, '아버지 사랑합니다'라는 말을 하고 싶습니다.

예비 코틀린 개발자 님들 주목!
코틀린에 대한 궁금증을 풀어드립니다!

Q1 자바가 있는데 왜 코틀린을 배워야 하나요?

코틀린은 기존 언어에는 없던 널 검사, 코루틴, 고차함수나 람다식과 같은 기능을 제공합니다. 이 기능들은 대부분 안전하고 효율적인 프로그래밍을 위해 만들어졌으며 대부분의 현대 언어가 가지고 있는 특징이므로 앞으로 여러분의 프로그래밍 실력 향상을 위해 꼭 공부하기를 권장합니다.

Q2 자바로 작성한 안드로이드 애플리케이션을 코틀린으로 쉽게 바꿀 수 있나요?

코틀린은 자바와 완벽하게 호환됩니다. 그래서 코틀린으로 작성한 프로그램에 자바의 방대한 라이브러리를 그대로 추가할 수도 있죠. 심지어 안드로이드 스튜디오에서는 자바를 코틀린으로 변환하는 기능도 제공합니다.

Q3 자바를 몰라도 할 수 있을까요?

이 책은 코틀린의 기본 문법을 충실하게 설명하고 있습니다. 그래서 자바를 몰라도 괜찮습니다. 하지만 자바를 알고 있다면 두 언어를 비교하며 학습할 수 있으니 학습 효율은 더 좋을 것 같네요.

Q4 코틀린을 상용 안드로이드 애플리케이션에 바로 도입해도 될까요?

네. 바로 도입하세요! 코틀린은 에버노트, 코세라, 트렐로 등과 같은 여러 유명 기업의 안드로이드 애플리케이션에 적용되고 있습니다. 그만큼 안정성이 입증된 언어입니다. 또 구글이 코틀린을 안드로이드 공식 언어로 채택했으므로 앞으로 코틀린은 안드로이드 애플리케이션 개발 필수 언어가 될 것입니다.

이 책에서 사용한 개발 환경이 궁금해요!

이 책의 코틀린 버전은 2019년 04월 기준 최신 버전인 1.3 버전이며 JDK는 오라클의 라이선스 문제를 피하기 위해 오픈 JDK를 사용합니다. 자바 버전은 안정성을 고려하여 자바 8 버전을 사용합니다. 통합 개발 환경 프로그램으로는 코틀린 문법 실습을 위한 IntelliJ IDEA(커뮤니티 버전, 무료)와 안드로이드 프로그래밍을 위한 안드로이드 스튜디오를 사용합니다.

첫째마당

코틀린 기본 익히기

둘째마당

객체 지향 프로그래밍

셋째마당

코틀린 표준 라이브러리의 활용

넷째마당

안드로이드 앱 개발과 응용

진도표

강의형 16주 완성

책 한 권으로 학교와 학원의 한 학기 수업을 듣는 효과를 누려보세요! 진도표에 계획한 날짜와 완료한 날짜를 기록하여 계획에 맞게 공부했는지 확인해 보세요.

주	진행	계획한 날짜	완료 날짜
1주차	01장 코틀린 시작하기	(/)	(/)
2주차	02장 변수와 자료형, 연산자	(/)	(/)
3주차	03장 함수와 함수형 프로그래밍	(/)	(/)
4주차	04장 프로그램의 흐름 제어	(/)	(/)
5주차	05장 클래스와 객체	(/)	(/)
6주차	06장 프로퍼티와 초기화	(/)	(/)
7주차	07장 다양한 클래스와 인터페이스	(/)	(/)
8주차	중간 점검	배운 내용을 점검해 보세요	
9주차	08장 제네릭과 배열	(/)	(/)
10주차	09장 컬렉션	(/)	(/)
11주차	10장 표준 함수와 파일 입출력	(/)	(/)
12주차	11장 코루틴과 동시성 프로그래밍	(/)	(/)
13주차	12장 안드로이드와 코틀린	(/)	(/)
14주차	13장 코틀린 안드로이드 확장	(/)	(/)
15주차	14장 Anko 확장 활용	(/)	(/)
16주차	마지막 점검	배운 내용을 점검해 보세요	

독학형
28일
완성

이 책은 28일간 매일 1~2시간씩 공부하면 코틀린을 이해할 수 있도록 설계했습니다. 진도표에 여러분이 공부할 날짜를 기록하며 계획을 세워 보세요. 특히 중요한 내용은 복습할 수 있도록 진도표를 구성했습니다.

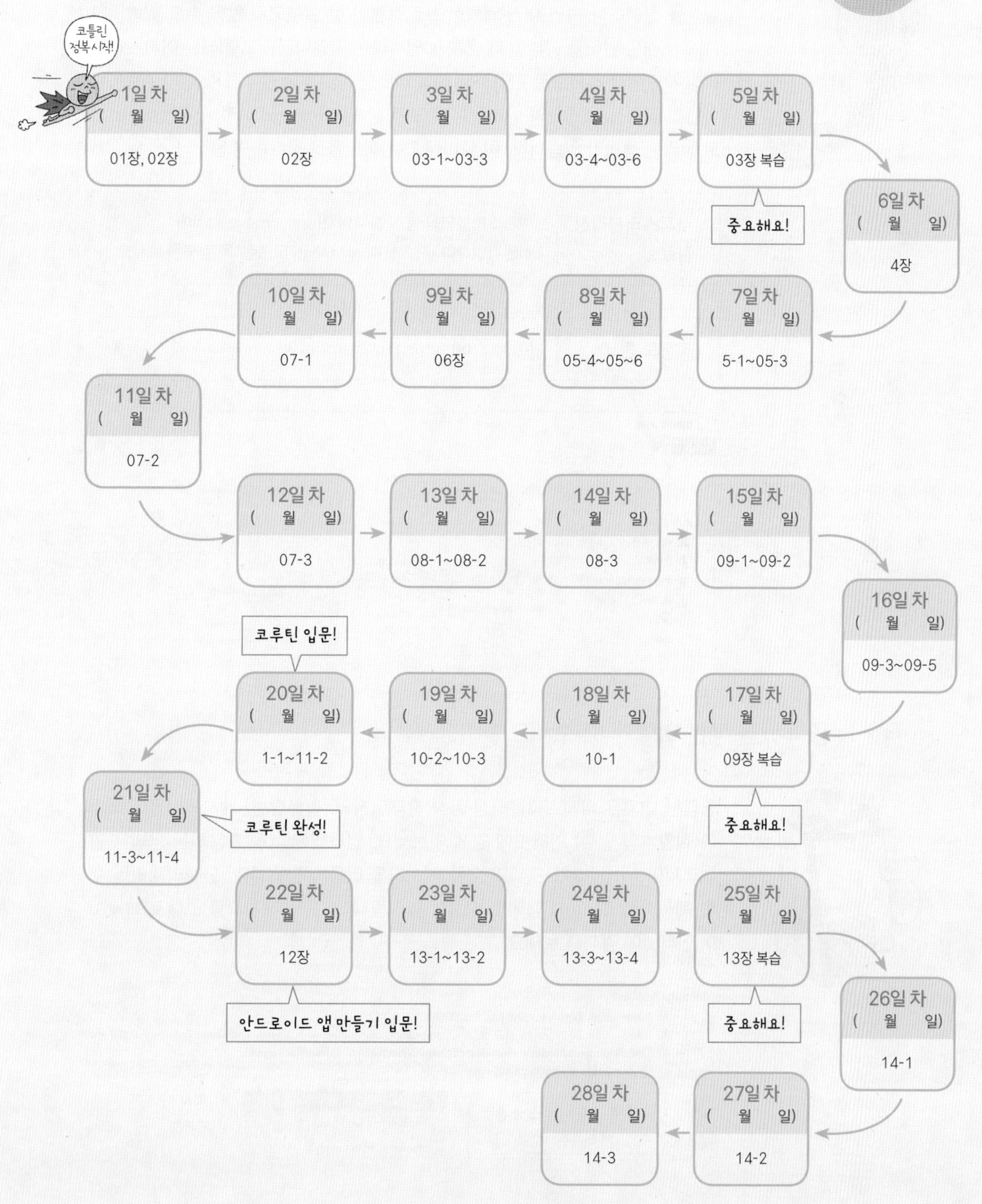

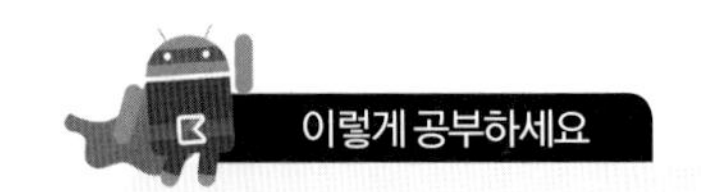

이 책의 전체 실습 파일을 공개합니다

실습을 진행하다 보면 내가 입력한 프로그램이 잘 실행되지 않을 수도 있습니다(프로그래밍 언어를 공부할 때 흔하게 일어나는 일입니다). 그럴 때는 이지스퍼블리싱 자료실과 깃허브로 제공하는 정답 파일을 참고하며 공부하세요. 다운로드한 파일의 압축을 해제하여 src 폴더를 보면 장 단위(chap)와 절 단위(section)로 정리된 폴더가 있습니다. 이 폴더에 있는 파일들을 참고하면 됩니다.

이지스퍼블리싱 자료실	이지스퍼블리싱 공식 홈페이지(easyspub.co.kr)에 회원가입하여 [자료실]에서 'Do it! 코틀린'을 검색해 보세요.

깃허브 링크	https://github.com/acaroom/kotlin

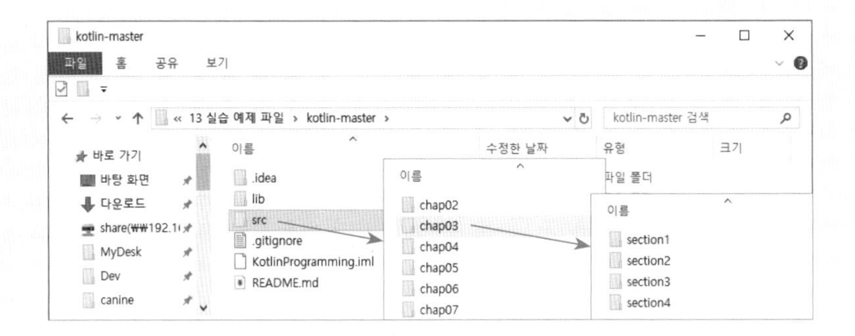

궁금한 내용이 있을 때는 이렇게 해 보세요 — 질문 해결 팁!

궁금한 내용은 이지스퍼블리싱 공식 홈페이지의 [질문답변] 게시판에 질문하거나(회원가입 필수) 인터넷에 검색해 보세요. 인터넷 검색을 활용하는 방법은 인텔리제이(IntelliJ IDEA)의 오류 메시지를 이용하면 됩니다. 인텔리제이는 오류 메시지를 [Build] 탭에 출력하여 알려줍니다. 오류 메시지를 그대로 복사하여 인터넷에 검색해 보세요.

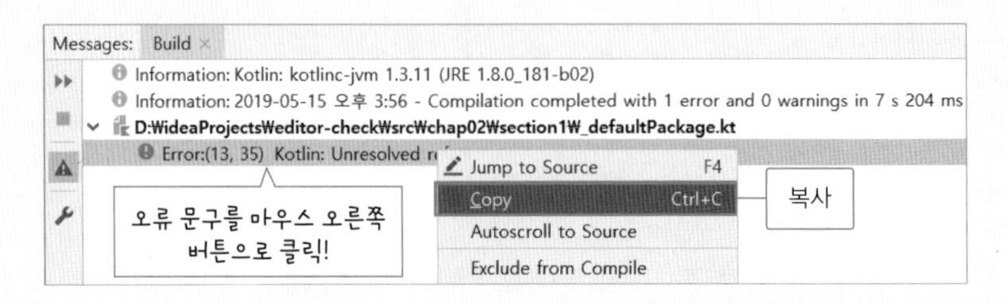

책을 통해 스스로 발전하는 지적인 독자를 만나보세요 — Do it! 스터디룸 카페

혼자 공부하면 질문할 곳이 마땅치 않아 공부 의욕이 떨어지기 쉽습니다. Do it! 스터디룸에서 같은 책을 공부하는 동료들을 만나 보세요! 서로 질문과 답변, 그리고 응원을 나누다 보면 공부가 더 즐거워질 것입니다.

https://cafe.naver.com/doitstudyroom

스터디 노트도 쓰고 책 선물도 받고! — Do it! 공부단 상시 모집 중

혼자 공부하면 계획을 세워도 잘 지켜지지 않죠? Do it! 스터디룸에서 운영하는 공부단에 지원해 보세요! 공부단에서는 자기 목표를 공유하고 매일 공부한 내용을 스터디 노트로 작성합니다. 꾸준히 공부하기 훨씬 수월하겠죠? 스터디 노트를 쓰며 책을 완독하면 원하는 책 1권을 선물로 드립니다! 자세한 공부단 지원 및 진행 방법은 아래 설명을 참고해 주세요.

'Do it! 스터디룸 카페 회원 가입 필수, 회원 등급 두잇 독자(게시글 1, 댓글 10, 출석 2회)부터 이용 가능

1. Do it! 스터디룸 카페에 방문하면 '■커뮤니티■' 메뉴에 'Do it! 공부단 지원 & 책 선물 받기' 게시판이 있습니다. 게시판에 입장하여 [글쓰기]를 누른 다음 공부단 지원 글 양식에 맞춰 공부단에 지원해 주세요. 자세한 방법은 아래 링크를 참고하세요.

https://cafe.naver.com/doitstudyroom/

■ 커뮤니티 ■

- 스터디룸 공지
- 가입 인사
- 출석 게시판
- 자유 게시판
- 세미나/공모전
- 진로&고민 상담
- 스터디 그룹 모집
- Do it! 커리큘럼
- **Do it! 공부단 지원 & 책 선물 받기**

2. 스터디 노트는 '■공부하자!■' 메뉴의 게시판을 이용해 주세요. 이때 스터디 노트의 말머리를 반드시 [공부단]으로 설정해야 합니다. 꼭 기억하세요!

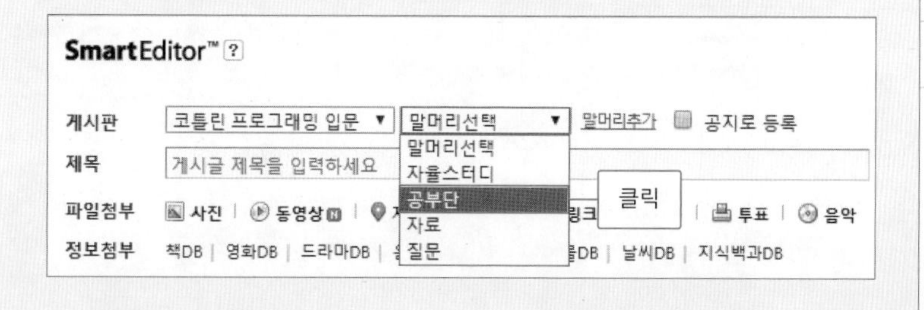

■ 공부하자! ■

- 두잇BJ 연재 게시판
- 베스트 자료
- 안드로이드
- 스위프트+아이폰
- 판다스 입문
- 오라클 데이터베이스 입문
- 코틀린 프로그래밍 입문

첫째마당

코틀린 기본 익히기

첫째마당에서는 코틀린의 특징과 개발 환경에 대해 살펴보고 변수와 자료형을 다루는 법부터 연산자, 함수와 함수형 프로그래밍, 프로그램의 흐름 제어와 같은 기본적인 내용을 공부합니다. 기본이 튼튼해야 앞으로 공부할 어려운 내용도 잘 이해할 수 있겠죠? 지금부터 코틀린과 함께 프로그래밍의 세계로 떠나볼까요?

01

코틀린 시작하기

이 장에서는 코틀린 언어가 등장하게 된 배경과 특징을 살펴보겠습니다. 코틀린은 이전의 프로그래밍 언어가 가지고 있던 단점을 많이 개선했습니다. 그리고 함수형 프로그래밍, 람다식 표현과 같은 현대 프로그래밍 언어의 기능도 많이 포함하고 있죠. 즉 코틀린은 '아주 간략하고 효율성이 높은 언어'라고 할 수 있습니다. 그러면 코틀린에 대해 알아볼까요?

01-1 코틀린의 탄생 배경

코틀린을 소개합니다

코틀린(Kotlin)은 IntelliJ IDEA라는 통합 개발 환경으로 유명한 젯브레인즈(JetBrains)에서 개발했습니다. 구글의 안드로이드 스튜디오도 IntelliJ IDEA 기반이며 코틀린 언어를 공식적으로 지원하고 있습니다.

IntelliJ는 보통 '인텔리제이'라고 읽습니다.

코틀린의 공식 로고

그러면 코틀린은 어떤 용도로 만든 언어일까요? 코틀린은 다음과 같은 프로그래밍이 가능한 멀티플랫폼 언어입니다.

- Kotlin/JVM: 자바 가상 머신에서 동작하는 애플리케이션을 만들 수 있다.
- Kotlin/JS: 자바스크립트로 웹 브라우저에서 동작하는 애플리케이션을 만들 수 있다.
- Kotlin/Native: LLVM 컴파일러를 이용하여 여러 플랫폼을 타깃으로 하는 애플리케이션을 만들 수 있다.

코틀린은 JVM, JS, Native상에서 실행될 수 있습니다. JVM(Java Virtual Machine, 자바 가상 머신) 기반의 코틀린은 자바 애플리케이션이나 안드로이드 애플리케이션을 만들 수 있습니다. JS(Javascript) 기반의 코틀린은 데이터베이스부터 서버, 클라이언트까지 다루는 풀스택(Full-Stack) 웹 개발이 가능합니다. Native 기반의 코틀린은 LLVM 컴파일러를 통해 18쪽에 정리한 플랫폼을 타깃으로 한 기계의 코드를 만들 수 있습니다. 쉽게 말해 코드를 한 번만 작성해도 안드로이드와 iOS에서 모두 구동하는 애플리케이션을 만들 수 있습니다. 또는 임베디드, IoT(Internet of Things) 등을 타깃으로 한 애플리케이션을 만들 수 있습니다.

LLVM은 멀티플랫폼을 위한 중간 언어인 비트코드를 생성해 arm, x86, PowerPC 등에서 실행할 수 있는 코드를 만드는 컴파일러용 도구입니다.

- 애플 iOS 환경(arm32, arm64, emulator x86_64)
- 애플 맥 OS 환경(x86_64)
- 안드로이드 환경(arm32, arm64)
- 윈도우 환경(MinGW x86_64)
- 리눅스 환경(x86_64, arm32, MIPS, MIPS little-endian)
- 웹 전용 환경(wasm32)

플랫폼 환경의 종류로 우리가 흔히 사용하는 iOS, 안드로이드 스마트폰은 arm32나 arm64 비트 환경이 있습니다. 일반 데스크톱 PC 환경은 x86 계열이죠. 리눅스(Linux)는 PC 환경이나 서버 등 많은 부분에서 사용됩니다. 마지막으로는 웹 전용 플랫폼인 wasm32가 있죠. 간단히 말하면 코틀린은 다양한 환경에서 사용할 수 있습니다. 또한 자바와 완벽하게 호환되므로 자바 코드를 완전히 바꾸지 않고도 자바와 혼용할 수 있습니다. 코틀린을 배우기 위해 정해진 플랫폼이 있는 것은 아니지만 이 책에서는 Kotlin/JVM을 이용해 코틀린을 학습할 것입니다. 그러면 이런 특징 외에 코틀린의 장점으로 무엇이 있을까요?

코틀린의 장점

자료형 오류를 미리 잡을 수 있는 정적 언어입니다

코틀린은 프로그램이 컴파일될 때 자료형을 검사하여 확정하는 정적 언어입니다. 즉 자료형 오류를 초기에 발견할 수 있어 프로그램의 안정성이 좋아집니다.

널 포인터 예외로 인한 프로그램의 중단을 예방할 수 있습니다

컴퓨터 프로그래밍에 관심이 많은 독자라면 널 포인터 예외(NullPointerException)를 한 번쯤은 경험했거나 들어 본 적이 있을 것입니다. 널 포인터 예외는 프로그램이 실행되는 도중에 발생하기 때문에 언제 어디서 어떻게 발생할지 아무도 알 수 없습니다. 오랫동안 프로그래머의 골치를 아프게 만든 주범이죠. 하지만 코틀린은 널 포인터 예외를 예방할 수 있습니다.

NPE는 NullPointerException을 줄여 말한 것입니다. 보통 개발자들은 코틀린처럼 NPE를 예방하는 특성을 'NPE에서 자유롭다' 라고 말합니다.

아주 간결하고 효율적입니다

코틀린은 여러 가지 생략된 표현이 가능한 언어입니다. 그래서 다른 언어보다 훨씬 간결하고 효율적으로 코딩할 수 있습니다.

함수형 프로그래밍과 객체 지향 프로그래밍이 모두 가능합니다

함수를 변수에 저장하거나 함수를 다른 함수의 매개변수로 넘길 수 있는 함수형 프로그래밍과 클래스를 사용하는 객체 지향 프로그래밍을 둘 다 할 수 있습니다.

보통 이런 특징을 '다중 패러다임 언어'라고 부릅니다.

세미콜론을 생략할 수 있습니다

코드를 작성할 때 줄 마지막에 사용하던 세미콜론(;)을 생략할 수도 있습니다.

안드로이드 공식 언어로 채택된 코틀린

자바와 안드로이드 그리고 코틀린

자바 언어는 제임스 고슬링(James Gosling)이 만들었고 초기에는 썬 마이크로시스템즈(Sun Microsystems)에서 관리했습니다. 하지만 곧 썬 마이크로시스템즈가 오라클에 인수되고 고슬링이 회사를 떠나면서 오라클이 자바 JDK(Java Development Kit)의 개발과 관리를 전적으로 주도하게 됩니다. 자바는 전 세계에서 가장 널리 사용되고 있으며 언어 자체는 무료입니다. 하지만 오라클이 썬 마이크로시스템즈를 인수한 다음 특정 자바 JDK에 대해 유료화 정책을 시작했습니다. 그런데 구글은 자바 JDK를 통해 안드로이드의 핵심 프레임워크와 여러 서비스를 이미 개발한 상태였죠. 오라클은 구글에게 몇 가지 자바 JDK를 사용한 API(Application Programming Interface)에 대한 천문학적인 금액의 특허 사용료를 요구했고 구글이 이를 거부하면서 구글과 오라클은 긴 시간 동안 법정 소송을 벌여 왔습니다. 따라서 자바를 이용하기 전에 몇 가지 이해관계를 살펴볼 필요가 있습니다.

자바 언어와 Oracle JDK

자바 언어 자체는 무료로 사용할 수 있습니다. 다만 자바 언어로 프로그램을 작성하기 위해서는 SDK(Software Development Kit)인 자바 JDK가 필요하며, 자바 바이트코드를 실행하기 위해서는 JVM이 필요합니다. 오라클은 Oracle JDK와 JVM의 특정 기능을 사용할 때 라이선스 비용을 지불하는 정책을 시행하고 있습니다. 구글은 이러한 분쟁을 피하기 위해 자체적인 가상 머신(DalvikVM 및 ART)을 만들거나 새로운 SDK를 제작하는 등의 조치를 취해 왔고, 자바 언어를 대체하려고 코틀린을 안드로이드 공식 언어로 채택하게 되었습니다. 다만 하위 호환성을 고려하면 안드로이드의 모든 자바 프레임워크를 코틀린으로 다시 작성하기가 어렵기 때문에 안드로이드에서는 자바와 코틀린을 혼용해야 합니다.

OpenJDK

오라클은 썬 마이크로시스템즈를 인수하면서 기존의 썬 마이크로시스템즈가 오픈소스화했던 JDK(OpenJDK)를 유지한 상태로 Oracle JDK를 지속적으로 발전시키고 있습니다. OpenJDK에는 오라클이 제공하는 몇 가지 상용 기능이 빠져 있으나 라이선스 비용을 지불하지 않는 GPLv2 라이선스를 따르는 오픈소스이기 때문에 누구든 자유롭게 소스를 이용하고 배포할 수 있습니다. 이 책에서는 아줄 시스템즈(Azul Systems)에서 OpenJDK에 부가 기능을 넣어 TCK 인증을 통과시킨 Zulu라는 JDK를 사용합니다. 다음은 여기서 소개한 각 JDK의 공식 사이트입니다.

- Oracle JDK 공식 웹사이트: https://www.oracle.com/technetwork/java/javase/
- OpenJDK 공식 웹사이트: https://openjdk.java.net/
- Zulu 공식 웹사이트: https://www.azul.com/downloads/zulu/

코틀린으로 개발한 안드로이드 애플리케이션들

그러면 코틀린으로 개발한 안드로이드 애플리케이션은 무엇이 있을까요? 핀터레스트(Pinterest), 에버노트(Evernote), 트렐로(Trello), 스퀘어(Square), 코세라(Coursera)는 모두 코틀린으로 만들었습니다. 아직은 자바로 만든 안드로이드 애플리케이션이 많습니다. 하지만 구글이 2017 Google I/O에서 코틀린을 안드로이드 공식 언어로 발표한 이후 코틀린으로 만든 안드로이드 애플리케이션이 점점 더 많아지고 있습니다. 그만큼 코틀린이 개발자에게 인정받는 효율적인 언어라는 것이죠.

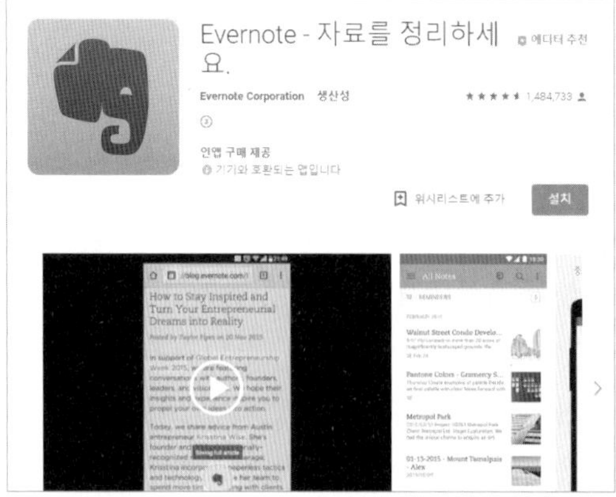

코틀린으로 만든 안드로이드 애플리케이션의 예

01-2 실습 환경 구축하기

자바 JDK 설치하기

이 책은 Kotlin/JVM 환경에서 실습을 진행하기 위해 OpenJDK인 Zulu를 설치합니다. 이때 코틀린은 JDK SE 9까지 지원하지만 안정적인 동작을 위해 Zulu의 JDK SE 8을 설치합니다.

1. 아래의 다운로드 링크로 이동하여 [Java 8 〉 Zulu for Windows]를 누르세요. 그러면 선택한 자바 버전과 운영체제에 맞는 다운로드 메뉴가 나타날 것입니다.

맥에서는 버전에 맞는 JDK의 .dmg 파일을 다운로드해서 설치하면 됩니다.

```
https://www.azul.com/downloads/zulu/
```

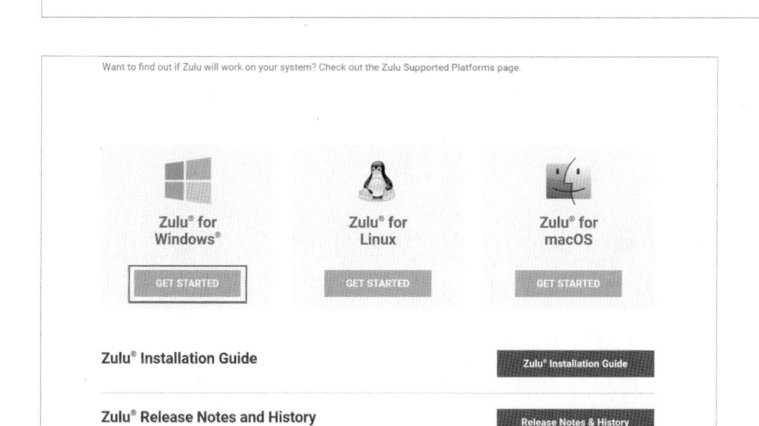

2. 자바 버전이 8인 행에서 윈도우 32비트 혹은 64비트 버전에 맞는 설치 파일을 다운로드합니다. 여기서는 64비트 버전의 JDK 8의 .msi 파일을 다운로드할 것입니다.

3. 다운로드한 설치 파일 zulu8.xx.msi를 실행하면 설치가 진행됩니다. 이때 [Next] 버튼을 한 번 눌러 나오는 화면에서 JDK가 설치되는 경로를 꼭 확인하세요. 만약 JDK를 설치한 적이 있다면 이전 버전을 삭제하고 진행하세요.

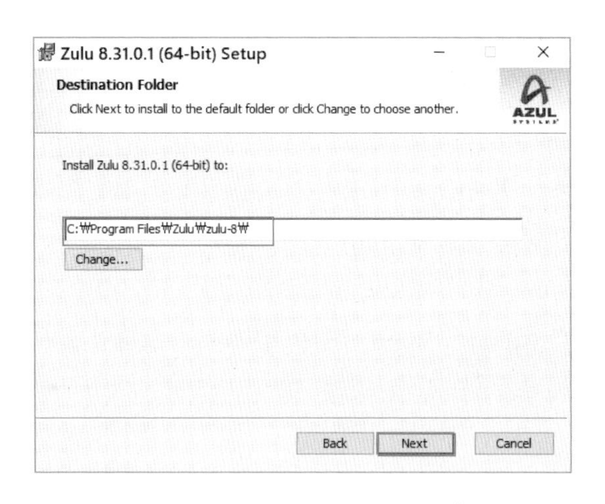

4. JDK 설치가 다 되었나요? 윈도우 운영체제의 경우 윈도우 환경 변수인 PATH에 JDK가 설치된 위치를 등록해야 합니다. 보통은 다음 위치에 JDK가 설치됩니다.

```
C:\Program Files\zulu\zulu-8\
```

5. 이제 환경 변수를 등록해 볼까요? ⊞ + Pause를 누르면 제어판의 시스템 화면이 나타납니다. [고급 시스템 설정 〉 고급 〉 환경 변수]를 순서대로 눌러 이동합니다. 그러면 환경 변수 설정 화면이 나타납니다. 시스템 변수에 있는 [새로 만들기] 버튼을 누르겠습니다.

⊞ + R을 누른 다음 sysdm.cpl을 입력하고 실행된 대화상자에서 [고급]을 눌러도 됩니다.

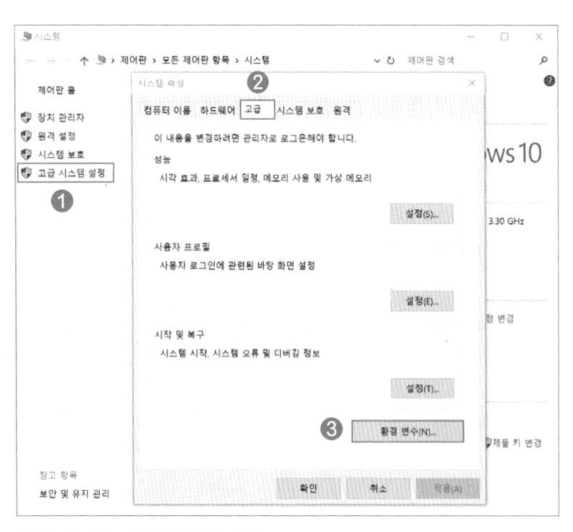
고급 시스템 설정과 환경 변수

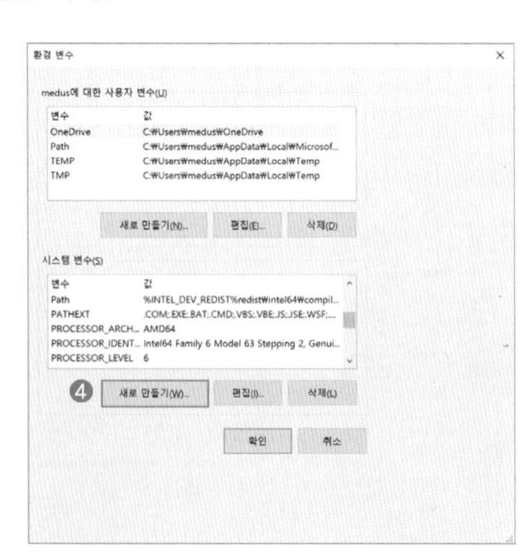
환경 변수 설정 화면

6. 새 시스템 변수 편집 화면이 나타납니다. 변수 이름에는 JAVA_HOME을, 변수 값에는 JDK가 설치된 경로를 입력하겠습니다. [확인] 버튼을 누릅니다.

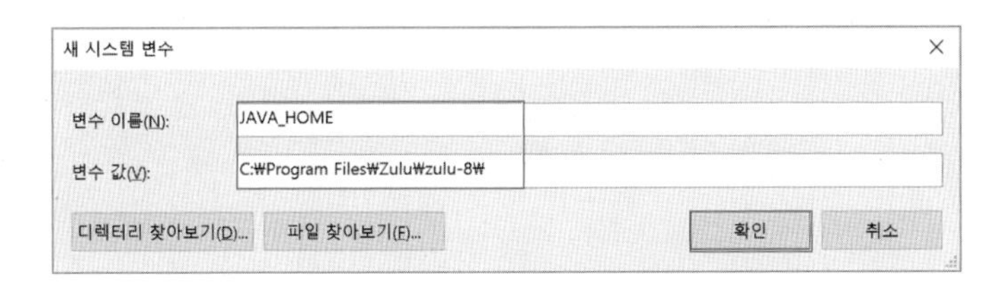

7. 새 시스템 변수가 추가되었습니다. 시스템 변수 목록에 있는 Path 변수를 더블 클릭하거나 Path 변수를 선택한 상태로 [편집] 버튼을 누르면 환경 변수 편집 화면이 나타납니다. 여기에서 [새로 만들기] 버튼을 누른 다음 %JAVA_HOME%₩bin을 입력합니다.

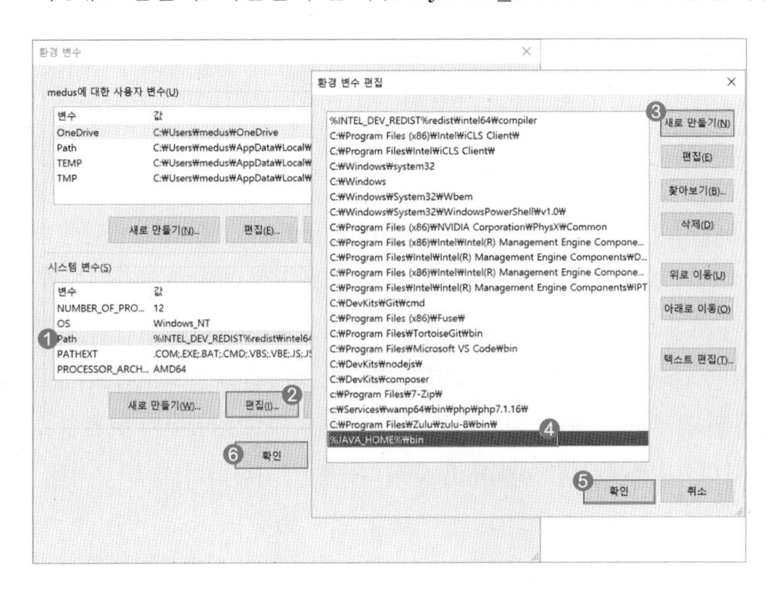

8. 제대로 환경 변수가 등록되었는지 확인해 볼까요? [Win] + [R]을 누르고 cmd라고 입력한 다음 [Enter]를 누르면 명령 프롬프트 창이 나타납니다. 명령 프롬프트 창에서 다음과 같이 입력하여 자바 버전에 대한 문구가 나오면 환경 변수가 제대로 등록된 것입니다.

```
java -version

openjdk version "1.8.0_181"
OpenJDK Runtime Environment (Zulu 8.31.0.1-win64) (build 1.8.0_181-b02)
OpenJDK 64-Bit Server VM (Zulu 8.31.0.1-win64) (build 25.181-b02, mixed mode)
```

```
javac -version

javac 1.8.0_181
```

IntelliJ IDEA 설치하기

IntelliJ IDEA는 젯브레인즈에서 만든 개발 도구입니다. IntelliJ IDEA는 Community 에디션과 Ultimate 에디션, 두 버전이 있습니다. Community 에디션은 기업, 개인에 상관없이 무료로 이용 가능하지만 기능이 제한적입니다. Ultimate 에디션은 유료지만 완전한 기능을 제공합니다. Community 에디션은 웹 개발을 위한 기능이 빠져 있지만 코틀린과 안드로이드 개발을 지원하므로 이 책의 내용을 공부하는 데 충분합니다. 만일 프런트엔드 개발까지 고려하고 있다면 유료 버전을 추천합니다. 이 책에서는 Community 에디션을 설치합니다.

1. 웹 브라우저에 다음 URL을 입력하여 IntelliJ IDEA 다운로드 페이지로 이동한 다음 [DOWNLOAD] 버튼을 눌러 설치 파일을 다운로드합니다.

```
https://www.jetbrains.com/idea/download/
```

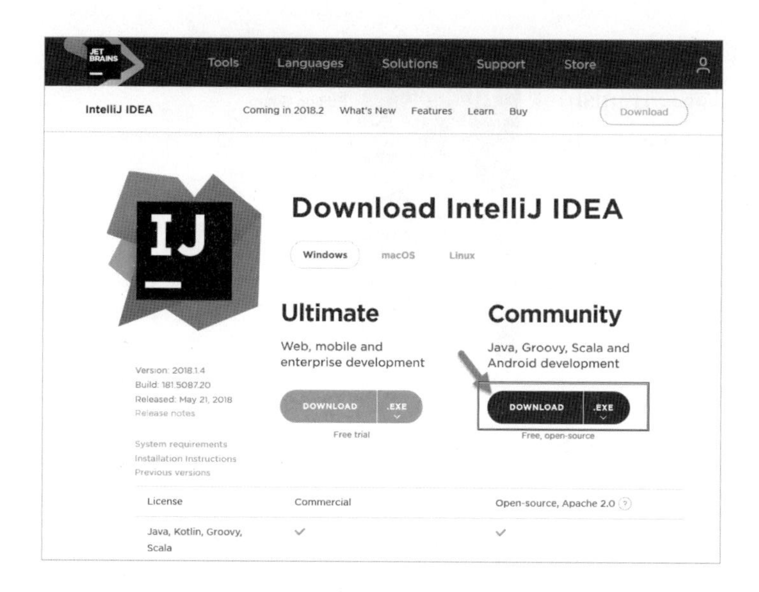

2. 다운로드한 설치 파일을 실행합니다. [Next] 버튼을 눌러 진행하다 보면 설치 옵션(Installation Options) 화면이 나타납니다. 바탕화면에서 실행할 수 있는 바로가기는 사용하는 운영체제에 따라 32비트 혹은 64비트를 선택할 수 있습니다. 그리고 확장자 .kt를 연결할 수 있도록 아래의 체크 박스와 동일하게 선택하겠습니다. [Next]와 [Install] 버튼을 차례로 누릅니다.

ⓖ 자바 실행 환경은 앞에서 설치했습니다. 맨 아래에 있는 JRE 항목은 체크 해제된 상태 그대로 놓고 진행하겠습니다.

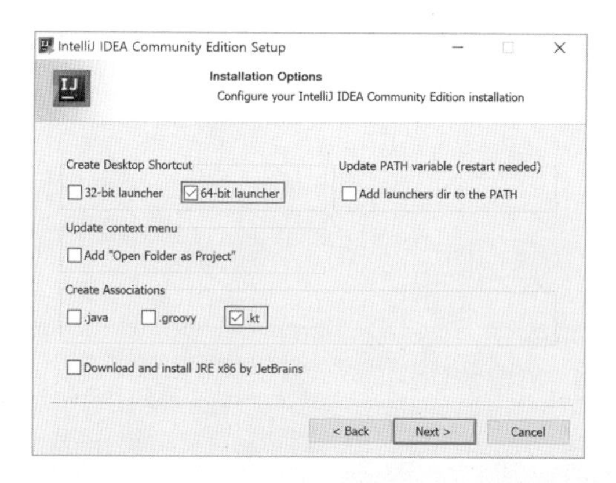

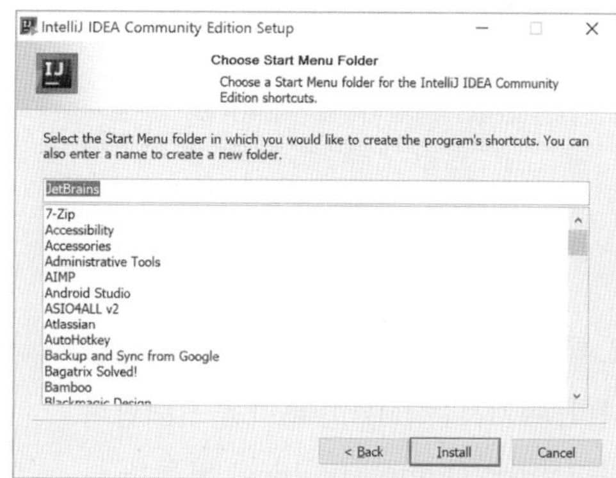

3. 모든 설치가 완료되면 [Run IntelliJ IDEA Community Edition]에 체크하고 [Finish] 버튼을 누릅니다. 그러면 IntelliJ IDEA가 바로 실행됩니다.

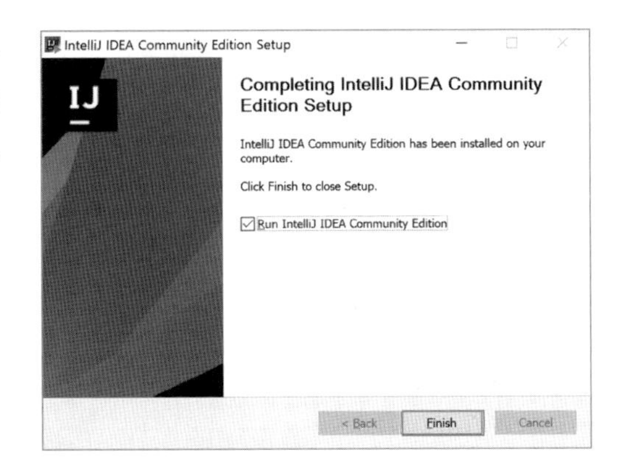

IntelliJ IDEA 설정하기

이제 설치된 IntelliJ IDEA의 설정 화면에서 자신만의 프로그래밍 환경을 꾸밀 시간입니다. 처음에는 기본 설정부터 먼저 익힌 후에 개인 성향에 맞추어 테마부터 코드 스타일까지 변경할 수 있습니다.

1. IntelliJ IDEA 설치가 잘되었나요? 만일 실행되지 않으면 바탕화면의 IntelliJ IDEA 아이콘을 더블클릭하여 IntelliJ IDEA를 실행해 보겠습니다. IntelliJ IDEA를 실행했는데 기존 설정이 남아 있는 경우 다음과 같은 화면이 나타날 수 있습니다. [Do not import settings]를 선택하고 [OK] 버튼을 누르겠습니다.

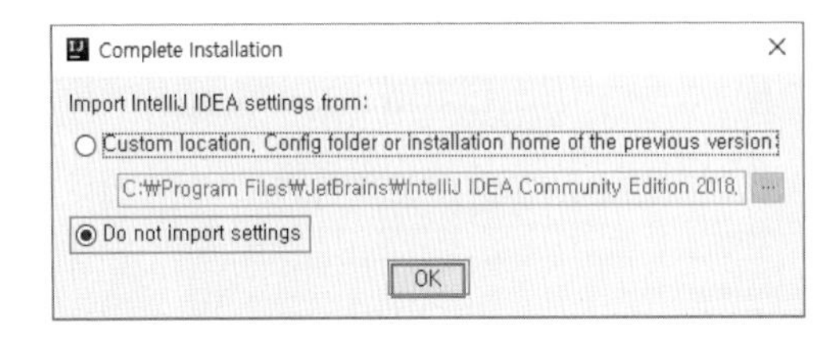

2. 테마를 선택할 수 있는 화면이 나타납니다. 여기서는 [Light] 테마를 선택합니다. [Next: Default plugins] 버튼을 눌러 진행하겠습니다.

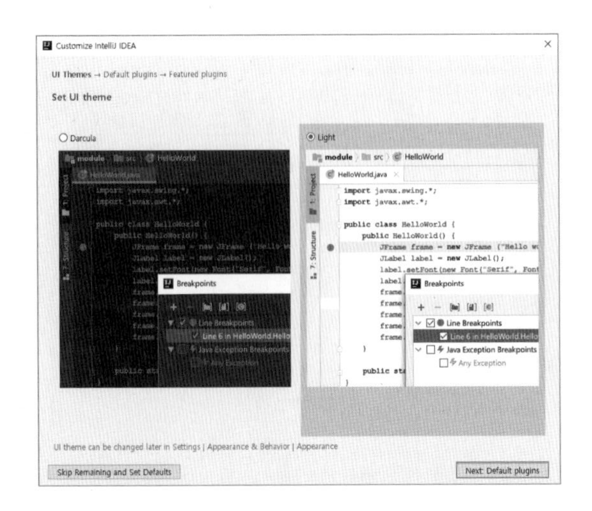

3. 기본 플러그인 선택 화면에서는 빌드 도구, 버전 관리, 테스트 도구, 스윙, 안드로이드, 기타 도구 등을 선택할 수 있습니다. 이 책은 기본 설정 상태 그대로 두고 [Next: Featured plugins] 버튼을 눌러 다음으로 넘어가겠습니다.

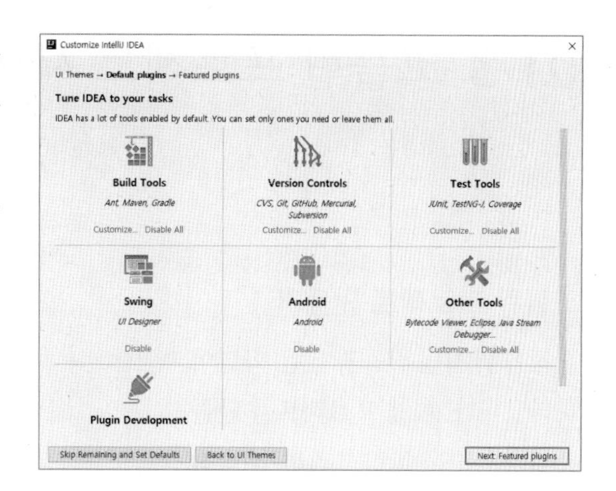

4. 마지막으로 나타나는 화면에서 따로 플러그인을 추가하지 않고 [Start using IntelliJ IDEA] 버튼을 눌러 모든 설정을 마칩니다.

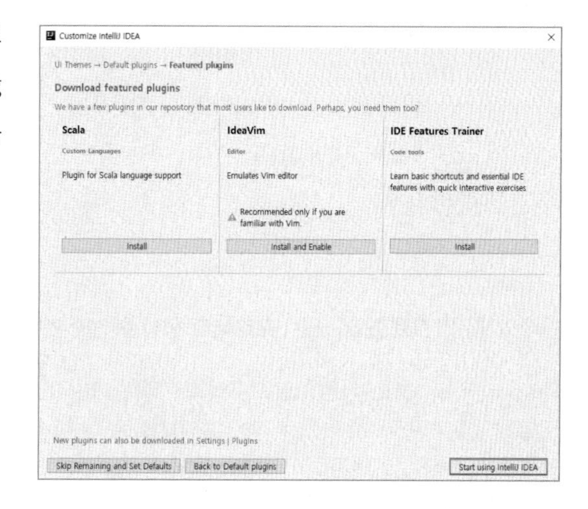

01-3 코틀린 프로젝트 시작하기

코틀린 프로젝트 만들기

설정을 마치면 다음과 같은 화면이 나타납니다. 이제 프로젝트를 만들 준비가 된 것이죠. 그러면 본격적으로 첫 번째 프로젝트를 만들어 볼까요? 앞으로 실습을 진행하면서 여러 번 프로젝트를 생성하게 됩니다. 그러니 이 내용을 잘 익혀 두기 바랍니다.

오리의 프로그래밍 노트 프로젝트 생성 화면에 있는 버튼을 자세히 알고 싶어요

[Import Project]는 다른 개발 도구의 프로젝트를 IntelliJ IDEA용으로 가져오는 데 사용하고, [Open]은 현재 작업 공간의 프로젝트를 여는 데 사용합니다. [Check out from Version Control]은 버전 관리 저장소로부터 소스를 가져올 수 있습니다. IntelliJ IDEA는 자주 업데이트되므로 [Configure]를 통해 업데이트 내용을 반영하거나 기타 설정을 할 수 있습니다.

Hellokotlin 프로젝트 만들기

1. Welcome to IntelliJ IDEA 화면에서 [Create New Project]를 눌러 새 프로젝트를 만듭니다. 새로운 프로젝트 설정 화면이 나타나면 왼쪽의 [Kotlin]을 선택하고 오른쪽의 [Kotlin/JVM]을 선택한 다음 [Next] 버튼을 누릅니다.

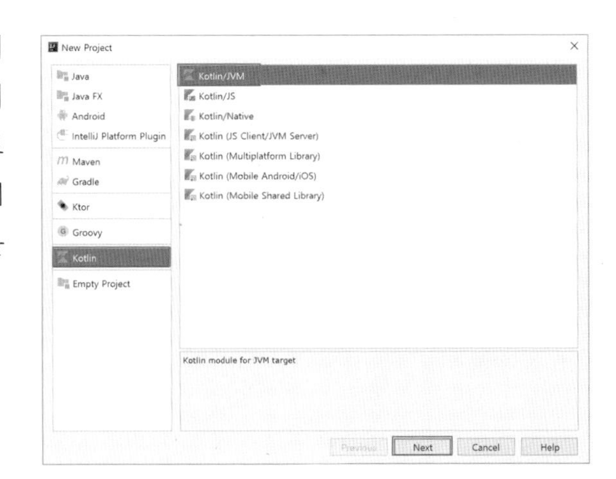

2. 프로젝트 이름은 HelloKotlin으로 할 것입니다. 프로젝트의 위치는 자기 계정의 하위 디렉터리가 기본 설정됩니다. 경로에 한글이 포함되어 있거나 디렉터리 깊이가 너무 길면 빌드가 되지 않을 수 있습니다. 공간이 충분하고 디렉터리 깊이가 너무 길지 않은 영문으로 이루어진 디렉터리를 지정할 것을 추천합니다. 만일 SDK의 위치가 정의되지 않은 경우 [New] 버튼을 누르고 Zulu의 OpenJDK의 설치 경로를 지정해 줍니다. 모든 내용을 채운 후 [Finish] 버튼을 누릅니다.

JDK 설치 경로를 잊으셨나요? JDK가 설치된 위치는 C:\Program Files\Zulu\zulu-8입니다.

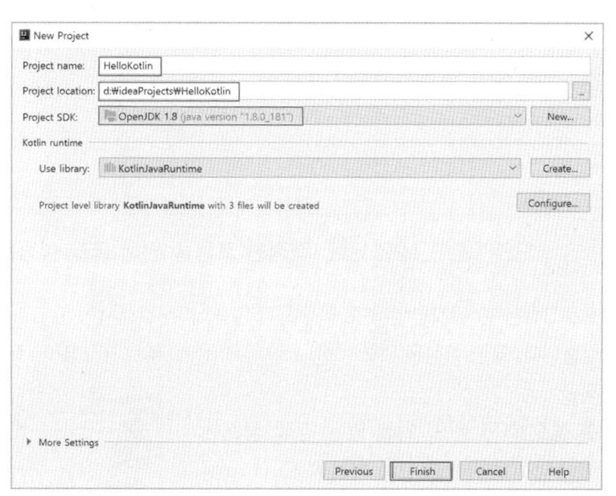

3. 프로젝트 첫 화면은 다음과 같습니다. 왼쪽에 있는 Project 창을 살펴보겠습니다. 만약 Project 창이 보이지 않으면 Alt + 1을 눌러 보세요. 프로젝트 이름 왼쪽에 있는 화살표 모양을 누르면 프로젝트 구조가 펼쳐집니다. 그런 다음 src 폴더에서 마우스 오른쪽 버튼을 누르고 [New > Kotlin File/Class]를 선택하세요.

윈도우에서는 src 폴더 위에서 Alt + Insert를 눌러 [New] 메뉴를 바로 실행할 수도 있습니다.

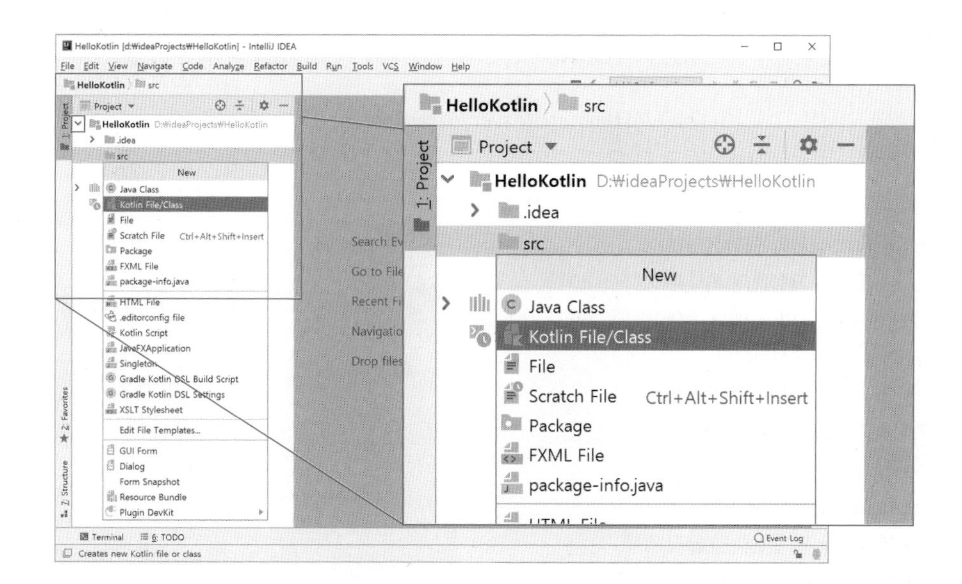

4. 그러면 새 코틀린 파일의 이름을 정하는 대화상자가 나타납니다. HelloKotlin을 입력하고 [OK] 버튼을 누르면 새 코틀린 파일이 만들어지며 오른쪽에 편집기 화면이 나타납니다.

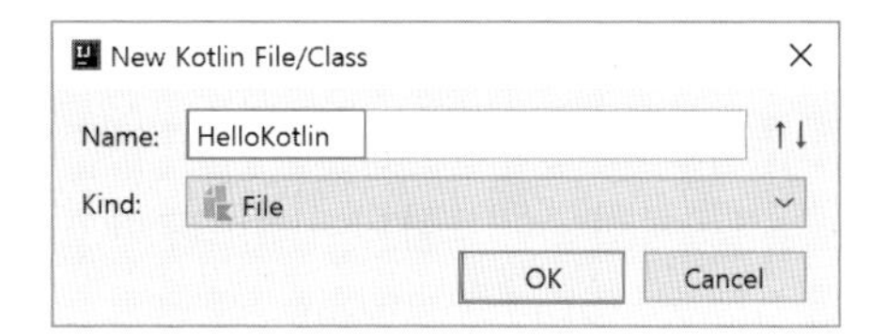

오리의 프로그래밍 노트 쾌적한 코딩을 위해 글꼴 설정은 기본!

프로그램은 한 글자만 틀려도 작동하지 않습니다. 그래서 숫자 0과 영문 O를 구별하는 고정폭 글꼴을 사용하는 것이 좋습니다. 글꼴 설정을 위해 Ctrl + Alt + S를 누르거나 [File > Settings] 메뉴를 선택하여 설정 화면을 열어 보세요.

❶ 설정 화면 왼쪽 위에 있는 검색 상자에 font라고 입력하면 왼쪽 메뉴에 ❷ [Font] 메뉴가 나타납니다. [Font] 메뉴로 이동하면 글꼴을 선택할 수 있습니다. ❸ Font 오른쪽에 있는 선택 상자를 눌러 고정폭 글꼴을 선택하세요. ❹ 이 책에서 사용하는 고정폭 글꼴은 D2Coding입니다.

만약 글꼴이 설치되어 있지 않다면 글꼴을 설치한 다음 IntelliJ IDEA를 다시 실행하세요.

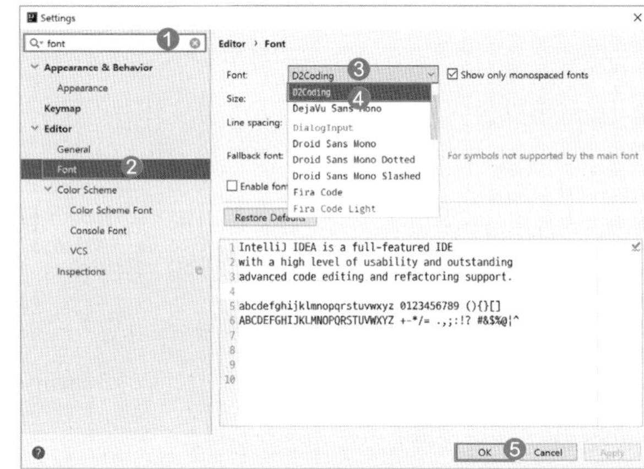

글꼴 설정 메뉴

D2Coding 글꼴의 다운로드 경로: https://github.com/naver/d2codingfont/

D2Coding은 최근 언어에서 사용하는 여러 가지 심볼인 powerline 심볼을 추가했으며 리가추어(ligature) 문자를 지원하여 특수문자도 명확하게 구별할 수 있습니다. 예를 들어 람다식의 화살표(->)는 →로 표시됩니다.

마지막으로 Ctrl과 마우스 휠로 편집기의 글자 크기를 조정하기 위해 왼쪽 메뉴에서 [General] 메뉴를 선택한 다음 [Change font size (Zoom) with Ctrl + Mouse Wheel]을 체크하세요. 그러면 편집기의 글자 크기를 더 편리하게 조절할 수 있습니다.

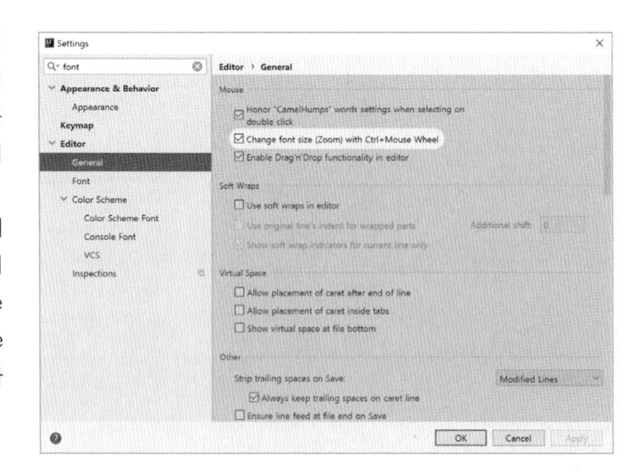

5. 편집기 화면에 main을 입력하고 Tab 을 누르면 자동으로 main( ) 함수가 만들어집니다. 이를 자동 템플릿 완성 기능이라고 부릅니다. 앞으로 자주 사용하게 될 기능이니 꼭 익숙해지길 바랍니다.

```
fun main(args: Array<String>) {

}
```

main( ) 함수의 매개변수를 사용하지 않는다면 생략해도 됩니다. 이 책에서는 매개변수가 있는 main( ) 함수를 사용합니다.

```
fun main( ) {

}
```

6. 다음과 같이 main( ) 함수에 출력문을 작성해 봅시다.

코딩해 보세요! "Hello kotlin" 출력하기 • 참고 파일 HelloKotlin.kt

```
fun main( ) {
    println("Hello Kotlin!")
}
```

7. 위쪽의 메뉴에서 [Run > Run]을 선택하면 어떤 파일을 실행할지 고르는 작은 창이 나타납니다. [HelloKotlinKt]를 선택하여 프로그램을 실행하세요.

간단히 Ctrl + Shift + F10을 눌러도 같은 방법으로 프로그램을 실행할 수 있습니다.

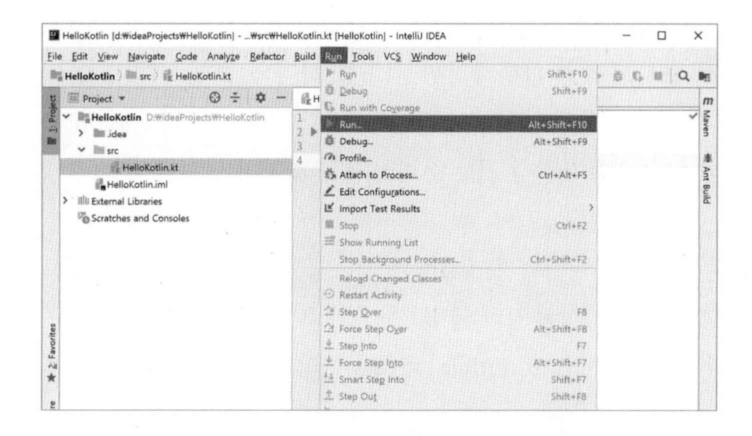

8. 프로그램이 올바르게 실행되었다면 아래에 다음과 같은 화면이 나타납니다.

```
Run:  HelloKotlinKt
"C:\Program Files\Zulu\zulu-8\bin\java.exe" ...
Hello Kotlin!

Process finished with exit code 0
```

오리의 프로그래밍 노트 IntelliJ IDEA의 주요 창은 단축키로 열 수 있습니다

IntelliJ IDEA의 주요 창은 단축키로 열 수 있습니다. 앞에서 Project 창을 Alt + 1로 열었던 것이 기억나시나요? 오른쪽에 정리한 단축키를 하나씩 눌러 어떤 창이 열리는지 눈으로 확인해 보세요. 소괄호 안의 단축키는 맥의 단축키입니다. 특히 실행 결과를 표시하는 Run 창은 앞으로 자주 사용하기 때문에 Run 창의 단축키 Alt + 4는 꼭 외워 두길 바랍니다.

Messages	Alt + 0 (Command + 0)
Project	Alt + 1 (Command + 1)
Favorites	Alt + 2 (Command + 2)
Run	Alt + 4 (Command + 4)
Debug	Alt + 5 (Command + 5)
TODO	Alt + 6 (Command + 6)
Structure	Alt + 7 (Command + 7)
Terminal	Alt + F12 (Option + F12)

프로젝트 하나씩 뜯어보기

앞에서 만든 프로젝트는 겉보기에는 간단하지만 사실은 많은 내용이 들어 있습니다. 앞으로 많은 장을 걸쳐 공부하게 될 내용도 있죠. '먼저 맞는 매가 덜 아프다'라는 속담이 있듯이 잘 몰라도 프로젝트의 실행 원리를 먼저 알아 두면 나중에 도움이 됩니다. 전부 이해하려고 노력하지 않아도 됩니다. 나중에 다시 나오게 된다면 아하! 하며 좀 더 쉽게 이해하게 될 테니까요.

코틀린의 main( ) 함수는 프로그램의 실행 진입점

자바 같은 객체 지향 언어에서 프로그램을 실행하려면 최소한 하나의 클래스와 그 안에 `main( )` 함수가 있어야 합니다. 하지만 코틀린은 선언한 클래스가 없는데도 불구하고 `main( )` 함수와 `println( )` 함수를 통해 콘솔에 문자열 "Hello Kotlin"을 출력하고 있습니다. 어떻게 이런 일이 가능할까요?

여러분이 작성한 코틀린 코드는 JVM에서 실행되며, `main( )` 함수가 있는 파일 이름을 기준으로 자바 클래스가 자동 생성됩니다. 자동 생성된 자바 클래스는 [Tools 〉 Kotlin 〉 Show Kotlin Bytecode] 메뉴를 누른 후 생성된 화면에서 [Decompile] 버튼을 눌러 확인할 수 있습니다.

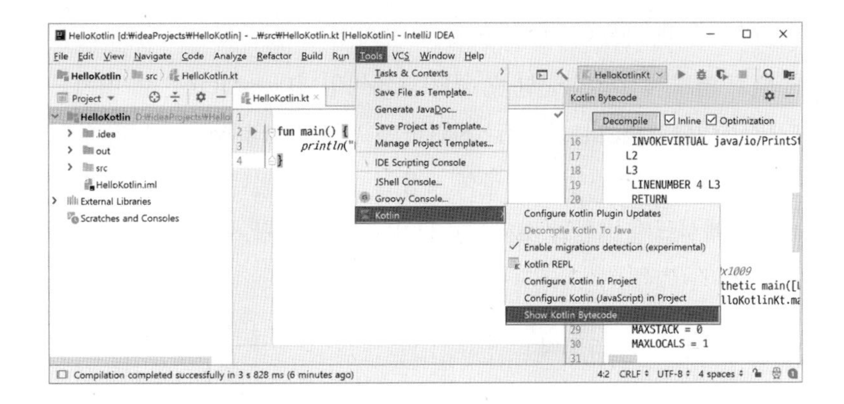

HelloKotlin.kt 파일에서 위 방법을 따라 하면 아래와 같은 소스를 볼 수 있습니다. 이것을 역컴파일이라고 합니다.

```
public final class HelloKotlinKt {
   public static final void main( ) {
      String var0 = "Hello Kotlin!";
      System.out.println(var0);
   }

   // $FF: synthetic method
   public static void main(String[] var0) {
      main( );
   }
}
```

컴파일러의 버전에 따라 결과가 약간 다르게 보일 수 있습니다.

역컴파일된 HelloKotlin.kt 소스

생성된 소스에서 `main( )` 메서드를 보면 HelloKotlinKt 클래스 안에 속한 멤버 메서드로 선언되어 있는 것을 알 수 있습니다. 이것은 JVM에 실행되기 위해 문자열은 `String var0`으로 선언되어 `System.out.println( )`에 의해 콘솔 장치에 출력되는 것이죠.

지금부터는 클래스에 포함된 함수는 메서드, 그렇지 않은 함수는 그대로 함수라고 부르겠습니다.

변환된 main( ) 메서드의 의미

코드에 정의된 `main( )` 메서드를 다시 한번 살펴봅시다.

```
public static void main(String[] var0) {
```

public은 가시성 지시자로 이 메서드의 접근 방법을 가리키고 있습니다. public은 HelloKotlinKt 클래스의 외부 어디에서도 접근할 수 있다는 의미입니다. static은 이 메서드가 정적 메서드임을 나타내고 있습니다. static으로 선언하면 프로그램의 정적 메모리 영역에 객체가 만들어지기 때문에 객체의 생성 없이 호출해 사용할 수 있게 됩니다. final은 최종 메서드임을 나타내고, void는 메서드가 반환할 것이 없는 경우 지정합니다.

오리의 프로그래밍 노트 프로그램의 메모리 영역

프로그램이 사용하는 메모리 영역에는 여러 가지가 있습니다. 명령어가 들어가는 코드 영역과, 프로그램이 컴파일되면 문자열이나 정적 변수나 문자열 등이 들어가는 정적 메모리 영역인 데이터(Data) 영역이 있습니다. JVM에서는 이 영역을 메서드 정적 영역(Method Static Area)으로도 부릅니다. 또 실행 중 생성되는 객체는 동적 메모리 영역인 힙(Heap)이라고 불리는 곳에 만들어집니다.

추가적으로 코드 블록인 중괄호({ }) 안에 사용한 변수나 함수 호출 블록은 임시로 쓰이는 메모리 영역인 스택(Stack)에 들어가며, 중괄호 블록이 끝나면 임시로 사용한 변수는 스택에서 제거됩니다.

데이터 영역은 정해서 있어서 실행 중에 오류가 날 가능성은 적습니다. 힙과 스택은 프로그램이 동작하는 도중에 오른쪽 그림의 화살표 방향으로 채워지기 때문에 너무 많이 메모리를 할당하는 객체가 있다면 Out of Memory 오류가 날 수 있고, 함수 호출이 재귀적으로 너무 많이 일어나면 Stack Overflow 오류가 발생할 수 있습니다.

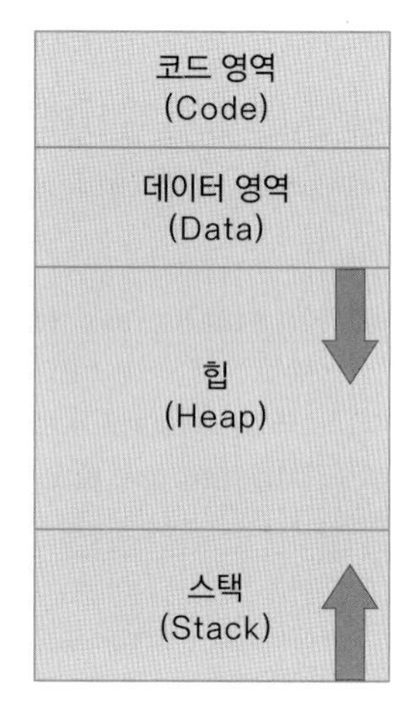

프로그램의 일반적인 메모리 영역

JVM을 사용하는 프로그램에는 동적 메모리 영역의 객체가 사용된 뒤 아무 참조가 없으면 자동으로 삭제하는 GC(Garbage Collector)가 있습니다. GC란 일종의 쓰레기 청소부 역할을 해서, 우리도 모르게 쓸모없는 객체를 치워 주는 일을 한다고 생각하면 됩니다.

코틀린의 main( ) 메서드에서 매개변수를 사용할 경우

main( ) 메서드에서 매개변수 args: Array<String>을 사용하면 자바에서는 String[] args로 변환됩니다. 이 args는 main( )에 전달할 외부의 인자들을 가리키고, 명령행에서 입력받은 값들이 차례로 배열에 들어가게 됩니다. 명령행 인자를 사용하는 방법은 다음과 같습니다. HelloKotlin.kt를 작성할 때와 동일하게 Project 창의 src 폴더에서 Alt + Insert를 누르고 [Kotlin File/Class]를 선택한 후 파일 이름으로 MainArgs를 입력합니다. 다음과 같이 코드를 작성합니다.

코딩해 보세요! main( ) 함수의 매개변수 사용해 보기 • 참고 파일 MainArgs.kt

```
fun main(args: Array<String>) {
    println(args[0]) // 외부의 첫 번째 인자
    println(args[1]) // 외부의 두 번째 인자
    println(args[2]) // 외부의 세 번째 인자
}
```

프로그램을 실행하기 위해 Shift + Alt + F10을 누르면 main( ) 메서드를 가진 클래스들이 다음과 같이 나열됩니다. 여기서 새롭게 작성한 [MainArgsKt]를 선택해 실행합니다.
실행 결과가 어떤가요?

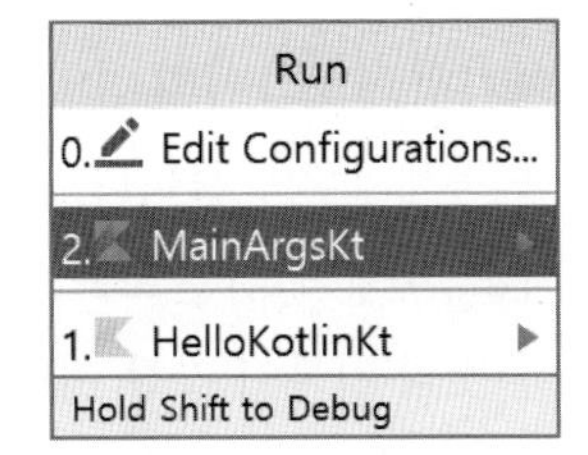

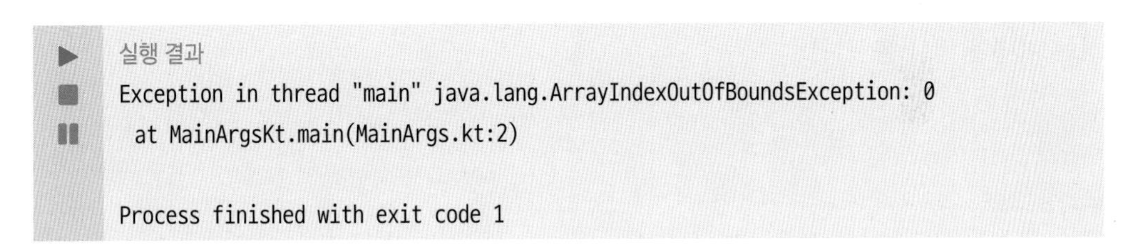

실행 결과
Exception in thread "main" java.lang.ArrayIndexOutOfBoundsException: 0
at MainArgsKt.main(MainArgs.kt:2)
Process finished with exit code 1

ArrayIndexOutOfBoundsException 예외가 발생했습니다. 명령행에서 아무런 인자가 설정되어 있지 않기 때문이죠. 그러면 명령행 인자를 설정해 봅시다.
IntelliJ IDEA에서 직접 인자를 전달해 실행하고자 한다면 [Run 〉 Edit Configurations] 메뉴를 사용해 Program arguments에 필요한 명령행 인자를 나열할 수 있습니다. 다음과 같이 명령형 인자를 지정하세요.

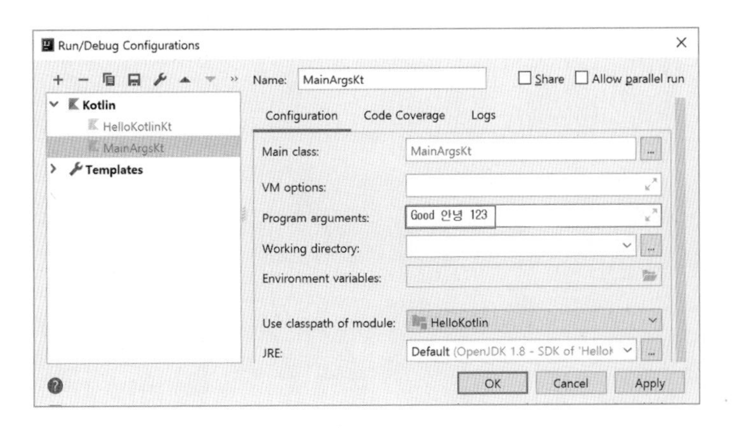

프로그램을 다시 실행하면 다음과 같은 결과를 얻을 수 있습니다. 명령행에서 입력받은 인자를 각각 `args[0]`, `args[1]`, `args[2]`에 문자열 형태로 저장한 것이죠.

여기서 프로그램의 진입점 역할을 하는 `main( )` 함수를 HelloKotlin.kt와 MainArgs.kt 파일을 통해 살펴봤습니다. 짧은 코드지만 많은 개념과 원리가 숨어 있다는 것을 알게 되었을 텐데요. 이렇게 쉬운 코드에 어려운 개념이 잔뜩 숨겨져 있었다니! 놀라셨나요? 하지만 항상 모든 것의 기본이 가장 어려운 법입니다. 이런 개념과 원리를 하나씩 배워 가면서 기본에 충실하면 아무리 복잡한 코드가 나와도 손쉽게 이해할 수 있게 될 것입니다. 이제 코틀린과 함께하는 여행을 떠나 봅시다!

Q1 ________________는 변수나 객체의 초기화가 이루어지지 않은 상태에서 그 변수에 접근할 때 발생하는 예외 오류입니다.

Q2 코틀린 언어의 특징이 아닌 것은?

① 자료형에 대한 오류를 미리 잡을 수 있는 정적 언어입니다.

② 널 포인터로 인한 프로그램의 중단을 예방할 수 있습니다.

③ 코틀린은 객체 지향 프로그래밍 언어로만 사용됩니다.

④ 다양한 플랫폼에서 작동하도록 만들어졌습니다.

Q3 프로그램의 실행 진입점인 main( ) 함수에서 매개변수를 통해 프로그램 외부의 인자를 받아들이려면 함수의 선언을 fun main(________________)과 같이 해야 합니다.

정답 Q1 NPE(또는 NullPointerException)
Q2 ③, 코틀린은 객체 지향 프로그래밍은 물론 함수형 프로그래밍도 가능합니다. Q3 args: Array<String>

02

변수와 자료형, 연산자

프로그램이 실행될 때 변수, 함수, 객체 등은 모두 메모리에 올라갑니다. 그런데 메모리 공간은 제한적이죠. 만약 크기와 모양이 모두 똑같은 변수를 여러 번 사용한다면 어떨까요? 좋은 프로그래머는 제한된 메모리 공간을 효율적으로 사용하기 위해 다양한 형태의 변수를 골라 프로그램을 만듭니다. 이때 변수의 모양(또는 성질)을 자료형이라고 부릅니다. 변수가 있으면 연산도 할 수 있겠죠? 이 장에서는 변수의 사용 방법과 자료형, 그리고 변수를 이용하여 연산할 때 사용하는 연산자에 대해 공부합니다.

02-1 코틀린 패키지

코틀린에서 프로젝트(Project)는 모듈(Module), 패키지(Package), 파일(File)로 구성되어 있습니다. 코틀린 프로젝트를 여행에 비유하면 모듈은 목적지, 패키지는 여행용 가방, 파일은 가방 속에 넣은 짐이라고 할 수 있습니다. 당장 변수와 자료형에 대해 알고 싶겠지만, 실습을 진행할 때 헷갈리지 않도록 코틀린 프로젝트부터 이해하는 것이 더 중요합니다. 그러면 지금부터 프로젝트를 구성하는 모듈, 패키지, 파일에 대해 알아보겠습니다.

코틀린 프로젝트, 모듈, 패키지, 파일의 관계 이해하기

코틀린 프로젝트에는 모듈이 있고 모듈은 다시 패키지로 구성되어 있습니다. 그리고 패키지는 파일(클래스)로 구성되어 있죠. 다음은 프로젝트, 모듈, 패키지, 파일의 관계를 나타낸 그림입니다. HelloKotlin 프로젝트에 HelloKotlin 모듈과 OtherModule 모듈이 있으며, 그중 HelloKotlin 모듈 안에는 com.example.edu 패키지와 default 패키지가 있고, 그 안에는 파일들이 있습니다. 먼저 프로젝트와 모듈의 관계에 대해 살펴보겠습니다.

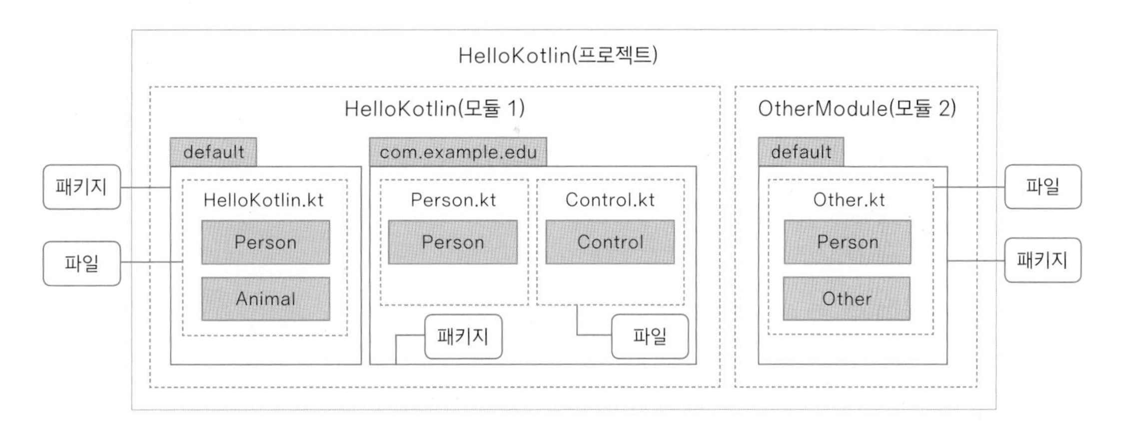

보통 대규모 프로젝트를 진행할 때는 기능을 모듈로 분리하여 관리합니다. 즉, 이 프로그램은 2개의 기능을 가지고 있는 것이죠. IntelliJ IDEA의 Project 창에서 본 위 그림의 실제 모습은 다음과 같습니다.

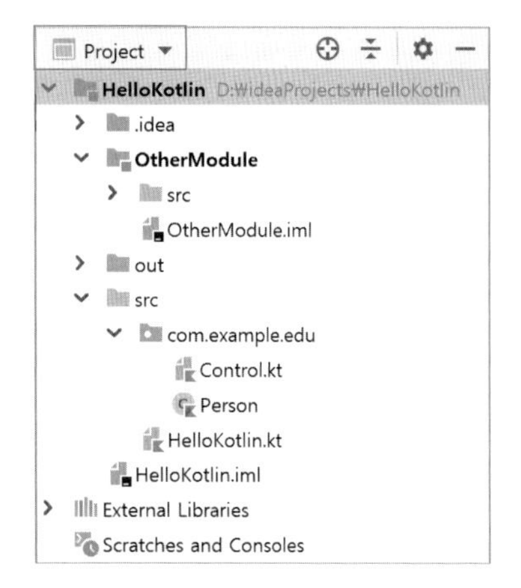

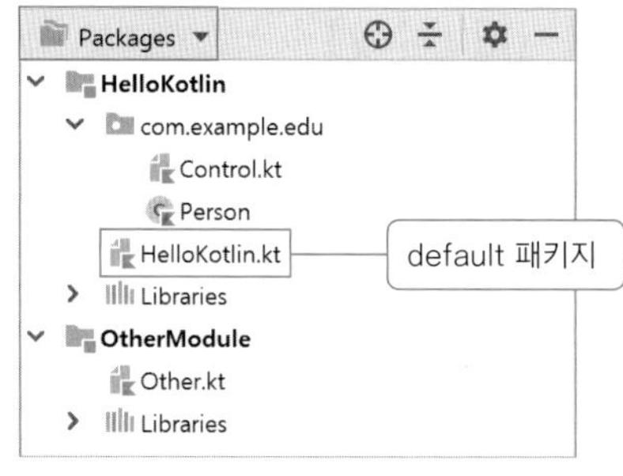

HelloKotlin 프로젝트 안에 OtherModule 모듈을 생성했는데 Project 창을 [Project]에서 [Packages]로 바꿔 보면 프로젝트 이름의 모듈과 생성된 OtherModule 모듈의 이름이 더 잘 구분될 것입니다. src 폴더를 살펴볼까요? HelloKotlin 모듈에는 com, example, edu 폴더로 구성된 com.example.edu 패키지가 있습니다. default 패키지는 어디에 있을까요? default 패키지는 src 폴더에 따로 패키지 이름이 지정되지 않은 파일이 됩니다. 즉, src 폴더에 저장된 HelloKotlin.kt 파일은 default 패키지에 포함된 것입니다.

코틀린 파일은 .kt 확장자를 가지며 파일의 맨 위에는 이 파일이 어떤 패키지에 포함된 것인지 코틀린 컴파일러가 알 수 있도록 패키지 이름을 선언해야 합니다. 패키지 이름을 선언하지 않으면 그 파일은 자동으로 default 패키지에 포함됩니다.

파일이 패키지 폴더 안에 들어 있어도 패키지 이름을 선언하지 않으면 default 패키지에 포함된 것으로 인식합니다.

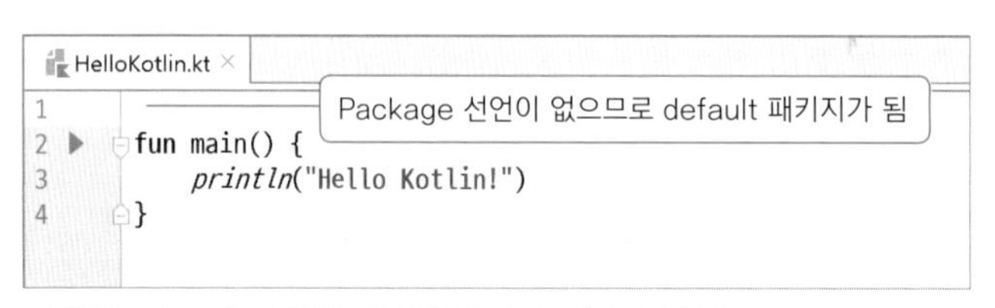

패키지(Package)를 선언하지 않으면 Default 패키지가 된다.

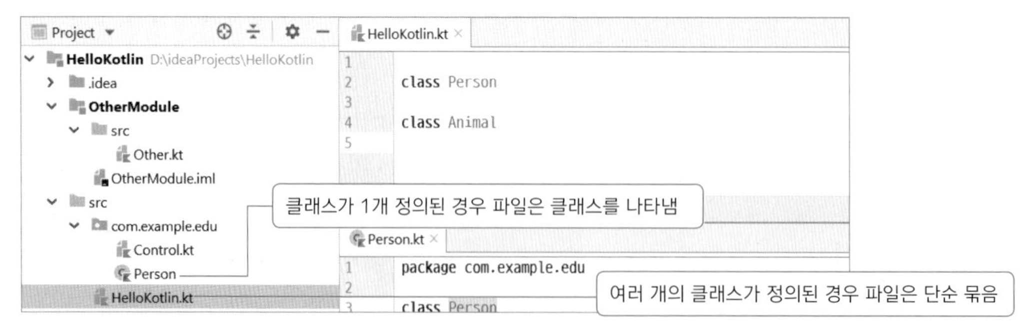

클래스를 여러 개 정의하면 파일은 단순히 클래스를 묶는 역할을 하게 된다.

만일 파일에 1개의 클래스가 정의되어 있다면 Project 창 화면에서 .kt 확장자가 빠진 클래스 이름만 보이게 됩니다. 파일에 클래스를 여러 개 정의한다면 파일은 단순히 클래스를 묶는 역할을 하고 .kt 확장자가 붙게 됩니다. 즉 코틀린에서는 파일 이름과 클래스의 선언 개수에 큰 의미를 두지 않습니다. 단, 같은 파일에 있는 여러 개의 클래스는 모두 그 파일에서 지정한 패키지로 인식합니다.

코틀린은 자바처럼 클래스 이름과 파일 이름이 동일해야 하고 public 클래스는 하나만 사용해야 하는 등의 규칙이 없습니다.

패키지를 만들어야 하는 이유

패키지는 왜 만들어야 할까요? 만약 2명의 프로그래머가 프로젝트를 진행하다 우연히 같은 이름의 파일(클래스)을 만들었다고 가정해 봅시다. 그러면 당연히 오류가 발생하겠죠? 하지만 패키지가 다르면 오류가 발생하지 않습니다. 예를 들어 HelloKotlin 모듈에서 default 패키지에 Person이라는 파일(클래스)을 만들고 com.example.edu 패키지에도 같은 이름의 Person 파일(클래스)을 만들어도 패키지가 다르기 때문에 프로그램이 정상적으로 실행됩니다.

코틀린 프로젝트에 패키지 만들기

이제 프로젝트와 모듈, 모듈과 패키지, 패키지와 파일의 관계를 이해했을 것입니다. 그러면 공부한 내용을 실습을 통해 확인해 볼까요? 새 프로젝트를 생성한 다음 패키지를 만들어 보겠습니다. 코틀린 프로젝트를 만드는 방법은 1장에서 자세히 설명했습니다. 만약 프로젝트를 만드는 과정이 잘 기억나지 않는다면 1장을 한 번 더 복습하고 돌아오세요.

오리의 프로그래밍 노트 이 책에서는 하나의 모듈로 이루어진 프로젝트로 실습을 진행합니다

실제 업무에서 라이브러리를 개발하는 등의 대형 프로젝트를 진행할 때는 기능을 모듈 단위로 개발합니다. 하지만 이 책은 대형 프로젝트를 가정하여 실습을 진행하지 않습니다. 그래서 모듈은 1개만 만들고 패키지를 여러 개 만들어 실습 파일을 관리합니다. 실습 진행에 참고하기 바랍니다.

패키지 이름 정하기

패키지 이름은 파일 맨 위에 적으면 됩니다. 이때 패키지 이름 앞에 package라는 키워드를 함께 입력해야 패키지 이름으로 인식합니다. 단, 패키지의 이름은 특수문자나 숫자로 시작하면 안 됩니다. 만일 여러 단계의 분류가 필요하면 점(.)을 붙여 이름을 지으면 됩니다.

패키지 이름을 지을 때는 다른 이름과 중복되지 않도록 웹사이트 주소 이름을 짓는 방식을 많이 사용합니다. 예를 들어 여러분이 다니는 회사의 웹사이트 주소 이름이 acaroom.com이라면 com.acaroom이라고 패키지 이름을 지으면 됩니다.

acaroom.com이 아니라 com.acaroom이라고 지은 이유는 실제 웹사이트와 구별해야 하기 때문입니다.

```
package com.acaroom // 패키지 이름의 예
```

만약 위의 패키지에 네트워크 기능을 추가한다면 간단히 net 같은 단어를 이어 지정하고 이 안에 네트워크 업로드 기능을 구현한다면 net.upload라고 패키지 이름을 지으면 소스 관리가 좀 더 쉬워집니다.

```
package com.acaroom.net.upload // 네트워크 업로드 기능을 가진 코틀린 파일에 적은 패키지 이름
```

이제 본격적으로 새 프로젝트에 패키지를 만들어 보겠습니다.

패키지 만들어 코틀린 파일 추가하기

1. IntelliJ IDEA를 실행한 다음 [File > New > Project] 메뉴를 선택합니다. 그런 다음 [Kotlin]의 [Kotlin/JVM]을 선택하고 [Next] 버튼을 누르세요.

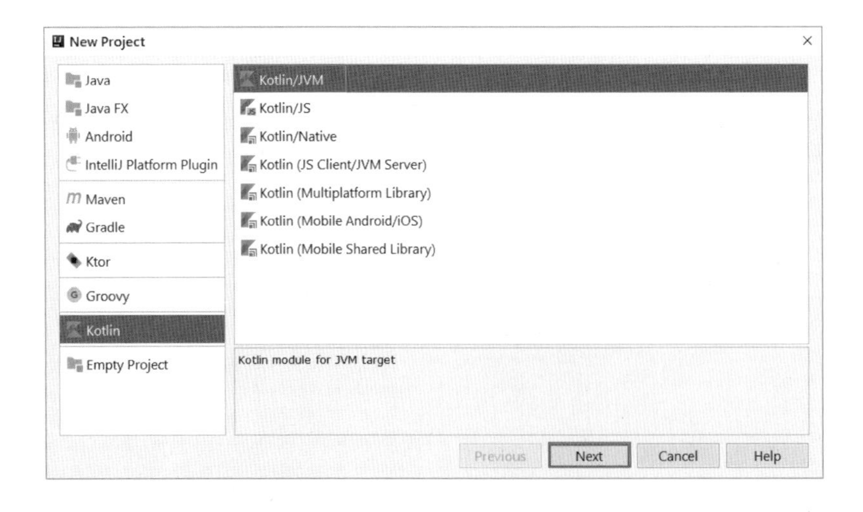

2. 원하는 이름으로 프로젝트를 생성하세요. 여기서는 KotlinProgramming이라고 짓겠습니다. Project location에 입력된 여러분이 생성할 프로젝트의 위치를 기억하고 넘어가세요. [Finish] 버튼을 누릅니다.

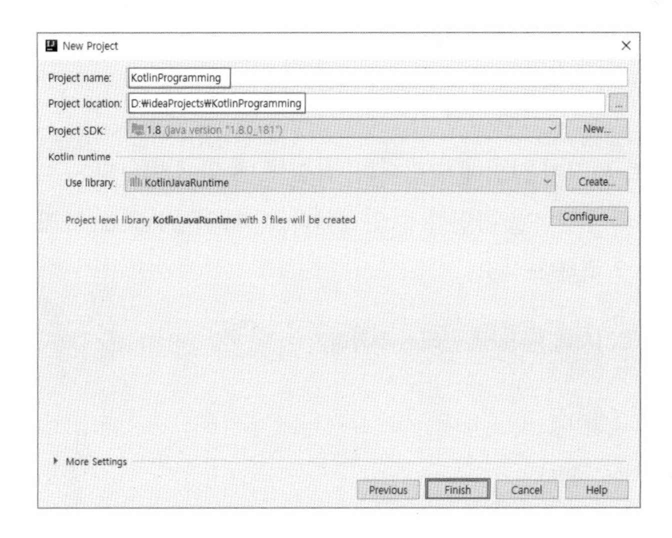

3. KotlinProgramming 프로젝트가 새로 생성되었습니다. src 폴더에서 마우스 오른쪽 버튼을 누르고 [New 〉 Package]를 선택합니다. 새로운 패키지 이름으로 com.example.edu를 입력하고 [OK] 버튼을 누르세요.

example.com의 edu의 속성을 가진 파일을 패키지로 만들겠다는 뜻입니다.

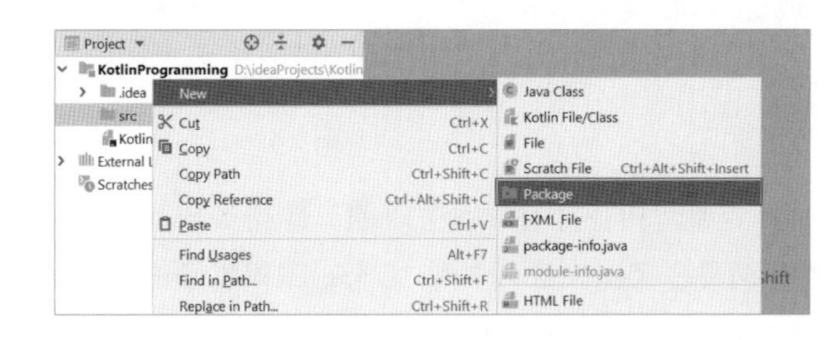

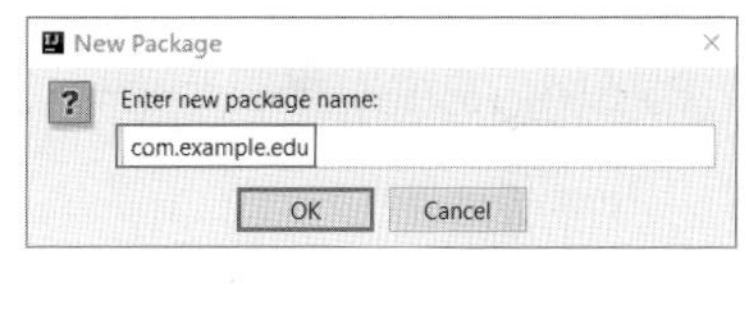

4. com.example.edu 패키지가 새로 만들어졌습니다. 패키지가 실제로 어떻게 구성되어 있는지 살펴볼까요? 윈도우 탐색기에서 프로젝트가 생성된 위치로 이동하면 패키지 이름 사이에 있는 점(.)을 기준으로 하위 폴더가 생성되어 있는 것을 확인할 수 있습니다.

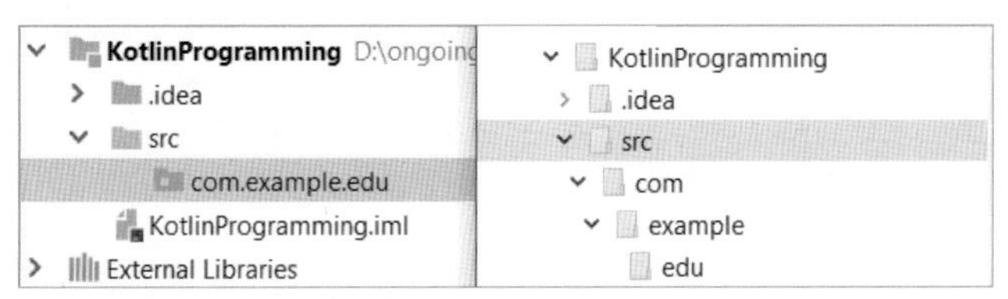

프로젝트의 패키지 이름과 실제 디렉터리의 구별

5. 이제 파일을 만들 차례입니다. 패키지 이름(com.example.edu)에서 마우스 오른쪽 버튼을 누르고 [New 〉 Kotlin File/Class]를 선택하세요. 그러면 코틀린 파일 생성 화면이 나타납니다. 파일 이름을 Person으로 입력하고 [OK] 버튼을 눌러 파일을 생성하세요.

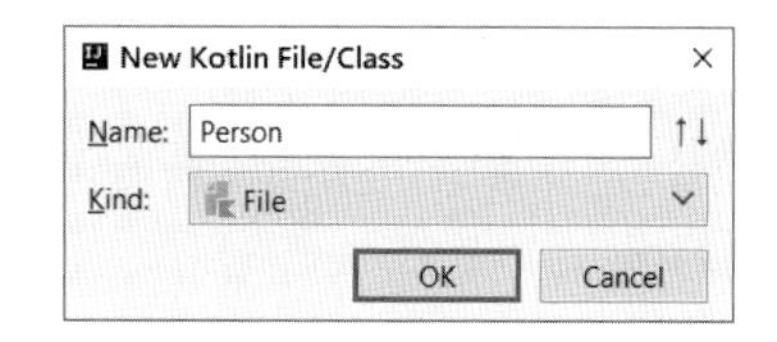

6. Person.kt 파일이 생성되어 오른쪽 편집기 화면에 열립니다. 파일의 맨 위에 입력된 코드를 보면 패키지 이름이 자동으로 입력되어 있음을 확인할 수 있습니다. 이 파일에 `Person` 클래스를 만들어 보겠습니다. 다음과 같이 입력해 보세요.

코딩해 보세요! com.example.edu 패키지에 Person 클래스 추가하기 • 참고 파일 Person.kt

```
package com.example.edu

class Person(val name: String, val age: Int)
```

7. 패키지만 다르면 같은 이름의 클래스를 만들어도 된다고 설명했던 것을 기억하나요? 이번에는 src 폴더에서 과정 5와 같은 방식으로 새로운 파일을 생성해 이름을 File1이라고 짓고 그 안에서 `Person`이라는 이름의 클래스를 만들어 보겠습니다.

코딩해 보세요! default 패키지에 Person 클래스 추가하기 • 참고 파일 File1.kt

```
class Person(val name: String, val age: Int)
```

8. 과정 7을 진행해도 IntelliJ IDEA에서 클래스 이름이 같다는 등의 경고를 하지 않죠? 과정 5에서 만든 Person.kt 파일에서 패키지 이름을 주석으로 처리해 보세요. 그러면 default 패키지에 같은 클래스가 2개인 것으로 인식되면서 오류가 발생합니다.

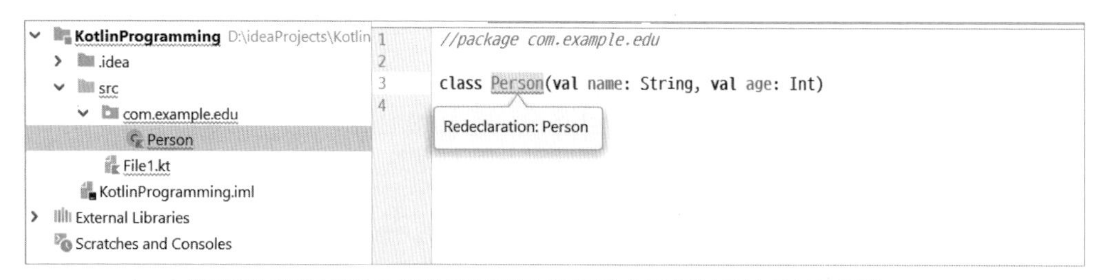

com.example.edu의 패키지 이름을 단일 주석(//)으로 가리면 패키지가 충돌되면서 중복 오류를 나타냄

9. 파일 이름과 클래스 이름이 같으면 Project 창에서 파일의 확장자를 표시하지 않습니다. Person.kt 파일의 이름과 `Person` 클래스의 이름이 `Person`으로 같기 때문에 Project 창에 .kt가 생략되었습니다. 하지만 File1.kt에서 파일 이름은 File1이고, 클래스 이름은 `Person`이기 때문에 .kt가 생략되지 않았습니다.

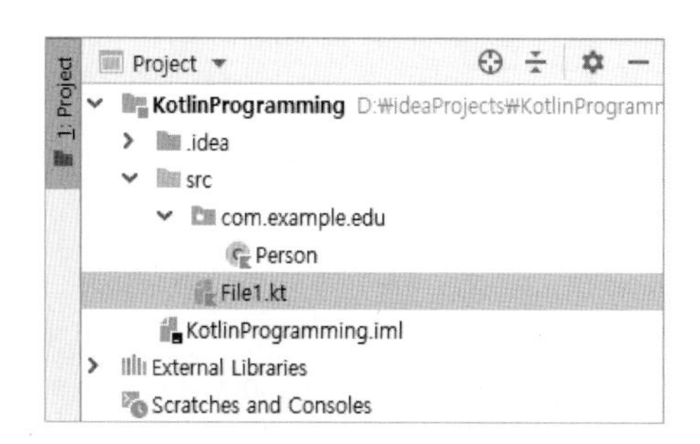

기본 패키지 활용하기

기본 패키지란 코틀린으로 프로그램을 만들 때 자주 사용하는 클래스와 함수 등을 미리 만들어 놓은 것입니다. 패키지는 `import` 키워드로 선언해야 사용할 수 있죠? 코틀린에서 제공하는 기본 패키지는 이름에 걸맞게 `import` 키워드로 패키지를 선언하지 않아도 바로 사용할 수 있습니다. 다음은 코틀린의 기본 패키지를 포함한 라이브러리(kotlin-stdlib-sources.jar)를 표로 정리한 것입니다.

코틀린 기본 패키지

패키지 이름	설명
kotlin.*	Any, Int, Double 등 핵심 함수와 자료형
kotlin.text.*	문자와 관련된 API
kotlin.sequences.*	컬렉션 자료형의 하나로 반복이 허용되는 개체를 열거
kotlin.ranges.*	if문이나 for문에서 사용할 범위 관련 요소
kotlin.io.*	입출력 관련 API
kotlin.collections.*	List, Set, Map 등의 컬렉션
kotlin.annotation.*	애노테이션 관련 API

기본 패키지 이름 뒤에 붙은 별표(*)는 해당 패키지 안에 포함된 모든 요소를 의미합니다.

표에 소개한 패키지 중 자료형과 깊은 관련이 있는 kotlin.* 패키지를 실습에 사용해 보겠습니다. 이와 더불어 해당 패키지를 정말로 임포트하지 않아도 사용할 수 있는지 알아보겠습니다.

기본 패키지 사용하기

1. 앞에서 만든 KotlinProgramming 프로젝트에서 src 폴더 안에 패키지(chap02.section1)를 새로 만들고 그 안에 새 파일(defaultPackage.kt)을 만드세요. 그런 다음 "안녕하세요!"라는 문자열과 숫자 20을 출력하는 코드를 완성하고 실행해 보세요.

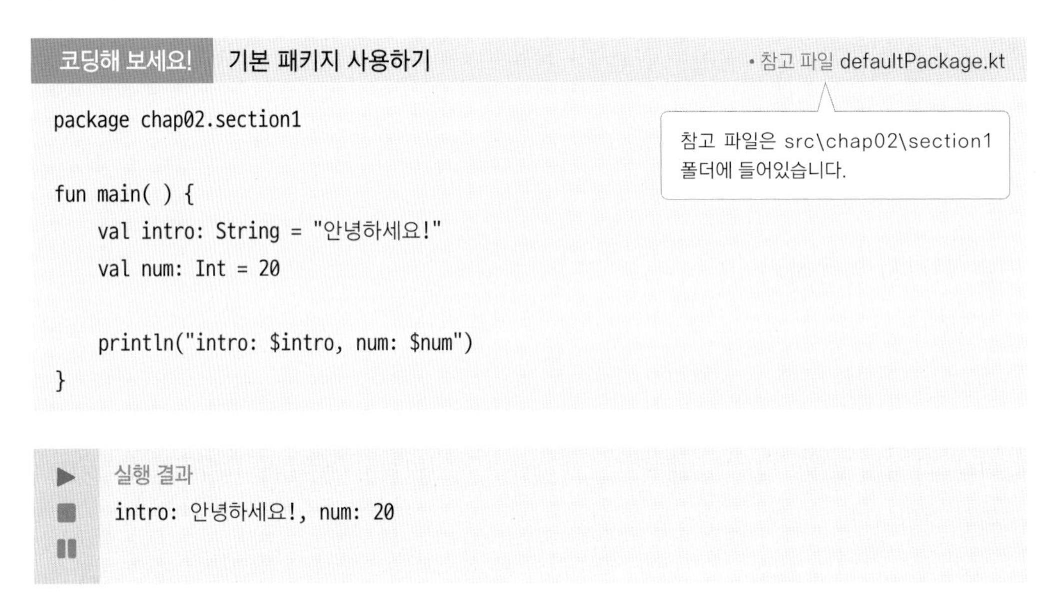

코딩해 보세요! 기본 패키지 사용하기 • 참고 파일 defaultPackage.kt

```
package chap02.section1

fun main( ) {
    val intro: String = "안녕하세요!"
    val num: Int = 20

    println("intro: $intro, num: $num")
}
```


실행 결과

```
intro: 안녕하세요!, num: 20
```

2. 프로그램이 잘 실행되었죠? 기본 패키지는 어떻게 생겼는지 직접 확인해 보겠습니다. 코드에서 문자열 자료형을 의미하는 String 키워드를 클릭하고 Ctrl + B를 눌러 보세요. 그러면 String.kt 파일이 열립니다. 이 파일이 들어 있는 위치는 상단 파일 경로 바에 나타납니다.

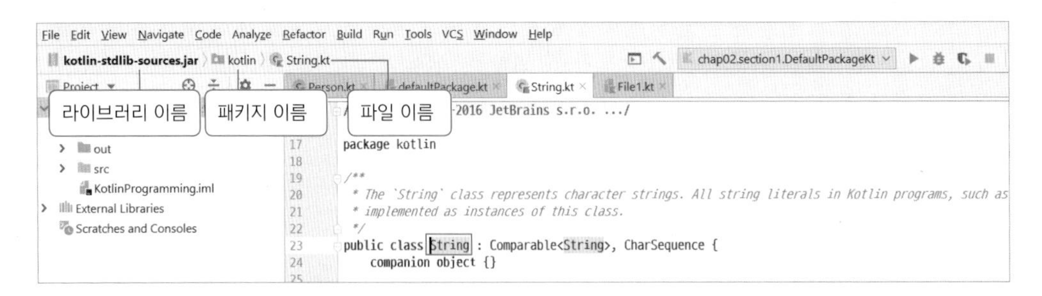

kotlin-stdlib-sources.jar는 jar로 압축된 표준 라이브러리 파일을, kotlin은 패키지 이름을, String.kt는 파일 이름을 의미합니다. 이렇게 String, Int와 같은 기본 자료형은 모두 기본 패

키지에 선언되어 있습니다. 즉, 여러분이 String 자료형으로 변수를 선언하면 코틀린은 기본 패키지 안에서 String 클래스를 찾아 변수를 선언해 줍니다.

3. 다시 defaultPackage.kt 파일로 돌아옵니다. 이번에는 기본 패키지가 아닌 다른 패키지를 사용해 보겠습니다. 만약 기본 패키지가 아닌 다른 패키지를 불러오려면 반드시 package 키워드를 이용하여 임포트해야 합니다. 일단 파이(PI)와 -12.6의 절댓값을 출력하는 코드를 추가로 입력해 보세요.

코딩해 보세요! **수학 라이브러리 추가하기** • 참고 파일 defaultPackage.kt

```
package chap02.section1

fun main( ) {
    val intro: String = "안녕하세요!"
    val num: Int = 20

    println(PI)
    println(abs(-12.6)) // 절댓값을 출력하는 abs( ) 함수

    println("intro: $intro, num: $num")
}
```

4. 위에서 입력한 PI와 abs( )는 기본 패키지에 포함되지 않은 상수와 함수입니다. 프로그램이 제대로 실행되려면 컴파일러가 이 상수와 함수를 해석할 수 있어야 합니다. 그런데 과정 3에서는 이 상수와 함수를 사용하는 패키지를 불러오지 않았습니다. 다행히 이럴 때 IntelliJ IDEA의 힌트 기능이 동작하며, 해당 상수와 함수를 사용하려면 말풍선에 나타난 패키지를 불러와야 한다고 알려줍니다.

```
2
3  fun main(args: Array<String>) {
4      val intro: String = "안녕하세요!"
   ? kotlin.math.PI? (multiple choices...) Alt+Enter
7      println(PI)
8      println(abs(-12.6))
9
10     println("intro: $intro, num: $num")
11 }
```

println(PI)를 입력하면 kotlin.math.PI를 임포트하라고 안내하는 말풍선이 나타납니다. 말풍선에 나타난 것처럼 Alt + Enter 를 누르고 [kotlin.math.PI]를 선택하세요. println(abs(-12.6))을 입력할 때도 같은 방식으로 kotlin.math.abs를 선택합니다.

5. 과정 4를 제대로 진행했다면 코드 윗부분에 kotlin.math 패키지의 PI와 abs라는 두 요소를 임포트하는 코드가 각각 추가됩니다.

```
package chap02.section1

import kotlin.math.PI
import kotlin.math.abs

fun main( ) {
    ...
}
```

6. 패키지의 여러 요소를 한꺼번에 임포트하려면 다음과 같이 패키지 이름 뒤에 별표(*)를 붙여 표현할 수 있습니다.

```
import kotlin.math.*
```

하지만 여러분이 프로젝트에 사용할 패키지의 요소가 많지 않다면 별표 표기법보다 과정 4와 같이 사용할 요소만 임포트할 것을 권장합니다. 별표 표기법은 모든 요소를 프로젝트에 포함시키기 때문에 용량이 늘어나 코드 최적화에 문제가 될 수 있습니다.

사용자 클래스 가져오기

이번에는 여러분이 직접 만든 사용자 클래스를 다른 패키지에서 사용해 보겠습니다. 이 경우에도 패키지의 이름(com.example.edu)과 함께 패키지의 요소를 import 키워드와 함께 적으면 됩니다. 다음은 com.example.edu 패키지에 포함된 Person 클래스를 chap02.section1 패키지에서 가져온 것입니다.

chap02.section1 패키지에 새 파일 UserClassImport.kt를 만들고 다음 내용을 입력하세요.

코딩해 보세요! **사용자 클래스(Person) 가져오기** • 참고 파일 UserClassImport.kt

```
package chap02.section1

import com.example.edu.Person

fun main( ) {
    val user1 = Person("Kildong", 30)

    println(user1.name)
    println(user1.age)
}
```

```
실행 결과
Kildong
30
```

프로그램을 실행하면 잘 동작합니다. 그렇다면 chap02.section1 패키지에도 같은 이름의 클래스(Person)가 있는 경우에는 어떻게 할까요? 그런 경우에는 as라는 키워드로 클래스 이름에 별명을 붙여 사용하면 됩니다. 다음은 com.example.edu 패키지에 포함된 Person 클래스에 User라는 별명을 다시 붙여 수정한 것입니다.

코딩해 보세요! **사용자 클래스에 별명 붙이기** • 참고 파일 UserClassImport.kt

```
package chap02.section1

import com.example.edu.Person as User

fun main( ) {
    val user1 = User("Kildong", 30) // com.example.edu의 Person이 User로 대체
    val user2 = Person("A123", "Kildong") // 이 파일 안에 있는 Person 클래스의 객체 생성

    println(user1.name)
    println(user1.age)

    println(user2.id)
    println(user2.name)
}

class Person(val id: String, val name: String)
```

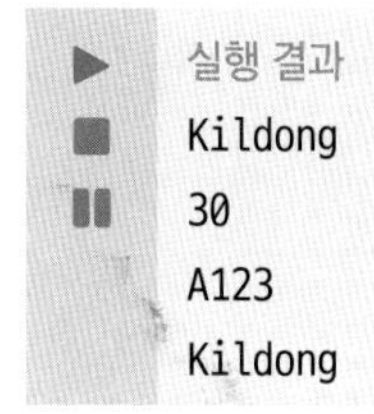

```
실행 결과
Kildong
30
A123
Kildong
```

UserClassImport.kt 파일에 일부러 Person이라는 이름의 클래스를 추가했습니다. 그러면 com.example.edu 패키지의 Person 클래스와 충돌할 수도 있겠죠. 그렇게 되지 않도록 as 키워드로 충돌을 피했습니다.

오리의 프로그래밍 노트 프로그램 실행 방법을 잊었나요?

프로그램을 실행하려면 편집 화면에서 마우스 오른쪽 버튼을 누른 다음 [Run 'chap02.section1.User…']를 선택하거나 Ctrl + Shift + F10을 누르면 됩니다.

02-2 변수와 자료형

자, 이제 본격적으로 변수와 자료형에 대해 이야기할 시간입니다. 변수란 값을 넣을 수 있는 상자 정도로 비유할 수 있습니다. 다음은 변수와 변수에 담긴 값을 표현한 그림입니다. 변수는 상자이고 상자에 적힌 Int, String, Float은 상자에 담긴 값의 성질인 자료형을 의미합니다.

자료형에 따라 데이터를 담는다.

조금만 더 자세히 설명해 볼까요? 나이를 나타내는 35라는 값은 정수(Int), 이름을 나타내는 kim이라는 값은 문자열(String), 몸무게를 나타내는 55.6이라는 값은 실수(Float) 형태의 자료형을 가집니다.

변수를 선언하고 자료형 추론하기

변수는 `val`, `var`라는 키워드를 이용하여 선언할 수 있습니다. 먼저 `val`과 `var`로 선언한 변수의 차이점을 짚고 넘어가겠습니다. `val`로 변수를 선언하면 최초로 지정한 변수의 값으로 초기화하고 더 이상 바꿀 수 없는 읽기 전용 변수가 됩니다. `var`로 변수를 선언하면 최초로 지정한 변수의 초깃값이 있더라도 값을 바꿀 수 있습니다. 다음은 `val`로 선언한 변수에 30을 담고 `var`로 선언한 변수에 25를 담았다가 16으로 바꾼 것을 나타낸 그림입니다.

val로 변수를 선언하면 값을 바꿀 수 없습니다.

변수를 선언하는 방법

앞에서 설명했던 것처럼 변수를 선언하려면 `val`, `var`를 사용해야 합니다. 만약 여러분이 사용할 변수의 값이 변경되지 않아야 한다면 `val`을 이용하고, 변경되어야 한다면 `var`를 이용하여 변수를 선언하면 됩니다.

val로 변수를 선언해 놓고 변경해야 할 때 var로 바꾸는 방법을 권장합니다. 이렇게 하면 오류 발생 확률을 많이 낮출 수 있습니다.

다음은 변수를 선언한 예입니다.

```
val username: String = "Kildong"
```

선언 키워드 / 변수 이름 / 자료형 / 값

변경되지 않는 변수 username이 String 자료형으로 선언되었고 "Kildong"이 값으로 할당되었습니다. 그런데 코틀린은 자료형을 지정하지 않고 변수를 선언하면 변수에 할당된 값("Kildong")을 보고 알아서 자료형을 지정할 수 있습니다. 바로 이것을 '자료형을 추론한다'라고 합니다.

즉, 다음과 같이 username 변수에 "Kildong"이라는 값만 할당해도 됩니다. "Kildong"은 문자열이므로 코틀린이 이 변수의 자료형을 String으로 지정합니다.

```
val username = "Kildong" // 코틀린이 자료형을 추론하여 username의 자료형을 String으로 결정
```

단, 자료형을 지정하지 않은 변수는 반드시 자료형을 추론할 값을 지정해야 합니다. 다시 말해 '나중에 값을 대입해야지'라는 생각으로 자료형 없이 변수를 선언하면 안 됩니다. 값이 할당되지도 않은 변수의 자료형은 추론할 수 없기 때문이죠.

```
var username // 자료형을 지정하지 않은 변수는 사용할 수 없음
```

꼭 기억하세요. 값을 할당하지 않으면서 변수를 선언하려면 자료형을 반드시 지정해야 합니다.

이제 앞에서 배운 내용을 모두 정리하는 차원에서 실습해 보겠습니다. KotlinProgramming 프로젝트에 chap02.section2이라는 패키지를 새로 만든 뒤 다음과 같이 코드를 작성하고 실행해 보세요. number, language, secondNumber 변수를 선언한 다음, 값을 할당하고 할당한 값을 출력합니다. 코드를 입력하며 어떤 변수에 자료형이 선언되어 있는지 눈여겨보세요.

코딩해 보세요! **val과 var 변수 선언 및 할당하기** • 참고 파일 ValVar.kt

```
package chap02.section2

fun main( ) {
    val number = 10 // number 변수는 Int형으로 추론
    var language = "Korean" // language 변수는 String으로 추론
    val secondNumber: Int = 20 // secondNumber 변수는 자료형을 Int형으로 명시적으로 지정
    language = "English" // var 키워드로 선언한 변수는 값을 다시 할당할 수 있음

    println("number: $number")
    println("language: $language")
    println("secondNumber: $secondNumber")
}
```

실행 결과

```
number: 10
language: English
secondNumber: 20
```

결과 화면이 제대로 출력되었나요? IntelliJ IDEA는 프로그램을 실행하기 전에 자료형을 지정하지 않은 변수가 어떤 자료형으로 추론되었는지 알려주는 기능이 있습니다. 자료형을 지정하지 않은 변수 language를 클릭해 입력 커서를 놓고 Ctrl + Shift + P를 눌러 보세요. 추론된 자료형을 말풍선으로 알려줍니다.

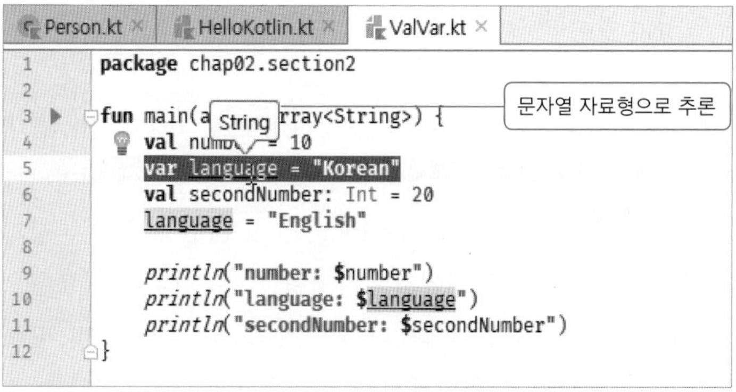

Person.kt × HelloKotlin.kt × ValVar.kt ×

```
1   package chap02.section2
2
3   fun main(a String rray<String>) {
4       val numb   = 10
5       var language = "Korean"
6       val secondNumber: Int = 20
7       language = "English"
8
9       println("number: $number")
10      println("language: $language")
11      println("secondNumber: $secondNumber")
12  }
```

문자열 자료형으로 추론

다음은 변수 이름을 지을 때 주의해야 하는 내용을 정리한 것입니다.

- 변수 이름은 123abc와 같이 숫자로 시작하면 안 된다.
- 변수 이름에는 while, if와 같이 코틀린에서 사용되는 키워드는 쓸 수 없다.
- 변수 이름은 의미 있는 단어를 사용하여 만드는 것이 좋다.
- 여러 단어를 사용하여 변수 이름을 지을 때 카멜 표기법을 사용하는 것이 좋다.

오리의 프로그래밍 노트 카멜 표기법이란

카멜 표기법(Camel Expression)이란 여러 단어로 된 변수 이름을 지정할 때 첫 번째 글자는 소문자로 쓰고 나머지 각 단어의 첫 번째 글자를 대문자로 써서 단어를 구별하는 방법입니다. 예를 들어 책의 수를 저장하는 변수로 numberOfBooks라고 이름을 지을 수 있습니다. 단어가 붙어 있는 모양이 낙타의 등과 같아서 붙인 이름이지요. 보통 변수의 첫 번째 글자는 소문자로, 클래스(또는 인터페이스)의 첫 번째 글자는 대문자로 표기합니다.

자료형 알아보기

이번에는 코틀린의 자료형에 대해 하나씩 알아보겠습니다.

코틀린의 자료형은 참조형 자료형을 사용합니다

보통 프로그래밍 언어의 자료형은 기본형 자료형과 참조형 자료형으로 구별하며 코틀린은 참조형 자료형을 사용합니다. 그러면 기본형 자료형은 무엇이고 참조형 자료형은 무엇일까요?

앞으로 기본형 자료형은 기본형으로, 참조형 자료형은 참조형으로 줄여 부르겠습니다.

기본형(Primitive Data Type)은 가공되지 않은 순수한 자료형을 말하며 프로그래밍 언어에 내장되어 있습니다. 참조형(Reference Type)은 객체를 생성하고 동적 메모리 영역에 데이터를 둔 다음 이것을 참조하는 자료형을 말합니다. 자바에서는 int, long, float, double 등 기본형과 String, Date와 같은 참조형을 모두 사용하지만 코틀린에서는 참조형만 사용합니다. 참조형으로 선언한 변수는 성능 최적화를 위해 코틀린 컴파일러에서 다시 기본형으로 대체됩니다. 따라서 코틀린에서는 참조형을 기본형으로 고려하는 등의 최적화를 신경 쓰지 않아도 됩니다.

기본형과 참조형의 동작 원리

다음은 자바에서 사용된 기본형과 참조형으로 선언한 변수의 코드 일부입니다.

```
int a = 77; // 기본형
Person person = new Person( ); // 참조형으로 person 객체를 위해 참조 주소(A12)를 가진다.
```

다음은 위의 코드가 실제로 저장되는 방식을 나타낸 그림입니다. 그림을 통해 기본형과 참조형이 메모리에 어떻게 저장되는지 설명해 보겠습니다. 기본형으로 선언한 변수 a는 주로 임시 메모리인 스택에 저장되며 값이 저장된 메모리의 크기도 고정되어 있습니다. 그림에서는 77이 저장된 부분을 참고하면 됩니다. 참조형은 스택에 값이 아닌 참조 주소가 있습니다. 그림에서는 A12(예를 들기 위한 주소입니다)가 저장된 부분을 참고하면 됩니다. 그러면 참조형의 실제 객체는 어디에 있을까요? 실제 객체는 동적 메모리인 힙에 저장됩니다. 그림에서는 화살표가 가리키는 도형을 참고하면 됩니다.

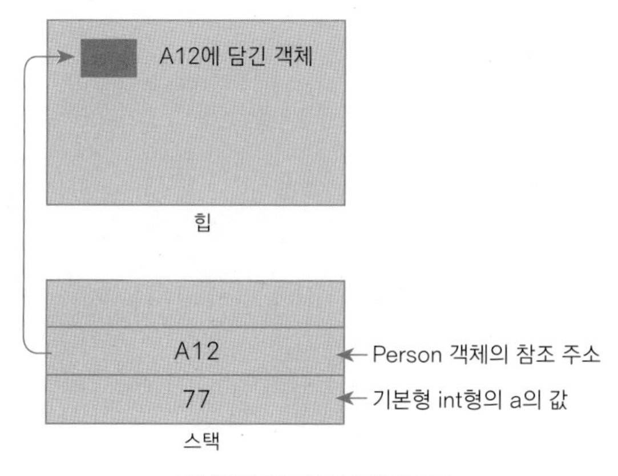

기본형과 참조형 자료형의 비교

자바는 기본형과 참조형을 모두 사용할 수 있습니다. 기본형이 참조형보다 코드 수행 시간이 더 빠릅니다. 그러면 참조형만을 사용하는 코틀린으로 만든 프로그램은 성능이 낮지 않을까요? 코틀린은 겉으로는 참조형을 사용하는 것 같지만 컴파일 과정을 거치면 참조형이 기본형으로 바뀝니다. 코틀린 컴파일러가 자동으로 최적화를 수행하는 것이지요. 따라서 코틀린에서는 기본형을 사용해야 할지 참조형을 사용해야 할지 고려할 필요 없이 참조형만 사용하면 됩니다.

정수 자료형

코틀린의 정수 자료형은 부호가 있는 것과 부호가 없는 것으로 나눌 수 있습니다.

다음은 부호가 있는 정수 자료형을 정리한 표입니다. 값의 범위에 따라 Long, Int, Short, Byte 등 알맞은 정수 자료형을 사용하면 됩니다.

부호가 있는 정수 자료형

형식	자료형	크기	값의 범위
정수 자료형	Long	8바이트(64비트)	$-2^{63} \sim 2^{63} - 1$
	Int	4바이트(32비트)	$-2^{31} \sim 2^{31} - 1$
	Short	2바이트(16비트)	$-2^{15} \sim 2^{15} - 1$ (-32,768 ~ 32,767)
	Byte	1바이트(8비트)	$-2^{7} \sim 2^{7} - 1$ (-128 ~ 127)

다음은 자료형을 지정하지 않은 변수에 여러 정수를 대입한 것입니다. 코드를 입력하고 Ctrl + Shift + P를 눌러 추론된 자료형을 확인해 보세요.

chap02에 자유롭게 패키지를 생성하여 코드를 입력해 보세요.

```
val num05 = 127 // Int형으로 추론
val num06 = -32768 // Int형으로 추론
val num07 = 2147483647 // Int형으로 추론
val num08 = 9223372036854775807 // Long형으로 추론
```

정수를 표현할 때 숫자를 그냥 사용하면 10진수를 나타내지만 접미사나 접두사를 사용하면 다음과 같이 2진수나 16진수를 표현할 수 있습니다.

```
val exp01 = 123 // Int형으로 추론
val exp02 = 123L // 접미사 L을 사용해 Long형으로 추론
val exp03 = 0x0F // 접두사 0x를 사용해 16진 표기가 사용된 Int형으로 추론
val exp04 = 0b00001011 // 접두사 0b를 사용해 2진 표기가 사용된 Int형으로 추론
```

보통 숫자값은 Int형으로 추론되기 때문에 만일 좀 더 작은 범위의 정수 자료형인 Byte형이나 Short형을 사용하기 위해서는 다음과 같이 직접 자료형을 명시해야 합니다.

```
val exp08: Byte = 127 // 명시적으로 자료형을 지정(Byte형)
val exp09 = 32767 // 명시적으로 자료형을 지정하지 않으면 Short형 범위의 값도 Int형으로 추론
val exp10: Short = 32767 // 명시적으로 자료형을 지정(Short형)
```

이번에는 음의 부호를 사용하지 않는 정수 자료형에 대해 알아봅시다. 양수만 표현할 수 있는, 즉 부호가 없는(unsigned) 정수 자료형은 부호가 있는 자료형보다 2배 더 많은 양수를 표현할 수 있다는 장점이 있습니다. 하지만 부호가 없는 자료형은 코틀린 1.3 버전에서 실험적으로 도입한 기능입니다. 코틀린이 업데이트되면 이 자료형은 변경될 수 있으니 상업 제품을 개발할 때는 주의하세요! 다음은 코틀린에서 사용할 수 있는 부호가 없는 정수 자료형을 표로 정리한 것입니다.

부호가 없는 정수 자료형

형식	자료형	크기	값의 범위
부호 없는 정수 자료형	ULong	8바이트(64비트)	$0 \sim 2^{64} - 1$
	UInt	4바이트(32비트)	$0 \sim 2^{32} - 1$
	UShort	2바이트(16비트)	$0 \sim 2^{16} - 1$(0 ~ 65,535)
	UByte	1바이트(8비트)	$0 \sim 2^{8} - 1$(0 ~ 255)

부호가 없는 정수 자료형을 사용할 때는 다음과 같이 값에 식별자를 사용하면 됩니다. 만약 자료형을 명시하지 않으면 값을 할당할 수 없습니다.

```
val uint: UInt = 153u
val ushort: UShort = 65535u
val ulong: ULong = 46322342uL
val ubyte: UByte = 255u
```

오리의 프로그래밍 노트 언더스코어로 자릿값을 구분할 수 있습니다

변수에 값을 할당하다 보면 어떤 경우는 값이 너무 길어서 읽기 어려울 수 있습니다. 실생활에서는 큰 수의 자릿값을 쉼표(,)로 구분하죠? 코틀린에서는 언더스코어(_)를 사용합니다. 언더스코어는 값에 영향을 주지 않으므로 다음과 같이 원하는 위치 아무 데나 넣을 수 있습니다. 언더스코어는 모든 종류의 값에 사용할 수 있습니다.

```
val number = 1_000_000
val cardNum = 1234_1234_1234_1234L
val hexVal = 0xAB_CD_EF_12
val bytes = 0b1101_0010
```

실수 자료형

실수 자료형은 말 그대로 실수를 저장하는 데 사용합니다. 다음은 실수 자료형을 표로 정리한 것입니다.

실수 자료형

형식	자료형	크기	값의 범위
실수 자료형	Double	8바이트(64비트)	약 4.9E - 324 ~ 1.7E + 308 (IEEE 754 표준)
	Float	4바이트(32비트)	약 1.4E - 45 ~ 3.4E + 38 (IEEE 754 표준)

정수와 마찬가지로 실수도 자료형을 명시하지 않으면 Double형으로 추론합니다. 만약 Double형이 아니라 Float형으로 지정하고 싶다면 간략하게 식별자 F를 실수 옆에 붙이면 됩니다. 다음 코드를 참고하세요.

```
val exp01 = 3.14  // Double형으로 추론(기본)
val exp02 = 3.14F // 식별자 F에 의해 Float형으로 추론
```

실수의 개수는 무한합니다. 하지만 메모리 공간은 유한하죠. 그래서 메모리에 모든 실수를 표현하기는 어렵습니다. 이러한 메모리의 단점을 극복하기 위하여 실수를 표현할 때 부동 소수점(Floating-point) 방식을 사용합니다. 부동 소수점 방식은 실수를 가수와 지수로 나누어 표현하는 방식입니다.

다음은 수학과 컴퓨터에서 부동 소수점을 표현하는 방식을 나타낸 것입니다. 이 그림을 보며 부동 소수점이 무엇인지 설명해 보겠습니다. 예를 들어 0.0314는 3.14에서 소수점이 왼쪽으로 2칸만 이동하면 됩니다. 즉, 3.14에 10^{-2}를 곱하면 됩니다. 314는 3.14에서 소수점이 오른쪽으로 2칸만 이동하면 되죠. 숫자(3.14)는 그대로 두고 소수점만 둥둥 떠다니며 실수를 표현하고 있죠? 그래서 부동 소수점이라고 부르는 것입니다.

일반 수학의 표현과 소스 코드상의 표현법

코틀린에서 소수점의 이동은 숫자 오른쪽에 e나 E와 함께 밑수인 10을 제외하고 지수만 적으면 됩니다. 예를 들어 3.14에서 왼쪽으로 소수점을 2칸 이동하려면 e-2나 E-2를, 오른쪽으로 소수점을 2칸 이동하려면 e2나 E2를 붙이면 됩니다(+ 기호는 생략 가능). 다음은 부동 소수점 방식으로 실수를 표현한 것입니다.

```
val exp03 = 3.14E-2 // 왼쪽으로 소수점 2칸 이동, 0.0314
val exp04 = 3.14e2  // 오른쪽으로 소수점 2칸 이동, 314
```

부동 소수점 제대로 이해하기

코틀린은 IEEE 754 표준의 부동 소수점 방식을 따르고 있습니다. 다음은 32비트와 64비트 방식으로 부동 소수점을 표현한 그림입니다. 그림을 보며 부동 소수점이 실수를 표현하는 방법과 오차에 대해 알아보겠습니다.

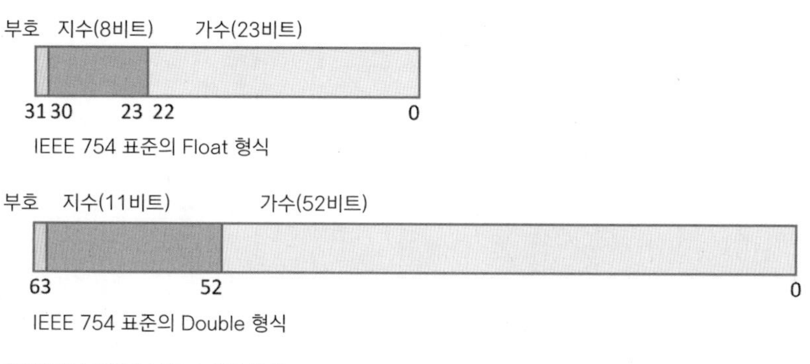

IEEE 754 표준의 부동 소수점 방식

'부호'에는 0이나 1이 들어갑니다. 0은 양수를, 1은 음수를 의미하죠. '지수'는 앞에서 공부한 실수의 지수 부분을 의미하며 32비트에서는 -126에서 127 사이의 값을 사용합니다. 가수는 표현하려는 수의 정수 부분이 1이 되도록 정규화하여 저장합니다.

예를 들어 -12.375(10)를 32비트의 Float 형식으로 표현하면 음수이므로 부호 비트는 1입니다. 절댓값 12.375는 2진법으로 표현하여 1100.011(2)이 됩니다. 그런 다음 정수 부분이 1이 되도록 정규화합니다. 그러면 2진수로 1.100011×2^3과 같이 표현할 수 있습니다. 이때 정수 부분은 항상 1이기 때문에 생략되고 100011(2)에 대해서만 가수 부분인 23비트 내에서 표현합니다.

1		10001100000000000000000
31	30 ~ 23	22 ~ 0

이제 지수 부분을 봅시다. 지수는 양수와 음수 모두 표현해야 하기 때문에 8비트의 맨 앞자리를 제외하여 -126에서 127까지 범위 내의 값만 표현할 수 있습니다. IEEE 754 표준에서는 기준값인 127을 사용해 127+3인 130을 2진법으로 표현한 10000010(2)으로 지수 부분을 표현합니다.

1	10000010	10001100000000000000000
31	30 23	22 0

그런데 위의 방법으로는 공간의 제약으로 모든 실수를 표현할 수 없습니다. 그리고 이런 방식을 이용하면 표현 비트의 제한 때문에 약간의 오차가 있으므로 사용할 때 주의해야 합니다. 예를 들어 0.1은 사실 정확하게 0.1이 아니라 0.1에 아주 근접한 값입니다. 무슨 말일까요? 다음 코드를 살펴봅시다.

```
package chap02.section2

fun main( ) {
    var num: Double = 0.1

    for(x in 0..999) {
        num += 0.1
    }

    println(num) // 100.09999999999859
}
```

위의 코드는 부동 소수점으로 정의된 0.1을 1,000번 반복하여 더합니다. 예상되는 결괏값은 100이지만 실제로는 100이 아니라 100에 근접한 값인 100.09999999999859가 나옵니다. 왜 그럴까요? 10진수 0.1(10)을 2진수로 표현하면 0.0 0011 0011 0011...(2)를 반복하는 순환소수가 됩니다. 따라서 제한된 가수 부분에 의해 Double 형식에서 표현되는 가수 부분의 52비트를 넘어서는 부분이 잘려 나가서 표현됩니다. 그러니 부정확한 값으로 더해질 수밖에 없는 것입니다. 따라서 부동 소수점을 사용할 때는 오차에 주의해야 합니다.

정수 자료형과 실수 자료형의 최솟값과 최댓값 알아보기

프로그램을 효율적으로 만들려면 메모리 공간을 잘 활용해야겠죠? 그러려면 데이터 크기에 맞게 자료형을 지정하는 것이 중요합니다. 예를 들어 1,000이 넘지 않는 정숫값을 저장하는

데에는 Int형보다 Short형을 사용하는 것이 더 좋습니다. Int형은 최대 2,147,483,647까지 저장할 수 있는 만큼, 차지하는 메모리 공간이 Short형보다 더 크기 때문이죠. 데이터 크기에 맞게 자료형을 지정하려면 자료형의 최솟값과 최댓값을 파악하면 됩니다. 각 자료형의 요소인 **MIN_VALUE**와 **MAX_VALUE**를 사용해 Byte, Short, Int, Long, Float, Double의 최댓값과 최솟값을 나타내 봅시다.

코딩해 보세요! **정수 자료형과 실수 자료형의 최솟값 및 최대값 출력하기** • 참고 파일 MinMax.kt

```
package chap02.section2

fun main( ) {
    println("Byte min: " + Byte.MIN_VALUE + " max: " + Byte.MAX_VALUE)
    println("Short min: " + Short.MIN_VALUE + " max: " + Short.MAX_VALUE)
    println("Int min: " + Int.MIN_VALUE + " max: " + Int.MAX_VALUE)
    println("Long min: " + Long.MIN_VALUE + " max: " + Long.MAX_VALUE)
    println("Float min: " + Float.MIN_VALUE + " max: " + Float.MAX_VALUE)
    println("Double min: " + Double.MIN_VALUE + " max: " + Double.MAX_VALUE)
}
```

실행 결과

```
Byte min: -128 max: 127
Short min: -32768 max: 32767
Int min: -2147483648 max: 2147483647
Long min: -9223372036854775808 max: 9223372036854775807
Float min: 1.4E-45 max: 3.4028235E38
Double min: 4.9E-324 max: 1.7976931348623157E308
```

실행 결과는 각 자료형의 최댓값과 최솟값입니다. 코틀린은 코드를 작성할 때 각 자료형에서 표현할 수 있는 최댓값이나 최솟값을 넘는 값을 할당하면 오류를 발생시킵니다. 단, 비트 연산의 경우 오류를 미리 발생시키지 않습니다. 즉 비트 연산은 2의 보수 표현에 의하여 부호가 바뀐 양수나 음수가 표현되어 의도하지 않은 값으로 바뀔 수 있습니다.

오리의 프로그래밍 노트 2의 보수란?

만일 특정 자료형의 값이 최댓값을 넘는 경우에는 어떻게 될까요? 예를 들어 Byte형 변수에 127이 들어 있을 때 여기에 1을 더하면 비트 연산에 의해 가장 상단의 비트인 부호 비트가 바뀌고 값은 -128이 됩니다. 최댓값과 최솟값이 고리 모양으로 붙어 있는 그림을 상상하면 이해가 쉬울 것입니다.

컴퓨터는 음수를 표현하기 위해서 2의 보수라는 개념을 사용하고 있습니다. 다음 그림을 보면 좀 더 이해하기 쉬울 것입니다.

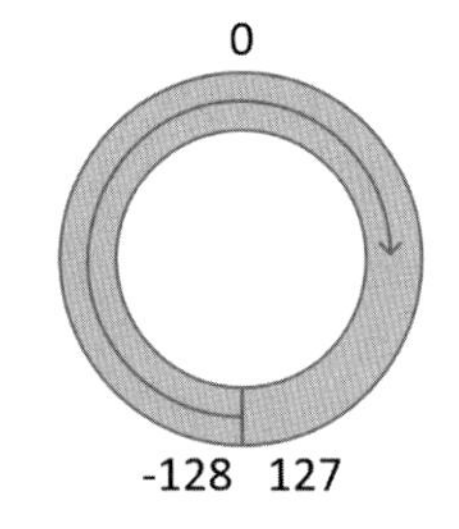

Byte형의 최댓값과 최솟값

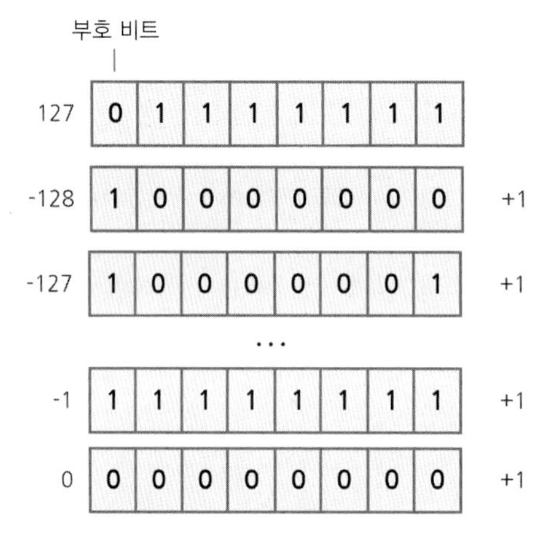

부호 비트와 음수의 2의 보수 표현

예를 들어 -6을 표현하려면 6의 2진값 0000 0110을 뒤집어 1111 1001로 만들고 거기에 다시 1을 더해 1111 1010이 됩니다. 이것이 2의 보수 표현법이며 컴퓨터 내부적으로 사용되는 기법입니다. 왜 이렇게 복잡해 보이는 기법을 사용할까요? 컴퓨터의 연산기에는 사실 덧셈 기능의 회로만 있으며 덧셈 기능으로 뺄셈도 구현하기 때문입니다.

논리 자료형

참, 거짓을 표현하는 논리 자료형(Boolean)은 조건을 검사할 때 많이 사용합니다. 코틀린에서 논리 자료형의 값은 true, false입니다. 다음은 논리 자료형을 표로 정리한 것입니다.

논리 자료형

형식	자료형	크기	값의 범위
논리 자료형	Boolean	1비트	true, false

논리 자료형은 흔히 검사 용도의 변수를 만들 때 사용합니다. 다음은 논리 자료형을 선언한 예입니다.

```
val isOpen = true // isOpen은 Boolean형으로 추론
val isUploaded: Boolean // 변수를 선언만 한 경우 자료형(Boolean)을 반드시 명시
```

문자 자료형

문자 자료형(Char)은 문자를 표현하기 위해 사용하며 문자 자료형 값은 작은따옴표(')로 감싸 표현합니다. 다음은 문자 자료형을 표로 정리한 것입니다.

문자 자료형

형식	자료형	크기	값의 범위
문자 자료형	Char	2바이트(16비트)	0 ~ 2^{15} - 1 (\u0000 ~ \uffff)

다음은 문자 자료형을 사용하여 변수를 선언한 예입니다.

```
val ch = 'c' // ch는 Char로 추론
val ch2: Char // 변수를 선언만 한 경우 자료형(Char)을 반드시 명시
```

그런데 컴퓨터는 문자 자료형 값을 저장할 때 문자 세트(아스키코드 표, 유니코드 표)를 참고하여 번호로 저장합니다. 예를 들어 컴퓨터에는 문자 A가 A로 저장되는 것이 아니라 65로 저장됩니다. 쉽게 말해 컴퓨터는 문자 A를 65로 이해합니다. 단, 코틀린에서 문자 자료형을 선언할 때만큼은 문자 값으로 선언해야 합니다. 선언한 다음에는 문자 자료형에 숫자를 더하는 방식으로 다른 문자를 표현할 수 있습니다. 문자 자료형의 선언과 사용을 구분하여 기억하기를 바랍니다.

```
val ch = 'A'
println(ch + 1) // B

val chNum: Char = 65 // 오류! 숫자를 사용하여 선언하는 것은 금지
```

만약 정수 자료형을 이용하여 문자 자료형을 선언하려면 어떻게 해야 할까요? 정숫값을 변환하는 함수 `toChar( )`를 이용하여 문자 자료형을 선언하면 됩니다.

```
val code: Int = 65
val chFromCode: Char = code.toChar( ) // code에 해당하는 문자를 할당
println(chFromCode) // 결과는 A
```

문자 자료형에는 1개의 문자만 저장할 수 있습니다. 만일 여러 문자가 나열된 문자열을 저장하려면 문자열 자료형을 사용해야 합니다.

```
val ch4: Char = 'ab' // 오류! 2개 이상의 문자는 담을 수 없음
```

오리의 프로그래밍 노트 아스키코드와 유니코드란?

컴퓨터에서 보통 영문 위주의 문자를 표현할 때는 아스키코드(ASCII Code)를 사용합니다. 아스키코드는 1바이트로 문자를 표현하죠. 1바이트는 2^8(256)이므로 아스키코드로는 256개의 문자를 표현할 수 있습니다. 그런데 자바나 코틀린에서는 다양한 언어를 표현하기 위해 2바이트로 문자를 표현하는 유니코드를 사용합니다. 2바이트는 2^{16}(65536)이므로 65536개의 문자를 표현할 수 있습니다. 유니코드(Unicode)는 이스케이프 문자 \u와 16진수 4자리를 이용하여 문자를 표현합니다. 예를 들어 '한'이라는 문자는 변수에 \uD55C를 할당하면 됩니다.

```
val ch3 = '\uD55C' // 유니코드 표기법으로 '한'이라는 문자 지정
```

문자열 자료형 알아보기

이제 문자열 자료형(String)에 대해 이야기하겠습니다. 문자열 자료형은 문자 자료형에서 더 나아가 여러 문자를 배열하여 저장할 수 있는 자료형입니다. 그런데 왜 문자열 자료형은 따로 설명할까요? 문자 자료형인 Char는 char와 같은 기본형으로 처리되지만, 문자열 자료형은 기본형에 속하지 않는 배열 형태로 되어 있는 특수한 자료형이기 때문입니다.

문자열 자료형 선언과 저장 방식 이해하기

다음은 문자열 자료형을 선언한 것입니다. 다른 여러 자료형과 마찬가지로 문자열 자료형도 자료형의 이름을 지정하거나 추론 방식으로 선언할 수 있습니다. 마지막 코드 2줄은 문자열 자료형이 어떻게 저장되는지 확인하기 위하여 입력한 것입니다. 그러면 프로그램을 실행하여 결과를 확인해 보고 문자열이 저장되는 방식도 알아보겠습니다.

코딩해 보세요! **문자열 선언 및 할당** • 참고 파일 StringTest.kt

```
package chap02.section2

fun main( ) {
    var str1: String = "Hello"
    var str2 = "World"
    var str3 = "Hello"

    println("str1 === str2: ${str1 === str2}")
    println("str1 === str3: ${str1 === str3}")
}
```

실행 결과

```
str1 === str2: false
str1 === str3: true
```

위의 코드는 문자열 변수를 3개 선언한 것이고 다음은 문자열 변수 str1, str2, str3이 메모리에 저장된 것을 표현한 그림입니다.

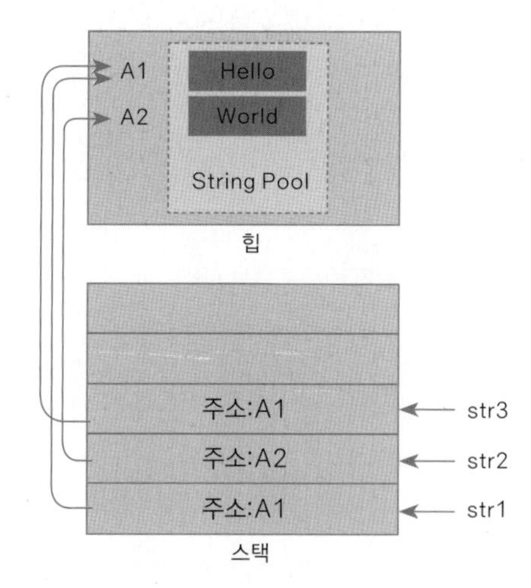

String형 선언 및 할당에 사용되는 메모리는 String Pool이다.

위의 그림을 보면 str1, str3이 조금 특별한 방법으로 저장되어 있다는 것을 알 수 있습니다. str1, str3에는 같은 문자열이 저장되어 있는데 이런 경우에는 "Hello"를 스택에 2번 저장하는 것보다 이미 저장된 값을 활용하는 것이 효율적입니다. 그래서 코틀린은 힙 영역의 String Pool이라는 공간에 문자열인 "Hello"를 저장해 두고 이 값을 str1, str3이 참조하도록 만듭니다. 결과적으로 str3의 참조 주소는 str1과 동일하므로 참조 비교를 위해 === 연산자를 사용하면 true가 반환됩니다. 이렇게 문자열 자료형은 String Pool을 이용해 필요한 경우 메모리 공간을 재활용합니다.

표현식과 $ 기호 사용하여 문자열 출력하기

변수의 값이나 표현식을 문자열 안에 넣어 출력하려면 어떻게 해야 할까요? 달러($) 기호와 함께 변수나 표현식을 사용하면 됩니다. 다음을 통해 $ 기호의 사용법을 알아보겠습니다.

```
var a = 1
val s1 = "a is $a" // String 자료형의 s1을 선언하고 초기화. 변수 a가 사용됨
```

문자열 안에 변수 a의 값을 사용할 수 있도록 $a를 사용했습니다. 그러면 $a가 변수 a의 값인 1로 대체되며 "a is 1"이 변수 s1에 할당됩니다. 만약 변수가 아니라 표현식을 문자열에 포함시키려면 중괄호({})를 사용하면 됩니다.
다음은 변수와 표현식을 문자열에 포함시킨 예제입니다.

코딩해 보세요! **문자열에 표현식 사용하기** • 참고 파일 StringExpression.kt

```
package chap02.section2

fun main( ) {
    var a = 1
    val str1 = "a = $a"
    val str2 = "a = ${a + 2}" // 문자열에 표현식 사용

    println("str1: \"$str1\", str2: \"$str2\"")
}
```

실행 결과

```
str1: "a = 1", str2: "a = 3"
```

예제의 결과를 보면 str2의 결과는 표현식에 의해 a에 2를 더한 값인 3이 됩니다. 그리고 이스케이프 문자인 \"을 사용해 큰따옴표를 문자열 안에 표현하고 있습니다. 이스케이프 문자는 백슬래시(\)를 붙여 표현하는 특수문자 표기법입니다. 예를 들어 큰따옴표와 $ 기호는 다음과 같은 이스케이프 문자로 표현합니다.

```
val special = "\"hello\", I have \$15"
println(special) // "hello", I have $15
```

오리의 프로그래밍 노트 중괄호를 사용해도 큰따옴표나 $를 표현할 수 있어요

다음과 같이 문자열 안에 ${' '} 를 이용해 큰따옴표나 $ 기호를 표현할 수 있습니다.

```
val special2 = "${'"'}${'$'}9.99${'"'}" // "$9.99"
```

형식화된 다중 문자열 사용하기

문자열에 줄바꿈 문자, 탭 등의 특수문자가 포함된 문자열은 어떻게 표현해야 할까요? 코틀린은 이런 문자열도 손쉽게 나타낼 수 있습니다. 예를 들어 다음과 같은 문자열은 코틀린에서 어떻게 출력할까요?

```
목차의 정리
1장 코틀린의 소개          페이지 1
2장 변수와 자료형          페이지 10
```

위의 문자열에는 눈에 보이지 않는 줄바꿈, 탭, 공백 문자가 들어 있습니다. 이런 문자들을 문자열에 포함시켜 출력하려면 """ 기호를 사용하면 됩니다. 그리고 이런 문자열을 형식화된 다중 문자열이라고 부릅니다. 형식화된 다중 문자열은 자주 사용하지는 않지만 보이지 않는 문자가 포함된 문자열을 한 번에 출력할 때 유용합니다. 다음을 통해 """의 사용 방법을 자세히 알아보겠습니다.

코딩해 보세요! **형식화된 다중 문자열 출력해 보기** • 참고 파일 FormattedString.kt

```
package chap02.section2

fun main( ) {
    val num = 10
    val formattedString = """
        var a = 6
        var b = "Kotlin"
        println(a + num)    // num의 값은 $num
        """
    println(formattedString)
}
```

실행 결과

```
        var a = 6
        var b = "Kotlin"
        println(a + num)    // num의 값은 10
```

변수 formattedString에 다중 문자열을 대입했습니다. """로 감싼 문자열에 있는 모든 내용이 그대로 출력되었죠? 정말 줄바꿈 문자와 공백까지 모두 출력되었는지 다시 한번 천천히 확인해 보세요.

자료형에 별명 붙이기

변수의 자료형이 복잡한 구조를 가지면 자료형에 별명을 붙일 수도 있습니다. 자료형에 별명을 붙이려면 typealias라는 키워드를 사용하면 됩니다. 다음은 String에 Username이라고 별명을 붙인 것입니다. 앞으로 배울 고차 함수와 람다식에서도 typealias를 많이 사용하므로 이 방법을 미리 익혀 두고 넘어가겠습니다.

```
typealias Username = String      // String을 Username이라는 별명으로 대체
val user: Username = "Kildong" // 이제부터 Username은 String과 같은 표현
```

이제 Username은 String과 같이 사용됩니다. 이렇게 특정 자료형이나 클래스 등에 별명을 붙이면 좀 더 명확하게 용도를 나타낼 수 있습니다. 또 아주 긴 선언의 클래스를 짧게 줄일 수도 있습니다. 이러한 기법은 기본을 좀 더 배운 다음 활용 부분에서 살펴보겠습니다.

02-3 자료형 검사하고 변환하기

코틀린은 변수를 사용할 때 반드시 값이 할당되어 있어야 한다는 원칙이 있습니다. 만약 값이 할당되지 않은 변수를 사용하면 코틀린에서 오류가 발생합니다. 한편 값이 없는 상태는 null이라고 부릅니다. 앞으로 '값이 없는 상태'라는 말 대신 null이라는 용어를 사용하겠습니다. 코틀린에서는 null 상태인 변수를 허용하려면 물음표(?) 기호를 사용해 선언해야 합니다. 물론 null을 허용하는 변수를 사용하려면 null을 검사하고 처리하는 방법까지 고려해야 합니다. 또한 필요하면 자료형을 변환할 수도 있습니다.

null을 허용한 변수 검사하기

프로그램이 실행되는 도중에 값이 null인 변수에 접근하려 하면 NullPointerException(NPE) 예외 오류가 발생합니다. 이 문제는 아주 오래전부터 프로그래머의 머리를 아프게 만들었죠. 그런데 코틀린은 변수에 아예 null을 허용하지 않아 이 문제를 미리 방지할 수 있습니다. 좀 더 안전한 프로그래밍을 할 수 있게 된 것이죠. 다음 실습을 통해 null과 자료형 검사에 대해 알아보겠습니다.

앞으로는 NullPointerException를 NPE라고 줄여 부르겠습니다.

변수에 null 할당하기

다음은 변수에 null을 할당한 것입니다. 코틀린은 변수에 null을 허용하지 않는다고 했죠? 다음과 같이 코드를 작성하면 IntelliJ IDEA에서 빨간 줄로 표시하여 프로그래머에게 알려줍니다. 다음과 같이 `String`형인 `str1` 변수에 `null` 값을 할당하는 코드를 직접 입력하여 정말 빨간 줄이 표시되는지 확인해 보세요.

코딩해 보세요! null 처리하기 • 참고 파일 NullTest.kt

```
package chap02.section3

fun main( ) {
    var str1 : String = "Hello Kotlin"
    str1 = null // 오류! null을 허용하지 않음
    println("str1: $str1")
}
```

실행 결과

```
Error:(5, 12) Kotlin: Null can not be a value of a non-null type String
```

만약 위의 코드를 실행하면 null 값이 할당될 수 없다는 오류 메시지가 나타납니다. 변수에 null 할당을 허용하려면 자료형 뒤에 물음표(?) 기호를 명시해야 합니다. 위의 코드에서 자료형에 물음표 기호를 추가하고 다시 실행해 보세요.

코딩해 보세요! null 처리하기 • 참고 파일 NullTest.kt

```
package chap02.section3

fun main( ) {
    var str1 : String? = "Hello Kotlin"
    str1 = null
    println("str1: $str1")
}
```

실행 결과

```
str1: null
```

이제 str1 변수에 null을 할당할 수 있게 되었습니다. 여기서는 변수의 null 허용 여부에 따라 String과 String?이 서로 다른 자료형이라는 것만 확실히 이해해야 합니다.

세이프 콜과 non-null 단정 기호를 활용하여 null을 허용한 변수 사용하기

예를 들어 프로그램 실행 도중 문자열의 길이를 구하기 위하여 str1.length를 사용하면 어떻게 될까요? str1 변수에 문자열이 할당되어 있는 상태라면 길이를 구할 수 있겠지만 null이 할당되어 있는 상태라면 문자열의 길이를 구할 때 NPE가 발생할 것입니다. 앞에서 작성한 코드에서 str1.length를 출력하도록 수정해 보세요.

```
package chap02.section3

fun main( ) {
    var str1 : String? = "Hello Kotlin"
    str1 = null
    println("str1: $str1 length: ${str1.length}") // null을 허용하면 length가 실행될 수 없음
}
```

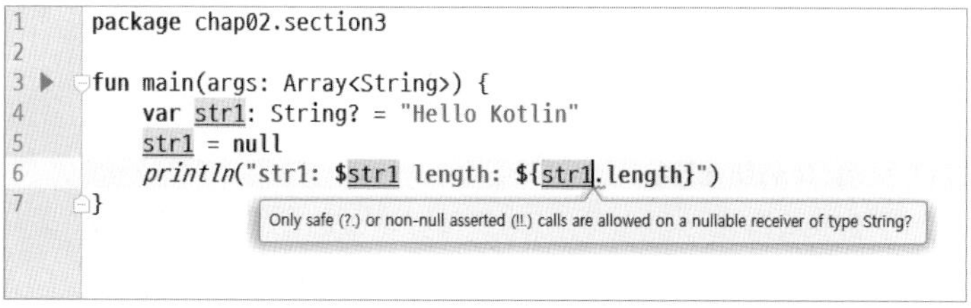

```
1   package chap02.section3
2
3   fun main(args: Array<String>) {
4       var str1: String? = "Hello Kotlin"
5       str1 = null
6       println("str1: $str1 length: ${str1.length}")
7   }
```

Only safe (?.) or non-null asserted (!!.) calls are allowed on a nullable receiver of type String?

코드를 수정하고 str1.length에 입력 커서를 두면 빨간 줄이 표시되고 String?형에서는 세이프 콜(?.)이나 non-null 단정 기호(!!.)만 허용한다는 팁을 볼 수 있습니다. 즉 str1의 length에 접근하려면 이 2가지 기법 중 하나를 사용해야 합니다. 두 방법에 대해 하나씩 알아보겠습니다.
세이프 콜이란 null이 할당되어 있을 가능성이 있는 변수를 검사하여 안전하게 호출하도록 도와주는 기법을 말합니다. 세이프 콜을 추가하려면 호출할 변수 이름 뒤에 ?.를 작성하면 됩니다. 위 프로그램에 세이프 콜 기호를 추가하여 수정하고 실행해 보세요.

```
println("str1: $str1 length: ${str1?.length}") // str1을 세이프 콜로 안전하게 호출
```

프로그램이 잘 실행되죠? 위의 코드는 변수 str1을 검사한 다음 null이 아니면 str1의 멤버 변수인 length에 접근해 값을 읽도록 만든 것입니다. str1을 검사해보니 아무것도 들어 있지 않으므로 length에 접근하지 않고 그대로 null을 출력합니다.
non-null 단정 기호(!!.)를 사용하면 어떻게 될까요? non-null 단정 기호는 변수에 할당된 값이 null이 아님을 단정하므로 컴파일러가 null 검사 없이 무시합니다. 따라서 변수에 null이 할당되어 있어도 컴파일은 잘 진행됩니다. 하지만 실행 중에 NPE를 발생시킵니다. 위의 코드를 다음과 같이 수정하고 실행하여 결과를 확인해 보세요. 코딩을 할 때는 오류 메시지가 나타나지 않지만 프로그램을 실행하면 NPE가 발생합니다.

```
println("str1: $str1 length: ${str1!!.length}") // NPE 강제 발생
```

조건문을 활용해 null을 허용한 변수 검사하기

세이프 콜이나 non-null 단정 기호를 사용하는 방법 대신 조건문으로 null을 허용한 변수를 검사해도 됩니다. 즉, null을 허용한 변수의 null 상태 가능성을 검사하기만 하면 코틀린 컴파일러는 오류를 발생시키지 않습니다. 코드를 다음과 같이 수정하여 실행해 보세요. 조건문에 대해서는 04장 프로그램의 흐름에서 좀 더 자세히 살펴봅니다.

```
fun main( ) {
    var str1 : String? = "Hello Kotlin"
    str1 = null
    // 조건식을 통해 null 상태 검사
    val len = if(str1 != null) str1.length else -1
    println("str1: $str1 length: ${len}")
}
```

실행 결과

```
str1: null length: -1
```

위의 코드는 조건식 `str1 != null`을 통해 `str1` 변수에 할당된 값이 `null`이 아닌 경우에만 `str1.length`를 사용하도록 만든 것입니다. 이 코드에서는 `str1`에 이미 `null`이 할당되어 있기 때문에 `len`의 값으로 -1이 호출되었습니다.

세이프 콜과 엘비스 연산자를 활용해 null을 허용한 변수 더 안전하게 사용하기

null을 허용한 변수를 조금 더 안전하게 사용하려면 세이프 콜 ?.과 엘비스(Elvis) 연산자 ?:를 함께 사용하면 됩니다. 엘비스 연산자는 변수가 null인지 아닌지 검사하여 null이 아니라면 왼쪽 식을 그대로 실행하고 null이라면 오른쪽 식을 실행합니다. 일단 다음 코드를 입력하고 실행하여 세이프 콜과 엘비스 연산자의 사용 방법을 알아보겠습니다.

코딩해 보세요! 세이프 콜과 엘비스 연산자 • 참고 파일 SafeCallandElvis.kt

```
package chap02.section3

fun main( ) {
    var str1 : String? = "Hello Kotlin"
    str1 = null
    println("str1: $str1 length: ${str1?.length ?: -1}") // 세이프 콜과 엘비스 연산자 활용
}
```

```
실행 결과
str1: null length: -1
```

위의 코드는 str1 값이 null이면 -1을 출력합니다. str1 값을 "Hi!"라는 문자열로 바꾸고 다시 실행해 보면 length의 길이인 3이 출력됩니다. 이 내용을 그림으로 보면 다음과 같습니다.

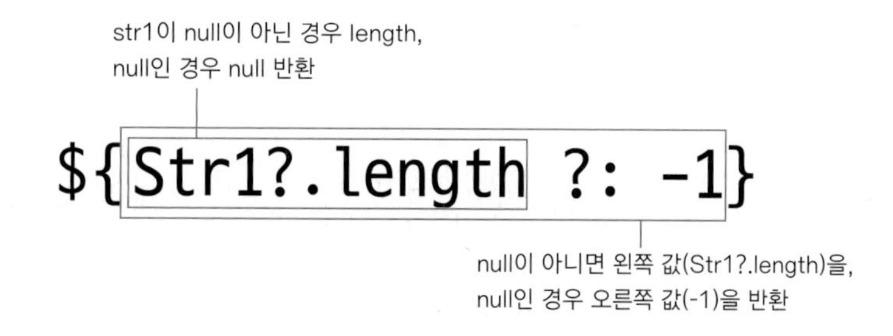
str1이 null이 아닌 경우 length,
null인 경우 null 반환
${Str1?.length ?: -1}
null이 아니면 왼쪽 값(Str1?.length)을,
null인 경우 오른쪽 값(-1)을 반환

즉, str1?.length ?: -1이라는 표현은 다음 코드와 동일합니다.

```
if (str1 != null) str1.length else -1
```

세이프 콜과 엘비스 연산자를 사용하면 null인 경우 반환값을 -1과 같은 특정 값으로 대체함으로써 null 발생을 대비할 수 있으므로 안전하고, 또한 코드를 한 줄에 표현할 수 있어 가독성이 좋아집니다.

자료형 비교하고 검사하고 변환하기

02-2에서 설명한 것처럼 코틀린의 자료형은 모두 참조형으로 선언합니다. 하지만 컴파일을 거쳐서 최적화될 때 Int, Long, Short와 같은 자료형은 기본형 자료형으로 변환됩니다. 참조형과 기본형의 저장 방식은 서로 다르기 때문에 자료형을 비교하거나 검사할 때는 이와 같은 특징을 이해하고 있어야 합니다.

코틀린에서 서로 다른 자료형을 비교하거나 연산하면 어떻게 될까요? 코틀린에서는 자료형이 서로 다른 변수를 비교하거나 연산할 수 없습니다. 예를 들어 Int형으로 선언한 변수와 Long형으로 선언한 변수를 서로 더하거나 뺄 수 없죠. 코틀린에서는 자료형이 서로 다른 변수를 같은 자료형으로 만들어야 연산할 수 있습니다. 지금부터 자료형을 변환하는 방법부터 서로 다른 자료형의 변수를 비교하는 방법까지 알아보겠습니다.

자료형 변환

코틀린에서는 자료형이 다르면 변환 함수를 사용해야 합니다. 자바에서는 자료형이 서로 다르면 자동으로 변환됩니다. 다음 자바 코드를 먼저 살펴봅시다.

```
int a = 1;      // 자바의 기본형 int형 변수인 a에 1을 할당
double b = a; // double형 변수인 b의 값으로 a를 할당
```

위와 같이 int형 변수 a에 1을 대입하고 double형 변수 b에 a를 대입하면 a에 할당된 1이라는 값이 자동으로 int형에서 double형으로 변환됩니다. 결국 b에는 1이 아닌 1.0이 할당됩니다. 이처럼 자바에서는 서로 다른 자료형을 가진 변수를 할당할 때 작은 자료형에서 큰 자료형으로 변환됩니다. 이것을 자동 형 변환이라고 부릅니다.

코틀린에서는 자료형이 다른 변수에 재할당하면 자동 형 변환이 되지 않고 자료형 불일치 오류(Type Mismatch)가 발생합니다. 의도하지 않게 자료형이 변하는 것을 방지하기 위한 것이죠. 코틀린에서도 마찬가지로 Double형 변수 값으로 Int형 변수를 할당해 보겠습니다.

```
val a: Int = 1        // Int형 변수 a를 선언하고 1을 할당
val b: Double = a  // 자료형 불일치 오류 발생
val c: Int = 1.1     // 자료형 불일치 오류 발생
```

변수 a는 Int형이므로 Double형 변수 b에 다시 할당할 수 없습니다. 물론 Int형인 c에 1.1을 대입하는 것도 안 됩니다. 만일 자료형을 변환해 할당하고 싶다면 코틀린에서는 자료형 변환 메서드를 이용해야 합니다. 위 코드에서는 Int형 변수 a에 명시적으로 Double형으로 변환하는 `toDouble( )` 메서드를 점(.)과 함께 붙여 사용합니다.

```
val b: Double = a.toDouble( ) // 변환 메서드 사용
```

만약 표현식에서 자료형이 서로 다른 값을 연산하면 어떻게 될까요? 이 경우에는 자료형이 표현할 수 있는 범위가 큰 자료형으로 자동 형 변환하여 연산합니다.

```
val result = 1L + 3 // Long형 + Int형 → result는 Long형
```

다음은 코틀린에서 사용할 수 있는 자료형 변환 메서드입니다. 위의 코드를 응용하여 한 번씩 사용해 보고 넘어가는 것을 추천합니다.

- toByte: Byte
- toLong: Long
- toShort: Short
- toInt: Int
- toFloat: Float
- toDouble: Double
- toChar: Char

기본형과 참조형 자료형의 비교 원리

자료형을 비교할 때는 단순히 값만 비교하는 방법과 참조 주소까지 비교하는 방법이 있습니다. 단순히 값만 비교할 때는 이중 등호(==)를 사용하고 참조 주소를 비교하려면 삼중 등호(===)를 사용합니다. 이중 등호는 참조에 상관 없이 값이 동일하면 true를, 값이 다르면 false를 반환합니다. 삼중 등호는 값과 상관없이 참조가 동일하면 true를 반환합니다. 값이 동일하더라도 참조 주소가 다르면 false를 반환합니다.

다음은 Int형으로 선언한 변수 a, b에 128을 대입하고 이중 등호와 삼중 등호로 비교한 것입니다. 비교 결과는 모두 true입니다. 이때 참조형으로 선언된 a와 b는 코틀린 컴파일러가 기본형으로 변환하여 저장한다는 점에 주의해야 합니다. 즉, 여기서는 삼중 등호가 비교하는 값도 저장된 값인 128입니다.

```
val a: Int = 128
val b: Int = 128
println(a == b) // true
println(a === b) // true
```

그러면 참조 주소까지 달라지는 것은 무엇일까요? 예를 들어 null을 허용한 변수는 같은 값을 저장해도 이중 등호와 삼중 등호를 사용한 결괏값이 다릅니다.

```
val a: Int = 128
val b: Int? = 128
println(a == b) // true
println(a === b) // false
```

왜 그럴까요? Int형으로 선언된 a는 기본형으로 변환되어 스택에 128이라는 값 자체를 저장합니다. 하지만 Int?형으로 선언된 b는 참조형으로 저장되므로 b에는 128이 저장된 힙의 참조 주소가 저장되어 있습니다. 그래서 a와 b를 삼중 등호로 비교하면 false가 나옵니다.

다음 실습을 통해 이중 등호와 삼중 등호를 사용해 보고 기본형과 참조형이 실제 메모리에 어떻게 저장되는지 다시 한번 자세히 설명해 보겠습니다.

코딩해 보세요! **이중 등호 비교와 삼중 등호 비교 사용하기** • 참고 파일 ValueRefCompare.kt

```
package chap02.section3

fun main( ) {
    val a: Int = 128
    val b = a
    println(a === b) // 자료형이 기본형인 int형이 되어 값이 동일하므로 true

    val c: Int? = a
    val d: Int? = a
    val e: Int? = c
    println(c == d) // 값의 내용만 비교하는 경우 동일하므로 true
    println(c === d) // 값의 내용은 같지만 참조 주소를 비교해 다른 객체(주소 다름)이므로 false
    println(c === e) // 값의 내용도 같고 참조된 객체도 동일(주소 동일)하므로 true
}
```

실행 결과

```
true
true
false
true
```

다음은 위 코드의 메모리 상태를 그림으로 나타낸 것입니다.

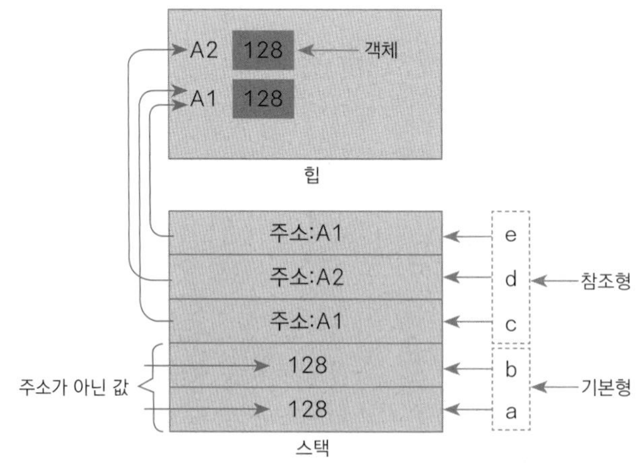

기본형과 참조형의 메모리 사용

a와 b는 참조형인 Int형으로 선언되었지만 코틀린 컴파일러에 의해 기본형으로 변환되어 저장됩니다. 프로그램을 실행하면 a와 b는 스택에 주소가 아닌 128이라는 값이 저장됩니다. 그래서 이중 등호로 비교해도 true가 나오고 삼중 등호로 비교해도 true가 나옵니다.

null을 허용한 변수 c와 d는 참조형으로 저장됩니다. 그래서 c와 d에는 a에 들어 있는 값인 128이 저장되는 것이 아니라 서로 다른 128을 가리키고 있는 주소:A1과 주소:A2가 저장됩니다. 두 변수가 가리키는 값은 같으니 이중 등호로 비교하면 true가 나옵니다. 하지만 삼중 등호로 비교하면 두 변수의 참조 주소가 달라 false가 나옵니다.

null을 허용한 e는 조금 다릅니다. 참조형으로 만들어진 e에는 c의 참조 주소인 주소:A1이 저장됩니다. 그래서 c와 e를 이중 등호와 삼중 등호로 비교한 값은 모두 true입니다.

오리의 프로그래밍 노트 저장되는 값이 128보다 작으면 그 값은 캐시에 저장되어 참조됩니다

코틀린에서는 참조형으로 선언한 변수의 값이 -128~127 범위에 있으면 캐시에 그 값을 저장하고 변수는 캐시의 주소를 가리킵니다. 이렇게 하면 더 좋은 성능의 프로그램을 만들 수 있기 때문이죠. 예를 들어 var a: Int = 28과 var b: Int = 28이라고 변수를 선언하면 28이라는 값은 스택이 아니라 캐시에 저장됩니다. 그리고 a와 b는 캐시의 주소를 참조하게 됩니다. 따라서 위 예제에서 a의 값을 128이 아니라 -128~127의 값으로 변경하면 c와 d의 참조 주소 값이 같아집니다. 그래서 a, b, c, d를 삼중 등호로 비교한 값은 모두 true가 되므로 주의합니다.

스마트 캐스트 알아보기

만약 어떤 값이 정수일 수도 있고 실수일 수도 있다면 어떻게 해야 할까요? 그때마다 자료형을 변환해도 되지만 컴파일러가 자동으로 형 변환을 하는 스마트 캐스트(Smart Cast)를 사용하는 것이 더 편리합니다. 대표적으로 스마트 캐스트가 적용되는 자료형은 Number형이 있습니다. Number형을 사용하면 숫자를 저장하기 위한 특수한 자료형 객체를 만듭니다. Number형으로 정의된 변수에는 저장되는 값에 따라 정수형이나 실수형 등으로 자료형이 변환됩니다. 다음은 Number형과 함께 스마트 캐스트를 사용한 예제입니다. 지금은 Number형으로 정의된 변수에 12.2라는 값을 저장하고 Float형, Int형, Long형으로 스마트 캐스트하는 과정만 살펴보면 됩니다. Number형에 대해서는 둘째마당에서 더 자세히 설명하겠습니다.

코딩해 보세요! 스마트 캐스트 사용해 보기 • 참고 파일 NumberTest.kt

```
package chap02.section3

fun main( ) {
    var test: Number = 12.2 // 12.2에 의해 test는 Float형으로 스마트 캐스트
```

```
    println("$test")

    test = 12  // Int형으로 스마트 캐스트
    println("$test")

    test = 120L // Long형으로 스마트 캐스트
    println("$test")

    test += 12.0f  // Float형으로 스마트 캐스트
    println("$test")
}
```

실행 결과

```
12.2
12
120
132.0
```

자료형 검사하기

변수의 자료형을 알아내는 방법은 무엇일까요? 그럴 때는 **is** 키워드를 사용하면 됩니다. **is**는 왼쪽 항의 변수가 오른쪽 항의 자료형과 같으면 true를, 아니면 false를 반환합니다. 다음은 **is**로 변수 num에 저장된 자료형이 무엇인지 검사하는 예제입니다. if, else if문으로 작성되어 있는 코드는 아직 이해하지 않아도 좋습니다. 지금은 **is** 키워드에 집중하면 됩니다.

코딩해 보세요! 자료형 검사하기 • 참고 파일 isCheck.kt

```
package chap02.section3

fun main( ) {
    val num = 256

    if (num is Int) { // ① num이 Int형일 때
        print(num)
    } else if (num !is Int) { // ② num이 Int형이 아닐 때, !(num is Int)와 동일
        print("Not a Int")
    }
}
```

실행 결과
256

위 코드를 간단히 설명하면 ①번에서 num의 자료형이 Int라면, print(num)이 실행되고, ②번에서 num의 자료형이 Int가 아니라면 print("not a Int")가 실행됩니다.

is는 변수의 자료형을 검사한 다음 그 변수를 해당 자료형으로 변환하는 기능도 있습니다. 이 내용도 조금 알아보겠습니다. 아직 공부하지는 않았지만 Any형을 사용하면 자료형을 결정하지 않은 채로 변수를 선언할 수 있습니다. Any형은 코틀린의 최상위 기본 클래스로 어떤 자료형이라도 될 수 있는 특수한 자료형입니다. 이때 is를 사용하여 자료형을 검사하면 검사한 자료형으로 스마트 캐스트됩니다. 다음 코드를 보며 자세히 설명해 보겠습니다.

```
val x: Any
x = "Hello"
if (x is String) {
    print(x.length) // x는 자동적으로 String으로 스마트 캐스트
}
```

변수 x는 Any형으로 선언되었습니다. 그런데 그다음에 "Hello"라는 값을 대입합니다. 아직 x의 자료형은 Any형입니다. 이후 if문에서 is로 x의 자료형을 검사할 때 String으로 스마트 캐스트되어 조건문의 블록을 실행합니다.

as에 의한 스마트 캐스트

as로 스마트 캐스트할 수도 있습니다. as는 형 변환이 가능하지 않으면 예외를 발생시킵니다. 사용 방법은 다음과 같습니다.

```
val x: String = y as String
```

위의 경우 y가 null이 아니면 String으로 형 변환되어 x에 할당됩니다. y가 null이면 형 변환을 할 수 없으므로 예외가 발생합니다. null 가능성까지 고려하여 예외 발생을 피하려면 다음과 같이 물음표(?) 기호를 사용할 수 있습니다.

```
val x: String? = y as? String
```

묵시적 변환

Any형은 자료형이 특별히 정해지지 않은 경우에 사용합니다. 여기서는 간단히 개념만 살펴보겠습니다. 코틀린의 Any형은 모든 클래스의 뿌리입니다. 우리가 자주 사용한 Int나 String 그리고 사용자가 직접 만든 클래스까지 모두 Any형의 자식 클래스입니다. 즉, 코틀린의 모든 클래스는 바로 이 Any형이라는 슈퍼클래스(Superclass)를 가집니다.

Any는 자바의 최상위 클래스인 Object와 비슷하지만 서로 다른 유형입니다. Any형에 대한 자세한 내용은 05장 객체 지향 프로그래밍에서 살펴보겠습니다.

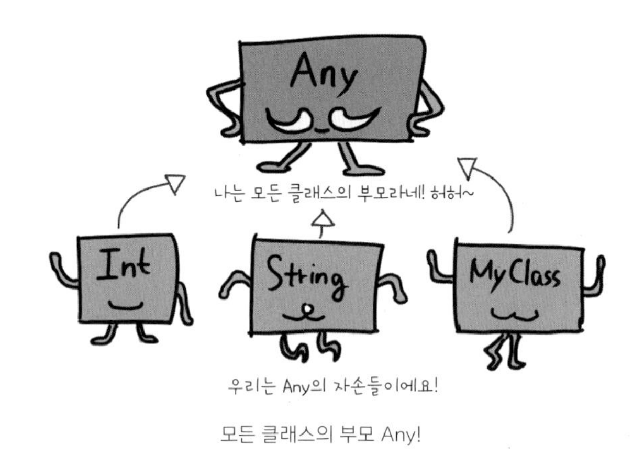

모든 클래스의 부모 Any!

Any형은 무엇이든 될 수 있기 때문에 언제든 필요한 자료형으로 자동 변환할 수 있습니다. 이것을 묵시적 변환이라고도 합니다. Any형을 Long형으로 변환하는 다음 예제를 작성해 봅시다.

코딩해 보세요! **Any형 변수의 변환** • 참고 파일 AnyCasting.kt

```
package chap02.section3

fun main( ) {
    var a: Any = 1 // Any형 a는 1로 초기화될 때 Int형이 됨
    a = 20L // Int형이였던 a는 변경된 값 20L에 의해 Long형이 됨
    println("a: $a type: ${a.javaClass}") // a의 자바 기본형을 출력하면 long이 나옴
}
```

실행 결과

```
a: 20 type: long
```

값 1을 가진 a는 Int형이지만 이후 변경된 값 20L에 의해 Long형으로 형 변환됩니다. 여기에서 새롭게 등장한 a의 멤버 변수인 javaClass는 a가 어떤 기본형을 가지고 있는지 출력합니다. 즉, 함수와 판단문을 사용해 언제든지 필요한 자료형에 따른 역할을 지정하여 처리할 수 있습니다. 함수는 다음 절에서 자세히 배울 것이지만 먼저 다음 예제를 작성해 미리 살펴봅시다.

코딩해 보세요! **Any형으로 인자를 받는 함수 만들기** • 참고 파일 AnyArgTest.kt

```
package chap02.section3

fun main( ) {
    checkArg("Hello") // 문자열을 인자로 넣음
    checkArg(5) // 숫자를 인자로 넣음
}

fun checkArg(x: Any) { // 인자를 Any형으로 받음
    if (x is String) {
        println("x is String: $x")
    }
    if (x is Int) {
        println("x is Int: $x")
    }
}
```

실행 결과

```
x is String: Hello
x is Int: 5
```

main( ) 함수 내부에는 checkArg( )라는 사용자가 만든 함수를 사용하고 있으며, main( ) 함수 아래에 그 함수가 정의되어 있습니다. 눈치챘겠지만 main( )과 checkArg( ) 앞에는 코틀린에서 함수를 선언하는 키워드인 fun을 사용하고 있습니다.

여기서는 checkArg( ) 함수가 가지고 있는 인자에 집중해 봅시다. checkArg( ) 함수의 인자 x가 Any형으로 선언되었습니다. 그러면 이 함수는 x에 들어오는 인자의 자료형에 따라 문자열 혹은 정수형 등으로 받아 처리할 수 있게 됩니다. 함수 블록의 if문을 보면 is 연산자를 이용하여 인자로 전달받은 값을 검사하며 자료형을 Any에서 검사한 자료형(String, Int)으로 변환하고 있음을 알 수 있습니다. 이 방법은 실무에서 자주 사용하니 꼭 알아두기 바랍니다.

02-4 코틀린 연산자

혹시 연산자라는 말을 보고 '나는 다른 언어를 공부한 적이 있으니 연산자는 건너뛰어야지'라고 생각했나요? 이번 절에서는 다른 언어에서 사용하는 연산자와 함께 코틀린에만 있는 연산자와 코틀린에서 사용하지 않는 연산자에 대해 이야기합니다. 예를 들어 자바의 삼항 연산자는 코틀린에서 사용하지 않습니다. 또 단항, 이항 등과 같은 연산자 용어와 연산자의 우선순위를 알아 두는 것도 중요합니다. 그러니 연산자를 공부한 적이 있어도 다시 한 번 공부하는 것을 추천합니다. 지금부터 코틀린에서 사용되는 연산자를 하나씩 공부해 보겠습니다.

기본 연산자

코틀린의 기본 연산자는 산술, 대입, 증가, 감소, 비교, 논리 연산자 등이 있습니다. 그러면 먼저 수식의 구조부터 시작해서 각각의 연산자를 하나씩 알아보겠습니다.

수식의 구조

다음은 코틀린에서 이항 연산자인 덧셈을 사용하여 작성한 수식입니다. 수식에 있는 덧셈(+) 기호는 산술 연산자이고 num1, num2와 같이 연산에 사용되는 값은 항입니다. 이때 연산자는 항의 개수에 따라서 단항 연산자(항이 1개), 이항 연산자(항이 2개), 삼항 연산자(항이 3개)로 구분합니다.

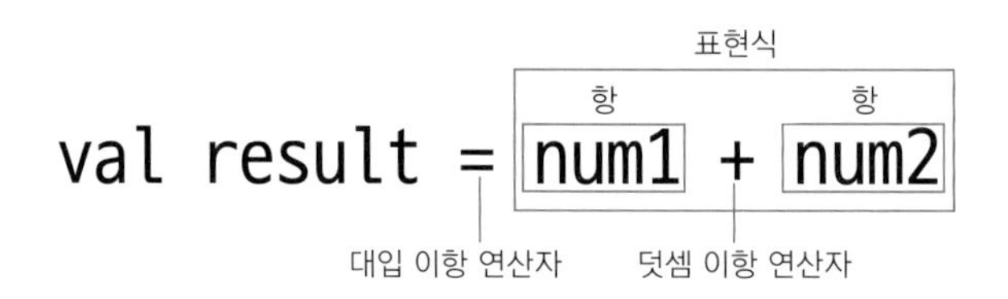

산술 연산자

사칙연산에 사용되는 사칙 연산자(+, -, *, /)와 나머지 연산자(%)를 산술 연산자라 부릅니다. 다음은 산술 연산자의 의미와 사용 예를 표로 정리한 것입니다.

산술 연산자의 종류

연산자	의미	사용 예
+	덧셈	3 + 2
-	뺄셈	3 - 2
*	곱셈	3 * 2
/	나눗셈	3 / 2
%	나머지(Modulus)	3 % 2

사칙연산은 사용 예만 읽어 봐도 금방 알 수 있죠? 그러면 나머지 연산에 대해서만 설명해 보겠습니다. 나머지 연산은 두 번째 항으로 첫 번째 항을 나눈 나머지를 반환합니다. 예를 들어 3 % 2의 결괏값은 1입니다. 나머지 연산은 홀수나 짝수 같은 특정 구간의 수를 알아낼 때 유용합니다.

10으로 나눈 나머지를 이용하면 어떤 수의 1의 자릿수만 얻을 수도 있습니다.

다음은 홀수와 짝수를 검사하는 코드입니다. 어떤 숫자(n)를 2로 나누었을 때 나머지가 1이면 홀수, 0이면 짝수인 것을 이용한 것이죠.

```
if ((n % 2) == 1) { // 홀수
    println("n is an Odd number")
}
if ((n % 2) == 0) { // 짝수
    println("n is an Even number")
```

대입 연산자

대입 연산자(=)는 변수에 값을 할당하는 연산자입니다. 그리고 대입 연산자는 이항 연산자 중 우선순위가 가장 낮습니다. 쉽게 말해 다른 연산자의 연산이 모두 끝나면 그때 대입 연산자가 동작합니다. 대입 연산자 오른쪽에는 값이나 값이 있는 변수, 표현식 등을 사용합니다. 다음은 대입 연산자를 활용한 예입니다. 지금까지 공부한 내용으로 대입 연산자는 자연스럽게 이해하고 있을 것입니다.

```
val numOfApple = 12  // 변수가 대입 연산자에 의해 할당
val result = numOfApple - 2 // 표현식이 대입 연산자에 의해 결괏값 할당
```

어떤 변수에 저장된 값(num)으로 연산을 수행한 다음 그 결괏값(num + 2)을 다시 변수(num)에 할당할 때 산술 연산자와 대입 연산자를 함께 사용하여 간결하게 표현할 수도 있습니다.

```
num = num + 2  // 산술 연산자와 대입 연산자를 함께 사용하는 경우
num += 2       // 이렇게 간략하게 표현
```

첫 번째 코드와 두 번째 코드의 실행 결과는 같지만 실무에서는 간결하게 표현한 두 번째 방법을 더 선호합니다. 다음은 대입 연산자를 모두 정리한 표입니다.

대입 연산자

연산자	의미	사용 예
=	오른쪽 항의 내용을 왼쪽 항에 대입	num = 2
+=	두 항을 더한 후 왼쪽 항에 대입	num += 2
-=	왼쪽 항을 오른쪽 항으로 뺀 후 왼쪽 항에 대입	num -= 2
*=	두 항을 곱한 후 왼쪽 항에 대입	num *= 2
/=	왼쪽 항을 오른쪽 항으로 나눈 후 왼쪽 항에 대입	num /= 2
%=	왼쪽 항을 오른쪽 항으로 나머지 연산 후 왼쪽 항에 대입	num %= 2

증가 연산자와 감소 연산자

증가 연산자와 감소 연산자는 항이 1개인 단항 연산자입니다. 증가, 감소 연산자는 항의 앞이나 뒤에 붙여 사용하며 이름 그대로 1을 더하거나 빼는 연산을 수행합니다. 다음은 증가, 감소 연산자를 정리한 표입니다.

증가, 감소 연산자

연산자	의미	사용 예
++	항의 값에 1 증가	++num 또는 num++
--	항의 값에 1 감소	--num 또는 num--

단, 증가, 감소 연산자는 항 앞에 붙이는 경우와 뒤에 붙이는 경우에 변수에 대입하면 변수에 저장되는 값이 각각 달라지므로 주의해야 합니다. 항 앞에 증가, 감소 연산자를 붙이면 연산을 마친 다음 그 값을 대입합니다. 하지만 항 뒤에 증가, 감소 연산자를 붙이면 먼저 그 값을 대입한 다음 연산을 수행합니다.

코딩해 보세요! **증가, 감소 연산자 사용하기** • 참고 파일 IncDecOperator.kt

```
package chap02.section4

fun main( ) {
    var num1 = 10
    var num2 = 10
    val result1 = ++num1 // num 값 증가 후 대입
    val result2 = num2++ // 먼저 num 값 대입 후 증가

    println("result1: $result1")
    println("result2: $result2")
    println("num1: $num1")
    println("num2: $num2")
}
```

```
실행 결과
result1: 11
result2: 10
num1: 11
num2: 11
```

증가 연산자(++)를 앞에 사용하는 경우에는 num1 값을 증가한 후 대입하고 증가 연산자를 뒤에 사용한 num2의 경우에는 먼저 값을 대입한 후 증가합니다. 따라서 result1은 11이지만 result2는 10이 할당됩니다. 최종 결과인 num1, num2를 출력하면 결과는 동일한 11을 출력합니다. 이것은 감소 연산자(--)에도 그대로 적용됩니다.

비교 연산자

비교 연산자는 2개의 항을 비교하기 위해 사용합니다. 모든 비교 연산자는 비교 결과가 참이면 true를, 거짓이면 false를 반환합니다. 다음은 비교 연산자를 표로 정리한 것입니다. 대부분의 비교 연산자는 기초 수준의 수학 지식만 있으면 바로 이해할 수 있습니다.

비교 연산자

연산자	의미	사용 예
>	왼쪽이 크면 true, 작으면 false 반환	num > 2
<	왼쪽이 작으면 true, 크면 false 반환	num < 2
>=	왼쪽이 크거나 같으면 true, 아니면 false	num >= 2
<=	왼쪽이 작거나 같으면 true, 아니면 false	num <= 2

==	두 항의 값이 같으면 true, 아니면 false	num1 == num2
!=	2개 항의 값이 다르면 true, 아니면 false	num1 != num2
===	2개 항의 참조 주소가 같으면 true, 아니면 false	num1 === num2
!==	2개 항의 참조 주소가 다르면 true, 아니면 false	num1 !== num2

02-3에서 간단하게 언급했던 삼중 등호 연산자만 다시 설명하겠습니다. 삼중 등호와 부정 이중 등호 연산인 참조(===, !==) 연산자는 자바에는 없지만 코틀린에는 존재하는 연산자입니다. === 연산자는 왼쪽과 오른쪽 항의 참조 주소가 같은지 검사하며 참조 주소가 같으면 true를 반환하고 다르면 false를 반환하며, 반대로 !== 연산자는 참조 주소가 다르면 true를 반환하고 같으면 false를 반환합니다.

논리 연산자

논리 연산자에는 논리곱 연산자, 논리합 연산자, 부정 연산자가 있습니다. 논리곱 연산자(&&)는 2개의 항이 모두 true인 경우에만 true를 반환하고, 논리합 연산자(||)는 2개의 항 중에 1개의 항만 true이면 true를 반환합니다. 부정 연산자(!)는 true과 false의 값을 반대로 바꿉니다. 다음은 논리 연산자를 정리한 표입니다.

논리 연산자

연산자	의미	사용 예
&&	논리곱으로 2개 항이 모두 true일 때 true, 아니면 false	exp1 && exp2
||	논리합으로 2개 항 중 1개 항이 true일 때 true, 아니면 false	exp1 || exp2
!	부정 연산자로 true를 false로, false를 true로 바꿈	!exp

논리 연산자는 비교 연산자와 함께 사용하는 경우가 많습니다. 예를 들어 (5 > 3) && (5 > 2)는 (5 > 3), (5 > 2) 순서로 비교 연산자를 실행하여 2개의 항이 모두 true이므로 true && true 형태로 논리곱 연산이 평가되어 최종적으로 true를 반환합니다. 그런데 논리 연산자를 사용할 때 주의해야 할 점이 하나 있습니다. 다음 코드를 볼까요?

```
var check = (5 > 3) && (5 > 2) // 2개의 항((5 > 3), (5 > 2))이 모두 참이면 true
check = (5 > 3) || (2 > 5) // 2개의 항 중 1개의 항이 참이면 true
check = !(5 > 3) // true는 false로, false는 true로 변경
```

위 코드에서 논리합 연산자(||) 왼쪽의 항이 true이면 코틀린 컴파일러는 오른쪽 항을 아예 평

가(실행)하지 않습니다. 어차피 논리합 연산자는 왼쪽이나 오른쪽의 항 중 1개의 항만 true이면 true를 반환하기 때문이죠. 이것을 단축 평가(Short Circuit Evaluation)라고 부릅니다.

논리곱 연산자도 마찬가지입니다. 왼쪽 항이 false라면 오른쪽 항을 평가하지 않고 바로 false를 반환합니다.

비트 연산자

비트(bit) 연산자는 기계가 이해할 수 있는 값인 0과 1을 처리하는 데 사용합니다. '비트 연산자는 기계를 위한 연산자니까 나는 사용할 일이 거의 없겠네'라고 생각할 수도 있습니다. 하지만 비트 연산자는 프로그래머가 기기를 직접 제어해야 하는 경우 아주 유용합니다. 보통 IoT 기기를 위한 컨트롤러나 프로세서의 레지스터에 접근하는 임베디드 시스템 프로그래밍(Embeded System Programming) 분야에서 비트 연산을 많이 하죠. 그러니 비트 연산자도 꼼꼼하게 공부할 것을 권장합니다.

비트와 비트 연산

비트 연산자를 공부하려면 변수에 저장되는 값을 비트로 표현할 수 있어야 합니다. 다음은 Int형 값 10을 비트로 표현한 것입니다. 이때 10을 비트로 표현하는 방법은 아주 간단합니다. 10을 2진수로 바꾸면 됩니다.

$1010_{(2)} = 2^1+2^3 = 10_{(10)}$

가장 왼쪽에 있는 부호 비트는 양(+), 음(-)을 판단하는 데 사용합니다.

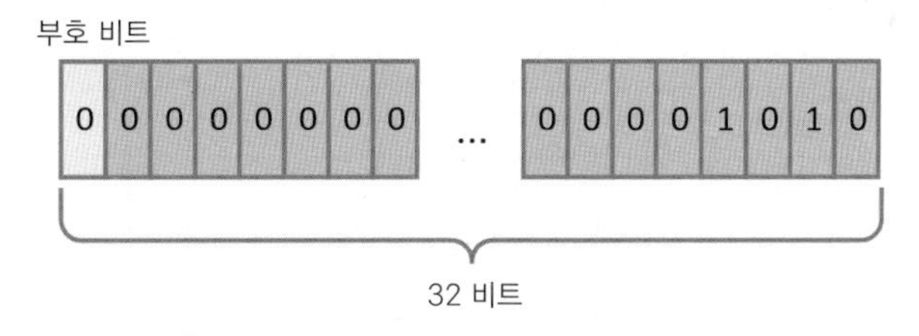

Int형 변수는 위와 같이 구성되어 있습니다

다음은 32비트 컴퓨터에 1을 저장한 상태를 비트로 나타낸 것입니다.

```
0000 0000 0000 0000 0000 0000 0000 0001
```

비트 연산 중에는 비트를 왼쪽으로 밀어내는 연산이 있습니다. 이 상태에서 비트를 왼쪽으로 2만큼 밀어내면 어떻게 될까요? 그러면 다음과 같은 상태가 됩니다. 비트는 2만큼 밀었지만 실제 값은 1에서 4로 바뀝니다.

```
0000 0000 0000 0000 0000 0000 0000 0100
```

만일 위의 상태에서 비트를 끝까지(31비트) 밀어내면 어떻게 될까요? 부호 비트에 1이 들어가고 나머지 비트가 모두 0이 됩니다. 이 경우 실제 값은 4에서 -2,147,483,648로 바뀝니다.

음수로 표현할 수 있는 최댓값은 비트로 1000…0000으로 표현합니다.

```
1000 0000 0000 0000 0000 0000 0000 0000
```

또 비트 연산 중에는 모든 비트를 뒤집는 연산도 있습니다. 예를 들어 위의 값을 뒤집으면 0111…1111이 됩니다. 부호 비트는 0이므로 양수이고 나머지 비트는 모두 1이므로 32비트로 표현할 수 있는 양수 중 최댓값이라고 생각할 수 있습니다. 즉, 2,147,483,647를 손쉽게 구할 수 있습니다.

원리를 모른다고 답답하지 않아도 됩니다. 지금은 비트 연산이 어떤 것인지 감만 잡아 보세요.

```
0111 1111 1111 1111 1111 1111 1111 1111
```

비트 연산을 위한 비트 메서드

비트 연산이 무엇인지 이해했나요? 그러면 본격적으로 비트 연산을 위한 메서드를 모두 알아보겠습니다. 이런 메서드는 메서드처럼 사용해도 되지만 연산자처럼 사용할 수도 있습니다. 예를 들어 비트 전체를 왼쪽으로 이동시키는 `shl( )` 메서드는 `4.shl(1)` 또는 `4 shl 1`과 같은 방법으로 사용할 수 있습니다.

4 shl 1과 같이 멤버에 접근하는 점(.) 연산자와 소괄호를 생략하는 표현식을 중위 표현식이라고 부릅니다.

다음은 비트 연산자(메서드)를 정리한 표입니다. 아직 비트 연산자를 제대로 공부하지는 않았지만 표를 통해 어떤 비트 연산자가 있는지 읽어 보고 넘어가기를 권합니다.

비트 연산자

사용 예	설명
`4.shl(bits)`	4를 표현하는 비트를 bits만큼 왼쪽으로 이동(부호 있음)
`7.shr(bits)`	7을 표현하는 비트를 bits만큼 오른쪽으로 이동(부호 있음)
`12.ushr(bits)`	12를 표현하는 비트를 bits만큼 오른쪽으로 이동(부호 없음)
`9.and(bits)`	9를 표현하는 비트와 bits를 표현하는 비트로 논리곱 연산
`4.or(bits)`	4를 표현하는 비트와 bits를 표현하는 비트로 논리합 연산
`24.xor(bits)`	24를 표현하는 비트와 bits를 표현하는 비트의 배타적 연산
`78.inv( )`	78을 표현하는 비트를 모두 뒤집음

비트 이동 연산자 shl, shr

비트 이동 연산자에는 `shl`, `shr`이 있습니다. 각 연산자는 비트를 왼쪽(left)이나 오른쪽(right)으로 밀어낸 다음 사라진 비트의 값은 0으로 채우며 부호 비트는 그대로 둡니다. 설명이 조금 어렵죠? 다음 예시를 살펴보면 금방 이해될 것입니다. 다음은 -16의 비트를 오른쪽으로 1칸 밀어낸 것입니다.

```
1000 ..(생략).. 1110 → 2³ + 2² + 2¹
1000 ..(생략).. 0111 → 2² + 2¹ + 2⁰
```

가장 왼쪽의 부호 비트가 1이므로 음수입니다. 그런데 비트를 오른쪽으로 1칸 밀었더니 2번째 자리는 0으로 채워졌고 부호 비트는 그대로 남았습니다. 즉, -16에서 -8로 변했습니다. 비트 이동 연산자 `shl`, `shr`은 부호 비트는 이동시키지 않으면서 사라진 비트의 값을 0으로 채운다는 말이 잘 이해되었나요?

그런데 비트 이동 연산자는 왜 사용할까요? 비트 이동 연산자는 컴퓨터가 쉽게 다룰 수 있는 비트를 이용하여 연산하는 것이기 때문에 연산 속도가 아주 빠르다는 장점이 있습니다. 예를 들어 4에 2를 곱하는 것보다 비트 이동 연산자를 이용하여 비트를 왼쪽으로 1칸 밀어내는 것이 더 빠릅니다. 이때 비트를 왼쪽으로 1칸 밀어내는 것을 2를 곱하는 것으로, 비트를 오른쪽으로 1칸 밀어내는 것을 2로 나눈다고 생각하면 비트 이동 연산자를 이해할 때 도움이 될 것입니다.

```
4 shl 1의 예 → 비트를 왼쪽으로 1칸 옮기는 것은 2를 곱하는 것과 같음
0000 ..(생략).. 0100 → 4
0000 ..(생략).. 1000 → 4의 비트를 왼쪽으로 1칸 옮기면 8이 됨
```

비트를 왼쪽으로 밀어내는 것이 어떤 의미를 가지고 있는지 완벽하게 이해해 보세요.

```
5 shl 1의 예 → 5의 비트를 왼쪽으로 1칸 옮김
0000 ..(생략).. 0000 0101 → 2² + 2⁰ =  5
0000 ..(생략).. 0000 1010 → 2³ + 2¹ = 10 (5 x 2의 결과와 동일)

5 shl 2의 예 → 5의 비트를 왼쪽으로 2칸 옮김
0000 ..(생략).. 0000 0101 → 2² + 2⁰ =  5
0000 ..(생략).. 0001 0100 → 2⁴ + 2² = 16 + 4 = 20 (5 x 4의 결과와 동일)
```

다음은 코드에서 shl을 활용한 예입니다.

```
// 코드의 예
println(4 * 2)
println(4.shl(1)) // 멤버 메서드 접근 방식으로 표현
println(4 shl 1)  // shl에 중위 표현법으로 사용
```

다음은 비트를 오른쪽으로 1칸 밀어낸 예와 코드로 shr을 활용한 예입니다.

```
64 shr 2의 예 → 64의 비트를 오른쪽으로 2칸 옮김
0000 ..(생략).. 0100 0000 → 2⁶ = 64
0000 ..(생략).. 0001 0000 → 2⁴ = 16 (64에 4를 나눈 값과 동일)
```

```
println(64 / 4)
println(64 shr 2)
```

단, 아주 큰 값에 비트 이동 연산자를 사용할 때는 부호 비트에 주의해야 합니다. 만약 비트 부호가 바뀌면 예상하지 못한 결과를 얻을 수 있기 때문입니다. 다음 예제를 살펴봅시다.

코딩해 보세요! **비트 이동 연산자 사용하기** • 참고 파일 BitsShift.kt

```
package chap02.section4

fun main( ) {
    var x = 4
    var y = 0b0000_1010 // 10진수 10
    var z = 0x0F // 10진수 15

    println("x shl 2 -> ${x shl 2}") // 16
    println("x.inv( ) -> ${x.inv( )}") // -5

    println("y shr 2 -> ${y/4}, ${y shr 2}") // 2, 2
    println("x shl 4 -> ${x*16}, ${x shl 4}") // 64, 64
    println("z shl 4 -> ${z*16}, ${z shl 4}") // 240, 240

    x = 64
    println("x shr 4 -> ${x/4}, ${x shr 2}") // 16, 16
}
```

```
실행 결과
x shl 2 -> 16
x.inv( ) -> -5
y shr 2 -> 2, 2
x shl 4 -> 64, 64
z shl 4 -> 240, 240
x shr 4 -> 16, 16
```

지금까지는 여러분의 이해를 돕기 위해 변수에 저장된 값을 10진수로 가정했습니다. 하지만 2진법, 16진법에도 비트 이동 연산자를 사용할 수 있습니다. 특히 16진법은 1자리의 숫자가 2진법의 4자리 숫자를 표현하기 때문에 실무에서 많이 이용합니다.

예를 들어 16진수 F는 2진수 1111이므로 FF는 1111 1111로 이해합니다.

비트 이동 연산자 ushr

비트 이동 연산자 ushr을 이용하면 제일 왼쪽 비트에 0을 밀어 넣으면서 오른쪽으로 비트가 이동합니다. 즉, 부호 비트까지 포함하여 비트를 밀어냅니다. 이런 특징 때문에 음수인 경우 주의해서 사용해야 합니다. 부호 비트가 1에서 0으로 바뀌기 때문이죠. 다음 코드를 통해 shr와 ushr에 어떤 차이가 있는지 알아보겠습니다.

코딩해 보세요! ushr 이해하기 • 참고 파일 UshrEx.kt

```
package chap02.section4

fun main( ) {
    val number1 = 5
    val number2 = -5

    println(number1 shr 1)
    println(number1 ushr 1) // 변화 없음
    println(number2 shr 1)  // 부호 비트가 1로 유지
    println(number2 ushr 1) // 부호 비트가 0이 되면서 변경
}
```

```
실행 결과
2
2
-3
2147483645
```

4번째 실행 결과를 보면 엄청나게 큰 값이 출력되어 있습니다. 왜 이런 결과가 나왔는지 생각해 보겠습니다. -5는 다음과 같이 표현합니다.

음수는 2의 보수로 표현합니다. 2의 보수는 02-2의 정수 자료형에서 간단하게 설명했습니다.

```
1111 11(생략)11 1111 1011 → -5
```

다음은 -5 ushr 1의 결과입니다. ushr을 사용할 때는 음수가 2의 보수로 표현된다는 점에 주의해야 합니다.

```
0111 11(생략)11 1111 1101 → 부호 비트가 0으로 바뀌며 0111 11(생략)11 1111 1101의 값인
                            2,147,483,645가 됨
```

논리합 연산자 or

이제 논리합 연산자 or에 대해 알아보겠습니다. or는 두 수의 비트를 일대일 대응으로 비교하며 비트의 값이 하나라도 1이면 1을 반환합니다. 설명이 조금 어렵죠? 다음 예시와 함께 or 연산자에 대해 알아보겠습니다.

```
12 = 0000 1100 (2진 값) or
25 = 0001 1001 (2진 값)
---------------------
29 = 0001 1101 (2진 값)
```

12는 0000 1100으로, 25는 0001 1001로 표현할 수 있습니다. 이때 12 or 25는 12와 25의 비트를 하나씩 대응하며 논리합 연산을 합니다. 예를 들어 12의 첫 번째 자리 비트인 0과 25의 첫 번째 자리 비트인 1로 논리합 연산을 하여 1을 반환합니다. 두 번째 자리도 마찬가지로 0과 0으로 논리합 연산한 결과인 0을 반환합니다. 최종 결괏값은 0001 1101로, 즉, 29가 나옵니다.

다음은 위의 예시를 코드로 입력한 것입니다. 프로그램을 실행하여 논리합 연산을 마무리해 보세요.

코딩해 보세요! **비트 논리 연산자 테스트하기** • 참고 파일 LogicalBitwise.kt

```
package chap02.section4

fun main( ) {
    val number1 = 12
    val number2 = 25
    val result: Int

    result = number1 or number2 // result = number1.or(number2)와 동일
    println(result)
}
```

실행 결과

```
29
```

디버깅 도구로 비트 연산 과정 살펴보기

지금까지는 비트를 여러분이 직접 상상해야 했습니다. 하지만 디버깅 도구를 이용하면 비트의 변화를 쉽게 살펴볼 수 있습니다. LogicalBitwise.kt 파일을 그대로 두고 다음 내용을 따라해 보세요.

1. `val number1 = 12`가 입력된 곳으로 이동하세요. 그런 다음 줄 번호 오른쪽의 빈 공간(회색 부분)을 누르세요. 그러면 빨간색 점인 브레이크포인트(Breakpoint)가 생성됩니다. 단축키로 브레이크포인트를 생성하려면 원하는 줄을 마우스로 누른 다음 [Ctrl] + [F8]을 누르세요.

맥에서는 [Command] + [F8]을 누르세요.

```
1       package chap02.section4
2
3 ▶     fun main(args: Array<String>) {
4 ●         val number1 = 12
5           val number2 = 25
6           val result: Int
```

2. [Run 〉 Debug] 메뉴를 선택하면 디버그 모드로 프로그램이 실행됩니다. 과정 1에서 지정한 브레이크포인트에서 실행이 멈춥니다.

> 윈도우에서는 Shift + F9를, 맥에서는 Ctrl + D를 눌러도 됩니다.

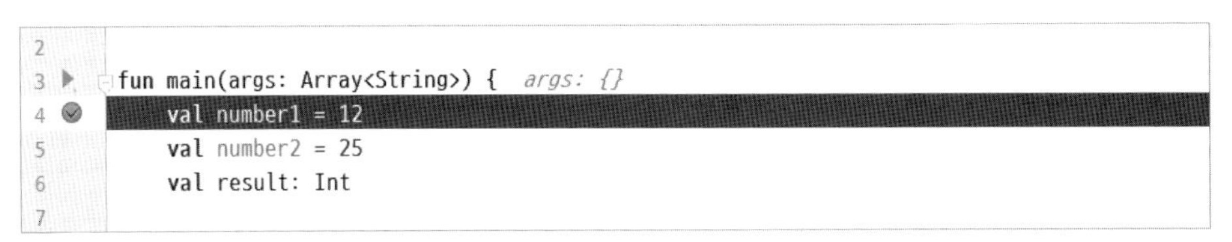

최초 디버그 실행 시 중단된 위치

3. [Run 〉 Step Over] 메뉴를 선택하거나 F8을 누르면 프로그램이 한 줄씩 실행됩니다. 이때 코드 오른쪽에는 회색으로 현재 변수의 상태가 나타납니다.

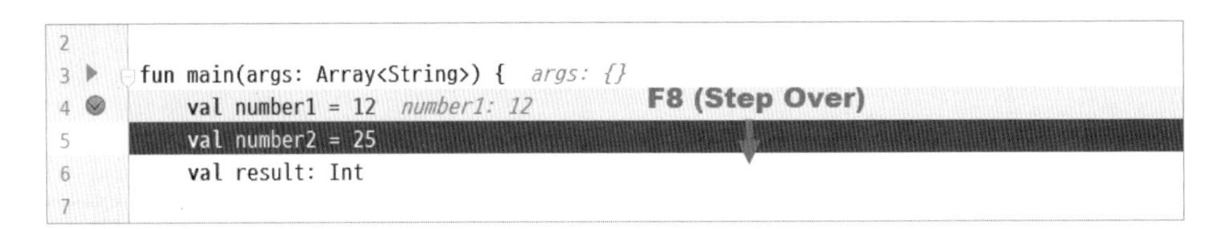

4. 아래쪽에 나타난 Debug 창에서 Variables 창을 찾아보세요. 검사하고 싶은 변수 위에 마우스 포인터를 놓고 마우스 오른쪽 버튼을 누른 뒤 [View As 〉 Binary]를 선택하세요. 그러면 Variables 창과 과정 3에서 확인한 현재 변수의 상태가 2진수로 바뀝니다. 2진수는 곧 비트의 상태이므로 비트의 변화를 쉽게 확인할 수 있겠죠?

> 비트 변화에 나타나는 0b는 2진수라는 뜻입니다.

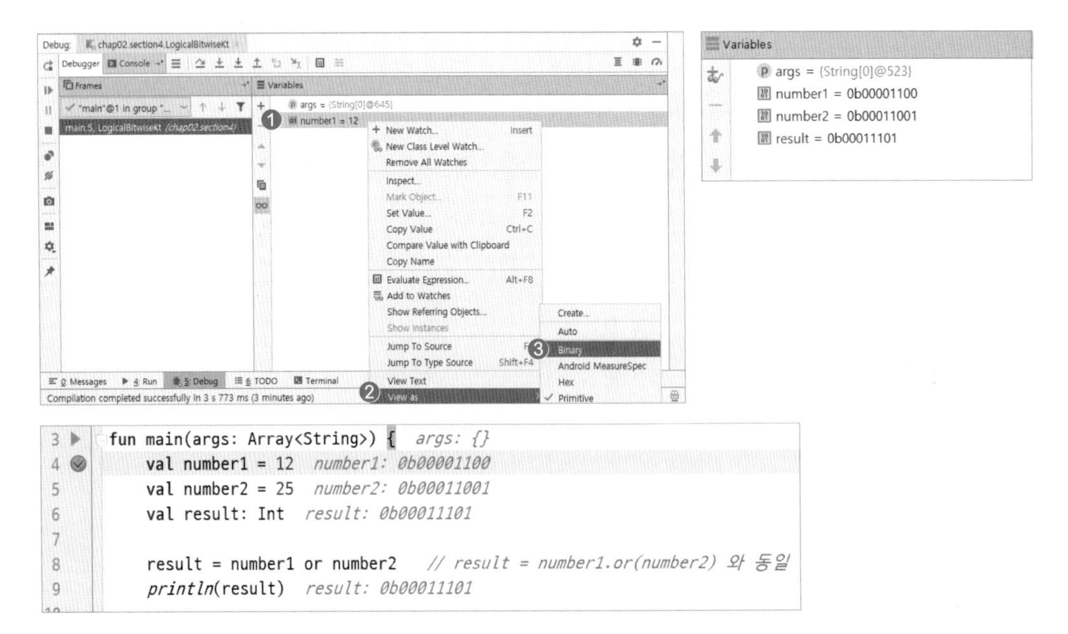

논리곱 연산자 and

논리곱 연산자 and는 두 비트 값을 비교하여 둘 다 1이면 1을 반환합니다. 그 이외의 경우는 모두 0을 반환합니다. 다음 예시로 and 연산자를 이해해 보세요. or를 이해했다면 금방 이해할 수 있을 것입니다.

```
12 = 0000 1100 (2진 값) and
25 = 0001 1001 (2진 값)
---------------------
 8 = 0000 1000 (2진 값)
```

배타적합 연산자 xor

배타적합 연산자 xor는 두 비트 값을 비교하여 같으면 0을, 다르면 1을 반환합니다. or 연산자와 반대의 기능을 한다고 보면 됩니다. 다음 예시로 xor 연산자를 이해해 보세요.

```
1 xor 1 = 0
1 xor 0 = 1
0 xor 1 = 1
0 xor 0 = 0
```

```
12 = 0000 1100 (2진 값) xor
25 = 0001 1001 (2진 값)
---------------------
21 = 0001 0101 (2진 값)
```

이때 xor의 독특한 성질을 이용하여 2개의 변수 값을 바꿀 수도 있습니다. 이런 기법을 스왑(Swap) 기법이라고 부릅니다. 다음 예제를 작성해 봅시다.

코딩해 보세요! xor 연산자로 두 값을 스왑하기 • 참고 파일 XorSwapTest.kt

```
package chap02.section4

fun main( ) {
    var number1 = 12
    var number2 = 25

    number1 = number1 xor number2
```

```
    number2 = number1 xor number2
    number1 = number1 xor number2

    println("number1 = " + number1)
    println("number2 = " + number2)
}
```

```
실행 결과
number1 = 25
number2 = 12
```

xor 연산자를 3번 사용하여 두 수를 서로 바꾸었습니다. xor을 이용하는 스왑 기법을 사용하면 임시 변수를 놓고 변수를 저장하여 옮기는 등의 작업을 하지 않아도 간편하게 두 수를 바꿀 수 있어 편리합니다.

반전 연산자 inv

이제 마지막 비트 연산자입니다. 반전 연산자 inv는 비트를 모두 반대로 뒤집습니다. 이 연산자는 단항 연산자이므로 중위 표현법을 사용하지 않고 메서드처럼 사용합니다. 다음 예시를 통해 반전 연산자를 이해해 보세요.

```
 12 = 0... 0000 1100 (2진 값) inv( )
---------------------
-13 = 1... 1111 0011 (2진 값) (32bits)
```

Q1 불변(Immutable)의 변수를 선언할 때는 ______________, 가변(Mutable)의 변수를 선언할 때는 ______________ 를 사용합니다.

Q2 불변 정수형 변수 abc에 20을 초기화해 선언하려고 합니다. 맞는 표현법은 무엇일까요?

① val abc: Int = 20

② var abc: Int = 20

③ val abc: String = 20

④ val abc = 20L

Q3 null이 허용되는 변수 선언은 어떤 기호와 함께 사용할까요?

① var b: String! = "abc"

② val b: String? = "abc"

③ val b: String@ = "abc"

④ val b: String& = "abc"

정답 Q1 val, var Q2 ① Q3 ②

03

함수와 함수형 프로그래밍

프로그래밍을 하다 보면 반복하여 입력하는 코드가 생기기 마련입니다. 이런 경우 반복되는 부분만 따로 떼어 함수로 정의하면 코드를 재사용할 수 있어 유용합니다. 또 함수를 잘 이용하면 프로그램을 구조적으로 만들 수도 있습니다. 현대 프로그래밍 언어의 특징을 많이 가지고 있는 코틀린은 함수를 다양한 형태로 사용할 수 있도록 지원합니다. 어떤 방법이 있을까요? 지금부터 코틀린의 함수와 함수형 프로그래밍을 공부해 봅시다!

각종 재료를 섞어서 만들어 볼까?
숫자, 문자, 함수도 넣고, 람다식도 넣고...

03-1 함수 선언하고 호출하기

함수란 무엇일까?

함수는 여러 값(인자)을 입력받아 기능을 수행하고 결괏값을 반환하는 코드의 모음입니다. 다음은 함수를 장난감 자동차를 만드는 장치로 표현한 그림입니다. 함수가 어떻게 동작하는지 이 그림을 통해 설명해 보겠습니다.

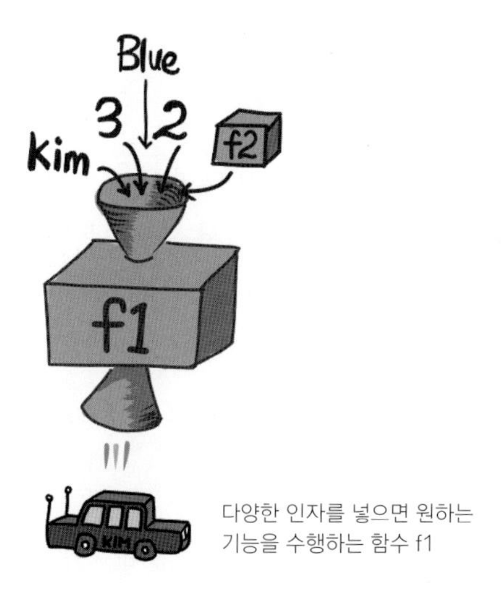

다양한 인자를 넣으면 원하는 기능을 수행하는 함수 f1

함수는 f1이라는 이름의 장치라고 생각하면 됩니다. 장치의 위아래에 깔때기 모양의 입구와 출구가 있죠? 입구에 Kim, Blue, 3, 2, 또 다른 작은 함수인 f2를 재료로 넣으면 f1은 이 재료를 이용하여 자동차를 만드는 작업을 진행합니다. 결과물로 얻은 자동차의 모습은 어떨까요? 자동차 이름으로 KIM이 각인되어 있고 창문이 3개, 멋진 안테나는 2개가 달린 파란색의 자동차가 나옵니다. 이렇게 특정 장치에 재료를 넣어 원하는 모양의 자동차를 만들어내는 것처럼 함수도 재료에 해당하는 인자를 입력받아 결과물을 반환합니다.

그러면 함수는 왜 사용하는 것일까요? 코드를 재사용할 수 있기 때문입니다. 예를 들어 위의 그림에서 자동차의 색상을 빨간색으로 바꾸고 싶다면 Blue가 아니라 Red를 재료로 넣으면 됩니다. 나머지 재료와 작업(창문 3개 만들기, 안테나 2개 달기 등)은 모두 동일합니다. 즉, 함수 안의 코드를 다시 입력하거나 함수를 새로 만들 필요 없이 이 함수를 그대로 다시 사용해도 됩니다. 함수가 어떤 개념인지 이해되었나요? 이제 코틀린 함수에 대해 본격적으로 알아보겠습니다.

함수의 구조 자세히 살펴보기

이제 함수를 정의하는 방법을 알아보겠습니다. KotlinProgramming 프로젝트에 chap03.section1 패키지를 추가하고 다음과 같이 코드를 작성하여 SumFunc.kt 파일로 저장하세요. 다음은 a와 b라는 두 값을 더하는 함수입니다.

코딩해 보세요! **덧셈 함수 정의하기** • 참고 파일 sumFunc.kt

```
package chap03.section1

❶  ❷  ❸          ❹
fun sum(a: Int, b: Int): Int {
  ❺var sum = a + b
  ❻return sum
}
```

다른 언어에서 함수를 써 본 경험이 있다면 위 구조가 낯설지 않을 것입니다. 지금부터 코틀린에서 사용하는 함수의 구성 요소를 하나씩 살펴보겠습니다.

앞으로 함수가 중괄호의 본문 코드를 가지는 경우 '함수를 선언한다'라고 표현하겠습니다.

❶ fun 키워드로 함수 선언 시작하기

모든 함수는 fun이라는 키워드로 시작합니다. 덧셈 함수도 마찬가지로 함수를 선언하기 위하여 fun 키워드를 사용했습니다. fun은 함수를 뜻하는 function을 줄인 말입니다.

❷ 함수 이름 짓기

모든 함수에는 이름이 있으며 함수 이름은 함수의 역할에 맞게 자유롭게 지으면 됩니다. 함수 이름에 키워드는 피하고 함수의 이름이 길어지면 카멜 표기법으로 이름을 지으세요. 여기서는 덧셈 함수의 이름을 sum이라고 지었습니다.

❸ 매개변수 정의하기

함수 이름 오른쪽에 소괄호를 입력하고 그 안에 매개변수를 정의했습니다. 매개변수는 함수에서 입력한 값을 받는 변수를 말합니다. 매개변수는 쉼표(,)와 함께 여러 개를 지정할 수 있고 반드시 콜론(:)과 함께 자료형을 명시해 주어야 합니다. 덧셈 함수는 a와 b라는 매개변수를 통해 더할 값을 입력받습니다. 매개변수의 자료형은 모두 Int형으로 명시했습니다.

❹ 반환값의 자료형 명시하기

함수가 반환하는 값이 있다면 반환값의 자료형도 반드시 명시해야 합니다. 여기서는 덧셈 함수가 반환할 값(return sum)의 자료형을 콜론(:)과 함께 Int형으로 명시했습니다.

❺ 함수의 본문 완성하기

함수의 기능을 담당하는 함수의 본문 코드는 중괄호로 감싸 작성합니다. 여기서는 덧셈 함수 안에 변수 sum을 정의한 뒤 매개변수 a와 b의 값을 더해 sum에 저장했습니다. 지금은 단 한 줄의 코드가 작성되어 있지만 함수의 본문에는 여러 줄의 코드를 입력하여 복잡한 기능을 수행하도록 만들 수도 있습니다.

❻ 값 반환하기

함수의 본문에서 어떤 기능을 수행하여 값을 반환할 때는 return 키워드와 함께 반환할 값을 명시하면 됩니다. 만약 반환값이 없다면 이 과정은 생략해도 좋습니다. 위의 덧셈 함수는 변수 sum에 a, b를 더한 값을 저장하고 이 값을 return sum이라고 입력하여 반환했습니다.

자! 이제 덧셈 함수를 놓고 함수의 구성 요소에 대하여 모두 설명했습니다. 앞에서 작성한 덧셈 함수를 생각해 보면서 함수의 기본형을 살펴보겠습니다.
다음 코드에서 대괄호([ ])로 감싼 내용은 함수를 선언할 때 생략할 수 있는 내용입니다. 위에서 작성한 덧셈 함수는 2개의 매개변수가 필요했습니다. 하지만 함수를 선언할 때 매개변수가 필요 없다면 매개변수는 생략해도 됩니다.

```
fun 함수 이름([변수 이름: 자료형, 변수 이름: 자료형..]): [반환값의 자료형] {
    표현식...
    [return 반환값]
}
```

오리의 프로그래밍 노트 덧셈 함수 간략하게 만들기

코틀린은 앞에서 작성한 덧셈 함수를 아주 간략하게 만들 수 있습니다. 만약 매개변수를 바로 반환값에 사용할 수 있다면 함수 안에서 별도의 변수를 정의하지 않고 다음과 같이 매개변수를 이용한 식을 바로 반환값에 입력해도 됩니다.

```
fun sum(a: Int, b: Int): Int {
    return a + b
}
```

중괄호({ }) 안의 코드가 한 줄이면 중괄호와 return문을 생략할 수 있습니다. 이때 return문을 생략한 대신 대입 연산자(=)를 사용해야 합니다. 코드가 조금 더 간결해졌습니다.

```
fun sum(a: Int, b: Int): Int = a + b
```

여기에서 끝일까요? 아닙니다! 더할 값이 Int형이면 반환값도 Int형이겠죠? 이 점을 이용하면 함수를 더 간략하게 만들 수도 있습니다. 반환값의 자료형도 생략할 수 있습니다.

```
fun sum(a: Int, b: Int) = a + b
```

앞에서 4줄로 쓴 덧셈 함수가 한 줄로 줄었습니다. 처음에는 이런 간략한 형태의 함수가 어색할 수 있습니다. 하지만 대형 프로젝트를 진행할 때는 이렇게 함수를 작성하는 것이 코드의 양도 줄일 수 있고 읽기에도 좋아 실무에서 많이 사용합니다. 꼭 기억해 두고 넘어갑시다.

함수 호출과 프로그램의 실행 순서

덧셈 함수를 통해 함수를 선언하는 방법과 함수의 구성 요소를 공부했습니다. 이제 함수를 직접 사용해 볼 차례입니다. 보통 함수를 사용하는 것을 '함수를 호출한다'라고 말합니다. 다음은 sum( ) 함수를 main( ) 함수 안에서 호출한 것입니다.

코딩해 보세요! sum( ) 함수 선언하고 호출하기 • 참고 파일 sumFunc.kt

```
package chap03.section1

❸❺
fun sum(a: Int, b: Int): Int {
    var sum = a + b
    return sum
}

❶
fun main( ) {
    val result1 = ❷sum(3, 2)  // IntelliJ IDEA에서 매개변수(a: 3, b: 2)를 보여줌
    val result2 = ❹sum(6, 7)  // IntelliJ IDEA에서 매개변수(a: 6, b: 7)를 보여줌

    println(result1)
    println(result2)
}
```

실행 결과

```
5
13
```

result1 변수에는 sum( ) 함수에 3, 2를 전달하여 실행 결과로 5가 반환되어 저장되었고, result2 변수에는 sum( ) 함수에 6, 7을 전달하여 실행 결과로 13이 반환되어 저장되었습니다. sum( ) 함수가 잘 동작했군요. 그러면 실제 프로그램은 어떻게 동작할까요? 다음 내용을 통해 함수의 호출과 프로그램의 실행 순서에 대해 알아보겠습니다. 실행 순서는 ❶~❺로 표기했습니다.

❶ 프로그램의 진입점 main( ) 함수

프로그램을 실행하면 프로그램의 진입점 역할을 하는 main( ) 함수가 가장 먼저 실행됩니다. main( ) 함수의 매개변수는 args인데 여기서는 사용하지 않기 때문에 생략되었습니다.

❷ 함수의 호출과 함수의 인자

sum( ) 함수를 호출합니다. 이때 인자(argument)로 3, 2가 사용되었습니다. 인자 3, 2는 각각 sum( ) 함수의 매개변수 a, b에 전달됩니다.

❸ sum( ) 함수 호출

❷에서 sum( ) 함수를 호출하면 프로그램의 실행 흐름은 main( )에서 sum( )으로 이동합니다. 이때 함수를 호출할 때 전달한 인자(3, 2)는 매개변수(a, b)에 그대로 전달됩니다. 이 값으로 덧셈 연산(3 + 2)을 수행하는 것이죠. 결괏값은 return문을 통해 반환되며 sum( ) 함수의 실행이 종료됩니다. 즉, 프로그램의 흐름은 다시 ❶로 돌아옵니다. 반환값(5)은 result1에 저장됩니다.

❹~❺도 ❷~❸과 마찬가지로 실행됩니다. 코드를 손을 짚어 가며 프로그램의 흐름을 한 번 상상해 보세요. 또 sum( ) 함수를 한 번만 선언해 놓고 다른 인자를 넣어 호출하는 과정을 통해 '코드의 재사용'이라는 함수의 장점도 느껴 보세요.

오리의 프로그래밍 노트 인자? 매개변수? 같은 것 아닌가요?

매개변수와 인자는 같은 역할을 하는 것처럼 보이기 때문에 같은 것으로 착각하기 쉽습니다. 하지만 이 둘은 명확하게 구분할 수 있는 개념입니다. 함수를 선언할 때는 매개변수라고 부르고 함수를 호출할 때는 인자라고 부릅니다. 즉, sum( ) 함수의 선언 부분의 a: Int, b: Int는 매개변수이고 main( ) 함수에서 sum( ) 함수를 호출할 때 sum(3, 2)에서 3, 2는 인자입니다. 이 인자는 함수 선언 부분에 있는 a와 b에 복사되어 전달됩니다.

함수의 호출과 메모리

함수의 실행 순서를 잘 이해했나요? 그러면 함수가 호출될 때 메모리는 어떻게 변화하는지 알아보겠습니다. 프로그램이 실행되면 메모리에 프로그램을 위한 공간이 만들어집니다. 다음은 두 수 중 더 큰 수를 반환하는 함수인 max( )를 선언하고 호출하는 코드입니다. 이 코드와 함께 함수와 함수에 사용된 변수가 메모리에 어떻게 저장되는지 알아보겠습니다.

만약 이 내용이 너무 어렵게 느껴진다면 다음 설명으로 넘어가도 좋습니다.

max( ) 함수에는 축약한 형태의 if~else문이 들어 있습니다. 이 내용은 나중에 자세히 설명합니다. 일단 코드만 따라 입력하세요.

코딩해 보세요! 함수의 호출 원리 살펴보기 • 참고 파일 MaxFunc.kt

```
package chap03.section1

fun main( ) { // 최초의 스택 프레임
    val num1 = 10 // 임시 변수 혹은 지역 변수
    val num2 = 3  // 임시 변수 혹은 지역 변수
    val result: Int

    result = max(num1, num2) // 두 번째 스택 프레임
```

```
    println(result)
}

fun max(a: Int, b: Int) = if (a > b) a else b // a와 b는 max( ) 함수의 임시 변수
```

```
실행 결과
10
```

프로그램이 실행되면 main( ) 함수가 가장 먼저 실행되고 중괄호로 감싼 본문 코드가 실행됩니다. 그러면 main( ) 함수의 본문인 중괄호 안의 변수는 어디에 어떻게 저장되는 것일까요? 다음 그림을 보며 천천히 설명해 보겠습니다.

함수와 스택 프레임

다음 그림은 main( ) 함수와 max( ) 함수가 순서대로 호출된 이후의 메모리 상태를 나타냅니다. 이때 함수의 각 정보는 프레임(Frame)이라는 정보로 스택(Stack) 메모리의 높은 주소부터 거꾸로 자라듯이 채워져 갑니다.

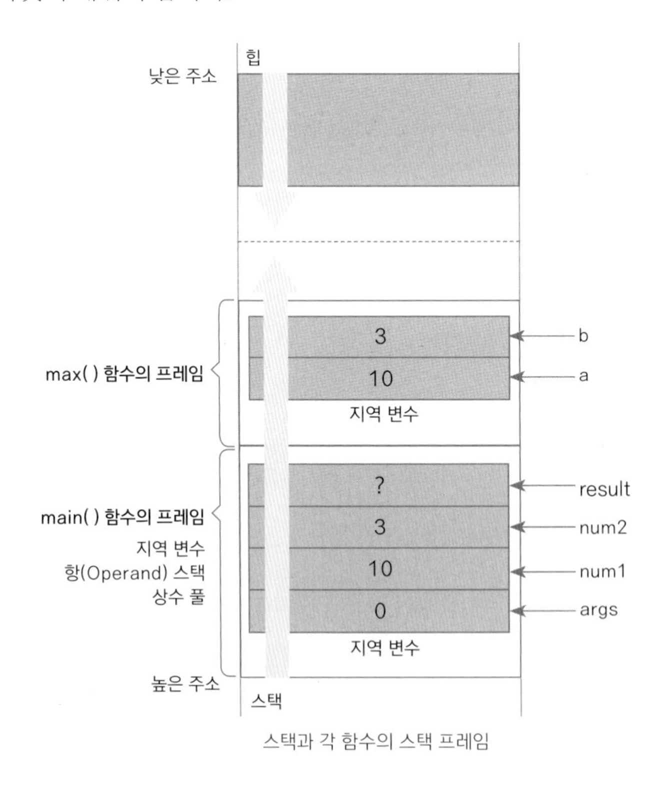

스택과 각 함수의 스택 프레임

그러면 그림의 가장 아래쪽에 있는 main( ) 함수의 스택 프레임에 대해 설명해 보겠습니다. main( ) 함수 본문인 중괄호 안에 있는 지역 변수(args, num1, num2, result)는 첫 번째 스택 프레임에 들어 있습니다. 지역 변수(Local Variable)란 함수가 종료되면 스택 프레임과 함께 사라지는 임시 변수입니다.

이제 그림에서 max( ) 함수의 스택 프레임을 보세요. main( ) 함수에서 max( ) 함수가 호출되면 새로운 스택 프레임이 만들어집니다. max( ) 함수 스택 프레임에는 a, b의 값인 3, 10이 들어 있습니다. 이 값을 이용하여 더 큰 수를 판단하고 그 값을 반환하며 함수는 종료됩니다. 그러면 max( ) 함수의 스택 프레임이 소멸되고 반환값은 main( ) 함수 스택 프레임의 result 변수에 저장됩니다.

스택 프레임의 생성과 소멸

위의 설명처럼 함수가 호출될 때마다 해당 정보는 스택 메모리에 쌓이는데 그것을 스택 프레임이라고 부릅니다. 이번에는 스택 프레임을 중심으로 함수의 생성과 소멸에 대해 이야기해 보겠습니다.

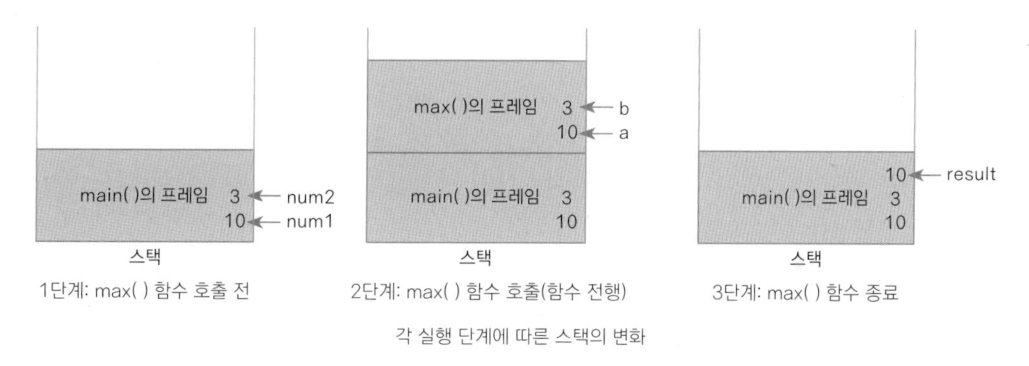

각 실행 단계에 따른 스택의 변화

함수가 호출되면 스택에 프레임이 생깁니다. 스택 프레임은 각각 분리되어 있으므로 함수에 선언된 변수도 분리하여 생각합니다. 그래서 프레임으로 분리된 변수들을 지역 변수라고 부릅니다. 예를 들어 위 그림에서 main( ) 함수와 max( ) 함수에 선언된 변수 중 c라는 이름의 변수가 있어도 두 변수는 다른 프레임에 있기 때문에(지역 변수이므로) 프로그램 실행에는 문제가 없습니다. 각 단계는 프레임이 만들어지고 없어지는 과정을 보여줍니다. 각 단계에 따라서 제일 아래부터 프레임이 쌓아 올려지며 함수가 종료되면 쌓였던 프레임이 사라지고 지역 변수들도 같이 삭제됩니다. 이때 max( ) 함수의 반환값은 result에 할당됩니다.

다시 정리하겠습니다. 함수를 호출하면 위와 같은 방식으로 스택에 스택 프레임이 생성되며 생성한 순서의 반대 순서로 소멸됩니다. 예를 들어 함수 A( ), B( ), C( )를 순서대로 호출했다면 3개의 스택 프레임이 아래에서 위로 생성되고 C( ), B( ), A( ) 순서로 스택에서 소멸됩니다.

오리의 프로그래밍 노트 스택의 내용이 최대 영역을 초과하면 스택 오버플로 발생!

프레임은 스택에 생성되고 스택은 메모리의 높은 주소에서 낮은 주소 방향으로 생성된다고 이야기했습니다. 힙 영역에는 동적으로 생성된 객체의 정보가 담겨져 있습니다. 힙에서는 보통 낮은 주소에서 높은 주소로 자라가며 정보를 저장합니다. 그래서 두 영역이 만나지 않도록 메모리를 관리하는 것이 중요합니다. 만약 무한하게 함수를 호출하여 스택 프레임을 생성하면 정해진 스택 영역의 경계를 넘어서면서 힙 영역과 겹치게 되는데 바로 이때 스택 오버플로(Stack Overflow) 오류가 발생합니다.

반환값이 없는 함수

함수의 반환값은 생략할 수 있습니다. 예를 들어 두 인자를 그대로 출력하는 함수는 값을 반환하지 않아도 됩니다. 즉, return문을 생략할 수 있습니다. 그 대신 반환값의 자료형을 Unit으로 지정하거나 생략할 수 있습니다. 다음은 반환값의 자료형을 Unit으로 지정한 것입니다. Unit은 코틀린에서 다루는 특수한 자료형 중 하나로 반환값이 없을 때 사용합니다.

```
fun printSum(a: Int, b: Int): Unit {
    println("sum of $a and $b is ${a + b}")
}
```

다음은 Unit을 생략한 것입니다. 코틀린은 함수에서 반환값과 반환값의 자료형이 없으면 반환값의 자료형을 Unit으로 추론합니다.

```
fun printSum(a: Int, b: Int) {
    println("sum of $a and $b is ${a + b}")
}
```

반환값의 자료형을 생략할 수 있으니 함수 작성이 조금 편리해졌습니다. 하지만 실제로는 반환값의 자료형이 Unit임을 항상 기억해야 합니다.

오리의 프로그래밍 노트 Unit과 void의 차이점

Unit은 자바의 void형과 대응합니다. 하지만 void는 정말로 아무것도 반환하지 않고 Unit은 특수한 객체를 반환한다는 차이점이 있습니다. 이 내용은 둘째마당에서 자세히 설명하겠습니다.

매개변수 제대로 활용하기

앞에서 함수의 구성 요소를 설명하며 매개변수에 대해 이야기했습니다. 그런데 코틀린에서는 매개변수를 조금 더 특별한 방법으로 사용할 수 있습니다. 예를 들어 여러분이 어떤 회원의 이름(name)과 이메일 주소(email)를 매개변수로 받아 회원 목록에 저장하는 함수를 개발하는 상황을 상상해 보겠습니다. 그런데 이메일 주소가 없는 회원이 있을 수도 있어서 이런 회원의 이메일 주소는 "default" 문자열을 함수에 전달하여 처리하기로 했습니다.

```
fun add(name: String, email: String) {
    // name과 email을 회원 목록에 저장
}
```

그런데 add( ) 함수를 호출할 때마다 "default" 값을 함수의 인자로 넘겨주는 것이 매우 번거롭다는 것을 알게 되었습니다.

```
add("박현규", "default")
add("박용규", "default")
add("함진아", "default")
...
```

그래서 add( ) 함수에 이름만 입력하여 호출하면 자동으로 email에 "default" 값이 입력되면 좋을 것입니다. 코틀린은 이런 함수 매개변수의 기본값 기능을 제공합니다. 함수를 선언할 때 매개변수에 기본값을 지정할 수 있는 것이죠. 다음은 매개변수 email의 기본값을 "default"로 지정한 것입니다.

```
fun add(name: String, email: String = "default") {
    // name과 email을 회원 목록에 저장
    // email의 기본값은 "default". 즉, email로 넘어오는 값이 없으면 자동으로 "default" 입력
}
```

이렇게 하면 email에 대한 기본값이 정해져 있기 때문에 다음과 같이 매개변수 name에 대한 인자만 전달해도 add( ) 함수를 사용할 수 있습니다.

```
add("Youngdeok") // email 인자를 생략하여 호출(name에만 "Youngdeok"이 전달)
```

물론 모든 매개변수의 기본값을 지정하면 인자를 전달하지 않고도 함수를 실행할 수 있습니다.

```
fun add(name: String = "최고의 코틀린 프로그래머", email: String = "default") {
// name과 email을 회원 목록에 저장
// name과 email의 기본값 지정
}
...
add( ) // 모든 인자를 생략하여 호출(name에는 "최고의 코틀린 프로그래머", email에는 "default"가 전달)
```

그러면 다음 실습을 통해 매개변수의 기본값을 지정하는 방법을 익혀 보겠습니다. 다음과 같이 코드를 입력해 보세요.

코딩해 보세요! **함수의 매개변수에 기본값 지정하기** • 참고 파일 DefaultParameter.kt

```
package chap03.section1

fun main( ) {
    val name = "홍길동"
    val email = "hong@example.kr"

    add(name)
    add(name, email)
    add("둘리", "dooly@example.kr")
    defaultArgs( ) // ① 100 + 200
    defaultArgs(200) // ② 200 + 200
}

fun add(name: String, email: String = "default") {
    val output = "${name}님의 이메일은 ${email}입니다."
    println(output)
}

fun defaultArgs(x: Int = 100, y: Int = 200) {
    println(x + y)
}
```

실행 결과

```
홍길동님의 이메일은 default입니다.
홍길동님의 이메일은 hong@example.kr입니다.
둘리님의 이메일은 dooly@example.kr입니다.
300
400
```

add( ) 함수는 매개변수 email의 기본값을 지정하고, defaultArgs( ) 함수는 모든 매개변수의 기본값을 지정했습니다. 그래서 defaultArgs( )는 ①번처럼 인자 없이 호출하거나 ②번처럼 인자를 하나만 호출하는 방법 등으로 사용할 수 있습니다.

매개변수 이름과 함께 함수 호출하기

매개변수가 너무 많은 함수를 호출하다 보면 가끔 어떤 인자를 어떤 매개변수에 전달했는지 헷갈리는 경우도 있습니다. 그래서 코틀린은 매개변수의 이름과 함께 인자를 전달하는 방법을 제공합니다. 다음은 매개변수가 3개인 namedParam( ) 함수를 매개변수의 이름과 함께 호출한 것입니다.

코딩해 보세요! 매개변수 이름과 함께 함수 호출하기 • 참고 파일 NamedParam.kt

```
package chap03.section1

fun main( ) {
    namedParam(x = 200, z = 100) // x, z의 이름과 함께 함수 호출(y는 기본값 사용)
    namedParam(z = 150) // z의 이름과 함께 함수 호출(x와 y는 기본 값으로 지정됨)
}

fun namedParam(x: Int = 100, y: Int = 200, z: Int) {
    println(x + y + z)
}
```

실행 결과

```
500
450
```

x = 200과 같은 형태로 매개변수의 이름을 붙여 함수를 호출하니 함수 호출 부분만 읽어도 어떤 매개변수에 어떤 값을 전달했는지 알기 쉬워졌습니다. 물론 매개변수 z는 기본값을 지정하지 않았으므로 반드시 인자를 전달해 주어야 합니다.

매개변수의 개수가 고정되지 않은 함수 사용하기

예를 들어 함수 인자로 1, 2, 3을 전달하면 1, 2, 3이라 출력하고 1, 2, 3, 4를 전달하면 1, 2, 3, 4라고 출력하기 위해서는 어떻게 해야 할까요? 지금까지 배운 내용으로 이 문제를 처리하려면 숫자 3개를 입력받는 함수와 숫자 4개를 입력받는 함수를 하나씩 만들면 됩니다.

```
fun print3Numbers(num1: Int, num2: Int, num3: Int) {
    // num1, num2, num3을 각각 출력
}

fun print4Numbers(num1: Int, num2: Int, num3: Int, num4: Int) {
    // num1, num2, num3, num4를 각각 출력
}
```

그러나 이 방법은 몹시 불편합니다. 두 함수 print3Numbers( )와 print4Numbers( )의 역할이 동일하다는 점을 이용하면 조금 더 쉽게 이 문제를 해결할 수 있지 않을까요?
이럴 때는 가변 인자(Variable Argument)를 사용하면 됩니다. 가변 인자는 '인자의 개수가 변한다'라는 뜻입니다. 가변 인자를 사용하면 함수는 하나만 정의해 놓고 여러 개의 인자를 받을 수 있습니다. 가변 인자를 사용하는 방법은 아주 간단합니다. 함수를 선언할 때 매개변수 왼쪽에 vararg라는 키워드를 붙이면 됩니다. 다음 예제를 통해 가변 인자의 사용법을 익혀 보겠습니다.

코딩해 보세요! **다양한 인자의 개수를 전달받는 함수** • 참고 파일 VarargsTest.kt

```
package chap03.section1

fun main( ) {
    normalVarargs(1, 2, 3, 4) // 4개의 인자 구성
    normalVarargs(4, 5, 6)    // 3개의 인자 구성
}

fun normalVarargs(vararg counts: Int) {
    for (num in counts) {
        print("$num ")
    }
    print("\n")
}
```

```
실행 결과
1 2 3 4
4 5 6
```

매개변수 counts 왼쪽에 vararg라는 키워드를 붙여 counts를 가변 인자로 지정했습니다. 가변 인자의 자료형은 Int형입니다. 즉, 가변 인자 counts는 Int형 배열이 됩니다. 따라서 normalVarargs( ) 함수 본문에서는 배열의 모든 내용을 순차적으로 읽기 위해 in 키워드와 반복문을 사용했습니다. for문과 배열은 04, 08장에서 더 자세히 다루기로 하고 가변 인자를 사용하는 방법과 함수를 호출할 때 사용하는 인자의 개수에 집중해 봅시다.

여기서는 4개의 인자(1, 2, 3, 4)와 3개의 인자(4, 5, 6)를 전달하여 함수를 호출했습니다. 실행 결과는 함수에 전달한 인자를 모두 출력한 것입니다. 이제 원하는 만큼 인자를 전달할 수 있게 되었습니다!

03-2 함수형 프로그래밍

코틀린은 함수형 프로그래밍(FP: Functional Programming)과 객체 지향 프로그래밍(OOP: Object-Oriented Programming)을 모두 지원하는 다중 패러다임 언어입니다. 함수형, 객체 지향 프로그래밍의 장점은 코드를 간략하게 만들 수 있다는 것입니다. 두 기법은 대규모 프로그램의 설계에도 적합하여 많은 현대 프로그래밍 언어가 지향하는 특징입니다. 특히 함수형 프로그래밍은 코드가 간략화되고 테스트나 재사용성이 더 좋아지면서 개발 생산성이 늘어나는 장점 덕분에 꼭 공부해야 합니다. 그러면 함수형 프로그래밍이라는 기법에 대해 먼저 공부해 봅시다.

객체 지향 프로그래밍은 둘째마당의 05장부터 다루겠습니다.

오리의 프로그래밍 노트 다중 패러다임 언어란?

다중 패러다임 언어라는 용어를 처음 들어본 독자가 많을 것입니다. 다중 패러다임 언어란 한 가지 구현 규칙에 얽매이지 않고 다양한 문법과 형식을 지원하는 언어를 말합니다. 특히 현대의 컴퓨터 언어는 다중 패러다임 언어를 지향하며 발전하고 있습니다.

함수형 프로그래밍이란?

함수형 프로그래밍은 순수 함수를 작성하여 프로그램의 부작용을 줄이는 프로그래밍 기법을 말합니다. 그리고 함수형 프로그래밍에서는 람다식과 고차 함수를 사용합니다. 지금은 이 설명만으로 함수형 프로그래밍을 이해할 수 없을 것입니다. 함수형 프로그래밍이 무엇인지 알기 위해서는 순수 함수를 먼저 이해해야 합니다.

순수 함수

함수형 프로그래밍은 순수 함수를 사용하자는 것에서 출발했습니다. 그러면 순수 함수란 무엇일까요? 만일 어떤 함수가 같은 인자에 대하여 항상 같은 결과를 반환하면 '부작용이 없는 함수'라고 말합니다. 그리고 부작용이 없는 함수가 함수 외부의 어떤 상태도 바꾸지 않는다면 순수 함수(Pure Function)라고 부릅니다. 이런 특성 덕분에 순수 함수는 스레드에 사용해도 안전하고 코드를 테스트하기도 쉽다는 장점이 있습니다. 다음은 순수 함수의 예입니다.

순수 함수는 부작용이 없어 값이 예측이 가능해 '결정적(deterministic)'이라고 하기도 합니다.

```
// 순수 함수의 예
fun sum(a: Int, b: Int): Int {
    return a + b // 동일한 인자인 a, b를 입력받아 항상 a + b를 출력(부작용이 없음)
}
```

위의 함수는 매개변수 a, b를 이용하여 덧셈 연산을 한 다음 그 값을 그대로 반환합니다. 똑같은 값이 인자로 전달되면 반환값도 항상 같다는 것을 예측할 수 있습니다. 또 함수 안에서 함수 외부의 어떤 변수 상태도 바꾸지 않습니다. 즉, 위 함수는 순수 함수 조건을 만족하는 순수 함수입니다. 다음은 순수 함수의 조건을 정리한 것입니다.

순수 함수의 조건

- 같은 인자에 대하여 항상 같은 값을 반환한다.
- 함수 외부의 어떤 상태도 바꾸지 않는다.

사실 프로그램이 커지다 보면 부작용을 완벽하게 통제할 수 있는 순수 함수를 만들기는 어렵습니다. 그래서 평소에 가능한 한 순수 함수에 가깝게 안전한 함수를 구현하려고 노력하는 것이 중요합니다.

오리의 프로그래밍 노트 순수 함수가 아닌 함수는 어떤 것인가요?

그러면 순수 함수의 조건을 만족하지 않는 함수는 무엇일까요? 다음 함수를 보며 이야기해 보겠습니다.

```
fun check( ) {
    val test = User.grade( ) // check( ) 함수에 없는 외부의 User 객체를 사용
    if (test != null) process(test) // 변수 test는 User.grade( )의 실행 결과에 따라 달라짐
}
```

check( ) 함수는 함수 안에서 함수 외부에 있는 User 객체의 함수인 grade( ) 함수를 실행하고 있습니다. 또 grade( ) 함수의 결괏값을 test에 저장하여 조건문 if(test != null)에 사용합니다. 심지어 process( ) 함수는 조건을 만족하지 못하면 실행되지 않습니다. check( ) 함수만 보면 User가 어떤 객체인지, grade( ) 함수는 어떤 값을 반환하는지, process( ) 함수는 대체 무엇을 하는지 알 수 없습니다. 쉽게 말해 check( ) 함수의 실행 결과를 예측하기 어렵다는 것이죠. 바로 이런 함수가 순수 함수의 조건을 만족하지 못하는 함수입니다.

람다식

이번에는 함수형 프로그래밍에서 사용하는 람다식(Lambda Expressions)을 소개하겠습니다. 람다식은 람다 대수(Lambda Calculus)에서 유래한 것으로 다음과 같은 형태입니다.

```
{ x, y -> x + y } // 람다식의 예(이름이 없는 함수 형태)
```

위의 식을 보면 함수의 이름이 없고 화살표(->)가 사용되었습니다. 수학에서 말하는 람다 대수는 이름이 없는 함수로 2개 이상의 입력을 1개의 출력으로 단순화한다는 개념입니다.
함수형 프로그래밍의 람다식은 다른 함수의 인자로 넘기는 함수, 함수의 결괏값으로 반환하는 함수, 변수에 저장하는 함수를 말합니다. 람다식의 사용 방법은 03-3에서 자세히 알아보겠습니다.

람다 기호를 로고로 사용한 게임 '하프라이프'

오리의 프로그래밍 노트 그러면 람다 대수는 무엇인가요?

람다 대수는 함수를 이름 없이 표현하는 수학 영역을 말하며, 위키백과에 다음과 같이 정의되어 있습니다.

> 람다 대수(λ-calculus, lambda-calculus)는 이론 컴퓨터 과학 및 수리논리학에서 변수의 네임 바인딩과 대입의 방법을 이용하여 함수 정의, 함수 적용, 귀납적 함수 추상화를 수행하고 수학 연산을 표현하는 형식 체계이다. 람다 대수는 임의의 튜링 기계를 시뮬레이션할 수 있는 보편적인 계산 모델이다. (중략)
> 람다 대수는 계산 이론, 언어학 등에 중요한 역할을 하며, 특히 프로그래밍 언어 이론의 발전에 크게 기여했다. 리스프(LISP)와 같은 함수형 프로그래밍 언어는 람다 대수로부터 직접적인 영향을 받아 탄생했으며, 단순 타입 람다 대수는 현대 프로그래밍 언어의 타입 이론의 기초가 되었다.

람다 대수는 현대 프로그래밍 언어에 많이 도입되기 시작했습니다. 그만큼 아주 유용한 개념이죠. 특히 영국의 수학자인 앨런 튜링(1912~1954)이 제안한 계산 모델인 튜링 기계는 프로그램 내장형 컴퓨터의 기초가 되었습니다. 튜링은 박사 후 논문에서 다음과 같이 계산 가능한 함수로 정의했죠.

> 우리는 어떤 함수의 값이 순수한 기계적 과정을 통해 계산될 수 있을 때 그 함수를 계산 가능한 함수로 정의한다.

튜링은 독일의 암호 기계인 '에니그마'를 해독하기 위한 기계를 구상하기도 했죠. 이렇게 출발한 모델은 오토마타 등 인공지능을 위한 학문의 기초가 되었고 컴퓨터 분야를 크게 발전시키는 데 기여했습니다.

일급 객체

함수형 프로그래밍에서는 함수를 일급 객체로 생각합니다. 람다식 역시 일급 객체의 특징을 가지고 있는데 일급 객체란 무엇일까요? 일급 객체(First Class Citizen)의 특징은 다음과 같습니다.

일급 객체의 특징

- 일급 객체는 함수의 인자로 전달할 수 있다.
- 일급 객체는 함수의 반환값에 사용할 수 있다.
- 일급 객체는 변수에 담을 수 있다.

만약 함수가 일급 객체면 일급 함수라고 부릅니다. 그리고 일급 함수에 이름이 없는 경우 '람다식 함수' 혹은 '람다식'이라고 부를 수 있습니다. 즉, 람다식은 일급 객체의 특징을 가진 이름 없는 함수입니다. 이 내용은 03-3에서 실습으로 확인합니다. 지금은 람다식이 일급 객체의 특성을 가지고 있다는 것만 기억해 두세요.

고차 함수

고차 함수(High-order Function)란 다른 함수를 인자로 사용하거나 함수를 결괏값으로 반환하는 함수를 말합니다. 물론 두 특징을 모두 가지고 있어도 고차 함수라고 이야기합니다. 일급 객체 혹은 일급 함수를 서로 주고받을 수 있는 함수가 고차 함수가 되는 것이죠. 다음은 고차 함수의 예입니다.

```
fun main( ) {
    println(highFunc({ x, y -> x + y }, 10, 20)) // 람다식 함수를 인자로 넘김
}

fun highFunc(sum: (Int, Int) -> Int, a: Int, b: Int): Int = sum(a, b) // sum 매개변수는 함수
```

highFunc( ) 함수는 sum이라는 매개변수가 있습니다. 하지만 이 sum은 람다식 함수 형식으로 선언되어 있죠. 즉, highFunc( ) 함수는 sum을 통해서 람다식 함수를 인자로 받아들일 수 있는 고차 함수가 됩니다! 다음 그림을 통해 이해해 봅시다.

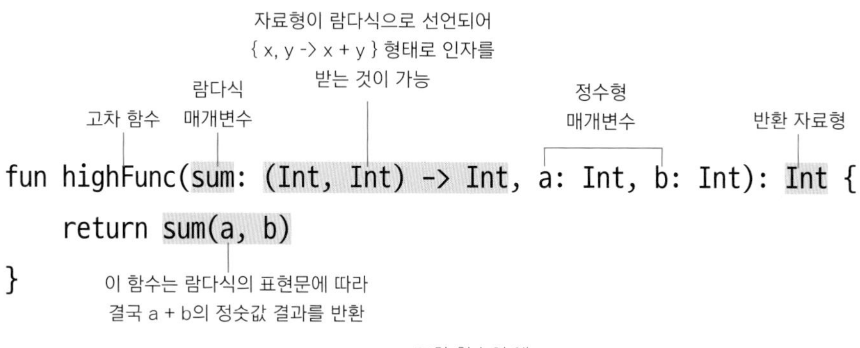

고차 함수의 예

highFunc( ) 함수에 대입되어 있는 sum(a, b)는 위와 같이 풀어서 쓸 수 있습니다. 일단 용어 정리를 하고 있으므로 어렵게 느껴지겠지만 03-3부터 예제를 통해 하나씩 구체적으로 살펴볼 것이니 걱정하지 않아도 됩니다.

이 절에서 여러분이 꼭 기억해야 할 것은 함수형 프로그래밍의 정의입니다. 다음은 함수형 프로그래밍의 정의와 특징을 다시 한 번 정리한 것입니다.

함수형 프로그래밍의 정의와 특징

- 순수 함수를 사용해야 한다.
- 람다식을 사용할 수 있다.
- 고차 함수를 사용할 수 있다.

지금까지 함수형 프로그래밍의 정의와 특징에 대해 알아보았습니다. 아직은 함수형 프로그래밍의 정의 방법이나 람다식, 고차 함수의 사용 방법이 어색하고 어렵게 느껴질 것입니다. 하지만 함수형 프로그래밍을 사용하게 되면 프로그램을 디버깅하거나 분석하기 쉬워져 궁극적으로 더 생산성이 높은 코드를 만들 수 있게 될 것입니다. 그러면 함수형 프로그래밍의 특징인 고차 함수와 람다식이 무엇인지 실습을 통해 구체적으로 알아보겠습니다.

03-3 고차 함수와 람다식

고차 함수는 인자나 반환값에 함수를 사용해서 대단히 유연합니다. 그 유연성 때문에 처음에는 적응하기 어려울 수 있지만 익숙해지면 간결하고 최적화된 코드를 작성할 수 있습니다.

고차 함수의 형태

고차 함수의 특징을 다시 떠올려 봅시다. 고차 함수는 인자나 반환값으로 함수를 사용합니다. 이때 함수는 03-1에서 공부한 것처럼 일반적으로 이름이 있는 함수일 수도 있고 이름이 없는 함수일 수도 있습니다. 먼저 람다식 함수 형태가 아닌 일반 함수를 인자나 반환값으로 사용하는 고차 함수에 대해 알아보겠습니다.

일반 함수를 인자나 반환값으로 사용하는 고차 함수

먼저 인자나 반환값이 일반 함수인 고차 함수에 대한 예제를 작성해 보겠습니다. 먼저 함수의 인자로 함수를 사용하는 예제를 작성해 봅시다.

코딩해 보세요! 인자에 일반 함수 사용해 보기 • 참고 파일 FuncArgument.kt

```
package chap03.section3.funcargs

fun main( ) {
    val res1 = sum(3, 2) // 일반 인자
    val res2 = mul(sum(3,3), 3) // 인자에 함수를 사용

    println("res1: $res1, res2: $res2")
}

fun sum(a: Int, b: Int) = a + b
fun mul(a: Int, b: Int) = a * b
```

실행 결과

```
res1: 5, res2: 18
```

mul( ) 함수의 첫 번째 인자에 sum( ) 함수를 사용했습니다. 그러면 sum(3, 3)이 실행되며 반환값 6이 mul( ) 함수의 첫 번째 매개변수 a에 전달됩니다. 결국 인자로 일반 함수를 전달했습니다.

이번에는 함수를 반환값으로 사용하는 방법에 대해 알아볼까요?

코딩해 보세요! **반환값에 일반 함수 사용해 보기** • 참고 파일 FuncFunc.kt

```
package chap03.section3.funcfunc

fun main( ) {
    println("funcFunc: ${funcFunc( )}")
}

fun sum(a: Int, b: Int) = a + b

fun funcFunc( ): Int { // 함수의 반환값으로 함수 사용
    return sum(2, 2)
}
```

실행 결과

```
funcFunc: 4
```

funcFunc( ) 함수의 반환값으로 sum( ) 함수를 사용했습니다. 이제 고차 함수가 어떤 것인지 알 것 같나요? 그러면 고차 함수의 세계로 조금 더 깊이 들어가 보겠습니다.

람다식을 인자나 반환값으로 사용하는 고차 함수

이번에는 일반 함수가 아닌 람다식을 사용하는 고차 함수를 만들어 봅시다. 람다식을 먼저 변수에 할당해 보겠습니다.

코딩해 보세요! **변수에 할당하는 람다식 함수 작성하기** • 참고 파일 HighOrderTest.kt

```
package chap03.section3

fun main( ) {
    var result: Int
    val multi = {x: Int, y: Int -> x * y}  // 일반 변수에 람다식 할당
    result = multi(10, 20) // 람다식이 할당된 변수는 함수처럼 사용 가능
    println(result)
}
```

실행 결과

```
200
```

코드를 모두 작성했나요? 변수 `multi`를 봅시다. `multi`에는 x와 y를 인자로 받아 곱하여 반환하는 람다식이 할당되어 있습니다. 따라서 `multi` 변수는 자료형이 생략되어 있지만 `(Int, Int) -> Int`에 의해 Int형으로 자료형이 추론됨을 알 수 있습니다. 다시 말하면 람다식이 변수에 할당되어 변수 이름이 `multi( )`와 같이 함수 형태로 사용할 수 있게 됩니다.

`multi(10, 20)`에 전달된 10과 20은 람다식의 x, y에 전달됩니다. 그런 다음 화살표(->) 기호 오른쪽의 연산 `x * y`에 의해 두 값을 곱하여 반환합니다.

람다식을 조금 더 자세히 알아보기 위하여 그림으로 형태를 분석해 봅시다.

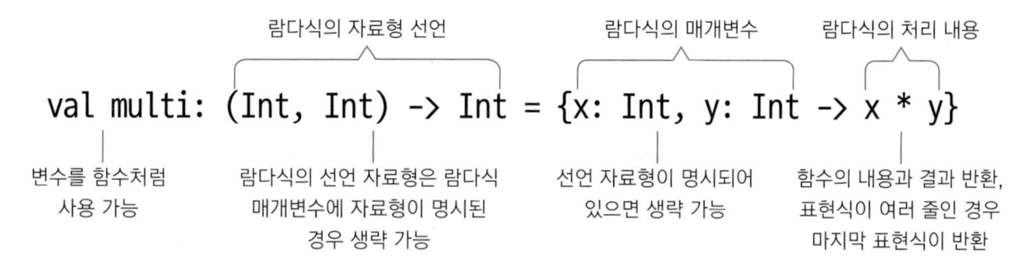

람다식의 선언과 할당

먼저 오른쪽의 중괄호로 감싼 내용을 살펴보겠습니다. 화살표(->) 기호를 기준으로 왼쪽에는 람다식의 매개변수 `x: Int, y: Int`를 작성하고 오른쪽에는 함수의 내용과 반환값 `x * y`를 적었습니다. 만약 함수 내용에 표현식이 2줄 이상이라면 마지막 표현식이 반환값이 됩니다. 예를 들면 다음과 같습니다.

```
val multi2: (Int, Int) -> Int = {x: Int, y: Int ->
    println("x * y")
    x * y // 마지막 표현식이 반환
}
```

다시 그림의 앞쪽을 보면 변수 multi의 자료형이 람다식으로 지정되어 있습니다. 그런데 람다식의 매개변수에 자료형이 지정되어 있다면 변수의 자료형은 생략할 수 있습니다. 즉, 다음은 모두 같은 표현입니다.

```
val multi: (Int, Int) -> Int = {x: Int, y: Int -> x * y} // 생략되지 않은 전체 표현
val multi = {x: Int, y: Int -> x * y} // 선언 자료형 생략
val multi: (Int, Int) -> Int = {x, y -> x * y} // 람다식 매개변수 자료형의 생략
```

하지만 둘 다 생략해 버리면 자료형이 추론되지 않으므로 오류가 발생합니다.

```
val multi = {x, y -> x * y} // 오류! 추론이 가능하지 않음
```

그렇다면 반환 자료형이 아예 없거나 매개변수가 하나만 있을때는 어떻게 표현해야 할까요? 다음의 예를 봅시다.

```
val greet: ( ) -> Unit = {println("Hello World!")}
val square: (Int) -> Int = {x -> x * x}
```

첫 번째 람다식에는 매개변수와 반환값이 없습니다. 그래서 변수 greet의 자료형은 `( ) -> Unit`입니다. 그리고 람다식 본문을 자세히 보면 매개변수를 표현할 필요가 없으므로 화살표 앞쪽과 화살표 자체가 생략되었습니다. 변수 square는 `(Int) -> Int`로 람다식의 자료형을 지정해 주었습니다. 즉, 람다식을 보고 매개변수와 반환값을 추론할 수 있다면 람다식의 매개변수 자료형은 생략할 수 있습니다.

만약 람다식 안에 람다식을 넣으면 어떻게 자료형을 지정해야 할까요? 다음 코드를 봅시다.

```
val nestedLambda: ( ) -> ( ) -> Unit = {{println("nested")}}
```

아무것도 없는 람다식 { }에 람다식 {println("nested")}를 넣었습니다. 그러면 자료형은 ( ) -> ( ) -> Unit으로 명시해야 합니다. 잘 사용하는 표현은 아니지만 이런 식으로도 람다식에 람다식을 넣어 사용할 수 있다는 점을 알아 두세요.
앞에서 본 람다식에서 추론 가능한 부분을 생략해 볼까요? 위의 람다식을 아래와 같이 수정하면 자료형을 생략할 수 있습니다.

```
// 람다식의 자료형 생략
val greet = {println("Hello World!")} // 추론 가능
val square = {x: Int -> x * x} // square의 자료형을 생략하려면 x의 자료형을 명시해야 함
val nestedLambda = {{println("nested")}} // 추론 가능
```

이번에는 람다식을 매개변수에 사용한 고차 함수의 예를 알아보겠습니다.

코딩해 보세요! **매개변수에 람다식 함수를 이용한 고차 함수** • 참고 파일 HighOrderTest2.kt

```
package chap03.section3

fun main( ) {
    var result: Int
    result = highOrder({ x, y -> x + y }, 10, 20) // 람다식을 매개변수와 인자로 사용한 함수
    println(result)
}

fun highOrder(sum: (Int, Int) -> Int, a: Int, b: Int): Int {
    return sum(a, b)
}
```

실행 결과

```
30
```

다음은 매개변수로 람다식을 사용한 고차 함수 highOrder( )의 흐름을 그림으로 정리한 것입니다.

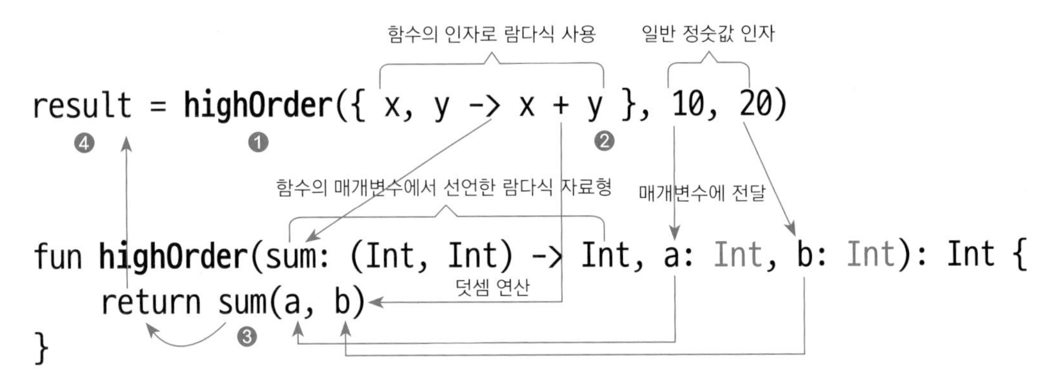

함수의 인자로 람다식을 사용해 계산하는 고차 함수

위의 코드를 하나씩 따라가면서 분석해 보겠습니다. 먼저 ❶번에서 highOrder( ) 함수를 호출합니다. 이때 첫 번째 인자에 람다식 { x, y -> x + y }를 사용했고 두 번째와 세 번째 인자 10, 20은 일반적인 정숫값입니다. 첫 번째 인자의 람다식은 highOrder( ) 함수의 첫 번째 매개변수에서 선언한 자료형으로 구성해야 합니다.

이제 ❷번 과정에서 3개의 인자를 highOrder( ) 함수의 매개변수에 전달합니다. 따라서 sum은 람다식 함수를 가리키고 a와 b는 각각 10과 20을 가리킵니다. ❸번 과정에서 sum은 전달받은 a와 b를 인자처럼 받아서 람다식의 x와 y로 대체됩니다. 따라서 함수의 내용인 x + y에 의해 덧셈 연산을 수행한 후 결과를 반환합니다. 반환한 결과는 다시 ❹번에 의해 원래 코드의 result로 반환합니다.

이제 마지막으로 인자와 반환값이 없는 람다식을 알아보겠습니다.

코딩해 보세요! **인자와 반환값이 없는 람다식 함수** • 참고 파일 HighOrderTest3.kt

```
package chap03.section3

fun main( ) {
    val out: ( ) -> Unit = {println("Hello World!")} // 인자와 반환값이 없는 람다식의 선언
    // 자료형 추론이 가능하므로 val out = { println("Hello World!") }와 같이 생략 가능

    out( ) // 함수처럼 사용 가능
    val new = out  // 람다식이 들어 있는 변수를 다른 변수에 할당
    new( )
}
```

```
실행 결과
Hello World!
Hello World!
```

람다식은 인자가 없거나 반환값이 없을 수 있습니다. 코드에서 강조된 부분을 보면 람다식 선언 부분의 화살표 왼쪽에는 비어 있는 형태의 인자를 사용하여 람다식의 인자가 없음을 표현하고 오른쪽에는 `Unit`을 사용하여 반환값이 `Unit`임을 표현했습니다. 람다식 본문에도 `"Hello World"`를 출력한다는 함수의 내용만 있을 뿐 매개변수가 없기 때문에 인자를 전달받지 않고 있습니다.

이름이 없는 함수를 표현하기 위해 등장한 람다식 표현은 함수형 프로그래밍에서 아주 중요한 개념입니다. 또한 람다식은 많은 코드들을 간략화하고 함수 자체를 인자나 매개변수로 이용할 수 있어 프로그램의 효율성도 높일 수 있습니다. 예제 코드에서 알 수 있듯이 람다식은 대단히 유연하기 때문에 약간은 어려워 보일 수 있습니다. 이제 람다식을 여러 상황에 맞춰 사용하는 방법을 알아보겠습니다.

람다식과 고차 함수 호출하기

함수의 내용을 할당하거나 인자 혹은 반환값을 자유롭게 넘기려면 호출 방법을 이해해야 합니다. 기본형 변수로 할당된 값은 스택에 있고 다른 함수에 인자로 전달하는 경우에는 해당 값이 복사되어 전달됩니다. 참조형 변수로 할당된 객체는 참조 주소가 스택에 있고 객체는 힙에 있습니다. 참조형 객체는 함수에 전달할 때는 참조된 주소가 복사되어 전달됩니다.
JVM에서 실행되는 자바나 코틀린은 함수를 호출할 때 인자의 값만 복사하는 '값의 의한 호출(Call by Value)'이 일반적입니다. C/C++에서 사용하는 포인터 주소 연산이 없기 때문에 주소 자체를 사용해 호출하는 '참조에 의한 호출(Call by Reference)'은 자바나 코틀린에서 사용되지 않습니다. 자바는 객체가 전달될 때 주소 자체를 전달하는 것이 아닌 값을 복사하는데 이것은 참조에 의한 호출처럼 보이지만 그 값이 주소일 뿐입니다. 코틀린은 람다식을 사용하면서 몇 가지 확장된 호출 방법을 사용할 수 있습니다.

값에 의한 호출

코틀린에서 값에 의한 호출은 함수가 또 다른 함수의 인자로 전달될 경우 람다식 함수는 값으로 처리되어 그 즉시 함수가 수행된 후 값을 전달합니다. 다음 예제를 작성해 실행 결과를 확인해 봅시다.

코딩해 보세요! 값에 의한 호출로 람다식 사용하기 • 참고 파일 CallByValue.kt

```
package chap03.section3

fun main( ) {
    val result = callByValue(lambda( )) // 람다식 함수를 호출
    println(result)
}

fun callByValue(b: Boolean): Boolean { // 일반 변수 자료형으로 선언된 매개변수
    println("callByValue function")
    return b
}

val lambda: ( ) -> Boolean = { // 람다 표현식이 2줄
    println("lambda function")
    true // 마지막 표현식 문장의 결과가 반환
}
```

실행 결과

```
lambda function
callByValue function
true
```

이 예제의 호출 순서를 파악하기 위해 다음 그림의 흐름을 확인해 보겠습니다.

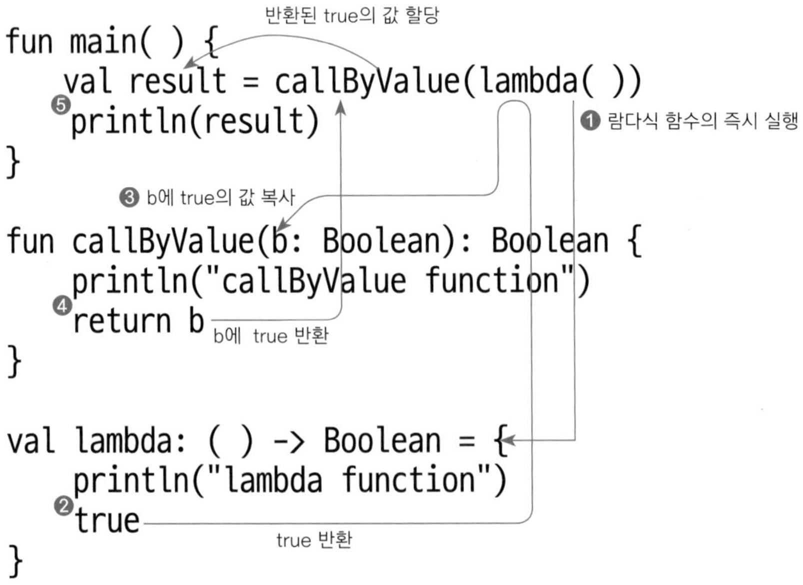

```
fun main( ) {
    val result = callByValue(lambda( ))
   ⑤println(result)
}

fun callByValue(b: Boolean): Boolean {
    println("callByValue function")
   ④return b
}

val lambda: ( ) -> Boolean = {
    println("lambda function")
   ②true
}
```


람다식 함수의 값에 의한 호출 시 코드의 흐름

❶번에 표시된 `callByValue(lambda( ))`에서 인자로 전달된 `lambda( )`가 먼저 수행되며 ❷번의 람다식에 의해 `"lambda function"`을 화면에 출력하고 true를 반환한 후 ❸번의 `callByValue( )` 함수의 b에 값을 복사합니다. 그다음 `callByValue( )` 함수의 본문인 `println( )`이 수행되고 ❹번의 b를 최종적으로 반환합니다. 반환된 값은 다시 ❺번의 `result` 변수에 할당되어 true를 출력합니다. 이렇게 함수나 람다식의 함수 형태를 인자로 사용하면 즉시 호출되어 실행된 후 그 값이 사용됩니다.

이름에 의한 람다식 호출

그렇다면 람다식의 이름이 인자로 전달될 때 실행되지 않고 실제로 호출할 때 실행되도록 하면 어떨까요? 다음과 같이 예제를 살짝 바꿔 봅시다.

코딩해 보세요! **람다식 이름을 사용해 호출하기** • 참고 파일 CallByName.kt

```
package chap03.section3

fun main( ) {
    val result = callByName(otherLambda) // 람다식 이름으로 호출
    println(result)
}

fun callByName(b: ( ) -> Boolean): Boolean { // 람다식 자료형으로 선언된 매개변수
    println("callByName function")
    return b( )
}

val otherLambda: ( ) -> Boolean = {
    println("otherLambda function")
    true
}
```

실행 결과

```
callByName function
otherLambda function
true
```

앞에서 입력한 코드와 거의 동일해 보이지만 람다식의 이름을 `callByName( )` 함수에서 호출하는 점이 다릅니다. `callByName( )` 함수의 매개변수 b는 람다식 자료형으로 선언되었습니다. 다시 그림을 통해서 위 프로그램의 실행 흐름을 파악해 봅시다.

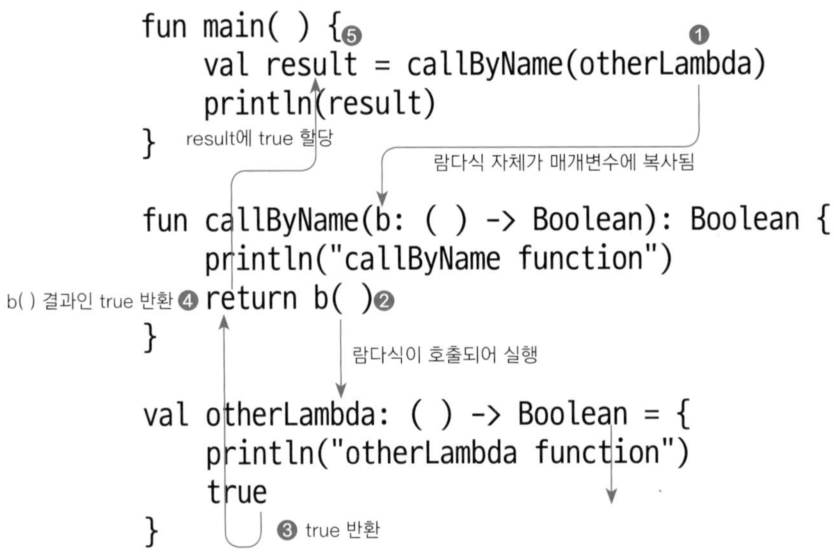

```
fun main( ) {⑤                                    ①
    val result = callByName(otherLambda)
    println(result)
}   result에 true 할당
                          람다식 자체가 매개변수에 복사됨

fun callByName(b: ( ) -> Boolean): Boolean {
    println("callByName function")
b( ) 결과인 true 반환 ④ return b( )②
}
                  람다식이 호출되어 실행

val otherLambda: ( ) -> Boolean = {
    println("otherLambda function")
    true
}       ③ true 반환
```

람다식의 이름으로 호출한 코드의 흐름

callByName( ) 함수가 callByValue( ) 함수와 다른 점은 매개변수 b가 람다식 자료형으로 선언되었다는 것입니다. 따라서 ❶번처럼 람다식 이름을 callByName( ) 함수의 인자로 넣어 사용하고 있습니다. 람다식 자체가 매개변수 b에 복사되어 사용되기 전까지는 람다식이 실행되지 않습니다. ❷번처럼 함수 형태로 호출해야 비로소 람다식이 실행됩니다. 이름이 전달된 시점이 아니라 callByName( ) 함수 블록에 사용되는 b( )에 의해 호출된다는 것입니다. 이것을 잘 활용하면 상황에 맞춰 즉시 실행할 필요가 없는 코드를 작성하는 경우 이름에 의한 호출 방법을 통해 필요할 때만 람다식이 작동하도록 만들 수 있습니다.

다른 함수의 참조에 의한 일반 함수 호출

지금까지 람다식을 매개변수로 선언해 사용했습니다. 그러면 람다식이 아닌 일반 함수를 또 다른 함수의 인자에서 호출하는 고차 함수의 경우를 생각해 봅시다.

```
fun sum(x: Int, y: Int) = x + y
```

덧셈을 하는 평범한 함수입니다. 이것을 고차 함수인 funcParam( )에서 호출하려고 합니다.

```
funcParam(3, 2, sum) // 오류! sum은 람다식이 아님
...
fun funcParam(a: Int, b: Int, c: (Int, Int) -> Int): Int {
    return c(a, b)
}
```

sum( ) 함수는 람다식이 아니므로 위와 같이 이름으로 호출할 수 없습니다. 하지만 sum( )과 funcParam( )의 매개변수 c의 선언부 구조를 보면 인자 수와 자료형의 개수가 동일합니다. 이때는 다음과 같이 2개의 콜론(::) 기호를 함수 이름 앞에 사용해 소괄호와 인자를 생략하고 사용할 수 있습니다.

```
funcParam(3, 2, ::sum)
```

그럼 최종적으로 다음과 같은 예제를 작성해 실행해 봅시다.

코딩해 보세요! 참조에 의한 호출 방식으로 일반 함수 호출하기 • 참고 파일 FunctionReference.kt

```
package chap03.section3.funcref

fun main( ) {
    // ① 인자와 반환값이 있는 함수
    val res1 = funcParam(3, 2, ::sum)
    println(res1)

    // ② 인자가 없는 함수
    hello(::text) // 반환값이 없음

    // ③ 일반 변수에 값처럼 할당
    val likeLambda = ::sum
    println(likeLambda(6,6))
}

fun sum(a: Int, b: Int) = a + b

fun text(a: String, b: String) = "Hi! $a $b"

fun funcParam(a: Int, b: Int, c: (Int, Int) -> Int): Int {
    return c(a, b)
}

fun hello(body: (String, String) -> String): Unit {
    println(body("Hello", "World"))
}
```

```
실행 결과
5
Hi! Hello World
12
```

①번의 funcParam(3, 2, ::sum)은 인자 3, 2가 sum에 전달되며 결괏값으로 5를 반환합니다. ②번의 hello(::text)는 반환값이 없으며 hello( ) 함수 선언부의 body( ) 함수와 함수에 인자로 전달한 2개의 문자열이 hi!와 결합되어 출력됩니다. ③번은 ::sum을 변수에 할당했습니다.

마지막으로 콜론 2개(::)를 이용한 표기법을 정리하겠습니다.

```
hello(::text) // 함수 참조 기호
hello({ a, b -> text(a, b) }) // 람다식 표현(동일한 결과)
hello { a, b -> text(a, b) }  // 소괄호 생략(동일한 결과)
```

위의 3가지 표현은 모두 동일한 결과를 출력합니다. 따라서 매개변수와 인자 구조가 동일한 경우 람다식 표현법이 간략화된 함수 참조 기호인 ::을 사용하면 좀 더 편리하게 작성할 수 있습니다.

람다식의 매개변수

이제까지 람다식의 호출 방법에 대해 살펴봤습니다. 이번에는 매개변수 개수에 따라 람다식을 구성하는 방법을 볼 것입니다. 매개변수와 인자 개수에 따라 람다식의 생략된 표현이 가능하기 때문에 코드를 더 간략화할 수 있습니다.

람다식에 매개변수가 없는 경우

매개변수가 없는 형태는 예제에서 몇 번 사용해 보았죠? 매개변수가 없을 때의 표현을 다시 정리해 봅시다.

코딩해 보세요! 람다식의 매개변수 테스트하기 • 참고 파일 ParamCount.kt

```
package chap03.section3

fun main( ) {
    // 매개변수 없는 람다식
    noParam({ "Hello World!" })
    noParam { "Hello World!" } // 위와 동일 결과, 소괄호 생략 가능
}

// 매개변수가 없는 람다식이 noParam 함수의 매개변수 out으로 지정됨
fun noParam(out: ( ) -> String) = println(out( ))
```

```
실행 결과
Hello World!
Hello World!
```

noParam( ) 함수의 매개변수는 람다식 1개를 가지고 있는데 이때는 함수 사용 시 소괄호를 생략할 수 있습니다.

main( ) 함수에서 사용된 noParam( ) 함수의 인자에는 람다식 표현식인 { "..." } 형태의 인자가 있습니다. 이 람다식에는 매개변수가 없으므로 화살표(->) 기호가 사용되지 않았습니다. 그리고 여기서 소괄호는 생략할 수 있습니다. 매개변수는 없지만 반환 자료형은 문자열을 반환하고 있습니다. 따라서 println( )에 의해 "Hello World"가 출력됩니다.

람다식의 매개변수가 1개인 경우

람다식에 매개변수가 1개 있을 경우에는 람다식에 화살표(->) 기호 왼쪽에 필요한 변수를 써 줘야 합니다. 예제를 확장해 다음 부분을 추가해 봅시다.

```
...
fun main( ) {
    // 매개변수 없는 람다식
...
    // 매개변수가 1개 있는 람다식
    oneParam({ a -> "Hello World! $a" })
    oneParam { a -> "Hello World! $a" } // 위와 동일한 결과, 소괄호 생략 가능
    oneParam { "Hello World! $it" }      // 위와 동일한 결과, it으로 대체 가능
```

```
}
...
// 매개변수가 1개 있는 람다식이 oneParam( ) 함수의 매개변수 out으로 지정됨
fun oneParam(out: (String) -> String) {
    println(out("OneParam"))
}
```

매개변수가 1개 들어간 람다식을 구성할 때 변수와 화살표를 추가하여 a -> 와 같이 나타냅니다. 이것을 문자열에 표현하기 위해 $a를 사용하였습니다. 그리고 이렇게 매개변수가 1개인 경우에는 화살표 표기를 생략하고 $it으로 대체할 수 있습니다. $it은 람다식 매개변수로 지정된 String형과 매칭되어 "OneParam" 문자열로 바뀌며 최종적으로 "Hello World! OneParam"을 출력합니다. 따라서 다음 문장은 동일한 결과를 보여줍니다.

```
oneParam({ a -> "Hello World! $a" })
oneParam { "Hello World! $it" }
```

람다식의 매개변수가 2개 이상인 경우

이번에는 매개변수가 2개 이상인 경우를 생각해 봅시다. 위의 예제에서 계속해서 매개변수가 2개 있는 람다식을 가지는 moreParam( ) 함수를 만들어 보겠습니다.

```
...
fun main( ) {
...
    // 매개변수가 2개 있는 람다식
    moreParam { a, b -> "Hello World! $a $b"} // 매개변수 이름 생략 불가
...
}
// 매개변수가 2개 있는 람다식의 moreParam 함수의 매개변수로 지정됨
fun moreParam(out: (String, String) -> String) {
    println(out("OneParam", "TwoParam"))
}
```

moreParam( ) 함수의 out에 정의된 대로 a는 매개변수의 첫 번째 String형을 위해 사용되고, b는 두 번째 String형을 위해 사용됩니다. 이때는 매개변수가 2개이므로 $it을 사용해 변수를 생략할 수 없습니다.

만일 특정 람다식의 매개변수를 사용하고 싶지 않을 때는 이름 대신에 언더스코어(_)로 대체할 수 있습니다.
예를 들어 다음과 같이 사용 가능합니다.

```
moreParam { _, b -> "Hello World! $b" } // 첫 번째 문자열은 사용하지 않고 생략
```

일반 매개변수와 람다식 매개변수를 같이 사용하기

이제 일반적인 함수의 매개변수와 람다식 매개변수가 포함된 함수 형태를 보겠습니다. 앞에서 작성한 코드에 다음을 추가해 봅시다.

```
...
fun main( ) {
...
    // ① 인자와 함께 람다식을 사용하는 경우
    withArgs("Arg1", "Arg2", { a, b -> "Hello World! $a $b" })
    // ② withArgs( ) 함수의 마지막 인자가 람다식인 경우 소괄호 바깥으로 분리 가능
    withArgs("Arg1", "Arg2") { a, b -> "Hello World! $a $b" }
}
...
// withArgs( ) 함수는 일반 매개변수 2개를 포함, 람다식을 마지막 매개변수로 가짐
fun withArgs(a: String, b: String, out: (String, String) -> String) {
    println(out(a, b))
}
```

①번은 일반 함수 `withArgs( )`에 2개의 매개변수 a와 b 그리고 람다식을 추가했습니다. 람다식이 짧으면 소괄호 안에 인자를 모두 전달할 수 있지만 람다식이 길어지면 읽기가 어려워집니다. 만일 일반 함수의 마지막 매개변수가 람다식 함수라면 ②번처럼 `withArgs( )` 함수의 소괄호 바깥으로 마지막 인자인 람다식을 빼낼 수 있습니다. 단, 이런 형태로 함수를 간략화하려면 람다식 매개변수가 마지막 인자 위치에 있어야 한다는 규칙이 있습니다.

일반 함수에 람다식 매개변수를 2개 이상 사용하기

일반 함수의 매개변수에 람다식을 2개 이상 사용하려면 어떻게 해야 할까요? 이런 경우에는 소괄호를 생략할 수 없습니다. 다음 예제를 작성해 봅시다.

코딩해 보세요! **2개의 람다식을 매개변수로 가진 함수의 사용** • 참고 파일 TwoLambdaParam.kt

```
package chap03.section3

fun main( ) {
    twoLambda({ a, b -> "First $a $b" }, { "Second $it" })
    twoLambda({ a, b -> "First $a $b" }) { "Second $it" } // 위와 동일
}

fun twoLambda(first: (String, String) -> String, second: (String) -> String) {
    println(first("OneParam", "TwoParam"))
    println(second("OneParam"))
}
```

실행 결과

```
First OneParam TwoParam
Second OneParam
First OneParam TwoParam
Second OneParam
```

위 코드에서 알 수 있듯이 twoLambda( ) 함수에 2개의 람다식이 정의되어 있습니다. 이 경우 twoLambda( ) 함수의 소괄호를 생략할 수 없습니다. 하지만 앞서 배운 규칙을 적용해 마지막 인자는 소괄호 밖에 둘 수 있습니다. 따라서 다음과 같은 형태로 표현됩니다.

```
({첫 번째}, {두 번째})
({첫 번째}) {두 번째}
```

람다식 함수가 3개가 되었을 때도 마찬가지로 마지막 람다식만 빼내어 다음과 같이 구성할 수 있습니다.

```
({첫 번째}, {두 번째}) {세 번째}
```

03-4 고차 함수와 람다식의 사례 알아보기

이제 고차 함수와 람다식을 활용한 사례들을 몇 가지 설명하겠습니다. 다소 어려운 내용이 나올 수 있는데 다 이해할 필요는 없습니다. 다만 '이런 곳에 이렇게 람다식을 사용하고 있구나' 정도로 이해하고 넘어가면 좋습니다.

동기화를 위한 코드 구현 구경하기

먼저 동기화를 위한 코드의 사례를 살펴보겠습니다. 동기화란 변경이 일어나면 안 되는 특정 코드를 보호하기 위한 잠금 기법을 말합니다. 동기화로 보호되는 코드는 임계 영역(Critical Section)이라고도 부릅니다. 이 코드에서는 Lock을 활용해 임계 영역을 보호하고 있습니다. 보통 프로그래밍에서는 특정 공유 자원에 접근한다고 했을 때 공유 자원이 여러 요소에 접근해서 망가지는 것을 막기 위해 임계 영역의 코드를 잠가 두었다가 사용한 후 풀어 줘야 합니다.

향후에 좀 더 자세히 알아보겠습니다만, 여기서는 자바에서 제공되는 기능을 활용해 보겠습니다. 자바에서는 Lock과 ReentrantLock을 제공하고 있습니다. 이 자바 라이브러리의 기본적인 구성은 다음과 같습니다.

```
Lock lock = new ReentrantLock( );
lock.lock( ); // 잠금
try {
    // 보호할 임계 영역의 코드
    // 수행할 작업
} finally {
    lock.unlock( ); // 해제
}
```

먼저 lock( )을 통해 Lock을 걸고 보호하려는 코드는 try 블록(임계 영역)에 둡니다. 임계 영역의 코드가 끝나면 반드시 finally 블록에서 unlock( )을 통해 잠금을 해제해 줘야만 합니다. 그럼 이 코드를 특정 함수를 보호하기 위한 고차 함수를 만들고 활용해 봅시다. 먼저 코드를 볼까요?

```
fun <T> lock(reLock: ReentrantLock, body: ( )->T): T {
    reLock.lock( )
    try {
        return body( )
    } finally {
        reLock.unlock( )
    }
}
```

잠금을 위한 lock( ) 함수를 fun <T> lock( ) 형태인 제네릭(Generic) 함수로 설계하고 있습니다. 제네릭이란 데이터 자료형을 일반화해서 어떤 자료형이던 지정할 수 있는 자료형입니다. 여기서는 함수 반환값에 대해 어떤 자료형이든 지정될 수 있다는 것만 기억하면 됩니다.

오리의 프로그래밍 노트 T는 제네릭의 형식 매개변수입니다

T는 제네릭의 형식 매개변수라고 하며 임의의 참조 자료형을 의미합니다. 형식 매개변수는 다양한 자료형을 처리하는데 클래스뿐만 아니라 메서드 매개변수나 반환값으로도 사용할 수 있습니다. 제네릭은 셋째마당의 09장에서 자세히 다룹니다.

try {...} finally {...} 블록의 실행 과정을 간단히 소개하면 먼저 try 블록의 모든 내용이 처리된 후 finally 블록을 처리합니다. 만약 try 블록에 문제가 발생해도 finally 블록은 항상 수행됩니다. 보통 try 블록에서 메모리 할당이나 파일 열기 같은 작업을 한다면 finally 블록에는 무언가 해제하거나 닫는 처리를 작성합니다.
이제 공유 자원에 접근하는 criticalFunc( )이라는 함수가 있다고 가정해 봅시다. 이 함수가 사용하는 공유 자원을 보호하기 위해 다음과 같이 활용할 수 있습니다.

코딩해 보세요! 공유 자원을 접근하는 코드 보호하기 • 참고 파일 LockHighOrder.kt

```
package chap03.section4

import java.util.concurrent.locks.ReentrantLock

var sharable = 1 // 보호가 필요한 공유 자원

fun main( ) {
    val reLock = ReentrantLock( )
```

```
    // ①, ②, ③ 표현식이 모두 동일
    lock(reLock, { criticalFunc( ) }) // ①
    lock(reLock) { criticalFunc( ) }  // ②
    lock(reLock, ::criticalFunc)      // ③

    println(sharable)
}

fun criticalFunc( ) {
    // 공유 자원 접근 코드 사용
    sharable += 1
}

fun <T> lock(reLock: ReentrantLock,  body: ( )->T): T {
    reLock.lock( )
    try {
        return body( )
    } finally {
        reLock.unlock( )
    }
}
```

```
실행 결과
4
```

main( ) 함수 바깥에 전역 변수로 선언되어 있는 sharable 변수는 여러 루틴에서 접근할 수 있습니다. 따라서 해당 변수에 특정 연산을 하고 있을 때는 보호가 필요합니다. 이 공유 자원에 1씩 더하는 특정 연산을 하는 함수로 criticalFunc( )이 선언되었는데 이 함수를 보호해야 합니다.

보호를 위해서 제네릭 함수인 lock( ) 함수를 구현했습니다. 이 함수에 criticalFunc( )을 두 번째 인자로 넘겨서 처리하면 람다식 함수의 매개변수인 body에 의해 잠금 구간에서 공유 자원인 sharable 변수가 다른 루틴의 방해 없이 안전하게 처리됩니다. 예제 코드에서 ①~③번의 표현식은 모두 동일합니다. 앞서 학습한 대로 가장 간략화된 방법인 ③번과 같이 함수 참조로 호출하는 방법을 사용하는 것이 좋습니다.

네트워크 호출 구현 구경하기

이번에는 네트워크로부터 무언가를 호출하고 성공하거나 실패했을 때 특정 콜백 함수를 처리하는 프로그램을 만든다고 가정해 봅시다.

오리의 프로그래밍 노트 콜백 함수란?

콜백(Callback) 함수란 특정 이벤트가 발생하기까지 처리되지 않다가 이벤트가 발생하면 즉시 호출되어 처리되는 함수를 말합니다. 즉 사용자가 아닌 시스템이나 이벤트에 따라 호출 시점을 결정합니다.

여러분들이 자바 프로그래머가 아니라면 알 필요는 없지만, 이 책에서는 자바 프로그래머들이 작성해 온 기존 습관을 개선하기 위해 자바와 코틀린의 비교하는 코드를 가끔 사용합니다. 이번 사례도 마찬가지로 코틀린과 비교를 위해 먼저 자바로 만든다고 해 봅시다. 자바에 대해 잘 모른다면 물론 이 내용은 건너뛰어도 괜찮습니다.

자바에서 네트워크 전송 작업을 위해 성공과 실패에 대한 onSuccess( ), onError( )를 콜백 함수로 호출하는 인터페이스를 만든다고 가정합시다. 코드는 다음과 같습니다.

```
// 자바로 만들어진 네트워크 호출 구현부
public interface Callback {
  void onSuccess(ResultType result);
  void onError(Exception exception);
}
// networkCall 선언
public void networkCall (Callback callback) {
  try {
    // 성공하면 onSuccess( ) 콜백 함수 호출
    callback.onSuccess(myResult);
  } catch (e: Throwable) {
    // 실패하면 onError( ) 콜백 함수 호출
    callback.onError(e);
  }
}
...
// networkCall 사용 - 인자에서 인터페이스 구현을 익명 객체를 만들어 처리
networkCall(new Callback( ) {
  public void onSuccess(ResultType result) {
    // 네트워크 호출에 성공했을 때의 구현부
  }
```

```
    public void onError(Exception e) {
        // 네트워크 호출에 실패했을 때의 구현부
    }
})
```

위의 자바 코드를 간단히 설명하면 네트워크의 성공과 실패를 위한 처리를 위해 인터페이스를 만들고 또 인터페이스의 구현을 위해 익명 객체를 사용했습니다. 그다음에 이벤트에 따라 콜백 함수를 호출한 것입니다. 이제 이것을 코틀린 설계로 바꿔 봅시다.

```
// 코틀린으로 만든 네트워크 호출 구현부
// ① 람다식 함수의 매개변수를 가진 networkCall( ) 함수 선언
fun networkCall(onSuccess: (ResultType) -> Unit, onError: (Throwable) -> Unit) {
    try {
        onSuccess(myResult)
    } catch (e: Throwable) {
        onError(e)
    }
}

...
// ② networkCall( ) 함수 사용 - 인자 형식에 람다식을 사용
networkCall(result -> {
    // 네트워크 호출에 성공했을 때 구현부
}, error -> {
    // 네트워크 호출에 실패했을 때 구현부
});
```

자바에서 사용한 인터페이스나 익명 객체 없이 `networkCall( )` 함수에서 바로 람다식 형태로 네트워크의 성공과 실패에 대한 내용을 구현할 수 있습니다. ②번에서 함수를 사용할 때 인자가 람다식을 직접 지정한 `networkCall(result -> {...}, error -> {...})`와 같이 사용하고 있음을 눈여겨보세요!

지금까지 고차 함수와 람다식에 대해 살펴보았습니다. 함수형 프로그래밍은 최근 언어에 도입되고 있는 중요한 특징이기 때문에 잘 알아 두어야 합니다. 향후 나오는 예제 코드는 고차 함수의 람다식을 많이 사용하므로 계속 따라서 학습한다면 익숙해질 것입니다.

03-5 코틀린의 다양한 함수 알아보기

코틀린에는 일반 함수, 고차 함수, 람다식 함수 이외에도 다양한 형태의 함수가 있습니다. 일반 함수의 익명 함수, 함수를 호출한 곳에 복사해 넣는 인라인 함수, 기존의 함수를 손쉽게 확장할 수 있는 확장 함수, 연산자처럼 쓸 수 있는 중위 함수 등이 있습니다. 하나씩 살펴보겠습니다.

익명 함수

익명 함수(Anonymous Function)란 일반 함수이지만 이름이 없는 것입니다. 물론 람다식 함수도 이름 없이 구성할 수 있지만 이것은 일반 함수의 이름을 생략하고 사용하는 것입니다.

```
fun(x: Int, y: Int): Int = x + y // 함수 이름이 생략된 익명 함수
```

함수 선언 키워드 fun만 존재하고 이름이 없네요? 이것은 변수 선언에 그대로 사용할 수 있습니다.

```
val add: (Int, Int) -> Int = fun(x, y) = x + y // 익명 함수를 사용한 add 선언
val result = add(10, 2) // add의 사용
```

이 익명 함수에서 선언 자료형을 람다식 형태로 써 주면 변수 add는 람다식 함수처럼 add( )와 같이 사용할 수 있는 것이죠. 만일 매개변수에 자료형을 써 주면 선언부에 자료형은 생략할 수 있습니다.

```
val add = fun(x: Int, y: Int) = x + y
```

이것은 람다식 표현법과 매우 유사하며 다음과 같이 동일하게 만들 수 있습니다.

```
val add = { x: Int, y: Int -> x + y }
```

그렇다면 람다식으로 표기할 수 있는데 굳이 익명 함수를 쓰는 이유는 무엇일까요? 람다식에서는 return이나 break, continue처럼 제어문을 사용하기 어렵기 때문입니다. 함수 본문 조건식에 따라 함수를 중단하고 반환해야 하는 경우에는 익명 함수를 사용해야 합니다. 물론 람다식으로 표현할 수 있는데도 일부러 익명 함수를 사용하면 코드가 읽기 어려우므로 적재적소에 맞게 사용할 것을 권장합니다.

오리의 프로그래밍 노트 람다식의 return문

람다식의 본문에서 return을 사용하려면 어떻게 할까요? 라벨 표기법을 사용하면 됩니다. 람다식의 경우 return에 라벨 표기를 해야만 return을 사용할 수 있습니다. 예를 들어 return@라벨이름 형태로 라벨 이름은 람다식 시작 위치({)에 라벨이름@{ 와 같이 지정합니다. 자세한 것은 04장 흐름 제어에서 살펴보겠습니다.

인라인 함수

인라인 함수(Inline Function)는 이 함수가 호출되는 곳에 함수 본문의 내용을 모두 복사해 넣어 함수의 분기 없이 처리되기 때문에 코드의 성능을 높일 수 있습니다. 인라인 함수는 코드가 복사되어 들어가기 때문에 내용은 대개 짧게 작성합니다. 인라인 함수는 람다식 매개변수를 가지고 있는 함수에서 동작합니다. 보통 함수는 호출되었을 때 다른 코드로 분기해야 하기 때문에 내부적으로 기존 내용을 저장했다가 다시 돌아올 때 복구하는 작업에 프로세스(CPU)와 메모리를 꽤 사용해야 하는 비용(overhead)이 듭니다.

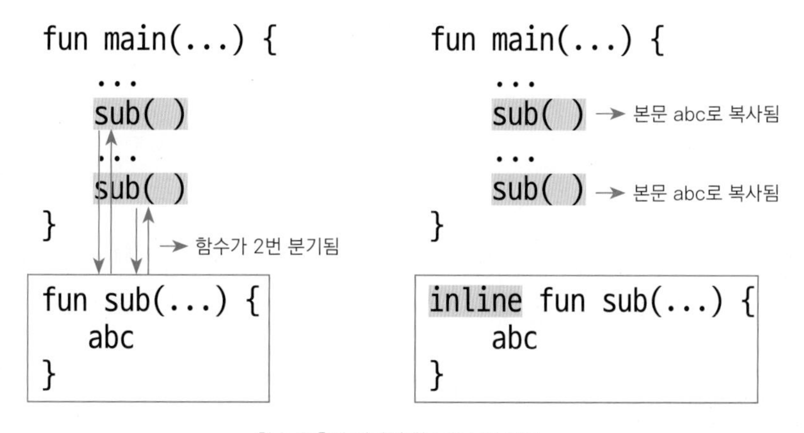

함수 호출과 인라인 함수의 복사 비교

앞 그림의 왼쪽은 일반적인 함수의 호출 과정입니다. 일반적인 함수 호출은 함수가 호출될 때마다 분기합니다. 오른쪽은 인라인 함수의 호출 과정인데 인라인 함수는 내용이 복사되어 main( ) 함수의 블록 코드에 들어가므로 분기 없이 흐름에 방해하지 않고 코드가 수행됩니다. 즉, 일반 함수의 호출처럼 매번 분기하지 않아도 되죠. 인라인 함수를 이해를 돕기 위해 다음과 같이 예제 코드를 작성해 보겠습니다.

코딩해 보세요! **인라인 함수 작성해 보기** • 참고 파일 InlineFunction.kt

```
package chap03.section5

fun main( ) {
    // 인라인 함수 shortFunc( )의 내용이 복사되어 shortFunc으로 들어감
    shortFunc(3) { println("First call: $it") }
    shortFunc(5) { println("Second call: $it") }
}

inline fun shortFunc(a: Int, out: (Int) -> Unit) {
    println("Before calling out( )")
    out(a)
    println("After calling out( )")
}
```

실행 결과

```
Before calling out( )
First call: 3
After calling out( )
Before calling out( )
Second call: 5
After calling out( )
```

코드상에서는 shortFunc( ) 함수가 2번 호출되는 것처럼 보이지만 역컴파일해 보면 shortFunc( ) 함수의 내용이 복사된 것을 알 수 있습니다. 역컴파일된 내용을 살펴보겠습니다.

역컴파일된 내용으로 인라인 함수 살펴보기

코드를 역컴파일(Decompile)하기 위해서 IntelliJ IDEA의 [Tools 〉 Kotlin 〉 Show Kotlin Bytecode] 메뉴를 선택합니다. Kotlin Bytecode 창에서 [Decompile] 버튼을 클릭하면 역컴파일된 내용을 살펴볼 수 있습니다.

역컴파일된 파일이 .java인 이유는 현재 코틀린이 JVM에서 수행되고 있어 내부적으로 자바 코드와 동일한 실행 문맥을 가지기 때문입니다. 파일 이름은 InlineFunction.decompiled.java와 같이 자동 생성되며 코틀린 컴파일러 버전에 따라 약간씩 차이가 납니다.

```
// 자바로 역컴파일된 파일
public final class InlineFunctionKt {
   public static final void main(@NotNull String[] args) {
      Intrinsics.checkParameterIsNotNull(args, "args");
      int a$iv = 3; // 여기서부터 1회 복사
      String var2 = "Before calling out( )";
      System.out.println(var2);
      String var4 = "First call: " + a$iv;
      System.out.println(var4);
      var2 = "After calling out( )";
      System.out.println(var2);
      a$iv = 5; // 여기서부터 2회 복사
      var2 = "Before calling out( )";
      System.out.println(var2);
      var4 = "Second call: " + a$iv;
      System.out.println(var4);
      var2 = "After calling out( )";
      System.out.println(var2);
   }

   public static final void shortFunc(int a, @NotNull Function1 out) {
      Intrinsics.checkParameterIsNotNull(out, "out");
      String var3 = "Before calling out( )";
      System.out.println(var3);
      out.invoke(a);
      var3 = "After calling out( )";
      System.out.println(var3);
   }
}
...
```

역컴파일 결과에서 무언가 이상한 코드가 많이 보이지만, 모두 무시하고 shortFunc( )의 내용을 main( ) 본문에서 찾아봅시다. shortFunc( )에 있던 내용이 main( ) 블록 안에 2번 복사되었습니다.

인라인 함수 제한하기

인라인 함수의 매개변수로 사용한 람다식의 코드가 너무 길거나 인라인 함수의 본문 자체가 너무 길면 컴파일러에서 성능 경고를 할 수 있습니다. 또 인라인 함수가 너무 많이 호출되면 오히려 코드 양만 늘어나서 좋지 않을 수도 있습니다. 다음과 같은 인라인 함수를 살펴봅시다.

> 코드가 복사되어 들어가므로 매개변수 참조도 불가능합니다.

```
inline fun sub(out1: ( ) -> Unit, out2: ( ) -> Unit) {
```

앞서 역컴파일의 결과와 같이 인라인 함수로 호출한 람다식 함수도 내용이 복사되어 들어갑니다. 위 코드의 경우 `out1`과 `out2`의 람다식이 그대로 복사되므로 코드의 양이 많아집니다. 그렇다면 일부 람다식을 인라인되지 않게 하기 위해서 어떻게 할까요? 다음과 같이 `noinline` 키워드를 사용하는 것입니다.

```
inline fun sub(out1: ( ) -> Unit, noinline out2: ( ) -> Unit) {
```

그러면 `noinline`이 있는 람다식은 인라인으로 처리되지 않고 분기하여 호출됩니다. 람다식 함수가 인라인되지 않도록 예제를 작성해 봅시다.

코딩해 보세요! noinline으로 람다식의 인라인 막기 • 참고 파일 NoinlineTest.kt

```
package chap03.section5.noinline

fun main( ) {
    shortFunc(3) { println("First call: $it") }
}

inline fun shortFunc(a: Int, noinline out: (Int) -> Unit) {
    println("Before calling out( )")
    out(a)
    println("After calling out( )")
}
```

실행 결과

```
Before calling out( )
First call: 3
After calling out( )
```

역컴파일 코드를 보면 out(a) 부분이 사용된 곳이 복사되지 않았다는 것을 알 수 있습니다.

```
// 자바로 역컴파일된 파일
public final class NoinlineTestKt {
    public static final void main(@NotNull String[] args) {
        Intrinsics.checkParameterIsNotNull(args, "args");
        byte a$iv = 3;
        Function1 out$iv = (Function1)null.INSTANCE;
        String var3 = "Before calling out( )";
        System.out.println(var3);
        out$iv.invoke(Integer.valueOf(a$iv));
        var3 = "After calling out( )";
        System.out.println(var3);
    }

    public static final void shortFunc(int a, @NotNull Function1 out) {
        Intrinsics.checkParameterIsNotNull(out, "out");
        String var3 = "Before calling out( )";
        System.out.println(var3);
        out.invoke(a);
        var3 = "After calling out( )";
        System.out.println(var3);
    }
}
```

강조된 코드에서 out.invoke(a) 함수는 out$iv.invoke(Integer.valueOf(a$iv)) 형태로 인라인되지 않고 호출하게 됩니다. 즉, 복사 없이 사용되고 있음을 알 수 있습니다.

인라인 함수와 비지역 반환

코틀린에서는 익명 함수를 종료하기 위해서 return을 사용할 수 있습니다. 이때 특정 반환값 없이 return만 사용해야 합니다. 그렇다면 인라인 함수에서 사용한 람다식을 빠져나오려면 어떻게 해야 할까요? 인라인 함수에서 사용한 람다식에서는 return을 사용할 수 있습니다. 다음 예를 봅시다.

코딩해 보세요! **return으로 람다식 빠져나오기** • 참고 파일 LocalReturn.kt

```
package chap03.section5.localreturn

fun main( ) {
    shortFunc(3) {
```

```
            println("First call: $it")
            return // ①
        }
}

inline fun shortFunc(a: Int, out: (Int) -> Unit) {
    println("Before calling out( )")
    out(a)
    println("After calling out( )") // ②
}
```

```
실행 결과
Before calling out( )
First call: 3
```

out(a)는 인라인되어 대체되기 때문에 ①번의 return문까지 포함됩니다. 따라서 ②번의 println("After calling out( )") 문장은 실행되지 않습니다. 이러한 반환을 비지역 반환(Non-local Return)이라고 부릅니다. 람다식 함수에서 return문을 만났지만 의도하지 않게 바깥의 함수인 shortFunc( )가 반환 처리되는 것입니다.

만일 shortFunc( )가 inline 키워드로 선언되지 않으면 return문은 람다식 본문에 사용할 수 없으므로 return문을 허용할 수 없다는 오류가 납니다. 그 밖에 out( )을 직접 호출해 사용하지 않고 또 다른 함수에 중첩하면 실행 문맥이 달라지므로 return을 사용할 수 없습니다. 이때 비지역 반환을 금지하는 방법이 있습니다. 다음을 작성해 봅시다.

코딩해 보세요! **crossinline으로 비지역 반환 금지하기** • 참고 파일 LocalReturnCrossinline.kt

```
package chap03.section5.crossinline

fun main( ) {
    shortFunc(3) {
        println("First call: $it")
        // return 사용 불가
    }
}

inline fun shortFunc(a: Int, crossinline out: (Int) -> Unit) {
    println("Before calling out( )")
```

```
    nestedFunc { out(a) }
    println("After calling out( )")
}

fun nestedFunc(body: ( ) -> Unit) {
    body( )
}
```

```
실행 결과
Before calling out( )
First call: 3
After calling out( )
```

crossinline 키워드는 비지역 반환을 금지해야 하는 람다식에 사용합니다. 위와 같이 문맥이 달라져 인라인이 되지 않는 중첩된 람다식 함수는 nestedFunc( ) 함수 때문에 return을 금지해야 합니다. 따라서 crossinline을 사용하면 람다식에서 return문이 사용되었을 때 코드 작성 단계에서 오류를 보여줘 잘못된 비지역 반환을 방지할 수 있습니다.

확장 함수

클래스에는 다양한 함수가 정의되어 있습니다. 이것은 클래스의 멤버 메서드라고도 부릅니다. 그런데 기존 멤버 메서드는 아니지만 기존의 클래스에 내가 원하는 함수를 하나 더 포함시켜 확장하고 싶을 때가 있죠. 코틀린에서는 클래스처럼 필요로 하는 대상에 함수를 더 추가할 수 있는 확장 함수(Extension Function)라는 개념을 제공하고 있습니다. 클래스와 같은 확장 대상에 확장 함수를 사용하기 위해 다음과 같이 정의할 수 있습니다.

```
fun 확장 대상.함수 이름(매개변수, ...): 반환값 {
  ...
  return 값
}
```

만일 코틀린의 모든 클래스에 내가 만들어 놓은 확장 함수를 추가할 수 있을까요? 최상위 클래스인 Any에 확장 함수를 구현하면 가능합니다! 코틀린의 최상위 요소는 Any이기 때문에 여기에 확장 함수를 추가하면 코틀린의 모든 요소에 상속되기 때문에 가능한 일이죠.

String 클래스에 나만의 확장 함수 추가하기

문자열 클래스인 String 클래스에 새로운 확장 함수를 만들어 추가해 보겠습니다. 길이가 더 긴 문자열을 반환하는 확장 함수 getLongString( )을 추가하기 위해 다음과 같이 작성해 봅시다.

코딩해 보세요! String 클래스에 확장 함수 추가하기 • 참고 파일 ExtensionFunction.kt

```
package chap03.section5

fun main( ) {
    val source = "Hello World!"
    val target = "Kotlin"
    println(source.getLongString(target))
}

// String 클래스를 확장해 getLongString( ) 함수 추가
fun String.getLongString(target: String): String =
        if (this.length > target.length) this else target
```

실행 결과

```
Hello World!
```

String 클래스에 getLongString( ) 함수를 새로운 멤버 메서드로 추가했습니다. 이 함수는 source와 target으로 지정된 문자열 객체를 비교해 더 긴 문자열을 가진 객체를 가져와 반환합니다. 확장 대상에 점(.) 표기로 String.getLongString( )과 같이 선언해 기존에 없는 새로운 멤버 메서드를 만드는 것입니다. if문에 있는 this.length의 this는 확장 대상에 있던 자리의 문자열인 source 객체를 나타냅니다.

이렇게 확장 함수 기법을 사용하면 기존 클래스의 선언 구현부를 수정하지 않고 외부에서 손쉽게 기능을 확장할 수 있습니다. 기존의 표준 라이브러리를 수정하지 않고도 확장할 수 있는 대단히 유용한 기법입니다!

확장 함수를 만들 때 확장하려는 대상에 동일한 이름의 멤버 함수 혹은 메서드가 존재한다면 항상 확장 함수보다 멤버 메서드가 우선으로 호출됩니다.

중위 함수

중위 표현법(Infix Notation)이란 클래스의 멤버를 호출할 때 사용하는 점(.)을 생략하고 함수 이름 뒤에 소괄호를 붙이지 않아 직관적인 이름을 사용할 수 있는 표현법입니다. 즉, 중위 함수란 일종의 연산자를 구현할 수 있는 함수를 말합니다. 중위 함수는 특히 비트 연산자에서 사용하고 있습니다. 중위 함수를 사용하려면 3가지 조건이 필요합니다.

중위 함수의 조건

- 멤버 메서드 또는 확장 함수여야 한다.
- 하나의 매개변수를 가져야 한다.
- infix 키워드를 사용하여 정의한다.

기존에 자주 사용하던 자료형 클래스인 `Int`에 확장 함수 `multiply( )`를 만들고 이것을 중위 표현법으로 사용해 연산자처럼 만들어 볼까요?

코딩해 보세요! 중위 함수를 이용해 연산자처럼 사용하기 • 참고 파일 InfixFunction.kt

```
package chap03.section5

fun main( ) {
    // 일반 표현법
    // val multi = 3.multiply(10)

    // 중위 표현법
    val multi = 3 multiply 10
    println("multi: $multi")
}

// Int를 확장해서 multiply( ) 함수를 하나 더 추가함
infix fun Int.multiply(x: Int): Int { // infix로 선언되므로 중위 함수
    return this * x
}
```

실행 결과

```
multi: 30
```

예제의 `multiply( )` 함수는 하나의 매개변수를 가진 `Int`의 확장 함수입니다. `infix` 키워드를 사용해 중위 함수임을 선언했기 때문에 연산자처럼 표현할 수 있습니다. 즉, 중위 표현법을 넣을 조건이 됩니다. 이런 경우 일반 표현법인 `3.multiply(10)`보다 `3 multiply 10`과 같은 직관적인 형태로 변경해 사용할 수 있습니다.

꼬리 재귀 함수

먼저 재귀 함수의 재귀(Recursion)가 무엇일까 생각해 봅시다. 재귀란 자기 자신을 다시 참조하는 방법을 의미합니다. 자기 자신을 지속적으로 참조하면 무한하게 대상을 생성할 수도 있습니다. 다음 그림은 재귀가 무엇인지 보여주는 시에르핀스키 삼각형입니다. 가장 바깥쪽에 있는 삼각형 안으로 같은 형태의 삼각형이 무한히 반복하여 그려지고 있습니다. 재귀의 개념을 머릿속에 그려 보는 정도로 그림을 살펴보세요.

자신을 계속 참조하는 시에르핀스키 삼각형

재귀 함수는 자기 자신을 계속 호출하는 특징이 있습니다. 그래서 재귀 함수는 반드시 다음 조건에 맞게 설계해야 합니다. 그렇지 않으면 스택 오버플로(Stack Overflow) 오류가 발생하며 프로그램이 제대로 동작하지 않게 되죠. 재귀 함수를 만들 때는 다음 조건을 지켜야 합니다.

재귀 함수의 조건

- 무한 호출에 빠지지 않도록 탈출 조건을 만들어 둔다.
- 스택 영역을 이용하므로 호출 횟수를 무리하게 많이 지정해 연산하지 않는다.
- 코드를 복잡하지 않게 한다.

코틀린에서는 꼬리 재귀 함수(Tail Recursive Function)를 통해 스택 오버플로 현상을 해결할 수 있습니다. 이것은 스택에 계속 쌓이는 방식이 아닌 꼬리를 무는 형태로 반복합니다. 이때 코틀린 고유의 `tailrec` 키워드를 사용해야 합니다.

factorial 재귀 함수로 스택 오버플로 경험하기

먼저 일반적인 재귀 함수를 만들어 봅시다. 다음은 팩토리얼(계승)을 계산하는 함수를 구현하는 예제입니다.

코딩해 보세요! **일반적인 팩토리얼의 재귀 함수 만들기** • 참고 파일 NormalFactorial.kt

```
package chap03.section5

fun main( ) {
    val number = 4
    val result: Long

    result = factorial(number)
    println("Factorial: $number -> $result")
}

fun factorial(n: Int): Long {
    return if (n == 1) n.toLong( ) else n * factorial(n-1)
}
```

실행 결과

```
Factorial: 4 -> 24
```

값이 계산되는 과정을 볼까요?

```
factorial(4)
4 * factorial(3)
4 * (3*factorial(2))
4 * (3*(2*factorial(1)))
4 * (3*(2*1))
24
```

위 과정은 4를 인자로 전달하여 1이 될 때까지 총 4번의 factorial( ) 함수를 호출하는 것을 보여 줍니다. 즉, 위 과정은 factorial( ) 함수의 문맥을 유지하기 위해 factorial( ) 함수 스택 메모리의 4배만큼 스택 메모리를 사용합니다. 만약 n이 아주 큰 값으로 설정되면 실행 환경에 따라 스택 메모리가 부족해지면서 프로그램이 정지하는 등의 문제가 발생할 것입니다. 따라서 너무 많은 분기를 할 경우 스택이 넘치는 위험성이 있기 때문에 꼬리 재귀 함수를 도입해야 합니다.

꼬리 재귀로 스택 오버플로 방지하기

일반적인 재귀에서는 재귀 함수가 먼저 호출되고 계산되지만 꼬리 재귀에서는 계산을 먼저

하고 재귀 함수가 호출됩니다. 즉, 위 함수가 계산을 먼저 할 수 있도록 함수를 수정해야 합니다. n * factorial(n-1)은 꼬리 재귀에 적합하지 않습니다. 다음은 꼬리 재귀에 적합하도록 factorial( ) 함수를 수정한 것입니다.

코딩해 보세요! **꼬리 재귀를 사용해 팩토리얼 만들어 보기** • 참고 파일 TailRecFactorial.kt

```
package chap03.section5.tailrec

fun main( ) {
    val number = 5
    println("Factorial: $number -> ${factorial(number)}")
}

tailrec fun factorial(n: Int, run: Int = 1): Long {
    return if (n == 1) run.toLong( ) else factorial(n-1, run*n)
}
```

실행 결과

```
Factorial: 5 -> 120
```

꼬리 재귀에 적합하도록 수정한 코드인 factorial(n-1, run*n)은 인자 안에서 팩토리얼의 도중 값을 계산하고 호출합니다. 따라서 꼬리 재귀를 사용할 수 있습니다. 꼬리 재귀를 사용하면 팩토리얼의 값을 그때그때 계산하므로 스택 메모리를 낭비하지 않아도 됩니다. 스택 오버플로에서 더욱 안전한 코드가 되는 것이죠. 이제 n 값을 크게 설정하더라도 걱정이 없습니다!

피보나치 수열 재귀 함수와 꼬리 재귀 함수

이번에는 피보나치 수열을 구현하는 꼬리 재귀를 만들어 봅시다. 피보나치 수열이란 0, 1로 시작하여 n번째 수와 n+1번째 수의 합이 n+2번째 수가 되는 수열입니다. 예를 들어 0, 1, 1, 2, 3, 5, 8… 은 피보나치 수열입니다.

오리의 프로그래밍 노트 **피보나치 수열**

꽃잎, 식물, 고둥이나 소라의 나선 구조 등과 같은 자연에서 발견할 수 있는 피보나치 수열은 가장 아름답다는 황금비(1:1.618)를 만들어 낸다고 합니다. 이런 피보나치 수열은 자연 어디에서도 발견할 수 있다는 것이 신기하죠. 예를 들면 꽃잎은 3, 5, 8, 13장 등으로 이루어져 있는 경우가 많습니다.

다음은 피보나치 수열을 계산하는 함수를 꼬리 재귀에 적합하도록 구현한 것입니다.

```
fun fibonacci(n: Int, a: Long, b: Long): Long {
    return if (n == 0) b else fibonacci(n-1, a+b, a)
}
```

fibonacci(n-1, a+b, a)는 인자에서 계산된 후 호출되므로 꼬리 재귀에 적합한 형태가 되었습니다. 이제 tailrec 키워드를 포함해 꼬리 재귀를 완성해 봅시다. 이번에는 피보나치 수열을 100번 재귀하여 계산하도록 100이라는 값을 인자에 전달하여 호출했습니다.

코딩해 보세요! 피보나치 수열을 꼬리 재귀로 만들기 • 참고 파일 TailRecursionFibonacci.kt

```
package chap04.section3

import java.math.BigInteger

fun main( ) {
    val n = 100
    val first = BigInteger("0")
    val second = BigInteger("1")

    println(fibonacci(n, first, second))
}

// 꼬리 재귀 함수
tailrec fun fibonacci(n: Int, a: BigInteger, b: BigInteger): BigInteger {
    return if (n == 0) a else fibonacci(n-1, b, a+b)
}
```

실행 결과

```
354224848179261915075
```

100번 반복되어 계산되는 피보나치 수열의 값을 반환하므로 아주 큰 값이 필요합니다. 따라서 자바 라이브러리의 BigInteger를 사용해 표현했습니다. 만일 꼬리 재귀 함수를 사용하지 않고 2만 번 이상 반복되는 피보나치 수열을 만들면 아마도 스택 오버플로 오류를 보게 될 겁니다. 하지만 꼬리 재귀에서는 기본적으로 스택을 계속 쌓아가며 사용하지 않기 때문에 2만 번을 실행해도 문제가 없습니다.

03-6 함수와 변수의 범위

함수는 실행 블록({})을 가지고 있습니다. 함수의 시작을 알리는 중괄호 시작 기호({)에서 함수가 실행되며 중괄호가 끝나는 지점(})에서 함수가 종료되면서 가지고 있는 지역 변수를 삭제합니다. 이와 마찬가지로 블록 내에 또 다른 함수를 정의해 넣으면 지역 함수가 됩니다. 단, 지역 함수를 사용할 때는 항상 지역 함수를 먼저 선언해야 합니다. 지역 함수도 마찬가지로 블록이 끝나면 같이 삭제됩니다. 여기서는 이러한 함수와 변수의 범위에 대해 알아봅시다.

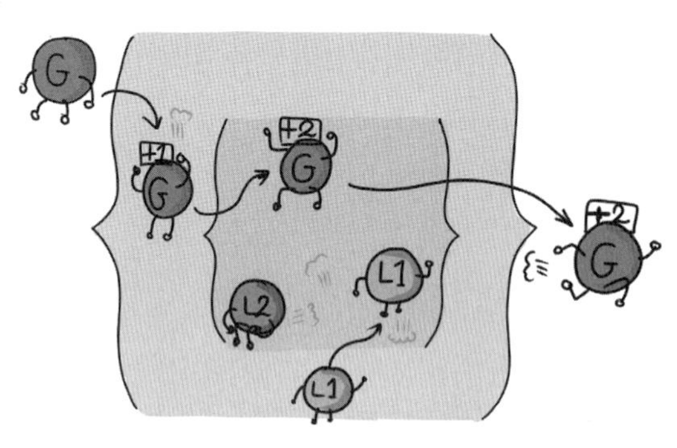

"각자 자신만의 범위가 있어요."

그림처럼 G로 표현되는 전역 객체는 소스의 전체 범위에서 사용이 가능하고 L로 표기된 각 블록({})에 존재하는 지역 객체는 선언된 내부에서만 살 수 있습니다. 만일 중첩된 블록은 상위 블록의 지역 객체가 하위 블록에서도 접근될 수 있습니다. 그러면 먼저 함수의 범위에 대해 알아볼까요?

함수의 범위

최상위 함수와 지역 함수

코틀린에서는 파일을 만들고 곧바로 main( ) 함수나 사용자 함수를 만들 수 있습니다. 이것을 최상위 함수(Top-level Function)라고 합니다. 함수 안에 또 다른 함수가 선언되어 있는 경우에는 지역 함수(Local Function)라고 합니다.

```
fun main( ) { // 최상위 함수
    ...
    fun secondFunc(a: Int) { // 지역 함수 선언
        ...
    }
```

```
    userFunc(4) // 사용자 함수 사용 - 선언부의 위치에 상관 없이 사용
    secondFunc(2) // 지역 함수 사용 - 선언부가 먼저 나와야 사용 가능
}

fun userFunc(counts: Int) { // 사용자가 만든 최상위 함수 선언
    ...
}
```

사용자가 만든 최상위 함수는 main( ) 함수의 앞이나 뒤에 선언해도 main( ) 함수 안에서 함수를 사용하는 데 아무런 제약이 없습니다.

최상위 및 지역 함수의 사용 범위

함수 안에 선언된 함수를 지역 함수라고 이야기했죠? 지역 함수는 최상위 함수와 다르게 선언 순서에 영향을 받습니다. 다음 코드를 살펴봅시다.

코딩해 보세요! 최상위 함수와 지역 함수 • 참고 파일 LocalFunctionRange.kt

```
package chap03.section6

// a( ) 함수에 b( ) 함수의 내용을 선언
fun a( ) = b( ) // 최상위 함수이므로 b( ) 함수 선언 위치에 상관없이 사용 가능
fun b( ) = println("b") // b( ) 함수의 선언

fun c( ) {
    // fun d( ) = e( ) // 오류! d( )는 지역 함수이며 e( )의 이름을 모름
    fun e( ) = println("e")
}

fun main( ) {
    a( ) // 최상위 함수는 어디서든 호출될 수 있음
    // e( ) // 오류! c( ) 함수에 정의된 e( )는 c의 블록({ })을 벗어난 곳에서 사용할 수 없음
}
```

```
실행 결과
b
```

위 코드에서 a( )와 b( )는 최상위 함수이므로 b( )가 a( ) 아래 선언되어 있어도 사용할 수 있습니다. c( )는 d( )와 e( )라는 지역 함수를 가지고 있습니다. 이때 아직 선언되지 않은 e( )를 사용하려고 하면 Unresolved Reference 오류를 냅니다. 컴파일러 입장에서 함수의 이름을 아직 모르는 것입니다. 순서상 e( )가 먼저 정의되어 있어야 이름을 알 수 있습니다. 또한 d( )와 e( )는 c( ) 함수의 블록({ })에서 벗어난 곳에서는 호출될 수 없습니다.

변수의 범위

지역 변수와 전역 변수

보통 우리가 사용할 수 있는 변수는 사용 범위에 따라 지역 변수(Local Variable), 전역 변수(Global Variable)로 구분합니다. 특정 코드 블록 안에 있는 변수를 지역 변수라고 하며 지역 변수는 블록을 벗어나면 프로그램 메모리에서 더 이상 사용되지 않고 삭제됩니다.

전역 변수는 최상위에 있는 변수로 프로그램이 실행되는 동안 삭제되지 않고 메모리에 유지됩니다. 프로그램이 실행되는 동안 값이 유지된다는 점은 편리하지만 코드가 길어지면 전역 변수에 동시 접근하는 코드는 프로그램의 잘못된 동작을 유발할 수 있습니다. 또 자주 사용되지 않는 전역 변수는 메모리 자원 낭비를 불러옵니다. 따라서 전역 변수를 너무 많이 사용하는 것은 좋지 않습니다. 그러면 다음 예제를 통해 각 함수의 범위에 따라서 전역 변수와 지역 변수가 사용되는 범위를 살펴봅시다.

코딩해 보세요! 지역 변수와 전역 변수의 범위 • 참고 파일 GlobalLocalVars.kt

```
package chap03.section6

var global = 10 // 패키지 Section6의 모든 범위에 적용되는 전역 변수

fun main( ) {

    val local1 = 20 // main( ) 함수 블록 안에서만 유지되는 지역 변수
    val local2 = 21

    fun nestedFunc( ) {
        global += 1
        val local1 = 30   // func( ) 함수 블록 안에서만 유지(기존 local1이 가려짐)
        println("nestedFunc local1: $local1")
        println("nestedFunc local2: $local2") // 이 블록 바로 바깥의 main( )의 local2 사용
        println("nestedFunc global: $global")
    }
```

```
    nestedFunc( )
    outsideFunc( )

    println("main global: $global")
    println("main local1: $local1")
    println("main local2: $local2")
}
```

```
fun outsideFunc( ) {
    global += 1
    val outVal = "outside"
    println("outsideFunc global: $global")
    println("outsideFunc outVal: $outVal")
}
```

```
실행 결과
nestedFunc local1: 30
nestedFunc local2: 21
nestedFunc global: 11
outsideFunc global: 12
outsideFunc outVal: outside
main global: 12
main local1: 20
main local2: 21
```

최상위에 선언된 변수인 global의 범위는 패키지 전체가 됩니다. 물론 파일이 달라져도 패키지 이름이 같다면 접근할 수 있습니다. 여러 함수에서 접근하면서 Global의 값은 1씩 증가하고 있습니다. 이것을 최종적으로 main( ) 함수의 마지막 부분에서 출력합니다. 원래의 값 10은 각 함수에서 증가되어 12가 출력됩니다.

main( ) 블록에 있는 local1과 nestedFunc( ) 블록에 있는 local1은 서로 다른 변수입니다. nestedFunc( ) 블록에서는 local1을 새롭게 정의했기 때문에 main( ) 블록의 local1이 가려지게 되었습니다. 하지만 main( ) 블록의 local1은 main( ) 블록이 끝나지 않는 한 계속 유지됩니다.

nestedFunc( ) 함수에서 정의되지 않은 local2 변수를 접근하면 블록 바로 위 단계인 main( ) 블록의 local2가 사용됩니다. 독립적으로 존재하는 outsideFunc( ) 함수의 outVal은 오로지 outsideFunc( ) 블록에서만 유효합니다.

Q1 두 변수의 값을 곱하여 결괏값을 반환하는 함수를 올바르게 작성한 것은 무엇일까요?

① fun sum(a: Int, b: Int): Int = a + b

② fun mul(a: Int, b: Int): Int = a * b

③ fun mul(a: Int, b: Int): Int = { return a * b }

④ fun mul(a, b) { a * b }

Q2 문자열 매개변수가 하나 있고 문자열을 반환하는 람다식 함수를 다음 oneParam( ) 함수의 매개변수에 지정하려고 합니다. oneParam( ) 함수를 올바르게 선언한 것은 무엇일까요?

① fun oneParam(out: String) { ... }

② fun oneParam(out: ( ) -> String) { ... }

③ fun oneParam(out: (String) -> String) { ... }

④ fun oneParam(out: (String) -> Unit) { ... }

Q3 함수가 호출되는 위치에 함수의 내용을 복사해 넣어 함수의 분기 없이 처리되기 때문에 코드의 성능을 높일 수 있는 함수를 ______________ 함수라고 합니다.

정답 Q1 ③ Q2 ② Q3 인라인(inline)

04

프로그램의 흐름 제어

프로그램은 여러 줄의 문장으로 구성됩니다. 보통 순차적으로 이 문장을 수행해 나갑니다. 만일 이 문장의 흐름을 바꾸고 싶다면 어떻게 할까요? 특정 조건에 맞게 수행할 문장을 고르거나 반복하도록 할 수 있습니다. 예를 들어 조건문을 이용하면 점수의 범위라는 조건에 따라 A, B, C 등 각각의 등급을 줄 수도 있죠. 반복문은 여러 개의 동일한 데이터를 반복적으로 처리할 때 유용합니다. 한편 정상적인 흐름에서 예외가 발생할 수도 있습니다. 이 장에서는 이런 프로그램의 흐름을 제어하는 방법을 배워 보겠습니다.

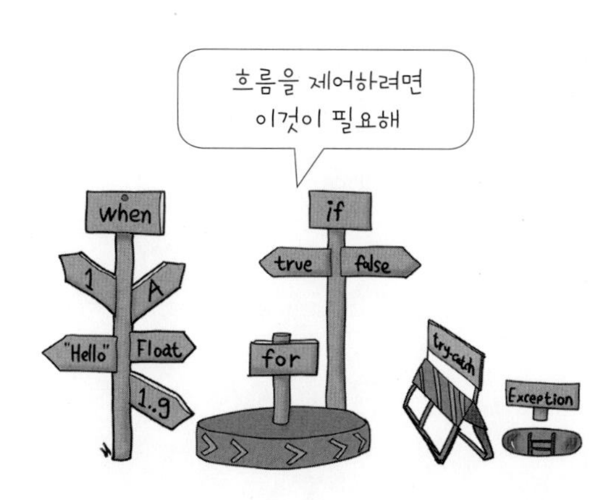

04-1 조건문

프로그래밍의 흐름을 제어하는 문법으로 먼저 조건문에 대해 살펴봅시다. 조건문이란 주어진 조건에 따라 다른 결과를 반환하는 코드입니다. 여러 언어에서 사용하고 있는 만큼 중요하지만 크게 어렵지 않습니다. 다만 코틀린에서는 제어문들을 간략하게 사용할 수 있는 표현이 많으므로 기존 프로그래밍 습관을 버리고 간략화된 표현을 쓰도록 노력해야 합니다. 그래야 더욱 생산성이 높게 코딩할 수 있습니다.

if문과 if~else문

if문은 조건을 판단하기 위해 자주 사용합니다. if문과 같은 제어문은 프로그램 흐름에 영향을 받기 때문에 순서도를 보면 쉽게 이해할 수 있습니다. 순서도는 프로그램 흐름을 나타내는 다이어그램으로 몇 가지 기호로 실행 순서를 나타냅니다. 먼저 그림을 살펴볼까요?

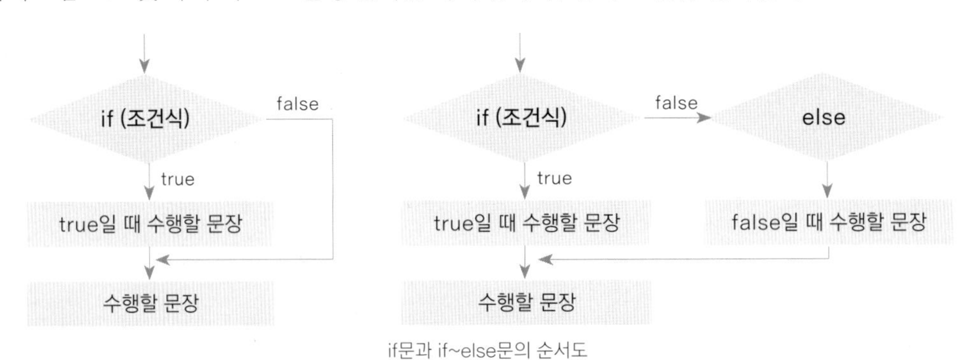

if문과 if~else문의 순서도

왼쪽 순서도는 일반적인 if문을 나타내고 오른쪽은 if~else문을 나타냅니다. 조건식에 따라 수행할 문장이 결정됩니다. if문은 다음과 같이 구성할 수 있습니다.

```
if (조건식) {
    수행할 문장  // 조건식이 true인 경우에만 수행
    ...
}
```

조건식에는 Boolean 자료형으로 참(true) 또는 거짓(false) 값을 받을 수 있는 조건식을 구성해야 합니다. 만일 조건식이 true인 경우 if문이 가지고 있는 블록을 수행합니다. 만일 수행할 문장이 하나인 경우에는 블록 구문인 중괄호를 생략할 수 있습니다. 특정 조건을 판단하는 데 사용하는 조건식은 표현식으로도 구성할 수 있습니다.
만일 조건식이 false일 경우 수행하고자 하는 문장이 있다면 else문의 블록에 코드를 작성하면 됩니다.

```
if (조건식) {
    수행할 문장 // 조건식이 true인 경우에만 수행
} else {
    수행할 문장 // 조건식이 false인 경우에 수행
}
```

if문과 if~else문을 이용한 큰 수 판단하기

그러면 직접 두 수 중 큰 값을 판단하는 조건문을 만들고 간략화하는 방법을 알아봅시다.

```
// if문
var max = a
if (a < b)
    max = b // 수행할 문장이 한 줄이면 중괄호를 생략할 수 있음
```

조건식에서 a가 b보다 작은 경우에만 max에 b를 할당합니다. 이번에는 else도 사용해 봅시다.

```
// if~else문
var max: Int
if (a > b)
    max = a
else
    max = b
```

a가 b보다 큰 경우에는 max에 a를 할당하고 false인 경우에는 else 블록의 max에 b를 할당합니다. 이것을 좀 더 간략화하면 한 줄에 표현할 수 있습니다. 이것 또한 하나의 표현식으로서 변수에 할당해 같은 기능을 수행합니다.

```
val max = if (a > b) a else b
```

조건문을 한 줄에 구성할 때는 조건식에 따라 a 또는 b를 max에 할당하도록 변수 이름 단독으로 쓸 수 있습니다.

블록의 표현식이 길어질 때

조건문 블록의 표현식이 길어지면 중괄호로 감싸야 합니다. 그리고 람다식처럼 블록의 마지막 표현식이 변수에 반환되어 할당됩니다.

코딩해 보세요! 조건문의 표현식 사용해 보기 • 참고 파일 IfCondition.kt

```
package chap04.section1

fun main( ) {
    val a = 12
    val b = 7

    // 블록과 함께 사용
    val max = if (a > b) {
        println("a 선택")
        a   // 마지막 식인 a가 반환되어 max에 할당
    }
    else {
        println("b 선택")
        b // 마지막 식인 b가 반환되어 max에 할당
    }

    println(max)
}
```

실행 결과

```
a 선택
12
```

위 코드에서는 a가 b보다 큰지 비교하고, 선택된 변수를 println( )으로 출력한 다음 조건식 a > b이 true인 경우 max에 a를 할당하고, false인 경우 max에 b를 할당합니다.

else if문으로 조건문 중첩하기

여러 가지 조건을 적용하기 위해 이번에는 else if문을 이용하여 조건문을 중첩할 수 있습니다. else if문은 필요한 만큼 조합할 수 있습니다만 너무 많으면 코드 읽기가 어려워집니다.

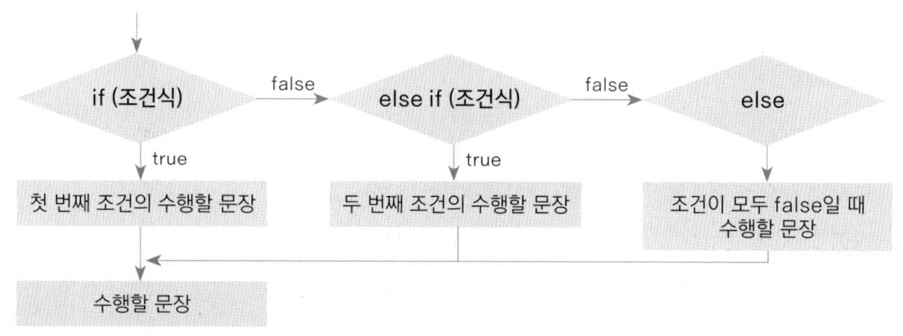

if와 else if를 사용한 조건문의 중첩

다음은 number 변수가 0보다 크면 "양수 값", 0보다 작으면 "음수 값" 그 외의 경우(number가 0인 경우)는 "0"을 반환하는 코드입니다.

```
val number = 0
val result = if (number > 0)
        "양수 값"
    else if (number < 0)
        "음수 값"
    else
        "0"
```

첫 번째 if 조건은 number가 0보다 클 때(number > 0)입니다. 두 번째 조건은 else if로 표기하고 0보다 작을 때(number < 0)를 나타냅니다. number가 2개의 조건에 들어가지 않는 경우에는 else로 처리합니다.

else if문을 여러 번 사용하면 여러 조건을 판별할 수 있습니다. 다음은 점수를 입력받아 등급을 출력하는 예제입니다. else if문을 여러 개 사용한 점에 주목하여 프로그램을 작성해 봅시다. 점수(숫자)를 입력하면, 점수를 출력하고, 점수가 90점 이상, 80~89점, 70~79점인 경우 각각 A, B, C의 성적을 변환하며, 그렇지 않은 경우에는 F를 반환하는 코드입니다.

코딩해 보세요! **else if문을 사용한 등급 판별하기** • 참고 파일 IfElseIfCondition.kt

```
package chap04.section1

fun main( ) {
```

```
    print("Enter the score: ")
    val score = readLine( )!!.toDouble( )  // 콘솔로부터 입력받음
    var grade: Char = 'F'

    if (score >= 90.0) {
        grade = 'A'
    } else if (score >= 80.0 && score <= 89.9) {
        grade = 'B'
    } else if (score >= 70.0 && score <= 79.9) {
        grade = 'C'
    }

    println("Score: $score, Grade: $grade")
}
```

실행 결과

```
Enter the score: 89.9
Score: 89.9, Grade: B
```

이 예제에서는 코틀린의 표준 라이브러리의 readLine( ) 함수가 새롭게 등장했습니다. readLine( ) 함수는 콘솔로부터 문자열을 입력받는 함수입니다. 다음과 같이 콘솔에서 점수에 해당하는 문자열을 입력하고 Enter 를 누르면 readLine( ) 함수를 호출한 부분에 입력한 값 89.9가 score에 반환되고 조건에 따른 결괏값이 할당됩니다.

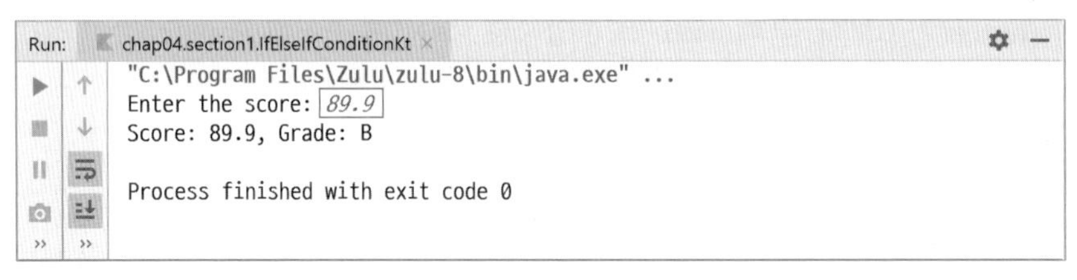

readLine( ) 함수에 의한 콘솔 입력

입력받은 숫자의 자료형은 사실 문자열이기 때문에 멤버 메서드 .toDouble( )을 추가로 호출해 Double형으로 변환합니다. 하지만 85a처럼 숫자와 영문자로 이루어진 값이나 apple과 같이 문자열을 입력하면 입력한 값을 실수형으로 변환하지 못해 예외가 발생할 수 있겠죠? 이때는 null을 검사하거나 non-null 단정 기호(!!.)를 사용해 받아들일 수 있습니다. 하지만 !! 기호는 null인 경우 예외를 발생할 수 있기 때문에 주의해야 합니다.

숫자가 아닌 영문이 입력되면 NumberFormatException 오류가 발생합니다.

in 연산자와 범위 연산자로 조건식 간략하게 만들기

앞에서 작성한 성적 등급을 출력하는 프로그램은 else if문으로 각 점수에 맞게 등급을 할당했습니다. 이때 두 번째 조건의 범위를 보면 비교 연산자(>=, <=)와 논리합 연산자(&&)가 사용된 것을 알 수 있습니다.

```
} else if (score >= 80.0 && score <= 89.9) {
```

즉, 위 식은 비교 연산자의 결과가 둘 다 true가 되어야 전체식이 true가 됩니다. 같은 방식으로 세 번째 조건에서도 70 이상, 79 이하 범위의 조건을 위해 논리합 연산을 사용했습니다.
그런데 위 프로그램의 조건식처럼 매번 2개의 조건을 비교 연산자와 논리합 연산자로 연결하는 것이 번거로울 수 있습니다. 코틀린에서는 포함 여부 확인을 위한 in 연산자와 2개의 점(..)으로 구성된 범위(range) 연산자를 제공합니다. 범위 연산자는 보통 다음과 같이 사용합니다.

```
변수 이름 in 시작값..마지막값
```

범위 연산자는 왼쪽의 값부터 오른쪽의 값까지 포함하는 범위를 계산합니다. 즉, `in 80..89`이면 범위에 80과 89도 포함됩니다. 이제 else if문으로 만든 등급 판별 프로그램을 `in` 연산자와 범위 연산자를 사용하여 수정해 보겠습니다.

```
...
    if (score >= 90) {
        grade = 'A'
    } else if (score in 80.0..89.9) {
        grade = 'B'
    } else if (score in 70.0..79.9) {
        grade = 'C'
    }
...
```

첫 번째 조건은 그대로 두고, 두 번째 조건은 `score`가 80.0에서 89.9 사이 값의 범위에 포함(in)되면 true를 나타냅니다. 코드가 더 간략하게 바뀌었고 읽기도 더 좋아졌습니다.
그런데 조건이 아주 많아지면 이렇게 if문, else if문, `in` 연산자, 범위 연산자를 사용해도 코드의 양을 줄일 수 없습니다. 코틀린에서는 조건이 많은 경우를 대비한 when문을 제공합니다. when문을 이용하면 조건이 많은 코드를 간략하게 줄일 수 있습니다.

when문으로 다양한 조건 처리하기

앞에서 만든 프로그램은 A, B, C, F라는 4개의 등급으로 점수를 구분했습니다. 만약 12개의 등급으로 점수를 구분하려면 어떻게 해야 할까요? 조건식이 아주 많이 필요할 것입니다. 바로 이런 경우 when문을 사용하면 더 편리하고 간단한 문장을 구성할 수 있습니다. when문은 함수처럼 인자가 있는 경우와 없는 경우의 2가지 사용법이 있습니다. 먼저 인자를 사용하는 경우에 대해 알아보겠습니다.

ⓖ when문은 보통 다중 선택을 위한 자바의 switch문과 많이 비교됩니다.

인자를 사용하는 when문

다음과 같이 true, false, 변수, 표현식 등의 조건을 when문의 인자에 넣으면 when문을 구성할 수 있습니다.

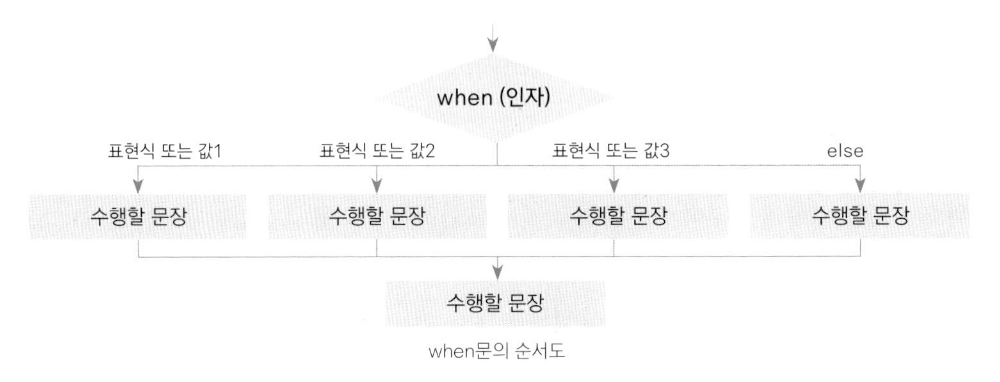

when문의 순서도

다음은 인자를 사용하는 when문의 형태입니다.

```
when (인자) {
    인자에 일치하는 값 혹은 표현식 -> 수행할 문장
    인자에 일치하는 범위 -> 수행할 문장
    ...
    else -> 수행할 문장
}
```

when 블록의 안을 보면 화살표(->) 왼쪽에는 일치하는 값, 표현식, 범위로 조건을 나타내고 오른쪽에는 수행할 문장을 사용합니다. 조건과 일치하는 값이 없으면 else문 다음에 작성한 문장을 실행합니다.

다음은 when문으로 변수 x의 값이 1 또는 2와 일치하는지 검사합니다.

```
when (x) {
    1 -> print("x == 1")
    2 -> print("x == 2")
    else -> { // 블록 사용 가능
        print("x는 1, 2가 아닙니다.")
    }
}
```

when문 안에서 원하는 조건을 만들 수 있습니다. 위 코드는 인자 x에 일치하는 값(1, 2)에 따라 화살표(->) 기호 오른쪽의 문장을 실행합니다. 만약 화살표(->) 기호 오른쪽의 문장이 여러 줄이라면 중괄호를 사용해 블록으로 구성할 수 있습니다. when문은 자바 등 다른 언어에서 쓰이는 switch~case문과 비슷하지만 각 수행 문장을 멈추는 break와 같은 문장이 필요하지 않습니다.

만약 일치되는 조건을 한 번에 여러 개 표현하려면 쉼표(,)를 이용하면 됩니다. 다음과 같이 변수 x가 0 또는 1에 해당하는 경우를 하나의 조건으로 만들어 보겠습니다. 이 코드는 x의 값이 0 혹은 1인 경우에만 문장을 수행합니다.

```
when (x) {
    0, 1 -> print("x == 0 or x == 1")
    else -> print("기타")
}
```

when문에 함수의 반환값 사용하기

다음과 같이 x가 함수의 반환값과 일치하면 문장을 실행하도록 구성할 수도 있습니다.

```
when (x) {
    parseInt(s) -> print("일치함!")
    else -> print("기타")
}
```

parseInt( ) 함수는 인자로 지정된 s를 정수형으로 변환해 줍니다. x의 값과 parseInt(s)의 반환값이 일치하면 print("일치함!")을 수행합니다.

when문에 in 연산자와 범위 지정자 사용하기

앞의 예제를 통해 if문과 in 연산자, 범위 연산자로 조건과 조건의 범위를 간단하게 표현해 봤습니다. when문에서도 이와 마찬가지로 in 연산자와 범위 연산자를 사용할 수 있습니다. 다음은 in 연산자, 범위 연산자로 조건 변수 x의 값이 1에서 10 사이에 있는지 또는 10에서 20 사이의 범위에 없는지 또는 어떤 범위에도 없는지를 검사한 것입니다.

```
when (x) {
    in 1..10 -> print("x는 1 이상 10 이하입니다.")
    !in 10..20 -> print("x는 10 이상 20 이하의 범위에 포함되지 않습니다.")
    else -> print("x는 어떤 범위에도 없습니다.")
}
```

이때 in 연산자 앞에 느낌표를 사용하면(!in) 해당 범위 이외의 요소를 가리키게 됩니다. 즉 !in 10..20은 10보다 작거나 20보다 큰 값의 범위를 나타냅니다.

when과 is 키워드 함께 사용하기

is 키워드를 사용하면 특정 자료형을 검사할 수 있습니다. when문과 is 키워드를 잘 사용하면 어떤 변수에 할당된 값의 자료형을 검사하여 자료형에 따라 문장을 실행하도록 프로그램을 구성할 수 있습니다. 다음은 변수 str의 자료형이 String인지 검사하고 실행문의 결과를 다시 result에 할당합니다.

```
val str = "안녕하세요."
val result = when(str) {
    is String -> "문자열입니다."
    else -> false
}
```

프로그램을 실행하면 변수 str의 자료형이 String인 경우 "문자열입니다."를 result에 할당합니다.

인자를 사용하는 when문과 in 연산자를 조합하여 점수에 따른 등급을 출력해 보겠습니다.

코딩해 보세요! when문을 이용해 점수 등급 구하기 • 참고 파일 WhenArgs.kt

```
package chap04.section1

fun main( ) {
    print("Enter the score: ")
```

```
    val score = readLine( )!!.toDouble( )
    var grade: Char = 'F'

    when(score) {
        in 90.0..100.0 -> grade = 'A'
        in 80.0..89.9 -> grade = 'B'
        in 70.0..79.9 -> grade = 'C'
        !in 70.0..100.0 -> grade = 'F'
    }
    println("Score: $score, Grade: $grade")
}
```

실행 결과

```
Enter the score: 85.7
Score: 85.7, Grade: B
```

앞에서 작성한 예제보다 코드 양이 많이 줄어들고 읽기 좋은 코드가 되었습니다. score에 대해서 각 점수대에 일치하는 경우에 따라 grade 변수에 각 등급을 할당합니다.

인자가 없는 when문

이번에는 인자를 사용하지 않는 when문을 사용해 보겠습니다. when문에 인자가 주어지지 않으면 else if문처럼 각각의 조건을 실행할 수 있습니다.

```
when {
  조건[혹은 표현식] -> 실행할 문장
  ...
}
```

when문에 인자를 두지 않은 경우에는 조건이나 표현식을 직접 만들 수 있기 때문에 특정 인자에 제한하지 않고 다양한 조건을 구성할 수 있습니다. 다음 예제를 작성해 봅시다.

코딩해 보세요! **인자가 없는 when문 사용하기** • 참고 파일 WhenNoArgs.kt

```
package chap04.section1

fun main( ) {
```

```
    print("Enter the score: ")
    var score = readLine( )!!.toDouble( )
    var grade: Char = 'F'

    when {
        score >= 90.0 -> grade = 'A' // 인자 있는 when문과 다르게 조건식을 구성할 수 있음
        score in 80.0..89.9 -> grade = 'B'
        score in 70.0..79.9 -> grade = 'C'
        score < 70.0 -> grade = 'F'
    }
    println("Score: $score, Grade: $grade")
}
```

실행 결과

```
Enter the score: 82.4
Score: 82.4, Grade: B
```

이 예제의 핵심은 score >= 90.0과 같이 변수와 조건식을 when문에 직접 사용한 것입니다. 이렇게 when문을 사용하면 else if문으로 구성하는 많은 코드를 간단하게 만들 수 있습니다.

다양한 자료형의 인자 받기

만일 when문의 인자로서 Any를 사용하게 되면 다양한 자료형의 인자를 받을 수 있습니다. 숫자나 문자, 클래스의 객체 등을 받도록 다음 예제를 작성해 봅시다.

코딩해 보세요! 다양한 자료형의 인자 받기 • 참고 파일 WhenAnyCase.kt

```
package chap04.section1

fun main( ) {
    cases("Hello") // ② String형
    cases(1) // Int형
    cases(System.currentTimeMillis( )) // 현재 시간(밀리초 단위)을 Long형 값으로 반환
    cases(MyClass( )) // 객체
}

fun cases(obj: Any) { // ①
    when (obj) {
```

```
        1 -> println("Int: $obj")
        "Hello" -> println("String: $obj")
        is Long -> println("Long: $obj")
        !is String -> println("Not a String")
        else -> println("Unknown")
    }
}
```

```
실행 결과
String: Hello
Int: 1
Long: 1234
Not a String
```

①번의 사용자 함수 cases( )에는 문자열, Int형 값, Long형 값, 객체를 인자로 사용할 수 있도록 Any형으로 매개변수 obj를 정의했습니다. 그러면 ②번처럼 main( ) 함수에서 사용된 자료형에 따라 when 구문에서 선택됩니다. 따라서 각 값의 특정 자료형에 따라 문장을 선택하는 것이 가능합니다.

04-2 반복문

반복문은 반복문 블록 안에 있는 코드를 반복하여 실행하는 명령문입니다. 기본적으로 for, while, do~while문으로 반복을 처리합니다. 먼저 for문부터 살펴보겠습니다.

for문

for문은 변수를 선언하고 조건식에 따라 변수 값을 반복해서 증감하는 구문입니다. 그런데 코틀린의 for문은 자바의 for문과 조금 다르므로 주의해야 합니다. 자바의 for문은 초기화식, 조건식, 증감식을 세미콜론(;)으로 구분합니다. 하지만 코틀린은 세미콜론을 사용할 수 없습니다.

```
for (int i = 1; i <= 5; i++) { ... }  // 오류! 코틀린에서는 세미콜론 표현식을 사용하지 않음
```

코틀린은 앞에서 배운 in 연산자와 함께 for문을 사용합니다. for문은 내부적으로 반복을 처리하는 인터페이스인 이터레이터(Iterator)에 의해 배열이나 특정 값의 범위, 컬렉션으로 불리는 요소 등에서 사용할 수 있습니다. 배열이나 컬렉션에 대한 내용은 추후 자세히 다루게 됩니다.

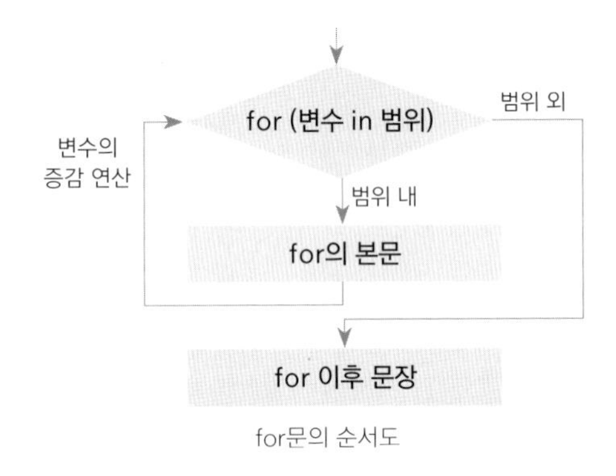

for문의 순서도

for문은 변수의 값이 범위 안에 있다면 계속해서 for의 본문을 수행할 수 있습니다. 본문 실행 후 해당 변수가 증가하거나 감소하면서 값이 계속 바뀌어 범위 외의 값이 되면 for의 본문을 탈출하게 됩니다. 기본적으로는 변수를 증가시킵니다.

오리의 프로그래밍 노트 컬렉션이란 무엇인가요?

컬렉션(Collection)이란 코틀린이 사용하는 Array, List, Map 등의 여러 데이터를 다루는 요소를 말합니다. 이것은 모두 이터레이터(Iterator)라는 반복을 위한 인터페이스를 구현합니다. 컬렉션을 다루는 셋째마당의 09장에서 좀 더 자세히 알아보겠습니다.

다음은 for문의 기본형입니다. in 연산자를 제대로 이해했다면 기본형만 보고도 for문의 실행 방법을 쉽게 이해할 수 있을 것입니다.

```
for (요소 변수 in 컬렉션 또는 범위) { 반복할 본문 }
```

코틀린의 for문은 변수를 선언한 다음 특정 값의 범위를 반복(루프)하기 위해 in 연산자를 통해 특정 값의 범위를 지정해 줍니다. 그러면 특정 범위의 값을 지정하는 방법을 살펴봅시다.

```
for (x in 1..5) { // in과 범위 지정을 활용한 반복
  println(x) // 본문
}
```

변수 x를 선언한 다음 1부터 5까지 범위를 지정해 변수에 할당하며, 본문을 반복할 때마다 x가 기본적으로 증가합니다. 실행 결과는 다음과 같습니다.

for문 블록의 내용이 단 한 줄이라면 다음과 같이 중괄호를 생략할 수 있습니다.

```
for (x in 1..5) println(x)
```

그러면 for문을 이용해 1부터 10까지 더해 봅시다.

코딩해 보세요! **1부터 10까지 더하기** • 참고 파일 ForSum.kt

```
package chap04.section2

fun main( ) {
```

```
    var sum = 0

    for (x in 1..10) sum += x
    println("sum: $sum")
}
```

```
실행 결과
sum: 55
```

먼저 sum에 값 0이 할당되어 변수 sum의 자료형은 Int형으로 추론됩니다. for문에서 사용된 sum에서 범위가 in 1..10으로 지정되어 있으므로 1부터 10까지 10회 반복되며, 반복할 때마다 sum += x에 의해 해당 값이 x에 할당되므로 초깃값이 0이었던 x에 1에서 10까지의 수를 각각 더한 합인 55가 출력됩니다.

하행, 상행 및 다양한 반복 방법

앞 예제에서는 1에서 10으로 변수 값이 증가하면서 작업이 반복되었습니다. 이런 반복을 상행 반복이라고 부릅니다. 반대의 경우는 하행 반복이라고 부르죠. 예를 들어 5, 4, 3, 2, 1 형태로 하행 반복하려면 어떻게 할까요?

```
for (i in 5..1) print(i) // 아무것도 출력되지 않음
```

이렇게 숫자를 역순으로 작성하는 방법으로는 화면에 아무것도 출력되지 않습니다. 이때는 범위 연산자 대신 downTo 키워드를 사용해야 합니다.

```
for (i in 5 downTo 1) print(i)
```

이렇게 하면 5, 4, 3, 2, 1과 같이 숫자가 하행으로 반복하면서 변수 i의 값을 출력합니다. 그렇다면 홀수의 계수만 사용하기 위해 숫자를 2단계씩 증가하게 하려면 어떻게 할까요? 이때는 step 키워드를 사용합니다.

```
for (i in 1..5 step 2) print(i)
```

이 코드는 1에서 5 사이 값에서 2씩 증가하는 값만 반복합니다. 결과적으로 이번엔 1, 3, 5 형태로 2씩 증가하면서 출력하게 됩니다.
다음과 같이 downTo 키워드와 step 키워드를 혼합해서 사용할 수도 있습니다.

```
for (i in 5 downTo 1 step 2) print(i)
```

이 코드는 5에서 1 사이 값에서 2씩 감소하는 값만 반복합니다. 결과적으로 5, 3, 1 형태로 하행하는 값을 출력합니다.

for문을 활용한 삼각형 출력하기

이제 재미있는 예제를 하나 만들어 봅시다. 삼각형의 높이를 readLine( ) 함수로 입력받고 입력받은 줄 수에 따라 별표(*)로 채워진 삼각형을 출력하겠습니다. 먼저 코딩하기 전에 의사 코드(Pseudo-code)를 이용하여 readLine( ) 함수를 간단히 서술해 보겠습니다. 의사 코드는 코딩을 하기 전에 말로 풀어서 써 보는 것으로, 실무에서 논리적인 흐름을 정리하기 위해 자주 사용하는 방법입니다. 그럼 작성해 볼까요?

```
n: 줄 수 입력
반복 (line: 1 → n만큼) {
    반복 (space: 1 → (n-line)만큼) { 공백 출력 }
    반복 (star: 1 → (2*line-1)만큼) { 별표 출력 }
    개행
}
```

별표로 삼각형을 출력하기 위한 의사 코드

오리의 프로그래밍 노트 의사 코드란?

의사 코드(Pseudo-code)란 프로그래밍 언어가 아닌 이해하기 쉬운 우리말로 프로그램의 수행 내용을 간략히 서술해 놓은 것을 말합니다. 의사 코드는 코딩하기 전에 논리적 사고를 좀 더 명확히 하는 데 도움을 주기 때문에 무작정 코딩할 때보다 시간 낭비를 많이 줄여 줍니다.

의사 코드에서 서술한 것과 같이 반복문을 전체 줄 수만큼 반복하고, 반복문 안에 공백과 별표를 구성하는 2개의 반복문을 넣을 것입니다. 다음 예제를 작성해 봅시다.

코딩해 보세요! **반복문을 이용해 삼각형 출력하기** • 참고 파일 ForTriangle.kt

```
package chap04.section2

fun main( ) {
    print("Enter the lines: ")
    val n = readLine( )!!.toInt( ) // 콘솔로부터 입력받음

    for (line in 1..n) {
        for (space in 1..(n - line)) print(" ") // 공백 출력
        for (star in 1..(2 * line - 1)) print("*") // 별표 출력
        println( ) // 개행
    }
}
```

```
실행 결과
Enter the lines: 5
    *
   ***
  *****
 *******
*********
```

줄 수에 따라 공백과 별표가 반복되도록 했습니다. 줄 수는 readLine( ) 함수로 입력받고 이것을 toInt( )를 이용해 정숫값으로 변환한 다음 n에 할당하고 있습니다. 여기서 for문을 중첩해서 줄과 공백, 별표의 출력이 반복되어야 합니다. 한 줄이 완성되면 개행을 통해 그다음 줄을 만들어 갑니다. println( )을 인자 없이 사용하면 개행과 같은 역할을 합니다. 위와 같이 5를 콘솔에 입력하면 반복문의 line 변수가 1에서 5까지 5회 반복되며 공백은 점점 줄어들고 별표는 늘어나면서 전체적으로 삼각형 모양이 나타납니다.

1~100의 홀수의 합 구하기

step을 사용하는 for문을 활용해 1~100의 홀수의 합과 짝수의 합을 각각 구해 봅시다.

코딩해 보세요! **짝수의 합과 홀수의 합 구하기** • 참고 파일 ForOddSum.kt

```
package chap04.section2

fun main( ) {
    var total: Int = 0
```

```
    for (num in 1..100 step 2) total += num
    println("Odd total: $total")

    for (num in 0..99 step 2) total += num
    println("Even total: $total")
}
```

```
실행 결과
Odd total: 2500
Even total: 4950
```

짝수와 홀수의 합은 시작 값을 1과 0으로 다르게 하고 step을 활용해 2씩 건너뛰면서 반복하도록 작성했습니다.

while문

while문은 조건식이 true를 만족하는 경우 while문의 블록을 무한히 반복합니다. 조건식이 false가 되면 실행문이 중단되어 while 루프(반복)를 빠져나갑니다. 보통 while문의 본문에서 조건식이 false를 만족하도록 하는 문장을 넣어야 루프를 탈출할 수 있습니다.

```
while (조건식) { // 조건식이 true인 동안 본문의 무한 반복
    본문
    ....
}
```

while문의 흐름을 순서도로 나타내면 다음과 같습니다. 순서도를 보면 조건식이 만족하면 true이므로 본문을 실행하고 다시 조건식으로 돌아와 검사합니다.

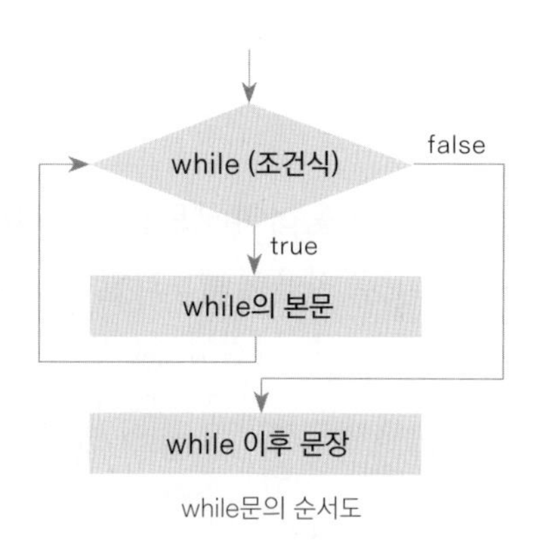

while문의 순서도

이제 while문의 기본 동작을 알았으니 while문을 통해 i의 값을 1부터 5까지 상행 반복하며 출력하는 코드를 살펴보겠습니다. for문은 1~5 범위의 값을 순서대로 증가하며 출력했지만 while문에서는 `i <= 5`라는 조건식이 만족(true)할 때까지 루프 본문에서 직접 증가시켜야 합니다.

```
var i = 1
while (i <= 5) {
    println("$i")
    ++i // 계속 반복하다 보면 조건식의 i 값이 5를 넘어갈 때 false가 되어 탈출
}
```

i 값이 6이 되면 조건식이 false가 되어 while문을 탈출합니다. 이때 탈출 위치는 항상 while문의 조건식입니다. 즉, 위 코드에서 i가 5인 경우 true이므로 본문으로 진입합니다. 그런데 ++i를 실행하여 본문 중간에 6이 되어도 어쨌든 블록의 모든 내용이 끝난 다음 다시 while문의 조건식으로 돌아와 탈출합니다. 이 점을 항상 기억하길 바랍니다. while문은 조건식을 항상 true로 해 무제한으로 반복하는 데몬 프로그램을 만들 때 쓰이기도 합니다.

오리의 프로그래밍 노트 데몬이란?

데몬(daemon)은 백그라운드에서 실행하면서 종료되지 않고 지속적으로 무엇인가 처리하는 프로그램입니다. 사용자가 직접 제어하지 않아도 특정한 작업을 지속적으로 처리할 수 있습니다. 예를 들어 보일러의 온도를 검사하고 한계 온도를 넘어가면 경고를 발생하는 데몬 프로그램을 만든다고 합시다. 지속적으로 온도를 검사해야 하기 때문에 데몬 프로그램은 다음과 같이 구성해야 할 것입니다.

```
...
while (true) {
    temp = 온도 검사
    if ( temp > 한계 온도 ) { 경고 발생 }
    ...
}
```

데몬이라는 용어는 도깨비나 유령을 뜻하며 보이지 않는 백그라운드(background) 프로그램이라는 의미로 재미있게 붙여 놓은 이름입니다. 반대로 포그라운드(foreground) 프로그램은 UI를 갖추고 사용자와 상호 작용하는 프로그램입니다.

while문 응용하여 팩토리얼 계산하기

while문을 사용해 팩토리얼을 구하는 예제를 만들어 보겠습니다. 예제는 간단하지만 배운 내용을 복습하는 차원에서 한번 구현해 보고 넘어가는 것을 권합니다.

코딩해 보세요! while문으로 팩토리얼 계산하기 • 참고 파일 WhileFactorial.kt

```
package chap04.section2

fun main( ) {
```

```
    print("Enter the number: ")
    var number = readLine( )!!.toInt( )
    var factorial: Long = 1

    while (number > 0) { // n × ... × 4 × 3 × 2 × 1
        factorial *= number
        --number
    }

    println("Factorial: $factorial")
}
```

```
실행 결과
Enter the number: 5
Factorial: 120
```

팩토리얼은 1부터 입력받은 숫자까지 모든 수를 곱한 값이 됩니다. 5를 입력하면 while문을 이용해 높은 값부터 차례로 5×4×3×2×1 형태로 반복하면서 곱한 값을 factorial 변수에 저장합니다. number가 0이 되면 조건식이 false가 되면서 while문을 벗어나게 됩니다.

do~while문

앞에서 배운 while문에서는 조건식을 먼저 검사한 후 반복을 진행하기 때문에 처음부터 조건식이 false인 경우 작업이 한 번도 실행되지 않습니다. 그러나 do~while문의 경우 일단 do 블록에 작성한 본문을 한 번은 실행한 다음 마지막에 조건식을 검사해서 true가 나오면 작업을 반복합니다.

```
do {
  본문
} while (조건식)
```

do~while문의 흐름을 순서도로 표현하면 다음과 같습니다. 먼저 do의 본문을 실행하고 이후에 while의 조건식을 살펴봅니다. 조건이 어떻든 무조건 한 번은 do의 본문을 실행합니다.

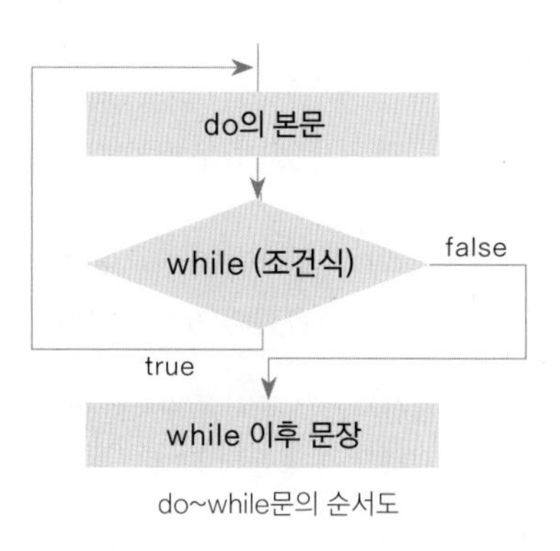

do~while문의 순서도

do~while문도 간단히 실습해 보겠습니다. do의 본문은 콘솔로부터 값을 입력받기 위해 사용하고, 0을 입력받았을 때 do~while문을 탈출하도록 합니다. do 본문에는 입력받은 숫자만큼 나열해 출력하고 이것을 하나씩 자리를 순환하도록 작성해 봅시다.

코딩해 보세요! **do~while문 사용해 보기** • 참고 파일 DoWhileLoop.kt

```
package chap04.section2

fun main( ) {
    do {
        print("Enter an integer: ")
        val input = readLine( )!!.toInt( )

        for (i in 0..(input-1)) {
            for (j in 0..(input-1)) print((i + j) % input + 1)
            println( )
        }
    } while (input != 0)
}
```

```
실행 결과
Enter an integer: 5
12345
23451
34512
45123
51234
Enter an integer: 0
```

콘솔로부터 숫자를 입력받으면 해당 숫자를 순서대로 나열하고 하나씩 자리를 옮겨 가면서 순환합니다. 이때 순환 자리를 표현하기 위해 for문을 중첩하고 나머지(%) 연산을 사용했습니다. 나머지 연산은 항상 입력받은 숫자보다 작은 값을 돌려주기 때문에 값을 순환할 수 있습니다. 만일 콘솔로부터 0을 입력받으면 조건식이 false가 되면서 블록을 빠져나옵니다.

오리의 프로그래밍 노트 **나머지 연산자로 숫자 범위 제한하기**

나머지 연산자인 %를 사용하면 숫자가 0, 1, 2, 3, 4, 5, 6, 7, 8... 증가하더라도 정해진 숫자 범위 한에서 다시 시작하게 됩니다. 예를 들어 정해진 숫자가 5라면 0, 1, 2, 3, 4, 0, 1, 2, 3, 4, 0... 형태로 반복하게 됩니다.

04-3 흐름의 중단과 반환

조건문이나 반복문을 사용할 때 수행 중이던 코드를 바로 중단하거나 조건식으로 되돌아가도록 프로그램을 작성해야 하는 경우도 있습니다. 여기에서는 return, break, continue문을 사용해 프로그램 흐름을 제어하는 방법을 배울 것입니다.
그리고 프로그램 실행 도중 오류가 발생하여 프로그램이 중단되는 예외를 처리하는 try~catch문도 있습니다. try~catch문은 위의 제어문을 하나씩 공부한 다음 바로 공부하겠습니다.

흐름 제어문

- return: 함수에서 결괏값을 반환하거나 지정된 라벨로 이동한다.
- break: for문이나 while문의 조건식에 상관없이 반복문을 끝낸다.
- continue: for문이나 while문의 본문을 모두 수행하지 않고 다시 조건식으로 넘어간다.

예외 처리문

- try {...} catch {...}: try 블록의 본문을 수행하는 도중 예외가 발생하면 catch 블록의 본문을 실행한다.
- try {...} catch {...} finally {...}: 예외가 발생해도 finally 블록 본문은 항상 실행한다.

return문

return으로 값 반환하기

보통 return문은 다음과 같이 값을 반환하는 데 사용합니다.

```
fun add(a: Int, b: Int): Int {
    return a + b
    println("이 코드는 실행되지 않습니다.") // 여기에 도달하지 않음
}
```

그리고 return 이후의 코드는 실행되지 않습니다. 왜냐하면 return이 사용되면 코드 흐름을 중단하고 함수의 역할을 끝내기 때문이죠.

return으로 Unit 반환하기

앞에서 return은 함수에서 값을 반환할 때 사용해 왔습니다. 그러면 값 없이 return만 사용하면 어떻게 될까요? 만일 특정 자료형을 반환하지 않을 경우 Unit을 사용한다고 했는데요. Unit은 자바와 같은 언어에서 반환값이 없는 경우 사용하는 void와 비슷하다고 했습니다. 코틀린에서 Unit이란 반환하는 값이 아예 없는 뜻이 아니라 Unit이라는 자료형 자체를 반환한다는 말입니다. 그리고 Unit을 return으로 반환하는 것은 다음의 3가지 방법으로 표현합니다. 아래의 방법은 모두 동일한 결과를 반환합니다.

```
// ① Unit을 명시적으로 반환
fun hello(name: String): Unit {
    println(name)
    return Unit
}


// ② Unit 이름을 생략한 반환
fun hello(name: String): Unit {
    println(name)
    return
}


// ③ return문 자체를 생략
fun hello(name: String) {
    println(name)
}
```

위의 두 번째와 세 번째 코드처럼 Unit과 return을 생략할 경우 코틀린 컴파일러는 Unit을 반환하는 것으로 가정합니다.

오리의 프로그래밍 노트 람다식에서 return, break, continue를 사용할 수 있나요?

람다식에서 return은 라벨 표기와 함께 사용해야 하고 break와 continue는 아직 지원되지 않습니다.

람다식에서 return 사용하기

인라인(inline)으로 선언되지 않은 람다식에서는 return을 그냥 사용할 수 없습니다. return@label과 같이 라벨(label) 표기와 함께 사용해야 합니다. 라벨이란 코드에서 특정한 위치를 임의로 표시한 것으로, @ 기호와 이름을 붙여서 사용합니다. 인라인으로 선언된 함수에서 람다식을 매개변수로 사용하면 람다식에서 return을 사용할 수 있습니다. 다음 코드에서 확인해 봅시다.

코딩해 보세요! inline을 사용한 람다식의 반환 • 참고 파일 InlineLambdaReturn.kt

```kotlin
package chap04.section3

fun main( ) {
    retFunc( )
}

inline fun inlineLambda(a: Int, b: Int, out: (Int, Int) -> Unit) {
    out(a, b)
}

fun retFunc( ) {
    println("start of retFunc")     // ①
    inlineLambda(13, 3) { a, b ->   // ②
        val result = a + b
        if(result > 10) return      // ③ 10보다 크면 이 함수를 빠져 나감
        println("result: $result")  // ④ 10보다 크면 이 문장에 도달하지 못함
    }
    println("end of retFunc") // ⑤
}
```

실행 결과

```
start of retFunc
```

inlineLambda( ) 함수는 람다식을 매개변수로 사용하는 인라인 함수입니다. retFunc( ) 함수가 호출되어 실행될 때 ①번의 내용을 출력하고 ②번으로 진입해 람다식을 인자로 사용하고 있습니다. 만일 a와 b 인자의 합이 10을 넘는 경우에는 return을 사용했습니다. 이 코드에서는 13+3으로 10이 넘으므로 조건문에서 return이 호출되고 람다식 바깥의 retFunc( ) 함수까지

빠져 나가게 됩니다. 따라서 ④번과 ⑤번은 실행되지 않습니다. 이런 반환을 비지역(Non-local) 반환이라고 합니다.

람다식에서 라벨과 함께 return 사용하기

그렇다면 비지역 반환을 방지하고 가장 가까운 함수인 `retFunc( )` 함수 위치로 빠져 나가게 하려면 어떻게 할까요? 이런 경우 람다식에서 라벨을 정의해 `return`을 사용해야 합니다. 먼저 라벨을 지정하기 위해서 정의할 때는 앳(@) 기호를 라벨 뒤에 붙여 `라벨 이름@`과 같이 지정하고, 사용할 때는 앞부분에 `return@라벨 이름`으로 지정합니다.

```
람다식 함수 이름 라벨 이름@ {
    ...
    return@라벨 이름
}
```

이제 앞과 동일한 예제로 약간만 바꿔서 `return`에 라벨을 사용해 봅시다.

코딩해 보세요! **라벨을 사용한 람다식의 반환** • 참고 파일 NoInlineLambdaReturn.kt

```
package chap04.section3.noinline

fun main( ) {
    retFunc( )
}

fun inlineLambda(a: Int, b: Int, out: (Int, Int) -> Unit) { // inline을 제거
    out(a, b)
}

fun retFunc( ) {
    println("start of retFunc")
    inlineLambda(13, 3) lit@{ a, b ->  // ① 람다식 블록의 시작 부분에 라벨을 지정
        val result = a + b
        if(result > 10) return@lit // ② 라벨을 사용한 블록의 끝부분으로 반환
        println("result: $result")
    } // ③ 이 부분으로 빠져나감
    println("end of retFunc")      // ④ 이 부분이 실행
}
```

```
실행 결과
start of retFunc
end of retFunc
```

앞에서 작성한 inlineLambda( ) 함수는 코드 앞에 inline을 삭제했으므로 이제 인라인 함수가 아닙니다. 따라서 inline을 지운 순간 return에 오류가 표시됩니다. 이때 ①번처럼 람다식 블록 앞에 라벨(lit@)을 정의합니다. 그리고 ②번처럼 return에 @으로 시작하는 라벨(@lit)을 붙여 줍니다. 그러면 오류가 사라지고 result가 10보다 큰 경우 라벨이 붙은 블록의 끝부분으로 반환할 수 있게 됩니다.

첫 번째 예제에서는 retFunc( ) 함수 자체가 남은 문장을 수행하지 않고 return을 사용한 지점에서 반환되었죠. 그러나 이번에는 retFunc( )의 람다식 다음에 줄인 ④번 부분이 이상 없이 수행됩니다. 이번 예제에서는 retFunc( )가 유지되고 있는 것입니다.

암묵적 라벨

람다식 표현식 블록에 직접 라벨을 쓰는 것이 아닌 람다식의 명칭을 그대로 라벨처럼 사용할 수 있는데 이것을 암묵적 라벨이라고 부릅니다. 다음과 같이 기존 코드를 명시적인 라벨이 아닌 암묵적인 라벨로 지정할 수 있습니다. 한번 변경해 봅시다.

```
...
fun retFunc( ) {
    println("start of retFunc")
    inlineLambda(13, 3) { a, b ->
        val result = a + b
        if(result > 10) return@inlineLambda
        println("result: $result")
    }
    println("end of retFunc")
}
...
```

위의 코드처럼 람다식의 이름을 직접 라벨처럼 사용할 수 있습니다. 결과는 라벨을 사용한 예제와 동일하게 inlineLambda( )로 빠져 나갑니다.

익명 함수를 사용한 반환

물론 람다식 대신에 익명 함수를 넣을 수도 있습니다. 이때는 라벨을 사용하지 않고도 가까운 익명 함수 자체가 반환되므로 위와 동일한 결과를 가질 수 있게 됩니다. 이번에는 익명 함수를 사용한 버전으로 다시 코드를 변경해 봅시다.

```
fun retFunc( ) {
    println("start of retFunc")
    inlineLambda(13, 3, fun (a, b) {
        val result = a + b
        if(result > 10) return
        println("result: $result")
    }) // inlineLambda( )의 끝부분
    println("end of retFunc")
}
```

익명 함수는 앞에서 배운 것처럼 fun (...) {...} 형태로 이름 없이 특정 함수의 인자로 넣을 수 있습니다. 이때는 일반 함수처럼 작동하기 때문에 return도 일반 함수에서 반환되는 것과 같이 사용할 수 있는 것입니다. 다음과 같이 return이 여러 번 사용될 때도 아주 유용합니다. 람다식은 익명 함수에 포함되죠? 또 다른 예로 람다식의 방법으로 return을 사용하려면 다음과 같습니다.

```
...
    // 람다식 방법
    val getMessage = lambda@ { num: Int ->
        if(num !in 1..100) {
            return@lambda "Error" // 라벨을 통한 반환
        }
        "Success" // 마지막 식이 반환
    }
...
```

조건에 따라 num이 1에서 100 사이의 값이 아니라면 "Error"를 반환하고 이외에는 "Success"를 반환합니다.

람다식에서는 2개의 return이 눈에 잘 들어오지 않습니다. 왜냐하면 마지막 식이 return 없이 반환에 사용되기 때문이죠. 이것을 그대로 익명 함수 방법으로 바꿔 보겠습니다.

```
...
    // 익명 함수 방법
    val getMessage = fun(num: Int): String {
        if(num !in 1..100) {
            return "Error"
        }
        return "Success"
    }
...
val result = getMessge(99)
```

익명 함수 방법을 사용하면 2개의 return이 확실히 구별됩니다. 해당 값의 범위에 따라 반환되는 문자열을 분명히 하고 있습니다. 따라서 보통의 경우에는 람다식을 사용하고 return과 같이 명시적으로 반환해야 할 것이 여러 개라면 익명 함수를 쓰는 것이 좋습니다.

람다식과 익명 함수를 함수에 할당할 때 주의할 점

람다식은 특정 함수에 할당할 때 주의하며 사용해야 합니다. 익명 함수와 람다식은 할당하는 방법에서 약간의 차이가 있는데 읽기에 따라 문제가 생길 수 있죠. 먼저 함수에 람다식을 할당한다고 생각해 봅시다.

```
fun greet( ) = { println("Hello") }
```

그러면 다음과 같이 greet( ) 함수를 실행하면 무엇이 나올까요? println( ) 함수에 지정된 "Hello"가 출력될까요?

```
greet( )
```

결과는 아무것도 출력되지 않습니다. 할당 연산자(=)에 의해 람다식 { println("Hello") } 자체가 greet( ) 함수에 할당된 것일 뿐입니다. greet( ) 함수가 가지고 있는 함수를 사용하려면 다음과 같이 표기해야 할 것입니다.

```
greet( )( )
```

함수가 할당됨을 명시적으로 표현하려면 익명 함수를 써서 선언하는 것이 읽기에 더 좋을 수 있습니다.

```
fun greet( ) = fun( ) { println("Hello") }
```

결과는 동일하게 "Hello"를 반환합니다. 의미는 같지만 입력 형태가 미묘하게 다르므로 람다식과 익명 함수를 함수에 할당할 때는 위의 차이점에 주의해야 합니다.

break문과 continue문

또 다른 제어문인 break와 continue에 대해 살펴봅시다. break는 해당 키워드를 사용한 지점에서 for나 while, do~while문 루프를 빠져나오게 됩니다. continue는 이후 본문을 계속 진행하지 않고 다시 반복 조건을 살펴보게 됩니다.

```
for (반복 조건) {
    // 본문
    ...
    if (중단 조건) {
        break
    }
    // 본문
}
```

```
for (반복 조건) {
    // 본문
    ...
    if (중단 조건) {
        continue
    }
    // 본문
}
```

break와 continue에 대한 예제를 먼저 만들어 봅시다. 다음은 1에서 5까지 반복하여 출력하는 반복문을 2에서 종료하는 코드입니다.

코딩해 보세요! 조건에 따른 break 사용하기 • 참고 파일 NormalBreakContinue.kt

```
package chap04.section3

fun main( ) {
    for(i in 1..5) {
        if (i == 3) break
        print(i)
    }
    println( ) // 개행 문자
    println("outside")
}
```

```
실행 결과
12
outside
```

조건 `i == 3`을 만족하면 반복을 더 이상 수행하지 않고 for문을 빠져 나갑니다. for문을 빠져 나간 뒤 개행 문자와 "outside"를 출력합니다. 이와 같이 break문은 조건식이 false가 되는 순간 반복문 수행을 중지하게 됩니다.
하지만 continue문은 조건식이 false가 되는 부분만 처리하지 않고 계속 반복문을 수행합니다. 만일 동일한 예제에 break 대신에 continue를 넣으면 어떻게 될까요? break를 continue로 바꾼 다음 프로그램을 다시 실행해 보세요.

```
실행 결과
1245
outside
```

조건식이 false가 되는 3 부분에서 continue를 만나면 다시 for문의 시작 지점으로 돌아가 반복을 재개하게 됩니다. 따라서 숫자 3만 출력되지 않습니다.

break와 continue에 라벨 함께 사용하기

이번에는 break와 함께 라벨을 사용해서 반복문이 중단되는 위치를 바꿔 봅시다.

```
fun labelBreak( ) {
    println("labelBreak")
    for(i in 1..5) {
        second@ for (j in 1..5) {
            if (j == 3) break
            println("i:$i, j:$j")
        }
        println("after for j")
    }
    println("after for i")
}
```

```
fun labelBreak( ) {
    println("labelBreak")
    first@ for(i in 1..5) {
        second@ for (j in 1..5) {
            if (j == 3) break@first
            println("i:$i, j:$j")
        }
        println("after for j")
    }
    println("after for i")
}
```

이 소스 코드에서는 for문을 2번 사용해 하나는 break를 그냥 사용했고 또 하나는 각각 first@와 second@ 라벨을 붙였습니다. 이제 break를 사용할 때와 break@first를 사용할 때를 비교해 봅시다. 라벨 없이 break만 사용하면 화살표의 흐름처럼 가장 가까운 반복문 블록을 중단하기 때문에 두 번째의 second@ for가 중단되고 첫 번째 for가 재개됩니다. 하지만 break@first 라벨을 사용하는 경우에는 화살표의 흐름과 같이 first@ for로 빠져나가면서 for문이 종료됩니다. 첫 번째 for가 중단되어 이후 루프의 내용은 출력되지 않습니다. 2개의 실행 결과는 다음과 같죠.

실행 결과

```
labelBreak
i:1, j:1
i:1, j:2
after for j
i:2, j:1
i:2, j:2
after for j
i:3, j:1
i:3, j:2
after for j
i:4, j:1
i:4, j:2
after for j
i:5, j:1
i:5, j:2
after for j
after for i
```

실행 결과

```
labelBreak
i:1, j:1
i:1, j:2
after for i
```

이제 break@first를 continue@first로 바꿔 보겠습니다. 역시 continue에서도 가까운 반복문 블록이 아닌 라벨이 지정된 위치에서 반복문이 재개됩니다.

```
fun labelContinue( ) {
    println("labelContinue")
    first@ for(i in 1..5) {
        second@ for (j in 1..5) {
            if (j == 3) continue@first
            println("i:$i, j:$j")
        }
        println("after for j")
    }
    println("after for i")
}
```

따라서 다음과 같은 결과를 얻을 수 있습니다.

```
실행 결과
labelContinue
i:1, j:1
i:1, j:2
i:2, j:1
i:2, j:2
i:3, j:1
i:3, j:2
i:4, j:1
i:4, j:2
i:5, j:1
i:5, j:2
after for i
```

이렇게 return, break, continue를 적절히 사용해 기본적인 프로그램의 흐름을 제어하거나 라벨을 사용해 원하는 위치로 흐름을 바꿀 수 있습니다.

예외 처리

프로그램 코드를 작성하다 보면 해당 코드가 제대로 작동하지 못하고 중단되는 현상이 발생할 수 있습니다. 그것을 예외(Exception)라고 합니다. 대부분의 오류(Error)는 코드를 작성하는 도중에 컴파일러가 잡아낼 수 있습니다. 하지만 메모리 부족이나 파일이 손상되는 등의 실행 도중의 잠재적인 오류까지 검사할 수 없기 때문에 정상적으로 실행되다가 비정상적으로 프로그램이 종료될 수 있습니다. 예외를 발생시키는 상황으로는 다음과 같은 것들이 있습니다.

- 운영체제의 문제(잘못된 시스템 호출의 문제)
- 입력값의 문제(존재하지 않는 파일 또는 숫자 입력란에 문자 입력 등)
- 받아들일 수 없는 연산(0으로 나누기 등)
- 메모리의 할당 실패 및 부족
- 컴퓨터 기계 자체의 문제(전원 문제, 망가진 기억 장치 등)

따라서 프로그램을 실행할 때 발생할 수 있는 예외에 대비해야 하는데 이것을 예외 처리라고 하며, 잠재적으로 예외가 발생할 수 있는 코드를 try~catch문으로 감싸 놓습니다. try 블록에서 예외가 발생하면 catch 블록에서 잡아서 그 예외를 처리합니다.

코틀린에서도 다음과 같이 자바와 동일한 문법으로 예외 처리 블록을 사용할 수 있습니다.

```
try {
    예외 발생 가능성 있는 문장
} catch (e: 예외 처리 클래스 이름) {
    예외를 처리하기 위한 문장
} finally {
    반드시 실행되어야 하는 문장
}
```

보통 try 블록 안에 예외가 발생할 수 있는 코드를 작성하고 catch 블록의 인자에 예외를 처리하는 클래스를 작성합니다. 만일 일치하는 catch 예외가 없어 처리할 수 없으면 프로그램이 중단됩니다. finally 블록은 try 블록의 예외 발생 여부에 상관없이 반드시 처리되어야 하는 문장을 작성합니다. 예를 들어 try 블록에는 '파일 열기' 작업을 작성했다면 finally 블록에서는 '파일 닫기' 작업을 작성합니다. 반드시 실행해야 할 작업이 없다면 finally 블록은 생략하고 try~catch 블록만으로 코드를 구성할 수 있습니다.

0으로 나누었을 때 예외를 발생하는 예제를 만들어 봅시다. 이때 프로그램이 종료되지 않도록 예외 처리 구분을 작성합니다.

코딩해 보세요! 0으로 나누었을 때 예외 처리하기 • 참고 파일 TryCatch.kt

```
package chap04.section3

fun main( ) {
    val a = 6
    val b = 0
    val c : Int

    try {
        c = a/b // 0으로 나눔
    } catch (e : Exception){
        println("Exception is handled.")
    } finally {
        println("finally 블록은 반드시 항상 실행됨")
    }
}
```

```
실행 결과
Exception is handled.
finally 블록은 반드시 항상 실행됨
```

try 블록에서 예외가 발생하고 catch 블록의 구문이 출력됩니다. catch의 인자에 Exception 클래스는 일반적인 모든 예외를 가리킵니다. 따라서 특정 예외를 지정하는 요소도 있습니다.

특정 예외 처리

산술 연산에 대한 예외를 따로 특정해서 잡으려면 ArithmeticException을 사용할 수 있습니다. 기존 코드의 Exception을 다음과 같이 바꿔 봅시다.

```
...
} catch (e : ArithmeticException) {
    println("Exception is handled. ${e.message}")
}
```

ArithmeticException은 0으로 나누는 것 이외에서 산술 연산에 대한 예외를 잡아 처리합니다. 이제 문자열에 e.message처럼 예외를 가리키는 객체 e의 멤버 변수 또는 프로퍼티로 불리는 message를 읽으면 예외 원인을 간단히 출력해 줍니다. 결과는 다음과 같습니다.

```
실행 결과
Exception is handled. / by zero
finally 블록은 반드시 항상 실행됨
```

/ by zero라는 문자열이 추가되어 0으로 나누기가 시도되었다는 것을 알 수 있습니다.

스택의 추적

이번에는 임시 메모리 영역인 스택을 추적할 수 있도록 코드를 작성해 봅시다. 다시 앞의 예제에서 catch 구문을 다음과 같이 변경해 봅시다.

```
...
} catch (e : Exception) {
    e.printStackTrace( )
}
...
```

e의 멤버 메서드인 printStackTrace( )를 사용하면 다음과 같이 ArithmeticException이 발생했음을 알 수 있고, 또한 오류가 발생한 코드의 줄을 확인할 수 있습니다.

```
실행 결과
finally 블록은 반드시 항상 실행됨
java.lang.ArithmeticException: / by zero
    at com.acaroom.kotlin.chap02.section3.TryCatchKt.main(TryCatch.kt:9)
```

이렇게 오류의 원인이 되는 줄을 스택으로부터 추적할 수 있는 이유는 프로그램이 디버깅 정보를 유지하고 있기 때문입니다. 단, finally 블록이 먼저 실행된 것처럼 보이고 있는데 이것은 실행할 때마다 조금씩 달라질 수 있습니다. println( )의 경우 일반 출력인 System.out을 사용하고 오류용 출력은 System.err를 사용하기 때문입니다.

예외 발생시키기

지금까지 시스템의 예외를 처리하는 데 중점을 두었습니다. 그러면 우리가 의도적으로 예외를 발생할 수 있을까요? 네. throw 키워드를 사용해 의도적으로 예외를 발생할 수 있습니다. 먼저 특정 함수를 만들면서 필요한 경우 예외를 발생하도록 하려면 다음과 같은 형태로 지정합니다.

```
throw Exception(message: String)
```

그러면 잔고가 1,000 이하일 때 예외를 발생하는 예제를 구성해 봅시다.

코딩해 보세요! throw를 사용해 예외 발생시키기 • 참고 파일 ThrowExceptionTest.kt

```
package chap04.section3

fun main( ) {
    var amount = 600

    try {
        amount -= 100
        checkAmount(amount)
    } catch (e : Exception) {
        println(e.message)
    }
    println("amount: $amount")
```

```
}

fun checkAmount(amount : Int) {
    if (amount < 1000)
        throw Exception("잔고가 $amount 으로 1000 이하입니다.")
}
```

```
실행 결과
잔고가 500 으로 1000 이하입니다.
amount: 500
```

amount가 1,000 이하일 때 throw로 예외를 발생시키고 이것은 main( ) 함수의 catch가 잡아서 처리합니다.

공을 던지고 받는 캐치볼 놀이를 생각하면 이해하기 쉽습니다.

사용자 정의 예외

코틀린에서는 ArithmeticException, IOException, ClassNotFoundException 등 많은 예외 클래스를 제공하고 있습니다. 이들 클래스는 Throwable 클래스의 자식 클래스입니다.
기본 Exception 클래스로부터 새롭게 사용자가 정의한 예외 클래스를 만들어 낼 수 있습니다. 클래스에 관련된 내용은 둘째마당에서 자세히 살펴볼 텐데요. 여기서는 예외 클래스의 종류에 집중하면서 간단하게 살펴봅시다.

```
class <사용자 예외 클래스 이름>(message: String) : Exception(message)
```

콜론(:)을 사용해 하위 클래스인 사용자 예외 클래스 이름을 지정해 예외로 만들 수 있습니다. 이제 예제를 통해 새로운 예외를 사용해 봅시다. 이름을 검사해 문자 이외에 숫자가 이름에 포함되어 있으면 예외를 발생하도록 코드를 작성해 봅시다.

코딩해 보세요! 사용자 예외 클래스 만들어 보기 • 참고 파일 CustomExceptionTest.kt

```
package chap04.section3

class InvalidNameException(message: String) : Exception(message) // ① 사용자 예외 클래스

fun main( ) {
    var name = "Kildong123" // ② 숫자가 포함된 이름
```

```
    try {
        validateName(name)
    } catch (e : InvalidNameException) { // ③ 숫자가 포함된 예외 처리
        println(e.message)
    } catch (e : Exception) { // 기타 예외 처리
        println(e.message)
    }
}

fun validateName(name : String){
    if(name.matches(Regex(".*\\d+.*"))) { // ④ 이름에 숫자가 포함되어 있으면 예외 발생시킴
        throw InvalidNameException("Your name : $name : contains numerals.")
    }
}
```

실행 결과

```
Your name : Kildong123 : contains numerals.
```

먼저 ①번에서 기존의 Exception 클래스로부터 InvalidNameException 클래스를 콜론(:)을 통해 하위 클래스로 선언합니다. ②번에서 정한 이름(Kildong123)은 숫자가 포함되어 있어 예외를 유도했습니다.

이제 ③번에서 사용자 예외 클래스 InvalidNameException을 선언해서 만일 이름에 숫자가 포함된 경우 예외를 발생시킵니다. 특히 ④번에서 matches와 정규식 표현인 Regex를 통해 숫자가 포함되어 있는지를 검사하고 있습니다. 숫자가 포함되어 있다면 throw와 우리가 정의한 예외인 InvalidNameException( )을 사용해 해당 메시지를 출력하고 ③번 catch에서 처리됩니다.

오리의 프로그래밍 노트 정규식이란?

정규식(Regular Expression)이란 특정한 규칙을 가진 문자열로 어떤 문자열에서 정해진 패턴을 알아낼 때 자주 사용합니다. 다만 정규식의 기호가 읽기에는 좀 어렵기 때문에 익숙해지는 데 시간이 필요합니다. 정규식을 알아두면 문자열 작업에 대단히 유용합니다. regexr 웹사이트(https://regexr.com/)를 방문하면 정규식을 연습할 수 있습니다.

04장 마무리 문제

Q1 str1 변수에 null이 저장될 수 있는 경우를 if문으로 검사한 다음 null이 저장되지 않은 경우 str1의 길이(length)를 반환하고 null이 저장되어 있는 경우에는 -1을 반환하도록 코드를 직접 작성해 보세요.

```
var str1: String? = "Hello"
var len = ________________
```

Q2 5, 4, 3, 2, 1을 순서대로 출력하는 코드를 완성해 보세요.

```
for (________________) println(num)
```

Q3 when문과 범위 지정자를 사용하여 10~20 사이의 값이 아닌 경우 본문 블록을 실행하는 코드를 직접 작성해 보세요.

```
________________ -> { … }
```

정답 Q1 if (str1 != null) str1.length else -1
Q2 num in 5 downTo 1 Q3 !in 10..20 -> {…}

둘째마당

객체 지향 프로그래밍

객체 지향 프로그래밍은 C++, Java, C# 등 많은 언어가 따르고 있는 형식이며 C언어 같은 기존의 절차 지향 언어의 패러다임을 바꾸는 혁신적인 개념의 언어로 출발했습니다. 실제 세계를 잘 모델링할 수 있다는 장점이 있어 대형 소프트웨어 설계에 적합하고 확장과 재활용이 용이합니다. 코틀린에서도 이러한 객체 지향 프로그래밍의 특징을 잘 따르고 있습니다. 객체 지향 프로그래밍 기법은 함수형 프로그래밍과 더불어 가장 강력한 프로그래밍 기법입니다.

05

클래스와 객체

클래스는 우리말로 '계층'이나 '분류'라는 의미를 가지고 있습니다. 프로그래밍에서 클래스란 객체를 생성하는 일종의 틀입니다. 예를 들어 붕어빵 틀(클래스)은 붕어빵의 모양을 규정하고 이 틀에 맞춰 실제 먹을 수 있는 붕어빵(객체)을 만들어 냅니다. 붕어빵 틀은 붕어빵이 어떤 모양이 되어야 하는지 규정하기만 합니다. 다시 말하면 클래스만 있다고 해서 객체가 메모리에서 만들어지지는 않습니다. 클래스를 이용하여 객체를 생성해야만 프로그램 메모리에 객체가 존재하게 되는 것이죠. 이 장에서는 클래스와 객체에 대한 프로그래밍 기법을 배웁니다.

05-1 클래스와 객체의 정의

객체 지향 프로그래밍(OOP: Object-Oriented Programming)은 프로그램의 구조를 객체 간 상호작용으로서 표현하는 프로그래밍 방식입니다. 컴퓨터 언어 분야에서 기존 절차적 프로그래밍의 한계를 극복하고자 나온 방법론 중 하나죠. 코틀린은 함수형 프로그래밍과 더불어 객체 지향 프로그래밍 기법을 지원합니다. 객체 지향 기법으로 프로그램을 설계할 때는 다음과 같은 개념을 알아 두어야 합니다.

- 추상화(Abstraction): 특정 클래스를 만들 때 기본 형식을 규정하는 방법
- 인스턴스(Instance): 클래스로부터 생성한 객체
- 상속(Inheritance): 부모 클래스의 내용을 자식 클래스가 그대로 물려받음
- 다형성(Polymorphism): 하나의 이름으로 다양한 처리를 제공
- 캡슐화(Encapsulation): 내용을 숨기고 필요한 부분만 사용
- 메시지 전송(Message Sending): 객체 간에 주고받는 메시지
- 연관(Association): 클래스 간의 관계

갑자기 낯선 용어가 많이 등장했는데요. 하지만 객체 지향 언어라면 이 모든 개념이 도입되어 있으니 잘 알아 두어야 합니다. 코틀린도 마찬가지입니다. 이들 개념은 이 장 전반에 걸쳐 살펴볼 것입니다.

오리의 프로그래밍 노트 절차적 프로그래밍이란?

절차적 프로그래밍(Procedural Programming)은 코딩한 순서대로 프로그램이 수행될 수 있도록 작성하는 방법론입니다. 연속적인 코드의 순서에 따라 작동하기 때문에 단순하고 오류를 예측하기 쉽지만 구조적이지 못해 복잡한 프로그램을 설계하기 어렵습니다.

객체 지향 프로그래밍과 용어

앞에서 객체 지향 프로그래밍을 이해하기 위한 여러 개념을 소개했는데요. 객체 지향이 발전되기 전까지는 용어가 통일되어 있지 않았습니다. 언어마다 약간은 다른 용어를 사용하고 있어서 헷갈릴 수 있으니 다음 표에서 모두 정리해 보겠습니다.

객체 지향 프로그래밍의 용어 정리

코틀린에서 사용하는 용어	다른 언어에서 사용하는 용어
클래스(Class)	분류, 범주
프로퍼티(Property)	속성(Attribute), 변수(Variable), 필드(Field), 데이터(Data)
메서드(Method)	함수(Function), 동작(Operation), 행동(Behavior)
객체(Object)	인스턴스(Instance)

보통 자바에서는 클래스에 포함된 기능을 나타내는 함수를 메서드(Method), 변수를 필드(Field)라고 합니다. 메서드나 필드는 클래스 내부에 정의되므로 클래스의 멤버 메서드, 멤버 필드라고도 합니다. 코틀린에서는 필드 대신에 프로퍼티(Property)라는 용어를 쓰는데요. 그 이유는 변수 또는 필드에 내부적으로 접근 메서드가 포함되어 있기 때문입니다. 특별한 경우가 아니라면 이 책에서는 클래스의 멤버인 함수와 변수를 각각 메서드와 프로퍼티로 부르겠습니다. 클래스의 멤버가 될 수 있는 것에는 다음과 같은 것이 있습니다.

- 생성자와 초기화 블록: 객체가 생성될 때 자동 실행되는 메서드 또는 코드 블록
- 프로퍼티: 변수의 이름과 변수의 접근 함수가 포함된 형태
- 메서드: 일반적인 함수의 형태
- 중첩(Nested) 클래스와 이너(Inner) 클래스: 클래스 내부에 구성되는 클래스
- 객체 선언: 클래스 없이 접근할 수 있는 객체

메서드나 프로퍼티 이외에도 생성자, 초기화 블록 등 여러 가지가 클래스의 멤버가 될 수 있습니다. 생성자나 중첩, 이너 클래스와 같은 것들은 앞으로 하나씩 살펴보겠습니다.

클래스 다이어그램

클래스를 이해하기 쉽게 표현하려면 통합 모델링 언어(UML: Unified Modeling Language)를 사용합니다. UML은 객체 지향 프로그램 설계를 위한 다이어그램 표기법으로 개발 단계에서 팀의 의사소통을 원활히 하는 데 도움을 줍니다. UML에는 여러 개의 다이어그램 기법이 있는데 대표적으로 다음과 같은 것이 있습니다.

- 클래스 다이어그램(Class Diagram): 클래스의 정의와 관계를 나타내는 다이어그램
- 시퀀스 다이어그램(Sequence Diagram): 시간의 개념을 통해 클래스에서 생성된 객체의 실행 흐름을 나타냄
- 유스 케이스 다이어그램(Use Case Diagram): 사용자 관점에서 사용 방법에 대해 설명
- 상태 머신 다이어그램(State-Machine Diagram): 시스템 관점에서 상태가 어떻게 변화하는지 나타냄

다음은 클래스 다이어그램으로 Bird 클래스를 표현한 것입니다. 클래스 다이어그램은 다음과 같이 3개의 상자로 이루어져 클래스 이름, 프로퍼티, 메서드를 손쉽게 파악할 수 있습니다. 다이어그램에서 보는 것처럼 클래스의 정의를 한눈에 파악할 수 있습니다. 때로는 프로퍼티나 메서드 부분의 상자를 생략할 수도 있습니다. 프로퍼티나 메서드 앞에는 +나 -와 같이 가시성을 나타내는 기호를 사용할 수 있습니다. 여기서 -는 private을 의미하며 +는 public을 의미합니다. 가시성은 뒤에서 자세히 살펴보겠습니다.

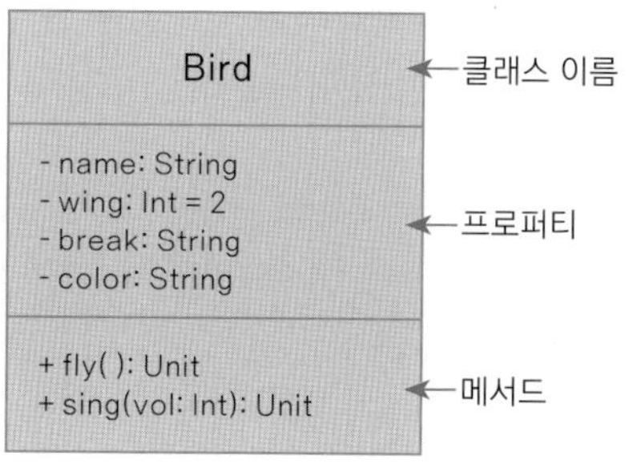

클래스 다이어그램 표기법

시퀀스 다이어그램은 객체 간의 실행 순서를 보기에 적합하고, 유스 케이스 다이어그램은 시스템에 사용자가 어떤 식으로 접근해 사용할 것인지 보여줍니다. 상태 머신 다이어그램은 객체의 상태 변화를 볼 수 있습니다. 앞으로 필요할 때마다 다이어그램을 사용해 설명하겠습니다. 그 밖에도 많은 다이어그램 표기법이 있지만 이 책에서는 자주 사용하는 다이어그램 표기법만 살펴볼 것입니다.

클래스와 추상화

사람들은 실제 세계에서 대상을 이해할 때 각각의 특징이나 행동 방식을 기록해서 이에 따라 이름을 붙이고 개념을 정의합니다. 예를 들어 이곳저곳에서 다양한 새를 발견했는데 이것을 분류한다고 해 봅시다. 먼저 '새'라는 기본 개념을 정의하고 새롭게 발견한 개별적인 새의 일반적인 동작(함수)과 특징(속성)을 알아냅니다. 이처럼 우리가 목표로 하는 대상에 대해 필요한 만큼 속성과 동작을 정의하는 과정을 추상화(Abstraction)라고 합니다.
새라는 개념을 클래스로 만들어서 추상화하는 과정을 살펴보겠습니다. 그러면 클래스가 왜 필요한지도 알게 될 것입니다. 처음에는 새를 표현할 클래스의 이름이 필요하므로 새 클래스의 이름을 Bird라고 짓습니다. 새를 관찰해 보니 새의 기본 동작은 날기와 노래하기가 있다는 것을 발견했습니다. 그래서 날기 동작은 fly( ) 함수로, 노래하기 동작은 sing( ) 함수로 정의

했습니다. 구체적인 새의 특징으로는 이름, 날개, 부리, 색상이 있습니다. 이런 특징은 속성 변수 name, wing, beak, color로 정의합니다. 이때 날개는 대부분 2개이므로 속성 변수 wing의 초깃값으로 2를 넣어 주었습니다. 이렇게 다양한 새들의 일반적인 동작과 특징을 모아 클래스를 정의하는 과정이 새를 추상화하는 과정입니다. 다음은 추상화한 새 클래스를 클래스 다이어그램으로 표기한 것입니다.

그림처럼 참새, 앵무새 등 고유의 특징이 있겠지만 공통의 특징을 골라내 클래스로 정의했습니다. 물론 추상화는 필요한 만큼의 속성과 기능을 추려내는 과정이므로 더 많은 속성과 기능을 정의할 수 있습니다.

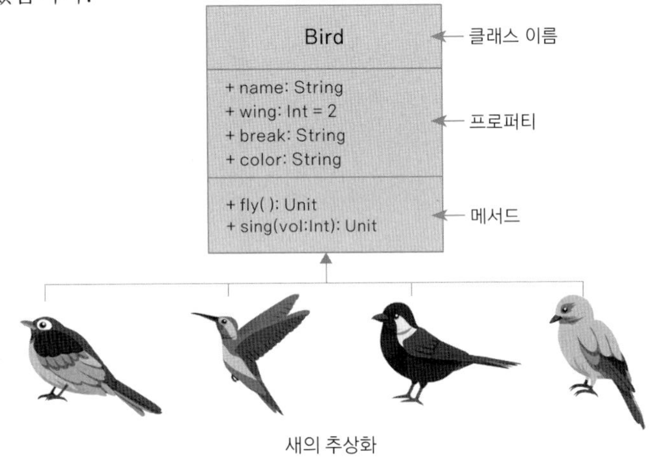

새의 추상화

클래스 선언하기

이번에는 다이어그램에 나타낸 클래스를 코드에서 선언하는 다양한 방법을 알아보겠습니다. 클래스를 선언하려면 class 키워드가 필요합니다. 먼저 가장 기본적인 형태의 정의를 사용해 봅시다.

```
class Bird { } // 내용이 비어 있는 클래스 선언
class Bird // 중괄호는 생략 가능
```

Bird라는 이름의 클래스를 선언했습니다. 특별히 프로퍼티와 메서드를 정의하지 않고 이렇게 빈 형태로 클래스를 선언할 수 있습니다. 이때는 중괄호도 생략할 수 있습니다. 내용을 기술하기 위해서는 중괄호({})를 이용해 블록을 구성합니다.

```
class Bird {
    // 프로퍼티
    // 메서드
}
```

그러면 다이어그램에서 정의했던 내용을 Bird 클래스 안에 포함하도록 만들어 봅시다.

코딩해 보세요! **Bird 클래스 만들어 보기** • 참고 파일 BirdClassDefine.kt

```
package chap05.section1.define

class Bird { // ① 클래스의 정의
    // ② 프로퍼티(속성)
    var name: String = "mybird"
    var wing: Int = 2
    var beak: String = "short"
    var color: String = "blue"

    // ③ 메서드(함수)
    fun fly( ) = println("Fly wing: $wing")
    fun sing(vol: Int) = println("Sing vol: $vol")
}

fun main( ) {
    val coco = Bird( )      // ④ 클래스의 생성자를 통한 객체의 생성
    coco.color = "blue"     // ⑤ 객체의 프로퍼티에 값 할당

    println("coco.color: ${coco.color}") // ⑥ 객체의 멤버 프로퍼티 읽기
    coco.fly( ) // ⑦ 객체의 멤버 메서드 사용
    coco.sing(3)
}
```

실행 결과

```
coco.color: blue
Fly wing: 2
Sing vol: 3
```

먼저 ①번의 클래스의 정의 부분을 살펴보면 class 키워드를 사용해 클래스 이름 Bird를 정의했습니다. 클래스의 본문에는 ②번처럼 변수 선언과 같은 방법으로 프로퍼티를 선언했습니다. 이때 프로퍼티는 반드시 초기화되어 있어야 합니다. ③번에서는 함수를 선언하는 방법과 동일하게 메서드를 정의했습니다.

이제 Bird 클래스를 사용하기 위해 ④번처럼 coco란 이름으로 객체를 만들어 냅니다. 이 객체는 ⑤번처럼 프로퍼티에 값을 할당하거나 ⑥번처럼 이 객체의 프로퍼티로부터 값을 읽거나 ⑦번처럼 메서드를 실행할 수 있게 됩니다. 이때 점(.) 표기법으로 이 객체의 멤버 메서드에 접근할 수 있습니다. 그렇다면 객체란 무엇인지 좀 더 알아볼까요?

객체와 인스턴스 정리하기

앞에서 이야기한 새, Bird라는 표현은 모든 새를 가리키는 개념일 뿐 실제 살아서 움직이는 것이 아닙니다. 다시 컴퓨터의 세계에서 말하자면 Bird 클래스란 일종의 선언일 뿐 실제 메모리에 존재해 실행되고 있는 것이 아닙니다. 이 클래스로부터 객체(Object)를 생성해야만 비로소 클래스라는 개념의 실체인 객체가 물리적인 메모리 영역에서 실행됩니다.

이것을 객체 지향 언어에서는 구체화 또는 인스턴스화(Instantiate)되었다고 이야기합니다. 그래서 메모리에 올라간 객체를 인스턴스(Instance)라고 하죠. 보통 객체와 인스턴스는 동일한 용어로 취급하지만 좀 더 정확히 표현하면 특정 클래스로부터 만들어진 객체는 그 클래스의 인스턴스라고 불립니다. 객체는 좀 더 포괄적인 용어로 특정 클래스가 아닌 모든 실체화된 것들을 가리키죠.

특정 클래스로부터 인스턴스화해 객체의 이름을 줄 수 있다고 생각하면 구분이 쉽습니다. 이름 모를 새에게 coco라는 이름을 지어주면 새라는 추상적인 개념이 coco라는 구체적인 객체가 된 것이고 그렇게 지정하는 것이 인스턴스화죠.

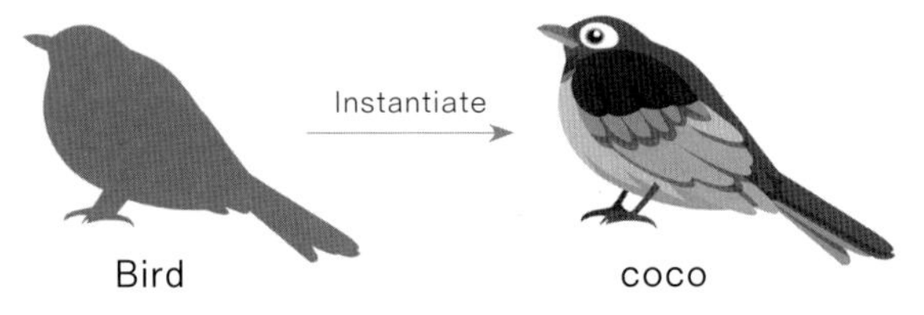

새의 개념으로부터 인스턴스화해 객체를 만들었다

'Bird 클래스로부터 coco라는 객체가 생성됩니다.'라고 표현하기도 하지만 거꾸로 'coco는 Bird 클래스의 인스턴스입니다'라고 할 수 있습니다. 객체는 다음과 같이 var나 val로 선언할 수 있습니다.

```
val coco = Bird( )  // Bird로부터 만들어진 객체 coco
```

위 코드를 보면 객체를 생성할 때 클래스 이름 뒤에 Bird( )처럼 소괄호 ( )가 사용되고 있습니다. 이것은 클래스로부터 객체를 생성하는 특별한 함수인 생성자를 의미합니다. 생성자란 객체를 생성할 때 자동 실행되는 함수입니다. 이번에는 이 생성자에 대해 알아봅시다.

05-2 생성자

생성자(Constructor)란 클래스를 통해 객체가 만들어질 때 기본적으로 호출되는 함수를 말합니다. 클래스 안의 프로퍼티 값을 직접 입력하여 초기화해도 되지만 이렇게 하면 항상 같은 프로퍼티 값을 가지는 객체가 만들어지겠죠. 객체를 생성할 때 필요한 값을 설정하여 객체를 만들면 훨씬 유연할 것입니다. 따라서 외부에서 인자를 받아 초기화할 수 있도록 특별한 함수인 constructor( )를 정의합니다. 생성자를 선언하는 위치는 다음과 같습니다.

```
class 클래스 이름 constructor(필요한 매개변수..) { // 주 생성자의 위치
    ...
    constructor(필요한 매개변수..) { // 부 생성자의 위치
        // 프로퍼티의 초기화
    }
    [constructor(필요한 매개변수..) { ... }] // 추가 부 생성자
    ...
}
```

생성자는 주 생성자(Primary Constructor)와 부 생성자(Secondary Constructor)로 나뉘며 필요에 따라 주 생성자 또는 부 생성자를 사용할 수 있습니다. 부 생성자는 필요하면 매개변수를 다르게 여러 번 정의할 수 있습니다. constructor 키워드를 사용해 약간 복잡해 보이는 부 생성자에 대해 먼저 알아보고 간략화된 기법인 주 생성자를 살펴보겠습니다.

부 생성자

부 생성자는 클래스의 본문에 함수처럼 선언합니다. 먼저 부 생성자를 사용하는 Bird 클래스를 정의해 사용 방법을 알아보겠습니다. 다음 예제를 작성합시다.

코딩해 보세요! 부 생성자를 사용하는 Bird 클래스 • 참고 파일 BirdSecondaryConstructor.kt

```
package chap05.section2.secondary

class Bird {
    // ① 프로퍼티 - 선언만 함
```

```
    var name: String
    var wing: Int
    var beak: String
    var color: String

    // ② 부 생성자 - 매개변수를 통해 초기화할 프로퍼티에 지정
    constructor(name: String, wing: Int, beak: String, color: String) {
        this.name = name // ③ this.name은 선언된 현재 클래스의 프로퍼티를 나타냄
        this.wing = wing
        this.beak = beak
        this.color = color
    }

    // 메서드
    fun fly( ) = println("Fly wing: $wing")
    fun sing(vol: Int) = println("Sing vol: $vol")
}

fun main( ) {
    val coco = Bird("mybird", 2, "short", "blue") // ④ 생성자의 인자로 객체 생성과 동시에 초기화

    coco.color = "yellow"
    println("coco.color: ${coco.color}")
    coco.fly( )
    coco.sing(3)
}
```

실행 결과

```
coco.color: yellow
Fly wing: 2
Sing vol: 3
```

이제 프로퍼티는 ①번과 같이 선언하기만 하고 ②번과 같이 부 생성자의 매개변수를 통해 초기화할 수 있습니다. 부 생성자를 이용하면 프로퍼티를 선언할 때 초기화해 둘 필요가 없는 것이죠. 왜냐하면 객체를 생성할 때 생성자로부터 초깃값을 전달해 올 것이기 때문입니다. 단 constructor( ) 블록에서 매개변수로 전달받은 name과 프로퍼티 선언의 name을 구분하기 위해 Bird 클래스를 가리키는 this 키워드를 사용해 프로퍼티를 지정하고 있습니다. 따라서 this.name과 constructor( )의 매개변수 name은 서로 다른 변수로 ④번에서 객체를 초기화할 때 받아들인 인자

this는 객체 자신에 대한 참조로 클래스 내부에 있는 함수에서 프로퍼티를 참조할 수 있습니다.

("mybird", 2, "short", "blue")를 객체 내부의 프로퍼티에 할당하기 위해 사용했습니다. 앞 코드의 흐름을 그림으로 정리하면 다음과 같습니다.

```
class Bird {
  ③→var name: String
    var wing: Int
    var beak: String
    var color: String

    constructor(name: String, wing: Int, beak: String, color: String) {
        this.name = name
        this.wing = wing
        this.beak = beak
        this.color = color
    }
...
}
fun main( ) {
    val coco = Bird("mybird", 2, "short", "blue")
...                  ①
}
```

객체 생성 시 사용되는 부 생성자

❶번에 의해 인자("mybird", 2, "short", "blue")가 부 생성자로 전달됩니다. ❷번과 같이 부 생성자의 매개변수(name)가 ❸번에 나온 프로퍼티의 변수를 초기화합니다. 실제로는 메모리에 로드된 객체 coco의 멤버 프로퍼티가 초기화되는 것입니다.

여기서 this 키워드를 사용하지 않으려면 프로퍼티와 매개변수를 구분하기 위해 다른 이름을 사용할 수 있습니다. 다른 이름을 구성할 때는 매개변수 이름 앞에 언더스코어(_)를 이용할 수 있습니다.

```
...
constructor(_name: String, _wing: Int, _beak: String, _color: String) {
    name = _name // _를 매개변수에 사용하고 프로퍼티에 this를 생략할 수 있음
    wing = _wing
    beak = _beak
    color = _color
}
...
```

언더스코어를 사용한 매개변수 이름은 프로퍼티의 이름과 구분되기 때문에 이제 this 키워드가 생략되었습니다.

부 생성자를 여러 개 포함한 클래스 사용하기

코틀린에서는 클래스에 부 생성자를 하나 이상 포함할 수 있습니다. 이때는 클래스 내부에 constructor( ) 함수 형태로 매개변수가 다르게 여러 번 선언할 수 있습니다.

```
class 클래스 이름 {
    constructor(매개변수[, 매개변수...]) {
        // 코드
    }

    constructor(매개변수[, 매개변수...]) {
        // 코드
    }
    ...
}
```

부 생성자를 여러 개 사용할 때는 매개변수를 다르게 정의해야 합니다. 예제를 한번 살펴볼까요?

```
// 주 생성자가 없고 여러 개의 부 생성자를 가진 클래스
class Bird {
    // 프로퍼티
    var name: String
    var wing: Int
    var beak: String
    var color: String

    // 첫 번째 부 생성자
    constructor(_name: String, _wing: Int, _beak: String, _color: String) {
        name = _name
        wing = _wing
        beak = _beak
        color = _color
    }

    // 두 번째 부 생성자
    constructor(_name: String, _beak: String) {
```

```
        name = _name
        wing = 2
        beak = _beak
        color = "grey"
    }
    ...
}
```

따라서 객체를 생성할 때 다음과 같이 해당 인자의 개수에 따라 생성자를 다르게 호출할 수 있게 됩니다.

```
val bird1 = Bird("mybird", 2, "short", "blue") // 첫 번째 부 생성자 호출
val bird2 = Bird("mybird2", "long") // 두 번째 부 생성자 호출
```

같은 Bird 객체를 생성해도 4개의 인자를 첫 번째 부 생성자에 전달하며 호출하거나, 2개의 인자를 두 번째 부 생성자에 전달하며 호출하는 방법을 사용했습니다.

주 생성자

주 생성자는 클래스 이름과 함께 생성자 정의를 이용할 수 있는 기법입니다. 주 생성자는 클래스 이름과 블록 시작 부분 사이에 선언합니다. 먼저 기본적인 주 생성자 선언 방법은 다음과 같습니다.

```
...
// 주 생성자 선언
class Bird constructor(_name: String, _wing: Int, _beak: String, _color: String) {
    // 프로퍼티
    var name: String = _name
    var wing: Int = _wing
    var beak: String = _beak
    var color: String = _color

    // 메서드
    fun fly( ) = println("Fly wing: $wing")
    fun sing(vol: Int) = println("Sing vol: $vol")
}
...
```

주 생성자의 선언은 클래스 이름 오른쪽에 constructor 키워드로 시작합니다. 예제에서는 클래스 선언과 동시에 주 생성자의 매개변수(_name, _wing, _beak, _color)를 프로퍼티에 할당하고 있습니다. 주 생성자의 constructor 키워드는 다음과 같이 생략할 수 있습니다.

```
class Bird(_name: String, _wing: Int, _beak: String, _color: String) { // constructor 생략
...
```

키워드를 생략해서 코드가 훨씬 보기 좋은 상태가 되었습니다. 하지만 나중에 배울 가시성 지시자나 애노테이션 표기가 클래스 선언에 있다면 constructor를 생략할 수 없습니다.

가시성 지시자 05-5에서, 애노테이션은 07장에서 살펴볼 것입니다.

프로퍼티를 포함한 주 생성자

이번에는 내부의 프로퍼티를 생략하고 생성자의 매개변수에 프로퍼티 표현을 함께 넣어 보겠습니다. val, var를 사용하여 매개변수를 선언하면 생성자에서 this 키워드를 사용하거나 매개변수 이름에 언더스코어를 붙인 다음 생성자에서 인자를 할당할 필요가 없습니다.

```
class Bird(val name: String, val wing: Int, val beak: String, var color: String) {
...                                                          // constructor 생략
```

결국 다음과 같이 코드가 더욱 간략하게 줄어듭니다. 기존 예제를 주 생성자를 사용하는 새로운 예제로 변경해 봅시다.

코딩해 보세요! 주 생성자를 사용하는 Bird 클래스 선언 • 참고 파일 BirdPrimaryConstructor.kt

```
package chap05.section2.primary

class Bird(var name: String, var wing: Int, var beak: String, var color: String) {
    // 프로퍼티는 매개변수 안에 var를 사용해 프로퍼티로서 선언되어 본문에서 생략됨

    // 메서드
    fun fly( ) = println("Fly wing: $wing")
    fun sing(vol: Int) = println("Sing vol: $vol")
}
```

```
fun main( ) {
    val coco = Bird("mybird", 2, "short", "blue")

    coco.color = "yellow"
    println("coco.color: ${coco.color}")
    coco.fly( )
    coco.sing(3)
}
```

```
실행 결과
coco.color: yellow
Fly wing: 2
Sing vol: 3
```

주 생성자의 매개변수에 프로퍼티가 선언되었으므로 본문에서 프로퍼티 선언이 생략되었습니다.

초기화 블록을 가진 주 생성자

그러면 객체를 생성할 때 변수 초기화 이외에 코드를 실행할 수는 없을까요? 생성자는 기본적으로 함수를 표현하는 기능이기 때문에 변수를 초기화하는 것 말고도 특정한 작업을 하도록 코드를 작성할 수 있습니다. 단, 클래스 이름 다음에 주 생성자를 표현하는 경우 클래스 블록({ }) 안에 코드를 넣을 수 없습니다. 따라서 초기화에 꼭 사용해야 할 코드가 있다면 `init {...}` 초기화 블록을 클래스 선언부에 넣어 주어야 합니다. 초기화 블록을 사용하는 예제를 작성해 봅시다.

코딩해 보세요! **초기화 블록을 사용해 코드 넣기** • 참고 파일 BirdPrimaryInit.kt

```
package chap05.section2.init

class Bird(var name: String, var wing: Int, var beak: String, var color: String) {
    // ① 초기화 블록
    init {
        println("----------초기화 블록 시작----------")
        println("이름은 $name, 부리는 $beak")
        this.sing(3)
        println("---------- 초기화 블록 끝 ----------")
```

```
    }

    // 메서드
    fun fly( ) = println("Fly wing: $wing")
    fun sing(vol: Int) = println("Sing vol: $vol")
}

fun main( ) {
    val coco = Bird("mybird", 2, "short", "blue") // ② 객체 생성과 함께 초기화 블록 수행

    coco.color = "yellow"
    println("coco.color: ${coco.color}")
    coco.fly( )
}
```

```
실행 결과
----------초기화 블록 시작----------
이름은 mybird, 부리는 short
Sing vol: 3
---------- 초기화 블록 끝 ----------
coco.color: yellow
Fly wing: 2
```

①번 init 초기화 블록에서 name과 beak를 출력하고 sing( ) 메서드를 사용했습니다. init 초기화 블록에서는 출력문이나 프로퍼티, 메서드 등과 같은 코드를 사용할 수 있습니다. 초기화 블록에서 명시한 내용은 ②번에서 객체 생성과 함께 같이 실행됩니다. 객체 생성 시점에서 코드 수행 문장을 실행할 수 있어 매우 편리합니다.

프로퍼티의 기본값 지정

3장에서 배운 것과 마찬가지로 생성자의 매개변수에 기본값을 사용할 수 있습니다. 그러면 객체를 생성할 때 기본값이 있는 인자는 생략할 수 있습니다. 다음 코드를 살펴봅시다.

```
// 프로퍼티의 기본값 지정
class Bird(var name: String = "NONAME", var wing: Int = 2, var beak: String, var color:
String) {
    ...
}

fun main( ) {
    val coco = Bird(beak = "long", color = "red") // 기본값이 있는 것은 생략하고 없는 것만 전달 가능

    println("coco.name: ${coco.name}, coco.wing ${coco.wing}")
    println("coco.color: ${coco.color}, coco.beak ${coco.beak}")
}
```

객체 생성 과정에서 기본값이 지정된 프로퍼티인 name과 wing이 생략된 것을 알 수 있습니다. 따라서 모든 프로퍼티를 출력하면 다음과 같이 기본적으로 값이 지정되어 있습니다.

```
coco.name: NONAME, coco.wing 2
coco.color: red, coco.beak long
```

05-3 상속과 다형성

클래스는 자식 클래스를 만들 때 상위 클래스(부모 클래스)의 속성과 기능을 물려받아 계승하는데 이것을 상속(Inheritance)이라고 합니다. 상속을 이용하면 하위 클래스는 일부러 상위 클래스의 모든 내용을 다시 만들지 않아도 됩니다. 다형성(Polymorphism)이란 메서드가 같은 이름을 사용하지만 구현 내용이 다르거나 매개변수가 달라서 하나의 이름으로 다양한 기능을 수행할 수 있는 개념입니다. 먼저 상속부터 살펴봅시다.

상속과 클래스의 계층

Bird 클래스만으로는 특별한 새를 나타내기에 너무 모호할 때는 하위에 새로운 분류를 넣을 수 있습니다. 예를 들어 일반적인 새와 달리 어떤 새는 유난히 화려하고 사람의 말소리를 잘 따라 한다면 '앵무새'라는 새로운 분류(클래스)를 만들 수 있을 것입니다. 기반 클래스는 Bird 클래스이므로 파생 클래스로서 앵무새를 나타내는 Parrot 클래스를 새롭게 정의하면 기반 클래스인 Bird의 프로퍼티와 메서드를 Parrot 클래스에 상속할 수 있습니다. 파생 클래스에서는 기반 클래스와 다른 프로퍼티와 메서드만 추가하면 되죠.

새(Bird) 클래스에서 파생된 종달새(Lark)와 앵무새(Parrot) 클래스를 만들어 볼까요? UML 클래스 다이어그램으로 표기하면 다음과 같습니다.
다이어그램에 나타난 것처럼 코틀린 모든 클래스는 Any 클래스의 하위 클래스가 되며, 상위 클래스를 명시하지 않으면 Any 클래스를 상속받게 되는데 Any 클래스에 대해서는 나중에 다시 살펴보겠습니다.
UML 다이어그램에서 화살표는 상속을 나타냅니다. 클래스 사이의 상속을 나타낼 때에는 화살표가 상속받는 상위 클래스에서 상속하는 하위 클래스로 향하도록 표시합니다. Bird 클래스 기준으로 상위 클래스는 Any이고, 파생된 하위 클래스는 Lark와 Parrot입니다. 이때 Bird 클래스가 상속할 수 있는 상태가 되려면 open이라는 키워드와 함께 선언해야 합니다. 코틀린은 open 없이 기본으로 클래스를 선언하면 상속할 수 없는 기본 클래스가 됩니다. 따라서 open 키워드로 선언하지 않은 Lark와 Parrot는 최종 클래스(또는 기본 클래스)로서 상속할 수 없습니다.

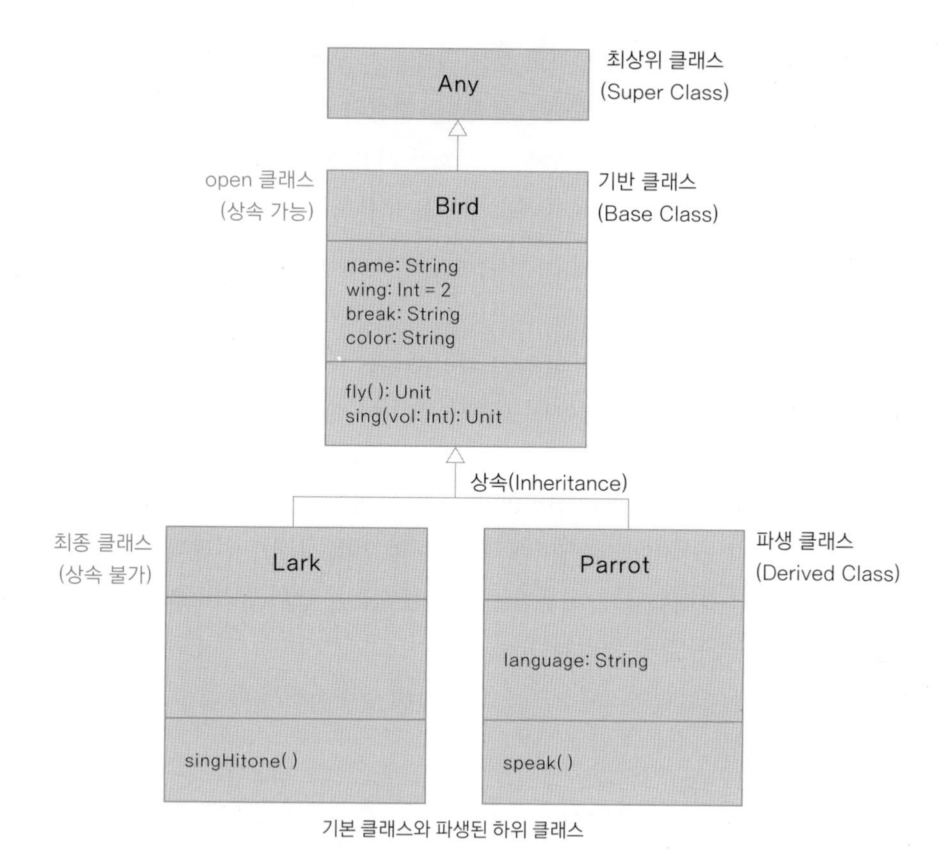

기본 클래스와 파생된 하위 클래스

오리의 프로그래밍 노트 자바의 기본 클래스

코틀린과 달리 자바에서는 기본적으로 선언하는 클래스가 상속 가능한 클래스입니다. 자바에서 상속할 수 없는 클래스로 선언하려면 final 키워드를 사용해야 합니다.

하위 클래스 선언하기

예제를 계속 발전시켜 Bird 클래스에서 파생된 하위 클래스인 Lark와 Parrot 클래스를 선언해 봅시다. 먼저 상속을 위한 기본 구조는 다음과 같습니다. 앞에서 말했듯 클래스를 선언할 때 앞에 open 키워드를 사용해야 파생 클래스에서 상속할 수 있습니다.

```
open class 기반 클래스 이름 { // 묵시적으로 Any로부터 상속됨, open으로 파생 가능
  ...
}
class 파생 클래스 이름 : 기반 클래스 이름( ) { // 기반 클래스로부터 상속됨, 최종 클래스로 파생 불가
  ...
}
```

이 코드에서는 보이지 않지만 코틀린의 모든 클래스는 묵시적으로 Any로부터 상속받습니다. 즉, 아무런 표기가 없더라도 모든 클래스는 Any를 최상위 클래스로 가집니다.
변수 선언과 클래스 상속이 똑같은 콜론(:) 기호를 사용하므로 클래스 이름 오른쪽에 소괄호나 블록의 유무에 따라 변수 선언과 클래스 상속을 구분할 수 있습니다. 한번 구분해 볼까요?

```
val someVal: Int // 일반 변수의 선언
open class BaseClass(someArgs: Int) // 상속 가능한 클래스
class SomeClass(someArgs: Int) : BaseClass(someArgs) // 클래스 상속의 선언
class SomeClass : BaseClass { ..constructor( ).. } // 부 생성자를 사용할 때 클래스 상속 선언
```

눈치가 빠른 사람이라면 클래스를 선언할 때 콜론 앞뒤에 공백이 있다는 것을 알아챘을 것입니다. 변수 선언처럼 공백 없이 붙여 써도 문제는 없지만, 클래스 선언과 변수 선언을 구분하기 위한 일종의 코딩 관례입니다. 상속받는 하위 클래스는 상위 클래스의 생성자를 최소한 동일하게 정의하거나 확장할 수 있습니다.
위에서 표현한 클래스 다이어그램을 기준으로 Bird 클래스에서 파생된 2개의 클래스를 만들어 봅시다.

코딩해 보세요! **파생 클래스 만들어 보기** • 참고 파일 BirdChildClasses.kt

```
package chap05.section3.openclass

// ① 상속 가능한 클래스를 선언하기 위해 open 사용
open class Bird(var name: String, var wing: Int, var beak: String, var color: String) {
    // 메서드
    fun fly( ) = println("Fly wing: $wing")
    fun sing(vol: Int) = println("Sing vol: $vol")
}

// ② 주 생성자를 사용하는 상속
class Lark(name: String, wing: Int, beak: String, color: String) : Bird(name, wing, beak,
color) {
    fun singHitone( ) = println("Happy Song!") // 새로 추가한 메서드
}

// ③ 부 생성자를 사용하는 상속
class Parrot : Bird {
    val language: String

    constructor(name: String,
```

```
                wing: Int,
                beak: String,
                color: String,
                language: String) : super(name, wing, beak, color) {
            this.language = language // 새로 추가한 프로퍼티
    }

    fun speak( ) = println("Speak! $language")
}

fun main( ) {
    val coco = Bird("mybird", 2, "short", "blue")
    val lark = Lark("mylark", 2, "long", "brown")
    val parrot = Parrot("myparrot", 2, "short", "multiple", "korean") // 프로퍼티 추가

    println("Coco: ${coco.name}, ${coco.wing}, ${coco.beak}, ${coco.color}")
    println("Lark: ${lark.name}, ${lark.wing}, ${lark.beak}, ${lark.color}")
    println("Parrot: ${parrot.name}, ${parrot.wing}, ${parrot.beak}, ${parrot.color},
${parrot.language}")
    lark.singHitone( ) // 새로 추가한 메서드 사용 가능
    parrot.speak( )
    lark.fly( )
}
```

```
실행 결과
Coco: mybird, 2, short, blue
Lark: mylark, 2, long, brown
Parrot: myparrot, 2, short, multiple, korean
Happy Song!
Speak! korean
Fly wing: 2
```

먼저 ①번에서 상속을 위해 open 키워드를 사용하여 Bird 클래스를 정의했습니다. ②번에서는 주 생성자를 사용하는 방법으로 파생 클래스 Lark를 선언했습니다. 이때 상위 클래스인 Bird 클래스에 생성자에 사용하는 매개변수와 인자들을 지정해야 합니다. ③번 Parrot 파생 클래스는 부 생성자를 이용하는 방법으로 선언했는데 이때는 본문 내부에 constructor( )를 이용합니다. 객체를 생성할 때 여기서 기존의 프로퍼티에 Parrot 클래스를 위해 하나 더 추가된 프로퍼티 language를 초기화해 확장되었습니다. 또한 Parrot 클래스에는 speak( ) 메서드도 추가했습니다. 따라서 Parrot 클래스는 fly( )와 sing( ) 이외에도 speak( )를 가지게 됩니다.

이렇게 하위 클래스는 상위 클래스의 메서드나 프로퍼티를 그대로 상속하면서 상위 클래스에는 없는 자신만의 프로퍼티나 메서드를 확장할 수 있습니다.

다형성

상위 클래스의 메서드나 프로퍼티를 상속할 때 하위 클래스에서 똑같은 이름의 메서드나 프로퍼티를 지정하면 어떻게 될까요? 클래스를 상속하다 보면 때로는 같은 이름이지만 매개변수를 다르게 하거나 아예 기능 구현부를 다르게 작성할 필요가 생길 수 있습니다. 이렇듯 이름이 동일하지만 매개변수가 서로 다른 형태를 취하거나 실행 결과를 다르게 가질 수 있는 것을 다형성(Polymorphism)이라고 합니다.

동작은 같지만 입력 인자가 다른 경우를 생각해 봅시다. 동일한 클래스에서 '출력한다'라는 행위를 `print( )`라는 같은 이름의 메서드로 여러 개를 만들 때, `print(123)`과 같이 인자로 숫자를 사용해 출력하거나 `print("hello")`와 같이 문자열을 사용해 출력할 수 있습니다. 이처럼 동작은 동일하지만 인자의 형식만 달라지는 것은 오버로딩(Overloading)이라고 부릅니다.

이번에는 버튼의 '누르다'라는 행위에 대해 생각해 봅시다. 메서드로 설계하면 `push( )` 정도 되겠죠? 하지만 이 누르는 행위가 '취소' 버튼에 적용되면 프로그램 종료를 수행하고, '저장' 버튼에 적용하면 작업을 저장하는 일을 진행합니다. 즉, '누르다'라는 같은 이름의 `push( )` 메서드로 서로 다른 동작을 하는 것이죠. 이처럼 상위와 하위 클래스에서 메서드나 프로퍼티의 이름은 같지만 기존의 동작을 다른 동작으로 재정의하는 것을 오버라이딩(Overriding)이라고 부릅니다.

무언가 어려운 느낌이 나는 단어죠? 다형성을 설명하자면 항상 오버라이딩과 오버로딩이라는 용어를 만나게 됩니다. 두 개념은 이름은 비슷하지만 서로 다릅니다. 그러면 하나씩 실제 예제를 통해 이해해 봅시다.

오버로딩

오버로딩은 동일한 클래스 안에서 같은 이름의 메서드가 매개변수만 달리해서 여러 번 정의될 수 있는 개념으로, 반환값은 동일하거나 달라질 수 있습니다. 구현되는 동작은 대부분 동일합니다.

`x`와 `y`를 더하는 기능의 메서드를 예를 들어 봅시다. 2개의 정수형 매개변수로 더하는 `add( )`라는 메서드를 만듭니다. 추가적으로 같은 이름의 메서드로 실수형 매개변수도 처리하도록 하나 더 만듭니다. 또, 인자 2개가 아닌 3개를 더하도록 매개변수 3개짜리 메서드도 만들어 봅시다. 앞서 자료형이나 매개변수의 수가 달라져도 '더한다'라는 행위는 동일하기 때문에 오

버로딩 개념이 적용됩니다. 코드는 다음과 같이 작성할 수 있습니다.

```
fun add(x: Int, y: Int): Int { // 정수형 매개변수 2개를 더함
    return x + y
}

fun add(x: Double, y: Double): Double { // 실수형 매개변수 2개를 더함
    return x + y
}

fun add(x: Int, y: Int, z: Int): Int { // 정수형 매개변수 3개를 더함
    return x + y + z
}
```

클래스의 메서드뿐만 아니라 일반 함수도 오버로딩이 가능합니다. 보통 코틀린에서 오버로딩은 연산자에 대해 다양한 자료형을 받아들일 수 있도록 연산자에 많이 사용하고 있습니다. 이 부분은 추후 연산자 오버로딩을 다룰 때 자세히 살펴보기로 하고 여기서는 간단한 예제를 통해 오버로딩을 이해해 봅시다.

코딩해 보세요! **덧셈 동작의 오버로딩** • 참고 파일 OverloadCalc.kt

```
package chap05.section3

fun main( ) {
    val calc = Calc( )
    println(calc.add(3,2))
    println(calc.add(3.2, 1.3))
    println(calc.add(3, 3, 2))
    println(calc.add("Hello", "World"))
}
class Calc {
    // 다양한 매개변수로 오버로딩된 메서드
    fun add(x: Int, y: Int): Int = x + y
    fun add(x: Double, y: Double): Double = x + y
    fun add(x: Int, y: Int, z: Int): Int = x + y + z
    fun add(x: String, y: String): String = x + y
}
```

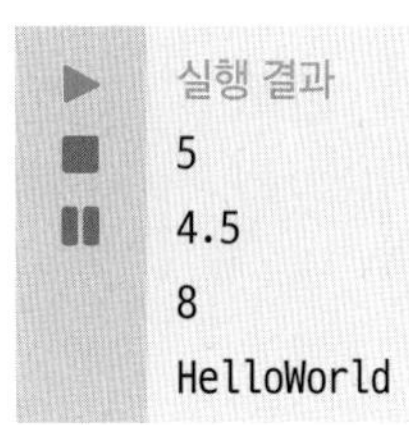

```
실행 결과
5
4.5
8
HelloWorld
```

이 예제에서는 서로 다른 매개변수를 가진 add( ) 함수를 보여줍니다. 같은 클래스 안에서 이름은 모두 동일하지만 사용하는 인자에 따라 호출되는 메서드가 달라집니다. 따라서 add( )는 오버로딩된 메서드입니다.

오버로딩을 사용하면 같은 이름의 메서드로 다양한 인자를 처리할 수 있기 때문에 메서드를 손쉽게 확장할 수 있습니다.

오버라이딩

오버라이드(Override)란 사전적 의미로 '(기존의 작업을) 중단하다', '뒤엎다' 등으로 해석됩니다. 하위 클래스에서 새로 만들어지는 메서드가 이름이나 매개변수, 반환값이 이전 메서드와 똑같지만 새로 작성되는 것이죠. 하위의 새로운 메서드는 상위 클래스의 메서드의 내용을 완전히 새로 만들어 다른 기능을 하도록 정의합니다. 간단하게 '재정의한다'라고도 할 수 있습니다.

코틀린에서는 기반 클래스의 내용을 파생 클래스가 오버라이딩하기 위해 기반 클래스에서는 open 키워드, 파생 클래스에서는 override 키워드를 각각 사용합니다. 코틀린에서는 메서드뿐만 아니라 프로퍼티도 오버라이딩(재정의)할 수 있습니다. 프로퍼티에 대한 오버라이딩은 나중에 살펴보겠습니다. 먼저 메서드를 오버라이딩하는 예제를 살펴보겠습니다.

```
open class Bird { // open은 상속 가능을 나타냄
...
    fun fly( ) { ... } // ① 최종 메서드로 오버라이딩 불가
    open fun sing( ) { ... } // ② sing( ) 메서드는 하위 클래스에서 오버라이딩 가능

}

class Lark( ) : Bird( ) { // 하위 클래스
    fun fly( ) { /* 재정의 */ } // 오류! 상위 메서드에 open 키워드가 없어 오버라이딩 불가
    override fun sing( ) { /* 구현부를 새롭게 재정의 */ } // ③ 구현부를 새롭게 작성
}
```

먼저 open이 사용된 상속 가능한 Bird 클래스에는 fly( ) 메서드와 sing( ) 메서드가 있습니다. 잘 보면 ①번의 fly( ) 메서드 앞에는 open이 없죠? 우리가 기본적으로 정의한 메서드는 오버라이딩이 불가능한 최종 메서드입니다. 메서드를 오버라이딩하려면 마찬가지로 open 키워드가 메서드 이름 앞에 있어야 합니다.

②번의 경우에는 open을 사용해 sing( ) 메서드를 정의했으므로 오버라이딩이 가능한 메서드가 됩니다. 단 ③번과 같이 하위 클래스에서는 override라는 키워드를 사용해 재정의됨을 알려야 합니다. 그러나 fly( ) 메서드는 Bird 클래스에 open 키워드가 없으므로 재정의할 수 없기 때문에 메서드 본문을 재정의하면 오류를 발생합니다.

그러면 기능 변경이 싫어서 아예 오버라이딩을 막고자 한다면 어떻게 할까요? 다음과 같이 override 키워드 앞에 final 키워드를 사용해 하위 클래스에서 재정의되는 것을 막을 수 있습니다.

```
open class Lark( ) : Bird( ) {
    final override fun sing( ) { /* 구현부를 새롭게 재정의 */ } // 하위 클래스에서 재정의를 막음
}
```

그러면 Bird 클래스에서 메서드의 오버라이딩을 구현해 보겠습니다.

코딩해 보세요! **메서드 오버라이딩하기** • 참고 파일 BirdOverrideEx.kt

```
package chap05.section3.override

// 상속 가능한 클래스를 위해 open 사용
open class Bird(var name: String, var wing: Int, var beak: String, var color: String) {
    // 메서드
    fun fly( ) = println("Fly wing: $wing")
    open fun sing(vol: Int) = println("Sing vol: $vol") // 오버라이딩 가능한 메서드
}

class Parrot(name: String,
             wing: Int = 2,
             beak: String,
             color: String, // 마지막 인자만 var로 선언되어 프로퍼티가 추가되었음을 알 수 있음
             var language: String = "natural") : Bird(name, wing, beak, color) {

    fun speak( ) = println("Speak! $language")  // Parrot에 추가된 메서드
    override fun sing(vol: Int) { // 오버라이딩된 메서드
```

```
        println("I'm a parrot! The volume level is  $vol")
        speak( ) // 달라진 내용
    }
}

fun main( ) {
    val parrot = Parrot(name = "myparrot", beak = "short", color = "multiple")
    parrot.language = "English"

    println("Parrot: ${parrot.name}, ${parrot.wing}, ${parrot.beak}, ${parrot.color},
${parrot.language}")
    parrot.sing(5) // 달라진 메서드 실행 가능
}
```

```
실행 결과
Parrot: myparrot, 2, short, multiple, English
I'm a parrot! The volume level is  5
Speak! English
```

기반 클래스인 Bird 클래스는 open으로 선언되어 상속할 수 있고 Bird 클래스의 멤버 메서드인 sing( ) 또한 open으로 선언되어 오버라이딩할 수 있는 메서드가 되었습니다. 하위 클래스인 Parrot 클래스에서 override 키워드를 사용해 sing( ) 메서드의 내용이 새롭게 작성되어 내부에서 speak( )가 호출됩니다.
이처럼 오버라이딩은 하위 클래스에서 특정 메서드를 재설계할 때 유용한 기법으로 유연하면서도 사용하기 쉬운 메서드를 설계할 수 있습니다.

05-4 super와 this의 참조

클래스를 상위와 하위 클래스로 설계하다 보면 때로는 상위와 현재 클래스의 특정 메서드나 프로퍼티, 생성자를 참조해야 하는 경우가 생깁니다. 상위 클래스는 super 키워드로, 현재 클래스는 this 키워드로 참조가 가능합니다. 이제 이 2개의 특별한 키워드를 살펴보겠습니다.

super와 this 키워드의 이용

super	this

super.프로퍼티 이름 // 상위 클래스의 프로퍼티 참조
super.메서드 이름( ) // 상위 클래스의 메서드 참조
super( ) // 상위 클래스의 생성자 참조
	this.프로퍼티 이름 // 현재 클래스의 프로퍼티 참조
	this.메서드 이름( ) // 현재 클래스의 메서드 참조
	this( ) // 현재 클래스의 생성자 참조

super로 상위 객체 참조하기

메서드를 오버라이딩하려고 할 때 만일 상위 클래스에서 구현한 내용을 그대로 사용하고 거기에 필요한 내용만 추가하고 싶을 수도 있겠죠. 이때 상위 클래스를 가리키는 특별한 키워드인 super를 사용합니다. super를 사용하면 상위 클래스의 프로퍼티나 메서드, 생성자를 사용할 수 있습니다. 다음 예제를 살펴봅시다.

```
open class Bird(var name: String, var wing: Int, var beak: String, var color: String) {
    fun fly( ) = println("Fly wing: $wing")
    open fun sing(vol: Int) = println("Sing vol: $vol")
}

class Parrot(name: String, wing: Int = 2, beak: String, color: String,
             var language: String = "natural") : Bird(name, wing, beak, color) {

    fun speak( ) = println("Speak! $language")

    override fun sing(vol: Int) { // ① 상위 클래스의 내용과 다르게 새로 구현된 내용을 가짐
        super.sing(vol) // 상위 클래스의 sing( )을 먼저 수행
        println("I'm a parrot! The volume level is  $vol")
        speak( )
    }
}
```

①번처럼 Parrot 클래스의 sing( ) 메서드는 오버라이딩되었습니다. 여기에 super.sing( )을 호출해 상위 클래스인 Bird 클래스의 sing( ) 메서드를 먼저 실행할 수 있습니다. 이후 Parrot 클래스에서 재정의한 sing( )을 확장해서 println( )과 speak( )를 호출했습니다. 이처럼 일부는 상위 클래스의 동작을 하고 일부는 현재 클래스에서 새롭게 재정의할 수 있습니다. 상위 클래스의 동작을 위해 super.메서드( )와 같이 호출할 수 있습니다. 그 외에도 상위 클래스의 프로퍼티를 super.프로퍼티로 참조해 사용하거나 super( )를 사용해 생성자를 호출할 수 있습니다.

this로 현재 객체 참조하기

여러 개의 부 생성자에서 참조하기

그렇다면 현재 객체를 참조하는 키워드도 있을까요? 물론이죠. super와 마찬가지로 this를 이용해 프로퍼티, 메서드, 생성자 등을 참조할 수 있습니다. 이번에는 this 키워드로 생성자를 정의하겠습니다. 다음 예제를 작성해 봅시다.

코딩해 보세요! this와 super를 사용하는 부 생성자 • 참고 파일 PersonThisSuper.kt

```
package chap05.section4.personthis

open class Person {
    constructor(firstName: String) {
        println("[Person] firstName: $firstName")
    }
    constructor(firstName: String, age: Int) { // ③
        println("[Person] firstName: $firstName, $age")
    }
}

class Developer: Person {
    constructor(firstName: String): this(firstName, 10) { // ①
        println("[Developer] $firstName")
    }
    constructor(firstName: String, age: Int): super(firstName, age) { // ②
        println("[Developer] $firstName, $age")
    }
}

fun main( ) {
    val sean = Developer("Sean")
}
```

```
실행 결과
[Person] firstName: Sean, 10
[Developer] Sean, 10
[Developer] Sean
```

main( ) 함수에서 Developer("Sean")을 통해 객체를 생성하고 있습니다. 이때 인자가 1개이므로 먼저 Developer 클래스의 ①번 생성자로 진입합니다. 하지만 코드를 실행하기 전 앞에 this( )에 의해 firstName과 10을 인자로 가지고 Developer 클래스의 다른 생성자를 호출합니다. 이 this( )는 2개의 인자를 가진 부 생성자인 ②번을 가리킵니다. 여기에 다시 super( )가 사용되었는데 super는 상속하고 있는 상위 클래스를 가리키기 때문에 2개의 인자를 처리할 수 있는 Person 클래스의 ③번 부 생성자를 호출합니다. 코드를 실행하면 차례로 ③, ②, ①번 코드 순으로 작업이 진행됩니다.
객체를 생성하고 각 부 생성자의 호출 순서를 그림으로 보면 다음과 같습니다.

```
open class Person {
    constructor(firstName: String) {
        println("[Person] firstName: $firstName")
    }
    constructor(firstName: String, age: Int) {
        println("[Person] firstName: $firstName, $age")
    } ❹
}

class Developer: Person {

    constructor(firstName: String): this(firstName, 10) {
        println("[Developer] $firstName") ❷
  ❻}
    constructor(firstName: String, age: Int): super(firstName, age) { ❸
        println("[Developer] $firstName, $age")
  ❺}
}

fun main( ) {
    val sean = Developer("Sean")
}                  ❶
```

객체를 생성할 때 this( )와 super( )의 호출 흐름이 그림에서는 ❶, ❷, ❸번 순으로 호출되고 ❹, ❺, ❻번 순으로 생성자가 실행됩니다.

상속을 통해서 클래스를 만드는 경우에는 상위 클래스의 생성자가 있다면 반드시 하위 클래스에서 호출해야 합니다. 따라서 생성자 코드를 실행하기 전에 현재 클래스를 가리키는 this나 상위 클래스를 가리키는 super를 사용해 위임하여 다른 생성자를 처리할 수 있게 됩니다.

주 생성자와 부 생성자 함께 사용하기

만일 주 생성자와 부 생성자가 함께 있다면 this를 사용해 주 생성자를 가리킬 수 있습니다. 다음 예제를 작성해 봅시다.

코딩해 보세요! 주 생성자와 부 생성자 함께 사용하기 • 참고 파일 PersonPriSeconRef.kt

```
package chap05.section4.prisecon

class Person(firstName: String,
             out: Unit = println("[Primary Constructor] Parameter")) { // ② 주 생성자

    val fName = println("[Property] Person fName: $firstName") // ③ 프로퍼티 할당

    init {
        println("[init] Person init block") // ④ 초기화 블록
    }

    // ① 부 생성자
    constructor(firstName: String, age: Int,
                out: Unit = println("[Secondary Constructor] Parameter")): this(firstName) {
        println("[Secondary Constructor] Body: $firstName, $age") // ⑤ 부 생성자 본문
    }
}

fun main( ) {
    val p1 = Person("Kildong", 30) // ① → ② 호출, ③ → ④ → ⑤ 실행
    println( )
    val p2 = Person("Dooly") // ② 호출, ③ → ④ 실행
}
```

실행 결과

```
[Secondary Constructor] Parameter
[Primary Constructor] Parameter
[Property] Person fName: Kildong
[init] Person init block
[Secondary Constructor] Body: Kildong, 30
```

```
[Primary Constructor] Parameter
[Property] Person fName: Dooly
[init] Person init block
```

이 코드의 this는 이제 주 생성자를 가리킵니다. 생성하는 객체의 인자 수에 따라 부 생성자 혹은 주 생성자를 호출합니다. 고차 함수에서 배웠듯이 인자에 함수를 지정할 수 있습니다. 여기서는 실험을 위해 out이라는 인자에 println( )을 기본값으로 할당해 인자에 접근할 때 출력되도록 했습니다. fName이라는 프로퍼티에도 출력문을 할당했습니다.

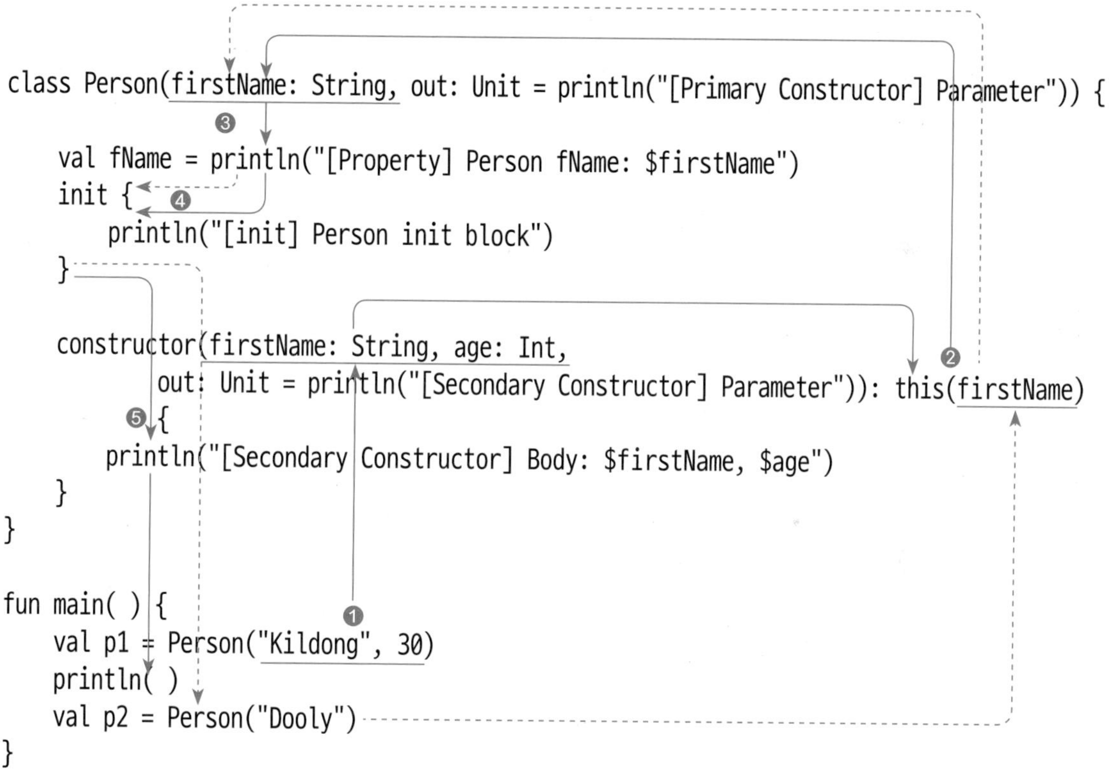

```
class Person(firstName: String, out: Unit = println("[Primary Constructor] Parameter")) {
                ❸
    val fName = println("[Property] Person fName: $firstName")
    init { ❹
        println("[init] Person init block")
    }

    constructor(firstName: String, age: Int,
            out: Unit = println("[Secondary Constructor] Parameter")): this(firstName)
          ❺ {                                                              ❷
        println("[Secondary Constructor] Body: $firstName, $age")
    }
}

fun main( ) {
                               ❶
    val p1 = Person("Kildong", 30)
    println( )
    val p2 = Person("Dooly")
}
```

주 생성자와 부 생성자의 호출 흐름

따라서 초기화되는 순서를 추적하면 다음과 같습니다. main( ) 함수의 p1 객체가 생성될 때 인자가 2개 사용되면 ❶번 부 생성자에서 ❷번 주 생성자를 호출하고 ❸번 프로퍼티 할당 → ❹번 초기화 블록 → ❺번 부 생성자의 본문을 차례로 실행합니다. 인자가 1개만 사용되면 부 생성자의 흐름은 실행되지 않고 ❷, ❸, ❹번만 호출합니다.

바깥 클래스 호출하기

클래스를 선언할 때 클래스 안에 다시 클래스를 선언하는 것이 가능합니다. 이때 특정 클래스 안에 선언된 클래스를 이너 클래스(Inner Class)라고 합니다. 이너 클래스에 대해서는 나중에 자세히 살펴볼 것입니다. 여기서는 이너 클래스에서 바로 바깥 클래스를 참조하는 방법에 초점을 맞춰 봅시다.

만일 이너 클래스에서 바깥 클래스의 상위 클래스를 호출하려면 super 키워드와 함께 @ 기호 옆에 바깥 클래스 이름을 작성합니다. 다음 예제를 작성해 봅시다.

코딩해 보세요! 이너 클래스에서 바깥 클래스 접근하기 • 참고 파일 InnerClassRef.kt

```kotlin
package chap05.section4.innerref

open class Base {
    open val x: Int = 1
    open fun f( ) = println("Base Class f( )")
}

class Child : Base( ) {
    override val x: Int = super.x + 1
    override fun f( ) = println("Child Class f( )")

    inner class Inside {          // 이너 클래스
        fun f( ) = println("Inside Class f( )")
        fun test( ) {
            f( ) // ① 현재 이너 클래스의 f( ) 접근
            Child( ).f( ) // ② 바로 바깥 클래스 f( ) 접근
            super@Child.f( ) // ③ Child의 상위 클래스인 Base 클래스의 f( ) 접근
            println("[Inside] super@Child.x: ${super@Child.x}") // ④ Base의 x 접근
        }
    }
}

fun main( ) {
    val c1 = Child( )
    c1.Inside( ).test( )   // 이너 클래스 Inside의 메서드 test( ) 실행
}
```

실행 결과

```
Inside Class f( )
Child Class f( )
Base Class f( )
[Inside] super@Child.x: 1
```

Child 클래스는 Base 클래스를 상속하고 있습니다. Child 클래스 안에 inner 키워드로 선언된 이너 클래스인 Inside 클래스가 있습니다. Inside 클래스의 객체를 생성하고 test( ) 메서드를 호출하기 위해 다음과 같이 작성되었습니다.

```
c1.Inside( ).test( )
```

c1 객체에 이너 클래스인 Inside( )에 생성자 표기로 접근하고 다시 test( ) 메서드에도 각각 점(.)으로 접근하고 있습니다. test( ) 메서드는 ①번 현재 이너 클래스의 f( )를 접근해 실행합니다. ②번 Child( ).f( )에서 바로 바깥 클래스의 f( )를 실행하고, ③번에서 super@Child.f( )는 Child 클래스의 상위 클래스인 Base 클래스의 f( )를 실행하는 것입니다. 같은 원리로 ④번의 super@Child.x도 Child의 상위 클래스인 Base 클래스의 프로퍼티 x에 접근하게 됩니다.

인터페이스에서 참조하기

인터페이스(Interface)는 일종의 구현 약속으로 인터페이스를 참조하는 클래스는 인터페이스가 가지고 있는 내용을 구현해야 하는 가이드를 제시합니다. 따라서 인터페이스 자체로는 객체로 만들 수 없고 항상 인터페이스를 구현하는 클래스에서 생성해야 합니다. 인터페이스의 자세한 내용은 추후 자세히 살펴볼 것입니다. 여기서는 인터페이스에 접근하는 부분에 대해서만 초점을 맞추겠습니다.
코틀린은 자바처럼 한 번에 2개 이상의 클래스를 상속받는 다중 상속이 되지 않습니다. 하지만 인터페이스로는 필요한 만큼 다수의 인터페이스를 지정해 구현할 수 있습니다. 이때 각 인터페이스의 프로퍼티나 메서드의 이름이 중복될 수 있죠. 만일에 동일한 이름의 프로퍼티나 메서드가 있다면 앵글 브래킷(〈 〉)을 사용해 접근하려는 클래스나 인터페이스의 이름을 정해 줍니다. 이름이 중복되는 예를 살펴보겠습니다.

코딩해 보세요! 앵글 브래킷을 사용한 이름 중복 해결하기 • 참고 파일 AngleBracketTest.kt

```
package chap05.section4

open class A {
    open fun f( ) = println("A Class f( )")
    fun a( ) = println("A Class a( )")
}

interface B {
```

```
    fun f( ) = println("B Interface f( )") // 인터페이스는 기본적으로 open임
    fun b( ) = println("B Interface b( )")
}

class C : A( ), B { // ① 쉼표(,)를 사용해 클래스와 인터페이스를 지정
    // 컴파일되려면 f( )가 오버라이딩되어야 함
    override fun f( ) = println("C Class f( )")

    fun test( ) {
        f( ) // ② 현재 클래스의 f( )
        b( ) // ③ 인터페이스 B의 b( )
        super<A>.f( ) // ④ A 클래스의 f( )
        super<B>.f( ) // ⑤ B 클래스의 f( )
    }
}

fun main( ) {
    val c = C( )
    c.test( )
}
```

```
실행 결과
C Class f( )
B Interface b( )
A Class f( )
B Interface f( )
```

①번에서 지정한 것처럼 클래스와 인터페이스를 지정해 클래스 C를 선언했습니다. 이때 클래스는 1개만 상속 가능하고 인터페이스는 여러 개를 지정할 수 있습니다. 인터페이스의 프로퍼티나 메서드를 사용할 수 있는데 이때 f( ) 메서드의 이름이 중복되고 있습니다. ③번 인터페이스의 b( )처럼 이름이 중복되지 않은 경우에는 그냥 사용할 수 있으나 중복된 이름 앵글브래킷을 사용해 super<A>.f( )와 super<B>.f( )로 구분할 수 있습니다. f( )를 그냥 사용하면 현재 클래스의 f( )를 호출합니다.

05-5 정보 은닉 캡슐화

우리가 어떤 것을 사용할 때 내부의 구조를 숨겨도 사용할 수 있는 형태가 있을 수 있죠. 예를 들면 자동차의 핸들은 우리가 만질 수 있도록 공개되어 있습니다. 하지만 그 아래 조향 장치나 엔진은 차체 내부에 숨겨져 있습니다. 마찬가지로 클래스를 작성할 때 숨겨야 하는 속성이나 기능이 있을 수 있습니다. 이러한 개념을 캡슐화(Encapsulation)라고 합니다. 이러한 정보 은닉은 객체 지향 프로그래밍의 가장 큰 특징이기도 합니다.

내부에 숨겨진 자동차의 요소

가시성 지시자

각 클래스나 메서드, 프로퍼티의 접근 범위를 가시성(Visibility)이라고 합니다. 앞에서 설명한 자동차의 예에서 민감하거나 불필요한 부분은 숨기고(은닉하고) 사용하기 위해 필요한 부분만 공개하듯이 각 클래스나 메서드, 프로퍼티에 가시성 지시자(Visibility Modifier)에 의해 공개할 부분과 숨길 부분을 정해 줄 수 있습니다. 코틀린의 가시성 지시자는 다음과 같은 것들이 있습니다.

- private: 이 요소는 외부에서 접근할 수 없다.
- public: 이 요소는 어디서든 접근이 가능하다(기본값).
- protected: 외부에서 접근할 수 없으나 하위 상속 요소에서는 가능하다.
- internal: 같은 정의의 모듈 내부에서는 접근이 가능하다.

가시성을 지시자가 선언되는 위치는 다음과 같습니다.

```
[가시성 지시자] <val ¦ var> 전역 변수 이름
[가시성 지시자] fun 함수 이름( ) { ... }
[가시성 지시자] [특정 키워드] class 클래스 이름 [가시성 지시자] constructor(매개변수) {
    [가시성 지시자] constructor( ) { ... }
    [가시성 지시자] 프로퍼티
    [가시성 지시자] 메서드
}
```

이들 지시자는 전역 변수, 함수, 클래스, 프로퍼티, 메서드, 인터페이스 등에 붙여서 사용할 수 있습니다. 가시성 지시자를 선언하지 않으면 `public`이 기본값입니다. `public`은 어디서든 접근할 수 있습니다. 만일 주 생성자 앞에 가시성 지시자를 사용하는 경우에는 `constructor` 키워드를 생략할 수 없습니다.
다음 그림은 가시성 지시자의 접근 범위를 나타내고 있습니다.

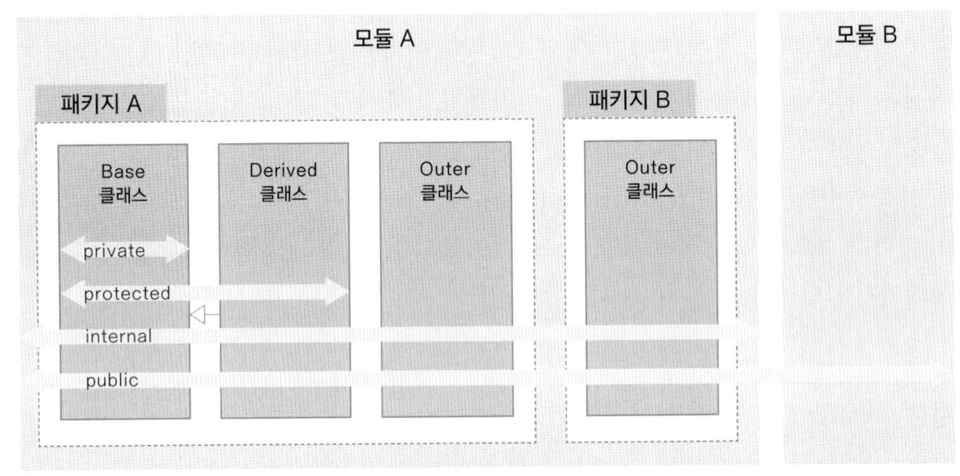

가시성 지시자의 접근 범위

그러면 간단한 예제를 통해서 가시성 지시자를 사용하는 방법을 알아봅시다.

private

`private`은 접근 범위가 선언된 요소에 한정하는 가시성 지시자입니다. 예를 들어 클래스를 `private`과 함께 선언하면 그 클래스 안의 멤버만 접근할 수 있습니다.

코딩해 보세요! private 가시성 테스트하기 • 참고 파일 PrivateTest.kt

```
package chap05.section5.privatetest

private class PrivateClass {
    private var i = 1
    private fun privateFunc( ) {
        i += 1 // 접근 허용
    }
    fun access( ) {
        privateFunc( ) // 접근 허용
    }
}
```

```
class OtherClass {
    val opc = PrivateClass( ) // 불가 - 프로퍼티 opc는 private이 되어야 함
    fun test( ) {
        val pc = PrivateClass( ) // 생성 가능
    }
}

fun main( ) {
    val pc = PrivateClass( ) // 생성 가능
    pc.i // 접근 불가
    pc.privateFunc( ) // 접근 불가
}

fun TopFunction( ) {
    val tpc = PrivateClass( ) // 객체 생성 가능
}
```

이 예제에서 PrivateClass 클래스는 private으로 선언되어 있으므로 다른 파일에서 접근할 수 없습니다. 같은 파일에서는 PrivateClass의 객체를 생성할 수 있습니다. 만일 다른 클래스에서 프로퍼티로서 PrivateClass의 객체를 지정하려면 똑같이 private으로 선언해야 합니다.
객체를 생성했다고 하더라도 PrivateClass의 멤버인 i와 privateFunc( ) 메서드가 private으로 선언되었기 때문에 다른 클래스나 main( ) 같은 최상위 함수에서 접근할 수 없습니다. Private 멤버는 해당 클래스 내부에서만 접근이 가능합니다.

protected

protected 지시자는 최상위에 선언된 요소에는 지정할 수 없고 클래스나 인터페이스와 같은 요소의 멤버에만 지정할 수 있습니다. 멤버가 클래스인 경우에는 protected로 선언할 수 있습니다.

코딩해 보세요! protected 가시성 테스트하기 • 참고 파일 ProtectedTest.kt

```
package chap05.section5.protectedtest

open class Base { // 최상위 클래스에는 protected를 사용할 수 없음
    protected var i = 1
    protected fun protectedFunc( ) {
        i += 1 // 접근 허용
    }
    fun access( ) {
        protectedFunc( ) // 접근 허용
```

```
    }
    protected class Nested // 내부 클래스에는 지시자 허용
}

class Derived : Base( ) {
    fun test(base: Base): Int {
        protectedFunc( ) // Base 클래스의 메서드 접근 가능
        return i // Base 클래스의 프로퍼티 접근 가능
    }
}

fun main( ) {
    val base = Base( ) // 생성 가능
    base.i // 접근 불가
    base.protectedFunc( ) // 접근 불가
    base.access( ) // 접근 가능
}
```

예제에서 protected 멤버 프로퍼티인 i와 메서드 protectedFunc( )는 하위 클래스인 Derived 클래스에서 접근할 수 있습니다. protected로 지정된 멤버는 상속된 하위 클래스에서는 자유롭게 접근이 가능합니다. 다만 외부 클래스나 객체 생성 후 점(.) 표기를 통해 protected 멤버에 접근하는 것은 허용하지 않습니다.

internal

코틀린의 internal은 자바와 다르게 새롭게 정의된 이름입니다. internal은 프로젝트 단위의 모듈(Module)을 가리키기도 합니다. 모듈이 달라지면 접근할 수 없는 거죠. 기존의 자바에서는 package라는 지시자에 의해 패키지 이름이 같은 경우에 접근을 허용했습니다. 코틀린에서는 패키지에 제한하지 않고 하나의 모듈 단위를 대변하는 internal을 씁니다. 만일 프로젝트에 또 다른 모듈이 없어 하나만 있는 경우 internal의 접근 범위는 프로젝트 전체가 됩니다.

오리의 프로그래밍 노트 자바의 package 지시자

자바의 가시성 지시자 기본값인 package 지시자는 코틀린에서 사용하지 않습니다. 자바에서 package로 지정된 경우 접근 요소가 패키지 내부에 있다면 접근할 수 있습니다. 하지만 프로젝트 단위 묶음의 .jar 파일이 달라져도 패키지 이름이 동일하면 다른 .jar에서도 접근할 수 있었기 때문에 보안 문제가 발생할 수 있었습니다. 코틀린에서는 이것을 막고자 기존의 package를 버리고 internal로 프로젝트의 같은 모듈(빌드된 하나의 묶음)이 아니면 외부에서 접근할 수 없게 했습니다. 이것은 모듈이 다른 .jar 파일에서는 internal로 선언된 요소에 접근할 수 없다는 뜻입니다.

internal을 사용한 간단한 예제를 살펴보겠습니다.

코딩해 보세요! **internal 가시성 테스트하기** • 참고 파일 InternalTest.kt

```
package chap05.section5.internal

internal class InternalClass {
    internal var i = 1
    internal fun icFunc( ) {
        i += 1 // 접근 허용
    }
    fun access( ) {
        icFunc( ) // 접근 허용
    }
}

class Other {
    internal val ic = InternalClass( ) // 프로퍼티를 지정할 때 internal로 맞춰야 함
    fun test( ) {
        ic.i  // 접근 허용
        ic.icFunc( ) // 접근 허용
    }
}

fun main( ) {
    val mic = InternalClass( ) // 생성 가능
    mic.i // 접근 허용
    mic.icFunc( ) // 접근 허용
}
```

이제 같은 프로젝트의 모듈에만 있으면 어디서든 접근이 가능합니다. 다음과 같이 파일이 달라져도 동일한 모듈에 있다면 바로 접근할 수 있습니다.

코딩해 보세요! **internal 가시성 테스트하기 - 다른 파일** • 참고 파일 InternalTestOtherFile.kt

```
package chap05.section5.internal

fun main( ) {
    val otheric = InternalClass( )

    println(otheric.i)
    otheric.icFunc( )
}
```

만일 패키지 이름이 다르다면 `import` 구문을 사용해 필요한 클래스를 임포트해야 해당 클래스를 사용할 수 있습니다.

가시성 지시자와 클래스의 관계

앞에서 가시성 지시자에 따라 공개되는 접근 범위가 달라지는 것을 배웠습니다. 가시성 지시자는 클래스 간의 관계에서도 접근 범위를 정할 수 있기 때문에 상속된 하위 클래스에서 가시성 지시자를 사용하거나 다른 클래스와의 연관 관계를 지정하기 위해서도 사용할 수 있습니다.

오리의 프로그래밍 노트 UML의 가시성 표기 기호

설계를 시각화하기 위한 다이어그램 표기법인 UML에서는 다음과 같은 기호를 사용해 가시성을 표기하고 있습니다. 코틀린의 internal을 표기하는 표기법은 아직 지정되지 않았지만 여기서는 package의 ~을 대신 사용하겠습니다.

- - : private
- + : public
- # : protected
- ~ : package

그러면 연관 관계에 따른 UML 다이어그램으로 가시성에 대한 변수 접근성을 확인해 봅시다. 다만 여기서 물결 무늬(~) 기호는 `internal` 가시성 지시자라고 가정하겠습니다.

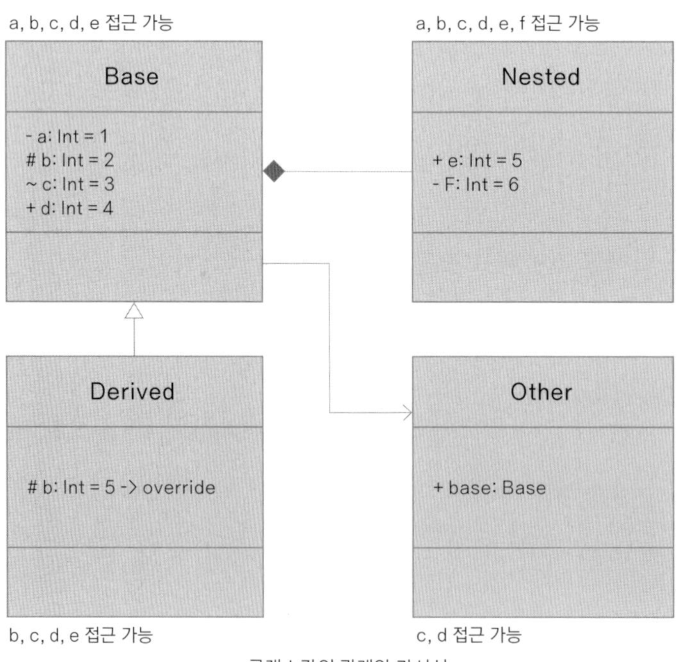

클래스간의 관계와 가시성

먼저 다이어그램에서 보이는 다이아몬드 화살표는 Base 클래스 내부에 Nested 클래스가 구성되어 있음을 나타내고 있습니다. 흰색 머리의 화살표는 상속을 나타내고, 일반 화살표는 클래스를 멤버로 가진 경우를 나타냅니다. 여기서는 Other 클래스가 Base 클래스를 매개변수로 받아 멤버로 가질 수 있습니다. 내부 클래스에 대해서는 나중에 다시 살펴보겠습니다. 다이어그램을 통해서 프로퍼티의 가시성과 클래스의 연관 관계를 명확히 파악할 수 있습니다.

```
open class Base {
    // 이 클래스에서는 a, b, c, d, e 접근 가능
    private val a = 1
    protected open val b = 2
    internal val c = 3
    val d = 4  // 가시성 지시자 기본값은 public

    protected class Nested {
        // 이 클래스에서는 a, b, c, d, e, f 접근 가능
        public val e: Int = 5 // public 생략 가능
        private val f: Int = 6
    }
}

class Derived : Base( ) {
    // 이 클래스에서는 b, c, d, e 접근 가능
    // a는 접근 불가
    override val b = 5   // Base의 b는 오버라이딩됨 - 상위와 같은 protected 지시자
}

class Other(base: Base) {
    // base.a, base.b는 접근 불가
    // base.c와 base.d는 접근 가능(같은 모듈 안에 있으므로)
    // Base.Nested는 접근 불가, Nested::e 역시 접근 불가
}
```

위 코드를 자세히 보면, 각각의 가시성 지시자에 따라 접근할 수 있는 범위가 달라짐을 알 수 있습니다. Base 클래스에서 파생된 Derived 클래스는 protected와 internal, public으로 지정된 프로퍼티에 접근할 수 있습니다. 외부 클래스인 Other는 internal과 public으로 지정된 프로퍼티 c와 d만 접근할 수 있습니다.

만일 오버라이딩된 멤버가 있는 경우에는 상위 클래스와 동일한 가시성 지시자를 갖습니다. 여기서는 Base 클래스의 프로퍼티 b를 하위 클래스인 Derived에서 오버라이딩했기 때문에 가시성 지시자는 상위 클래스와 똑같은 가시성 지시자인 protected를 갖게 됩니다.

자동차와 도둑의 예제

이제 지금까지 배워 온 것들의 이해를 위해 자동차와 도둑 클래스를 작성해 보겠습니다. 먼저 자동차를 위해 Car 클래스를 선언하고 이 클래스를 상속하는 Tico 클래스를 만들 것입니다. 그리고 도둑을 외부 클래스인 Burglar로 작성해 봅시다.

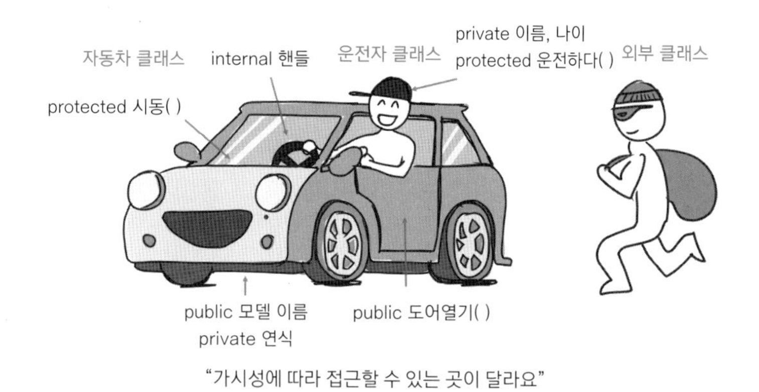

"가시성에 따라 접근할 수 있는 곳이 달라요"

코딩해 보세요! 자동차와 도둑의 예 • 참고 파일 CarVisibilityPublic.kt

```
package chap05.section5.burglar

open class Car protected constructor(_year: Int, _model: String, _power: String, _wheel:
String) { // ①

    private var year: Int = _year
    public var model: String = _model // public은 기본값이므로 생략 가능
    protected open var power: String = _power
    internal var wheel: String = _wheel

    protected fun start(key: Boolean) {
        if (key) println("Start the Engine!")
    }

    class Driver(_name: String, _license: String ) { // ②
        private var name: String = _name
        var license: String = _license // public
        internal fun driving( ) = println("[Driver] Driving( ) - $name")
    }
}

class Tico(_year: Int, _model: String, _power: String, _wheel: String,
           var name: String, private var key: Boolean)
    : Car(_year, _model, _power, _wheel) {
```

```
    override var power: String = "50hp"
    val driver = Driver(name, "first class")

    constructor(_name: String, _key: Boolean)
            : this(2014, "basic", "100hp", "normal", _name, _key) {
        name = _name
        key = _key
    }

    fun access(password: String) {
        if (password == "gotico") {
            println("----[Tico] access( )---------")
            // super.year // ③ private 접근 불가
            println("super.model = ${super.model}") // public
            println("super.power = ${super.power}") // protected
            println("super.wheel = ${super.wheel}") // internal
            super.start(key) // protected

            // driver.name // private 접근 불가
            println("Driver( ).license = ${driver.license}") // public
            driver.driving( ) // internal
        } else {
            println("You're a burglar")
        }
    }
}

class Burglar( ) {
    fun steal(anycar: Any) {
        if (anycar is Tico) { // ④ 인자가 Tico의 객체일 때
            println("----[Burglar] steal( )---------")
            // println(anycar.power) // protected 접근 불가
            // println(anycar.year) // private 접근 불가
            println("anycar.name = ${anycar.name}") // public 접근
            println("anycar.wheel = ${anycar.wheel}") // internal 접근 (같은 모듈 안에 있으므로)
            println("anycar.model = ${anycar.model}") // public 접근

            println(anycar.driver.license) // public 접근
            anycar.driver.driving( ) // internal 접근 (같은 모듈 안에 있으므로)
            // println(Car.start( )) // protected 접근 불가
            anycar.access("dontknow")
        } else {
```

```
            println("Nothing to steal")
        }
    }
}

fun main( ) {
    // val car = Car( ) // protected 생성 불가
    val tico = Tico("kildong", true)
    tico.access("gotico")

    val burglar = Burglar( )
    burglar.steal(tico)
}
```

```
실행 결과
----[Tico] access( )---------
super.model = basic
super.power = 100hp
super.wheel = normal
Start the Engine!
Driver( ).license = first class
[Driver] Driving( ) - kildong
----[Burglar] steal( )---------
anycar.name = kildong
anycar.wheel = normal
anycar.model = basic
first class
[Driver] Driving( ) - kildong
You're a burglar
```

예제의 코드가 약간 길어졌습니다. 지금까지 배운 것을 활용하면 이해하는 데 문제가 없습니다. 먼저 ①번의 Car 클래스의 주 생성자에는 protected 지시자가 있기 때문에 constructor 키워드를 생략할 수 없으며 Car 클래스를 상속한 클래스만이 Car 클래스의 객체를 생성할 수 있습니다.

②번의 Driver 클래스는 Car 클래스 안에 있습니다. Car 클래스를 상속받는 Tico 클래스에서는 access( ) 메서드에서 super를 사용해 상위 클래스에 접근을 시도합니다. 이때 상위 클래스의 private 요소인 ③번의 super.year에는 접근할 수 없습니다. 그 밖의 model, power, wheel 같은 public, protected, internal 요소는 Tico 클래스에서 접근할 수 있습니다.
이제 ④번의 Burglar 클래스를 살펴보면 steal( ) 메서드 하나만 정의하고 있습니다. 여기서 Any 자료형의 매개변수인 anycar를 받아서 검사하고 있습니다. 이때 자료형 검사 키워드인 is를 사용해 Tico의 객체인 경우에 이 Tico 객체인 anycar를 통해 접근을 시도합니다. 이때 name, wheel, model 같은 public, internal 요소는 접근이 가능합니다. 특히 internal의 경우는 파일이 달라져도 같은 모듈에 있으면 접근이 가능합니다.

05-6 클래스와 클래스의 관계

현실 세계에서는 사람들끼리 서로 관계를 맺고 서로 메시지(Message)를 주고받으며, 필요한 경우 서로의 관계를 이용하며 우리의 삶을 풍요롭게 합니다. 혹은 사장과 직원 간의 관계처럼 주로 단방향의 지시 메시지를 보내는 관계도 있습니다. 때로는 자동차와 엔진처럼 종속적인 관계가 만들어져 자동차에서 차체가 없으면 엔진 혼자서는 별로 의미가 없는 경우도 있습니다. 아버지와 아들처럼 상속의 관계도 있지요. 프로그래밍도 마찬가지입니다. 클래스 하나만 덩그러니 남아 있는 경우에는 할 수 있는 게 많지 않죠. 클래스들 간에 관계가 만들어지고 메시지를 전달하면서 복잡한 현실 세계와 비슷하게 프로그래밍을 설계할 수 있습니다.

클래스 혹은 객체 간의 관계

클래스들이나 객체들 간의 관계(Relationship)는 약하게 연결된 관계부터 강하게 결합된 관계가 있습니다. 먼저 약하게 참조되고 있는 관계로 연관(Association)이나 의존(Dependency) 관계가 있습니다. 이런 관계에서는 보통 소유의 개념 없이 어떤 객체에서 또 다른 객체를 '이용한다'라고 말할 수 있죠. 예를 들면 환자와 의사의 관계를 생각해 보면, 의사는 다수의 환자들을 치료할 수 있죠. 또 환자는 의사로부터 치료를 받지만 필요한 경우 다른 의사를 찾아가기도 합니다. 서로 이용하지만 한쪽이 다른 쪽을 소유하는 관계는 아닌 것이죠. 서로의 생명주기(Life-cycle)도 다릅니다. 만일 의사가 환자의 목록을 가지지 않은 상태라면 참조가 없는 단순한 연관 관계이고, 환자가 등록해서 의사의 관리 목록에 있다면 환자 목록을 가진 참조 상태이므로 의존 관계가 됩니다. 이것을 UML 다이어그램으로 나타내 보겠습니다.

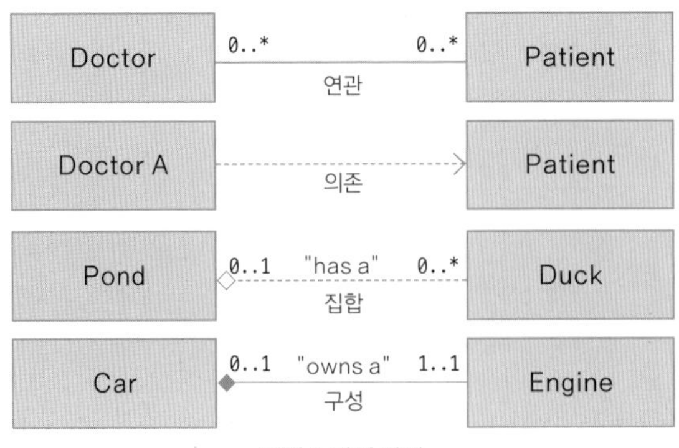

클래스 간의 관계

다이어그램에서 연관 관계는 실선으로 표기하고 의존 관계에 있을 때는 점선 화살표를 사용합니다.

이런 경우도 생각해 봅시다. 가령 연못(Pond) 클래스는 다수의 오리(Duck)를 가질 수 있죠. 연못(Pond)과 같이 무언가 여러 요소를 담을 수 있는 컨테이너 자료형에 해당하는 경우에는 포함 관계를 위한 개수를 적어줍니다. 제로(0), 하나(0..1) 혹은 다수(0..*)의 객체와 연관을 가질 수 있다는 것을 나타내기 위한 표기법을 사용하기도 합니다. 연못에 오리가 한 마리도 없을 경우도 있으니 개수 관계는 0..*로 표기할 수 있습니다. 따라서 연못과 오리는 집합(Aggregation) 관계라고 합니다. 하지만 연못과 오리는 서로 따로 떨어져도 문제가 없습니다. 별도로 서로 따로 존재하는 경우 흰색 다이아몬드 모양의 표기법으로 나타냅니다.

마지막으로 합성 혹은 구성(Composition) 관계에 있는 경우 두 개체가 아주 밀접하게 관련되어 있어 독립적으로 존재하기 힘든 것을 말합니다. 앞에서 살펴본 자동차와 도둑의 예제에서 자동차인 `Car` 클래스는 엔진 `Engine` 클래스를 하나 가지고 있습니다. 이것은 자동차의 구성품으로 자동차 클래스가 파괴되면 엔진도 더 이상 동작하지 않게 되죠. 두 개체 간의 생명주기는 의존되어 있습니다. 이런 구성 관계는 검정 다이아몬드로 표기합니다.

클래스 간의 관계를 판별하는 방법

연관, 의존, 집합, 구성처럼 관계가 많아서 헷갈릴 수 있을 것 같습니다. 클래스 간의 관계는 두 클래스가 서로 참조하느냐 아니냐에 따라 나뉘고, 그런 다음 두 클래스가 생명주기에 영향을 주는지에 따라 나뉠 수 있습니다. 다음 순서도를 보면 클래스 간의 관계를 판단하는데 도움이 될 것입니다.

객체는 서로 독립적으로 존재할 수 있으며 서로 참조를 유지하면 연관 관계입니다. 참조를 유지하지 않는다면 연관보다 약한 의존 관계가 됩니다. 포함 관계에 있지만 객체의 생명주기가 서로 유지되고 있는 경우에는 집합 관계가 되며, 포함 관계의 객체가 사라질 때 같이 사라져 생명주기가 유지되지 않으면 구성 관계입니다. 각각의 관계를 예제를 통해서 이해해 볼까요?

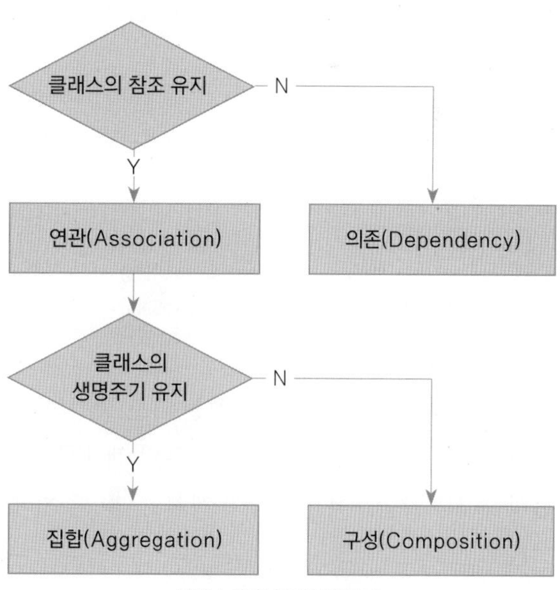

클래스 간의 관계 판별하기

연관 관계

연관(Association) 관계란 2개의 서로 분리된 클래스가 연결을 가지는 것입니다. 단방향 혹은 양방향으로 연결될 수 있습니다. 핵심은 두 요소가 서로 다른 생명주기를 가지고 있다는 점입니다. 다음 예제에서 Patient 클래스와 Doctor 클래스의 관계를 살펴보죠.

코딩해 보세요! 연관 관계 나타내기 • 참고 파일 AssociationTest.kt

```
package chap05.section6.association

class Patient(val name: String) {
    fun doctorList(d: Doctor) { // 인자로 참조
        println("Patient: $name, Doctor: ${d.name}")
    }
}

class Doctor(val name: String) {
    fun patientList(p: Patient) { // 인자로 참조
        println("Doctor: $name, Patient: ${p.name}")
    }
}

fun main( ) {
    val doc1 = Doctor("KimSabu") // 객체가 따로 생성됨
    val patient1 = Patient("Kildong")
    doc1.patientList(patient1)
    patient1.doctorList(doc1)
}
```

실행 결과

```
Doctor: KimSabu, Patient: Kildong
Patient: Kildong, Doctor: KimSabu
```

Doctor와 Patient 클래스의 객체는 따로 생성되며 서로 독립적인 생명주기를 가지고 있습니다. 이 코드에서는 두 클래스가 서로의 객체를 참조하고 있으므로 양방향 참조를 가집니다. 단방향이든 양방향이든 각각의 객체의 생명주기에 영향을 주지 않을 때는 연관 관계라고 합니다.

의존 관계

한 클래스가 다른 클래스에 의존되어 있어 영향을 주는 경우 의존(Dependency) 관계라고 합니다. 예를 들어 Doctor 클래스를 생성하려고 하는데 먼저 Patient의 객체가 필요한 경우 Doctor는 Patient의 객체에 의존하는 관계가 됩니다. 다음 예제를 봅시다.

코딩해 보세요! 의존 관계 나타내기 • 참고 파일 DependencyTest.kt

```
package chap05.section6.dependency

class Patient(val name: String, var id: Int) {
    fun doctorList(d: Doctor) {
        println("Patient: $name, Doctor: ${d.name}")
    }
}

class Doctor(val name: String, val p: Patient) {
    val customerId: Int = p.id

    fun patientList( ) {
        println("Doctor: $name, Patient: ${p.name}")
        println("Patient Id: $customerId")
    }
}

fun main( ) {
    val patient1 = Patient("Kildong", 1234)
    val doc1 = Doctor("KimSabu", patient1)
    doc1.patientList( )
}
```

실행 결과

```
Doctor: KimSabu, Patient: Kildong
Patient Id: 1234
```

Doctor 클래스는 주 생성자에 Patient를 매개변수로 받아야 하므로 Patient 객체가 먼저 생성되어 있어야 합니다. 따라서 Doctor 클래스는 Patient 클래스에 의존됩니다.

집합 관계

집합(Aggregation) 관계는 연관 관계와 거의 동일하지만 특정 객체를 소유한다는 개념이 추가된 것입니다. 앞에서 나타낸 연못(Pond)과 오리(Duck)의 예에서 오리가 특정 연못을 주거지로 삼는다면 연못이 오리를 소유할 수 있는 것이죠. 다음 예제를 작성해 봅시다.

코딩해 보세요! **집합 관계 나타내기** • 참고 파일 AggregationTest.kt

```
package chap05.section6

// 여러 마리의 오리를 위한 List 매개변수
class Pond(_name: String, _members: MutableList<Duck>) {
    val name: String = _name
    val members: MutableList<Duck> = _members
    constructor(_name: String): this(_name, mutableListOf<Duck>( ))
}

class Duck(val name: String)
    fun main( ) {
    // 두 개체는 서로 생명주기에 영향을 주지 않음
        val pond = Pond("myFavorite")
        val duck1 = Duck("Duck1")
        val duck2 = Duck("Duck2")

        // 연못에 오리를 추가 - 연못에 오리가 집합
        pond.members.add(duck1)
        pond.members.add(duck2)

        // 연못에 있는 오리들
        for (duck in pond.members) {
            println(duck.name)
    }
}
```

```
실행 결과
Duck1
Duck2
```

연못은 개념적으로 여럿의 오리를 소유할 수 있습니다. 오리 입장에서는 한 번에 한 연못에서만 놀 수 있습니다. 동시에 다른 연못에서 놀 수는 없죠. 오리 여럿을 추가하기 위해서는 여러

개의 데이터를 담을 수 있는 배열이나 리스트 구조가 필요합니다. 여기서는 MutableList< >
구조를 사용하고 있습니다. 이것은 컬렉션이라고 부르는데 나중에 자세히 살펴볼 것입니다.
여기서는 객체 간의 관계에 집중합니다.
2개의 개체는 따로 생성되어 서로의 생명주기에 영향을 주지는 않습니다. members가 MutableList로 선언되어 있으므로 여러 개의 객체를 담을 수 있는 add( ) 메서드를 사용할 수 있습니다.

```
pond.members.add(duck1)
```

add( ) 메소드는 객체를 리스트 컬렉션에 담습니다. 결국 연못 객체 pond는 오리 객체 duck1과 duck2를 소유하고 있습니다. 마지막으로 반복문의 포함 연산자인 in을 사용하면 컬렉션에 담긴 내용을 순환하면서 duck에 각각의 내용을 확인할 수 있습니다. duck은 오리의 객체이므로 duck.name을 통해서 이름을 읽어 올 수 있습니다

구성 관계

구성(Composition) 관계는 집합 관계와 거의 동일하지만 특정 클래스가 어느 한 클래스의 부분이 되는 것입니다. 구성품으로 지정된 클래스는 생명주기가 소유자 클래스에 의존되어 있습니다. 만일 소유자 클래스가 삭제되면 구성하고 있던 클래스도 같이 삭제됩니다. 다음 예제를 살펴보겠습니다.

코딩해 보세요! **구성 관계 나타내기** • 참고 파일 CompositionTest.kt

```
package chap05.section6.composition

class Car(val name: String, val power: String) {
    private var engine = Engine(power) // Engine 클래스 객체는 Car에 의존적

    fun startEngine( ) = engine.start( )
    fun stopEngine( ) = engine.stop( )
}

class Engine(power: String) {
    fun start( ) = println("Engine has been started.")
    fun stop( ) = println("Engine has been stopped.")
}
```

```
fun main( ) {
    val car = Car("tico", "100hp")
    car.startEngine( )
    car.stopEngine( )
}
```

```
실행 결과
Engine has been started.
Engine has been stopped.
```

Engine 클래스는 Car 클래스의 생명주기에 의존적입니다. car 객체를 생성함과 동시에 Engine 클래스의 객체도 생성됩니다. 집합 관계와 달리 구성 관계에서는 만일 car 객체가 삭제되면 동시에 engine 객체도 삭제됩니다. 이렇게 관계에 따라 클래스를 정의하면 현실 세계의 문제를 쉽게 프로그래밍으로 풀어낼 수 있습니다.

객체 간의 메시지 전달하기

두 객체 간의 메시지 전달(Message Sending)은 프로그래밍에서 아주 흔하며 시간의 흐름에 따라 일어나는 경우가 대부분이기 때문에 주로 UML의 시퀀스 다이어그램(Sequence Diagram)으로 표현합니다.

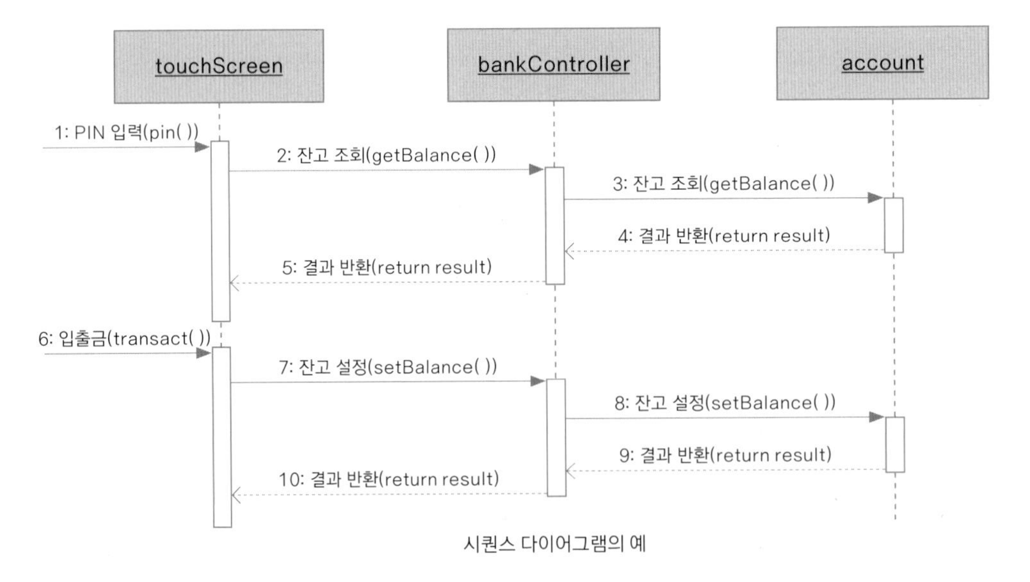

시퀀스 다이어그램의 예

앞의 시퀀스 다이어그램은 클래스로부터 만들어진 3개의 객체로 볼 수 있습니다. touchScreen, bankController, account의 관계를 보여주며 세로 점선은 시간의 흐름을 나타냅니다. 각 화살표는 주고받을 메시지이며 반환되어 돌아올 때는 점선으로 표기합니다. touchScreen은 사용자와 직접 상호작용이 일어나며 이를 통해 내부 개체에 메시지로 비밀번호를 전달해 은행의 잔고 정보를 돌려주기까지의 과정과 입금하는 과정에서 새로운 데이터를 보내는 과정을 처리하고 있습니다. 이것을 프로그램의 흐름으로 보면 다음과 같은 과정이 일어나는 것이죠.

```
...
touchscreen.pin( )

class Touchscreen {
    fun pin( ) {
        ...
        bankController.getBalance("123-456"))
    }
}

class BankController {
    fun getBalance(val account: String) {
        ...
        account.getBalance( )
    }
}
...
```

보통 메시지는 받는 수신자와 실행할 메서드가 사용됩니다. 메서드에는 매개변수로 원하는 메시지를 보낼 수 있습니다.

Q1 코틀린의 클래스 선언에 대한 설명으로 틀린 것은 무엇일까요?

① 클래스는 주(primary) 생성자를 가지면서 부(secondary) 생성자를 가질 수 있다.

② 특별한 가시성 제한자나 애노테이션이 없다면 constructor 키워드는 생략할 수 있다.

③ 클래스의 기본 가시성 제한자는 public이다.

④ 클래스는 다른 클래스가 상속할 수 있는 형태로 선언되어야 한다.

Q2 클래스의 멤버로 초기화 블록, ________, ________, 중첩 클래스나 이너 클래스가 포함될 수 있습니다.

Q3 주 생성자를 선언하려고 합니다. 다음 밑줄에 들어가야 할 키워드는 무엇인가요?

```
class Customer public @Inject ____________(name: String) { ... }
```

정답 Q1 ④, 코틀린의 클래스는 open이라는 키워드가 없으면 다른 클래스가 상속할 수 없도록 닫힌 상태로 선언됩니다.
Q2 메서드, 프로퍼티 Q3 constructor, @Inject을 사용하면 constructor 키워드를 생략할 수 없습니다.

06

프로퍼티와 초기화

코틀린의 클래스의 프로퍼티는 변수와 접근 메서드가 포함된 개념입니다. 보통 변수에 접근하기 위해 사용하는 접근 메서드는 게터(Getter)와 세터(Setter)라고 부릅니다. 게터는 변수에서 값을 읽어 들이기 위한 메서드이며 세터는 값을 할당하기 위한 메서드입니다. 자바에서는 게터와 세터의 역할을 하는 메서드를 직접 만들어 두어야 합니다. 하지만 코틀린에서 프로퍼티는 게터와 세터를 자동으로 만듭니다. 또 코틀린에서는 프로퍼티는 반드시 초기화되어야 하는데 나중에 초기화할 수 있도록 lateinit과 lazy를 사용하는 기법이 있습니다. 그러면 이 장에서는 프로퍼티를 다루는 여러 가지 기법을 살펴봅니다!

06-1 프로퍼티의 접근

앞 장에서 열심히 배운 것처럼 코틀린에서는 클래스 내에 선언한 변수를 '프로퍼티'라고 부릅니다. 자바에서는 이런 변수를 '필드'라고 부르고 있는데요. 자바의 필드와 코틀린의 프로퍼티에는 중요한 차이가 있습니다. 자바의 필드는 단순한 변수 선언 부분만을 가지기 때문에 접근하기 위한 메서드를 일일이 만들어 두어야 합니다. 하지만 코틀린에서는 변수 선언 부분과 기본적인 접근 메서드를 모두 가지고 있기 때문에 프로퍼티라는 새로운 이름으로 부르는 것입니다. 그럼 먼저 자바에서 필드를 사용할 때 발생하는 문제점을 파악하고 코틀린의 프로퍼티를 사용해 봅시다.

자바에서 필드를 사용할 때의 문제점

혹시 자바를 공부한 적이 있나요? 그렇다면 자바에서 필드에 접근하기 위한 방법은 무엇인지 복습하는 기분으로 필드를 사용할 때 문제점을 파악해 봅시다. 공부한 적이 없다면 자바의 단점을 알게 될 것입니다. 자바에서 클래스의 멤버인 필드, 메서드에 어떻게 접근하는지 이야기해 보겠습니다.

어떤 사람의 이름과 나이에 대한 정보를 나타내기 위해 `Person` 클래스에 변수에 해당하는 `name`, `age`라는 필드를 가지고 있다고 가정합시다. `name`, `age`를 공개하고 싶지 않다면 가시성 지시자로 `private`을 지정할 수 있습니다. 그러면 `age` 필드는 해당 필드가 속한 `Person` 클래스 내부의 코드가 아닌 곳에서는 접근할 수 없습니다. 그러면 이름과 나이를 읽거나 설정하려면 어떻게 해야 할까요?

바로 접근 메서드의 2가지 형태인 게터(Getter)와 세터(Setter)를 만드는 것입니다. 자바에서는 각 필드를 읽어 들이기 위해 게터를 만들고 값을 할당하기 위해 세터를 직접 만들어 줘야 합니다. 예를 들면 `age` 필드의 경우 `getAge( )`, `setAge( )`라는 게터와 세터를 만들어야 필드에 접근하고 설정할 수 있습니다. 2개 메서드를 합쳐서 접근자 혹은 접근 메서드라고 하죠. 다음 클래스 다이어그램을 봅시다.

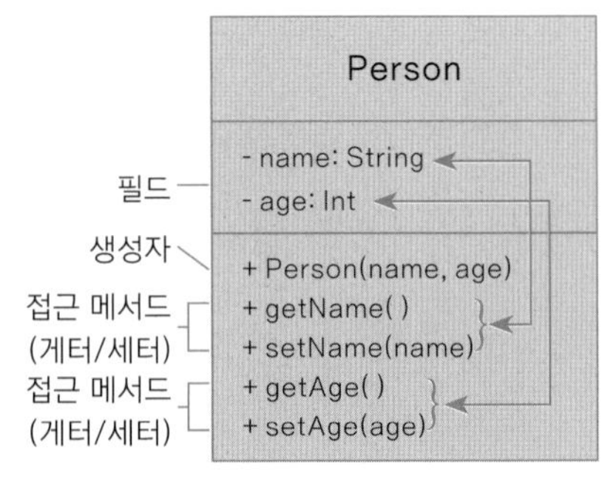

프로퍼티 접근자인 게터/세터 메서드

게터와 세터가 있으면 각 필드는 외부에서 직접 접근할 수 없게 되고 필요한 경우에만 게터와 세터를 통해서만 값을 읽거나 지정할 수 있습니다. 다양한 개체가 필드에 직접 접근하게 하면 데이터의 무결성이 깨질 수 있고 보안상 문제도 있기 때문에 이런 접근 메서드를 사용합니다. 다음은 클래스의 접근 메서드를 표현한 자바 코드입니다. IntelliJ IDEA의 Project 창에서 마우스 오른쪽 버튼을 누르고 [New > Java Class]를 선택하여 자바 코드를 작성해 보기 바랍니다.

코딩해 보세요! **자바의 Person 클래스와 접근 메서드** • 참고 파일 PersonTest.java

```
package chap06.section1;

class Person {
    // 멤버 필드
    private String name;
    private int age;

    // 생성자
    public Person(String name, int age) {
        this.name = name;
        this.age = age;
    }
    // 게터와 세터
    public String getName( ) {
        return name;
    }

    public void setName(String name) {
        this.name = name;
    }

    public int getAge( ) {
        return age;
    }

    public void setAge(int age) {
        this.age = age;
    }
}

class Main {
    public static void main(String[] args) {
        Person p1 = new Person("Kildong", 30);
        // p1.name = "Dooly" // ① 오류! 접근 불가
```

```
        p1.setName("Dooly"); // ② 세터에 의한 접근
        System.out.println(p1.getName( )); // ③ 게터에 의한 접근
    }
}
```

```
실행 결과
Dooly
```

자바의 게터는 반환값의 자료형이 참조할 멤버 필드의 자료형과 일치해야 합니다. Name은 String형이고, Age는 int형이므로 getName( )과 getAge( )는 각각 String과 int형의 반환 자료형을 가지고 있습니다. 세터의 반환 자료형은 보통 void이지만 설정 결과를 알려줄 수 있는 자료형을 설정할 수 있습니다. 각 세터의 매개변수도 멤버 필드와 동일한 자료형이어야 합니다. ①번의 소스 코드처럼 필드에 직접 접근할 수 없고 ②번과 ③번처럼 게터나 세터를 통한 접근만 허용합니다.

이렇게 자바에서는 게터와 세터에 해당하는 접근 메서드를 직접 만들어야 했습니다. 따라서 자바의 필드가 점점 늘어나면 그와 상응하는 접근 메서드도 아주 많아지게 되어 코드가 아주 읽기 어렵게 됩니다. 자바의 최대 단점이죠.

하지만 코틀린에서는 각 프로퍼티에 게터와 세터가 자동으로 만들어집니다. 위와 같은 자바 코드는 다음과 같이 축약됩니다.

```
class Person(var name: String, var age: Int)
```

코틀린에서는 단 한 줄이면 됩니다! 와우! 어떻게 이것이 가능할까요? 그러면 이제 코틀린의 게터와 세터가 동작하는 방식과 프로퍼티에 대해 좀 더 살펴봅시다.

코틀린에서 게터와 세터가 작동하는 방식

먼저 자바에서 필드라고 부르는 것과 달리 클래스의 변수의 선언 부분을 코틀린에서는 프로퍼티라고 부르는데 그 이유를 파악해 봅시다.

주 생성자에서 받은 매개변수 _id, _name, _age는 클래스 안에 있는 프로퍼티 id, name, age에 할당됩니다.

코딩해 보세요! **게터와 세터 동작 확인하기** • 참고 파일 GetterSetterTest.kt

```
// 주 생성자에 3개의 매개변수 정의
class User(_id: Int, _name: String, _age: Int) {
    // 프로퍼티
    val id: Int = _id // 불변(읽기 전용)
    var name: String = _name // 변경 가능
    var age: Int = _age // 변경 가능
}
```

위와 같은 표현은 다음과 같이 간소화할 수 있습니다.

```
class User(val id: Int, var name: String, var age: Int)
```

여기서 id는 val로 선언된 불변 값 프로퍼티이며, name과 age는 var로 선언되어 나중에 변경 가능한 가변형 프로퍼티라는 점을 눈여겨봐야 합니다.
그럼 main( ) 함수에서 객체를 생성하고 각 프로퍼티에 접근해 봅시다.

코딩해 보세요! **게터와 세터 동작 확인하기** • 참고 파일 GetterSetterTest.kt

```
fun main( ) {
    val user = User(1, "Sean", 30)

    val name = user.name // 게터에 의한 값 획득

    user.age = 41 // 세터에 의한 값 지정

    println("name: $name, ${user.age}")
}
```

객체 user를 생성하고 점(.) 표기법으로 프로퍼티에 접근합니다. user.name은 프로퍼티에 직접 접근하는 것처럼 보이나 코틀린 내부적으로 접근 메서드가 내장되어 있습니다. 실제로는 getName( )과 같은 코틀린 내부의 게터 메서드를 통해 접근하는 것입니다. user.age = 41처럼 프로퍼티에 값을 할당하면 반대로 setAge( )와 같은 세터 메서드를 사용하는 것입니다.
그런데 여기서 val로 설정되어 있던 id에 값을 할당하려고 시도하면 오류가 발생합니다.

```
user.id = 2 // 읽기 전용 프로퍼티에는 세터로 값을 다시 지정할 수 없음
```

val로 선언된 프로퍼티는 값을 변경할 수 없는 읽기 전용이기 때문에 값을 바꾸는 세터를 사용할 수 없습니다.

이해를 돕기 위해 이 코드를 역컴파일해 봅시다. [Tools 〉 Kotlin 〉 Show Kotlin Bytecode] 메뉴를 차례로 선택합니다. 생성된 바이트코드의 [Decompile] 버튼을 누르고 소스 코드를 살펴봅시다.

```
// GetterSetterTestKt.java
...
public final class GetterSetterTestKt {
   public static final void main( ) {
      User user = new User(1, "Sean", 30);
      String name = user.getName( ); // 게터 메서드 getName( ) 사용
      user.setAge(41); // 세터 메서드 setAge( ) 사용
      String var2 = "name: " + name + ", " + user.getAge( );
      System.out.println(var2);
   }
}
// User.java
...
public final class User {
   private final int id;
   @NotNull
   private String name;
   private int age;

   public final int getId( ) { // id는 val로 되어 있어 읽기 전용이므로 getId( )만 생성되어 있음
      return this.id;
   }

   @NotNull
   public final String getName( ) {
      return this.name;
   }

   public final void setName(@NotNull String var1) {
      Intrinsics.checkParameterIsNotNull(var1, "<set-?>");
      this.name = var1;
   }

   public final int getAge( ) {
      return this.age;
```

```
    }

    public final void setAge(int var1) {
        this.age = var1;
    }

    public User(int _id, @NotNull String _name, int _age) {
        Intrinsics.checkParameterIsNotNull(_name, "_name");
        super( );
        this.id = _id;
        this.name = _name;
        this.age = _age;
    }
}
```

변환된 코드를 보면 name과 age에는 각각 getName( )과 setName( ), getAge( )와 setAge( )로 게터와 세터가 생성되어 있지만 val로 선언된 id는 setId( )가 없고 getId( )만 존재하는 것을 알 수 있습니다. 코틀린 코드도 실행하면 JVM에서 동작하기 때문에 변환된 코드는 자바 코드와 거의 동일합니다. 코틀린에서는 별도로 게터와 세터를 지정하지 않았지만, 자바로 변환된 코드를 보면 프로퍼티에 대한 게터와 세터 접근 메서드가 자동으로 만들어져, 해당 프로퍼티에 접근할 때 이용되는 것을 알 수 있습니다. 이처럼 코틀린에서는 게터와 세터를 자동적으로 처리해 준 덕분에 코드의 양이 확 줄어들었습니다.

```
코틀린의 user.name → 자바의 user.getName( ) 형태와 같다.
코틀린의 user.age = 41 → 자바의 user.setAge(41) 형태와 같다.
```

기본 게터와 세터 직접 지정하기

이제 코틀린의 프로퍼티에서 게터와 세터가 자동으로 생성된다는 것을 이해했을 것입니다. 그렇다면 기본 게터와 세터를 직접 작성해 봅시다. 먼저 게터와 세터가 포함되는 프로퍼티 선언에 대한 구조를 보겠습니다.

```
var 프로퍼티 이름[: 프로퍼티 자료형] [= 프로퍼티 초기화]
    [get( ) { 게터 본문 } ]
    [set(value) {세터 본문}]
val 프로퍼티 이름[: 프로퍼티 자료형] [= 프로퍼티 초기화]
    [get( ) { 게터 본문 } ]
```

프로퍼티를 var로 선언하는 경우에는 게터와 세터 둘 다로 선언할 수 있지만, val로 선언하는 경우에는 게터만 가능합니다. 이제 예제로 직접 만들어 보겠습니다.

코딩해 보세요! **기본 게터와 세터 지정하기** • 참고 파일 NormalGetterSetter.kt

```
class User(_id: Int, _name: String, _age: Int) {
    // 프로퍼티
    val id: Int = _id
        get( ) = field

    var name: String = _name
        get( ) = field
        set(value) {
            field = value
        }

    var age: Int = _age
        get( ) = field
        set(value) {
            field = value
        }
}

fun main( ) {
    val user1 = User(1, "Kildong", 30)
    // user1.id = 2 // val 프로퍼티는 값 변경 불가
    user1.age = 35 // 세터
    println("user1.age = ${user1.age}") // 게터
}
```

실행 결과

```
user1.age = 35
```

id, name, age 등 각 프로퍼티의 들여쓰기 위치에 get( )과 set( )을 사용해 게터와 세터를 지정했습니다. 이 코드는 자동 생성되는 코드와 동일하기 때문에 IntelliJ IDEA 편집기 화면에서는 게터와 세터가 중복되므로 삭제할 것을 권장하고 있습니다. 그러나 실험을 위해서 그대로 실행해 봅시다.

코드가 문제없이 잘 작동합니다. 여기서는 user1.age = 35에서 세터가 동작하며 출력문의 user1.age에서 게터가 동작합니다. 위 코드를 보면 get( )과 set( )에 특수한 변수 field와 value가 보입니다. 이 변수는 게터와 세터에 사용되므로 잘 기억해 두어야 합니다. 다음은 value와 field의 용도를 정리한 것입니다.

```
value: 세터의 매개변수로 외부로부터 값을 가져옴
field: 프로퍼티를 참조하는 변수
```

value는 세터의 매개변수를 가리키며 외부로부터 전달된 값을 저장해 둡니다. 객체를 생성한 후 user1.age = 35 형태로 사용하면 정숫값이 매개변수 인자로 들어와 value에 할당되는 것이죠. value라는 이름은 정해진 이름은 아니므로 다른 이름으로 변경해 사용할 수 있습니다. 하지만 field는 이름이 정해져 있어 변경할 수 없습니다.

보조 필드의 역할

field는 프로퍼티를 참조하는 변수로 보조 필드(Backing Field)라고도 합니다. get( ) = field는 결국 각 프로퍼티의 값을 읽는 특별한 식별자입니다. 만일 게터와 세터 안에서 field 대신에 get( ) = age와 같이 사용하면 프로퍼티의 get( )이 다시 호출되는 것과 같으므로 무한 재귀 호출에 빠져 스택 오버플로 오류가 발생할 수 있습니다. 그래서 임시적인 보조 필드를 따로 사용해 프로퍼티 변수에 접근하는 것이죠. set( )에도 값을 할당하기 위해 프로퍼티 이름을 직접 사용하지 않도록 주의해야 합니다. 예를 들어 다음과 같이 세터에 보조 필드인 field 대신에 프로퍼티 이름을 직접 넣으면 어떻게 되는지 살펴봅시다.

```
var name: String = _name
    get( ) = field
    set(value) {
        name = value // 결국 자바로 변환되어 this.setName(value) 형태가 됨
    }
...
```

```
실행 결과
Exception in thread "main" java.lang.StackOverflowError
...
```

위에서 보는 것처럼 name = value는 this.setName(value) 형태로 변환되기 때문에 지속적으로 setName( )이 계속 호출되다가 어느 순간 스택이 꽉 차게 되어 스택 오버플로 오류가 발생합니다.

field를 사용하면 의도대로 코틀린 내부적으로 다음과 같이 변환되므로 field를 적절히 사용해 게터와 세터를 작성해야 합니다.

```
...
this.name = value // field는 this.name으로 변환됨
...
```

지금은 본문 내용이 단순하지만 좀 더 확장하면 우리가 원하는 방식으로 게터와 세터를 변경할 수도 있습니다. 그러면 사용자 고유의 게터와 세터를 작성하는 방법을 살펴봅시다.

커스텀 게터와 세터의 사용

앞에서 살펴봤듯 사용자가 직접 게터와 세터를 정의하면서 새로운 내용을 작성하는 것을 커스텀(Custom) 게터와 세터라고 합니다. 단순히 값을 반환하거나 설정할 때는 굳이 게터와 세터를 따로 지정하지 않아도 됩니다. 그러나 입력 문자를 대문자로 바꾸는 등의 특정 연산을 수행해야 한다면 게터와 세터를 확장해 코드를 구성할 수 있어 아주 편리합니다.

코딩해 보세요! **커스텀 게터와 세터 사용하기** • 참고 파일 CustomGetterSetter.kt

```
package chap06.section1.customgetset

class User(_id: Int, _name: String, _age: Int) {
    val id: Int = _id
    var name: String = _name
        set(value) {
            println("The name was changed")
            field = value.toUpperCase( ) // ① 받은 인자를 대문자로 변경해 프로퍼티에 할당
        }

    var age: Int = _age
}

fun main( ) {
    val user1 = User(1, "kildong", 35)
    user1.name = "coco"  // ② 여기서 사용자 고유의 출력 코드가 실행
    println("user3.name = ${user1.name}")
}
```

```
실행 결과
The name was changed
user3.name = COCO
```

프로퍼티 name의 세터에서 제대로 값이 바뀌었는지를 개발자에게 알려주기 위해 "The name was changed"를 출력하고 ①번처럼 field = value.toUpperCase( )에 의해 받은 인자를 대문자로 변경해 프로퍼티에 할당합니다. 이제 ②번의 user1.name = "coco"처럼 접근하면 사용자가 변경한 새로운 세터가 실행됩니다. 즉, 대문자로 바뀐 "COCO"가 출력됩니다.
만일 보안 때문에 외부에서 name에 접근해서 사용하지 못하게 하려면 가시성 지시자를 넣어줄 수 있습니다. 예를 들어 set 앞에 private과 같은 가시성 지시자를 넣어 주면 외부에서 프로퍼티에 값을 할당할 수 없습니다.

```
...
var name: String = _name
    private set
```

그러면 외부에서 객체 생성 후 user.name = "test"와 같이 값을 재할당하는 것이 금지됩니다.

보조 프로퍼티의 사용

만일 보조 필드를 사용하지 않는 경우에는 임시적으로 사용할 프로퍼티를 선언해 놓고 게터나 세터에서 사용할 수 있습니다. 다음은 보조 프로퍼티 tempName을 정의하고 name 프로퍼티의 게터에서 임시로 사용한 예제입니다.

코딩해 보세요! **임시적인 보조 프로퍼티 사용하기** • 참고 파일 CustomGetterSetterBackingProperty.kt

```
package chap06.section1.customproperty

class User(_id: Int, _name: String, _age: Int) {
    val id: Int = _id
    private var tempName: String? = null
    var name: String = _name
        get( ) {
            if (tempName == null) tempName = "NONAME"
            return tempName ?: throw AssertionError("Asserted by others")
        }
    var age: Int = _age
```

```
}

fun main( ) {
    val user1 = User(1, "kildong", 35)
    user1.name = ""
    println("user3.name = ${user1.name}")
}
```

실행 결과

```
user3.name = NONAME
```

이 소스 코드에서 사용한 tempName은 이름이 null이 되는 경우를 처리하기 위해 임시적으로 사용하는 프로퍼티입니다. 이런 경우 보조 필드인 field를 사용하지 않고 추가로 내부의 프로퍼티를 임시로 선언해 사용할 수 있습니다. 이것이 보조 프로퍼티라고 합니다.

프로퍼티의 오버라이딩

프로퍼티는 기본적으로 오버라이딩할 수 없는 final 형태로 선언됩니다. 만일 프로퍼티를 오버라이딩 가능하게 하려면 open 키워드를 사용해 프로퍼티를 선언해야 합니다. 다음 예제를 보겠습니다.

코딩해 보세요! 프로퍼티의 오버라이딩 사용하기 • 참고 파일 PropertyOverride.kt

```
package chap06.section1

open class First {
    open val x: Int = 0 // ① 오버라이딩 가능
      get( ) {
          println("First x")
          return field
      }
    val y: Int = 0 // ② open 키워드가 없으면 final 프로퍼티
}

class Second : First( ) {
    override val x: Int = 0 // ③ 상위 클래스와 구현부가 다르게 오버라이딩됨
      get( ) {
```

```
            println("Second x")
            return field + 3
        }
    // override val y: Int = 0 // ④ 오류! 오버라이딩 불가
}

fun main( ) {
    val second = Second( )
    println(second.x) // ⑤ 오버라이딩된 두 번째 클래스 객체의 x
    println(second.y) // 상위 클래스로부터 상속받은 값
}
```

```
실행 결과
Second x
3
0
```

First 클래스는 x와 y의 프로퍼티를 가지고 있습니다. x는 ①번과 같이 open으로 정의되어 있으므로 하위 클래스인 Second에서 오버라이딩할 수 있습니다. 이 예제에서는 x의 게터를 ③번과 같이 override와 함께 게터가 재정의되어 새롭게 작성되었습니다. 따라서 실행 시 ⑤번처럼 오버라이딩된 구현부가 동작합니다. 하지만 y의 경우에는 open 키워드가 없어 오버라이딩을 할 수 없습니다. 오버라이딩 시 상위 클래스에 프로퍼티를 val로 정의한 경우에는 하위 클래스에서 var로 변경할 수 있습니다. 반대로 var를 val로 변경할 수는 없습니다.

프로퍼티를 이용한 나이 속이기 예제

이제 커스텀 게터와 세터를 마무리하면서 예제를 만들어 보겠습니다. 보통 나이를 물어보면 어렸을 땐 높여 말하고, 나이가 많을 땐 약간 낮춰 말하기도 하죠? 커스텀 게터와 세터를 통해 구현해 봅시다. 나이를 받아들이는 세터를 구성해 인자가 18세 미만인 경우는 18세로 설정하고, 18세부터 30세 범위에 있는 경우에는 사실 그대로 값을 유지합니다. 그 외의 30세 초과인 경우에는 제시된 인자에서 3세를 빼고 설정하도록 구현해 봅니다.

코딩해 보세요! 세터를 이용한 나이 속이기 • 참고 파일 FakeAgeTest.kt

```
package chap06.section1

fun main( ) {
    val kim = FakeAge( )
    kim.age = 15
    println("Kim's real age = 15, pretended age = ${kim.age}")

    val hong = FakeAge( )
    hong.age = 35
    println("Hong's real age = 35, pretended age = ${hong.age}")
}

class FakeAge {
    var age: Int = 0
        set(value) { // 나이에 따라 판별하는 세터
            field = when {
                value < 18 -> 18
                value in 18..30 -> value
                else -> value - 3
            }
        }
}
```

실행 결과

```
Kim's real age = 15, pretended age = 18
Hong's real age = 35, pretended age = 32
```

이 소스 코드에서 세터는 인자가 없는 when문을 사용해 조건에 따라 값을 보조 필드인 field에 할당했습니다. 물론 if문을 사용해도 되지만 조건식이 많아지면 when문이 편리합니다. 이렇게 해서 kim의 실제 나이는 15세이지만 게터에 의해 값을 읽으면 18세가 나오고, 실제 나이가 35세인 hong은 그보다 낮은 32세를 반환합니다.

06-2 지연 초기화와 위임

이제 프로퍼티의 지연 초기화에 대해 살펴보겠습니다. 지연 초기화는 왜 필요할까요? 프로퍼티를 선언하면 기본적으로 모두 초기화해야 합니다. 하지만 객체의 정보가 나중에 나타나는 경우 객체 생성과 동시에 초기화하기 힘든 경우가 있죠? 그럴 때 지연 초기화를 사용하는 것입니다.
보통 클래스에서는 기본적으로 선언하는 프로퍼티 자료형들은 null을 가질 수 없기 때문에 생성자에서 초기화하거나 매개변수로부터 값을 초기화해야 하는 것이 규칙입니다. 그러면 초기화를 미루려면 어떻게 할까요? 지연 초기화 `lateinit`과 `lazy` 키워드를 통해 이를 사용할 수 있습니다.

lateinit을 사용한 지연 초기화

기본 자료형들은 생성자에서 반드시 초기화되어야 하지만 의존성이 있는 초기화나 유닛 테스트를 위한 코드를 작성하면서 설정에 의한 초기화를 할 때는 매번 초기화하기가 불편합니다. 예를 들어 `Car` 클래스의 초기화 부분이 `Engine` 클래스와 의존성을 가질 때 `Engine` 객체가 생성되지 않으면 완전하게 초기화할 수 없습니다. 이처럼 특정 객체의 의존성이 있는 경우에는 지연 초기화를 해야 합니다. 또 해당 자료형의 프로퍼티를 즉시 사용하지 않는데도 미리 생성해서 초기화한다면 메모리가 사용되어 낭비될 수 있죠. 모듈별로 소스 코드를 테스트하는 유닛 테스트를 할 때는 임시적으로 객체를 생성시켜야 하는 경우가 많습니다. 이때도 지연 초기화를 사용해야 하죠.

프로퍼티 지연 초기화하기

먼저 프로퍼티를 지연 초기화하는 방법을 살펴보겠습니다. 클래스를 선언할 때 프로퍼티 선언은 null을 허용하지 않습니다. 하지만 지연 초기화를 위한 `lateinit` 키워드를 사용하면 프로퍼티에 값이 바로 할당되지 않아도 컴파일러에서 허용하게 됩니다. 컴파일러에게 나중에 할당한다고 알려주는 것이죠. 단 실행할 때까지 값이 비어 있는 상태면 오류를 유발할 수 있으니 주의해야 합니다.
프로퍼티를 초기화하는 방법은 지금까지 배운 주 생성자에서 초기화, `init` 블록 초기화, 부 생성자 초기화, 매개변수의 기본값 초기화 등을 사용할 수 있었습니다. 잘 기억이 안 나면 다시 05장의 생성자 부분을 참고하세요! 생성자를 통한 매개변수 초기화를 제외하고 몇 가지를 살펴보면 다음과 같습니다.

```
// init 블록을 통한 초기화
class Person {
    var name: String
    init {
        name = "NONAME" // 프로퍼티 name이 "NONAME"으로 초기화
    }
}
```

위의 예제는 프로퍼티에 대한 초기화를 init 블록을 통해서 하는 것을 보여줍니다. 다음은 프로퍼티 name에 할당 연산자(=)를 사용해 기본값을 넣어 초기화하는 것을 나타냅니다.

```
class Person {
    var name: String = "NONAME" // 선언과 동시에 기본값 초기화
}
```

그러면 이제 지연 초기화를 위해 lateinit을 사용해 봅시다. lateinit은 var로 선언된 프로퍼티에만 사용할 수 있다는 제한이 있습니다. 또 프로퍼티에 대한 게터와 세터를 사용할 수 없습니다.

lateinit의 제한

- var로 선언된 프로퍼티만 가능하다.
- 프로퍼티에 대한 게터와 세터를 사용할 수 없다.

그러면 lateinit을 사용한 예를 살펴보겠습니다.

코딩해 보세요! lateinit을 사용해 지연 초기화하기 • 참고 파일 LateinitTest.kt

```
package chap06.section2

class Person {
    lateinit var name: String // ① 지연 초기화를 위한 선언

    fun test( ) {
```

```
        if(!::name.isInitialized) { // ② 프로퍼티의 초기화 여부 판단
            println("not initialized")
        } else {
            println("initialized")
        }
    }
}

fun main( ) {
    val kildong = Person( )
    kildong.test( )
    kildong.name = "Kildong" // ③ 이 시점에서 초기화됨(지연 초기화)
    kildong.test( )
    println("name = ${kildong.name}")
}
```

```
실행 결과
not initialized
initialized
name = Kildong
```

소스 코드 중 ①번에서 Person 클래스의 name 프로퍼티를 lateinit으로 선언했습니다. 그러면 name 프로퍼티는 초기화하지 않은 채 선언할 수 있습니다. 즉 main( ) 함수의 블록에서 val kildong = Person( )으로 객체를 생성해도 name은 초기화되지 않습니다. lateinit은 지연된 초기화를 허용해, 프로퍼티에 값을 할당하지 않아도 오류가 발생하지 않습니다.

②번의 isInitialized는 프로퍼티가 초기화되었는지 검사하는 코틀린 표준 함수의 API입니다. 프로퍼티 참조를 위해 콜론 2개(::)를 사용했습니다. 만일 isInitialized가 true를 반환하면 프로퍼티가 할당되었다는 뜻이며 false를 반환하면 할당되지 않았다는 뜻입니다. 느낌표(!) 연산자는 Boolean 값의 반대를 의미하므로 첫 번째 조건식 if(!::name.isInitialized)가 false일 경우를 판단합니다.

③번에서 kildong.name = "Kildong"과 같이 값이 할당되면 이때 name이 초기화됩니다! 생성 시점이 아닌 특정 본문 내에서 name을 늦게 초기화할 수 있었습니다. 만일 name을 아무데도 초기화하지 않고 그냥 사용하면 어떻게 될까요? 만일 값을 할당하지 않고 사용하면 다음과 같은 예외 오류를 만나게 됩니다.

```
kotlin.UninitializedPropertyAccessException: lateinit property name has not been initialized
```

컴파일러에서는 예외 오류를 감지하지 않기 때문에 깜빡하고 값 할당을 잊으면 안 됩니다.

객체 지연 초기화하기

생성자를 통해 객체를 생성할 때도 lateinit을 사용해 필요한 시점에 객체를 지연 초기화할 수 있습니다. 다음 소스 코드를 살펴봅시다.

```
data class Person(var name:String, var age:Int)

lateinit var person1: Person // 객체 생성의 지연 초기화

fun main( ) {
    person1 = Person("Kildong",30) // 생성자 호출 시점에서 초기화됨
    print(person1.name + " is " + person1.age.toString( ))
}
```

main( ) 함수 밖의 person1 객체는 생성자를 통해 선언되지 않았습니다. 하지만 lateinit에 의해서 지연 초기화를 할 수 있기 때문에 오류를 발생하지 않습니다. 실제로 person1의 초기화는 main( ) 함수의 블록 본문에서 생성자를 통해 지연 초기화를 하고 있습니다.

lazy를 사용한 지연 초기화

lateinit을 통해서 프로퍼티나 객체를 선언할 때는 val은 허용하지 않고 var로 선언해야 했습니다. 하지만 var로 선언하면 객체나 프로퍼티의 경우 언제든 값이 변경될 수 있는 단점이 있습니다. 그렇다면 읽기 전용의 val로 선언한 객체나 프로퍼티를 나중에 초기화하려면 어떻게 할까요? 바로 lazy를 적용하면 됩니다. lazy는 다음 특징이 있습니다.

- 호출 시점에 by lazy {...} 정의에 의해 블록 부분의 초기화를 진행한다.
- 불변의 변수 선언인 val에서만 사용 가능하다(읽기 전용).
- val이므로 값을 다시 변경할 수 없다.

프로퍼티 지연 초기화하기

lazy는 val을 사용하는 읽기 전용의 프로퍼티를 지연 초기화할 때 매우 유용합니다. lazy는 람다식으로 구성되어 lazy 인스턴스 반환값을 가지는 함수입니다. lazy를 사용하는 프로퍼티를 선언해 봅시다.

코딩해 보세요! by lazy로 선언된 프로퍼티 지연 초기화하기 • 참고 파일 ByLazyTest.kt

```
package chap06.section2

class LazyTest {
    init {
        println("init block") // ②
    }

    val subject by lazy {
        println("lazy initialized") // ⑥
        "Kotlin Programming" // ⑦ lazy 반환값
    }
    fun flow( ) {
        println("not initialized") // ④
        println("subject one: $subject") // ⑤ 최초 초기화 시점!
        println("subject two: $subject") // ⑧ 이미 초기화된 값 사용
    }
}

fun main( ) {
    val test = LazyTest( ) // ①
    test.flow( ) // ③
}
```

실행 결과

```
init block
not initialized
lazy initialized
subject one: Kotlin Programming
subject two: Kotlin Programming
```

먼저 ①번에 의해 test 객체를 생성합니다. 이때 초기화 블록의 내용인 ②번이 실행됩니다. 아직 subject 프로퍼티는 by lazy에 의해 초기화되지 않습니다. 여기서 by는 프로퍼티를 위임할 때 사용하는 키워드입니다. 그다음 main( ) 함수로 돌아와 ③번과 같이 test 객체의 flow( )

메서드를 실행합니다. `flow( )` 메서드 안에서 차례로 ④번이 실행되고 ⑤번에서 사용된 `$subject`에 의해 `subject` 프로퍼티가 최초로 접근됩니다. 이때 드디어 `subject` 값이 `lazy` 블록에 있는 ⑥번을 실행한 후 람다식의 맨 마지막 문장이 반환값이 되어 ⑦번의 내용으로 `subject`가 초기화됩니다. 다시 한번 실행 결과를 보면 다음과 같습니다.

```
subject one: Kotlin Programming → 최초 초기화 시점
subject two: Kotlin Programming → 이미 초기화된 값 사용
```

여기서 핵심은 프로퍼티에 최초로 접근한 시점에 해당 프로퍼티가 초기화된다는 것입니다. 이후에는 ⑧번처럼 이미 초기화된 내용을 재사용하는 것이죠. 그리고 초기화된 `subject`는 `val`로 선언되었으므로 다시 값을 설정할 수 없습니다.

객체 지연 초기화하기

이번에는 객체에 대한 lazy 지연 초기화에 대한 예제를 작성해 봅시다.

코딩해 보세요! by lazy로 선언된 객체 지연 초기화하기 • 참고 파일 ByLazyObj.kt

```kotlin
package chap06.section2.bylazyobj

class Person(val name: String, val age: Int)

fun main( ) {
    var isPersonInstantiated: Boolean = false  // 초기화 확인 용도

    val person : Person by lazy { // ① lazy를 사용한 person 객체의 지연 초기화
        isPersonInstantiated = true
        Person("Kim", 23) // ② 이 부분이 Lazy 객체로 반환됨
    }
    val personDelegate = lazy { Person("Hong", 40) } // ③ 위임 변수를 사용한 초기화

    println("person Init: $isPersonInstantiated")
    println("personDelegate Init: ${personDelegate.isInitialized( )}")

    println("person.name = ${person.name}") // ④ 이 시점에서 초기화
    println("personDelegate.value.name = ${personDelegate.value.name}") // ⑤ 이 시점에서 초기화

    println("person Init: $isPersonInstantiated")
    println("personDelegate Init: ${personDelegate.isInitialized( )}")
}
```

```
실행 결과
person Init: false
personDelegate Init: false
person.name = Kim
personDelegate.value.name = Hong
person Init: true
personDelegate Init: true
```

여기서는 ①번의 by lazy를 사용해 person 객체를 지연 초기화하고 있고 ③번의 lazy만 사용해 위임 변수를 받아서 지연 초기화에 사용하고 있습니다. 2가지 방법 모두 지연 초기화를 lazy 블록 구문에서 수행합니다. lazy 블록의 마지막 표현식이 초기화된 후 Lazy 객체로 반환되므로 ②번과 같이 객체 생성자를 반환합니다.

그러면 언제 이것이 초기화될까요? 바로 객체의 프로퍼티나 메서드가 접근되는 시점에서 초기화됩니다. 즉 객체에 lazy가 선언된 시점에서 객체가 생성되는 것이 아니라, 코드의 접근 시점인 ④와 ⑤번에서 초기화되는 것입니다.

by lazy나 lazy 할당의 차이점은 by lazy는 객체의 위임을 나타내며 lazy는 변수에 위임된 Lazy 객체를 자체를 나타내므로 이 변수의 value를 한 단계 더 거쳐 객체의 멤버인 value.name과 같은 형태로 접근해야 한다는 것입니다.

lazy 모드 확인하기

lazy의 모드를 이해하기 위해 lazy의 선언부를 살펴보고 각 모드를 이해해 보겠습니다. 앞에서 lazy는 람다식으로 만들어져 있다고 설명했습니다. JVM에서 사용하는 lazy의 선언부를 확인해 보면 다음과 같습니다.

```
// 코틀린 표준 라이브러리 파일 LazyJVM.kt의 lazy의 선언부
public actual fun <T> lazy(initializer: ( ) -> T): Lazy<T> = SynchronizedLazyImpl(initi
alizer)
...
public actual fun <T> lazy(mode: LazyThreadSafetyMode, initializer: ( ) -> T): Lazy<T> =
    when (mode) {
        LazyThreadSafetyMode.SYNCHRONIZED -> SynchronizedLazyImpl(initializer)
        LazyThreadSafetyMode.PUBLICATION -> SafePublicationLazyImpl(initializer)
        LazyThreadSafetyMode.NONE -> UnsafeLazyImpl(initializer)
    }
```

lazy( )는 매개변수 없는 람다식을 받을 수 있으며 Lazy<T>를 반환합니다. 이 형식은 제네릭이라고 하는데 나중에 살펴볼 것입니다. 여기서는 T를 사용해 어떤 자료형이라도 처리할 수 있다는 것만 기억합시다. lazy( )의 실행은 구현부 SynchronizedLazyImpl( )에 보내 처리합니다. 그리고 mode에 대한 매개변수를 지정할 경우 3가지 모드인 SYNCHRONIZED, PUBLICATION, NONE을 지정할 수 있습니다. 여기서는 mode를 지정하지 않으면 기본적으로 SYNCHRONIZED가 사용되므로 SynchronizedLazyImpl( ) 구현부를 다음과 같이 호출합니다.

```
private class SynchronizedLazyImpl<out T>(initializer: ( ) -> T, lock: Any? = null) :
Lazy<T>, Serializable {
    private var initializer: (( ) -> T)? = initializer
    @Volatile private var _value: Any? = UNINITIALIZED_VALUE
    // final field is required to enable safe publication of constructed instance
    private val lock = lock ?: this

    override val value: T
        get( ) {
            val _v1 = _value
            if (_v1 !== UNINITIALIZED_VALUE) {
                @Suppress("UNCHECKED_CAST")
                return _v1 as T
            }

            return synchronized(lock) {
                val _v2 = _value
                if (_v2 !== UNINITIALIZED_VALUE) {
                    @Suppress("UNCHECKED_CAST") (_v2 as T)
                }
                else {
                    val typedValue = initializer!!( )
                    _value = typedValue
                    initializer = null
                    typedValue
                }
            }
        }

    override fun isInitialized( ): Boolean = _value !== UNINITIALIZED_VALUE
...
    private fun writeReplace( ): Any = InitializedLazyImpl(value)
}
```

꽤 복잡해 보이는 소스 코드가 나타났습니다. 여기서 우리가 배우지 않은 제네릭 표현과 @Volatile과 같은 애노테이션 표기는 무시하고 배운 부분만 집중해서 살펴봅시다.

소스 코드를 따라가 보면 _value에 의해 값을 게터에서 읽을 때 UNINITIALIZED_VALUE로 먼저 초기화하고 synchronized 블록을 반환하고 있습니다. 이 블록은 스레드에 안전한(Thread safe) 형태로 동작시키기 위해 lock 기법을 사용하고 있습니다.

아직 초기화되지 않았다면 _v2 as T를 통해 값은 해당 자료형으로 형 변환되어 반환합니다. 또다시 호출이 일어나면 이미 생성한 값 typedValue를 통해 불러오게 됩니다.

사실 기본적인 lazy의 실행 모드가 SYNCHRONIZED로 설정되어 있기 때문에 위의 구현부가 호출되었습니다. lazy의 모드는 다음과 같이 3가지가 있습니다.

SYNCHRONIZED: lock을 사용해 단일 스레드만이 사용하는 것을 보장한다(기본값).
PUBLICATION: 여러 군데에서 호출될 수 있으나 처음 초기화된 후 반환값을 사용한다.
NONE: lock을 사용하지 않기 때문에 빠르지만 다중 스레드가 접근할 수 있다(값의 일관성을 보장할 수 없음).

만일 다른 모드를 사용하고 싶다면 by lazy(모드 이름) { ... } 형태로 사용할 수 있습니다. 만일 항상 단일 스레드에서 사용하고 있다는 것이 보장되면 LazyThreadSafetyMode.NONE을 사용해도 좋습니다. 하지만 따로 동기화 기법을 사용하지 않는다면 다른 모드는 사용하는 것을 권장하진 않습니다.

```
private val model by lazy(mode = LazyThreadSafetyMode.NONE) {
    Injector.app( ).transactionsModel( ) // 이 코드는 단일 스레드의 사용이 보장될 때
}
```

위의 예는 모드를 변경하기 위한 매개변수 지정을 보여줍니다.

오리의 프로그래밍 노트 단일 스레드 사용의 보장이란?

단일 스레드의 사용을 보장한다는 말은, 단 하나의 코드 흐름에서 해당 데이터를 접근하기 때문에 다른 코드에 의해 변경되지 않을 것임을 보장한다는 말입니다. 보통 프로그램은 다양한 루틴에 의해 수행되고 여러 개의 스레드가 동시에 수행되는 경우가 많기 때문에 특정 자원 사용할 때 다른 스레드에 의해 값이 변경될 수 있습니다. 따라서 이것을 보호하기 위해 동기화 기법인 lock을 사용하는 synchronized( ) { ... } 블록을 사용합니다. 이것은 11장의 동시성 프로그래밍에서 자세히 살펴보겠습니다.

by를 이용한 위임

실제 세계에서 위임(Delegation)이란 어떤 특정 일을 대신하는 중간자 역할을 말합니다. 예를 들어 상속 재산을 상속받으려면 합의서에 모든 상속자가 서명해야 하지만 특정 상속자가 다른 상속자를 대신하여 서명할 수 있게 위임장을 쓰면 대신 서명할 수 있습니다. 이와 같이 코틀린에서도 특정 클래스를 확장하거나 이용할 수 있도록 by를 통한 위임이 가능합니다.
by를 사용하면 하나의 클래스가 다른 클래스에 위임하도록 선언하여 위임된 클래스가 가지는 멤버를 참조 없이 호출할 수 있게 됩니다. 그러면 프로퍼티 위임이란 무엇일까요? 프로퍼티 위임이란 프로퍼티의 게터와 세터를 특정 객체에게 위임하고 그 객체가 값을 읽거나 쓸 때 수행하도록 만드는 것을 말합니다. 프로퍼티 위임을 하려면 위임을 받을 객체에 by 키워드를 사용하면 됩니다.

```
< val|var|class> 프로퍼티 혹은 클래스 이름: 자료형 by 위임자
```

프로퍼티 위임을 위해서는 val, var와 같은 프로퍼티 선언을 위한 키워드, 프로퍼티의 이름, 자료형 그리고 by와 위임자가 필요합니다. 이때 위임자란 프로퍼티나 클래스를 대신할 객체입니다. 일단 간단한 실습을 통해 위임이 무엇인지 알아봅시다.

클래스의 위임

먼저 클래스의 위임에 대해서 간단한 예를 살펴봅시다.

```
interface Animal {
    fun eat( ) { ... }
    ...
}
class Cat : Animal { }
val cat = Cat( )
class Robot : Animal by cat // Animal의 정의된 Cat의 모든 멤버를 Robot에 위임
```

만약 Animal 인터페이스를 구현하고 있는 Cat 클래스가 있다면 Animal에서 정의하고 있는 Cat의 모든 멤버를 Robot 클래스로 위임할 수 있습니다. 즉, Robot은 Cat이 가지는 모든 Animal의 메소드를 가지는데 이것을 클래스 위임(Class Delegation)이라고 합니다.
사실 Cat은 Animal 자료형의 private 멤버로 Robot 클래스 안에 저장되며 Cat에서 구현된 모든 Animal의 메서드는 정적 메서드로 생성됩니다. 따라서 우리가 Robot 클래스를 사용할 때

Animal을 명시적으로 참조하지 않고도 eat( )을 바로 호출하는 것이 가능합니다.
그렇다면 왜 위임을 사용할까요? 기본적으로 코틀린이 가지고 있는 표준 라이브러리는 open으로 정의되지 않은 클래스를 사용하고 있는데, 다시 말하면 모두 final 형태의 클래스이므로 상속이나 직접 클래스의 기능 확장이 어렵게 됩니다. 오히려 이렇게 어렵게 만들어 둠으로써 표준 라이브러리의 무분별한 상속에 따른 복잡한 문제를 방지할 수 있습니다. 따라서 필요한 경우에만 위임을 통해 상속과 비슷하게 해당 클래스의 모든 기능을 사용하면서 동시에 기능을 추가 확장 구현할 수 있는 것입니다.
그러면 클래스 위임에 대한 예를 작성해 봅시다.

코딩해 보세요! **클래스의 위임 사용하기** • 참고 파일 DelegatedClass.kt

```
package chap06.section2

interface Car {
    fun go( ): String
}

class VanImpl(val power: String): Car {
    override fun go( ) = "은 짐을 적재하며 $power 을 가집니다."
}

class SportImpl(val power: String): Car {
    override fun go( ) = "은 경주용에 사용되며 $power 을 가집니다."
}

class CarModel(val model: String, impl: Car): Car by impl {
    fun carInfo( ) {
        println("$model ${go( )}") // ① 참조 없이 각 인터페이스 구현 클래스의 go( )에 접근
    }
}

fun main( ) {
    val myDamas = CarModel("Damas 2010", VanImpl("100마력"))
    val my350z = CarModel("350Z 2008", SportImpl("350마력"))

    myDamas.carInfo( ) // ② carInfo에 대한 다형성을 나타냄
    my350z.carInfo( )
}
```

```
실행 결과
Damas 2010 은 짐을 적재하며 100마력 을 가집니다.
350Z 2008 은 경주용에 사용되며 350마력 을 가집니다.
```

impl은 CarModel의 위임되어 각 구현 클래스인 VanImpl과 SportImpl의 go( ) 메서드를 생성된 위임자에 맞춰 호출할 수 있습니다. 이때는 ①번과 같이 특정 참조 없이 go( )를 사용할 수 있습니다. 따라서 ②번과 같이 이름은 동일하지만 서로 다른 go( ) 메서드를 호출함으로써 객체 지향의 다형성도 실현됩니다.

프로퍼티 위임과 by lazy

사실 앞에서 살펴본 프로퍼티의 lazy도 by lazy { ... }처럼 by가 사용되어 위임된 프로퍼티가 사용되었다는 것을 알 수 있습니다. lazy는 사실 람다식이라고 했죠? 따라서 사용된 프로퍼티는 람다식에 전달되어(위임되어) 사용됩니다. 따라서 앞에서 분석한 lazy의 동작을 설명하면 다음과 같습니다.

1. lazy 람다식은 람다식을 전달받아 저장한 Lazy<T> 인스턴스를 반환한다.
2. 최초 프로퍼티의 게터 실행은 lazy에 넘겨진 람다식을 실행하고 결과를 기록한다.
3. 이후 프로퍼티의 게터 실행은 이미 초기화되어 기록된 값을 반환한다.

by lazy에 의한 지연 초기화는 스레드에 좀 더 안정적으로 프로퍼티를 사용할 수 있습니다. 예를 들어 프로그램 시작 시 큰 객체가 있다면 초기화할 때 모든 내용을 시작 시간에 할당해야 하므로 느려질 수밖에 없습니다. 이것을 필요에 따라 해당 객체를 접근하는 시점에서 초기화하면 시작할 때마다 프로퍼티를 생성하느라 소비되는 시간을 줄일 수 있습니다.

observable( ) 함수와 vetoable( ) 함수의 위임

이번에는 코틀린의 표준 위임 구현 중에 하나인 observable( ) 함수와 vetoable( ) 함수에 대해서 살펴보겠습니다.

observable( ) 함수와 vetoable( ) 함수를 사용하려면 다음 코틀린 패키지의 Delegates를 임포트해야 합니다.

```
import kotlin.properties.Delegates
```

프로퍼티를 위임하는 object인 Delegates로부터 사용할 수 있는 위임자인 observable( ) 함수는 프로퍼티를 감시하고 있다가 특정 코드의 로직에서 변경이 일어날 때 호출되어 처리됩니다. 특정 변경 이벤트에 따라 호출되므로 콜백이라고도 부릅니다.

vetoable( ) 함수는 obeservable( ) 함수와 비슷하지만 반환값에 따라 프로퍼티 변경을 허용하거나 취소할 수 있다는 점이 다릅니다.

이 두 위임을 생성하기 위해서는 매개변수에 기본값을 지정해야 합니다. 먼저 코틀린의 표준 라이브러리에서 제공되는 두 함수의 선언부를 살펴보겠습니다.

```
// 코틀린 표준 라이브러리 Delegates.kt의 선언부
public object Delegates {
...
// initialValue: 프로퍼티의 초깃값
// onChange: 프로퍼티 변경된 후 호출되는 콜백
public inline fun <T> observable(initialValue: T, crossinline onChange: (property: KProp-
erty<*>, oldValue: T, newValue: T) -> Unit):
        ReadWriteProperty<Any?, T> = object : ObservableProperty<T>(initialValue) {
            override fun afterChange(property: KProperty<*>, oldValue: T, newValue: T) =
onChange(property, oldValue, newValue)
        }

// initialValue: 프로퍼티 초깃값
// onChange: 프로퍼티 값의 변경이 시도되기 전 호출
// 따라서 이 콜백이 호출되었을 때는 프로퍼티는 아직 변경되지 않음
// 콜백이 true를 반환하면 프로퍼티는 새로운 값이 지정된 것이고
// false를 반환하면 프로퍼티의 새 값은 취소되고 기존 old 값을 유지함
public inline fun <T> vetoable(initialValue: T, crossinline onChange: (property: KProp-
erty<*>, oldValue: T, newValue: T) -> Boolean):
        ReadWriteProperty<Any?, T> = object : ObservableProperty<T>(initialValue) {
            override fun beforeChange(property: KProperty<*>, oldValue: T, newValue: T):
Boolean = onChange(property, oldValue, newValue)
        }
}
...
```

꽤나 복잡해 보이지만, 매개변수를 잘 묶어서 살펴보면 어렵지 않습니다. observable( ) 함수와 vetoable( ) 함수 모두 초깃값을 위한 initialValue가 있으며 프로퍼티 값이 변경될 때 호출하는 콜백인 onChange( )가 있습니다. vetoable( ) 함수는 onChange( )의 람다식에

Boolean을 사용하고 있어서 true일 때 새로운 값이 지정되고 false이면 기존 oldValue를 유지합니다. 그러면 직접 사용해 보면서 두 함수를 이해해 봅시다.

observable( ) 함수의 사용 방법

프로퍼티의 값이 변경되는지 감시하는 observable( ) 함수의 간단한 예를 살펴보겠습니다.

코딩해 보세요! observable( ) 함수 간단히 사용해 보기 • 참고 파일 DelegatedProperty.kt

```
package chap06.section2

import kotlin.properties.Delegates

class User {
    var name: String by Delegates.observable("NONAME") { // ① 프로퍼티 위임
        prop, old, new -> // ② 람다식 매개변수로 프로퍼티, 기존 값, 새로운 값 지정
        println("$old -> $new") // ③ 이 부분은 이벤트가 발생할 때만 실행
    }
}

fun main( ) {
    val user = User( )
    user.name = "Kildong" // ④ 값이 변경되는 시점에서 첫 이벤트 발생
    user.name = "Dooly"   // ⑤ 값이 변경되는 시점에서 두 번째 이벤트 발생
}
```

실행 결과

```
NONAME -> Kildong
Kildong -> Dooly
```

먼저 User 클래스의 name 프로퍼티를 ①번과 같이 observable( ) 함수로 위임합니다. 이때 초깃값 initialValue는 "NONAME"입니다. ④와 ⑤번과 같이 값의 변경이 일어나면 ③번의 println("$old -> $new")를 실행합니다. 값의 변경이 일어나는 시점은 main( ) 블록의 name에 새로운 값을 설정할 때입니다. 이때 감시 역할을 하는 observable( ) 함수의 코드가 수행됩니다.

vetoable( ) 함수의 사용 방법

최댓값이라는 조건에 맞지 않으면 값 할당을 거부하도록 이번엔 vetoable( ) 함수에 대한 예를 만들어 보겠습니다.

코딩해 보세요! vetoable( ) 함수를 사용한 최댓값 구하기 • 참고 파일 DelegatedPropertyVetoable.kt

```
package chap06.section2

import kotlin.properties.Delegates

fun main( ) {
    var max: Int by Delegates.vetoable(0) { // ① 초깃값은 0
        prop, old, new ->
        new > old // ② 조건에 맞지 않으면 거부권 행사
    }

    println(max) // 0
    max = 10
    println(max) // 10

   // 여기서는 기존값이 새 값보다 크므로 false. 따라서 5를 재할당하지 않음
    max = 5
    println(max) // 10
}
```

실행 결과

```
0
10
10
```

①번의 Delegates.vetoable(0)에 의해 초깃값은 0이고 프로퍼티 max를 다루고 있습니다. 기존 값보다 새 값이 커야만 true가 되면서 프로퍼티의 교체 작업이 진행됩니다. 따라서 기존 값이 작은 max = 5는 실행되지 않고 ②번의 조건대로 거부하게 됩니다. 조건에 맞지 않으면 거부권을 행사한다고 이해해도 좋습니다.

vetoable( ) 함수는 컬렉션과 같이 큰 데이터를 다룰 때 유용합니다. 컬렉션은 앞으로 다루게 될 것입니다. 여기서는 값의 변경에 따른 조건에 집중합시다. 그러면 다른 사용의 예를 보겠습니다.

```
// List 컬렉션의 data
var data: List<Any> by Delegates.vetoable(listOf( )) { p, old, new ->
    notifyDataSetChanged( )
    old != new
}
...
// 코드 어딘가에서 data 프로퍼티를 설정함
adapter.data = ...
```

여기서는 초깃값을 빈 목록인 listOf( )로 받고 있습니다. 만일 프로퍼티의 변경이 일어나면 notifyDataSetChanged( )를 실행하고 old 값이 new 값과 다르다면 true를 반환하는 것입니다. 반환값이 true가 되면 드디어 기존 값이 새 값으로 교체됩니다. false가 반환되면 data에 변화가 없다는 것이기 때문에 할당할 필요가 없으므로 할당 작업을 거부됩니다.
이렇게 하면 기존의 값이 동일하지만 재할당되는 것을 막아 불필요한 실행 비용을 낮출 수 있게 됩니다.

06-3 정적 변수와 컴패니언 객체

보통 우리가 사용할 수 있는 변수는 사용 범위에 따라 지역 변수(Local Variable)와 전역 변수(Global Variable)로 나뉩니다. 이런 변수들은 초기화를 통해서 사용되며 변수가 영향을 미치는 영역이 있습니다. 지역 변수는 특정 코드 블록 안에 사용되는 변수로서 원래 있던 코드 블록을 벗어나면 해당 변수는 프로그램 메모리에서 더 이상 사용되지 않고 삭제됩니다. 전역 변수는 프로그램 특정 코드 블록 외부에 있는 변수로서 프로그램이 실행되는 동안 메모리에서 유지될 수 있습니다. 편리하기도 하지만 코드가 길어질 경우 잘못된 동작을 유발할 수 있으므로 많이 사용하지 않는 것이 좋습니다.

그리고 클래스는 인스턴스를 생성해 메모리에 동적으로 초기화해서 사용합니다. 마찬가지로 클래스에서 사용하는 프로퍼티나 메서드도 코드의 블록 영역에 따라 사용하는 범위가 결정됩니다. 그렇다면 모든 변수나 클래스의 객체는 꼭 동적으로 객체를 생성해서 사용해야만 할까요? 동적인 초기화 없이 사용할 수 있는 변수 개념이 있습니다. 바로 정적 변수(Static Variable)나 컴패니언 객체(Companion Object)를 사용하는 것이죠. 이것은 동적인 메모리에 할당 해제되는 것이 아닌 프로그램을 실행할 때 고정적으로 가지는 메모리로 객체 생성 없이 사용할 수 있습니다. 이제 하나씩 알아볼까요?

정적 변수와 컴패니언 객체

일반적인 클래스의 객체 생성 없이 정적 변수나 메서드를 사용하면 프로그램 실행 시 메모리를 고정적으로 가지게 되어 따로 인스턴스화할 필요 없이 사용할 수 있습니다. 독립적으로 값을 가지고 있기 때문에 어떠한 객체라도 동일한 참조값을 가지고 있어 해당 클래스의 상태에 상관없이 접근할 수 있습니다. 따라서 모든 객체에 의해 공유되는 효과를 가집니다.

컴패니언 객체 사용하기

코틀린에서는 정적 변수를 사용할 때 static 키워드가 없는 대신 컴패니언 객체를 제공합니다. 자바처럼 특정 클래스 이름의 프로퍼티로 객체를 생성하지 않고 접근한다고 가정해 봅시다.

그렇다면 다음과 같이 작성해야 합니다.

코딩해 보세요! **컴패니언 객체 사용해 보기** • 참고 파일 CompanionObjectTest.kt

```
package chap06.section3

class Person {
    var id: Int = 0
    var name: String = "Youngdeok"
    companion object {
        var language: String = "Korean"
        fun work( ) {
            println("working...")
        }
    }
}

fun main( ) {
    println(Person.language) // 인스턴스를 생성하지 않고 기본값 사용
    Person.language = "English" // 기본값 변경 가능
    println(Person.language) // 변경된 내용 출력
    Person.work( ) // 메서드 실행
    // println(Person.name) // name은 컴패니언 객체가 아니므로 오류
}
```

실행 결과

```
Korean
English
working...
```

Person 클래스의 language는 객체의 생성 없이도 접근할 수 있게 되었습니다. 물론 work( ) 멤버 메서드도 객체 생성 없이 실행할 수 있습니다. 컴패니언 객체는 실제 객체의 싱글톤(Singleton)으로 정의됩니다. 새로운 용어가 나왔습니다! 싱글톤이란 전역 변수를 사용하지 않고 객체를 하나만 생성하도록 하며, 생성된 객체를 어디에서든지 참조할 수 있도록 하는 디자인 패턴의 하나라는 것만 알아 두세요! 이 패턴은 뒷부분에서 좀 더 알아볼 것입니다. 그렇다면 이러한 패턴을 왜 사용할까요? 그것은 객체가 서로 동일한 정보를 가질 때 하나의 메모리만 유지해 자원의 낭비를 줄일 수 있기 때문입니다.

오리의 프로그래밍 노트 디자인 패턴이란?

소프트웨어 설계에서 공통적인 문제에 대한 표준적인 패턴을 만들어 적용할 수 있게 한 기법입니다. 패턴의 종류는 생성과 구조 행위로 나뉘며 싱글톤은 생성 패턴 중에 하나입니다.

코틀린에서 자바의 static 멤버 사용하기

코틀린에는 컴패니언 객체를 사용하면 되지만, 자바와 연동해서 사용하려면 정적 변수나 메서드를 접근해야 하는 경우가 있을 것입니다. 그러면 한번 알아봅시다.

코딩해 보세요! 자바의 Customer 클래스 • 참고 파일 Customer.java

```
package chap06.section3;

public class Customer {
    public static final String LEVEL = "BASIC"; // static 필드
    public static void login( ) { // static 메서드
        System.out.println("Login...");
    }
}
```

코딩해 보세요! 코틀린에서 자바 클래스의 static 메서드에 접근하기 • 참고 파일 CustomerAccess.kt

```
package chap06.section3

fun main( ) {
    println(Customer.LEVEL)
    Customer.login( )
}
```

```
실행 결과
BASIC
Login...
```

자바 클래스를 먼저 만들고 같은 패키지에서 CustomerAccess.kt를 만듭니다. 자바의 static 필드나 메서드를 코틀린에서도 객체 생성 없이 손쉽게 접근할 수 있었습니다. 여기까지는 별로 어렵지 않게 접근했지만 반대로 자바 코드에서 코틀린의 컴패니언 객체에 접근하려면 어떻게 해야 할까요?

자바에서 코틀린 컴패니언 객체 사용하기

자바에서는 코틀린의 컴패니언 객체에 접근하려면 `@JvmStatic` 애노테이션(Annotation) 표기법을 사용해야 합니다.

오리의 프로그래밍 노트 애노테이션이란?

@JvmStatic, @override와 같이 @ 기호로 시작하는 애노테이션 표기는 사전적으로 '주석'이라는 뜻입니다. 하지만 코드에서는 특수한 의미를 부여해 컴파일러가 목적에 맞추어 해석하도록 하거나 실행(런타임)할 때 특정 기능을 수행하게 할 수도 있습니다.

그러면 반대로 자바에서 컴패니언 객체를 가진 코틀린의 클래스에 접근하도록 코드를 작성해 봅시다.

코딩해 보세요! 컴패니언 객체를 가진 코틀린의 클래스 • 참고 파일 KCustomer.kt

```
package chap06.section3

class KCustomer {
    companion object {
        const val LEVEL = "INTERMEDIATE"
        @JvmStatic fun login( ) = println("Login...") // 애노테이션 표기 사용
    }
}
```

코딩해 보세요! 자바에서 코틀린 클래스 접근하기 • 참고 파일 KCustomerAccess.java

```
package chap06.section3;

public class KCustomerAccess {

    public static void main(String[] args) {

        // 코틀린 클래스의 컴패니언 객체에 접근
        System.out.println(KCustomer.LEVEL);
        KCustomer.login( ); // 애노테이션을 사용할 때 접근 방법
        KCustomer.Companion.login( ); // 위와 동일한 결과로 애노테이션을 사용하지 않을 때 접근 방법
    }
}
```

```
실행 결과
INTERMEDIATE
Login...
Login...
```

먼저 코틀린 코드에서 사용된 const는 컴파일 시간의 상수입니다. 컴파일 시간의 상수란 val과 다르게 컴파일 시간에 이미 값이 할당되는 것으로 자바에서 접근하기 위해서 필요합니다. val은 실행 시간에 할당합니다. const는 Int형, Double형과 같이 기본형으로 사용할 자료형과 String 형에만 적용할 수 있습니다. @JvmStatic 애노테이션은 자바 소스에서 코드를 해석할 때 Companion을 생략할 수 있게 해 줍니다. 해당 코드는 다음과 같이 함수 이름 위에 작성해도 됩니다.

```
@JvmStatic
fun login( ) = println("Login...")
```

애노테이션이 있는 login( ) 메서드는 자바에서 접근할 때 Companion을 생략해 다음과 같이 접근할 수 있게 됩니다.

```
KCustomer.login( );
```

애노테이션을 사용하지 않는 경우 Companion을 포함해 다음과 같이 접근해야 합니다.

```
KCustomer.Companion.login( );
```

만일 프로퍼티를 자바에서 사용하고자 할 경우에는 @JvmField 애노테이션을 사용할 수 있습니다. 다음과 같이 확장해 봅시다.

코딩해 보세요! **@JvmField 애노테이션 사용해 보기** • 참고 파일 KCustomer.kt

```
package chap06.section3

class KCustomer {
    companion object {
        const val LEVEL = "INTERMEDIATE"
        @JvmStatic fun login( ) = println("Login...") // 애노테이션 표기 사용
        @JvmField val JOB = KJob( ) // 특정 자료형을 사용하기 위한 애노테이션
```

```
    }
}

class KJob {
    var title: String = "Programmer"
}
```

코딩해 보세요! KJob에 대한 접근 방법 • 참고 파일 KCustomerAccess.java

```
package chap06.section3;

public class KCustomerAccess {
    public static void main(String[] args) {
...
        // KJob에 대한 객체 생성 후 접근
        KJob kjob = KCustomer.JOB;
        System.out.println(kjob.getTitle( ));

        // KCustomer를 통한 접근
        KCustomer.JOB.setTitle("Accountant");
        System.out.println(KCustomer.JOB.getTitle( ));
    }
}
```

실행 결과

```
INTERMEDIATE
Login...
Login...
Programmer
Accountant
```

새롭게 정의된 KJob 클래스를 사용하는 JOB을 정의합니다. 이것은 @JvmField 애노테이션으로 정의되었기 때문에 KCustomer.JOB.getTitle( )과 같은 방법으로 접근하거나 KJob에 대한 객체를 만들고 접근할 수 있습니다.

컴패니언 객체는 외부 클래스에서 private 프로퍼티에도 접근할 수 있기 때문에 유틸리티 클래스 등을 만드는 데 사용할 수 있습니다. 이렇게 코틀린과 자바에서 서로의 정적 객체에 접근하는 기법을 살펴보았는데, 코틀린의 컴패니언 객체를 통한 정적 객체 접근만 알아 두어도 문제없지만 실제 프로젝트에서는 자바와 코틀린이 연동되는 경우가 있을 수 있기 때문에 자바에서의 접근 방법도 알아 두면 유용할 것입니다.

최상위 함수 사용하기

이제 최상위 함수에 대해서 생각해 봅시다. 우리가 어떤 특정 기능을 사용하려면 보통 클래스의 객체를 생성한 다음 해당 객체의 멤버 메서드를 호출함으로서 기능을 실행했습니다. 하지만 우리가 지금까지 클래스 없이 만든 함수는 객체 생성 없이도 main( ) 함수 어디에서든 실행할 수 있었습니다. 이것을 최상위 함수(Top-level Function) 혹은 패키지 레벨 함수(Package-level Function)라고 합니다. 다음은 우리가 지금까지 사용해 왔던 간단한 함수 표현 예제입니다.

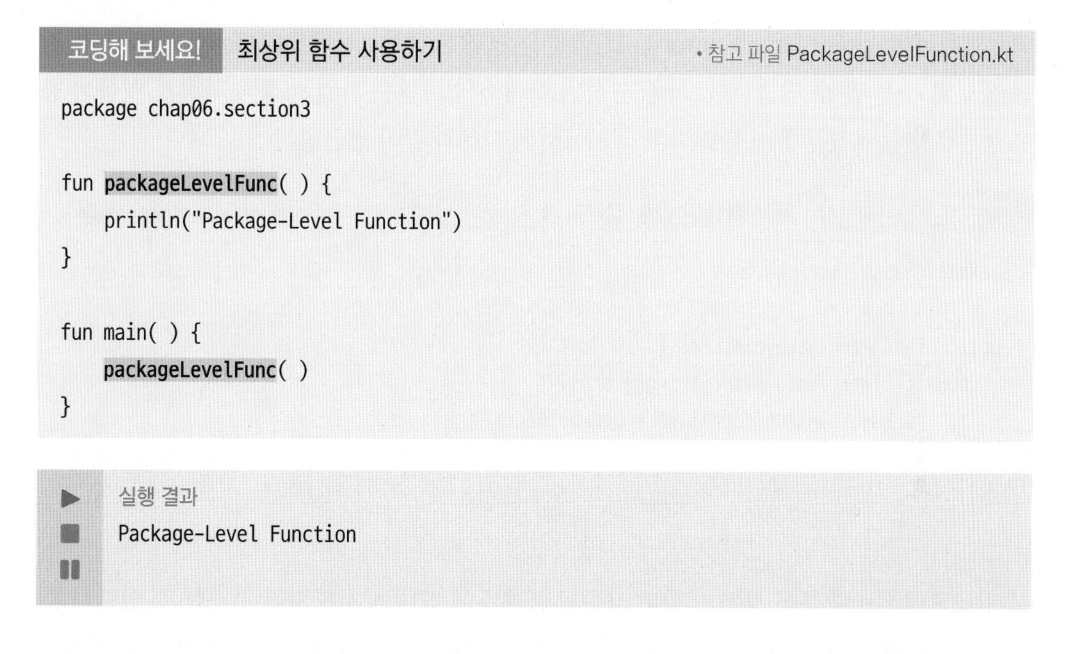

코딩해 보세요! 최상위 함수 사용하기 • 참고 파일 PackageLevelFunction.kt

```
package chap06.section3

fun packageLevelFunc( ) {
    println("Package-Level Function")
}

fun main( ) {
    packageLevelFunc( )
}
```

실행 결과

```
Package-Level Function
```

이 코드는 클래스나 객체가 없으나 최상위 함수인 packageLevelFunc( ) 함수가 main( ) 블록에서 잘 실행됩니다. packageLevelFunc( ) 함수가 main( ) 함수 밑에 있어도 실행이 되지요. 이것을 역컴파일해 보면 최상위 함수는 JVM에서 실행되기 위해 static으로 선언되어 있음을 알 수 있습니다.

```
// 자바로 역컴파일된 소스 코드
public final class PackageLevelFunctionKt {
    public static final void packageLevelFunc( ) {
        String var0 = "Package-Level Function";
        System.out.println(var0);
    }

    public static final void main(@NotNull String[] args) {
        Intrinsics.checkParameterIsNotNull(args, "args");
        packageLevelFunc( );
    }
}
```

역컴파일된 PackageLevelFunction.kt 파일을 보면 `PackageLevelFunctionKt` 클래스가 자동 생성된 것을 알 수 있습니다. 자동 생성된 클래스의 이름은 파일 이름과 확장자 이름이 붙은 형태로 만들어졌는데 이것을 자바 코드에서는 다음과 같이 접근할 수 있습니다.

코딩해 보세요! **자바에서 최상위 함수 접근하기** • 참고 파일 PackageLevelAccess.java

```
package chap06.section3;

public class PackageLevelAccess {
    public static void main(String[] args) {
        PackageLevelFunctionKt.packageLevelFunc( );
    }
}
```

자바 코드에서는 이름이 자동 생성된 코틀린 클래스에 멤버 메서드처럼 접근할 수 있습니다. 그런데 이렇게 클래스 이름을 자동 생성하지 않고 코틀린 코드에서 이름을 명시할 수 있습니다. 만일 접근할 클래스 이름을 바꾸고 싶다면 `@file:JvmName("ClassName")`을 코드 상단에 입력하면 됩니다. 다음과 같이 추가하고 다시 접근해 봅시다.

코딩해 보세요! **최상위 함수 사용하기** • 참고 파일 PackageLevelFunction.kt

```
@file:JvmName("PKLevel")
package chap06.section3

fun packageLevelFunc( ) {
    println("Package-Level Function")
}

fun main( ) {
    packageLevelFunc( )
}
```

코딩해 보세요! **자바에서 최상위 함수 접근하기** • 참고 파일 PackageLevelAccess.java

```
package chap06.section3;

public class PackageLevelAccess {
    public static void main(String[] args) {

        // PackageLevelFunctionKt.packageLevelFunc( );
        PKLevel.packageLevelFunc( ); // 변경된 이름으로 접근 가능
    }
}
```

자바에서는 이렇게 변경된 이름을 사용할 수 있게 되었습니다. 최상위 함수는 JVM에서 실행하기 위해 내부적으로 `static`으로 선언되기 때문에 `main( )` 블록에서 객체 생성 없이 사용될 수 있고 자바에서는 정적 함수처럼 접근이 가능합니다.

object와 싱글톤

내용이 조금 변경된 클래스를 만들어야 한다고 생각해 봅시다. 기본적으로는 상위 클래스에서 하위 클래스를 새로 선언해 변경된 내용을 기술할 수 있습니다. 하지만 새로 하위 클래스를 선언하지 않고 조금 변경한 객체를 생성하고 싶다면 어떻게 할까요?
자바는 이런 경우 익명 내부 클래스를 사용해 새로운 클래스 선언을 피할 수 있습니다. 물론 코틀린에서도 사용 가능하지만 코틀린은 `object` 표현식이나 `object` 선언으로 좀 더 쉽게 처리할 수 있습니다.

object 선언

먼저 object 키워드로 선언하는 방법을 사용해 보겠습니다. 다음 소스 코드를 작성해 봅시다.

코딩해 보세요! object 선언과 컴패니언 객체 비교하기 • 참고 파일 ObjectDeclaration.kt

```
package chap06.section3

// ① object 키워드를 사용한 방식
object OCustomer {
    var name = "Kildong"
    fun greeting( ) = println("Hello World!")
    val HOBBY = Hobby("Basketball")
    init {
        println("Init!")
    }
}

// ② 컴패니언 객체를 사용한 방식
class CCustomer {
    companion object {
        const val HELLO = "hello" // 상수 표현
        var name = "Joosol"
        @JvmField val HOBBY = Hobby("Football")
        @JvmStatic fun greeting( ) = println("Hello World!")
    }
}

class Hobby(val name: String)

fun main( ) {
    OCustomer.greeting( ) // 객체의 접근 시점
    OCustomer.name = "Dooly"
    println("name = ${OCustomer.name}")
    println(OCustomer.HOBBY.name)

    CCustomer.greeting( )
    println("name = ${CCustomer.name}, HELLO = ${CCustomer.HELLO}")
    println(CCustomer.HOBBY.name)
}
```

```
실행 결과
Init!
Hello World!
name = Dooly
Basketball
Hello World!
name = Joosol, HELLO = hello
Football
```

object로 선언된 OCustomer는 멤버 프로퍼티와 메서드를 객체 생성 없이 이름의 점(.) 표기법으로 바로 사용할 수 있습니다. 이것 역시 단일 인스턴스를 생성해 처리하기 때문에 싱글톤 패턴에 이용됩니다.

object 선언 방식을 사용하면 접근 시점에 객체가 생성됩니다. 그렇기 때문에 생성자 호출을 하지 않으므로 object 선언에는 주 생성자와 부 생성자를 사용할 수 없습니다. 하지만 초기화 블록인 init이 들어갈 수 있는데 최초 접근에서 실행됩니다. object 선언에서도 클래스나 인터페이스를 상속할 수 있습니다.

만일 자바에서 object 선언으로 생성된 인스턴스에 접근하려면 INSTANCE를 사용합니다. 다음 코드를 확인해 봅시다.

코딩해 보세요! 자바에서 object 선언의 접근 • 참고 파일 OCustomerAccess.java

```
package chap06.section3;

public class OCustomerAccess {
    public static void main(String[] args) {
        String name = OCustomer.INSTANCE.getName( ); // 코틀린의 object 선언 객체의 메서드 접근
        System.out.println(name);
    }
}
```

INSTANCE를 통해 멤버에 접근할 수 있게 되었습니다. object 선언 방식의 역컴파일 파일을 보면 다음과 같습니다.

```
// 역컴파일의 결과
public final class OCustomer {
   @NotNull
   private static String name;
   @NotNull
   private static final Hobby HOBBY;
   public static final OCustomer INSTANCE;
...
   static {
      OCustomer var0 = new OCustomer( );
      INSTANCE = var0;
      name = "Kildong";
      HOBBY = new Hobby("Basketball");
      String var1 = "Init!";
      System.out.println(var1);
   }
}
```

변환된 코드에서 OCustomer 객체를 INSTANCE라는 이름으로 static 블록에서 생성되고 있음을 알 수 있습니다.

object 표현식

이번에는 object 표현식을 살펴보겠습니다. object 표현식은 object 선언과 달리 이름이 없으며 싱글톤이 아닙니다. 따라서 object 표현식이 사용될 때마다 새로운 인스턴스가 생성됩니다. 결과적으로 이름이 없는 익명 내부 클래스로 불리는 형태를 object 표현식으로 만들 수 있습니다.

object 표현식을 이용해 하위 클래스를 만들지 않고도 클래스의 특정 메서드를 오버라이딩해 봅시다. 다음 예제를 작성합니다.

코딩해 보세요! object 표현식 사용해 보기 • 참고 파일 ObjectExpressionSuperMan.kt

```
package chap06.section3

open class Superman( ) {
    fun work( ) = println("Taking photos")
    fun talk( ) = println("Talking with people.")
    open fun fly( ) = println("Flying in the air.")
}
```

```
fun main( ) {
    val pretendedMan = object: Superman( ) { // ① object 표현식으로 fly( ) 구현의 재정의
        override fun fly( ) = println("I'm not a real superman. I can't fly!")
    }
    pretendedMan.work( )
    pretendedMan.talk( )
    pretendedMan.fly( )
}
```

```
실행 결과
Taking photos
Talking with people.
I'm not a real superman. I can't fly!
```

①번에 익명 객체가 object 표현식으로 만들어졌습니다. 여기서 익명 객체는 Superman 클래스를 상속해 fly( ) 메서드를 오버라이딩하고 있습니다. 결국 하위 클래스를 만들지 않고도 Superman 클래스의 fly( ) 메서드를 오버라이딩해 변경했습니다.
그러면 안드로이드에서 활용되고 있는 코드 사례를 살펴보겠습니다.

```
window.addMouseListener(object: MouseAdapter( ) {
    override fun mouseClicked(e: MouseEvent) {
        ...
    }

    override fun mouseEntered(e: MouseEvent) {
        ...
    }
})
```

addMouseListener( )의 매개변수로 object 표현식이 사용되었는데 이때 2개의 메서드가 MouseAdapter( )를 통해서 오버라이딩하고 클래스의 이름 없이 사용했습니다.
딱 한 번만 구현되는 인터페이스 구현 클래스를 정의하기가 부담스러운 경우에 다음과 같이 사용할 수 있습니다.

```
interface Shape {
    fun onDraw( ) // 구현해야 할 메서드
}

val triangle = object: Shape {
    override fun onDraw( ) {  // 여기서 딱 한 번 구현됨
        ...
    }
}
```

객체는 필요하지만 상위 인터페이스나 클래스가 없는 경우는 다음과 같이 사용할 수 있습니다.

```
fun foo( ) {
    val adHoc = object {
        var x: Int = 0
        var y: Int = 0
    }
    print(adHoc.x + adHoc.y)
}
```

이런 익명 객체는 지역(local)이나 private 정의 영역에서만 자료형으로 사용될 수 있습니다. 만일 익명 객체를 public 함수의 반환 자료형이나 public 속성의 자료형으로 쓴다면, 이러한 함수나 속성의 실제 자료형은 익명 객체로 선언된 상위 자료형이 되거나 혹은 상위 자료형을 선언하지 않으면 Any형이 됩니다.

```
class C {
    // Private function → 반환 자료형은 익명 객체 자료형이 됨
    private fun foo( ) = object {
        val x: String = "x"
    }

    // Public function → 반환 자료형은 Any형이 됨
    fun publicFoo( ) = object {
        val x: String = "x"
    }

    fun bar( ) {
        val x1 = foo( ).x          // 문제 없음
```

```
        val x2 = publicFoo( ).x  // 오류! Unresolved reference : x
    }
}
```

자바의 익명 내부 클래스와 같이, object 표현식 안의 코드는 둘러싸여 있는 범위 내부의 변수에 접근할 수 있습니다.

```
fun countClicks(window: JComponent) {
    var clickCount = 0
    var enterCount = 0

    window.addMouseListener(object : MouseAdapter( ) {
        override fun mouseClicked(e: MouseEvent) {
            clickCount++
        }

        override fun mouseEntered(e: MouseEvent) {
            enterCount++
        }
    })
    ...
}
```

위의 소스는 object 바로 바깥의 clickCount와 enterCount를 접근하는 것을 보여줍니다.

Q1 다음을 보고 생성자에서 받은 인자(소문자 문자열)를 대문자로 변경한 다음 name 프로퍼티에 할당하는 세터를 작성해 보세요.

```
class User(_name: String, _age: Int) {
    var name: String = _name
        ___________(value) {
            println("The name was changed")
            ___________ = value.toUpperCase( )
        }
    var age: Int = _age
}
```

Q2 다음을 보고 지연 초기화를 위한 Person 클래스의 name을 선언해 보세요.

```
class Person {
    _____________ var name: String
}
```

Q3 클래스를 이용하지 않아도 _______________를 사용하면 특정 객체를 사용하거나 클래스 선언 없이 객체를 변경하고 생성할 수 있습니다.

정답 Q1 set, field Q2 lateinit Q3 object

07

다양한 클래스와 인터페이스

이 장에서는 다양한 목적을 가진 클래스와 인터페이스에 대해서 살펴봅니다. 클래스를 더욱 구조화하기 위해서는 특수한 목적을 가진 여러 클래스를 정의할 수 있습니다. 추상 클래스는 객체로 만들 수 없는 그야말로 추상적인 개념으로 일종의 설계도 역할을 합니다. 데이터 클래스는 각 개체들이 주고받는 데이터를 구조화할 수 있습니다. 그 밖에도 중첩 클래스, 이너 클래스, 실드 클래스, 열거형 클래스 등이 있습니다. 구현을 위해서는 인터페이스를 사용합니다. 추가적으로 07-3에서는 앞에서 배운 연산자를 확장해 사용할 수 있는 연산자 오버로딩 기법을 살펴봅니다.

다양한 기능과 인터페이스의
협동 작품~ 커피 제조기!

07-1 추상 클래스와 인터페이스

추상 클래스(Abstract Class)는 선언 등의 대략적인 설계 명세와 공통의 기능을 구현한 클래스입니다. '추상(abstract)'이라는 말은 '구체적이지 않은 것'을 나타냅니다. 추상 클래스를 상속하는 하위 클래스에서 추상 클래스의 내용을 더 구체화해야 합니다. 인터페이스(interface)도 대략적인 설계 명세를 가지고 몇 가지 기본적인 부분은 구현할 수 있지만, 하위에서 더 자세히 구현해야 하는 점은 추상 클래스와 동일합니다. 하지만 추상 클래스와 다르게 인터페이스에서는 프로퍼티에 상태 정보를 저장할 수 없습니다. 단, 다중 상속과 같이 여러 개의 인터페이스를 하나의 클래스에서 구현하는 것이 가능합니다. 먼저 추상 클래스부터 자세히 살펴봅시다.

추상 클래스

추상 클래스는 abstract라는 키워드와 함께 선언하며 추상 클래스로부터 일반적인 객체를 생성하는 방법으로 인스턴스화될 수 없습니다. 다만 추상 클래스를 상속하는 하위 클래스가 어떻게 만들어야 하는지를 나타내는 용도로 사용됩니다.

추상 클래스의 정의와 구현

추상 클래스를 정의하려면 다음과 같이 클래스 앞에 abstract 키워드를 사용합니다.

```
abstract class Vehicle
```

추상 클래스를 설계할 때는 멤버인 프로퍼티나 메서드도 abstract로 선언될 수 있습니다. 이때는 추상 프로퍼티나 추상 메서드라고 부릅니다. 물론 기본적인 프로퍼티나 메서드의 선언은 abstract가 아니므로 특정 초기화나 구현이 필요하지만 abstract로 선언된 프로퍼티나 메서드는 아직 미완성되었다는 의미를 줄 수 있습니다.
만일 클래스에서 추상 프로퍼티나 메서드가 하나라도 있다면 해당 클래스는 추상 클래스가 되어야 합니다. 그러면 이동 수단을 위한 추상 클래스로 Vehicle 클래스를 정의해 봅시다.

코딩해 보세요! **추상 클래스 Vehicle 사용해 보기** • 참고 파일 AbstractVehicle.kt

```
package chap07.section1

// 추상 클래스, 주 생성자에는 비추상 프로퍼티 선언의 매개변수 3개가 있음
abstract class Vehicle(val name: String, val color: String, val weight: Double) {

    // 추상 프로퍼티(반드시 하위 클래스에서 재정의해 초기화해야 함)
    abstract var maxSpeed: Double

    // 일반 프로퍼티(초깃값인 상태를 저장할 수 있음)
    var year = "2018"

    // 추상 메서드(반드시 하위 클래스에서 구현해야 함)
    abstract fun start( )
    abstract fun stop( )

    // 일반 메서드
    fun displaySpecs( ) {
        println("Name: $name, Color: $color, Weight: $weight, Year: $year, Max Speed:
$maxSpeed")
    }
}
```

Vehicle 클래스는 객체를 생성할 수 없고 탈것에 대한 기본 설계 역할을 합니다. 주 생성자의 매개변수에 val이 사용되었으므로 프로퍼티가 됩니다. 3개의 프로퍼티 name, color, weight는 abstract가 없는 일반 프로퍼티로 선언되었습니다. 또 year는 일반 프로퍼티로 초깃값으로 "2018"을 가지고 있습니다.

abstract 키워드로 선언된 최대 속도를 나타내는 maxSpeed 프로퍼티, 운행과 중단을 나타내는 start( ), stop( ) 메서드는 특정 구현 내용이 없는 추상 멤버이기 때문에 하위 클래스에서 재정의하거나 구현해야 합니다. 반면에 year 프로퍼티나 displaySpecs( ) 메서드는 하위 클래스에서 재정의할 필요가 없습니다.

계속해서 이 추상 클래스를 상속하는 하위 클래스 Car와 Motorcycle을 만들어 봅시다. 클래스를 상속하려면 open 키워드로 정의되어야 한다는 것을 기억하나요? 추상 클래스에서는 상속을 위해 open 키워드를 사용할 필요가 없습니다. 마찬가지로 추상 프로퍼티나 메서드에도 open이 필요 없습니다. 추상 클래스에서는 abstract 키워드 자체가 상속과 오버라이딩을 허용하고 있기 때문이죠. 하지만 일반 프로퍼티나 메서드를 오버라이딩하려면 open 키워드가 필요합니다. 다음 내용을 추가로 작성해 봅시다.

```
...
class Car(name: String,
          color: String,
          weight: Double,
          override var maxSpeed: Double) // maxSpeed는 오버라이딩함
    : Vehicle(name, color, weight) {

    override fun start( ) {
        // 코드의 구현
        println("Car Started")
    }

    override fun stop( ) {
        // 코드의 구현
        println("Car Stopped")
    }
}

class Motorcycle(name: String,
                 color: String,
                 weight: Double,
                 override var maxSpeed: Double)
    : Vehicle(name, color, weight) {

    override fun start( ) {
        // 코드의 구현
        println("Bike Started")
    }

    override fun stop( ) {
        // 코드의 구현
        println("Bike Stopped")
    }
}
```

main( ) 블록을 추가로 작성해 다음과 같이 객체를 생성하고 실행해 봅니다.

```
...
fun main( ) {
    val car = Car("SuperMatiz", "yellow", 1110.0, 270.0)
    val motor = Motorcycle("DreamBike", "red", 173.0, 100.0)

    car.year = "2013"

    car.displaySpecs( )
    car.start( )
    motor.displaySpecs( )
    motor.start( )
}
```

실행 결과

```
Name: SuperMatiz, Color: yellow, Weight: 1110.0, Year: 2013, Max Speed: 270.0
Car Started
Name: DreamBike, Color: red, Weight: 173.0, Year: 2018, Max Speed: 100.0
Bike Started
```

displaySpecs( )는 기존에 추상 클래스가 가지고 있던 일반 메서드입니다. 각 객체의 start( )와 stop( )은 추상 메서드로부터 오버라이딩되어 하위 클래스에서 구현된 메서드입니다.
추상 클래스는 abstract 키워드를 사용해 하위 클래스에서 반드시 갖춰야 하는 프로퍼티와 메서드를 제시합니다. 추상 클래스에는 일반 프로퍼티나 메서드도 만들 수 있기 때문에 공통의 프로퍼티와 메서드를 미리 만들어 둘 수 있습니다. 보통 연관성이 높은 클래스의 기능이나 속성을 미리 정의해 둡니다.
만일 추상 클래스로부터 하위 클래스를 생성하지 않고 단일 인스턴스로 객체를 생성하려면 object를 사용해서 지정할 수 있습니다. 다음의 예를 봅시다.

코딩해 보세요! 추상 클래스의 객체 인스턴스 • 참고 파일 AbstractObject.kt

```
package chap07.section1

// 추상 클래스의 선언
abstract class Printer {
    abstract fun print( ) // 추상 메서드
}

val myPrinter = object: Printer( ) { // 객체 인스턴스
    override fun print( ) { // 추상 메서드의 구현
```

```
        println("출력합니다.")
    }
}

fun main( ) {
    myPrinter.print( )
}
```

실행 결과

출력합니다.

추상 메서드 하나를 가지는 클래스인 Printer는 객체 인스턴스를 지정하기 위해 익명 객체를 지정하는 object 키워드를 사용하였습니다. 이때는 콜론(:) 오른쪽에 생성자 이름을 사용하고 블록에서 관련 메서드를 오버라이딩해 구현해 두어야 합니다.

인터페이스

인터페이스에는 abstract로 정의된 추상 메서드나 일반 메서드가 포함됩니다. 다른 객체 지향 언어와는 다르게 메서드에 구현 내용이 포함될 수 있습니다. 하지만 추상 클래스처럼 프로퍼티를 통해 상태를 저장할 수 없습니다. 선언만 할 수 있죠. 인터페이스 또한 객체를 생성할 수 없고 하위 클래스를 통해 구현 및 생성해야 합니다.

좀 더 쉽게 설명해 보자면 인터페이스는 현실 세계의 '계약서'와 비슷합니다. 계약서에는 무엇 무엇을 하라는 추상적인 활동이 적혀 있습니다. 이것을 어떤 '작업자'가 받아들인다면 계약서에 있는 활동의 구체적인 내용을 반드시 실행해야 하죠. 계약서 자체로는 실행되지 않습니다. 작업자에 의해 구체적인 작업이 구현되어야 실행되는 것이죠. 그래서 인터페이스를 다른 말로 표현하면 '기본 설계도'라고 말할 수 있습니다.

그렇다면 추상 클래스와 용도가 비슷해 보이는데 인터페이스를 쓰는 이유가 무엇일까요? 일단 추상 클래스를 쓸 때의 제한을 생각해 봅시다. 추상 클래스도 기본적으로 클래스이기 때문에 상속을 통해 하위 클래스로 확장해 나갈 수 있습니다. 하위 클래스는 상속을 하나만 허용하기 때문에 2개 이상의 클래스로부터 프로퍼티나 메서드를 상속받을 수 없다는 단점이 있습니다. 그리고 상위 클래스와 하위 클래스에 강한 연관이 생기면서 하위 클래스는 상위 클래스의 영향을 받습니다. 예를 들어 상위 클래스가 정의한 내용이 불완전하다면 그 상위 클래스를 상속받는 하위 클래스도 그대로 영향을 받습니다. 그래서 상위 클래스가 수정되었을 때 하위 클래스를 일일이 확인하기 어려운 경우에 부작용을 발생시킬 수 있다는 단점도 있습니다.

그렇다면 인터페이스는 어떨까요? 먼저 인터페이스는 클래스가 아닙니다. 따라서 상속이라는 형태로 하위 클래스에 프로퍼티와 메서드를 전하지 않습니다. 그래서 하위 클래스보다는 구현 클래스라고 이야기합니다. 이런 구현 클래스의 목적은 인터페이스가 제시한 메서드를 구체적으로 '구현'한다는 데 있습니다. 그리고 인터페이스는 구현 클래스와 강한 연관을 가지지 않습니다. 상속은 하나만 허용했으나 인터페이스는 원하는 만큼 구현 클래스에 붙여서 필요한 메서드를 구현해 내면 됩니다. 인터페이스가 바뀐다고 할지라도 그것을 구현하는 클래스에 크게 영향을 끼치지 않게 할 수 있죠.

오리의 프로그래밍 노트 자바의 인터페이스

코틀린의 인터페이스는 메서드에 구현 내용을 넣을 수 있으나 자바 8 이전 버전에는 인터페이스 메서드를 구현할 수 없었습니다. 다만 자바 8부터 인터페이스에 구현 기능을 추가했는데 default 키워드를 통해 구현 내용을 넣을 수 있습니다. 다음과 같이 사용합니다.

```
public interface DefaultInterface {
    default void test( ) {
        System.out.println("test");
    }
}
```

자바에서 기본 메서드(Default Method) 기능을 추가한 가장 큰 이유는 인터페이스를 여러 클래스가 사용하는 경우에 필요한 메서드를 모두 구현해야 하기 때문입니다. 코틀린은 이것을 기본적으로 제공하므로 default 키워드가 필요 없습니다.

인터페이스의 선언과 구현

인터페이스는 `interface` 키워드를 사용해 선언하고 상속한 하위 클래스에서는 `override`를 사용해 해당 메서드를 구현해 주어야 합니다.

```
interface 인터페이스 이름 [: 인터페이스 이름...] {
   추상 프로퍼티 선언
   추상 메서드 선언

   [일반 메서드 선언 { ... }]
}
```

인터페이스 본문에서 메서드는 추상 혹은 일반 메서드 모두 선언이 가능하지만 프로퍼티는 오직 추상 메서드로만 선언해야 하는 것에 주목합니다. 간단한 예제를 통해 인터페이스를 이해해 봅시다.

코딩해 보세요! Pet 인터페이스 만들어 보기 • 참고 파일 InterfacePet.kt

```
package chap07.section1

interface Pet {
    var category: String // abstract 키워드가 없어도 기본은 추상 프로퍼티
    fun feeding( ) // 마찬가지로 추상 메서드
    fun patting( ) { // 일반 메서드: 구현부를 포함하면 일반적인 메서드로 기본이 됨
        println("Keep patting!") // 구현부
    }
}
```

위의 소스 코드에서 보는 것처럼 인터페이스에서는 추상 클래스와는 다르게 abstract를 붙여주지 않아도 기본적으로 추상 프로퍼티와 추상 메서드가 지정됩니다. 그리고 메서드에는 기본 구현부가 있으면 일반 메서드로서 기본 구현을 가집니다. 상태를 저장할 수 없기에 프로퍼티에는 기본값을 가질 수 없습니다.
이제 이 인터페이스로부터 구현 클래스를 정의해 보겠습니다. 계속해서 Pet 인터페이스 아래에 다음과 같이 추가해 봅니다.

```
...
class Cat(override var category: String) : Pet {
    override fun feeding( ) {
        println("Feed the cat a tuna can!")
    }
}

fun main( ) {
    val obj = Cat("small")
    println("Pet Category: ${obj.category}")
    obj.feeding( ) // 구현된 메서드
    obj.patting( ) // 기본 메서드
}
```

```
▶ 실행 결과
Pet Category: small
Feed the cat a tuna can!
Keep patting!
```

Cat 클래스는 Pet 인터페이스를 구현한 클래스가 됩니다. 추상 프로퍼티나 추상 메서드였던 부분을 override 키워드를 사용해 구현해 줍니다. 인터페이스의 구현은 클래스에서 상속을 나타내는 콜론(:)을 동일하게 사용해 정의합니다. 이제 이 클래스는 인터페이스를 구현하겠다는 것을 나타냅니다.

오리의 프로그래밍 노트 자바와 코틀린의 상속과 구현

자바에서는 상속은 extends, 구현은 implements로 키워드를 구별하고 있지만 코틀린에서는 둘 다 콜론(:)을 통해서 정의합니다.

게터를 구현한 프로퍼티

인터페이스에서는 프로퍼티에 값을 저장할 수 없다고 했습니다. 단 val로 선언된 프로퍼티는 게터를 통해 필요한 내용을 구현할 수 있습니다. 다음 예를 봅시다.

```
...
interface Pet {
    var category: String
    val msgTags: String  // val 선언 시 게터의 구현이 가능
        get( ) = "I'm your lovely pet!"

    fun feeding( )
    fun patting( ) {
        println("Keep patting!")
    }
}
...
println("Pet Message Tags: ${obj.msgTags}")
...
```

val로 선언된 msgTags는 초기화할 수 없지만 게터를 통해 반환값을 지정할 수 있습니다. 하지만 여전히 보조 필드인 field를 사용할 수 없습니다. var로 프로퍼티를 선언하더라도 보조 필드를 사용할 수 없기 때문에 받은 value를 저장할 수 없습니다.

인터페이스 구현의 필요성

앞에서 작성한 InterfacePet.kt에 이어 애완동물을 관리하는 주인 역할을 하는 Master 클래스를 만들고 각 애완동물과 노는 동작을 넣어 봅시다. 먼저 이름은 모든 동물의 공통 속성이므로 Animal 클래스를 만들고 하위에 Cat과 Dog를 만들어 보겠습니다.

코딩해 보세요! 애완동물을 관리하는 주인 • 참고 파일 CatAndDog.kt

```
package chap07.section1

open class Animal(val name: String)

// ① feeding의 구현을 위해 인터페이스 Pet 지정
class Dog(name: String, override var category: String) : Animal(name), Pet {
    override fun feeding( ) {
        println("Feed the dog a bone")
    }
}

class Master {
    fun playWithPet(dog: Dog) { // ② 각 애완동물 종류에 따라 오버로딩됨
        println("Enjoy with my dog.")
    }
    fun playWithPet(cat: Cat) { // ③ 고양이를 위한 메서드
        println("Enjoy with my cat.")
    }
}

fun main( ) {
    val master = Master( )
    val dog = Dog("Toto", "Small")
    val cat = Cat("Coco", "BigFat")
    master.playWithPet(dog)
    master.playWithPet(cat)
}
```

CatAndDog.kt 파일에서 정의한 Animal 클래스를 상속하도록 InterfacePet.kt 파일의 Cat 클래스도 추가로 수정해 둡니다. 패키지가 동일하기 때문에 파일이 달라져도 서로 사용할 수 있습니다.

코딩해 보세요! 이름을 상속하기 위해 Cat 클래스의 수정 • 참고 파일 InterfacePet.kt

```
...
class Cat(name: String, override var category: String) : Pet, Animal(name) {
    override fun feeding( ) {
        println("Feed the cat a tuna can!")
    }
}
...
```

```
실행 결과
Enjoy with my dog.
Enjoy with my cat.
```

이 소스 코드에서 Master 클래스의 playWithPet( )은 놀고자 하는 동물에 따라 매개변수를 다르게 정한 오버로딩된 메서드입니다. 그 결과 dog와 cat 클래스에 대해 필요한 playWithPet( ) 메서드가 수행되었습니다.

그런데 여기에는 문제가 있습니다. 만일 애완동물의 종류가 Bird, Rat... 등으로 늘어나면 그만큼 많은 수의 오버로딩된 메서드가 필요합니다. 메서드를 매번 작성해야 하는 이 문제를 해결할 수 있을까요? 이럴 때 인터페이스를 사용할 수 있습니다. 앞에서 작성한 InterfacePet.kt와 CatAndDog.kt의 코드를 다음과 같이 변경해 보겠습니다.

코딩해 보세요! Pet 인터페이스에 species 프로퍼티 추가하기 • 참고 파일 InterfacePet.kt

```
package chap07.section1

interface Pet {
    var category: String
    val msgTags: String
        get( ) = "I'm your lovely pet!"

    var species: String // 종을 위한 프로퍼티
    fun feeding( )
```

```
    fun patting( ) {
        println("Keep patting!")
    }
}

class Cat(name: String, override var category: String) : Pet, Animal(name) {
    override var species: String = "cat" // 프로퍼티를 오버라이딩해 종을 특정
    override fun feeding( ) {
        println("Feed the cat a tuna can!")
    }
}
...
```

코딩해 보세요! Master 클래스의 playWithPet( ) 메서드 수정하기 • 참고 파일 CatAndDog.kt

```
package chap07.section1

open class Animal(val name: String)

class Dog(name: String, override var category: String) : Animal(name), Pet {
    override var species: String = "dog"
    override fun feeding( ) {
        println("Feed the dog a bone")
    }
}

class Master {
    fun playWithPet(pet: Pet) {  // 인터페이스를 객체로 매개변수를 지정
        println("Enjoy with my ${pet.species}.")
    }
}

fun main( ) {
    val master = Master( )
    val dog = Dog("Toto", "Small")
    val cat = Cat("Coco", "BigFat")
    master.playWithPet(dog)
    master.playWithPet(cat)
}
```

```
실행 결과
Enjoy with my Dog.
Enjoy with my Cat.
```

이제 Pet 인터페이스에 종을 위한 프로퍼티인 species를 선언하고 이것을 이용해 어떤 애완동물과 놀게 될지 알 수 있습니다. 이제 Master 클래스의 playWithPet( ) 메서드는 각 애완동물에 따라서 메서드를 오버로딩할 필요가 없어졌습니다.
기존의 Master 클래스가 Cat이나 Dog 클래스에 의존적인 클래스였으나 인터페이스를 이용해서 의존성을 제거했습니다. 이렇게 Master 클래스가 독립성을 확보할 수 있다는 점에서 인터페이스가 핵심 역할을 했습니다.

여러 인터페이스의 구현

클래스에서 특정 상위 클래스를 상속할 때는 오로지 1개의 클래스만 가능합니다. 클래스를 통해 다중 상속을 할 수 없죠. 하지만 인터페이스를 사용하면 여러 인터페이스로부터 구현할 수 있습니다. 일종의 다중 상속과 같은 형태가 될 수 있습니다.

코딩해 보세요! 여러 인터페이스를 이용한 다중 상속 • 참고 파일 PegasusTest.kt

```
package chap07.section1

interface Bird {
    val wings: Int
    fun fly( )
    fun jump( ) {
        println("bird jump!")
    }
}

interface Horse {
    val maxSpeed: Int
    fun run( )
    fun jump( ) {
        println("jump!, max speed: $maxSpeed")
    }
}
```

```
class Pegasus: Bird, Horse {
    override val wings: Int = 2
    override val maxSpeed: Int = 100
    override fun fly( ) {
        println("Fly!")
    }
    override fun run( ) {
        println("Run!")
    }
    override fun jump( ) {
        super<Horse>.jump( )
        println("Pegasus Jump!")
    }
}

fun main( ) {
    val pegasus = Pegasus( )
    pegasus.fly( )
    pegasus.run( )
    pegasus.jump( )
}
```

실행 결과
Fly!
Run!
jump!, max speed: 100
Pegasus Jump!

위와 같이 Bird와 Horse라는 2개의 인터페이스로부터 Pegasus 클래스를 정의했고 두 인터페이스 Bird, Horse가 가지는 모든 추상 프로퍼티와 추상 메서드를 오버라이딩하여 구현해 줍니다. 이미 기본 구현이 되어 있는 jump( )는 필요에 따라서만 오버라이딩할 수 있습니다. 인터페이스의 기본 동작을 실행하려 할 때, 만일 이름이 동일한 경우 super<인터페이스 이름>.메서드 이름( ) 형태로 구분할 수 있습니다. 여기서는 Pegasus 클래스의 jump( ) 메서드에서 상위의 인터페이스를 호출하기 위해 super<Horse>.jump( )를 사용했습니다.

인터페이스의 위임

앞에서 by에 의한 위임에 대해 살펴봤는데요. 인터페이스에서도 by 위임자를 사용할 수 있습니다. 다음 소스 코드에서 클래스 C를 설계하기 위해 인터페이스 A와 B를 매개변수로 사용한다고 가정해 봅시다.

```
interface A {
    fun functionA( ){}
}

interface B {
    fun functionB( ){}
}

class C(val a: A, val b: B) {
    fun functionC( ){
        a.functionA( )
        b.functionB( )
    }
}
```

functionA( )와 functionB( ) 메서드에 직접 접근하기 위해 a와 b 변수를 사용했습니다. 이때 by 위임자를 사용하면 다음과 같이 소스 코드를 더 간략화할 수 있습니다.

```
class DelegatedC(a: A, b: B): A by a, B by b {
    fun functionC( ) {
        functionA( )
        functionB( )
    }
}
```

각각 a와 b를 인터페이스 A와 B에 위임함으로서 해당 메서드를 사용할 때 점(.) 표기법 접근 없이 사용할 수 있게 됩니다.

위임을 이용한 멤버 접근

좀 더 다른 형태를 봅시다. 이제 실제 사용된 코드에서 위임된 코드에 요소를 접근합니다.

```
interface Nameable {
    var name: String
}

class StaffName : Nameable {
    override var name: String = "Sean"
}

class Work: Runnable { // 스레드 실행을 위한 인터페이스
    override fun run( ) {
        println("work...")
    }
}

// ① 각 매개변수에 해당 인터페이스를 위임
class Person(name: Nameable, work: Runnable): Nameable by name, Runnable by work

fun main( ) {
    val person = Person(StaffName( ), Work( )) // ② 생성자를 사용해 객체 바로 전달
    println(person.name) // ③ 여기서 StaffName 클래스의 name 접근
    person.run( ) //  ④ 여기서 Work 클래스의 run 접근
}
```

먼저 ①번에서 각 매개변수에 해당 인터페이스를 위임합니다. 여기서는 Person 클래스가 마치 상속과 같은 형태로 위임을 사용하고 있습니다. ②번에서 StaffName과 Work 클래스의 생성자를 통해 객체를 전달합니다. 이렇게 만든 person 객체는 ③번과 ④번처럼 각 클래스의 위임된 멤버에 접근할 수 있게 됩니다.

커피 제조기 만들어 보기

지금까지 배운 것을 바탕으로 커피 제조기를 위한 CoffeeMaker 클래스를 만들어 봅시다. 먼저 커피를 제조 방법을 알아야겠죠? 제일 먼저 할 일은 요구 사항을 텍스트로 정리해 보는 것입니다. 커피 제조기를 위한 요구 사항은 다음과 같습니다.

커피를 만들려면 물을 뜨겁게 데우는 히터(Heater)가 필요하다. 히터는 켜거나 끌 수 있고 충분히 뜨거운지도 파악할 수 있다. 커피는 열사이펀(Thermosiphon)을 통해 추출한다. 열사이펀은 기압차를 통해 펌핑하는 원리로 커피액을 추출한다. 커피 모듈은 이 열사이펀을 사용해 드립 커피를 제조한다. 이제 커피를 제조하는 브루잉(Brewing) 과정을 실행할 수 있게 한다. 브루잉 과정은 전원을 켜고 펌핑 → 커피 완성 → 전원 끄기 순서로 진행된다.

실제로 커피를 만드는 방법은 좀 더 복잡합니다만 여기선 위의 과정을 구현하면서 그동안 배운 지식을 활용해 봅니다. 그러면 먼저 요구 사항에서 필요한 단어를 추려 봅시다.

커피 제조기를 위한 용어 정리

용어	선언	설명
히터	Heater	일반적인 켜기, 끄기, 뜨거운 상태를 확인한다.
전기 히터	ElectricHeater	추상적인 히터를 구체화한 클래스
펌프	Pump	열사이펀 과정을 위한 펌핑 기능을 가진 개념
열사이펀	Thermosiphon	커피 추출을 위한 방법 중 하나
커피 모듈	CoffeeModule	커피 모듈은 추출 방법을 선택할 수 있다(여기선 오로지 열사이펀 방법만 사용).
드립 커피 모듈	MyDripCoffeeModule	커피 모듈을 전기 히터와 열사이펀을 조합해 구체화한다.
커피 제조기	CoffeeMaker	최종 제품으로 커피 모듈을 통해 브루잉 과정을 진행한다.

커피 제조기의 구현

정리된 용어를 통해 하나씩 구현해 봅시다. 먼저 히터의 기본 뼈대를 만들고 그것을 구현하는 전기 히터를 만들어 보겠습니다.

코딩해 보세요! 히터 Heater 인터페이스 • 참고 파일 Heater.kt

```
package chap07.coffeeMaker

interface Heater {
    fun on( )
    fun off( )
    fun isHot( ) : Boolean
}
```

히터를 나타내는 `Heater` 인터페이스에서는 히터를 켜고 끄거나 뜨거운 상태를 나타내는 메서드만 선언되어 있습니다.

코딩해 보세요! **전기 히터 ElectricHeater 클래스** • 참고 파일 ElectricHeater.kt

```
package chap07.coffeeMaker

class ElectricHeater(var heating: Boolean = false) : Heater {
    override fun on( ) {
        println("[ElectricHeater] heating...")
        heating = true
    }

    override fun off( ) {
        heating = false
    }

    override fun isHot( ) : Boolean = heating
}
```

전기 히터를 나타내는 ElectricHeater 클래스는 heating 프로퍼티를 가지고 있으며 기본값은 false입니다. 그리고 Heater 클래스의 켜고 끄거나 끓고 있는지 확인하는 메서드를 오버라이딩해 구현했습니다.

이번에는 펌프를 나타내는 Pump 인터페이스와 Pump 인터페이스의 추상 메서드를 구현하는 열사이펀 Thermosiphon 클래스를 만듭니다.

코딩해 보세요! **펌프 Pump 클래스** • 참고 파일 Pump.kt

```
package chap07.coffeeMaker

interface Pump {
    fun pump( )
}
```

코딩해 보세요! **열사이펀 Thermosiphon 클래스** • 참고 파일 Thermosiphon.kt

```
package chap07.coffeeMaker

class Thermosiphon(heater: Heater) : Pump, Heater by heater { // 위임의 사용
    override fun pump( ) {
        if (isHot( )) {
            println("[Thermosiphon] pumping...");
        }
    }
}
```

Thermosiphon 클래스에서는 Heater by heater 위임을 통해 isHot( )을 그대로 사용하고 있습니다. 이제 커피 모듈의 기본 인터페이스와 여러 기능을 조합하도록 드립 커피 모듈 MyDripCoffeeModule 클래스를 만들어 봅시다.

코딩해 보세요! 커피 모듈 CoffeeModule 인터페이스 • 참고 파일 CoffeeModule.kt

```
package chap07.coffeeMaker

interface CoffeeModule {
    fun getThermosiphon( ) : Thermosiphon
}
```

코딩해 보세요! 드립 커피 모듈 MyDripCoffeeModule 클래스 • 참고 파일 MyDripCoffeeModule.kt

```
package chap07.coffeeMaker

class MyDripCoffeeModule : CoffeeModule {
    companion object {
        val electricHeater: ElectricHeater by lazy { // lazy를 이용한 지연 초기화
            ElectricHeater( )
        }
    }

    private val _thermosiphon : Thermosiphon by lazy { // 임시적인 private 프로퍼티
        Thermosiphon(electricHeater)
    }
    // 오직 이 메서드에서만 Thermosiphon을 초기화
    override fun getThermosiphon( ) : Thermosiphon = _thermosiphon
}
```

MyDripCoffeeModule 클래스에서는 by lazy를 사용해 전기 히터 ElectricHeater와 Thermosiphon이 접근되는 시점에 초기화하도록 하고 있습니다. 여기서 눈여겨볼 부분은 Thermosiphon으로 초기화하기 위해 임시 프로퍼티인 _thermosiphon을 사용해 private으로 선언한 부분입니다. 이것은 외부에서 초기화하지 못하고 오직 클래스 내부의 getThermosiphon( )에 의해서만 초기화되도록 한 것입니다.

이제 커피 제조기를 나타내는 CoffeeMaker 클래스를 만들겠습니다. CoffeeMaker 클래스는 매개변수로 coffeeModule을 가지며 브루잉 기능을 하도록 정의합니다. 이제 여기서는 실행을 위한 main( ) 함수가 포함됩니다.

코딩해 보세요! 커피 제조기 CoffeeMaker 클래스와 생성 테스트하기 • 참고 파일 CoffeeMaker.kt

```
package chap07.coffeeMaker

class CoffeeMaker(val coffeeModule: CoffeeModule) {
    fun brew( ) {
        val theSiphon: Thermosiphon = coffeeModule.getThermosiphon( )
        theSiphon.on( )
        theSiphon.pump( )
        println("Coffee, here! Enjoy!~")
        theSiphon.off( )
    }
}

fun main( ) {
    val coffeeMaker = CoffeeMaker(MyDripCoffeeModule( ))
    coffeeMaker.brew( )
}
```

```
실행 결과
[ElectricHeater] heating...
[Thermosiphon] pumping...
Coffee, here! Enjoy!~
```

이제 CoffeeMaker 클래스는 커피 모듈을 매개변수로 받아 브루잉을 할 수 있습니다. 여기서는 MyDripCoffeeModule( ) 생성자를 인자로 받아 바로 객체를 넘겨주고 있습니다. 이 객체를 통해 열사이펀의 방법으로 객체 theSiphon을 생성하게 됩니다. 이제 coffeeMaker.brew( )를 통해서 열사이펀을 켜고(on( )), 펌프질한 뒤(pump( )), 커피를 완성(println( ))하고 열사이펀 객체를 끕니다(off( )).

이 예제를 통해서 인터페이스와 클래스, 위임 등을 살펴볼 수 있었습니다. 인터페이스를 사용하는 가장 큰 이유는 특정 구현에 의존적이지 않은 코드를 만들 수 있다는 점입니다. 그래서 기능의 정의와 구현을 분리할 수 있고 구현 내용을 확장하거나 교체하기 쉽습니다. 프로젝트가 점점 커질수록 확장이 쉬운 구조를 만들고 싶다면 인터페이스를 이용해야 합니다.

07-2 데이터 클래스와 기타 클래스

이번에는 클래스의 여러 가지 형태에 대해 살펴보겠습니다. 보통 클래스는 속성과 동작을 가지기 때문에 프로퍼티와 메서드를 멤버로 가집니다. 하지만 만일 특정 동작을 가지지 않고 오로지 데이터 저장을 위해서 사용한다면 일반적인 클래스가 가지는 구현부가 필요 없을 수도 있습니다. 구현부 때문에 메모리를 좀 더 사용할 수도 있죠. 이러한 자원의 낭비를 막고 오로지 데이터 저장에 초점을 맞추기 위해 코틀린에서는 데이터(Data) 클래스라는 특별히 고안된 클래스를 제공합니다. 그 외에도 여러 목적으로 실드(Sealed) 클래스나 이너(Inner) 클래스, 열거형(Enum) 클래스 등을 사용할 수 있습니다. 먼저 데이터 클래스에 대해 살펴보겠습니다.

데이터 전달을 위한 데이터 클래스

보통 데이터 전달을 위한 객체를 DTO(Data Transfer Object)라고 부릅니다. 자바에서는 POJO(Plain Old Java Object)라고 부르기도 했습니다. DTO는 구현 로직을 가지고 있지 않고 순수한 데이터 객체를 표현하기 때문에 보통 속성과 속성을 접근하고자 하는 게터/세터를 가집니다. 여기에 추가적으로 `toString( )`, `equals( )` 등과 같은 데이터를 표현하거나 비교하는 메서드를 가져야 합니다. 자바에서 이것들을 모두 정의하려면 소스 코드가 아주 길어지게 되지만 코틀린에서는 간략하게 표현할 수 있습니다!

코틀린에서는 DTO를 위해 데이터 클래스를 정의할 때 게터/세터, `toString( )`, `equals( )` 같은 메서드를 직접 만들 필요 없이 내부적으로 자동 생성됩니다! 데이터를 위한 프로퍼티만 신경 써서 작성하면 되지요. 코틀린의 데이터 클래스에서 내부적으로 자동 생성되는 메서드는 다음과 같습니다.

- 프로퍼티를 위한 게터/세터
- 비교를 위한 equals( )와 키 사용을 위한 hashCode( )
- 프로퍼티를 문자열로 변환해 순서대로 보여주는 toString( )
- 객체 복사를 위한 copy( )
- 프로퍼티에 상응하는 component1( ), component2( ) 등

코틀린에서 프로퍼티를 선언하면 게터와 세터가 자동으로 준비된다는 것을 이미 배웠습니다.

코틀린의 프로퍼티 = 필드(변수) + 게터와 세터

그렇다면 왜 DTO를 사용해야 할까요? 일종의 표준과 같은 약속을 정하면 전송하거나 받고자 하는 어떤 요소든 데이터를 쉽게 다룰 수 있기 때문입니다. 데이터를 주고받는 일은 어디서든 자주 일어나는데 향후 프로그램을 좀 더 구조적으로 만들면 제어 로직을 위한 컨트롤러, 사용자와 상호작용을 위한 뷰, 데이터 표현을 위한 모델 등으로 나뉩니다. 이때 DTO는 데이터를 주고받는 표준 방법이 됩니다.

데이터 클래스 선언하기

데이터 클래스를 위해 data 키워드를 제공하며 다음과 선언할 수 있습니다.

```
data class Customer(var name: String, var email: String)
```

데이터 클래스는 다음 조건을 만족해야 합니다.

- 주 생성자는 최소한 하나의 매개변수를 가져야 한다.
- 주 생성자의 모든 매개변수는 val, var로 지정된 프로퍼티여야 한다.
- 데이터 클래스는 abstract, open, sealed, inner 키워드를 사용할 수 없다.

데이터 클래스로부터는 open을 사용한 상속이나 abstract로 선언한 추상 클래스, 내부 클래스를 위한 inner 등을 사용할 수 없고 오로지 데이터를 기술하는 용도로만 사용됩니다.
하지만 필요하다면 추가로 부 생성자나 init 블록을 넣어 데이터를 위한 간단한 로직을 포함할 수 있습니다.

```
data class Customer(var name: String, var email: String) {
    var job: String = "Unknown"
    constructor(name: String, email: String, _job: String): this(name, email) {
        job = _job
    }
    init {
        // 간단한 로직은 여기에
    }
}
```

데이터 클래스로 정의된 Customer는 필요한 데이터인 name과 email을 주 생성자에 프로퍼티로 가지고 있고, 부 생성자를 통해 job을 하나 더 초기화할 수 있습니다. 여기에는 보이지 않지만 데이터 클래스를 정의하면 자동으로 생성되는 메서드가 있습니다. 한번 정리해 보죠.

데이터 클래스가 자동 생성하는 메서드

제공된 메서드	기능
equals( )	두 객체의 내용이 같은지 비교하는 연산자(고유 값은 다르지만 의미 값이 같을 때)
hashCode( )	객체를 구별하기 위한 고유한 정숫값 생성, 데이터 세트나 해시 테이블을 사용하기 위한 하나의 생성된 인덱스
copy( )	빌더 없이 특정 프로퍼티만 변경해서 객체 복사하기
toString( )	데이터 객체를 읽기 편한 문자열로 반환하기
componentN( )	객체의 선언부 구조를 분해하기 위해 프로퍼티에 상응하는 메서드

먼저 equals( )는 두 개체의 값이 같은지 동등성(Equality)을 비교하는 것입니다. 보통 우리가 사용하는 연산자인 == 표현은 내부적으로 equals( )를 호출하는 것과 같습니다. 두 값이 동등하다면 true를 반환합니다. hashCode( )는 객체를 구별하기 위한 고유한 정숫값을 생성합니다. 만일 두 객체가 동등하다면 동일한 정숫값을 생성합니다.

```
val cus1 = Customer("Sean", "sean@mail.com")
val cus2 = Customer("Sean", "sean@mail.com")
...
println(cus1 == cus2) // 동등성 비교
println(cus1.equals(cus2)) // 위와 동일
println("${cus1.hashCode( )}, ${cus2.hashCode( )}")
```

실행 결과
true
true
-1208413004, -1208413004

위 코드를 보면 cus1과 cus2를 비교해서 서로 같으므로 true가 반환되고, 동일한 정숫값을 반환합니다.

copy( )를 사용하면 데이터 객체를 복사하되 다른 프로퍼티 값을 가지는 것만 명시하여 변경할 수 있습니다. 사용법은 다음과 같습니다.

```
val cus3 = cus1.copy(name = "Alice") // name만 변경하고자 할 때
println(cus1.toString( ))
println(cus3.toString( ))
```

새롭게 정의된 객체 cus3은 앞서 만들어진 cus1의 내용을 복사하되 name 프로퍼티의 내용만 "Alice"로 바꾸었습니다. 그리고 출력에 사용된 toString( )은 객체를 읽기 쉽게 다음과 같이 표현합니다.

```
Customer(name=Sean, email=sean@mail.com)
Customer(name=Alice, email=sean@mail.com)
```

객체 디스트럭처링하기

디스트럭처링(Destructuring)한다는 것은 객체가 가지고 있는 프로퍼티를 개별 변수로 분해하여 할당하는 것을 말합니다. 변수를 선언할 때 소괄호를 사용해서 분해하고자 하는 객체를 지정합니다. 다음 코드를 봅시다.

```
val (name, email) = cus1
println("name = $name, email = $email")
```

위와 같이 cus1 객체의 프로퍼티 값 2개를 각각 name과 email로 선언된 변수에 가져옵니다. 특정 프로퍼티를 가져올 필요가 없는 경우 다음과 같이 언더스코어(_)를 사용해 제외할 수 있습니다.

```
val (_, email) = cus1 // 첫 번째 프로퍼티 제외
```

이 경우에는 name은 제외하고 email 프로퍼티만 가져오게 됩니다.
또 개별적으로 프로퍼티를 가져오기 위해 componentN( ) 메서드를 사용할 수 있습니다.

```
val name2 = cus1.component1( )
val email2 = cus1.component2( )
println("name = $name2, email = $email2")
```

cus1의 첫 번째 프로퍼티 name과 두 번째 프로퍼티 email을 각각 따로 가져온 것을 알 수 있습니다.

데이터가 많아진다면 반복문을 사용해 다음과 같이 작성할 수 있습니다.

```
val cus1 = Customer("Sean", "sean@mail.com")
val cus2 = Customer("Sean", "sean@mail.com")
val bob = Customer("Bob", "bob@mail.com")
val erica = Customer("Erica", "erica@mail.com")

val customers = listOf(cus1, cus2, bob, erica) // 모든 객체를 컬렉션 List 목록으로 구성
...
for((name, email) in customers) { // 반복문을 사용해 모든 객체의 프로퍼티 분해
    println("name = $name, email = $email")
}
```

for문에서 데이터를 가져오기 위해 (name, email)을 그대로 사용해 포함 연산자인 in으로 customers의 모든 객체를 반복하면서 프로퍼티를 분해하게 됩니다.
또 함수로부터 객체가 반환될 경우에도 사용할 수 있습니다.

```
fun myFunc( ): Customer {
    return Customer("Mickey", "mic@abc.com")
}
...
val (myName, myEmail) = myFunc( )
```

이번에 람다식을 사용해 화면에 출력해 보겠습니다.

```
// 람다식으로 디스트럭처링된 변수 출력해 보기
val myLamda = {
    (nameLa, emailLa): Customer ->
    println(nameLa)
    println(emailLa)
}
myLamda(cus1)
```

객체를 소괄호로 감싸 두었기 때문에 하나의 객체로 람다식에 전달하고, 여기에 2개의 매개변수가 디스트럭처링된 프로퍼티를 각각 출력합니다. 데이터 클래스는 앞에서 배웠듯이 매개변수에 기본값을 지정할 수 있습니다. 이렇게 데이터 클래스를 이용하면 각종 부가적인 메서드도 사용하면서 데이터에 집중하여 정의할 수 있으므로 매우 유용한 클래스 기법입니다.
그러면 내부 클래스로 사용되는 중첩 클래스와 이너 클래스에 대해 알아봅시다.

내부 클래스 기법

코틀린은 2가지의 내부 클래스 기법이 있습니다. 먼저 중첩(Nested) 클래스는 말 그대로 클래스 안에 또 다른 클래스가 정의되어 있는 것입니다. 또 하나의 내부 클래스로 이너(Inner) 클래스라는 개념이 있습니다. 중첩 클래스와 이너 클래스는 둘 다 특정 클래스 내부에 있는 것이지만 사용 방법이 약간 다릅니다. 그 밖에도 지역 클래스와 익명 객체 방법으로도 내부 클래스를 정의할 수 있습니다.

클래스 내부에 또 다른 클래스를 설계하여 내부에 두는 이유는 독립적인 클래스로 정의하기 모호한 경우나 다른 클래스에서는 잘 사용하지 않는 내부에서만 사용하고 외부에서는 접근할 필요가 없을 때가 있기 때문입니다. 하지만 너무 남용하면 클래스의 의존성이 커지고 코드가 읽기 어렵게 되므로 주의하세요!

오리의 프로그래밍 노트 자바의 내부 클래스 종류

자바에는 다양한 내부 클래스의 형태가 있습니다. 다음 표를 확인해 봅시다.

자바의 내부 클래스 종류

종류	역할
정적 클래스(Static Class)	static 키워드를 가지며 외부 클래스를 인스턴스화하지 않고 바로 사용 가능한 내부 클래스(주로 빌더 클래스에 이용)
멤버 클래스(Member Class)	인스턴스 클래스로도 불리며 외부 클래스의 필드나 메서드와 연동하는 내부 클래스
지역 클래스(Local Class)	초기화 블록이나 메서드 내의 블록에서만 유효한 클래스
익명 클래스(Anonymous Class)	이름이 없고 주로 일회용 객체를 인스턴스화하면서 오버라이드 메서드를 구현하는 내부 클래스. 가독성이 떨어지는 단점이 있다.

자바의 내부 클래스는 외부 클래스의 어떤 멤버 필드도 참조할 수 있습니다. 반대로 외부 클래스도 내부 클래스의 필드에 접근할 수 있습니다. 이런 개념을 코틀린에서도 비슷하게 사용할 수 있습니다. 다음 비교 표를 살펴봅시다.

자바와 코틀린의 내부 클래스 비교

자바	코틀린
정적 클래스(Static Class)	중첩 클래스(Nested Class): 객체 생성 없이 사용 가능
멤버 클래스(Member Class)	이너 클래스(Inner Class): 필드나 메서드와 연동하는 내부 클래스로 inner 키워드가 필요하다.

지역 클래스(Local Class)	지역 클래스(Local Class): 클래스의 선언이 블록 안에 있는 지역 클래스이다.
익명 클래스(Anonymous Class)	익명 객체(Anonymous Object): 이름이 없고 주로 일회용 객체를 사용하기 위해 object 키워드를 통해 선언된다.

정적 클래스와 멤버 클래스가 두 언어에서 반대로 되어 있으니 헷갈리면 안 됩니다.
먼저 자바의 멤버 클래스와 코틀린의 이너 클래스입니다.

```
// 자바의 멤버(이너) 클래스
class A {
   class B {
       ... // 외부 클래스 A의 필드에 접근 가능
   }
}

// 코틀린의 이너 클래스
class A {
    inner class B { // 자바와 달리 inner 키워드 필요
        ... // 외부 클래스 A의 필드에 접근 가능
    }
}
```

이번에는 자바의 정적 클래스와 코틀린에서 정적 클래스처럼 사용하는 중첩 클래스입니다.

```
// 자바의 정적 클래스
class A {
    static class B { // 정적 클래스를 위해 static 키워드 사용
        ...
    }
}

// 정적 클래스처럼 사용한 코틀린의 중첩 클래스
class A {
    class B { // 코틀린에서는 아무 키워드가 없는 클래스는 중첩 클래스이며 정적 클래스처럼 사용
        ... // 외부 클래스 A의 프로퍼티, 메서드에 접근할 수 없음
    }
}
```

중첩 클래스

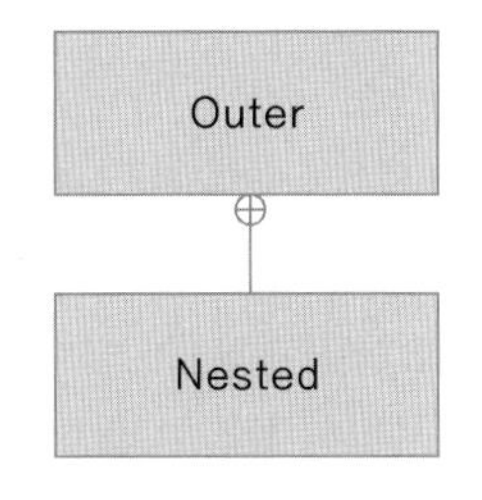

Outer 클래스 내부에
Nested 클래스가 선언되었을 때

코틀린에서 중첩 클래스는 기본적으로 정적(static) 클래스처럼 다뤄집니다. 즉, 중첩 클래스는 객체 생성 없이 접근할 수 있다는 것인데요. 클래스 다이어그램에서는 다음과 같이 표현됩니다.
중첩 클래스를 사용하는 예제를 작성해 봅시다.

코딩해 보세요! 중첩 클래스 사용하기 • 참고 파일 NestedClassTest.kt

```
package com.acaroom.kotlin.chap03.section04.nested

class Outer {
    val ov = 5
    class Nested {
        val nv = 10
        fun greeting( ) = "[Nested] Hello ! $nv" // 외부의 ov에는 접근 불가
    }
    fun outside( ) {
        val msg = Nested( ).greeting( ) // 객체 생성 없이 중첩 클래스의 메서드 접근
        println("[Outer]: $msg, ${Nested( ).nv}") // 중첩 클래스의 프로퍼티 접근
    }
}

fun main( ) {
    // static처럼 객체 생성 없이 사용
    val output = Outer.Nested( ).greeting( )
    println(output)

    // Outer.outside( )  // 오류! 외부 클래스의 경우는 객체를 생성해야 함
    val outer = Outer( )
    outer.outside( )
}
```

실행 결과

```
[Nested] Hello ! 10
[Outer]: [Nested] Hello ! 10, 10
```

위 소스 코드를 보면 Outer 클래스 안에 Nested라는 중첩 클래스가 선언되어 있습니다. 그리고 Outer.Nested( ).greeting( )과 같은 방법으로 중첩 클래스의 메서드가 객체 생성 없이 호출될 수 있습니다. 또한 외부 클래스의 메서드인 outside( )에서 중첩 클래스의 멤버 greeting( )에 접근할 수 있습니다. 하지만 반대로 중첩 클래스에서 외부 클래스의 멤버인 ov와 같은 프로퍼티에 접근할 수 없습니다.

이처럼 중첩된 Nested 클래스는 바로 바깥 클래스인 Outer의 멤버에는 접근할 수 없습니다. 그러면 바깥 클래스에 접근할 수 있는 방법이 있을까요? Outer 클래스가 컴패니언 객체를 가지고 있을 때는 접근이 가능합니다.

```
class Outer {
    class Nested {
        ...
        fun accessOuter( ) { // 컴패니언 객체는 접근할 수 있음
            println(country)
            getSomething( )
        }
    }
    companion object { // 컴패니언 객체는 static처럼 접근 가능
        const val country = "Korea"
        fun getSomething( ) = println("Get something...")
    }
}
```

Nested 클래스에서 바로 바깥 클래스인 Outer의 프로퍼티인 country와 메서드 getSomething( )에 접근하고 있습니다. 이것이 가능한 이유는 컴페니언 객체로 지정되어 객체 생성 없이 고정적인 메모리를 가지기 때문입니다.

컴패니언 객체로 접근하는 방법 말고 또 다른 방법이 있을까요? 외부 클래스의 멤버에 접근하고자 한다면 inner 키워드를 사용해 이너 클래스를 만들어야 합니다.

이너 클래스

이너(Inner)는 내부라는 뜻이지만 여기서는 특별한 키워드인 inner를 사용하고 있으므로 이너 클래스라고 부르겠습니다. 단순히 내부에 작성된 중첩 클래스와는 좀 다른 역할을 합니다. 클래스 안에 이너 클래스를 정의할 수 있는데 이때 이너 클래스는 바깥 클래스의 멤버들에 접근할 수 있습니다. 심지어 private 멤버도 접근이 가능합니다. 다음 예를 통해 이해해 봅시다.

코딩해 보세요! 이너 클래스의 바깥 클래스의 멤버 접근 • 참고 파일 InnerClassTest.kt

```
package chap07.section2

class Smartphone(val model: String) {
    private val cpu = "Exynos"

    inner class ExternalStorage(val size: Int) {
        fun getInfo( ) = "${model}: Installed on $cpu with ${size}Gb" // 바깥 클래스의 프로퍼티 접근
    }
}

fun main( ) {
    val mySdcard = Smartphone("S7").ExternalStorage(32)
    println(mySdcard.getInfo( ))
}
```

실행 결과

```
S7: Installed on Exynos with 32Gb
```

이너 클래스인 ExternalStorage는 Smartphone 클래스의 프로퍼티 model과 cpu에 접근하고 있습니다. 특히 cpu는 private 멤버이지만 접근이 가능한 것을 알 수 있습니다.

지역 클래스

지역 클래스는 특정 메서드의 블록이나 init 블록과 같이 블록 범위에서만 유효한 클래스입니다. 블록 범위를 벗어나면 더 이상 사용되지 않습니다. 기존 예제에 다음과 같이 메서드를 추가해 보겠습니다.

코딩해 보세요! 메서드에 지역 클래스 추가하기 • 참고 파일 InnerClassTest.kt

```
...
class Smartphone(val model: String) {
    private val cpu = "Exynos"
...
    fun powerOn( ): String {
        class Led(val color: String) { // 지역 클래스 선언
            fun blink( ): String = "Blinking $color on $model" // 외부의 프로퍼티는 접근 가능
```

```
        }
        val powerStatus = Led("Red") // 여기에서 지역 클래스가 사용됨
        return powerStatus.blink( )
    } // powerOn( ) 블록 끝
}

fun main( ) {
...
    val myphone = Smartphone("Note9")
    myphone.ExternalStorage(128)
    println(myphone.powerOn( ))
}
```

실행 결과

```
...
Blinking Red on Note9
```

여기서 사용된 Led 클래스는 Smartphone 클래스의 메서드인 powerOn( )에서만 유효한 클래스입니다. 단 Led 클래스에서 외부의 멤버인 프로퍼티에는 접근할 수 있습니다.

익명 객체

자바에서는 익명 이너 클래스라는 것을 제공해 일회성으로 객체를 생성해 사용합니다. 코틀린에서는 object 키워드를 사용하는 익명 객체로 이와 같은 기능을 수행합니다. 자바와 다른 점은 익명 객체 기법으로 앞에서 살펴본 다중의 인터페이스를 구현할 수 있다는 것입니다.

스위치 기능을 정의한 인터페이스를 만들고 이것을 구현하는 익명 객체를 만들어 봅시다. 계속해서 이전 예제에 다음 내용을 추가합니다.

코딩해 보세요! **익명 객체를 위한 인터페이스 추가하기** • 참고 파일 InnerClassTest.kt

```
package chap07.section2

interface Switcher { // ① 인터페이스의 선언
    fun on( ): String
}

class Smartphone(val model: String) {
```

```
...
    fun powerOn( ): String {
        class Led(val color: String) {
            fun blink( ): String = "Blinking $color on $model"
        }
        val powerStatus = Led("Red")
        val powerSwitch = object : Switcher { // ② 익명 객체를 사용해 Switcher의 on( )을 구현
            override fun on( ): String {
                return powerStatus.blink( )
            }
        } // 익명(object) 객체 블록의 끝
        return powerSwitch.on( ) // 익명 객체의 메서드 사용
    }
}
...
```

①번에서 스위치를 위한 인터페이스 Switcher를 선언했습니다. 이후 Smartphone 클래스의 powerOn( ) 메서드를 수정합니다. ②번에서 object를 사용해 Switcher 인터페이스의 on( ) 메서드를 구현하고 있습니다. 따라서 Switcher 인터페이스로부터 만들어진 객체는 이름이 없으며 powerSwitch 프로퍼티를 위해 일회성으로 사용됩니다. 이 메서드가 호출될 때마다 일회성 객체의 인스턴스가 만들어집니다.

실드 클래스와 열거형 클래스

실드(Sealed)란 '봉인된'이라는 의미로 무언가 안전하게 보관하기 위해 묶어 두는 것을 말합니다. 실드 클래스는 미리 만들어 놓은 자료형들을 묶어서 제공하기 때문에 어떤 의미에서는 열거형(Enum) 클래스의 확장으로도 볼 수 있습니다.

실드 클래스

실드 클래스를 선언하려면 sealed 키워드를 class와 함께 사용합니다. 실드 클래스 그 자체는 추상 클래스와 같기 때문에 객체를 만들 수는 없습니다. 또한 생성자도 기본적으로는 private이며 private이 아닌 생성자는 허용하지 않습니다. 실드 클래스는 같은 파일 안에서는 상속이 가능하지만, 다른 파일에서는 상속이 불가능하게 제한됩니다. 블록 안에 선언되는 클래스는 상속이 필요한 경우 open 키워드로 선언될 수 있습니다. 간단한 예를 통해 살펴볼까요?

코딩해 보세요! **실드 클래스 작성하기** • 참고 파일 SealedClassTest.kt

```
package chap07.section2

// 실드 클래스를 선언하는 첫 번째 방법
sealed class Result {
    open class Success(val message: String): Result( )
    class Error(val code: Int, val message: String): Result( )
}

class Status: Result( ) // 실드 클래스 상속은 같은 파일에서만 가능
class Inside: Result.Success("Status") // 내부 클래스 상속
```

먼저 Result 클래스는 실드 클래스입니다. 이 클래스 블록에는 Success와 Error 클래스가 묶여 있습니다. 그리고 Success 클래스는 상속할 수 있도록 open 키워드를 가지고 있습니다. 이때는 마지막 줄의 Inside 클래스와 같이 상속해서 정의할 수 있습니다. 실드 클래스 자체를 상속할 때는 같은 파일에서만 가능합니다.
다음과 같은 방법으로도 선언할 수 있습니다.

```
// 실드 클래스를 선언하는 두 번째 방법
sealed class Result

open class Success(val message: String): Result( )
class Error(val code: Int, val message: String): Result( )

class Status: Result( )
class Inside: Success("Status")
```

이 경우에는 내부 클래스를 상속할 때 점(.) 표기로 접근하지 않고 그대로 사용합니다. 왜 이렇게 클래스를 묶어서 사용하는 것일까요? 계속해서 when문과 함께 메시지 검사 함수를 만들어 봅시다.

```
...
fun main( ) {
    // Success에 대한 객체 생성
    val result = Result.Success("Good!")
    val msg = eval(result)
    println(msg)
}
// 상태를 검사하기 위한 함수
fun eval(result: Result): String = when(result) {
    is Status -> "in progress"
    is Result.Success -> result.message
    is Result.Error -> result.message
    // 모든 조건을 가지므로 else가 필요 없음
}
```

```
실행 결과
Good!
```

실드 클래스는 특정 객체 자료형에 따라 when문과 is에 의해 선택적으로 실행할 수 있습니다. 여기에서는 모든 경우가 열거되었으므로 else문이 필요 없습니다. 만일 이것을 이너 클래스나 중첩 클래스로 구현하려고 하면 모든 경우의 수를 컴파일러가 판단할 수 없어 else문을 가져야 합니다. 하지만 실드 클래스를 사용하면 필요한 경우의 수를 직접 지정할 수 있습니다.

열거형 클래스

열거형 클래스란 여러 개의 상수를 선언하고 열거된 값을 조건에 따라 선택할 수 있는 특수한 클래스입니다. 열거형 클래스는 실드 클래스와 거의 비슷합니다. 다만 열거형 클래스는 실드 클래스처럼 다양한 자료형을 다루지 못합니다. 열거형 클래스는 enum 키워드와 함께 선언할 수 있고 다음과 같이 자료형이 동일한 상수를 나열할 수 있습니다. 구조를 살펴봅시다.

```
enum class 클래스 이름 [(생성자)] {
    상수1[(값)], 상수2[(값)], 상수3[(값)], ...
    [; 프로퍼티 혹은 메서드]
}
```

동서남북 네 방향을 각각 변수로 선언하는 열거형 클래스를 만들어 보겠습니다.

```
enum class Direction {
    NORTH, SOUTH, WEST, EAST
}
```

각 상수는 Direction 클래스의 객체로 취급되고 쉼표(,)로 구분합니다.
또 다른 예로 다음과 같이 주 생성자를 가지고 값을 초기화할 수 있습니다. 다음은 각 요일마다 숫자를 지정한 열거형 클래스입니다.

```
enum class DayOfWeek(val num: Int) {
  MONDAY(1), TUESDAY(2), WEDNESDAY(3), THURSDAY(4),
  FRIDAY(5), SATURDAY(6), SUNDAY(7)
}
```

각 상수의 값은 매개변수를 통해 초기화될 수 있습니다. 여기서는 num으로 Int형 값을 각각 지정하고 있습니다. when문을 사용해 각 정숫값에 따른 실행이 가능하고, 이때 쉼표를 사용해 여러 케이스를 표현할 수 있습니다.

```
val day = DayOfWeek.SATURDAY // SATURDAY의 값 읽기
when(day.num) {
    1, 2, 3, 4, 5 -> println("Weekday")
    6, 7 -> println("Weekend!")
}
```

필요한 경우 다음과 같이 메서드를 포함할 수 있는데 이때는 세미콜론(;)을 사용해 열거한 상수 객체를 구분합니다.

```
enum class Color(val r: Int, val g: Int, val b: Int) {
    RED(255, 0, 0), ORANGE(255, 165, 0),
    YELLOW(255, 255, 0), GREEN(0, 255, 0), BLUE(0, 0, 255),
    INDIGO(75, 0, 130), VIOLET(238, 130, 238); // 세미콜론으로 끝을 알림

    fun rgb( ) = (r * 256 + g) * 256 + b // 메서드를 포함할 수 있음
}

fun main(args: Array) {
    println(Color.BLUE.rgb( ))
}
```

마찬가지로 when문을 사용해 각 케이스를 처리할 수 있습니다.

```
fun getColor(color: Color) = when (color) {
    Color.RED -> color.name // 이름 가져오기
    Color.ORANGE -> color.ordinal // 순서 번호: 1
    Color.YELLOW -> color.toString( ) // 문자열 변환
    Color.GREEN -> color // 기본값(문자열)
    Color.BLUE -> color.r // r값: 0
    Color.INDIGO -> color.g
    Color.VIOLET -> color.rgb( ) // 메서드 연산 결과
}

fun main( ) {
 ...
    println(getColor(Color.BLUE))
}
```

열거형 클래스의 각 상수는 객체로 취급되므로 몇 가지 기본적인 멤버를 제공합니다. 예를 들어 상수 이름 자체를 반환하는 name, 이름을 가져오는 toString( ), 0부터 시작하는 일종의 순서 번호인 ordinal입니다.

열거형 클래스에서 인터페이스의 메서드를 구현할 수도 있습니다. 다음 예제를 봅시다.

코딩해 보세요! **인터페이스를 통한 열거형 클래스 구현하기** • 참고 파일 EnumClassTest.kt

```
package chap07.section2

interface Score {
    fun getScore( ): Int
}

enum class MemberType(var prio: String) : Score { // Score를 구현할 열거형 클래스
    NORMAL("Thrid") {
        override fun getScore( ): Int  = 100 // 구현된 메서드
    },
    SILVER("Second") {
        override fun getScore( ): Int  = 500
    },
    GOLD("First") {
        override fun getScore( ): Int  = 1500
    }
```

```
}

fun main( ) {
    println(MemberType.NORMAL.getScore( ))
    println(MemberType.GOLD)
    println(MemberType.valueOf("SILVER"))
    println(MemberType.SILVER.prio)

    for (grade in MemberType.values( )) { // 모든 값을 가져오는 반복문
        println("grade.name = ${grade.name}, prio = ${grade.prio}")
    }
}
```

```
실행 결과
100
GOLD
SILVER
Second
grade.name = NORMAL, prio = Thrid
grade.name = SILVER, prio = Second
grade.name = GOLD, prio = First
```

소스 코드에서 열거형인 MemberType 클래스는 열거된 객체들 각각 등급별 점수를 반환하도록 getScore( ) 메서드를 구현했습니다. NORMAL, SILVER, GOLD가 각각 메서드를 가지고 있는 것이죠. 또한 반복문을 이용해 모든 값을 가져오기 위해 values( ) 멤버 메서드를 사용해 내용을 출력합니다.

애노테이션 클래스

애노테이션(Annotation)은 코드에 부가 정보를 추가하는 역할을 합니다. @ 기호와 함께 나타내는 표기법으로 주로 컴파일러나 프로그램 실행 시간에서 사전 처리를 위해 사용합니다. 예를 들어 @Test는 유닛 테스트를 위해 사용하고 @JvmStatic은 자바 코드에서 컴패니언 객체를 접근 가능하게 합니다.
애노테이션 클래스를 직접 만드는 것은 사실 고급 기법에 해당하기 때문에 프레임워크를 제작하지 않는 한 사용할 일은 별로 없습니다. 오히려 프레임워크에서 제공하는 애노테이션을

사용하는 경우가 많습니다. 여기서는 애노테이션을 선언하고 사용하는 방법에 대해 대략적으로만 살펴봅니다.

애노테이션 선언하기

사용자 애노테이션을 만들기 위해서는 키워드 annotation을 사용해 클래스를 다음과 같이 선언합니다.

```
annotation class 애노테이션 이름
```

애노테이션 클래스를 선언하면 @ 기호를 붙여서 다음과 같이 사용할 수 있습니다.

```
annotation class Fancy // 선언
...
@Fancy class MyClass{...} // 사용
```

애노테이션은 다음과 같은 몇 가지 속성을 사용해 정의될 수 있습니다.

- @Target: 애노테이션이 지정되어 사용할 종류(클래스, 함수, 프로퍼티 등)를 정의
- @Retention: 애노테이션을 컴파일된 클래스 파일에 저장할 것인지 실행 시간에 반영할 것인지 결정
- @Repeatable: 애노테이션을 같은 요소에 여러 번 사용 가능하게 할지를 결정
- @MustBeDocumented: 애노테이션이 API의 일부분으로 문서화하기 위해 사용

속성과 함께 정의된 애노테이션 클래스의 예는 다음과 같습니다.

```
@Target(AnnotationTarget.CLASS, AnnotationTarget.FUNCTION,
        AnnotationTarget.VALUE_PARAMETER, AnnotationTarget.EXPRESSION)
@Retention(AnnotationRetention.SOURCE) // 애노테이션의 처리 방법 - SOURCE: 컴파일 시간에 제거됨
@MustBeDocumented
annotation class Fancy
```

애노테이션 클래스 정의 위에 애노테이션을 사용하고 있습니다. 여기서 @Retention은 애노테이션의 처리 방법을 기술하고 있습니다. SOURCE를 사용하면 컴파일 시간에 애노테이션이 제거될 것이고, BINARY를 사용하면 클래스 파일에 포함되지만 리플렉션에 의해 나타나지 않

습니다. RUNTIME을 사용하면 애노테이션은 클래스 파일에 저장되고 리플렉션에 의해 나타납니다.

오리의 프로그래밍 노트 리플렉션이란?

사전적으로는 '반사' 나 '투영' 을 뜻하는 리플렉션(Reflection)이란 프로그램을 실행할 때 프로그램의 특정 구조를 분석해 내는 기법으로 사용됩니다. 예를 들어 어떤 함수를 정의하는데 함수의 매개변수로 클래스 타입을 선언하고 실행할 때 매개변수로 전달된 클래스의 이름, 클래스의 메서드나 프로퍼티를 알아내는 작업이 리플렉션입니다.

실행 시간에 클래스를 분석하려면 클래스에 대한 정보를 표현하는 클래스 레퍼런스로부터 알아 냅니다. 따라서 특정 클래스의 정보를 분석하기 위해 클래스 타입인 KClass<*>로 정의하고 클래스 레퍼런스는 클래스 이름::class와 같은 형태로 표현할 수 있습니다.

코딩해 보세요! 리플렉션 테스트하기 • 참고 파일 ReflectionTest.kt

```
package chap07.section2

import kotlin.reflect.KClass
import kotlin.reflect.full.memberFunctions
import kotlin.reflect.full.memberProperties

class User(val id: Int, val name: String, var grade: String ="Normal") {
    fun check( ) {
        if (grade == "Normal") println("You need to get the Silver grade")
    }
}

fun main( ) {
    // 타입을 출력
    println(User::class) // 클래스 레퍼런스를 위해 ::class 사용
    // 클래스의 프로퍼티와 메서드의 정보를 출력
    val classInfo = User::class
    classInfo.memberProperties.forEach {
        println("Property name: ${it.name}, type: ${it.returnType}")
    }
    classInfo.memberFunctions.forEach {
        println("Function name: ${it.name}, type: ${it.returnType}")
    }
```

```
    // 함수에 전달해 자료형을 알아냄
    getKotlinType(User::class)
}

fun getKotlinType(obj: KClass<*>) {
    println(obj.qualifiedName)
}
```

```
실행 결과
class chap07.section2.User
Property name: grade, type: kotlin.String
Property name: id, type: kotlin.Int
Property name: name, type: kotlin.String
Function name: check, type: kotlin.Unit
Function name: equals, type: kotlin.Boolean
Function name: hashCode, type: kotlin.Int
Function name: toString, type: kotlin.String
chap07.section2.User
```

User 클래스의 정보를 읽기 위해 User::class의 변수인 classInfo를 사용해 정보를 출력했습니다. 이때 memberProperties와 memberFunctions를 forEach 반복을 통해 화면에 출력합니다. 여기서는 이름과 자료형이 출력되었습니다. 메서드에서는 우리가 구현한 check 외에도 equals, hashCode, toString을 기본적으로 가지고 있는 것을 확인할 수 있습니다.

애노테이션의 위치

그러면 이제 애노테이션을 넣어 봅시다. 애노테이션이 들어갈 수 있는 곳은 다음과 같습니다.

```
@Fancy class MyClass {
    @Fancy fun myMethod(@Fancy myProperty: Int): Int {
        return (@Fancy 1)
    }
}
```

여기서는 앞에서 정의한 @Fancy라는 애노테이션을 사용하는 방법을 보여줍니다. 클래스의 앞이나 메서드 앞, 프로퍼티의 앞에 애노테이션을 사용할 수 있고 반환할 때에는 값 앞에 표기하고 소괄호로 감쌉니다.

만일 생성자에 애노테이션을 사용한다면 constructor를 생략할 수 없다는 것을 알고 있을 것입니다.

```
class Foo @Fancy constructor(dependency: MyDependency) { ... }
```

애노테이션은 다음과 같이 프로퍼티의 게터/세터에도 사용할 수 있습니다.

```
class Foo {
    var x: MyDependency? = null
        @Fancy set
}
```

애노테이션의 매개변수와 생성자

만일 애노테이션에 매개변수를 지정하고자 하려면 다음과 같이 생성자를 통해 정의합니다.

```
annotation class Special(val why: String) // 애노테이션 클래스의 정의
@Special("example") class Foo {} // 애노테이션에 매개변수를 지정
```

매개변수로 사용될 수 있는 자료형은 다음과 같은 것이 있습니다.

- 자바의 기본형과 연동하는 자료형(Int형, Long형 등)
- 문자열
- 클래스(클래스 이름::class)
- 열거형
- 기타 애노테이션
- 위의 목록을 가지는 배열

애노테이션이 또 다른 애노테이션을 가지고 사용할 때는 @ 기호를 사용하지 않아도 됩니다.

```
annotation class ReplaceWith(val expression: String) // 첫 번째 애노테이션 클래스 정의

annotation class Deprecated( // 두 번째 애노테이션 클래스 정의
    val message: String,
    val replaceWith: ReplaceWith = ReplaceWith(""))
...
// ReplaceWith는 @ 기호가 생략됨
@Deprecated("This function is deprecated, use === instead", ReplaceWith("this === other"))
```

애노테이션의 인자로 특정 클래스가 필요하면, 코틀린의 KClass를 사용해야 합니다. 그러면 코틀린 컴파일러가 자동적으로 자바 클래스로 변환할 것입니다. 이후에 자바 코드에서도 애노테이션 인자를 사용할 수 있게 됩니다.

```
import kotlin.reflect.KClass
annotation class Ann(val arg1: KClass<*>, val arg2: KClass<out Any>)
...
@Ann(String::class, Int::class) class MyClass
```

String::class와 Int::class는 코틀린의 리플렉션 표현입니다. 이것은 KClass<T>를 반환합니다.

표준 애노테이션

코틀린 표준 라이브러리가 가지고 있는 애노테이션을 몇 가지 정리해 보겠습니다.

```
@JvmName("filterStrings")
fun filter(list: List<String>): Unit

@JvmName("filterInts")
fun filter(list: List<Int>): Unit
```

@JvmName은 filter( )라는 이름을 자바에서 각각 filterStrings( )와 filterInts( )로 바꿔주는 것입니다. 자바로 바뀌면 해당 애노테이션에 의해 다음과 같이 표현됩니다.

```
public static final void filterStrings(java.util.List<java.lang.String>);
...
public static final void filterInts(java.util.List<java.lang.Integer>);
...
```

그 외에 @JvmStatic은 자바의 정적 메서드로 생성할 수 있게 해주고, @Throw는 코틀린의 throw 구문이 자바에서도 포함되도록 합니다. 예를 들어 코틀린의 코드에서 다음과 같이 찾을 수 없는 예외를 발생시키려고 해 봅시다.

```
class File(val path: String) {
    @Throws(FileNotFoundException::class)
    fun exists( ): Boolean {
        if (!Paths.get(path).toFile( ).exists( ))
        throw FileNotFoundException("$path does not exist")
        return true
    }
}
```

마지막으로 @JvmOverloads는 코틀린에서 기본값을 적용한 인자에 함수를 모두 오버로딩해 줍니다. 이렇게 표준 애노테이션은 자바와 원활하게 연동하는 데 목적을 두고 있습니다.

```
public void checkFile( ) throws FileNotFoundException {
    boolean exists = new File("somefile.txt").exists( );
    System.out.println("File exists");
}
```

07-3 연산자 오버로딩

연산자는 첫째마당에서 살펴봤습니다. 여기서는 더 나아가 연산자 오버로딩(Operator Overloading)을 배워볼 것입니다. 연산자 오버로딩도 클래스의 다형성의 한 경우로 플러스(+)와 같은 연산자에 여러 가지 다른 의미의 작동을 부여할 수 있습니다. 코틀린에서는 특정 연산자의 역할을 함수로 정의하고 있습니다. 이를 일종의 협약(Convention)이라고 합니다.
수학에서 계산할 때 곱하기가 더하기보다 우선하는 것처럼 연산자 역시 일종의 우선순위(Precedence)를 가지고 있습니다. 다음 표를 살펴봅시다.

연산자의 우선순위

우선순위	분류	심볼
높음	접미사(Postfix)	++, --, ., ?., ?
	접두사(Prefix)	-, +, ++, --, !, 라벨 선언(이름@)
	오른쪽 형식(Type RHS)	:, as, as?
	배수(Multiplicative)	*, /, %
	첨가(Additive)	+, -
	범위(Range)	..
	중위 함수(Infix Function)	SimpleName
	엘비스(Elvis)	?:
	이름 검사(Name Checks)	in, !in, is, !is
	비교(Comparison)	<, >, <=, >=
	동등성(Equality)	==, !=
	결합(Conjunction)	&&
	분리(Disjunction)	||
낮음	할당(Assignment)	=, +=, -=, *=, /=, %=

지금까지 우리가 배운 연산자가 나열되어 있습니다. 연산자는 양쪽에 배치하거나 왼쪽, 오른쪽과 같은 위치나 역할에 따라 분류할 수 있습니다. 이것을 이항, 단항 연산자라고도 부릅니다.

연산자의 작동 방식

연산자를 사용하면 관련된 멤버 메서드를 호출하는 것과 같습니다. 예를 들어 a + b는 a.plus(b)라는 함수가 내부적으로 호출되는 것입니다. 사실 +와 - 같은 연산자는 기본적으로 많은 자료형을 처리하기 위해 이미 오버로딩되어 있습니다.

```
val a = 5
val b = 10
print(a.plus(b)) // print(a + b)와 동일
```

정수형을 더하기 위해 a + b를 사용할 수 있는데 이것은 a.plus(b) 형태로 호출하는 것과 같습니다. 기본형을 위한 오버로딩된 plus( ) 함수를 나열하면 다음과 같습니다.

```
// 표준 라이브러리의 Primitives.kt 파일의 일부
...
// 기본형을 위한 + 연산자
operator fun plus(other: Byte): Int
operator fun plus(other: Short): Int
operator fun plus(other: Int): Int
operator fun plus(other: Long): Long
operator fun plus(other: Float): Float
operator fun plus(other: Double): Double

// 문자열 연결
operator fun String?.plus(other: Any?): String
...
```

코틀린 표준 라이브러리에서 Primitives.kt를 살펴보면 operator 키워드를 사용해 plus( ) 함수가 다양한 자료형으로 선언되어 있는 것을 알 수 있습니다. 바로 오버로딩되어 있는 것입니다. 함수 이름과 더한다는 동작에는 변함이 없으나 매개변수가 서로 다릅니다. 이런 이유로 앞에서 더한 Int형 이외에도 Byte형, Short형 등을 합할 수 있으며 심지어 문자열 String형도 합할 수 있습니다. 문자열의 매개변수는 Any형으로 지정되어 있으므로 어떤 자료형이든 받아들이고 이것을 합쳐서 String형으로 반환합니다.
필요하다면 사용자가 추가적으로 함수를 오버로딩할 수 있습니다.

코딩해 보세요! + 연산자의 오버로딩 • 참고 파일 OperatorOverloading.kt

```
package chap07.section3

class Point(var x: Int = 0, var y: Int = 10) {
    // plus( ) 함수의 연산자 오버로딩
    operator fun plus(p: Point) : Point {
        return Point(x + p.x, y + p.y)
    }
}

fun main( ) {
    val p1 = Point(3, -8)
    val p2 = Point(2, 9)

    var point = Point( )
    point = p1 + p2 // Point 객체의 + 연산이 가능하게 됨
    println("point = (${point.x}, ${point.y})")
}
```

실행 결과

```
point = (5, 1)
```

이 소스 코드에서는 Point 클래스를 만들고 + 연산자를 오버로딩했습니다. 그 객체를 서로 + 연산자를 이용해 좌표 값인 (x, y)를 각 x와 y를 더해 새로운 객체에 할당하고 있습니다.
이번에는 값을 감소시키는 접두사로 사용하는 -- 연산을 오버로딩해 봅시다. 앞의 예제에 추가로 작성해 봅니다.

```
class Point(var x: Int = 0, var y: Int = 10) {
...
    operator fun dec( ) = Point(--x, --y)
}

fun main( ) {
...
    --point // -- 연산자
    println("point = (${point.x}, ${point.y})")
}
```

```
실행 결과
...
point = (4, 0)
```

x와 y 값을 하나씩 줄일 수 있는 -- 감소 연산자가 정의되었습니다. 그러면 이제 다양하게 사용할 수 있는 연산자를 정리해 보겠습니다.

연산자의 종류

주요 연산자의 종류와 사용법, 호출 메서드에 대해서 한번 정리해 보겠습니다. 여기서 모든 연산자에 대해 오버로딩하는 예를 보일 수는 없지만 오버로딩의 개념을 알고 있기 때문에 앞서 배운 예를 통해 만들 수 있을 것입니다.

산술 연산자

산술 연산자의 의미

표현식	의미
a + b	a.plus(b)
a - b	a.minus(b)
a * b	a.times(b)
a / b	a.div(b)
a % b	a.rem(b) (Kotlin 1.1부터) , a.mod(b) (지원 중단)
a..b	a.rangeTo(b)

코틀린 1.1 버전부터는 기존의 mod 연산자 함수 이름이 rem으로 바뀌었습니다.

호출 연산자

호출 연산자(Invoke Operator)는 함수 호출을 돕는 데 사용됩니다. 특정 객체에 인수를 넣어 처리하기 위해 다음과 같은 표현이 가능합니다.

```
class Manager {
    operator fun invoke(value: String) {
        println(value)
```

```
    }
}

fun main( ) {
    val manager = Manager( )
    manager("Do something for me!")  // manager.invoke("...") 형태로 호출되며 invoke가 생략됨
}
```

이 소스 코드를 보면 Manager 클래스에는 invoke가 선언되어 Manager 클래스를 통해 생성한 객체 manager라는 이름만으로 접근해 사용할 수 있습니다. 원래는 manager.invoke("...") 형태로 호출되어야 하지만 invoke를 생략하고 객체 이름만 작성해서 코드를 읽기가 수월해집니다. 또 다른 예로 2개의 인자를 받는 객체 a.invoke(i, j)는 a(i, j) 형태로 사용할 수 있습니다. 다음을 봅시다.

```
val sum = { x: Int, y: Int -> x + y }
sum.invoke(3, 10)
sum(3, 10)
```

그리고 이 코드와 같이 람다식에는 기본적으로 invoke가 정의됩니다. 따라서 sum.invoke( ) 대신에 sum( )처럼 사용이 가능합니다.

인덱스 접근 연산자

인덱스 접근 연산자(Indexed Access Operator)는 게터/세터를 다루기 위한 대괄호([ ]) 연산자를 제공합니다.

표에서 보는 것처럼 인덱스 표기법을 통해 값을 읽어 오거나 쓰기가 가능합니다.

인덱스 접근 연산자의 의미

표현식	의미
a[i]	a.get(i)
a[i, j]	a.get(i, j)
a[i_1, ..., i_n]	a.get(i_1, ..., i_n)
a[i] = b	a.set(i, b)
a[i, j] = b	a.set(i, j, b)
a[i_1, ..., i_n] = b	a.set(i_1, ..., i_n, b)

단일 연산자

단일 연산자는 표에서 보는 것처럼 먼저 a의 자료형을 결정하고 매개변수 없이 각 연산자에 대한 함수를 호출한 다음 연산된 결과를 반환합니다. 단일 연산자 사용의 예를 봅시다.

단일 연산자의 의미

표현식	의미
+a	a.unaryPlus( )
-a	a.unaryMinus( )
!a	a.not( )

```
data class Point(val x: Int, val y: Int)

operator fun Point.unaryMinus( ) = Point(-x, -y)

val point = Point(10, 20)
println(-point) // 단일 연산자에 의해 (-10, -20) 값을 바꿈
```

확장 함수와 같은 기법으로 Point 클래스에 연산자 메서드를 정의했습니다. point를 사용할 때 값의 부호가 바뀝니다.

범위 연산자

in 연산자는 특정 객체를 반복하기 위해 반복문에 사용하거나 범위 연산자와 함께 포함 여부를 판단할 수도 있습니다.

```
if (i in 1..10) { // 1 <= i && i <= 10 와 동일
    println(i)
}
for (i in 1..4) print(i) // "1234" 출력
```

따라서 이 연산자를 오버로딩하려면 contains( ) 메서드를 이용할 수 있습니다. !in 형식은 반대의 경우로 범위에 없는 경우를 가리킵니다.

범위 연산자의 의미

표현식	의미
a in b	b.contains(a)
a !in b	!b.contains(a)

대입 연산자

대입 연산자(Augmented Assignment)는 연산의 결과를 할당합니다. 예를 들어 a += b는 a + b의

연산 결과를 다시 a에 할당합니다. 주의해야 할 것은 +에 대응하는 plus( )를 오버로딩하면 +=는 자동으로 구현됩니다. 따라서 plusAssign( )을 따로 오버로딩할 필요가 없습니다. 만일 2개를 동시에 오버로딩하면 +의 동작을 무엇으로 할지 모호해지기 때문에 오류가 발생합니다.

대입 연산자의 의미

표현식	의미
a += b	a.plusAssign(b)
a -= b	a.minusAssign(b)
a *= b	a.timesAssign(b)
a /= b	a.divAssign(b)
a %= b	a.remAssign(b), a.modAssign(b) (지원 중단)

a.plusAssign(b) 같은 이러한 함수는 표현식에 오류가 없다면 a = a + b 같은 코드를 생성합니다.

동등성 연산자

일치와 불일치(Equality and Inequality)에 대한 연산자는 두 객체의 값의 동등성을 판별합니다.

값과 자료형의 일치(Identity)를 살펴보는 ===와 !==는 오버로딩할 수 없습니다.

==나 !=는 둘 다 equals( )로 변경되어 동작하는데 위와 같은 판단문이 사용되면 인자가 null이어도 동작하도록 되어 있습니다. 따라서 a와 b가 둘 다 null이면 true를 반환한다는 점에 주의해야 합니다. equals는 Any 안에 operator 키워드가 붙어서 구현되어 있기 때문에 하위 클래스에서는 override 키워드를 사용해서 ==와 치환할 수 있습니다. 또한 이런 특이점 때문에 equals는 확장 함수로 구현할 수 없습니다.

동등성 연산자의 의미

표현식	의미
a == b	a?.equals(b) ?: (b === null)
a != b	!(a?.equals(b) ?: (b === null))

비교 연산자

모든 비교 연산자(Comparison)는 compareTo( )를 호출해 반환되는 정수를 보고 비교합니다.

비교 연산자의 의미

표현식	의미
a > b	a.compareTo(b) > 0
a < b	a.compareTo(b) < 0
a >= b	a.compareTo(b) >= 0
a <= b	a.compareTo(b) <= 0

07장 마무리 문제

Q1 다음은 위임을 통해 메서드에 접근하는 코드입니다. 빈 칸을 참고하여 코드를 완성해 보세요.

```
interface A {
    fun functionA( ){ }
}
interface B {
    fun functionB( ){ }
}
class DelegatedC(a: A, b: B): ____________ {
    fun functionC( ){
        functionA( )
        functionB( )
    }
}
```

Q2 데이터 전달을 위해 사용하는 클래스는 ______________ 키워드를 사용하여 정의하면 toString( )이나 equals( )와 같은 메서드가 자동으로 생성됩니다.

Q3 다음은 내부의 클래스에서 바깥 클래스의 멤버에 접근하는 코드입니다. 빈 칸을 참고하여 코드를 완성해 보세요.

```
class Outer(val name: String) {
    private val origin = "Hello"
    ____________ class MyClass(val from: String) {
        fun getInfo( ) = "${name} says $origin from ${from} "
    }
}
```

정답 Q1 A by a, B by b Q2 data Q3 inner

셋째마당

코틀린 표준 라이브러리의 활용

셋째마당에서는 코틀린의 표준 라이브러리를 활용하는 기법을 살펴볼 것입니다. 먼저 제네릭을 통해 다양한 자료형을 처리하는 방법을 살펴보고 다양한 데이터를 담을 수 있는 배열과 컬렉션에 대해 배웁니다. 그 밖에도 코드를 간략하게 만들어 주는 표준 함수와 동시성 프로그래밍을 위한 코루틴도 알아보겠습니다. 이 마당을 마치면 코틀린의 기초 수준을 넘어 활용할 수 있는 단계에 올라서게 될 것입니다.

08

제네릭과 배열

제네릭은 자료형을 일반화해 내부에서 그 자료형에 맞춰 교체하는 방법으로, 형식 매개변수라는 T를 이용해 다양한 자료형으로 대체할 수 있습니다. 이 장에서는 자료형을 가변적으로 변경할 수 있는 제네릭을 배웁니다. 다음으로 연속적인 자료형을 다루는 배열과 문자열도 배워 봅시다.

08-1 제네릭 다루기

제네릭(Generic)은 클래스 내부에서 사용할 자료형을 나중에 인스턴스를 생성할 때 확정합니다. 제네릭이 나오게 된 배경은 자료형의 객체들을 다루는 메서드나 클래스에서 컴파일 시간에 자료형을 검사해 적당한 자료형을 선택할 수 있도록 하기 위해서입니다. 제네릭을 사용하면 객체의 자료형을 컴파일할 때 체크하기 때문에 객체 자료형의 안정성을 높이고 형 변환의 번거로움이 줄어듭니다.

제네릭의 일반적인 사용 방법

제네릭을 사용하기 위해 앵글 브래킷(<>) 사이에 형식 매개변수를 넣어 선언하며 이때 형식 매개변수는 하나 이상 지정할 수 있습니다. 형식 매개변수는 자료형을 대표하는 용어로 T와 같이 특정 영문의 대문자로 사용하며 나중에 필요한 자료형으로 대체됩니다. 따라서 제네릭은 다양한 자료형을 다뤄야 하는 컬렉션에 많이 사용되고 있습니다. 컬렉션이란 `List`, `Set`, `Map` 등으로 다수의 데이터를 다루는 특별한 클래스들로 다양한 형식의 자료형을 처리할 수 있도록 제네릭을 사용해 정의되어 있습니다. 컬렉션은 09장에서 다룰 것입니다.

제네릭을 사용하면서 얻을 수 있는 장점 중 하나는 의도하지 않은 자료형의 객체를 지정하는 것을 막고 객체를 사용할 때 원래의 자료형에서 다른 자료형으로 형 변환 시 발생할 수 있는 오류를 줄여 주는 것입니다. 제네릭을 사용하는 간단한 예를 직접 작성해 봅시다.

코딩해 보세요! **간단한 제네릭의 예** • 참고 파일 GenericBox.kt

```
package chap08.section1

class Box<T>(t: T) { // 형식 매개변수로 받은 인자를 name에 저장
    var name = t
}

fun main( ) {
    val box1: Box<Int> = Box<Int>(1)
    val box2: Box<String> = Box<String>("Hello")
    println(box1.name)
    println(box2.name)
}
```

```
실행 결과
1
Hello
```

Box<T>에서 T가 바로 형식 매개변수 이름입니다. 보통 Type을 줄인 T를 사용합니다만 꼭 T를 사용해야 한다는 강제적인 사항은 없습니다. 다만 일종의 규칙처럼 사용되는 이름이죠. 그 밖에 제네릭에서 사용하는 형식 매개변수 이름을 나열하면 다음과 같습니다.

제네릭에서 사용하는 형식 매개변수 이름

형식 매개변수 이름	의미
E	요소(Element)
K	키(Key)
N	숫자(Number)
T	형식(Type)
V	값(Value)
S, U, V etc.	두 번째, 세 번째, 네 번째 형식(2nd, 3rd, 4th types)

앞에서 작성한 소스 코드를 살펴보면 <T>는 객체 box1과 box2를 생성할 때 자료형이 결정되며 <Int> 또는 <String>으로 선언되어 사용할 수 있었습니다. 객체 생성 시 만일 생성자에서 유추될 수 있는 자료형이 있다면 선언된 자료형인 <String>이나 <Int>는 다음과 같이 생략 가능합니다.

```
val box3 = Box(1) // 1은 Int형이므로 Box<Int>로 추론
val box4 = Box("Hello") // "Hello"는 String형이므로 Box<String>으로 추론
```

따라서 이와 같은 제네릭을 사용하면 인자의 자료형을 고정할 수 없거나 예측할 수 없을 때 형식 매개변수인 T를 이용해 실행 시간에 자료형을 결정할 수 있게 되므로 매우 편리합니다.

제네릭 클래스

제네릭 클래스는 형식 매개변수를 1개 이상 받는 클래스입니다. 클래스를 선언할 때 자료형을 특정하지 않고 인스턴스를 생성하는 시점에서 클래스의 자료형을 정하는 것입니다. 앞서 봤던 예제의 Box<T>가 제네릭 클래스입니다. 제네릭 클래스 내에 메서드에도 다음과 같이 형식 매개변수를 사용할 수 있습니다.

```
class MyClass<T> { // 1개의 형식 매개변수를 가지는 클래스
    fun myMethod(a: T) { // 메서드의 매개변수 자료형에 사용됨
        ...
    }
}
```

만일 형식 매개변수를 클래스의 프로퍼티에 사용하는 경우 클래스 내부에서는 사용할 수 없습니다. 자료형이 특정되지 못하므로 인스턴스를 생성할 수 없기 때문입니다.

```
class MyClass<T> {
  var myProp: T  // 오류! 프로퍼티는 초기화되거나 abstract로 선언되어야 함
}
```

그 대신 다음과 같이 주 생성자나 부 생성자에 형식 매개변수를 지정해 사용할 수 있습니다.

```
class MyClass<T>(val myProp: T) { } // 주 생성자의 프로퍼티

class MyClass<T> {
    val myProp: T // 프로퍼티
    constructor(myProp: T) { // 부 생성자 이용
        this.myProp = myProp
    }
}
```

그러면 다음과 같이 객체 인스턴스를 생성할 때 명시적으로 자료형을 지정할 수 있습니다.

```
var a = MyClass<Int>(12) // 주 생성자 myProp에는 12가 할당되며 Int형으로 결정됨
println(a.myProp) // 12
println(a.javaClass) // MyClass
```

객체 a가 생성되면서 자료형이 Int형으로 결정되며 생성자에 의해 12가 myProp에 초기화됩니다. 이제 MyClass는 Int형 이외에도 다른 자료형을 받아 myProp의 자료형을 결정할 수 있게 되었습니다.

자료형 변환

일반적으로 상위 클래스와 하위 클래스의 선언 형태에 따라 클래스의 자료형을 변환할 수 있지만 제네릭 클래스는 가변성을 지정하지 않으면 형식 매개변수에 상·하위 클래스가 지정되어도 서로 자료형이 변환되지 않습니다. 다음 코드를 살펴봅시다.

코딩해 보세요! **제네릭 클래스의 자료형 변환하기** • 참고 파일 GenericCasting.kt

```
package chap08.section1

open class Parent

class Child: Parent( )

class Cup<T>

fun main( ) {
    val obj1: Parent = Child( ) // Parent 형식의 obj1은 Child의 자료형으로 변환될 수 있음
    val obj2: Child = Parent( ) // 오류! 자료형 불일치

    val obj3: Cup<Parent> = Cup<Child>( ) // 오류! 자료형 불일치
    val obj4: Cup<Child> = Cup<Parent>( ) // 오류! 자료형 불일치

    val obj5 = Cup<Child>( ) // obj5는 Cup<Child>의 자료형이 됨
    val obj6: Cup<Child> = obj5 // 자료형이 일치하므로 OK!
}
```

이 소스 코드에서 상위 클래스는 `Parent` 클래스이고, 하위 클래스로 `Child` 클래스가 있습니다. 여기서 `obj1`은 `Child` 형식으로 자연스럽게 변환될 수 있습니다. 하지만 `obj2`처럼 반대로는 변환되지 않아 자료형 불일치 오류가 발생하게 됩니다.

제네릭 클래스에서는 형식 매개변수인 `T`에 상위와 하위 클래스를 지정하더라도 서로 관련이 없는 형식이 되기 때문에 `obj3`과 `obj4`처럼 형식이 일치하지 않는 오류가 발생하게 됩니다. `obj5`는 `Cup<Child>` 형식이므로 `obj6`에 문제없이 할당할 수 있습니다. 이처럼 상·하위 클래스를 형식 매개변수에 지정해 서로의 관계에 따라 변환이 가능하게 하려면 제네릭의 가변성을 주기 위해 `in`, `out`에 대해 이해해야 합니다. `in`, `out`은 뒷부분에서 다시 살펴보겠습니다.

형식 매개변수의 null 제어

제네릭의 형식 매개변수는 기본적으로 null 가능한 형태로 선언됩니다. 다음을 작성해 봅시다.

코딩해 보세요! **형식 매개변수에 null이 가능한 제네릭 클래스** • 참고 파일 GenericNull.kt

```
package chap08.section1

class GenericNull<T> { // 기본적으로 null이 허용되는 형식 매개변수
    fun EqualityFunc(arg1: T, arg2: T) {
        println(arg1?.equals(arg2))
    }
}

fun main( ) {
    val obj = GenericNull<String>( ) // non-null로 선언됨
    obj.EqualityFunc("Hello", "World") // null이 허용되지 않음

    val obj2 = GenericNull<Int?>( ) // null이 가능한 형식으로 선언됨
    obj2.EqualityFunc(null, 10) // null 사용
}
```

```
실행 결과
false
null
```

GenericNull 클래스에 사용된 형식 매개변수 T는 기본적으로 null을 허용합니다. 따라서 GenericNull<Int?>( )와 같이 null을 허용하도록 자료형에 ? 기호를 사용했습니다. 마지막 코드인 obj2.EqualityFunc(null, 10)에서 null을 사용하고 있으며 안전한 작업을 위해 코드 본문에는 arg1?.equals(arg2)처럼 null인 경우 equals( )로 비교하지 않고 null을 반환하게 되는 것이죠. null을 허용하지 않으려면 어떻게 할까요? 형식 매개변수에 다음과 같이 특정 자료형을 지정하면 null을 제한하게 됩니다.

```
class GenericNull<T: Any> { // 자료형 Any가 지정되어 null을 허용하지 않음
    ...
}

fun main( ) {
    ...
    val obj2 = GenericNull<Int?>( ) // 오류! null이 허용되지 않음
```

형식 매개변수는 null이 아닌 Any로 제한하여 GenericNull<Int?>와 같이 null을 지정할 수 없게 만들었습니다.

제네릭 함수 혹은 메서드

형식 매개변수를 받는 함수나 메서드를 제네릭 함수 또는 메서드라고 하며 해당 함수나 메서드 앞쪽에 <T>와 같이 형식 매개변수를 지정합니다. <K, V>와 같이 형식 매개변수를 여러 개 사용할 수도 있습니다. 자료형의 결정은 함수가 호출될 때 컴파일러가 자료형을 추론할 수 있으며 이 자료형은 반환 자료형과 매개변수 자료형에 사용할 수 있습니다.

```
fun <형식 매개변수[,...]> 함수 이름(매개변수: <매개변수 자료형>[, ...]): <반환 자료형>
```

메서드에 사용하는 간단한 예를 봅시다.

```
fun <T> genericFunc(arg: T): T? { ... } // 매개변수와 반환 자료형에 형식 매개변수 T가 사용됨

fun <K, V> put(key: K, value: V): Unit { ... } // 형식 매개변수가 2개인 경우
```

조금 더 복잡한 예를 들어 볼까요? 여러 가지 자료형을 지원하면서 배열에서 특정 요소의 인덱스를 찾아내는 검색 함수를 만들기 위해 다음과 같이 작성할 수 있습니다.

코딩해 보세요! 배열의 인덱스 찾아내기 • 참고 파일 FindIndex.kt

```
package chap08.section1

fun <T> find(a: Array<T>, Target: T): Int {
    for (i in a.indices) {
        if (a[i] == Target) return i
    }
    return -1
}
fun main() {
    val arr1: Array<String> = arrayOf("Apple", "Banana", "Cherry", "Durian")
    val arr2: Array<Int> = arrayOf(1, 2, 3, 4)

    println("arr.indices ${arr1.indices}") // indices는 배열의 유효 범위 반환
    println(find<String>(arr1, "Cherry")) // 요소 C의 인덱스 찾아내기
    println(find(arr2, 2)) // 요소 2의 인덱스 찾아내기
}
```

실행 결과

```
arr.indices 0..3
2
```

여기서 새롭게 등장한 Array<T>는 배열을 위한 클래스로 arrayOf( ) 함수를 이용해 여러 개의 요소를 정의할 수 있습니다. 이 배열의 맴버로 indices는 배열의 유효 범위를 반환합니다. 여기서는 String형 Cherry의 인덱스와 Int형 2의 요소를 찾아내어 출력하고 있습니다. find( )를 사용할 때는 마지막 출력문과 같이 선언에서 <Int>처럼 자료형이 특정되어 있는 경우에는 생략할 수 있습니다.

제네릭과 람다식

형식 매개변수로 선언된 함수의 매개변수를 연산할 경우에는 자료형을 결정할 수 없기 때문에 오류가 납니다.

```
fun <T> add(a: T, b: T): T {
    return a + b // 오류! 자료형을 아직 결정할 수 없음
}
```

하지만 람다식을 매개변수로 받으면 자료형을 결정하지 않아도 실행 시 람다식 본문을 넘겨줄 때 결정되므로 이런 문제를 손쉽게 해결할 수 있습니다. 다음과 같이 작성해 봅시다.

코딩해 보세요! **람다식에서 제네릭 사용** • 참고 파일 LambdaParameter.kt

```
package chap08.section1

fun <T> add(a: T, b: T, op: (T, T) -> T): T {
    return op(a, b)
}
fun main() {
    val result = add(2, 3, {a, b -> a + b})
    // val result = add(2, 3) {a, b -> a + b}와 같이 표현 가능
    println(result)
}
```

실행 결과

```
5
```

람다식 {a, b -> a + b}은 add( ) 함수가 실행될 때 넘겨지는 인자이므로 연산식을 함수 선언부에 직접 구현하지 않고 전달하는 방법을 사용합니다. 따라서 함수의 형식 매개변수의 자료형을 특정하지 않아도 실행이 가능한 것입니다.

앞서 배운 것처럼 함수에서 마지막 인자가 람다식이면 마지막 람다식을 소괄호 바깥으로 옮기고 add(2, 3) {a, b -> a + b}와 같이 표현할 수 있습니다. 좀 더 읽기 좋게 하기 위해 다음과 같이 람다식만 변수로 따로 정의해 add( ) 함수의 인자로 넣어도 좋습니다.

```
var sumInt: (Int, Int) -> Int = {a, b -> a + b} // 변수 선언부가 있는 경우 표현식의 자료형 생략
var sumInt2 = {a: Int, b: Int -> a + b} // 변수 선언부가 생략된 경우에는 표현식에 자료형 표기
...
println(add(2, 3, sumInt))
println(add(2, 3, sumInt2))
```

함수의 람다식 매개변수를 좀 더 읽기 좋게 단순화하기 위해서는 typealias를 사용해 다른 이름을 줄 수 있습니다.

```
typealias arithmetic<T> = (T, T) -> T
fun <T> addAux(a: T, b: T, op: arithmetic<T>): T {
    return op(a, b)
}
```

자료형 제한하기

제네릭 클래스나 메서드가 받는 형식 매개변수를 특정한 자료형으로 제한할 수 있습니다. 자바에서는 extends나 super를 사용해 자료형을 제한했는데 코틀린에서는 콜론(:)을 사용해 제한합니다. 형식 매개변수 다음에 콜론(:)과 자료형을 기입하면 형식 매개변수 T의 자료형이 제한됩니다.

클래스에서 형식 매개변수의 자료형 제한하기

먼저 클래스에서 사용하는 자료형을 특정 자료형만 사용되도록 해 봅시다. 여기서는 자료형을 Int형, Double형, Long형과 같이 숫자형으로만 제한하기 위해 Number형을 사용해 예제를 작성해 보겠습니다.

코딩해 보세요! **자료형을 숫자형으로 제한하기** • 참고 파일 NumberLimit.kt

```
package chap08.section1

class Calc<T: Number> { // 클래스의 형식 매개변수 제한
    fun plus(arg1: T, arg2: T): Double {
```

```
        return arg1.toDouble( ) + arg2.toDouble( )
    }
}

fun main( ) {
    val calc = Calc<Int>( )
    println(calc.plus(10,20))

    val calc2 = Calc<Double>( )
    val calc3 = Calc<Long>( )
    // val calc4 = Calc<String>( ) // 제한된 자료형으로 인해 오류 발생!

    println(calc2.plus(2.5,3.5))
    println(calc3.plus(5L, 10L))
}
```

```
실행 결과
30.0
6.0
15.0
```

소스 코드에서 형식 매개변수 T는 Number형으로만 제한해 객체를 생성할 때 `Calc<String>`과 같이 Number형이 아닌 자료형이 지정되면 `Type argument is not within its bounds`와 같은 오류가 발생합니다.

함수에서 형식 매개변수의 자료형 제한하기

함수를 선언하면서 형식 매개변수를 제한할 경우에는 클래스와 동일하게 형식 매개변수 옆에 콜론(:)을 사용해 제한할 특정 자료형을 지정합니다.

```
fun <T: Number> addLimit(a: T, b: T, op: (T, T) -> T): T {
    return op(a, b)
}
...
val result = addLimit("abc", "def", {a, b -> a + b}) // 제한된 자료형으로 인해 오류 발생!
```

함수 이름 앞에 형식 매개변수를 Number형으로만 제한하여 "abc"와 "def" 같은 문자열을 처리할 수 없습니다.

다수 조건의 형식 매개변수 제한하기

형식 매개변수의 자료형을 제한할 때 하나가 아닌 여러 개의 조건에 맞춰 제한하고자 할 때가 있습니다. 예를 들어 클래스를 정의할 때 2개의 특정 인터페이스 구현이 포함된 클래스로 형식 매개변수를 제한하려면 어떻게 할까요? 구체적으로 InterfaceA와 InterfaceB를 구현하는 클래스만 허용하려고 할 때는 형식 매개변수의 사용 범위를 지정하는 where 키워드를 사용할 수 있습니다. where를 통해 지정된 제한을 모두 포함하는 경우만 허용하도록 할 수 있습니다. 다음 예를 살펴봅시다.

```
interface InterfaceA
interface InterfaceB

class HandlerA: InterfaceA, InterfaceB
class HandlerB: InterfaceA

class ClassA<T> where T:InterfaceA, T:InterfaceB // 2개의 인터페이스를 구현하는 클래스로 제한

fun main( ) {
    val obj1 = ClassA<HandlerA>( ) // 객체 생성 가능
    val obj2 = ClassA<HandlerB>( ) // 범위에 없으므로 오류 발생!
}
```

ClassA에 대한 객체를 생성할 때 where를 사용해 T의 범위를 InterfaceA와 InterfaceB로 지정했습니다. 2가지를 전부 구현하는 조건에 맞는 클래스는 HandlerA뿐이죠. HandlerB는 InterafceA만 구현하는 클래스이므로 where 범위에 들어갈 수 없습니다. 따라서 HandlerA로 지정하는 경우에만 객체를 생성할 수 있습니다.

이번에는 함수에서 where를 사용해 두 조건을 만족하는 경우로 제한해 봅시다.

```
fun <T> myMax(a: T, b: T): T where T:Number, T:Comparable<T> {
    return if (a > b) a else b
}
```

myMax의 인자 a, b에 들어갈 자료형을 숫자형(Number)과 비교형(Comparable)만으로 한정하고 있습니다.

비교형인 Comparable 인터페이스는 특정 객체를 비교하는 클래스의 구현을 위해 사용하는 인터페이스입니다.

상·하위 형식의 가변성

가변성(Variance)이란 형식 매개변수가 클래스 계층에 영향을 주는 것을 말합니다. 예를 들어 형식 A의 값이 필요한 모든 클래스에 형식 B의 값을 넣어도 아무 문제가 없다면 B는 A의 하위 형식(Subtype)이 됩니다.

클래스와 자료형

먼저 용어를 다시 한번 정리해 보겠습니다. 우리가 사용하는 모든 클래스는 자료형으로 취급할 수 있습니다. 예를 들어 Int는 클래스이기도 하고 동시에 자료형이기도 하죠. 하지만 null을 가지는 자료형인 String?은 클래스라고 하지 않습니다. 또 List로 예를 들면 List 자체는 클래스이지만 List<String>은 클래스가 아니라 자료형일 뿐이죠. 이것을 다시 표로 정리하면 다음과 같습니다.

형태	클래스인가?	자료형인가?
String	네	네
String?	아니오	네
List	네	네
List<String>	아니오	네

왜 이런 식으로 클래스와 자료형을 구분할까요? 보통 클래스는 파생된 하위 클래스와 상위 클래스가 있습니다. 예를 들어 Int는 Number의 하위 클래스이죠.

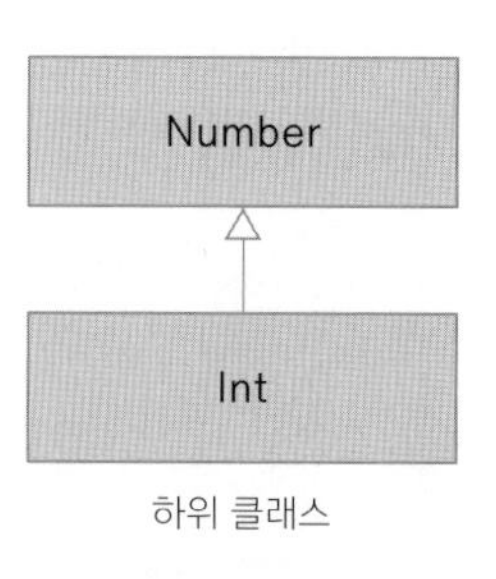

하위 클래스

하위 클래스는 상위 클래스가 수용할 수 있습니다. 다음과 같이 Int형 변수는 자연스럽게 Number형의 변수로 할당되어 형 변환이 이루어집니다.

```
val integer: Int = 1
val number: Number = integer // 하위 자료형 Int를 Number가 수용
```

또한 Int는 null이 가능한 Int형의 하위 자료형이기도 하기 때문에 Int를 Int?에 할당하는 것도 가능합니다. 클래스 다이어그램에서는 다음과 같이 표현합니다.

```
val integer: Int = 1;
val nullableInteger: Int? = integer;
```

Int?

Int

null 가능한 Int와
non-null의 Int

가변성의 3가지 유형

그렇다면 제네릭에서 상·하위와 같은 관계를 주는 형태로 사용할 수 있을까요? 기본적으로 제네릭에서는 클래스 간에 상위와 하위의 개념이 없어 서로 무관합니다. 따라서 상위와 하위에 따른 형식을 주려면 가변성의 3가지 특징을 이해하고 있어야 합니다. 가변성은 형식 매개변수가 클래스 계층에 어떤 영향을 미치는지에 따라서 다음과 같이 표로 나타날 수 있습니다.

용어	의미
공변성(Covariance)	T'가 T의 하위 자료형이면, C<T'>는 C<T>의 하위 자료형이다. 생산자 입장의 out 성질
반공변성(Contravariance)	T'가 T의 하위 자료형이면, C<T>는 C<T'>의 하위 자료형이다. 소비자 입장의 in 성질
무변성(Invariance)	C<T>와 C<T'>는 아무 관계가 없다. 생산자 + 소비자

공변성, 반공변성이라는 용어가 수학적인 느낌을 주지만 이들 용어는 객체 지향 기법에서 이미 자주 사용되어 왔습니다. 생산자 입장의 out 성질과 소비자 입장의 in 성질을 눈여겨보세요. 이것을 다이어그램으로 나타내면 다음과 같습니다.

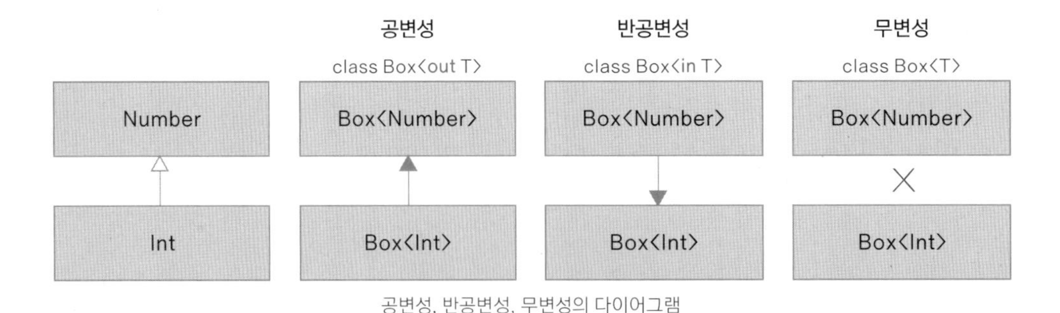

공변성, 반공변성, 무변성의 다이어그램

다이어그램을 왼쪽부터 하나씩 설명해 보겠습니다. Int 클래스는 Number 클래스의 하위 클래스이고 제네릭에서는 class Box<T>와 같은 경우에 Box<Number>와 Box<Int>는 아무 관련이 없는 무변성입니다. 이제 생산자 입장의 out을 사용해 class Box<out T>로 정의하면 Box<Int>는 Box<Number>의 하위 자료형이 됩니다. 이것이 공변성입니다. 반대로 소비자 입장의 in을 사용해 class Box<in T>로 정의하면 Box<Number>가 Box<Int>의 하위 자료형이 되고 이것을 반공변성이라고 부릅니다. 이제 이 개념이 정확히 무엇인지 좀 더 자세히 설명해 보겠습니다.

무변성

제네릭 클래스를 인스턴스화할 때 서로 다른 자료형을 인자로 사용하려면 자료형 사이의 상, 하위 관계를 잘 따져야 합니다. 다음과 같은 자료형을 처리한다고 생각해 봅시다.

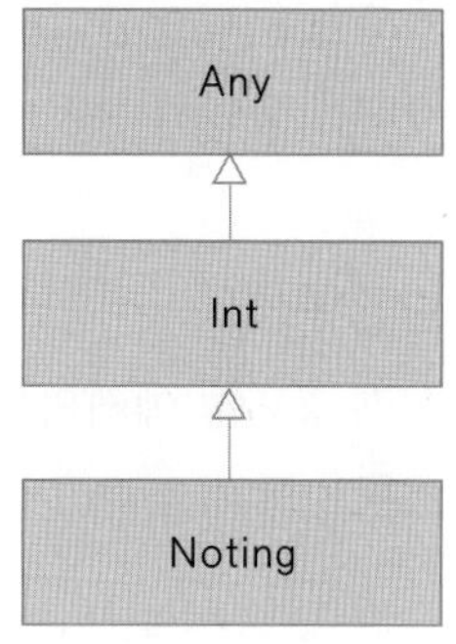

각 클래스의 관계

만약 형식 매개변수에 in이나 out 등으로 공변성이나 반공변성을 따로 지정하지 않으면 무변성(Invariance)으로 제네릭 클래스가 선언됩니다. 다음 소스 코드는 무변성으로 선언된 제네릭 클래스 Box<T>와 객체를 만들 때 상하 관계를 가지고 있는 Any, Int형 자료형과 하상 관계를 가지고 있는 Nothing, Int형 자료형을 형식 매개변수의 인자로 사용하고 있습니다. 이런 경우 상하 관계를 잘 따졌어도 Box<T>가 무변성이므로 자료형 불일치 오류를 발생시킵니다.

```
// 무변성(Invariance) 선언
class Box<T>(val size: Int)

fun main( ) {
    val anys: Box<Any> = Box<Int>(10) // 오류! 자료형 불일치
    val nothings: Box<Nothing> = Box<Int>(20) // 오류! 자료형 불일치
}
```

공변성

형식 매개변수의 상하 자료형 관계가 성립하고, 그 관계가 그대로 인스턴스 자료형 관계로 이어지는 경우를 공변성(Covariance)이라고 합니다. 예를 들어 Int가 Any의 하위 자료형일 때 형식 매개변수 T에 대해 공변적이라고 합니다. 이때는 out 키워드를 사용합니다.

```
// 공변성(Covariance) 선언
class Box<out T>(val size: Int)

fun main( ) {
    val anys: Box<Any> = Box<Int>(10) // 관계 성립으로 객체 생성 가능
    val nothings: Box<Nothing> = Box<Int>(20) // 오류! 자료형 불일치
}
```

여기서는 out이라는 키워드에 의해 형식 매개변수가 공변적으로 선언되어 상하 자료형 관계가 성립되었습니다. 즉, Any의 하위 클래스인 Int는 공변성을 가지므로 Box<Any>에 Box<Int> 자료형을 할당할 수 있게 되었습니다. 하지만 <Nothing>은 <Int>의 하위 자료형이 아니므로 오류가 납니다.

반공변성

이제 공변성 예제의 out을 in으로 바꿔 봅시다. 이때는 자료형의 상하 관계가 반대가 되어 인스턴스의 자료형이 상위 자료형이 됩니다. 이것을 반공변성(Contravariance)이라고 합니다.

```
// 반공변성(Contravariance) 선언
class Box<in T>(val size: Int)

fun main( ) {
    val anys: Box<Any> = Box<Int>(10) // 오류! 자료형 불일치
    val nothings: Box<Nothing> = Box<Int>(20) // 관계 성립으로 객체 생성 가능
}
```

Box<Nothing> 자료형의 상위 자료형이 Box<Int>이므로 객체를 생성할 수 있게 됩니다.

공변성에 따른 자료형 제한하기

이번에는 상위 클래스와 하위 클래스를 만들고 공변성에 따라 자료형을 제한해 보겠습니다.

코딩해 보세요! **자료형을 제한하는 제네릭 클래스** • 참고 파일 VarianceLimitTest.kt

```
package chap08.section1.limit

open class Animal(val size: Int) {
    fun feed( ) = println("Feeding...")
}
```

```
class Cat(val jump: Int): Animal(50)
class Spider(val poison: Boolean): Animal(1)

// ① 형식 매개변수를 Animal로 제한
class Box<out T: Animal>(val element: T) { // 주 생성자에서는 val만 허용
    fun getAnimal( ): T = element // ② out은 반환 자료형에만 사용할 수 있음
//  fun set(new: T) { // ③ 오류! T는 in 위치에 사용할 수 없음
//        element = new
//  }
}

fun main( ) {
    // 일반적인 객체 선언
    val c1: Cat = Cat(10)
    val s1: Spider = Spider(true)

    var a1: Animal = c1  // 클래스의 상위 자료형으로 변환하는 것은 아무런 문제 없음
    a1 = s1 // ④ a1은 Spider의 객체가 됨
    println("a1.size = ${a1.size}")

    val c2: Box<Animal> = Box<Cat>(Cat(10)) // ⑤ 공변성 - Cat은 Animal의 하위 자료형
    println("c2.element.size = ${c2.element.size}")

//  val c3: Box<Cat> = Box<Animal>(10) // ⑥ 오류! 반대의 경우는 인스턴스화되지 않음
//  val c4: Box<Any> = Box<Int>(10) // ⑦ 오류! 자료형을 제한하여 Animal과 하위 클래스 이외에는
}                                                   사용할 수 없음
```

실행 결과

```
a1.size = 1
c2.element.size = 50
```

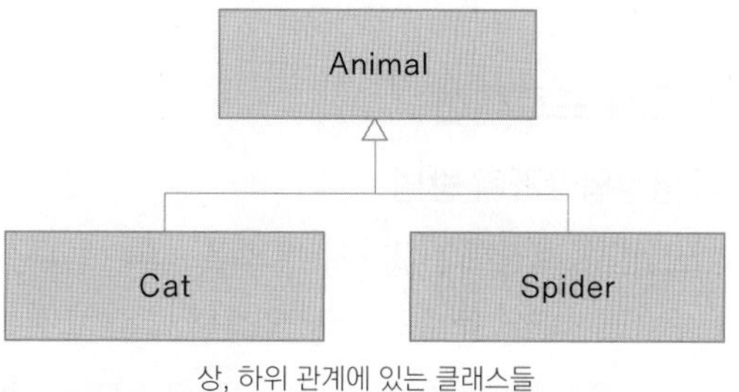

상, 하위 관계에 있는 클래스들

상·하위 관계에 있는 클래스를 다이어그램으로 그리면 오른쪽과 같습니다. 다이어그램을 참고하여 소스 코드를 설명해 보겠습니다. ①번의 `class Box<out T: Animal>`에서 형식 매개변수가 `Animal`로 제한되었기 때문에 `Box`의 형식 매개변수 `T`는 `Animal`, `Cat`,

Spider 클래스 이외에는 사용할 수 없습니다. ②번에서 형식 매개변수는 out 형식이기 때문에 반환 자료형에 사용할 수 있지만 ③번처럼 특정 메서드의 매개변수로는 사용할 수 없습니다. 이때는 in의 형식 매개변수가 필요합니다.

상·하위의 클래스로부터 객체를 생성할 때는 ④번처럼 상위 클래스로 자료형을 변환하는 데 문제가 없습니다. 이제 Box<>를 사용한 자료형으로부터 객체를 만들 때 공변성에 의해서 Cat이 Animal의 하위 자료형일 때만 허용합니다. 따라서 ⑤번과 같이 val c2: Box<Animal> = Box<Cat>(Cat(10))으로 선언할 수 있습니다. ⑥번처럼 그 반대의 경우나 ⑦번처럼 제한한 3개의 클래스 이외의 클래스는 사용할 수 없습니다.

out을 사용하는 경우에 형식 매개변수를 갖는 프로퍼티는 var로 지정될 수 없고 val만 허용합니다. 만일 var를 사용하려면 다음과 같이 private으로 지정해야 합니다.

```
class Box<out T: Animal>(private var elem: T)
```

주 생성자의 경우는 위치를 제한할 필요가 없기 때문에 in과 out은 모두 사용할 수 있습니다. 단, 생성자에서 var, val로 지정하는 경우에는 게터/세터가 같이 생성되기 때문에 in을 쓸지 out을 쓸지 클래스의 상하 관계를 따져 봐야 합니다. 여기서는 val만 허용하고 있습니다.

반공변성을 제공해 ⑥번 같은 경우를 허용하려면 다음과 같이 out을 in으로 바꿔야 합니다.

```
...
class Box<in T: Animal>(val size: Int)
...
val c3: Box<Cat> = Box<Animal>(10) // 반대로 지정됨
```

그러면 하위 자료형인 Box<Cat>이 상위 자료형인 Box<Animal>로 할당될 수 있게 됩니다.

이렇게 가변성의 3가지 종류와 자료형을 제한하는 방법을 살펴보았습니다. 나중에 배울 컬렉션은 제네릭을 이용해 다양한 자료형에 대처하도록 유연한 코드를 만들 수 있게 해 줍니다.

자료형 프로젝션

가변성의 2가지 방법

가변성을 지정하는 2가지 방법을 정리해 보겠습니다. 먼저 선언 지점 변성(declaration-site variance)이란 클래스를 선언하면서 클래스 자체에 가변성을 지정하는 방식으로 클래스에 in/out을 지정할 수 있습니다. 클래스를 선언하면서 가변성을 지정하면 클래스의 공변성을

전체적으로 지정하는 것이 되기 때문에 클래스를 사용하는 장소에서는 따로 자료형을 지정해 줄 필요가 없어 편리합니다. 앞서 클래스에 직접 지정하는 방법이었던 위 코드는 선언 지점 변성의 한 예입니다.

```
class Box<in T: Animal>(var item: T)
```

사용 지점 변성(use-site variance)은 메서드 매개변수에서 또는 제네릭 클래스를 생성할 때와 같이 사용 위치에서 가변성을 지정하는 방식입니다. 이것은 형식 매개변수가 있는 자료형을 사용할 때마다 해당 형식 매개변수를 하위 자료형이나 상위 자료형 중 어떤 자료형으로 대체할 수 있는지를 명시해야 합니다.

사용 지점 변성과 자료형 프로젝션

그렇다면 사용 지정 변성의 예를 간단히 살펴보겠습니다.

```
class Box<T>(var item: T)
```

Box 클래스는 in 혹은 out을 지정하지 않아 무변성입니다. 그렇다면 앞서 본 예제처럼 Box<Cat>은 Box<Animal>의 하위 자료형이 아니고 Box<Animal>도 Box<Cat>의 하위 자료형이 아닙니다. 그렇다면 item을 얻기(get) 위해서 Box에는 out이 지정되어야 하며 item을 설정(set)하기 위해서는 in으로 지정되어야 합니다. Box<>를 사용하는 지점에서 이것을 나타낼 수 있습니다. 다음과 같은 함수에서 사용한다고 가정해 봅시다.

```
fun <T> printObj(box: Box<out Animal>) {
    val obj: Animal = box.item // item의 값을 얻음(get)
    println(obj)
}
```

코드에서 box의 자료형이 Box<Animal>이 아닌 out의 제약을 둔 형태로 사용하고 있습니다. 이렇게 사용하고자 하는 요소의 특정 자료형에 in 혹은 out을 지정해 제한하는 것을 자료형 프로젝션(Type Projection)이라고 합니다. 따라서 이 경우 box는 형식 매개변수 T를 in 위치에 사용하는 경우를 제한합니다. 예로 다음과 같이 사용하려고 하면 오류가 발생합니다.

```
fun <T> printObj(box: Box<out Animal>) {
    box.item = Animal( ) // 오류! 설정(set)하려고 할때는 in이 지정되어야 함
    println(obj)
}
```

이렇게 사용할 수 있는 위치를 제한하는 이유는 자료형 안정성을 보장하기 위해서입니다. 이 함수에서는 out에 의한 게터만 허용하고 in에 의한 세터는 금지하겠다는 것입니다. 이제 이 함수를 사용하기 위해 다음과 같이 지정할 것입니다.

```
val animal: Box<Animal> = Box(Animal( ))
val cat: Box<Cat> = Box(Cat( ))

printObj(animal)  // 가능!
printObj(cat)     // 오류! Box<>는 무변성으로 지정되었기 때문에
```

하지만 하위 자료형으로 만들어진 cat의 경우에는 Box<>가 무변성으로 지정된 클래스이기 때문에 마지막 문장처럼 cat을 지정할 수 없게 됩니다.

스타 프로젝션

앞서 언급한 Box<>에 자료형이 Box<Any?>가 되면 모든 자료형의 요소를 담을 수 있음을 의미하는 반면, Box<*>는 어떤 자료형이라도 들어올 수 있으나 구체적으로 자료형이 결정되고 난 후에는 그 자료형과 하위 자료형의 요소만 담을 수 있도록 제한할 수 있습니다. 이렇게 in과 out을 정하지 않고 스타(*)를 통해 지정하는 방법을 스타 프로젝션이라고 합니다. in/out과 별표(*)를 사용하는 형식 매개변수가 2개인 예를 살펴봅시다.

```
class InOutTest<in T, out U>(t: T, u: U) {
    val propT: T = t // 오류! T는 in 위치이기 때문에 , out 위치에 사용 불가
    val propU: U = u // U는 out 위치로 가능

    fun func1(u: U) // 오류! U는 out 위치이기 때문에 in 위치에 사용 불가
    fun func2(t: T) { // T는 in 위치에 사용됨
        print(t)
    }
}
```

```
fun starTestFunc(v: InOutTest<*, *>) {
    v.func2(1)  // 오류! Nothing으로 인자를 처리함
    print(v.propU)
}
```

in으로 정의되어 있는 형식 매개변수를 *로 받으면 in Nothing인 것으로 간주하고, out으로 정의되어 있는 형식 매개변수를 *로 받으면 out Any?인 것으로 간주합니다. 따라서 *를 사용할 때 그 위치에 따라 메서드 호출이 제한될 수 있습니다.

오리의 프로그래밍 노트 Nothing 클래스

Nothing은 코틀린의 최하위 자료형으로 아무것도 가지고 있지 않은 클래스입니다. 최상위의 Any와는 정반대입니다. Nothing은 보통 아무것도 존재하지 않는 값을 표현할 때 사용합니다. 예를 들어 함수의 반환 자료형이 Nothing이면 그 함수는 절대 아무것도 반환하지 않는다는 것을 나타냅니다.

자료형 프로젝션의 정리

자료형 프로젝션을 정리하면 out 위치와 in 위치, 위치에 무관한 스타 프로젝션의 3가지 형태로 구분할 수 있습니다. 다음과 같이 표로 정리해 보겠습니다.

자료형 프로젝션의 정리

종류	예	가변성	제한
out 프로젝션	Box<out Cat>	공변성	형식 매개변수는 세터를 통해 값을 설정하는 것이 제한된다.
in 프로젝션	Box<in Cat>	반공변성	형식 매개변수는 게터를 통해 값을 읽거나 반환할 수 있다.
스타 프로젝션	Box<*>	모든 인스턴스는 하위 형식이 될 수 있다.	in과 out은 사용 방법에 따라 결정된다.

reified 자료형

reified는 우리말로 '구체화된'이란 뜻을 가지고 있습니다. 먼저 간단한 제네릭 함수를 보며 이것이 무엇인지 이해해 봅시다.

```
fun <T> myGenericFun(c: Class<T>)
```

이것은 일반적인 제네릭 함수입니다. 여기서 T 자료형은 자바처럼 실행 시간에 삭제되기 때문에 T 자체에 그대로 접근할 수 없습니다. <Int>처럼 결정된 제네릭 자료형이 아닌, <T>처럼 결정되지 않은 제네릭 자료형은 컴파일 시간에는 접근 가능하나 함수 내부에서 사용하려면 위의 코드에서 함수의 매개변수를 넣어 c: Class<T>처럼 지정해야만 실행 시간에 사라지지 않고 접근할 수 있습니다. 그러면 이렇게 매개변수로 지정하지 않고 형식 매개변수를 직접 접근할 방법은 없을까요?

만약에 reified로 형식 매개변수 T를 지정하면 실행 시간에 접근할 수 있게 됩니다. 매개변수에 c를 선언해 Class<T> 형태로 넘기지 않아도 되죠. 다음과 같이 지정하면 T는 일반 클래스처럼 사용할 수 있게 됩니다.

```
inline fun <reified T> myGenericFun( )
```

하지만 reified 자료형은 인라인 함수에서만 사용할 수 있습니다. 이 함수가 호출되면 본문 코드 내용은 호출되는 곳 어디든 복사되어 들어가게 됩니다. 이때 reified T 자료형은 컴파일러가 복사해 넣을 때 실제 자료형을 알 수 있기 때문에 실행 시간에도 사용할 수 있게 됩니다.

오리의 프로그래밍 노트 Class<T>

자바에서는 .class 형태로 반환 받는 객체를 Class<T>라고 합니다. 이 Class라는 클래스는 원본 클래스에 대한 많은 메타 데이터를 가지고 있는데요. 예를 들면 패키지 이름이나 메서드, 필드, 구현된 인터페이스, 각종 검사 변수 같은 것들입니다. 코틀린에서는 Object::class로 표현되고 KClass를 나타냅니다. 이 API에 대한 참조는 다음 웹사이트에서 살펴볼 수 있습니다.

- Class: https://docs.oracle.com/javase/8/docs/api/java/lang/Class.html/
- KClass: https://kotlinlang.org/api/latest/jvm/stdlib/kotlin.reflect/-k-class/index.html/

KClass는 자바의 Class와 완전히 동일하지는 않습니다. 따라서 자바와 동일한 Class를 가지려면 Object::class.java라고 표현해야 합니다. .java 확장 프로퍼티로 자바의 Class를 가져올 수 있습니다.

```
Object::class // KClass
Object::class.java // Class
```

KClass에서 제공하는 리플렉션은 실행 시간 시점에 사용되는 자신의 구조와 행위를 관리하고 수정할 수 있는 개념을 말합니다. 특히 "Type Introspection"이라는 말이 자주 등장하는데 이것은 실행 시간에 객체의 자료형을 결정할 수 있는 능력을 의미합니다.

예를 들어 어떤 2개의 클래스로부터 함수 이름을 직접 작성하지 않고 호출하기 위해 리플렉션을 사용할 수 있습니다. 따라서 제네릭 코드의 수행을 위해 객체와 같은 추가적인 정보를 필요로 합니다. 만일 자바에서 이 리플렉션을 이용하려면 따로 분리된 kotlin-reflect.jar를 추가해야 합니다. KClass 추가적으로 다음과 같은 기능을 제공합니다.

- isAbstract: 클래스가 abstract면 true
- isCompanion: 클래스가 컴패니언 객체면 true
- isData: 클래스가 data 클래스인 경우 true
- isFinal: 클래스가 final이면 true
- isInner: 클래스가 inner 클래스이면 true
- isOpen: 클래스가 open 클래스이면 true

그러면 다음 예제를 통해서 reified가 어떻게 사용되는지 이해해 봅시다.

코딩해 보세요! reified를 이용한 결정되지 않은 제네릭 자료형의 처리 • 참고 파일 ReifiedGeneric.kt

```
package chap08.section1

fun main( ) {
    val result = getType<Float>(10)
    println("result = $result")
}

inline fun <reified T> getType(value: Int): T {
    println(T::class)  // 실행 시간에 삭제되지 않고 사용 가능
    println(T::class.java)

    return when (T::class) {  // 받아들인 제네릭 자료형에 따라 반환
        Float::class -> value.toFloat( ) as T
        Int::class -> value as T
        else -> throw IllegalStateException("${T::class} is not supported!")
    }
}
```

실행 결과

```
class kotlin.Float
class java.lang.Float
result = 10.0
```

getType( ) 함수의 본문에서 T를 사용하고 있고 실행 시간에 유지되기 때문에 T는 삭제되지 않습니다. 따라서 main( ) 함수 내에서 작성된 getType의 제네릭 자료형에 따라 실행할 수 있습니다. 여기서는 Float가 지정되어 T::class에 의해 코틀린의 Float 자료형을 출력하며 T::class.java에 의해 자바의 자료형도 출력하고 있습니다. when문에서 Float형의 경우 Int형으로 지정된 value를 받아들인 제네릭 자료형에 따라 Float형으로 반환할 수 있습니다. Int형의 경우에는 value와 동일하므로 그대로 반환하고 그 이외의 자료형인 경우에는 예외를 발생하도록 합니다.

reified의 사용 사례

reified를 이해하기 위해 String의 문자열을 코틀린의 객체 T로 변환하는 Jackson 라이브러리의 JSON 확장 함수의 사례를 살펴보죠. 앞에서 배우지 않은 Jackson 라이브러리의 사용법은 일단 무시하고 형식 매개변수가 사용된 곳을 집중해 봅시다.

```
fun <T> String.toKotlinObject( ): T {
    val mapper = jacksonObjectMapper( )
    return mapper.readValue(this, T::class.java) // 오류!
}
```

readValue( ) 메서드는 JsonObject로 변환해 읽을 수 있게 하는 함수입니다. 하지만 예상한 대로 T::class.java를 직접 사용하려고 하면 다음과 같은 오류가 발생합니다.

```
Cannot use 'T' as reified type parameter. Use a class instead.
```

따라서 명시적으로 클래스 매개변수를 이용해 다음과 같이 해결할 수 있습니다.

```
fun <T: Any> String.toKotlinObject(c: KClass<T>): T {
    val mapper = jacksonObjectMapper( )
    return mapper.readValue(this, c.java)
}
```

이제 Class의 T를 명시적으로 전달할 수 있기 때문에 readValue( ) 수행에는 문제가 없으므로 다음과 같이 사용할 수 있습니다.

```
data class MyJsonType(val name: String)

val json = """{"name":"example"}"""
json.toKotlinObject(MyJsonType::class)
```

하지만 이것을 다시 코틀린의 reified 방식으로 변경해 봅시다. reified를 사용하려면 inline 키워드로 함수가 선언되어야 합니다.

```
inline fun <reified T: Any> String.toKotlinObject( ): T {
    val mapper = jacksonObjectMapper( )
    return mapper.readValue(this, T::class.java)
}
```

이제 인자를 생략하고 다음과 같이 사용할 수 있게 되었습니다.

```
json.toKotlinObject<MyJsonType>( )
```

이제까지 살펴본 제네릭은 다양한 자료형을 지원하기 위한 라이브러리 설계에 주로 이용되고 있습니다. 하지만 상·하위 클래스 간의 관계에 따라 형식 매개변수의 형태를 in, out으로 정하거나 특정 자료형에 제한하는 등의 기법을 사용해 최대한 오류 가능성을 낮춰야 합니다.

08-2 배열 다루기

코틀린에서 배열은 Array 클래스로 표현됩니다. 그 외에 여러 가지 묶음 데이터를 표현하기 위한 다양한 컬렉션이 있습니다. 컬렉션은 다음 장에서 다룹니다. 먼저 여기서는 기본적인 배열 사용법과 문자열 다루는 방법을 살펴보겠습니다.

배열을 사용하는 방법

기본적인 배열 표현

배열이란 무엇일까요? 전통적인 배열은 동일한 자료형의 데이터를 연속적으로 나열한 형태를 말합니다. 기본적으로 배열은 1차원적으로 순서 번호에 해당하는 인덱스(Index)와 값이 들어 있는 자료형에 따른 요소의 저장 공간을 가지고 있습니다.

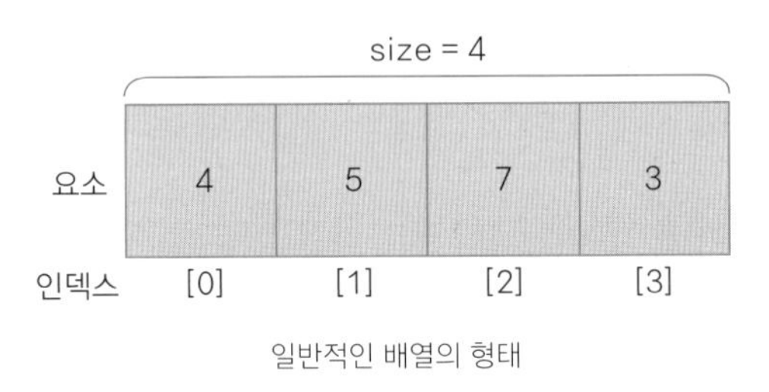

일반적인 배열의 형태

코틀린에서는 이 요소에 여러 가지 자료형을 혼합해 구성할 수 있습니다. 먼저 기본적인 배열을 생성하기 위해서는 arrayOf( )나 Array( ) 생성자를 사용해 배열을 만듭니다. 만일 빈 상태의 배열을 지정하는 경우 arrayOfNulls( )를 사용할 수 있습니다. 다음 코드를 보면 정수와 문자열을 각각 묶은 배열이 있으며 순서대로 출력할 수 있습니다.

```
val numbers = arrayOf(4, 5, 7, 3) // 정수형으로 초기화된 배열
val animals = arrayOf("Cat", "Dog", "Lion") // 문자열형으로 초기화된 배열
...
for (element in numbers) { // 정수형으로 초기화된 배열 출력하기
    println(element)
}
```

요소를 반복적으로 순환하며 출력하기 위해 for문의 형식에서 in 키워드를 사용해 numbers 배열의 요소를 하나씩 element에 대입해 출력문을 실행합니다.

다차원 배열

다차원 배열은 기본적인 배열을 묶어서 2차원 이상의 배열로 표현하는 형태를 말합니다. 먼저 그림을 통해 간단한 2차원 배열을 살펴보겠습니다. 2차원 배열은 기본 배열을 묶어 다시 배열로 표현한 것입니다. 이것은 1차원 배열로 나타낸 `array1`, `array2`, `array3`을 각각 선언한 후 이것을 배열 `arr2d`에 다시 배열하는 방법으로 나타낼 수 있습니다.

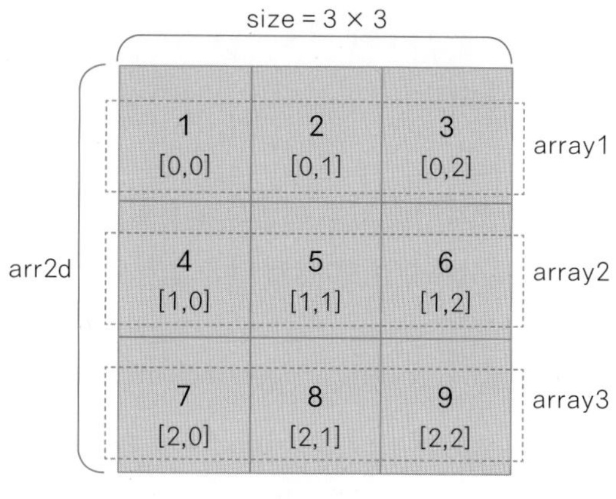

2차원 배열의 예

```
val array1 = arrayOf(1, 2, 3)
val array2 = arrayOf(4, 5, 6)
val array3 = arrayOf(7, 8, 9)

val arr2d = arrayOf(array1, array2, array3)
```

혹은 다음과 같이 `arrayOf( )` 안에 또다시 배열을 선언하는 방법으로 간략화할 수 있습니다.

```
val arr2d = arrayOf(arrayOf(1, 2, 3), arrayOf(4, 5, 6), arrayOf(7, 8, 9))
```

이제 2차원 요소의 내용을 출력하려면 for문을 중첩해서 다음과 같이 사용해야 합니다.

```
for (e1 in arr2d) {
    for (e2 in e1) {
        print(e2)
    }
    println( )
}
```

먼저 `arr2d`에 대해 꺼낸 요소 `e1`은 1차원 배열이 됩니다. 이것을 다시 중첩된 for문의 `e2`에서 각각의 요소를 꺼내게 됩니다. 실행 결과는 다음과 같습니다.

```
123
456
789
```

그렇다면 2차원 이상의 배열도 표현할 수 있을까요? 물론입니다. 3차원을 표현하기 위해 2차원 배열에서 배열을 한 단계 더 표현하면 됩니다.

```
var arr3d = arrayOf(arrayOf(arrayOf(...), ...), ...)
```

다만 너무 많은 차원의 배열을 구성하면 접근하기가 복잡해 버그가 발생할 확률이 높아지므로 되도록이면 사용하지 않는 것이 좋습니다.

배열에 여러 가지 자료형 혼합하기

특정 자료형으로 제한하지 않는다면 배열의 요소로 정수, 문자열, Boolean 등 여러 가지 자료형을 혼합할 수 있습니다. 예를 들면 다음과 같습니다.

```
val mixArr = arrayOf(4, 5, 7, 3, "Chike", false) // 정수, 문자열, Boolean 혼합
```

mixArr에는 다양한 자료형의 값이 저장되어 있습니다. 만일 배열에서 특정 자료형을 제한하려면 arrayOf<자료형 이름>( ) 형태나 자료형 이름 + ArrayOf( ) 형태의 조합으로 나타낼 수 있습니다. 이때는 데이터를 혼합해서 사용할 수 없습니다. 배열을 정수형으로만 제한하는 예를 봅시다.

```
val intOnlyArr1 = arrayOf<Int>(4, 5, 7, 3)
val intOlnyArr2 = intArrayOf(4, 5, 7, 3) // 자료형 이름과 ArrayOf의 조합
```

특히 자료형 이름 + ArrayOf( ) 형태의 조합은 자료형에 따라 charArrayOf( ), booleanArrayOf( ), longArrayOf( ), shortArrayOf( ), byteArrayOf( ), intArrayOf( ) 등이 있습니다. 이런 자료형은 내부적으로 기본형의 배열을 생성하게 됩니다. 예를 들어 intArrayOf( ) 자료형은 내부적으로 int[ ]로 변환됩니다.

만일 부호 없는 정수의 자료형에 대한 배열을 정의하려면 ubyteArrayOf( ), ushortArrayOf( ), uintArrayOf( ), ulongArray( )를 사용할 수 있습니다.

배열 요소에 접근하기

배열에 사용하는 Array 클래스는 코틀린의 표준 라이브러리이며 다음과 같이 선언되어 있습니다.

```
// 코틀린 표준 라이브러리의 Array.kt
public class Array<T> {
    public inline constructor(size: Int, init: (Int) -> T)
    public operator fun get(index: Int): T
    public operator fun set(index: Int, value: T): Unit
    public val size: Int
    public operator fun iterator( ): Iterator<T>
}
```

Array 클래스는 get( )과 set( ) 메서드를 가지고 있는데 이것은 요소에 접근하기 위한 게터/세터입니다. 그리고 대괄호를 사용해도 접근할 수 있는데 이것은 연산자 오버로딩으로 정의되어 있기 때문입니다. 따라서 다음과 같은 접근이 가능합니다.

```
arr.get(index) -> value = arr[index]
arr.set(index) -> arr[index] = value
```

따라서 다음과 같이 배열 요소에 접근할 수 있습니다. 인덱스 번호 2번인 세 번째 요소가 출력되어 두 출력문 모두 3을 나타냅니다. 따라서 arr.get( )과 arr[ ]의 표현은 동일한 것이죠.

```
val arr = intArrayOf(1, 2, 3, 4, 5)
println(arr.get(2)) // 게터를 통한 접근
println(arr[2]) // 연산자 오버로딩으로 대괄호를 통한 접근
```

다차원 배열일 경우에는 대괄호를 하나 더 사용합니다. 첫 번째 배열의 2번 인덱스와 두 번째 배열의 1번 인덱스에서 가져온 8을 출력합니다.

```
val arr2d = arrayOf(arrayOf(1, 2, 3), arrayOf(4, 5, 6), arrayOf(7, 8, 9))
println(arr2d[2][1]) // 8을 출력
```

이번에는 반대로 배열 안에 값을 설정할 경우를 생각해 봅시다. 값의 설정은 보통 세터인 set( )에 의해 처리됩니다. 요소 접근과 마찬가지로 대괄호 표기법으로도 설정할 수 있습니다. 다음의 예를 살펴볼까요?

```
arr.set(2, 7) // 인덱스 2번 요소를 값 7로 교체
arr[0] = 8 // 인덱스 0번 요소를 값 8로 교체
arr2d[2][1] = 2 // 다차원 배열의 요소를 교체
println("size: ${arr.size} arr[0]: ${arr[0]}, arr[2]: ${arr[2]}")
```

보통 코드를 읽기에 더 좋은 대괄호 표기법을 추천합니다.
또한 다음과 같이 반복문과 대괄호 표기법을 통해 요소를 순환하면서 읽을 수도 있습니다. 여기서는 `in` 키워드를 사용했으며 뒤의 범위 지정자(..)를 통해 `0`부터 `arr.size-1`까지 반복합니다. 인덱스는 항상 0부터 시작하므로 배열 요소의 전체 개수(크기)인 `size`에서 1을 빼야 합니다.

```
for (i in 0..arr.size-1) {
    println("arr[$i] = ${arr[i]}")
}
```

그러면 지금까지 배운 내용을 연습하기 위한 종합 예제를 작성하고 배열의 추가 메서드도 알아봅시다.

코딩해 보세요! **배열 선언 및 접근 연습하기** • 참고 파일 ArrayAccessTest.kt

```
package chap08.section2

import java.util.Arrays // 배열을 사용하기 위해 자바 표준 라이브러리 임포트

fun main( ) {
    val arr = intArrayOf(1, 2, 3, 4, 5)

    println("arr: ${Arrays.toString(arr)}") // Arrays.toString( )은 배열의 내용을 문자열로 변환
    println("size: ${arr.size}") // size는 배열의 크기를 나타냄
    println("sum( ): ${arr.sum( )}") // sum( ) 메서드는 배열의 합을 계산
    // 게터에 의한 접근과 대괄호 연산자 표기법
    println(arr.get(2))
    println(arr[2])

    // 세터에 의한 값의 설정
    arr.set(2, 7)
    arr[0] = 8
    println("size: ${arr.size} arr[0]: ${arr[0]}, arr[2]: ${arr[2]}")
```

```
    // 루프를 통한 배열 요소의 접근
    for (i in 0..arr.size -1) {
        println("arr[$i] = ${arr[i]}")
    }
}
```

```
실행 결과
arr: [1, 2, 3, 4, 5]
size: 5
sum( ): 15
3
3
size: 5 arr[0]: 8, arr[2]: 7
arr[0] = 8
arr[1] = 2
arr[2] = 7
arr[3] = 4
arr[4] = 5
```

여기에 배열의 문자열 변환을 쉽게 하기 위해 자바의 java.util.Arrays가 임포트되었습니다. 이것은 배열의 요소를 문자열로 변환하는 Arrays.toString( )을 사용해 [1, 2, 3, 4, 5]와 같이 배열의 모든 요소를 출력할 수 있어 편리합니다. 그 밖에 배열 요소가 정수형으로 이루어진 경우 멤버 메서드인 sum( )으로 간단하게 요소의 합을 구할 수 있습니다.

배열의 내용 한꺼번에 출력하기

자바의 표준 라이브러리 Arrays에서 멤버인 toString( )을 사용하면 배열의 내용을 한꺼번에 출력할 수 있습니다.

```
val arr= intArrayOf(1, 2, 3, 4, 5)
println(Arrays.toString(arr)) // [1, 2, 3, 4, 5] 출력
```

다음과 같이 다차원 배열을 표시하고자 할 때는 deepToString( )을 사용합니다.

```
val array = arrayOf(intArrayOf(1, 2), // 다차원 배열일 때
            intArrayOf(3, 4),
            intArrayOf(5, 6, 7))
println(Arrays.deepToString(array)) // [[1, 2], [3, 4], [5, 6, 7]] 출력
```

위의 예는 배열 안에 다른 배열을 요소로 가지는 2차원 배열일 때 deepToString( )을 사용해 대괄호 안에 또 다른 대괄호로 2차원 배열을 출력하고 있습니다.

표현식을 통해 배열 생성하기

이번에는 Array( ) 생성자에 표현식을 사용해 배열을 생성해 봅시다.

```
val|var 변수 이름 = Array(요소 개수, 초깃값)
```

Array( ) 생성자의 첫 번째 인자는 요소 개수, 두 번째 인자는 초깃값입니다. 람다식 초깃값은 init: (Int) -> T와 같이 정의되어 있습니다. 다음과 같이 활용할 수 있습니다.

```
val arr3 = Array(5, {i -> i * 2})
println("arr3: ${Arrays.toString(arr3)}")
```

첫 번째 인자는 표현식 결과에 대한 요소 개수입니다. 두 번째 인자는 배열의 요소를 결정하는 표현식입니다. 표현식 {i -> i * 2}에 의해 5개의 요소를 가지는 배열이 만들어집니다. Arrays.toString(arr3)으로 배열의 요소를 문자열 형태로 변환하면 결과는 다음과 같습니다.

```
[0, 2, 4, 6, 8]
```

만일 요소 개수가 많은 배열을 생성하려면 다음과 같이 arrayOfNulls를 사용하거나 표현식을 사용하면 됩니다.

```
var a = arrayOfNulls <Int>(1000) // 1000개의 null로 채워진 정수 배열

var a = Array(1000, { 0 }) // 0으로 채워진 배열
```

null과 0은 엄연히 다르다고 했죠. null은 아무것도 없는 것이고, 0은 0이라는 값 자체가 할당되는 것이니 초기화할 때 주의해야 합니다.
특정 클래스 객체로 배열을 만들려면 다양한 람다식 표현법으로 필요한 요소를 생성할 수 있습니다.

```
var a = Array(1000, { i -> myClass(i)  })
```

배열 제한하고 처리하기

이번에는 다양한 방법으로 배열을 처리하는 방법을 생각해 봅시다. 배열은 일단 정의되면 배열의 길이와 내용이 메모리에 고정됩니다. 따라서 선언된 배열을 잘라내거나 덧붙일 수 없습니다. 만일 고정되지 않은 동적인 배열이 필요하면 컬렉션의 하나인 List를 사용해야 합니다. 컬렉션은 나중에 살펴보고 여기서는 배열의 방법만 알아볼까요?

배열에 요소 추가하고 잘라내기

배열이 일단 정의되면 고정되기 때문에 다음과 같이 새로 할당하는 방법으로 요소를 추가하거나 잘라낼 수 있습니다.

```
val arr1 = intArrayOf(1, 2, 3, 4, 5) // 5개로 고정된 배열

val arr2 = arr1.plus(6) // 하나의 요소를 추가한 새 배열 생성
println("arr2: ${Arrays.toString(arr2)}")
```

arr1은 5개의 요소로 초기화되면서 더 이상 추가할 수 없습니다. 새로운 요소를 추가하기 위해 새로운 배열 arr2를 선언하고 arr1의 멤버 메서드인 plus( )를 사용해 요소 6이 추가된 새 배열을 arr2에 할당합니다. 결과는 다음과 같습니다.

```
arr2: [1, 2, 3, 4, 5, 6]
```

그러면 기존 배열 arr1을 잘라내 볼까요? 멤버 메서드인 sliceArray( )를 호출해 잘라내는데, 마찬가지로 arr1에 다시 설정할 수 없기 때문에 새로운 배열 arr3이 필요합니다.

```
val arr3 = arr1.sliceArray(0..2) // 필요한 범위를 잘라내 새 배열 생성
println("arr3: ${Arrays.toString(arr3)}")
```

잘라낼 인덱스를 범위 연산자를 사용해 0..2로 지정하면 [0], [1], [2]만 잘라내 arr3에 할당합니다. 새로운 배열은 다음과 같이 초기화됩니다.

```
arr3: [1, 2, 3]
```

기타 배열 관련 API 사용하기

앞에서 배열을 다루기 위한 몇 가지 멤버 메서드를 살펴봤죠. 여기서는 배열의 유용한 메서드를 더 살펴보겠습니다.

```
println(arr.first( )) // 첫 번째 요소 확인
println(arr.last( )) // 마지막 요소 확인

println("indexOf(3): ${arr.indexOf(3)}") // 요소 3의 인덱스 출력

println("average: ${arr.average( )}") // 배열의 평균 값 출력

println("count: ${arr.count( )}") // 요소 개수 세기
```

first( )나 last( )를 사용하면 첫 번째나 마지막 요소를 확인하고 indexOf( )는 특정 요소의 인덱스, average( )는 요소의 평균 값, count( )는 요소의 개수를 확인할 수 있습니다. 그 밖에 요소의 순서를 완전히 뒤집는 reversedArray( ), reverse( ), 요소를 합산하는 sum( ), 주어진 요소를 채우는 fill( ) 등 다양한 메서드가 있습니다.
또 다른 유용한 메서드로서 배열에 특정 요소가 포함되어 있는지 확인하는 contains( )가 있습니다. 이때 지정한 요소가 존재한다면 true를 반환합니다. 함수의 구조는 다음과 같습니다.

```
operator fun <T> Array<out T>.contains(element: T): Boolean
```

다음과 같이 배열에 요소가 포함되었는지 간단히 확인할 수 있습니다.

```
println(arr.contains(4)) // arr 배열에 요소 4가 포함되었는지 확인
```

해당 요소가 포함되어 있다면 true를 반환합니다. 이 표현은 결국 중위 표현법으로 in 연산자를 사용해 다음과 같이 표현하는 것과 같습니다.

```
println(4 in arr)
```

오리의 프로그래밍 노트 Array는 코틀린 표준 라이브러리입니다

Array에는 이 외에도 많은 메서드가 있습니다. Array의 여러 메서드가 궁금하다면 온라인의 공개된 코틀린 표준 라이브러리 문서를 통해 더 많은 API를 살펴볼 수 있습니다.

- Array 표준 라이브러리: https://kotlinlang.org/api/latest/jvm/stdlib/kotlin/-array/

다양한 자료형을 위한 Any로 선언된 배열

일단 자료형이 지정된 배열은 다른 자료형으로 변환할 수 없습니다. 단, Any 자료형으로 만들어진 배열은 기존 자료형을 다른 자료형을 지정할 수 있습니다. 다음 예를 봅시다.

코딩해 보세요! Any 자료형으로 지정된 배열 채우기 • 참고 파일 ArrayCasting.kt

```
package chap08.section2

fun main( ) {
    val b = Array<Any>(10,{0})
    b[0] = "Hello World"
    b[1] = 1.1
    println(b[0])
    println(b[1])
    println(b[2])
}
```

실행 결과

```
Hello World
1.1
0
```

처음에는 0로 채워진 배열 10개를 생성했고 이후 문자열과 실수형 값을 지정하고 있습니다. 처음에는 배열의 모든 요소가 정수형이었으나 할당한 값에 따라 요소의 자료형이 변환되었습니다. 이렇게 Any를 사용하면 한 번에 기본적인 초기화를 하고 나중에 원하는 자료형으로 요소를 초기화할 수 있으므로 편리합니다.

멤버 메서드를 통한 배열 순환하기

반복문을 사용한 배열의 순환 말고도 배열의 멤버 메서드인 `forEach( )`와 `forEachIndexed( )`를 사용해 요소를 순환할 수 있습니다. `forEach( )`는 요소 개수만큼 지정한 구문을 반복 실행하며 이와 유사한 기능인 forEachIndexed( )는 순환하며 인덱스까지 출력합니다.

```
// forEach( )에 의한 요소 순환
arr.forEach { element -> print("$element ") }

// forEachIndexed( )에 의한 요소 순환
arr.forEachIndexed({ i, e -> println("arr[$i] = $e") })
```

위 코드에서 배열 arr은 forEach( )를 통해 각 요소를 element에 넘기고 화살표 표현식에 의해 각 요소의 출력문을 실행합니다. forEachIndexed( )를 사용해 각 인덱스는 i로, 요소는 e로 받아 화살표 표현식 오른쪽의 구문에 넘겨 인덱스와 함께 출력할 수 있습니다.
반복을 위한 요소를 처리하는 iterator( )를 사용할 수도 있습니다.

```
// iterator( )를 사용한 요소 순환
val iter: Iterator<Int> = arr.iterator( )
while (iter.hasNext( )) {
    val e = iter.next( )
    print("$e ")
}
```

여기서 hasNext( )는 배열에서 참조할 다음 요소가 있는지 확인하며, next( )는 다음 요소를 반환하는 메서드입니다.

배열 정렬하기

특정 요소를 정렬(Sort)한다는 것은 특정한 순서에 따라 나열한다는 뜻입니다. 예를 들어 은행의 대기표처럼 낮은 번호부터 순서대로 오름차순(ascending)으로 정렬하거나 비싼 물건을 판별하기 위해 가장 높은 가격부터 정렬하는 내림차순(descending)을 사용할 수 있죠. 또한 어떤 정렬 알고리즘 기법을 사용하느냐에 따라 성능이 많이 좌우됩니다. 직접 정렬 기능을 만들어 쓸 수도 있지만, Array는 기본적인 정렬 알고리즘을 제공하고 있습니다.

기본 배열 정렬하고 반환하기

정렬 기능은 Array에서 확장된 함수들을 이용할 것입니다. sortedArray( )와 sortedArrayDescending( )을 사용해 정렬된 배열을 반환할 수 있습니다. 원본은 그대로 두고 정렬된 배열을 새로 할당할 때에 사용합니다.

만일 원본 배열에 대한 정렬을 수행하려면 sort( ) 혹은 sortDescending( )을 사용합니다.

코딩해 보세요! **기본적인 정렬 방법** • 참고 파일 ArraySortedTest.kt

```
package chap08.section2

import java.util.*

fun main( ) {
    val arr = arrayOf(8, 4, 3, 2, 5, 9, 1)
    // ① 오름차순, 내림차순으로 정렬된 일반 배열로 반환
    val sortedNums = arr.sortedArray( )
    println("ASC: " + Arrays.toString(sortedNums))

    val sortedNumsDesc = arr.sortedArrayDescending( )
    println("DEC: " + Arrays.toString(sortedNumsDesc))

    // ② 원본 배열에 대한 정렬
    arr.sort(1, 3) // sort(fromIndex, toIndex)
    println("ORI: " + Arrays.toString(arr))
    arr.sortDescending( )
    println("ORI: " + Arrays.toString(arr))
    // ③ List로 반환
    val listSorted: List<Int> = arr.sorted( )
    val listDesc: List<Int> = arr.sortedDescending( )
    println("LST: " + listSorted)
    println("LST: " + listDesc)

    // ④ SortBy를 이용한 특정 표현식에 따른 정렬
    val items = arrayOf<String>("Dog", "Cat", "Lion", "Kangaroo", "Po")
    items.sortBy { item -> item.length }
    println(Arrays.toString(items))
}
```

실행 결과

```
ASC: [1, 2, 3, 4, 5, 8, 9]
DEC: [9, 8, 5, 4, 3, 2, 1]
ORI: [8, 3, 4, 2, 5, 9, 1]
ORI: [9, 8, 5, 4, 3, 2, 1]
LST: [1, 2, 3, 4, 5, 8, 9]
LST: [9, 8, 5, 4, 3, 2, 1]
[Po, Dog, Cat, Lion, Kangaroo]
```

먼저 ①번에서 sortedArray( )와 sortedArrayDescending( )을 이용해 오름차순 또는 내림차순으로 정렬할 수 있습니다. 이때 원본 배열에 대한 정렬을 수행하지 않고 새로운 배열을 생성하고 할당합니다.

원본 배열에 대한 정렬을 수행하려면 ②번과 같이 sort( )나 sortDescending( )을 사용합니다. sort( )나 sortDescending( )에 인자를 (fromIndex, toIndex) 형태로 지정하면 특정 인덱스 구간만 정렬할 수 있습니다. 인자를 생략하면 전체 요소를 대상으로 정렬합니다.

③번처럼 Array 배열이 아닌 컬렉션 목록인 List로 반환하려면 메서드에서 Array라는 이름을 뺀 sorted( )나 sortedDescending( ) 메서드를 사용합니다. 컬렉션은 println( )을 통해 출력할 때 Arrays.toString( )으로 출력할 필요 없이 그대로 출력합니다.

④번처럼 sortBy( )나 sortByDescending( )을 사용해 특정 표현식에 따라 오름차순이나 내림차순으로 정렬할 수 있습니다. 여기서는 sortBy { ... } 형태로 특정 표현식을 넣어 정렬하고 있는데 요소의 길이가 가장 짧은 것을 먼저 나타내도록 item -> item.length와 같이 람다식 표현법을 사용해 짧은 단어의 문자열부터 정렬했습니다.

sortBy( )나 sortByDescending( )은 기본적으로 Array를 사용합니다. 만일 Array가 아닌 컬렉션인 List로 반환하려면 sortedBy( ), sotedByDescending( ) 메서드를 사용할 수 있습니다.

sortBy( )로 데이터 클래스 정렬하기

이번에는 좀 더 복잡한 형태인 데이터 클래스의 멤버에 따라 정렬해 봅시다. 이때도 마찬가지로 Array에서 확장된 sortBy( ) 함수를 이용하면 해당 멤버 변수에 따라 정렬할 수 있습니다.

코딩해 보세요! sortBy( ) 사용해 보기 • 참고 파일 ArraySortedClass.kt

```
package chap08.section2

data class Product(val name: String, val price: Double)

fun main( ) {
    val products = arrayOf(
            Product("Snow Ball", 870.00),
            Product("Smart Phone", 999.00),
            Product("Drone", 240.00),
            Product("Mouse", 333.55),
            Product("Keyboard", 125.99),
            Product("Monitor", 1500.99),
            Product("Tablet", 512.99))
```

```
    products.sortBy { it.price } // 값에 따라 정렬
    products.forEach { println(it) }
}
```

```
실행 결과
Product(name=Keyboard, price=125.99)
Product(name=Drone, price=240.0)
Product(name=Mouse, price=333.55)
Product(name=Tablet, price=512.99)
Product(name=Snow Ball, price=870.0)
Product(name=Smart Phone, price=999.0)
Product(name=Monitor, price=1500.99)
```

위 예제는 배열 객체인 products를 it으로 넘기고 제품의 가격인 price가 제일 낮은 것을 기준으로 오름차순 정렬합니다. 그것을 다시 forEach를 통해 화면에 출력합니다. 간혹 나타나는 forEach나 sortBy처럼 소괄호를 사용하지 않고 있는 함수는 인자가 람다식 1개이기 때문에 생략된 것입니다. 표준 라이브러리인 Arrays.kt 파일의 함수의 원형을 보면 다음과 같죠.

```
public inline fun <T, R : Comparable<R>> Array<out T>.sortBy(crossinline selector: (T)
-> R?): Unit
```

앞서 제네릭에서 공부한 대로 Array<out T>는 값을 만들어 내는 출력을 위한 용도로 sortBy( )는 Array의 확장 함수가 됩니다. 람다식에 T 인자를 전달해 그 결과를 R?과 같이 null이 가능한 형식으로 받을 수 있습니다. 앞으로 배울 여러 가지 표준 라이브러리의 함수들은 대체적으로 이러한 방법으로 확장 설계되어 있습니다. 따로 언급하지 않아도 Ctrl + B를 누르고 선언부를 참조해 함수의 정의를 확인할 수 있으므로 적극 활용해 주세요!

sortWith( ) 비교자로 정렬하기

이번에는 주어진 비교자(Comparator)에 의해 정렬하는 방법을 알아보겠습니다. sortWith( )는 다음과 같이 작성된 Array에 확장된 제네릭 메서드입니다.

```
public fun <T> Array<out T>.sortWith(comparator: Comparator<in T>): Unit
```

sortWith( )는 Comparator를 매개변수로 가지고 있음을 알 수 있습니다. 이 방식을 이용해 앞에서 만든 예제를 새롭게 작성해 제품의 이름과 가격을 비교해 보겠습니다.

코딩해 보세요! Comparator를 사용해 제품 비교하기 • 참고 파일 ArraySortedSortWith.kt

```
package chap08.section2.sortwith

data class Product(val name: String, val price: Double)

fun main( ) {
    val products = arrayOf(
            Product("Snow Ball", 870.00),
            Product("Smart Phone A", 999.00),
            Product("Drone", 240.00),
            Product("Mouse", 633.55),
            Product("Keyboard", 125.99),
            Product("Smart Phone B", 1500.99),
            Product("Mouse", 512.99))

    products.sortWith( // Comparator를 이용해 두 객체를 비교하여 p1이 크면 1, 같으면 0, 작으면 -1
            Comparator<Product> { p1, p2 ->
                when {
                    p1.price > p2.price -> 1
                    p1.price == p2.price -> 0
                    else -> -1
                }
            }
    )
    products.forEach { println(it) }
}
```

실행 결과

```
Product(name=Keyboard, price=125.99)
Product(name=Drone, price=240.0)
Product(name=Mouse, price=512.99)
Product(name=Mouse, price=633.55)
Product(name=Snow Ball, price=870.0)
Product(name=Smart Phone A, price=999.0)
Product(name=Smart Phone B, price=1500.99)
```

Comparator는 자바의 인터페이스로서 2개의 객체를 비교하는 compare( )를 구현합니다. 여기서는 람다식 p1, p2 -> when { ... }을 이용해 비교 결과가 p1이 p2보다 크면 1을, 같으면 0, 작으면 -1을 반환하도록 구현하고 있습니다.

여기에 다시 compareBy( )를 함께 사용하면 이름을 먼저 정렬하고 그다음 이름이 동일한 경우 가격 기준으로 다시 정렬합니다. products.forEach { println(it) } 코드를 지우고 아래와 같이 수정한 후 실행하면 결과가 약간 달라지는 것을 알 수 있습니다.

코딩해 보세요! compareBy( ) 추가하기 • 참고 파일 ArraySortedSortWith.kt

```
...
// compareBy를 함께 사용해 2개의 정보 정렬
products.sortWith(compareBy({it.name}, {it.price}))
products.forEach { println(it) }
```

```
실행 결과
Product(name=Drone, price=240.0)
Product(name=Keyboard, price=125.99)
Product(name=Mouse, price=512.99)
Product(name=Mouse, price=633.55)
Product(name=Smart Phone A, price=999.0)
Product(name=Smart Phone B, price=1500.99)
Product(name=Snow Ball, price=870.0)
```

compareBy( )를 사용하면 먼저 name을 정렬하고 Mouse처럼 이름이 같은 경우에는 다시 price를 기준으로 가격이 낮은 순서부터 정렬합니다.

배열 필터링하기

filter( ) 메서드를 활용하면 원하는 데이터를 골라낼 수 있습니다. 여기서는 배열의 요소 중에서 0보다 큰 수를 filter( )로 걸러냅니다.

```
// 0보다 큰 수 골라내기
val arr = arrayOf(1, -2, 3, 4, -5, 0)
arr.filter { e -> e > 0 }.forEach { e -> print("$e ") } // 1 3 4 출력
```

filter( )로 골라낸 0보다 큰 수에 해당하는 요소를 forEach가 받아 출력합니다.

이전에 살펴본 sortedBy( )와 함께 사용하면 필요한 정보를 골라내면서 다시 정렬할 수 있습니다. 다음은 a로 시작하는 요소만 골라내고 map으로 받아 대문자로 변경하고 출력하는 예제입니다.

코딩해 보세요! **필요한 정보만 골라내어 변경하기** • 참고 파일 SortByMap.kt

```
package chap08.section2

fun main( ) {
    val fruits = arrayOf("banana", "avocado", "apple", "kiwi")
    fruits
    .filter { it.startsWith("a") }
    .sortedBy { it }
    .map { it.toUpperCase( ) }
    .forEach { println(it) }
}
```

실행 결과

```
APPLE
AVOCADO
```

이렇게 배열 객체 변수인 fruits에서 여러 개의 메서드인 .filter( ), .sortedBy( ), .map( ), .forEach( )를 계속 연속해서 호출하는 방법을 메서드 체이닝(Method Chaining)이라고 합니다. 각 결과를 it으로 넘겨받아 처리할 수 있어 매우 유용합니다. 다만 특정 메서드에서 오류가 나면 디버깅하기 어려워지기 때문에 주의할 필요가 있습니다. 초반 메서드에서 오류가 나면 후반 메서드는 작동하지 않기 때문에 이런 경우를 '열차 사고'에 비유하기도 하죠. 하지만 코드를 간결하게 해 읽기 좋은 코드를 만들어 줍니다.
배열에서 특정 요소가 있는지 확인하는 간단한 방법은 when문을 사용하는 것입니다. 조건에 요소 이름, in과 배열 이름을 함께 사용해 해당 배열에 필요한 요소가 있는지를 확인할 수 있습니다.

```
when {
    "apple" in fruits -> println("Apple!")
    ...
}
```

앞에서 다룬 클래스 객체 product에서 가장 낮은 가격이나 높은 가격을 골라내려면 minBy와 maxBy를 다음과 같이 사용할 수 있습니다.

```
// 지정된 필드의 가장 작은 값과 큰 값 골라내기
println(products.minBy { it.price })
println(products.maxBy { it.price })
```

결과는 다음과 같습니다. 이렇게 배열의 여러 가지 도움을 주는 메서드를 사용하면 배열 요소를 원하는 대로 손쉽게 처리할 수 있습니다.

```
Product(name=Keyboard, price=125.99)
Product(name=Smart Phone B, price=1500.99)
```

배열 평탄화하기

보통 다차원 배열을 단일 배열로 만드는 것을 '배열을 평탄화(flatten)한다'라고 말합니다. 코틀린에서는 Array에 flatten( ) 메서드를 통해 평탄화 기능을 지원하고 있습니다.

코딩해 보세요! 2차원 배열을 평탄화하기 • 참고 파일 ArrayFlattenTest.kt

```
package chap08.section2

fun main( ) {
    val numbers = arrayOf(1, 2, 3)
    val strs = arrayOf("one", "two", "three")
    val simpleArray = arrayOf(numbers, strs) // 2차원 배열
    simpleArray.forEach { println(it) }

    val flattenSimpleArray = simpleArray.flatten( ) // 단일 배열로 변환하기
    println(flattenSimpleArray)
}
```

실행 결과

```
[Ljava.lang.Integer;@5e2de80c
[Ljava.lang.String;@1d44bcfa
[1, 2, 3, one, two, three]
```

출력문의 첫 번째 실행 결과는 배열 자체가 들어 있기 때문에 객체의 시그니처인 [Ljava.lang.Integer;@5e2de80c와 같이 출력됩니다. 여기서 평탄화 작업을 거치면 [1, 2, 3]과 ["one", "two", "three"]라는 2개의 배열을 단일 배열로 만들어 출력됩니다.

08-3 문자열 다루기

문자열의 기본 처리

문자열은 연속된 문자의 배열과 같습니다. 또한 문자열은 불변(immutable) 값으로 생성되기 때문에 참조되고 있는 메모리가 변경될 수 없습니다. 새로운 값을 할당하려고 한다면 기존 메모리 이외에 새로운 문자열을 위한 메모리를 만들어 할당해야 합니다.

불변형(읽기 전용)과 가변형 컬렉션의 차이는 9장에서 자세히 살펴보겠습니다.

```
val hello: String = "Hello World!"
```

기본적으로 다음과 같이 해당 문자 요소에 접근할 수 있습니다.

```
println(hello[0]) // H
```

하지만 var나 val에서 다음과 같이 하나의 요소에 새 값을 할당할 수 없습니다. 다만 var로 선언하는 경우 전체 문자열을 내부적으로 새로 생성해 할당되고 기존 사용하던 메모리 공간은 GC(Garbage Collector)에 의해 제거됩니다.

GC는 더 이상 사용하지 않게 된 객체를 메모리에서 자동적으로 제거하는 역할을 하고 있습니다.

```
hello[0] = 'K' // 오류!
var s = "abcdef"
s = "xyz" // 새로운 메모리 공간이 생성
```

var 변수 s에는 "abcdef"가 처음에 할당되었지만 다시 "xyz"가 할당되면서 기존의 "abcdef"는 쓸모 없는 공간이 됩니다. 기존의 문자열은 GC에 의해 제거되지만 제거 시점은 프로그래머가 제어할 수 없기 때문에 대량의 문자열을 다룰 때는 메모리의 낭비 등이 일어나지 않도록 주의해야 합니다.

오리의 프로그래밍 노트 메모리 관점의 String

JVM을 기반으로 동작하는 코틀린은 자바에서 만들어진 구조의 메모리를 사용합니다. 자바의 String은 2가지 방법으로 초기화되는데 리터럴(literal)과 new 연산자에 의해 만들어집니다.

```
String s1 = "hello";
String s2 = "hello";
String s3 = new String("hello");
```

s1과 s2는 리터럴 기반의 참조 자료형으로 생성되어 JVM의 메모리 중 상수 풀(Constant Pool)에 저장됩니다. 따라서 s1과 s2의 "hello"라는 정보는 완전히 동일한 공간에 있습니다. 하지만 new로 선언되면 String의 객체는 힙에 생성되며 이때 s3의 "hello"는 다른 공간에 저장됩니다.
자바 7부터는 상수 풀의 영역이 힙 영역으로 옮겨져 기존의 메모리 부족 오류를 개선했습니다. 따라서 기존에 문자열은 GC 대상에 없었으나, 자바 7 이후는 GC 대상에 포함되어 참조가 없으면 메모리에서 삭제됩니다.

문자열 추출하고 병합하기

문자열은 특수한 형태의 문자 배열이라고 했습니다. 따라서 문자열의 각 문자는 특정 인덱스를 가집니다. 만일 문자열에서 특정 범위의 문자열을 추출하기 위해 substring( )이나 subSequence( )를 사용해 특정 인덱스의 범위를 지정할 수 있습니다.

```
String.substring(인덱스 범위 지정): String
CharSequence.subSequence(인덱스 범위 지정): CharSequence
```

```
s = "abcdef"
println(s.substring(0..2)) // 인덱스 0번~2번 범위의 abc 반환
```

substring( )의 인자는 인덱스 번호를 범위 지정자로 사용해 추출할 수 있습니다. 위의 예는 abc를 추출해 화면에 출력합니다.
문자열은 메모리가 고정되어 있으므로 문자열의 특정 인덱스를 바꿔 할당할 수 없으나 새로 할당할 때 바꾸면 가능합니다. 먼저 특정 문자를 바꾸고 + 연산자를 사용해 병합해 전체를 다시 할당하는 방법으로 바꿀 수 있습니다. 이때 기존의 값은 참조되지 않기 때문에 나중에 GC에 의해 제거될 것입니다.

```
var s = "abcdef"
s = s.substring(0..1) + "x" + s.substring(3..s.length-1) // ab를 추출하고 x를 덧붙이고 다시
                                                             def를 추출
```

기존의 문자열인 "abcdef"에서 값이 추출되고 추출과 + 연산에 의해 덧붙여져, "abxdef"가 새롭게 s에 할당됩니다. 문자열 "abcdef"는 어딘가 남아 있다가 GC에 의해 제거되죠. 문자열의 전체 길이는 length 프로퍼티에 저장되어 있으므로 마지막 인덱스를 알기 위해서는 s.length-1로 지정하면 됩니다.

문자열 비교하기

문자열을 비교하려면 s1.compareTo(s2)를 사용할 수 있습니다. s1과 s2가 같다면 0을 반환하고, s1이 s2보다 작으면 양수, 그렇지 않으면 음수를 반환합니다.

```
var s1 = "Hello Kotlin"
var s2 = "Hello KOTLIN"
// 같으면 0, s1<s2 이면 양수, 반대면 음수를 반환
println(s1.compareTo((s2))
println(s1.compareTo(s2, true)) // 대소문자 무시
```

StringBuilder 사용하기

StringBuilder를 사용하면 문자열이 사용할 공간을 좀 더 크게 잡을 수 있기 때문에 요소를 변경할 때 이 부분이 사용되어 특정 단어를 변경할 수 있게 됩니다. 단, 기존의 문자열보다는 처리 속도가 좀 느리고, 만일 단어를 변경하지 않고 그대로 사용하면 임시 공간인 메모리를 조금 더 사용하게 되므로 낭비된다는 단점이 있습니다. 따라서 문자열이 자주 변경되는 경우에 사용하면 좋습니다.

```
var s = StringBuilder("Hello")
s[2]='x' // 허용되지 않았던 요소의 변경이 가능함. 결과는 Hexlo
```

이제 s는 메모리 공간을 새롭게 만들어지지 않고 여유분의 공간을 이용해 문자 요소가 변경됩니다.

StringBuilder의 기타 관련 메서드를 사용하면 포함(append), 추가(insert), 삭제(delete)가 용이합니다. 문자열을 포함시키기 위해 사용하는 append( )는 생성된 버퍼를 사용하므로 보통 + 연산자를 이용해 새로운 객체를 만들어 처리하는 것보다 더 좋습니다.

```
s.append("World") // 문자열이 추가되어 HexloWorld
s.insert(10,"Added") // 인덱스 10번부터 추가되어 HexloWorldAdded
s.delete(5,10) // 인덱스 5번부터 10번 전까지 삭제되어 HexloAdded
```

기타 문자열 처리

그 밖에 기본 String의 문자열 처리 메서드로 소문자/대문자 변경(toLowerCase, toUpperCase), 특정 문자 단위로 잘라내기(split), 앞뒤 공백 제거(trim) 등의 메서드를 사용할 수 있습니다. 특정 문자(여기서는 빈 칸)를 단위로 문자열을 잘라내는 예를 보겠습니다.

```
var deli = "Welcome to Kotlin"
val sp = deli.split(" ")
println(sp)
```

`split( )`를 통해 공백 문자를 기준으로 문자열을 잘라내 `sp`에 할당하고 있습니다. 이때 `sp`는 컬렉션 `List<String>`으로 추론되어 할당됩니다. 결과는 다음과 같습니다.

```
[Welcome, to, Kotlin]
```

`Welcome to Kotlin`이라는 문자열이 `Welcome`과 `to`와 `Kotlin`이라는 3개의 요소로 분리됩니다. 각 요소는 콤마(,)로 구분되죠. 만일 하나 이상의 분리 문자를 지정하려면 `split( )` 인수에 다음과 같이 지정할 수 있습니다.

```
str.split("=", "-")
```

그러면 문자열 중에서 등호(=)나 음수 기호(-)가 사용되는 부분에서 문자열이 잘리게 됩니다.

문자열을 정수로 변환하기

보통 입력받은 문자열이 숫자로만 이루어진 경우 코드상에서 처리하기 위해 정수형으로 변환하는 경우가 많습니다. 이때 `toInt( )` 메서드를 통해 정수로 변환할 수 있습니다. `toInt( )` 메서드는 자바의 `Integer.parseInt`를 사용하고 있습니다.

```
val number: Int = "123".toInt( )
```

문자열 `"123"`을 정숫값으로 변환한 후 `number` 변수에 할당하고 있습니다. 숫자가 아닌 경우 `NumberFormatException` 오류를 발생하기 때문에 try~catch 블록으로 처리해 주어야 합니다.

```
try {
  "12w".toInt( ) // 숫자가 아닌 문자 w가 포함되어 예외 발생
} catch(e: NumberFormatException) {
  println(e.printStackTrace( ))
}
```

만일 숫자가 아닌 문자가 포함되었을 때 null을 반환 받고자 한다면 toInt( ) 대신에 toIntOrNull( )을 사용해 프로그램이 중단되는 것을 방지할 수 있습니다.

리터럴 문자열

특수한 문자를 처리하기 위해 백슬래시(\)를 포함한 문자 표현인 이스케이프 문자(Escape Character)를 사용할 수 있습니다. 다음과 같은 이스케이프 문자를 문자열에 직접 사용할 수 있습니다.

이스케이프 문자의 종류

종류		
\t 탭(tab)	\r 캐리지 리턴(carriage return)	\\ 백슬래시(backslash)
\b 백스페이스(backspace)	\' 작은따옴표(single quote)	\$ 달러 기호(dollar)
\n 개행(newline)	\" 큰따옴표(double quote)	

또한 유니코드를 사용할 수 있는데 \uHHHH 형태로 16진값을 나타냅니다.

```
val str = "\tYou're just too \"good\" to be true\n\tI can't take my eyes off you."
val uni = "\uAC00" // 한글 코드의 범위 AC00-D7AF
```

이스케이프 문자가 포함된 str과 uni를 출력하면 실행 결과는 다음과 같습니다.

```
    You're just too "good" to be true
    I can't take my eyes off you.
가
```

그 밖에 3중 따옴표(""")를 사용하면 이스케이프 문자 중 개행 문자를 넣지 않고도 원본 문자열 그대로 개행까지 표시할 수 있습니다. 또한 trimMargin( )을 사용해 특정 문자 기준으로 공백을 제거할 수 있습니다. 특정 문자의 기본값은 파이프 기호(|)입니다. 물론 trimMargin( )에 인자를 넣어 바꿀 수 있습니다. 여러분이 직접 결과를 확인해 보길 바랍니다.

```
val text = """
    |Tell me and I forget.
    |Teach me and I remember.
    |Involve me and I learn.
    |(Benjamin Franklin)
    """.trimMargin( ) // trim default는 |
```

형식 문자 사용하기

형식 문자를 사용하면 코드의 결괏값을 문자열의 원하는 형태로 나타낼 수 있습니다. 코틀린에서 형식 문자를 사용하기 위해 String에 format( )을 사용할 수 있습니다.

```
inline fun String.format(vararg args:Any?): String (source)
```

Any에 대한 매개변수를 가변적으로 받아들일 수 있는 vararg로 선언되어 있기 때문에 필요한 만큼 형식 문자를 사용할 수 있습니다. 다음과 같은 형식 문자를 사용할 수 있습니다.

형식 문자의 종류

종류		
%b 참과 거짓의 Boolean 유형	%o 8진 정수	%g 10진 혹은 E 표기법의 실수
%d 부호 있는 정수	%t 날짜나 시간	%n 줄 구분
%f 10진 실수	%c 문자	%s 문자열
%h 해시코드	%e E 표기법의 실수	%x 16진 정수

형식 문자를 사용한 예를 보겠습니다.

```
val pi = 3.1415926
val dec = 10
val s = "hello"
println("pi = %.2f, %3d, %s".format(pi, dec, s))
```

형식 문자 앞에 숫자는 표시할 자릿수를 의미합니다. `%.2f`는 3.1415926을 소수점 아래에 2자리까지만 표시하고 있고, `%3d`는 10이 자릿수를 3자리 차지하게 표시합니다.

서점 만들기

제시된 책 목록에서 학생과 선생님에 따라 다른 비율로 할인할 수 있도록 콘솔에서 정보를 입력받아 가격을 결정하는 프로그램을 만들어 봅시다. 지금까지 배운 제어 문법과 배열을 활용합니다. 프로그램을 위한 순서도는 다음과 같습니다.

기본 순서도에 따라 입력 부분은 Scanner 클래스로, 계산 처리 부분은 함수로, 출력 부분은 `println`을 사용해 나누고 if, when, while 등의 제어문을 활용해 완성합니다.

코드마다 구현의 차이가 있을 수 있습니다. 예시 코드는 다음과 같습니다.

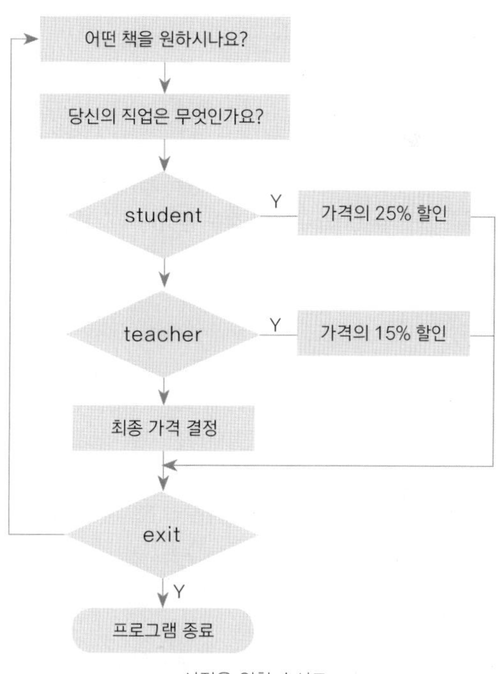

서점을 위한 순서도

오리의 프로그래밍 노트 그레이브 혹은 백틱 기호

콘솔에서 정보를 입력받는 기법은 아주 다양합니다. 여기서는 Scanner 클래스에 표준 입력인 System.in을 사용합니다. 다만 in은 코틀린의 키워드이기 때문에 그레이브 혹은 백틱(`)으로 감싼 `in` 형태로 써야 합니다. 입력에 대한 내용은 나중에 좀 더 자세히 알아보겠습니다.

코딩해 보세요! 서점 예제 작성하기 • 참고 파일 BookStore.kt

```
package chap08.section3

import java.util.*

fun main( ){
    //books
    val booksName = arrayOf("java", "c", "c++", "kotlin", "c#", "html")
    val price = 200.00f
    val studentDiscount = .25f
    val teacherDiscount = .15f

    // Scanner 객체에 System.in이라는 InputStream을 넣어서 scanner에 저장
    // `in`으로 감싼 이유는 in이 예약어이기 때문
    val scanner = Scanner(System.`in`)

    println("** 오리의 서점에 오신 걸 환영합니다. **")
    do {
        println(Arrays.toString(booksName))
        println("어떤 책을 원하시나요?")
        print("답변: ")
        // \n을 포함하는 한 줄을 읽고 \n을 버리고 남은 문자열 반환 및 할당
        val book = scanner.nextLine( )

        if (booksName.contains(book.toLowerCase( ))) {
            println("선택하신 책은 $book 입니다. 가격은 \$200")
            println("학생과 선생님인 경우에 할인을 적용하고 있습니다." +
                    "\n당신의 직업은 무엇인가요(student, teacher, etc)?")
            print("답변: ")
            val occupation = scanner.nextLine( )

            when (occupation.toLowerCase( )) {
                "student" -> calculatePrice(price, studentDiscount)
                "teacher" -> calculatePrice(price, teacherDiscount)
                else -> println("할인을 적용할 수 없습니다." +
                        "\n최종 가격은 \$200 입니다.")
            }
        } else if(book == "exit" || book == "q") {
            break
        } else {
            println("죄송합니다. $book 의 재고가 없습니다.")
```

```
        }
    } while (true)
}

private fun calculatePrice(orig: Float, x: Float): Unit {
    val result = orig - (orig * x)
    println("최종 가격은 \$$result 입니다.")
}
```

```
실행 결과
** 오리의 서점에 오신 걸 환영합니다. **
[java, c, c++, kotlin, c#, html]
어떤 책을 원하시나요?
답변: kotlin
선택하신 책은 kotlin 입니다. 가격은 $200
학생과 선생님인 경우에 할인을 적용하고 있습니다.
당신의 직업은 무엇인가요(student, teacher, etc)?
답변: student
최종 가격은 $150.0 입니다.
[java, c, c++, kotlin, c#, html]
어떤 책을 원하시나요?
답변: exit
```

이 예제에서는 책을 고르고 student나 teacher에 따라 할인율을 따로 적용하도록 했습니다. do~while문을 사용해 구매가 끝나면 다시 반복해 구매 작업을 진행하고 있습니다. 프로그램을 중단하려면 콘솔에 q나 exit을 입력합니다.

Q1 T와 같은 표기를 이용해 클래스에서 사용할 자료형을 미리 결정하지 않고 나중에 인스턴스를 생성하며 결정하는 방식을 무엇이라고 하나요?

Q2 제네릭 클래스 Box가 다음과 같이 선언되어 있습니다. 이 클래스를 이용하여 문자열을 받는 변수를 선언하는 방법 중 틀린 것을 고르세요.

```
class Box<T>(t: T) {
    var name = t
}
```

① val str: Box<String> = Box<String>("Hello")

② val str = Box("Hello")

③ val str = Box<String>("Hello")

④ val str: String = Box("Hello")

Q3 일반적인 제네릭 함수에서 형식 매개변수 T를 실행 시간에 접근하고자 합니다. 밑줄의 빠진 부분을 채우세요.

```
inline fun <________ T> myGenericFun( )
```

정답 Q1 제네릭 Q2 ④ Q3 reified

09

컬렉션

이 장에서는 컬렉션에 대해 살펴봅니다. 컬렉션이란 관련 있는 데이터를 모아 저장할 수 있는 자료구조입니다. 우리는 컬렉션을 통해 필요한 정보를 나열해 보여주거나 검색, 정렬 등을 처리할 수 있습니다. 코틀린의 컬렉션은 자바의 컬렉션 프레임워크를 기본으로 하여 확장된 개념입니다. 컬렉션에 대해 알아볼까요?

09-1 컬렉션의 구조와 기본

컬렉션(Collection)이란 자주 사용하는 기초적인 자료구조를 모아 놓은 일종의 프레임워크로 표준 라이브러리로 제공되고 있습니다. 자료구조론은 어떻게 하면 효율적으로 데이터를 다룰 것인가에 초점을 맞춘 학문입니다. 자료구조에 대한 여러 가지 알고리즘의 이해가 필요하다면 자료구조론에 대한 서적을 참고하면 좋습니다. 여기서는 자료구조론은 학습하지 않고 컬렉션을 어떻게 잘 이용할 것인가에 대해서만 다룹니다.

코틀린의 컬렉션

컬렉션의 종류

코틀린의 컬렉션은 자바 컬렉션의 구조를 확장 구현한 것입니다. 컬렉션의 종류로는 `List`, `Set`, `Map` 등이 있으며 자바와는 다르게 불변형(immutable)과 가변형(mutable)으로 나뉩니다. 가변형 컬렉션은 객체에 데이터를 추가하거나 변경할 수 있고 불변형 컬렉션은 데이터를 한 번 할당하면 읽기 전용이 됩니다. 자바에서는 오로지 가변형 컬렉션만 취급되므로 자바와 상호작용하는 코드에서는 주의해야 합니다.

컬렉션의 불변형 자료형 및 가변형 자료형 분류와 그에 따른 생성 헬퍼 함수

컬렉션	불변형(읽기 전용)	가변형
List	listOf	mutableListOf, arrayListOf
Set	setOf	mutableSetOf, hashSetOf, linkedSetOf, sortedSetOf
Map	mapOf	mutableMapOf, hashMapOf, linkedMapOf, sortedMapOf

변수를 선언할 때 불변형 `val`의 사용을 권장하듯이, 컬렉션도 되도록이면 읽기 전용인 불변형으로 선언할 것을 권장합니다.

컬렉션 인터페이스

코틀린의 컬렉션 인터페이스는 다음과 같이 구성되어 있습니다.

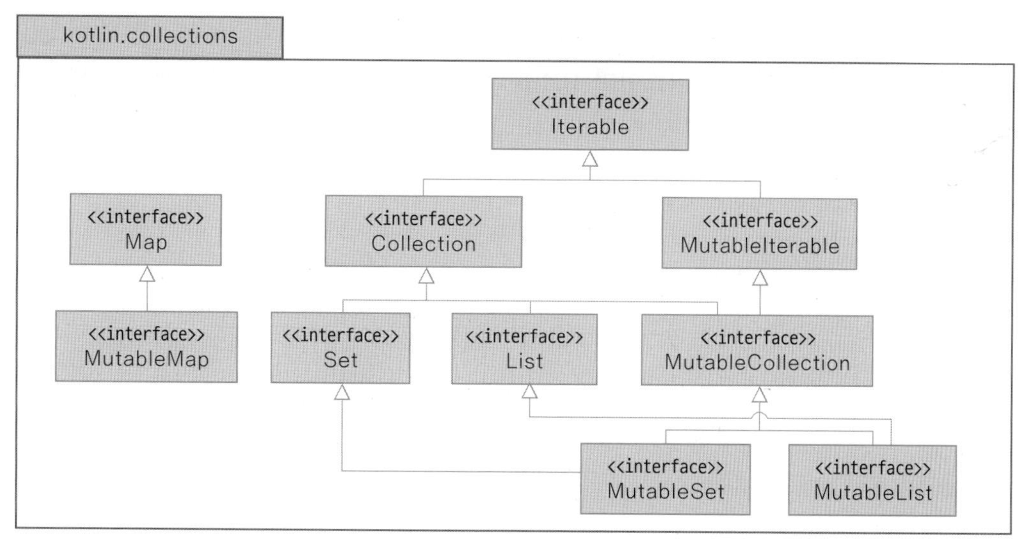

코틀린의 컬렉션 인터페이스

다이어그램의 가장 상위에 있는 Iterable 인터페이스는 컬렉션이 연속적인 요소를 표현할 수 있도록 합니다. 표준 라이브러리의 Iterable 선언부는 다음과 같습니다.

```
public interface Iterable<out T> {
    public abstract operator fun iterator( ): Iterator<T>
}
```

iterator( )는 hasNext( )와 next( ) 메서드를 가지고 요소를 순환하게 됩니다. hasNext( )는 읽을 요소가 있는지 확인하며, next( )는 데이터를 반환합니다. 형식 매개변수는 공변성을 제공하도록 out으로 선언되어 있습니다.

Iterable로부터 확장된 Collection 인터페이스는 불변형이므로 여기에서 확장된 Set과 List는 읽기 전용 컬렉션입니다. Collection 인터페이스의 몇 가지 주요 멤버 프로퍼티와 메서드는 다음과 같습니다.

Collection 인터페이스의 멤버

멤버	설명
size	컬렉션의 크기를 나타낸다.
isEmpty( )	컬렉션이 비어 있으면 true를 반환한다.
contains(element: E)	특정 요소가 있다면 true를 반환한다.
containsAll(elements: Collection<E>)	인자로 받아들인 컬렉션이 있다면 true를 반환한다.

또 다른 인터페이스로 MutableIterable과 MutableCollection 인터페이스는 가변형 컬렉션을 지원하기 위해 준비된 인터페이스이며 요소를 추가하거나 제거하는 등의 기능을 수행합니다. 따라서 다음과 같이 추가 및 삭제가 가능한 메서드를 구현할 수 있습니다.

MutableCollection 인터페이스의 멤버 메서드

멤버 메서드	설명
add(element: E)	인자로 전달 받은 요소를 추가하고 true를 반환하며, 이미 요소가 있거나 중복이 허용되지 않으면 false를 반환한다.
remove(element: E)	인자로 전달 받은 요소를 삭제하고 true를 반환하며, 삭제하려는 요소가 없다면 false를 반환한다.
addAll(elements: Collection<E>)	컬렉션을 인자로 전달 받아 모든 요소를 추가하고 true를 반환하며, 실패하면 false를 반환한다.
removeAll(elements: Collection<E>)	컬렉션을 인자로 전달 받아 모든 요소를 삭제하고 true를 반환하며, 실패하면 false를 반환한다.
retainAll(elements: Collection<E>)	인자로 전달 받은 컬렉션의 요소만 보유한다. 성공하면 true를 반환하고, 실패하면 false를 반환한다.
clear( )	컬렉션의 모든 요소를 삭제한다.

기본적인 컬렉션의 인터페이스 계층과 기본 기능을 살펴봤습니다. 코틀린에는 확장 함수를 구현할 수 있는 기능이 있어 자바의 기본 기능 이외에도 상당히 많은 기능이 코틀린 표준 라이브러리에 구현되어 있습니다. 09-2에서는 컬렉션을 직접 하나씩 생성하면서 추가적으로 활용할 수 있는 방법을 살펴보겠습니다.

09-2 List 활용하기

List는 순서에 따라 정렬된 요소를 가지는 컬렉션으로, 가장 많이 사용하는 컬렉션 중에 하나입니다. 값을 변경할 수 없는 불변형 List를 만들려면 헬퍼 함수인 listOf( )를 사용할 수 있습니다. 값을 변경할 수 있는 가변형을 표현하기 위해서는 mutableListOf( )를 사용합니다. 인자는 원하는 만큼의 가변 인자를 가지도록 vararg로 선언할 수 있습니다.

오리의 프로그래밍 노트 헬퍼 함수란?

보통 List와 같은 컬렉션은 직접 사용해 생성하지 않고 특정 함수의 도움을 통해 생성하는데 이때 사용하는 함수를 헬퍼(Helper) 함수라고 합니다.

불변형 List 생성하기

listOf( ) 함수

먼저 불변형 List를 만들 수 있는 헬퍼 함수 listOf( )의 원형을 살펴봅시다.

```
public fun <T> listOf(vararg elements: T): List<T>
```

vararg는 가변 인자를 받을 수 있기 때문에 원하는 만큼 요소를 지정할 수 있습니다. 값을 반환할 때는 List<T>를 사용합니다. 형식 매개변수 <T>는 원하는 자료형을 지정해 선언할 수 있습니다. 사용하지 않으면 <Any>가 기본값이며 어떤 자료형이든 혼합할 수 있습니다.

코딩해 보세요! 불변형 List 사용하기 • 참고 파일 ListBasic.kt

```
package chap09.section2

fun main( ) {
    // 불변형 List의 사용
    var numbers: List<Int> = listOf(1, 2, 3, 4, 5)
    var names: List<String> = listOf("one", "two", "three")
```

```
    for (name in names) {
        println(name)
    }
    for (num in numbers) print(num)  // 한 줄에서 처리하기
    println( ) // 내용이 없을 때는 한 줄 내리는 개행
}
```

```
실행 결과
one
two
three
12345
```

또한 다음과 같이 서로 다른 자료형을 가진 요소를 합쳐서 선언할 수도 있습니다. 이때 mixedTypes는 형식 매개변수가 <Any>를 가집니다.

```
var mixedTypes = listOf("Hello", 1, 2.445, 's')
```

컬렉션 반복하기

배열과 마찬가지로 List 같은 컬렉션에서 요소를 순환하기 위해 for문을 사용할 수 있습니다.

코딩해 보세요! 각 요소 순환하기 • 참고 파일 ListLoop.kt

```
package chap09.section2

fun main( ) {
    val fruits = listOf("apple", "banana", "kiwi")
    for (item in fruits) {
        println(item)
    }
}
```

```
실행 결과
apple
banana
kiwi
```

요소의 인덱스를 통해 List에 접근하려면 컬렉션에 .indices 멤버를 추가하면 됩니다. 인덱스와 함께 요소를 출력하기 위해 다음을 추가해 봅시다.

```
for (index in fruits.indices) { // 인덱스 지정
    println("fruits[$index] = ${fruits[index]}")
}
```

```
실행 결과
fruits[0] = apple
fruits[1] = banana
fruits[2] = kiwi
```

인덱스로 값을 얻을 땐 나머지 연산자(%)를 사용해 index % 2 == 0과 같이 작성하면 인덱스 0번과 짝수 요소만 골라낼 수 있습니다. 출력 부분을 다시 다음과 같이 수정해 실행해 봅시다.

```
for (index in fruits.indices) { // 인덱스 지정
    if (index % 2 == 0) println("fruits[$index] = ${fruits[index]}") // 짝수만 고르기
}
```

```
실행 결과
fruits[0] = apple
fruits[2] = kiwi
```

인덱스 0번과 2번의 결과만 출력합니다.

while문을 사용해 출력하려면 인덱스는 0번부터 시작하므로 멤버 변수인 size보다 하나 작은 횟수만큼 반복해 읽을 수 있습니다.

```
var index = 0
while (index < fruits.size) {
    println("fruits[$index] = ${fruits[index]}")
    index++
}
```

출력 결과는 앞에서 .indices를 사용했을 때와 동일하게 나타납니다.

```
실행 결과
fruits[0] = apple
fruits[1] = banana
fruits[2] = kiwi
```

emptyList( ) 함수

비어 있는 List를 생성하려면 emptyList< >( )를 사용할 수 있습니다. 이때는 반드시 형식 매개변수를 지정합니다. String형의 빈 List를 갖기 위해 다음과 같이 선언할 수 있습니다.

```
val emptyList: List<String> = emptyList<String>( )
```

listOfNotNull( ) 함수

listOfNotNull( )로 초기화하면 null을 제외한 요소만 반환해 List를 구성할 수 있습니다. 다음 코드에서는 null이 아닌 요소만 골라 컬렉션을 초기화합니다.

```
val nonNullsList: List<Int> = listOfNotNull(2, 45, 2, null, 5, null)
println(nonNullsList)
```

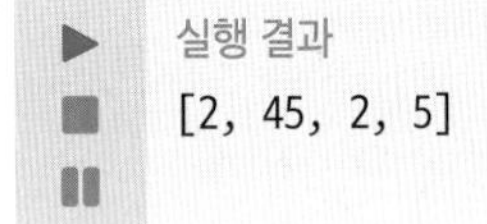

```
실행 결과
[2, 45, 2, 5]
```

List는 앞에서 살펴본 Collection 인터페이스의 메서드를 오버라이딩해 구현하고 있습니다. List에는 추가로 다음과 같은 메서드를 가지고 있습니다.

List의 주요 멤버 메서드

멤버 메서드	설명
get(index: Int)	특정 인덱스를 인자로 받아 해당 요소를 반환한다.
indexOf(element: E)	인자로 받은 요소가 첫 번째로 나타나는 인덱스를 반환하며, 없으면 -1을 반환한다.
lastIndexOf(element: E)	인자로 받은 요소가 마지막으로 나타나는 인덱스를 반환하고, 없으면 -1을 반환한다.
listIterator( )	목록에 있는 iterator를 반환한다.
subList(fromIndex: Int, toIndex: Int)	특정 인덱스의 from과 to 범위에 있는 요소 목록을 반환한다.

그러면 앞에서 만든 names에 위의 몇 가지 메서드를 사용해 봅시다.

코딩해 보세요! List의 기본 멤버 메서드 사용해 보기 • 참고 파일 ListMethods.kt

```
package chap09.section2

fun main( ) {
    var names: List<String> = listOf("one", "two", "three")

    println(names.size) // List 크기
    println(names.get(0)) // 해당 인덱스의 요소 가져오기
    println(names.indexOf("three")) // 해당 요소의 인덱스 가져오기
    println(names.contains("two")) // 포함 여부 확인 후 포함되어 있으면 true 반환
}
```

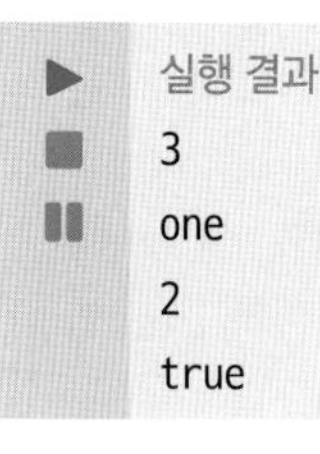

실행 결과

```
3
one
2
true
```

가변형 List 생성하기

가변형 arrayListOf( ) 함수

가변형 헬퍼 함수를 사용하면 요소를 손쉽게 추가하거나 삭제할 수 있는 List를 생성할 수 있습니다. arrayListOf( )는 가변형 List를 생성하지만 이것의 반환 자료형은 자바의 ArrayList입니다. 헬퍼 함수의 원형은 다음과 같습니다.

```
public fun <T> arrayListOf(vararg elements: T): ArrayList<T>
```

그러면 가변형 List를 사용하는 예제를 작성해 봅시다.

코딩해 보세요! 가변형 List 사용하기 • 참고 파일 ArrayList.kt

```
package chap09.section2

import java.util.*

fun main( ) {
```

```
    // 가변형 List를 생성하고 자바의 ArrayList로 반환
    val stringList: ArrayList<String> = arrayListOf<String>("Hello", "Kotlin", "Wow")
    stringList.add("Java") // 추가
    stringList.remove("Hello") // 삭제
    println(stringList)
}
```

```
실행 결과
[Kotlin, Wow, Java]
```

해당 List는 가변형이기 때문에 add( )와 remove( )를 통해 요소를 추가하거나 삭제할 수 있습니다. 단, 컴파일할 때 반환되는 자료형은 List가 아닌 자바의 ArrayList임을 기억해 두세요!

가변형 mutableListOf( ) 함수

코틀린의 MutableList 인터페이스를 사용하는 헬퍼 함수 mutableListOf( )를 통해 List의 요소를 추가, 삭제 또는 교체할 수 있습니다. 헬퍼 함수의 원형은 다음과 같습니다.

```
public fun <T> mutableListOf(vararg elements: T): MutableList<T>
```

그러면 예제를 통해서 MutableList 인터페이스를 알아보겠습니다.

코딩해 보세요! **코틀린의 MutableList 사용하기** • 참고 파일 MutableList.kt

```
package chap09.section2

fun main( ) {
    // 가변형 List의 생성 및 추가, 삭제, 변경
    val mutableList: MutableList<String> = mutableListOf<String>("Kildong", "Dooly", "Chelsu")
    mutableList.add("Ben")  // 추가
    mutableList.removeAt(1) // 인덱스 1번 삭제
    mutableList[0] = "Sean" // 인덱스 0번을 변경, set(index: Int, element: E)와 같은 역할
    println(mutableList)

    // 자료형의 혼합
    val mutableListMixed = mutableListOf("Android", "Apple", 5, 6, 'X')
    println(mutableListMixed)
}
```

```
▶ 실행 결과
[Sean, Chelsu, Ben]
[Android, Apple, 5, 6, X]
```

mutableListOf( )는 ArrayList가 아닌 MutableList를 반환하고 있음을 확인합니다. MutableList도 add( )와 removeAt( ) 메서드를 통해 요소를 추가, 삭제할 수 있습니다. 그리고 set( ) 혹은 대괄호 표현을 통해 인덱스에 해당하는 요소를 바로 변경할 수 있습니다. 마지막 줄과 같이 특정 자료형의 제네릭 표현을 생략하면 여러 가지 자료형으로 구성된 MutableList를 할당할 수도 있습니다.

만일 기존의 불변형 List를 가변형으로 변경하려면 toMutableList( )를 사용할 수 있는데 이렇게 하면 기존의 List는 그대로 두고 새로운 공간을 만들어 냅니다. 여기서는 "one", "two", "three"가 있는 리스트에 "four"를 포함하는 별도의 가변형 List를 만들어 출력해 보겠습니다.

코딩해 보세요! 불변형 List를 가변형으로 변환하기 • 참고 파일 ImmutableToMutable.kt

```kotlin
package chap09.section2

fun main( ) {
    val names: List<String> = listOf("one", "two", "three") // 불변형 List 초기화
    val mutableNames = names.toMutableList( )  // 새로운 가변형 List가 만들어짐
    mutableNames.add("four") // 가변형 List에 하나의 요소 추가
    println(mutableNames)
}
```

```
▶ 실행 결과
[one, two, three, four]
```

List<T>와 MutableList<T>를 활용하는 방법에 대해 살펴봤습니다. val과 var로 선언하는 변수에 따라 불변형과 가변형 변수로 나뉘듯이 코틀린의 모든 컬렉션은 불변형과 가변형으로 나뉩니다. 그리고 생성할 때는 헬퍼 함수로 불리는 listOf( )나 mutableListOf( )를 사용해 요소를 초기화해 생성할 수 있습니다.

List와 배열의 차이

List는 앞에서 배열을 위해 사용한 Array<T>와 사용 방법이 비슷합니다. 하지만 Array 클래스에 의해 생성되는 배열 객체는 내부 구조상 고정된 크기의 메모리를 가지고 있습니다.

코틀린의 List<T>와 MutableList<T>는 인터페이스로 설계되어 있고 이것을 하위에서 특정한 자료구조로 구현합니다. 따라서 해당 자료구조에 따라 성능이 달라집니다. 예를 들면 List<T> 인터페이스로부터 구현한 LinkedList<T>와 ArrayList<T>는 특정 자료구조를 가지는 클래스이며 성능도 다릅니다. 따라서 다음과 같이 객체를 만들 수 있습니다.

```
val list1: List<Int> = LinkedList<Int>( )
val list2: List<Int> = ArrayList<Int>( )
```

List<T>는 Array<T>처럼 메모리 크기가 고정된 것이 아니기 때문에 자료구조에 따라 늘리거나 줄이는 것이 가능합니다.

또 다른 차이점으로 Array<T>는 제네릭 관점에서 상·하위 자료형 관계가 성립하지 않는 무변성이기 때문에 Array<Int>는 Array<Number>와 무관합니다. 코틀린의 MutableList<T>도 이와 동일합니다. 하지만 List<T>는 공변성이기 때문에 하위인 List<Int>가 List<Number>에 지정될 수 있습니다.

무변성과 공변성에 대한 내용은 08-1 '상·하위 형식의 가변성'을 참조하세요.

09-3 Set과 Map 활용하기

Set는 정해진 순서가 없는 요소들의 집합을 나타내는 컬렉션입니다. List의 경우 값이 중복되더라도 요소로 저장할 수 있었지만 Set의 경우에는 집합의 개념이기 때문에 동일한 요소를 중복해서 가질 수 없습니다. 다시 말하면 모든 요소가 유일(unique)해야 합니다. Map은 요소가 키와 값의 쌍 형태로 저장됩니다. 키는 중복될 수 없고 유일합니다. 하지만 값은 중복해서 사용할 수 있습니다.

Set 생성하기

Set는 List와 마찬가지로 헬퍼 함수인 setOf( )를 이용해 불변형 Set를 생성하고, mutableSetOf( )를 이용해 가변형 Set를 생성할 수 있습니다.

불변형 setOf( ) 함수

setOf( ) 함수는 읽기 전용인 불변형 Set<T> 자료형을 반환합니다. 간단한 사용 예를 알아봅시다.

코딩해 보세요! 불변형 Set의 초기화 • 참고 파일 ImmutableSet.kt

```
package chap09.section3

fun main( ) {
    val mixedTypesSet = setOf("Hello", 5, "world", 3.14, 'c') // 자료형 혼합 초기화
    var intSet: Set<Int> = setOf<Int>(1, 5, 5)  // 정수형만 초기화

    println(mixedTypesSet)
    println(intSet)
}
```

실행 결과

```
[Hello, 5, world, 3.14, c]
[1, 5]
```

setOf( )에서는 자료형을 혼합하거나 특정 자료형을 지정할 수 있습니다. 중복 요소를 허용하지 않으므로 intSet에서는 중복된 요소인 5가 결과에서 하나만 나타납니다.

가변형 mutableSetOf( ) 함수

mutableSetOf( ) 함수로 요소의 추가 및 삭제가 가능한 집합을 만들 수 있습니다. mutableSetOf( )는 MutableSet 인터페이스 자료형을 반환하는데, 내부적으로 자바의 LinkedHashSet를 만들어 냅니다.

코딩해 보세요! 가변형 Set의 초기화 • 참고 파일 MutableSet.kt

```
package chap09.section3

fun main( ) {
    // 불변형 Set 정의하기
    val animals = mutableSetOf("Lion", "Dog", "Cat", "Python", "Hippo")
    println(animals)

    // 요소의 추가
    animals.add("Dog") // 요소 중 "Dog"가 이미 존재하므로 변화 없음
    println(animals)

    // 요소의 삭제
    animals.remove("Python")
    println(animals)
}
```

실행 결과

```
[Lion, Dog, Cat, Python, Hippo]
[Lion, Dog, Cat, Python, Hippo]
[Lion, Dog, Cat, Hippo]
```

위 코드에서 알 수 있듯이 animals에서 이미 존재하는 요소인 "Dog"를 추가하려고 하면 Set 컬렉션에서는 요소의 변화 없이 유지됩니다. 즉, 요소는 중복되지 않고 유일해야만 합니다.

Set의 여러 가지 자료구조

hashSetOf( ) 함수

헬퍼 함수 hashSetOf( )를 통해 해시 테이블에 요소를 저장할 수 있는 자바의 HashSet 컬렉션

을 만듭니다. 해시 테이블이란 내부적으로 키와 인덱스를 이용해 검색과 변경 등을 매우 빠르게 처리할 수 있는 자료구조입니다. hashSetOf( )는 HashSet를 반환하는데 HashSet는 불변성 선언이 없기 때문에 추가 및 삭제 등의 기능을 수행할 수 있습니다.

코딩해 보세요! HashSet의 초기화 • 참고 파일 HashSet.kt

```
package chap09.section3

fun main( ) {
    val intsHashSet: HashSet<Int> = hashSetOf(6, 3, 4, 7) // 불변성 기능이 없음
    intsHashSet.add(5) // 추가
    intsHashSet.remove(6) // 삭제
    println(intsHashSet)
}
```

실행 결과

```
[3, 4, 5, 7]
```

HashSet는 위 실행 결과와 같이 입력 순서와 중복된 요소는 무시합니다. 따로 정렬 기능은 없지만 해시값을 통해 요소를 찾아내므로 검색 속도는 빅 오 표기법으로 O(1)의 상수 시간을 갖습니다. 필요한 값을 요청과 즉시 바로 찾아낸다는 의미입니다.

오리의 프로그래밍 노트 빅 오 표기법

빅 오(Big-O) 표기법은 알고리즘 성능을 평가하는 방법입니다. 최악의 성능에 대한 측정을 통해 '최소한 이 정도의 성능은 보장한다'라는 의미를 가지고 있습니다. 예를 들어 O(1)은 데이터의 양과 상관없이 항상 일정한 실행 시간으로 검색할 수 있다는 것을 의미하고 O(n)은 데이터의 양이 늘어날수록 검색 시간도 늘어날 수 있음을 의미합니다.

sortedSetOf( ) 함수

sortedSetOf( ) 함수는 자바의 TreeSet 컬렉션을 정렬된 상태로 반환합니다. 이 함수를 사용하려면 java.util.* 패키지를 임포트해야 합니다. TreeSet는 저장된 데이터의 값에 따라 정렬되는데, 일종의 개선된 이진 탐색 트리(Binary-search Tree)인 레드 블랙 트리(RB tree: Red-Black tree) 알고리즘을 사용해 자료구조를 구성합니다.

기존의 이진 탐색 트리가 한쪽으로 치우친 트리 구조를 가지게 되는 경우 트리 높이만큼 시간

이 걸리게 되는 최악의 경우가 생깁니다. 레드 블랙 트리는 요소를 빨간색과 검은색으로 구분해 치우친 결과 없이 트리의 요소를 배치합니다. 따라서 최악으로 요소 배치가 되어도 검색 등의 처리에서 일정한 시간을 보장하는 자료구조입니다. HashSet보다 성능이 좀 떨어지고 데이터를 추가하거나 삭제하는 데 시간이 걸리지만 검색과 정렬이 뛰어나다는 장점이 있습니다. 간단한 예를 통해 초기화하는 방법을 알아봅시다.

코딩해 보세요! TreeSet의 초기화 •참고 파일 TreeSet.kt

```
package chap09.section3

import java.util.*

fun main( ) {
    // 자바의 java.util.TreeSet 선언
    val intsSortedSet: TreeSet<Int>  = sortedSetOf(4, 1, 7, 2)
    intsSortedSet.add(6)
    intsSortedSet.remove(1)
    println("intsSortedSet = ${intsSortedSet}")

    intsSortedSet.clear( ) // 모든 요소 삭제
    println("intsSortedSet = ${intsSortedSet}")
}
```

실행 결과

```
intsSortedSet = [2, 4, 6, 7]
intsSortedSet = []
```

TreeSet도 마찬가지로 가변성만 사용할 수 있기 때문에 요소의 추가 및 삭제 등이 가능합니다.

linkedSetOf( ) 함수

linkedSetOf( ) 함수는 자바의 LinkedHashSet 자료형을 반환하는 헬퍼 함수입니다. 이름에서 알 수 있듯이 자료구조 중 하나인 링크드 리스트(Linked list)를 사용해 구현된 해시 테이블에 요소를 저장합니다. 저장된 순서에 따라 값이 정렬되며 앞에서 언급한 HashSet, TreeSet보다 느립니다. 다만 자료구조상 다음 데이터를 가리키는 포인터 연결을 통해 메모리 저장 공간을 좀 더 효율적으로 사용할 수 있습니다.

코딩해 보세요! LinkedHashSet의 초기화 • 참고 파일 LinkedListSet.kt

```
package chap09.section3

fun main( ) {
    // Linked list를 이용한 HashSet
    val intsLinkedHashSet: java.util.LinkedHashSet<Int> = linkedSetOf(35, 21, 76, 26, 75)
    intsLinkedHashSet.add(4)
    intsLinkedHashSet.remove(21)

    println(intsLinkedHashSet)
    intsLinkedHashSet.clear( )
    println(intsLinkedHashSet)
}
```

실행 결과

```
[35, 76, 26, 75, 4]
[ ]
```

오리의 프로그래밍 노트 링크드 리스트

대표적인 자료구조인 연결 리스트 혹은 링크드 리스트(Linked list)는 각 노드가 데이터 포인터를 가지고 한 줄로 연결되어 있는 방식으로 데이터를 저장할 수 있습니다. 노드들은 다음 연결 노드의 포인터를 가지고 있어서 메모리 영역이 연속적이지 않아도 비어 있는 공간 어디든 포인터를 참조해 다음 데이터를 가리킬 수 있습니다. 따라서 자료의 추가 및 삭제가 O(1)의 시간에 가능하다는 장점을 가지고 있습니다.

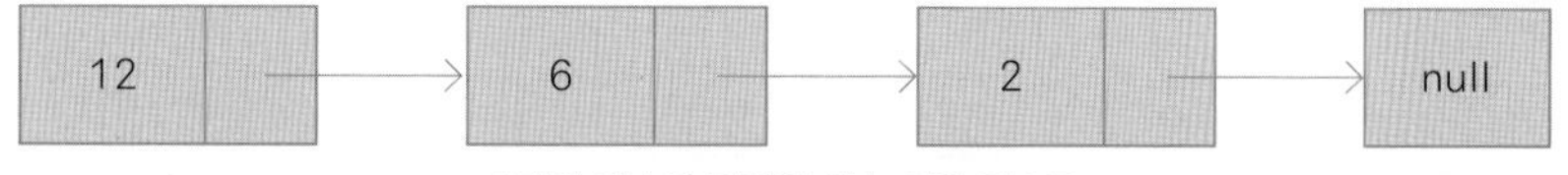

3개의 정수를 저장한 단순 연결 리스트

하지만 단순히 데이터를 검색하려면 항상 모든 요소를 순차적으로 탐색해야 하므로 O(n)의 시간이 걸리는 단점이 있습니다. 추가적으로 링크드 리스트를 약간 변형해 2개의 포인터를 사용해 전후 탐색이 가능한 이중 연결 리스트나, 끝부분을 첫 부분과 연결해 끝부분을 다시 처음부터 탐색할 수 있는 환형 연결 리스트도 있습니다.

Map의 활용

Map 컬렉션 역시 내부적으로 자바의 Map을 이용하고 있으며 키(Key)와 값(Value)으로 구성된 요소를 저장합니다. 여기서 키와 값은 모두 객체입니다. 키는 중복될 수 없지만 값은 중복 저장될 수 있습니다. 만약 기존에 저장된 키와 동일한 키로 값을 저장하면 기존의 값은 없어지고 새로운 값으로 대체됩니다.

불변형 mapOf( ) 함수

mapOf( ) 함수는 불변형 Map 컬렉션을 만들 수 있습니다. 키와 값의 쌍으로 이루어진 목록을 만들기 위해서 다음과 같이 사용할 수 있습니다.

```
val map: Map<키 자료형, 값 자료형> = mapOf(키 to 값[, ...])
```

키와 값의 쌍은 키 to 값 형태로 나타냅니다. 간단한 예제를 통해서 Map을 살펴보겠습니다.

코딩해 보세요! 불변형 Map 사용하기 • 참고 파일 ImmutableMap.kt

```
package chap09.section3

fun main( ) {
    // 불변형 Map의 선언 및 초기화
    val langMap: Map<Int, String> = mapOf(11 to "Java", 22 to "Kotlin", 33 to "C++")
    for ((key, value) in langMap) { // 키와 값의 쌍을 출력
        println("key=$key, value=$value")
    }
    println("langMap[22] = ${langMap[22]}") // 키 22에 대한 값 출력
    println("langMap.get(22) = ${langMap.get(22)}") // 위와 동일한 표현
    println("langMap.keys = ${langMap.keys}") // 맵의 모든 키 출력
}
```

실행 결과

```
key=11, value=Java
key=22, value=Kotlin
key=33, value=C++
langMap[22] = Kotlin
langMap.get(22) = Kotlin
langMap.keys = [11, 22, 33]
```

Map의 값을 출력하기 위해 대괄호를 사용할 때는 인덱스가 아닌 키를 사용하고 있음을 주의하세요! 키 내용을 지정하면 해당 요소의 값을 가져올 수 있습니다. Map에서 사용하는 몇 가지 멤버 프로퍼티와 메서드를 나열해 보겠습니다.

Map에서 사용하는 멤버 프로퍼티와 메서드

멤버	설명
size	Map 컬렉션의 크기를 반환한다.
keys	Set의 모든 키를 반환한다.
values	Set의 모든 값을 반환한다.
isEmpty( )	Map이 비어 있는지 확인하고 비어 있으면 true를, 아니면 false를 반환한다.
containsKey(key: K)	인자에 해당하는 키가 있다면 true를, 없으면 false를 반환한다.
containsValue(value: V)	인자에 해당하는 값이 있다면 true를, 없으면 false를 반환한다.
get(key: K)	키에 해당하는 값을 반환하며, 없으면 null을 반환한다.

가변형 mutableMapOf( ) 함수

mutableMapOf( ) 함수는 추가, 삭제가 가능한 가변형 Map을 정의합니다. 이 함수는 MutableMap(K, V) 인터페이스 자료형을 반환합니다. 다음을 살펴봅시다.

코딩해 보세요! 가변형 Map 사용하기 • 참고 파일 MutableMap.kt

```
package chap09.section3

fun main( ) {
    // 가변형 Map의 선언 및 초기화
    val capitalCityMap: MutableMap<String, String> // 선언할 때 키와 값의 자료형을 명시할 수 있음
            = mutableMapOf("Korea" to "Seoul", "China" to "Beijing", "Japan" to "Tokyo")
    println(capitalCityMap.values) // 값만 출력
    println(capitalCityMap.keys)   // 키만 출력

    capitalCityMap.put("UK", "London") // 요소의 추가
    capitalCityMap.remove("China") // 요소의 삭제
    println(capitalCityMap)
}
```

실행 결과

```
[Seoul, Beijing, Tokyo]
[Korea, China, Japan]
{Korea=Seoul, Japan=Tokyo, UK=London}
```

put(키, 값) 형태로 요소를 추가하거나 remove(키) 형태로 요소를 삭제할 수 있습니다. MutableMap은 MutableCollection의 내용을 상속받지 않고 Map에서 확장되었습니다. 따라서 Map으로부터 다음과 같은 메서드를 사용할 수 있습니다.

MutableMap에서 사용하는 멤버 메서드

멤버	설명
put(key: K, value: V)	키와 값의 쌍을 Map에 추가한다.
remove(key: K)	키에 해당하는 요소를 Map에서 제거한다.
putAll(from: Map<out K, V>)	인자로 주어진 Map 데이터를 갱신하거나 추가한다.
clear( )	모든 요소를 지운다.

putAll( )을 사용하면 Map 객체를 통합할 수 있습니다. MutableMap.kt에 다음 부분을 추가해 봅시다. 기존의 Map인 capitalCityMap에 추가된 Map인 addData가 병합됩니다.

```
val addData = mutableMapOf("USA" to "Washington")
capitalCityMap.putAll(addData)
println(capitalCityMap)
```

실행 결과

```
{Korea=Seoul, Japan=Tokyo, UK=London, USA=Washington}
```

Map의 기타 자료구조

앞에서 Set의 선언된 형태와 비슷하게 Map에서도 자바의 HashMap, SortedMap과 LinkedHashMap을 사용할 수 있습니다. 다음과 같이 헬퍼 함수를 사용해 생성하고 초기화합니다.

코딩해 보세요! Map의 기타 자료구조 사용하기 • 참고 파일 OtherMaps.kt

```
package chap09.section3

import java.util.*

fun main( ) {
    // java.util.HashMap 사용
    val hashMap: HashMap<Int, String> = hashMapOf(1 to "Hello", 2 to "World")
    println("hashMap = $hashMap")

    // java.util.SortedMap 사용
    val sortedMap: SortedMap<Int, String> = sortedMapOf(1 to "Apple", 2 to "Banana")
    println("sortedMap = $sortedMap")

    // java.util.LinkedHashMap 사용
   val linkedHash: LinkedHashMap<Int, String> = linkedMapOf(1 to "Computer", 2 to "Mouse")
    println("linkedHash = $linkedHash")
}
```

실행 결과

```
hashMap = {1=Hello, 2=World}
sortedMap = {1=Apple, 2=Banana}
linkedHash = {1=Computer, 2=Mouse}
```

Map은 `hashMapOf( )`, `sortedMapOf( )`, `linkedMapOf( )`로 각각 초기화할 수 있습니다. SortedMap은 기본적으로 키에 대해 오름차순 정렬된 형태로 사용됩니다. 내부 구조는 앞서 설명한 Set와 비슷하게 해시, 트리, 링크드 리스트의 자료구조로 구현되어 있습니다.

09-4 컬렉션의 확장 함수

코틀린은 앞에서 살펴본 컬렉션 인터페이스로 자바의 기본 컬렉션을 구현했을 뿐만 아니라 그 밖에도 많은 확장 함수를 제공합니다. 함수의 종류가 상당히 많은데 기능을 기준으로 하여 아래와 같이 몇 가지 범주로 나눌 수 있습니다.

- 연산자(Operator) 기능의 메서드: 더하고 빼는 등의 기능
- 집계(Aggregator) 기능의 메서드: 최대, 최소, 집합, 총합 등의 계산 기능
- 검사(Check) 기능의 메서드: 요소를 검사하고 순환하는 기능
- 필터(Filtering) 기능의 메서드: 원하는 요소를 골라내는 기능
- 변환(Transformer) 기능의 메서드: 뒤집기, 정렬, 자르기 등의 변환 기능

여기서는 몇 가지 중요한 컬렉션의 확장 함수 사용법을 순서대로 알아보겠습니다. 먼저 연산자 기능에 대해 살펴볼까요?

컬렉션의 연산

연산자를 사용하면 컬렉션에 대해 더하거나 빼는 등의 기능을 수행할 수 있습니다. 간단한 예제를 통해 이해해 봅시다.

코딩해 보세요! 컬렉션으로 연산 테스트하기 • 참고 파일 CollectionOperators.kt

```
package chap09.section4

fun main( ) {
    val list1: List<String> = listOf("one", "two", "three")
    val list2: List<Int> = listOf(1, 3, 4)
    val map1 = mapOf("hi" to 1, "hello" to 2, "Goodbye" to 3)

    println(list1 + "four") // + 연산자를 사용한 문자열 요소 추가
    println(list2 + 1) // + 연산자를 사용한 정수형 요소 추가
    println(list2 + listOf(5, 6, 7)) // 두 List의 병합
    println(list2 - 1) // 요소의 제거
```

```
    println(list2 - listOf(3, 4, 5)) // 일치하는 요소의 제거
    println(map1 + Pair("Bye", 4)) // Pair( )를 사용한 Map의 요소 추가
    println(map1 - "hello") // 일치하는 값의 제거
    println(map1 + mapOf("Apple" to 4, "Orange" to 5)) // 두 Map의 병합
    println(map1 - listOf("hi", "hello")) // List에 일치하는 값을 Map에서 제거
}
```

```
실행 결과
[one, two, three, four]
[1, 3, 4, 1]
[1, 3, 4, 5, 6, 7]
[3, 4]
[1]
{hi=1, hello=2, Goodbye=3, Bye=4}
{hi=1, Goodbye=3}
{hi=1, hello=2, Goodbye=3, Apple=4, Orange=5}
{Goodbye=3}
```

일반적인 연산자인 +와 -를 사용해 컬렉션 요소를 하나씩 더하거나 뺄 수 있고 컬렉션 자체를 더하거나 뺄 수 있습니다. 이때 `listOf( )`, `Pair( )`, `mapOf( )` 등을 더하거나 빼는 방법으로 요소를 병합하거나 제거할 수 있습니다.

요소의 처리와 집계

먼저 각 연산을 테스트하기 위해 컬렉션을 준비합니다. 요소를 집계하는 확장 함수로는 `forEach`, `forEachIndexed`, `onEach`, `count`, `max`, `min`, `maxBy`, `minBy`, `fold`, `reduce`, `sumBy( )` 등이 있습니다.

코딩해 보세요! 컬렉션의 요소 집계 확장 함수 사용하기 • 참고 파일 ExtensionCount.kt

```
package chap09.section4

fun main( ) {
    val list = listOf(1, 2, 3, 4, 5, 6)
    val listPair = listOf(Pair("A", 300), Pair("B", 200), Pair("C", 100))
    val map = mapOf(11 to "Java", 22 to "Kotlin", 33 to "C++")

    // TODO ...
}
```

다양한 자료형의 컬렉션을 준비했습니다. 이제 TODO가 있는 줄 아래에 위에서 소개한 확장 함수를 하나씩 작성해 보면서 어떤 동작을 하는지 파악해 보겠습니다.

요소의 순환

먼저 각 요소에 대한 순환 처리를 위해 사용하는 forEach와 forEachIndexed를 살펴봅니다.

```
...
// forEach: 각 요소를 람다식으로 처리
list.forEach { print("$it ") }
println( )
list.forEachIndexed { index, value -> println("index[$index]: $value") } // 인덱스 포함
```

```
실행 결과
1 2 3 4 5 6
index[0]: 1
index[1]: 2
index[2]: 3
index[3]: 4
index[4]: 5
index[5]: 6
```

forEach는 각 요소를 람다식으로 처리한 후 컬렉션을 반환하지 않습니다. onEach를 사용하면 각 요소를 람다식으로 처리하고 각 컬렉션을 반환 받을 수 있습니다.

```
...
// onEach: 각 요소를 람다식으로 처리 후 컬렉션으로 반환
val returnedList = list.onEach { print(it) }
println( )
val returnedMap = map.onEach { println("key: ${it.key}, value: ${it.value}") }
println("returnedList = $returnedList")
println("returnedMap = $returnedMap")
```

```
실행 결과
123456
key: 11, value: Java
key: 22, value: Kotlin
key: 33, value: C++
returnedList = [1, 2, 3, 4, 5, 6]
returnedMap = {11=Java, 22=Kotlin, 33=C++}
```

요소의 개수 반환하기

이번에는 특정 조건에 일치하는 요소의 개수를 반환하는 count를 사용해 봅시다.

```
...
// count: 조건에 맞는 요소 개수 반환
println(list.count { it % 2 == 0 })
```

```
실행 결과
3
```

List의 요소는 먼저 it으로 받아 1, 2, 3, 4, 5, 6 중에서 count에 의해 람다식 조건인 짝수에 해당하는 요소(2, 4, 6)의 개수인 3을 반환합니다.

최댓값과 최솟값의 요소 반환하기

이번에는 최댓값과 최솟값을 반환하는 max, min과 maxBy, minBy를 사용해 봅시다.

```
...
// max/min: 최댓값 요소와 최솟값 요소의 반환
println(list.max( )) // 6
println(list.min( )) // 1

// maxBy/minBy: 최댓값과 최솟값으로 나온 요소 it에 대한 식의 결과
println("maxBy: " + map.maxBy { it.key }) // 키를 기준으로 최댓값
println("minBy: " + map.minBy { it.key }) // 키를 기준으로 최솟값
```

```
실행 결과
6
1
maxBy: 33=C++
minBy: 11=Java
```

maxBy 및 minBy는 람다식에 의해 컬렉션의 요소를 처리하며, 이 소스 코드에서는 키를 기준으로 최댓값과 최솟값인 요소를 반환합니다.

각 요소에 정해진 식 적용하기

초깃값과 정해진 식에 따라 요소에 처리하기 위해 fold와 reduce를 사용합니다. fold는 초깃값과 정해진 식에 따라 처음 요소부터 끝 요소에 적용해 값을 반환하며, reduce는 fold와 동일하지만 초깃값을 사용하지 않습니다.

```
...
// fold: 초깃값과 정해진 식에 따라 처음 요소부터 끝 요소에 적용하며 값을 생성
println(list.fold(4) { total, next -> total + next }) // 4 + 1 + ... + 6 = 25
println(list.fold(1) { total, next -> total * next }) // 1 * 1 * 2 * ... * 6 = 720

// foldRight: fold와 같고 마지막 요소에서 처음 요소로 반대로 적용
println(list.foldRight(4) { total, next -> total + next })
println(list.foldRight(1) { total, next -> total * next })

// reduce: fold와 동일하지만 초깃값을 사용하지 않음
println(list.reduce { total, next -> total + next })
println(list.reduceRight { total, next -> total + next })
```

```
실행 결과
25
720
25
720
21
21
```

list의 모든 요소에 대해 fold(4)는 초깃값 4가 정해지고 1+2+3+...+6의 모든 요소가 더해집니다. foldRight(1)은 모두 동일하나 4+6+5+...+1과 같이 요소의 오른쪽부터 더해집니다. reduce와 reduceRight의 작동 방법도 동일하나 초깃값이 없습니다.

모든 요소 합산하기

식에서 도출된 모든 요소를 합한 결과를 반환하려면 sumBy를 사용합니다.

```
...
// sumBy: 식에 의해 도출된 모든 요소를 합산
println(listPair.sumBy { it.second })
```

```
실행 결과
600
```

Pair로 묶인 요소의 첫 번째와 두 번째를 가리키는 first와 second가 멤버로 나타납니다. 여기서는 second 요소를 모두 합한 결과를 가져옵니다.

요소의 검사

검사에 대한 몇 가지 확장 메서드를 살펴보기 위해 파일(ExtensionCheck.kt)을 하나 더 새롭게 작성해 보겠습니다.

코딩해 보세요! **컬렉션의 검사 확장 함수 사용하기** • 참고 파일 ExtensionCheck.kt

```kotlin
package chap09.section4

fun main( ) {
    val list = listOf(1, 2, 3, 4, 5, 6)
    val listPair = listOf(Pair("A", 300), Pair("B", 200), Pair("C", 100))
    val map = mapOf(11 to "Java", 22 to "Kotlin", 33 to "C++")

    // TODO ...
}
```

앞의 예제와 마찬가지로 TODO 아래에 요소를 검사하는 확장 함수를 하나씩 작성해 가면서 살펴보겠습니다.

요소의 일치 여부 검사하기

all과 any는 모든 요소가 일치하거나 최소한 하나 혹은 그 이상이 일치하는지 검사하는 연산입니다. all은 람다식에서 모든 요소가 일치할 때 true를 반환하며, any는 최소한 하나 혹은 그 이상의 특정 요소가 일치하면 true를 반환합니다.

```kotlin
...
// all: 모든 요소가 일치해야 true를 반환
println(list.all { it < 10 })
println(list.all { it % 2 == 0 })
```

```
// any: 최소한 하나 혹은 그 이상의 특정 요소가 일치해야 true를 반환
println(list.any { it % 2 == 0 })
println(list.any { it > 10 })
```

```
실행 결과
true
false
true
false
```

특정 요소의 포함 및 존재 여부 검사하기

컬렉션에 특정 요소가 포함되어 있는지를 검사하기 위해 contains( )를 사용할 수 있습니다. 요소가 포함되어 있으면 true를 반환합니다. contains( )는 범위 연산자 in을 사용해서 요소의 포함 여부를 확인할 수도 있습니다. 모든 요소가 포함되어 있는지 검사하려면 containsAll( )을 사용합니다.

```
...
// contains: 요소가 포함되어 있으면 true를 반환
println("contains: " + list.contains(2))
println(2 in list)
println(map.contains(11))
println(11 in map)

// containsAll: 모든 요소가 포함되어 있으면 true를 반환
println("containsAll: " + list.containsAll(listOf(1, 2, 3)))
```

```
실행 결과
contains: true
true
true
true
containsAll: true
```

컬렉션에 요소가 존재하는지 여부를 검사하려면 none( ), isEmpty( ), isNotEmpty( )를 사용합니다. none( )은 검사했을 때 요소가 없으면 true를, 있으면 false를 반환합니다. isEmpty( )와 isNotEmpty( )는 컬렉션이 비어 있는지 아닌지에 따라 true를 반환합니다.

```
...
// none: 요소가 없으면 true, 있으면 false를 반환
println("none: " + list.none( ))
println("none: " + list.none { it > 6}) // 6 이상은 없으므로 true를 반환

// isEmpty/isNotEmpty: 컬렉션이 비어 있는지 아닌지 검사
println(list.isEmpty( ))
println(list.isNotEmpty( ))
```

실행 결과

```
none: false
none: true
false
true
```

요소의 필터와 추출

필터와 추출 연습을 하기 위해 다음과 같이 새로운 파일(ExtensionFilter.kt)을 만들고 몇 가지 컬렉션을 준비하도록 합니다.

코딩해 보세요! 컬렉션의 필터와 추출 확장 함수 사용하기 • 참고 파일 ExtensionFilter.kt

```
package chap09.section4

fun main( ) {
    val list = listOf(1, 2, 3, 4, 5, 6)
    val listMixed = listOf(1, "Hello", 3, "World", 5, 'A')
    val listWithNull = listOf(1, null, 3, null, 5, 6)
    val listRepeated = listOf(2, 2, 3, 4, 5, 5, 6)
    val map = mapOf(11 to "Java", 22 to "Kotlin", 33 to "C++")

    // TODO ...
}
```

혼합 자료형, null 포함, 중복 자료 등의 다양한 형태의 List를 추가로 준비해 다음 메서드를 TODO 아래에 작성하면서 연습해 봅시다.

특정 요소를 골라내기

필터에 관련된 연산은 종류가 많은데 특정 식에 따라 요소를 골라내거나, 인덱스와 함께 추출하거나, 추출 후 가변형 컬렉션으로 변환하거나, Map에서 키 혹은 값으로 추출, 요소의 자료형에 따라 추출할 수 있습니다.

```
...
// filter: 식에 따라 요소를 골라내기
println(list.filter { it % 2 == 0 }) // 짝수만 골라내기
println(list.filterNot { it % 2 == 0 }) // 식 이외에 요소 골라내기
println(listWithNull.filterNotNull( )) // null을 제외
```

```
실행 결과
[2, 4, 6]
[1, 3, 5]
[1, 3, 5, 6]
```

filter( )에서 주어진 컬렉션을 it으로 받아 % 2를 통해 짝수만 골라낼 수 있습니다. filterNot은 짝수가 아닌 것, 결국 홀수만 골라서 출력할 수 있습니다. null이 포함되어 있는 컬렉션인 listWithNull에서 null을 제외하기 위해서는 filterNotNull을 사용합니다.

이번에는 특정 인덱스와 함께 추출하도록 메서드 이름에 Indexed가 붙은 메서드를 사용해 보겠습니다.

```
...
// filterIndexed: 인덱스와 함께 추출
println("filterIndexed: " + list.filterIndexed { idx, value -> idx != 1 && value % 2 == 0 })

// filterIndexedTo: 추출 후 가변형 컬렉션으로 변환
val mutList =
        list.filterIndexedTo(mutableListOf( )) { idx, value -> idx != 1 && value % 2 == 0 }
println("filterIndexedTo: $mutList")
```

```
실행 결과
filterIndexed: [4, 6]
filterIndexedTo: [4, 6]
```

위 코드에서 filterIndexed를 사용하면 2개의 인자를 람다식에서 받아서 각각 인덱스와 값에 대해 특정 수식에 맞는 조건을 골라낼 수 있습니다. 여기서는 인덱스가 1번이 아니며, 값은 짝수의 요소만 골라냅니다. 메서드 이름에 To가 붙은 filterIndexedTo는 filterIndexed에 컬렉션으로 반환되는 기능이 추가되어 있습니다.

이번에는 Map에서 키와 값에 대한 필터를 추가해 보겠습니다.

```
...
// filterKeys/filterValues: Map의 키, 값에 따라 추출
println("filterKeys: " + map.filterKeys { it != 11 }) // 키 11을 제외한 요소
println("filterValues: " + map.filterValues { it == "Java" }) // 값이 "Java"인 요소
```

```
실행 결과
filterKeys: {22=Kotlin, 33=C++}
filterValues: {11=Java}
```

filterKeys는 요소를 it으로 받아서 키에 대한 조건에 맞는 부분을 반환합니다. 여기서는 키 11을 제외한 요소가 출력됩니다. 반대로 filterValues를 사용하면 값에 의한 조건식을 만들고 그에 맞는 부분을 반환합니다.

여러 자료형 중 원하는 자료형을 골라낼 수 있는 filterIsInstance<T>( )를 사용해 봅시다. 아래 코드에서는 여러 가지 자료형이 포함된 listMixed에서 String형만 골라내 출력합니다.

```
...
// filterIsInstance: 여러 자료형의 요소 중 원하는 자료형을 골라냄
println("filterIsInstance: " + listMixed.filterIsInstance<String>( ))
```

```
실행 결과
filterIsInstance: [Hello, World]
```

특정 범위를 잘라내거나 반환하기

slice( )는 특정 범위의 인덱스를 가진 List를 인자로 사용해 기존 List에서 요소들을 잘라낼 수 있습니다. 인덱스 0~2번에 해당하는 1, 2, 3이 list에서 추출되어 반환됩니다.

```
...
// slice: 특정 인덱스의 요소들을 잘라서 반환하기
println("slice: " + list.slice(listOf(0, 1, 2)))
```

```
실행 결과
slice: [1, 2, 3]
```

take 관련 연산을 사용하면 n개의 요소를 가진 List를 반환합니다. 이때 마지막 요소부터 반환하거나 조건식에 따라 반환할 수 있습니다.

```
...
// take: n개의 요소를 반환
println(list.take(2)) // 앞 두 요소 반환
println(list.takeLast(2)) //  마지막 두 요소 반환
println(list.takeWhile { it < 3 }) // 조건식에 따른 반환
```

```
실행 결과
[1, 2]
[5, 6]
[1, 2]
```

특정 요소 제외하기

drop은 take와는 정반대로 처음부터 n개의 요소를 제외하고 List를 반환합니다.

```
...
// drop: 처음부터 n개의 요소를 제외한 List 반환
println(list.drop(3)) // 앞의 요소 3개 제외하고 반환
println(list.dropWhile { it < 3 }) // 3 미만을 제외하고 반환
println(list.dropLastWhile { it > 3 }) // 3 초과를 제외하고 반환
```

```
실행 결과
[4, 5, 6]
[3, 4, 5, 6]
[1, 2, 3]
```

각 요소의 반환

각 요소는 componentN( )과 대응하기 때문에 이것을 사용해 요소를 반환할 수 있습니다. N은 인덱스 번호가 아닌 1부터 시작하는 요소의 순서 번호입니다. 따라서 요소가 5개라면 1부터 5까지 가집니다.

```
println("component1( ): " + list.component1( )) // 첫 번째 요소인 1 반환
```

```
실행 결과
component1( ): 1
```

합집합과 교집합

distinct( )는 여러 중복 요소가 있는 경우 1개로 취급해 다시 컬렉션 List로 반환합니다. 합집합과 같은 원리입니다. 반면 intersect( )는 교집합의 원리로, 겹치는 요소만 골라내 List를 반환합니다.

```
...
// distinct: 중복 요소는 하나로 취급해 List 반환
println("distinct: " + listRepeated.distinct( ))

// intersect: 교집합 요소만 골라냄
println("intersect: " + list.intersect(listOf(5, 6, 7, 8)))
```

```
실행 결과
distinct: [2, 3, 4, 5, 6]
intersect: [5, 6]
```

요소의 매핑

매핑에 사용하는 .map( )은 주어진 컬렉션의 요소에 일괄적으로 .map( )에 있는 식을 적용해 새로운 컬렉션을 만들 수 있게 하는 메서드입니다. forEach( )와 비슷해 보이나 주어진 컬렉션을 전혀 건드리지 않는다는 점에서 좀 더 안전하다고 할 수 있습니다. 마찬가지로 다음과 같이 준비된 예제를 확장해 가면서 관련 메서드를 학습해 봅시다.

코딩해 보세요! 컬렉션의 매핑 확장 함수 사용하기 • 참고 파일 ExtensionMapping.kt

```
package chap09.section4

fun main( ) {
    val list = listOf(1, 2, 3, 4, 5, 6)
    val listWithNull = listOf(1, null, 3, null, 5, 6)

    // TODO ...
}
```

그러면 먼저 매핑 관련 3개의 메서드를 사용해 새로운 컬렉션을 반환해 봅시다.

```
// map: 컬렉션에 주어진 식을 적용해 새로운 컬렉션 반환
println(list.map { it * 2 })

// mapIndexed: 컬렉션에 인덱스를 포함하고 주어진 식을 적용해 새로운 컬렉션 반환
val mapIndexed = list.mapIndexed { index, it -> index * it }
println(mapIndexed)

// mapNotNull: null을 제외하고 식을 적용해 새로운 컬렉션 반환
println(listWithNull.mapNotNull { it?.times(2) })
```

실행 결과

```
[2, 4, 6, 8, 10, 12]
[0, 2, 6, 12, 20, 30]
[2, 6, 10, 12]
```

map은 주어진 컬렉션의 각 요소에 2를 곱해 새롭게 구성된 컬렉션을 반환합니다. mapIndexed를 이용하면 컬렉션에 인덱스를 포함해 식을 적용합니다. mapNotNull은 null을 제외하고 식을 적용해 컬렉션을 반환합니다.

flatMap은 각 요소에 식을 적용한 후 이것을 다시 하나로 합쳐 새로운 컬렉션을 반환합니다.

```
// flatMap: 각 요소에 식을 적용한 후 다시 합쳐 새로운 컬렉션을 반환
println(list.flatMap { listOf(it, 'A') })
val result = listOf("abc", "12").flatMap { it.toList( ) }
println(result)
```

```
실행 결과
[1, A, 2, A, 3, A, 4, A, 5, A, 6, A]
[a, b, c, 1, 2]
```

groupBy는 주어진 식에 따라 요소를 그룹화하고 이것을 다시 Map으로 반환합니다. 아래 예제에서는 기존 list에서 홀수와 짝수를 구분해 그룹화하고 Map으로 반환합니다.

```
// groupBy: 주어진 함수의 결과에 따라 그룹화하여 map으로 반환
val grpMap = list.groupBy { if (it % 2 == 0) "even" else "odd" }
println(grpMap)
```

```
실행 결과
{odd=[1, 3, 5], even=[2, 4, 6]}
```

요소 처리와 검색

element 관련 연산은 보통 인덱스와 함께 해당 요소의 값을 반환합니다. 식에 따라 처리하거나 인덱스를 벗어나면 null을 반환하도록 지정할 수 있습니다. 주어진 인덱스에 해당하는 요소를 반환하는 elementAt( )을 사용할 때 인덱스 범위를 벗어나면 IndexOutOfBoundsException 오류가 발생합니다. elementAtOrElse( )는 인덱스 범위를 벗어나도 식에 따라 결과를 반환하며, elementAtOrNull( )은 인덱스 범위를 벗어나는 경우 null을 반환합니다. 관련 메서드를 작성해 봅시다.

코딩해 보세요! 요소 처리와 검색 사용하기 • 참고 파일 ExtensionSearch.kt

```
package chap09.section4

fun main( ) {
    val list = listOf(1, 2, 3, 4, 5, 6)
    val listPair = listOf(Pair("A", 300), Pair("B", 200), Pair("C", 100), Pair("D", 200))
    val listRepeated = listOf(2, 2, 3, 4, 5, 5, 6)

    // elementAt: 인덱스에 해당하는 요소 반환
    println("elementAt: " + list.elementAt(1))

    // elementAtOrElse: 인덱스를 벗어나는 경우 식에 따라 결과 반환
    println("elementAtOrElse: " + list.elementAtOrElse(10, { 2 * it }))
    // elementAtOrElse(10) { 2 * it }) 표현식과 동일

    // elementAtOrNull: 인덱스를 벗어나는 경우 null 반환
    println("elementAtOrNull: " + list.elementAtOrNull(10))
}
```

실행 결과

```
elementAt: 2
elementAtOrElse: 20
elementAtOrNull: null
```

특히 elementAt( )은 인덱스 범위가 벗어나지 않도록 주의해야 합니다.

다음은 각 식과 일치하는 첫 번째(first)나 마지막(last) 요소 값을 반환하거나 식에 일치되는 값이 없는 경우에는 firstOrNull이나 lastOrNull을 이용해 null을 반환하는 메서드를 사용한 소스 코드입니다.

```
...
// first: 식에 일치하는 첫 요소 반환
println("first: " + listPair.first { it.second == 200 })

// last: 식에 일치하는 마지막 요소 반환
println("last: " + listPair.last { it.second == 200 })

// firstOrNull: 식에 일치하지 않는 경우 null 반환
println("firstOrNull: " + listPair.firstOrNull { it.first == "E" })

// lastOrNull: 식에 일치하지 않는 경우 null 반환
println("lastOrNull: " + listPair.lastOrNull { it.first == "E" })
```

이번에는 반대로 주어진 요소에 해당하는 인덱스를 반환하는 방법을 알아보겠습니다. 동일한 요소가 여러 개 있을 수 있으므로 일치하는 첫 요소나 마지막 요소의 인덱스를 반환합니다. indexOf( )는 인자에 지정된 요소에 대한 첫 인덱스를 반환하고, indexOfFirst( )는 람다식에 일치하는 해당 요소 중 첫 번째 인덱스의 값을 반환하며, 만약 해당하는 데이터가 없으면 -1을 반환합니다. lastIndexOf( )는 인자에 지정된 요소에 대한 마지막 인덱스를 반환하고, indexOfLast( )는 람다식에 일치하는 해당 요소 중 마지막 인덱스의 값을 반환하며, 마찬가지로 해당하는 데이터가 없으면 -1을 반환합니다.

```
...
// indexOf: 주어진 요소에 일치하는 첫 인덱스 반환
println("indexOf:" + list.indexOf(4))

// indexOfFirst: 람다식에 일치하는 첫 요소의 인덱스 반환, 없으면 -1
println("indexOfFirst:" + list.indexOfFirst { it % 2 == 0 })

// lastIndexOf: 주어진 요소에 일치하는 가장 마지막 인덱스 반환
println("lastIndexOf:" + listRepeated.lastIndexOf(5))

// indexOfLast: 람다식에 일치하는 마지막 요소의 인덱스 반환, 없으면 -1
println("indexOfLast:" + list.indexOfLast { it % 2 == 0 })
```

실행 결과

```
indexOf:3
indexOfFirst:1
lastIndexOf:5
indexOfLast:5
```

single은 해당 조건식에 일치하는 요소를 하나 반환합니다.

```
...
// single: 람다식에 일치하는 요소 하나 반환
println("single: " + listPair.single { it.second == 100 })
println("singleOrNull: " + listPair.singleOrNull { it.second == 500 })
```

실행 결과

```
single: (C, 100)
singleOrNull: null
```

single에서 일치하는 요소가 하나 이상인 경우 예외를 발생할 수 있습니다. singleOrNull은 조건식에 일치하는 요소가 없거나 일치하는 요소가 하나 이상이면 null을 반환합니다.

이번에는 검색을 위한 2개의 메서드를 사용해 보겠습니다. binarySearch( )는 인자로 주어진 요소에 대해 이진 탐색 후 요소를 반환합니다. find는 조건식을 만족하는 첫 번째 검색된 요소를 반환하고, 없으면 null을 반환합니다. 다만 binarySearch는 중복된 요소가 있는 경우에 해당 요소가 원하는 순서에 있는 요소인지는 보장하지 않습니다.

```
// binarySearch: 요소에 대해 이진 탐색 후 인덱스 반환
println("binarySearch: " + list.binarySearch(3))

// find: 조건식을 만족하는 첫 번째 검색된 요소 반환, 없으면 null
println("find: " + list.find { it > 3 })
```

컬렉션의 분리와 병합

union( )은 두 List 컬렉션을 병합하고 중복된 요소 값은 하나만 유지합니다. plus( )나 + 연산자를 사용하면 중복 요소를 포함해 합치게 됩니다.

코딩해 보세요! 분리와 병합 연산 사용하기 • 참고 파일 ExtensionSplitMerge.kt

```
package chap09.section4

fun main( ) {
    val list1 = listOf(1, 2, 3, 4, 5, 6)
    val list2 = listOf(2, 2, 3, 4, 5, 5, 6, 7)

    // union: 두 List를 합침(중복 요소는 하나만)
    println(list1.union(list2))

    // plus: 두 List를 합침(중복 요소 포함), + 연산자와 같음
    println(list1.plus(list2))
}
```

실행 결과

```
[1, 2, 3, 4, 5, 6, 7]
[1, 2, 3, 4, 5, 6, 2, 2, 3, 4, 5, 5, 6, 7]
```

union( )은 중복 요소를 하나만 허용하며 반환하는 컬렉션은 Set입니다. plus( )는 List 컬렉션을 반환합니다.

partition은 주어진 조건식의 결과(true와 false)에 따라 List 컬렉션을 2개로 분리합니다. 이때 조건식에서 true에 해당하는 값은 첫 번째 위치에 반환하고, false에 해당하는 값은 두 번째 위치에 반환합니다. 분리된 2개의 List 컬렉션은 Pair로 반환됩니다.

```
...
// partition: 주어진 식에 따라 2개의 컬렉션으로 분리해 Pair로 반환
val part = list1.partition { it % 2 == 0 }
println(part)
```

```
실행 결과
([2, 4, 6], [1, 3, 5])
```

zip( )은 2개의 컬렉션에서 동일한 인덱스끼리 Pair를 만들어 반환합니다. 이때 요소의 개수가 가장 적은 컬렉션에 맞춰 Pair가 구성됩니다.

```
...
// zip: 동일 인덱스끼리 Pair를 만들어 반환
val zip = list1.zip(listOf(7, 8))
println(zip)
```

```
실행 결과
[(1, 7), (2, 8)]
```

순서와 정렬

컬렉션 목록을 뒤집거나 오름차순 혹은 내림차순으로 정렬할 수 있습니다. reversed( )는 요소의 순서를 거꾸로 해서 반환합니다. sorted( )는 요소를 (숫자의 경우) 작은 수에서 큰 수로 반환하고, (문자열의 경우) 알파벳순으로 정렬한 후 정렬된 컬렉션을 반환합니다. sortedBy( )는 특정한 비교식에 의해 정렬된 컬렉션을 반환합니다. 이와 반대로 sortedDescending과 sortedByDescending은 요소를 (숫자의 경우) 큰 수에서 작은 수로, (문자열의 경우) z부터 a 순서로 정렬해서 반환합니다.

코딩해 보세요! 순서와 정렬 연산 사용하기 • 참고 파일 ExtensionSort.kt

```
package chap09.section4

fun main( ) {
    // reversed: 뒤집힌 순서로 컬렉션 반환
    val unsortedList = listOf(3, 2, 7, 5)
    println(unsortedList.reversed( ))

    // sorted: 요소를 정렬한 후 정렬된 컬렉션 반환
    println(unsortedList.sorted( ))

    // sortedDescending: 내림차순 정렬
    println(unsortedList.sortedDescending( ))

    // sortedBy: 특정 비교식에 의해 정렬된 컬렉션 반환
    println(unsortedList.sortedBy { it % 3 })
    println(unsortedList.sortedByDescending { it % 3 })
}
```

실행 결과

```
[5, 7, 2, 3]
[2, 3, 5, 7]
[7, 5, 3, 2]
[3, 7, 2, 5]
[2, 5, 7, 3]
```

09-5 시퀀스 활용하기

코틀린의 시퀀스(Sequence)는 순차적인 컬렉션으로 요소의 크기를 특정하지 않고, 나중에 결정할 수 있는 특수한 컬렉션입니다. 예를 들어 특정 파일에서 줄 단위로 읽어서 요소를 만들 때 해당 파일의 끝을 모르면 줄이 언제 끝날지 알 수 없는 경우가 있는데 이럴 때 사용할 수 있습니다. 따라서 시퀀스는 처리 중에는 계산하고 있지 않다가 toList( )나 count( ) 같은 최종 연산에 의해 결정됩니다.

요소 값 생성하기

generateSequence( )로 생성하기

특정 값을 생성하기 위해 generateSequence( )를 사용할 수 있습니다. 이때 시드(Seed) 인수에 의해 시작 요소의 값이 결정됩니다. 다음을 작성해 봅시다.

코딩해 보세요! **시퀀스 사용하기** • 참고 파일 GenerateSequence.kt

```
package chap09.section5

fun main( ) {
    // 시드 값 1을 시작으로 1씩 증가하는 시퀀스 정의
    val nums: Sequence<Int> = generateSequence(1) { it + 1 }

    // take( )를 사용해 원하는 요소 개수만큼 획득하고 toList( )를 사용해 List 컬렉션으로 반환
    println(nums.take(10).toList( ))
}
```

실행 결과

```
[1, 2, 3, 4, 5, 6, 7, 8, 9, 10]
```

generateSequence(1)을 사용해 시드 인수에 1을 주고 1씩 증가하도록 시퀀스를 정의했습니다. 해당 객체 변수 nums에는 take(10)의 인자를 통해 원하는 개수만큼 요소가 저장되며 toList( )를 통해 List 컬렉션으로 반환했습니다.

주어진 식에 따라 새로운 컬렉션을 반환하는 map이나 filter 같은 연산을 사용할 수도 있습니다.

```
...
val squares = generateSequence(1) {it + 1}.map {it * it}
println(squares.take(10).toList( ))

val oddSquares = squares.filter {it % 2 != 0}
println(oddSquares.take(5).toList( ))
```

```
실행 결과
[1, 4, 9, 16, 25, 36, 49, 64, 81, 100]
[1, 9, 25, 49, 81]
```

앞에서 실습한 map이나 filter는 호출할 때 바로 수행되어 실행할 때마다 새로운 List를 생성해 반환했습니다. map이나 filter와 같은 메서드를 연속하는 메서드 체이닝(Method Chaining)을 쓴다면 하나의 구문이 끝날 때마다 중간 결과로 새로운 List를 계속해서 만들어 냅니다.

요소 값 가져오기

메서드 체이닝의 중간 결과 생성하기

중간 연산 결과 없이 한 번에 끝까지 연산한 후 결과를 반환하려면 asSequence( )를 사용할 수 있습니다. 특히 filter나 map을 메서드 체이닝해서 사용할 경우 순차적 연산이기 때문에 시간이 많이 걸릴 수 있지만 asSequence( )를 사용하면 병렬 처리되기 때문에 처리 성능이 좋아집니다. 먼저 시퀀스를 사용하지 않는 기본 메서드 체이닝을 살펴봅시다.

코딩해 보세요! **단순 메서드 체이닝 및 asSequence( ) 사용하기** • 참고 파일 AsSequence.kt

```
package chap09.section5

fun main( ) {
    val list1 = listOf(1, 2, 3, 4, 5)
    val listDefault = list1
        .map { println("map($it) "); it * it } // ①
        .filter { println("filter($it) "); it % 2 == 0 } // ②
    println(listDefault)
}
```

```
실행 결과
map(1)
map(2)
map(3)
map(4)
map(5)
filter(1)
filter(4)
filter(9)
filter(16)
filter(25)
[4, 16]
```

list1 컬렉션에 대한 첫 번째 연산은 map입니다. ①번 연산이 마무리된 후 새로운 List가 반환되고 이것을 다시 filter 메서드로 처리합니다. 이때는 ②번 과정에서 짝수만 걸러내고 있습니다. 먼저 map에 대한 처리가 끝난 후 이것을 filter로 넘기기 때문에 실행 결과에서 중간 연산 결과가 존재합니다.

asSequence( )를 통해 가져오기

이번에는 asSequence( )를 사용해 기존의 예제에 아래의 내용을 추가해 봅시다.

```
...
val listSeq = list1.asSequence( )
    .map { print("map($it) "); it * it }  // ①
    .filter { println("filter($it) "); it % 2 == 0 } // ②
    .toList( ) // ③
println(listSeq)
```

```
실행 결과
map(1) filter(1)
map(2) filter(4)
map(3) filter(9)
map(4) filter(16)
map(5) filter(25)
[4, 16]
```

여기서는 asSequence( )를 사용한 다음 바로 map, filter를 이용하여 메서드 체이닝을 했습니다. 이때 ①번 과정과 ②번 과정만으로는 결과를 도출할 수 없습니다. ③번 과정에 의해 최종 결과를 List 목록으로 반환할 때, 모든 연산이 수행되고 결과물이 새로운 리스트인 listSeq에 지정됩니다.

결과를 보면 연속적으로 map과 filter가 각각 수행된 것을 알 수 있으며, 최종 결과는 toList( )에 의해 만들어진 [4, 16]입니다. map의 수행 결과를 새로운 List에 만들고 이것을 다시 짝수인지 판별해 리스트를 만드는 과정이 없어진 것입니다. 따라서 시퀀스를 사용하면 요소의 개수가 많을 때 속도나 메모리 측면에서 훨씬 좋은 성능을 낼 수 있습니다. 이것을 역컴파일해 보면 손쉽게 분석할 수 있습니다. 조금만 살펴봅시다.

```
...
// 역컴파일 결과 - 기본 메서드 체이닝을 사용했을 때
while(var9.hasNext( )) {
 element$iv$iv = var9.next( );
 it = ((Number)element$iv$iv).intValue( );
 var12 = "map(" + it + ") ";
 System.out.print(var12);
 Integer var17 = it * it;
 destination$iv$iv.add(var17);
}

$receiver$iv = (Iterable)((List)destination$iv$iv);
destination$iv$iv = (Collection)(new ArrayList( ));
var9 = $receiver$iv.iterator( );

while(var9.hasNext( )) {
 element$iv$iv = var9.next( );
 it = ((Number)element$iv$iv).intValue( );
 var12 = "filter(" + it + ") ";
 System.out.println(var12);
 if (it % 2 == 0) {
    destination$iv$iv.add(element$iv$iv);
 }
}

// asSequence( )를 사용했을 때
List listDefault = (List)destination$iv$iv;
System.out.println(listDefault);
```

```
List listSeq = SequencesKt.toList(SequencesKt.filter(SequencesKt.map(CollectionsKt.
asSequence((Iterable)list1), (Function1)null.INSTANCE), (Function1)null.INSTANCE));
System.out.println(listSeq);
...
```

주석으로 기본 메서드 체이닝을 사용한 것과 asSequence( )를 사용한 것을 구분했습니다. 기본적인 체이닝은 2개의 while 루프를 돌면서 하나씩 컬렉션을 처리하고 있습니다. 반면에 asSequence( )를 사용한 체이닝은 내부적으로 iterator를 공유하고 있는데, 이것은 map을 하나의 요소로 변경해 filter에 인자로 전달하고 있습니다. 이 과정에 의해 새 List를 만들지 않게 되는 것입니다.

asSequence( )의 시간 성능

정말 asSequence( )를 사용하면 성능이 좋아질까요? 꽤 큰 요소에 대한 시간 경과 성능을 살펴보기 위해 경과된 시간을 표시하도록 시스템의 System.nanoTime( ) 함수를 사용해 보겠습니다. 이때 시간을 잴 수 있도록 사용자 함수 timeElapsed( )를 만들어 람다식으로 각각의 방식을 인수로 넘기고 해당 람다식의 시간 경과를 표시해 봅시다.

코딩해 보세요! asSequence( )의 시간 성능 알아보기 • 참고 파일 TimeElapsed.kt

```
package chap09.section5

fun main( ) {
    val listBench = (1..1_000_000).toList( )
    timeElapsed {
        listBench
             .map { it + 1 }
             .first { it % 100 == 0 }
    }

    timeElapsed {
        listBench
             .asSequence( )
             .map { it + 1 }
             .first { it % 100 == 0 }
    }
}
```

```
fun timeElapsed(task: ( ) -> Unit) {
    val before = System.nanoTime( )
    task( )
    val after = System.nanoTime( )
    val speed = (after - before) / 1_000
    println("$speed ns")
}
```

```
실행 결과
39900 ns
6786 ns
```

시스템마다 수행 결과는 약간씩 달라질 수 있지만 백만 개의 요소가 있는 목록을 처리하는 데 asSequence( )를 사용하는 경우 비교적 짧은 시간에 수행된 것을 알 수 있습니다.
다만 작은 컬렉션에는 시퀀스를 사용하지 않는 것이 좋습니다. 왜냐하면 filter( ) 등은 인라인 함수로 설계되어 있는데, 시퀀스를 사용하면 람다식을 저장하는 객체로 표현되기 때문에 인라인되지 않아 작은 컬렉션에는 오히려 좋지 않습니다. 또한 한 번 계산된 내용은 메모리에 저장하기 때문에 시퀀스 자체를 인자로 넘기는 형태는 사용하지 않는 것이 좋습니다.

오리의 프로그래밍 노트 코틀린 시퀀스 디버거로 컬렉션의 요소 처리 들여다보기

IntelliJ IDEA에서 제공하는 플러그인(Plugin)에는 각종 확장 기능을 제공하고 있습니다. 그중에서 Java Stream Debugger나 Kotlin Sequence Debugger를 이용할 수 있습니다. 코틀린에서 이 기능을 사용하면 컬렉션의 요소 처리 현황을 볼 수 있습니다.

1. Ctrl + Alt + S를 누르거나 [File > Settings] 메뉴를 선택해 Settings 대화상자를 호출합니다. 검색 창에 plugin을 입력하고 메뉴에서 [Plugin]을 선택한 후 ③번에서 Sequence를 입력하면 관련 플러그인이 검색됩니다. ④번의 [Install] 버튼을 누릅니다.

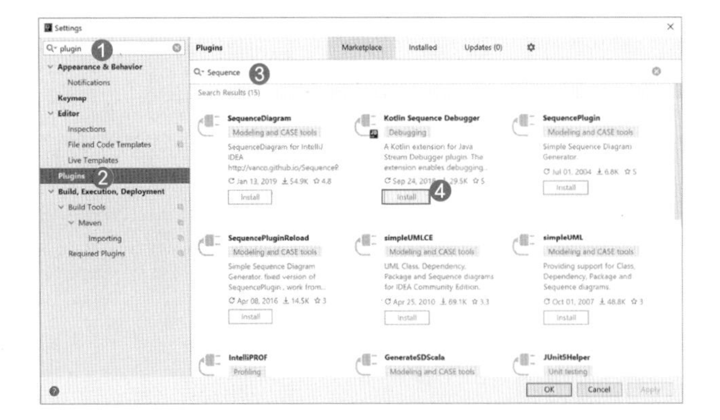

2. 설치가 완료되면 IntelliJ IDEA를 재시작합니다. AsSequence.kt 코드에서 Sequence가 사용된 부분에 중단점(breakpoint)를 지정하고 디버깅 버튼을 눌러 봅시다.

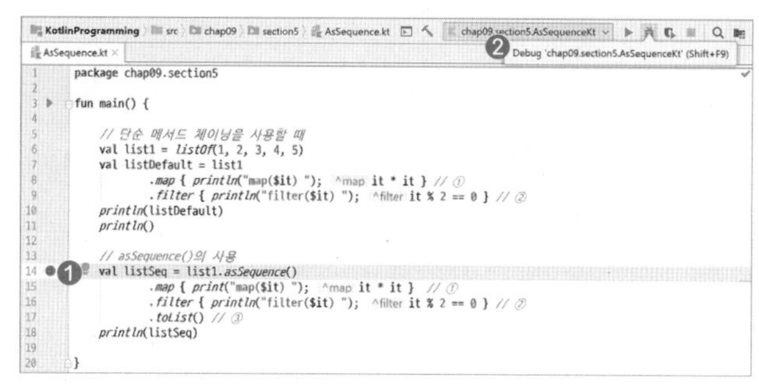

3. 중단점에서 실행이 일시 중단되고 F7을 눌러 가며 한 단계씩 진행할 수 있습니다. 이때 아래쪽 ②번에 있는 [Trace Current Stream Chain] 버튼을 눌러 봅시다.

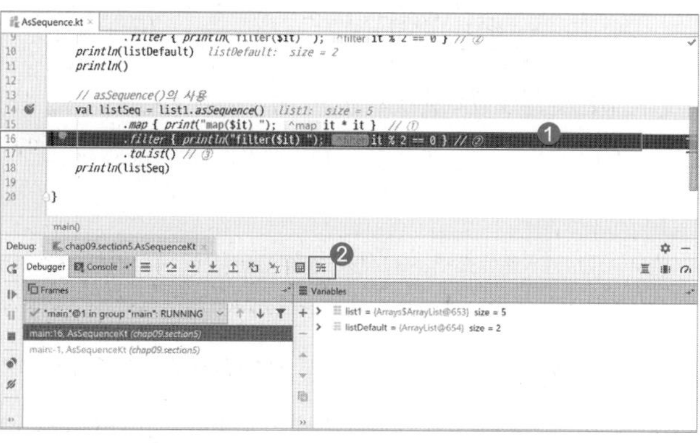

4. Stream Trace 대화상자에서 [Flat Mode] 버튼을 누르면 다음과 같이 각 컬렉션의 요소 처리 현황을 확인할 수 있습니다. 각 요소를 클릭해 체이닝 메서드를 통과하면서 어떻게 변화했는지를 살펴볼 수 있습니다. 자바의 Stream 관련 라이브러리도 지원하므로 디버깅할 때 사용하면 좋습니다.

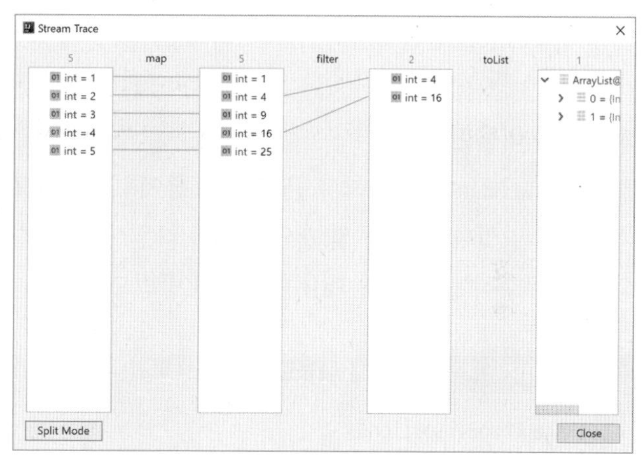

시퀀스를 응용한 피보나치 수열

시퀀스를 이용해 몇 가지 전통적인 수식을 처리해 봅시다. 먼저 피보나치 수열(Fibonacci Number)을 만들어 봅시다. 피보나치 수는 바로 앞의 두 수의 합으로 이루어져 1, 1, 2, 3, 5, 8, 13 ... 과 같은 형태로 지속적으로 증가합니다.

여러 프로그래밍 언어에서 피보나치 수열을 구현하기 위해 주로 재귀 함수를 사용해 왔습니다. 그러나 재귀 함수를 잘못 사용할 경우 시간이 폭발적으로 증가하거나 스택 오버플로 오류를 겪을 수 있습니다. 이것을 해결하기 위해 함수형 프로그래밍 기법에서 다뤄 본 꼬리 재귀를 이용할 수도 있었습니다. 이번에는 시퀀스 버전으로 다시 만들어 봅시다.

코딩해 보세요! 시퀀스를 이용한 피보나치 수열 출력하기 • 참고 파일 SequenceFib.kt

```
package chap09.section5

fun main( ) {
    val fibonacci = generateSequence(1 to 1) {it.second to it.first + it.second}
        .map {it.first}
    println(fibonacci.take(10).toList( ))
}
```

실행 결과

```
[1, 1, 2, 3, 5, 8, 13, 21, 34, 55]
```

fibonacci는 Sequence 객체이며 take(10).toList( )를 사용해 필요한 요소의 개수를 10개를 지정하고 List를 반환합니다. 람다식과 map을 사용해 아주 간단하게 해결되었습니다.

시퀀스를 이용한 소수

소수(Prime Number)란 1보다 큰 자연수 중에서 1과 자기 자신으로만 나누어 떨어지는 수를 가리키는 말입니다. 처음 몇 개의 소수를 나열해 보자면 2, 3, 5, 7, 11, 13, 17, 19, 23, 29... 와 같이 무수히 많이 있죠. Pair를 사용한 방법으로 이 수를 구현해 보겠습니다.

코딩해 보세요! 시퀀스를 이용한 소수 출력하기 • 참고 파일 SequencePrime.kt

```
package chap09.section5

fun main( ) {
    val primes = generateSequence(2 to generateSequence(3) { it + 2 }) {
        val currSeq = it.second.iterator( )
        val nextPrime = currSeq.next( )
        nextPrime to currSeq.asSequence( ).filter { it % nextPrime != 0 }
    }.map { it.first }
    println(primes.take(10).toList( ))
}
```

```
실행 결과
[2, 3, 5, 7, 11, 13, 17, 19, 23, 29]
```

꽤 복잡하게 보이지만 하나씩 살펴보죠. 먼저 초기 시드 값은 2부터 시작하고 두 번째 Pair 값은 람다식에서 Pair<Int, Sequence<Int>> 형태로 구성되었기 때문에 다시 한번 시퀀스를 생성하고 있습니다. 여기서는 시드 값 3을 사용했습니다. 이후 이 값에서 2씩 더해집니다. 현재 시퀀스의 값과 다음 소수의 값이 나누어 떨어진 값이 0이 아닌 경우를 골라내어 소수를 구성하고 있습니다.

오리의 프로그래밍 노트 자료형 별칭은 제네릭 자료형을 사용할 때 유용합니다

가끔 선언부를 분석하다 보면 자료형 별칭을 사용해 간략화된 코드가 나옵니다. 자료형 별칭(Type Alias)이란 코드의 가독성을 높이기 위해 특정 자료형에 대해 대체할 수 있는 이름을 제공하는 기능입니다. typealias 키워드를 이용해 복잡한 자료형을 간략하게 줄여서 표현할 수 있습니다. 특히 제네릭 자료형에서 유용합니다.

```
typealias NodeSet = Set<Network.Node>
typealias FileTable<K> = MutableMap<K, MutableList<File>>
```

함수 자료형에도 사용할 수 있습니다.

```
typealias MyHandler = (Int, String, Any) -> Unit
typealias Predicate<T> = (T) -> Boolean
```

내부 클래스에서도 사용할 수 있습니다.

```
class Outer {
  class Nested {
    inner class Inner
  }
}
typealias Something = Outer.Nested.Inner
```

Q1 가변형 리스트를 사용해 다음과 같은 방법으로 요소를 추가하려 합니다. 빈 칸에 알맞은 컬렉션 선언 방법은 무엇일까요?

```
val list = __________________("길동", "둘리", "철수")
list.add("Ben")
```

Q2 다음 컬렉션의 출력 결과를 직접 입력하고 실행하여 확인해 보세요.

```
var mySet = setOf(1, 5, 6, 5, "Hello")
println(mySet)
```

Q3 연속된 특정 값을 생성하기 위해서는 __________________( ) 함수를 사용할 수 있습니다. 이때 연속된 값의 시작 값을 결정하는 인수를 시드(seed) 인수라고 합니다.

정답 Q1 mutableListOf<String> 또는 mutableListOf
Q2 [1, 5, 6, Hello] Q3 generateSequence

10

표준 함수와 파일 입출력

코틀린의 표준 함수를 사용하면 기존의 복잡한 표현을 단순화할 수 있습니다. 객체를 어떤 형태로 처리하느냐에 따라 let( ), also( ), apply( ), run( ), with( ), use( ) 등을 사용할 수 있습니다. 이 장에서는 이런 함수의 사용법과 사례를 살펴볼 것입니다. 그리고 람다식과 함수를 이용하면 사용자가 직접 정의한 언어인 DSL(Domain-Specific Language)을 만들 수 있습니다. 후반부에서는 파일 처리를 위해 읽고 쓸 수 있는 방법도 알아봅니다.

이제는 다양한 도구를
활용해 볼 차례다!

10-1 코틀린 표준 함수

이제부터 코틀린 표준 라이브러리의 다양한 함수들을 살펴볼 차례입니다. 표준 함수를 이용하면 코드를 더 단순화하고 읽기 좋게 만들어 줍니다. 표준 함수는 람다식과 고차 함수를 이용해 선언되어 있습니다. 따라서 앞서 배운 람다식과 고차 함수를 간단히 다시 살펴보고 표준 함수에 대해 배워 봅시다.

람다식과 고차 함수 복습하기

람다식

람다식은 항상 중괄호로 묶여 있으며 중괄호 안에 매개변수는 화살표(->) 왼쪽에 배치되고 오른쪽에는 그에 따른 식을 구성합니다.

```
val 변수 이름: 자료형 선언 = { 매개변수[,...] -> 람다식 본문 }
```

```
val sum: (Int, Int) -> Int = { x, y -> x + y }
val mul = { x: Int, y: Int -> x * y }
```

sum은 익명 함수로 만들어지며 매개변수는 선언부의 자료형에 의해 (Int, Int)를 가지게 됩니다. 반환값은 Int이므로 람다식의 x + y가 반환됩니다. mul은 변수의 자료형 표기가 생략되었지만 람다식에 있는 매개변수의 Int 선언 표현에 의해 반환 자료형을 (Int, Int) -> Int로 추론할 수 있습니다.

그리고 매개변수가 1개인 경우, 매개변수를 생략하고 it으로 표기할 수 있었습니다.

```
val add: (Int) -> Int = {it + 1}
```

만일 추론된 반환 자료형이 Unit이 아닌 경우에는 본문의 마지막 표현식이 반환값으로 처리됩니다.

```
val isPositive: (Int) -> Boolean = {
    val isPositive = it > 0
    isPositive // 마지막 표현식이 반환됨
}

val isPositiveLabel: (Int) -> Boolean = number@ {
    val isPositive = it > 0
    return@number isPositive // 라벨을 사용해 반환됨
}
```

특정 라벨을 지정해 반환할 수도 있습니다. 따라서 return@라벨 이름 형태로 지정할 수 있습니다.

고차 함수

고차 함수는 함수의 매개변수로 함수를 받거나 함수 자체를 반환할 수 있는 함수입니다.

```
fun inc(x: Int): Int {
    return x + 1
}

fun high(name: String, body: (Int)->Int): Int {
    println("name: $name")
    val x = 0
    return body(x)
}
```

high의 두 번째 매개변수 body는 람다식 함수를 받을 수 있습니다. 이것을 다시 함수 본문에서 함수로 반환하고 있습니다. 이번에는 다양한 형태의 고차 함수 표현법을 살펴봅시다.

```
val result = high("Sean", { x -> inc(x + 3) }) // 함수를 이용한 람다식

val result2 = high("Sean") { inc(it + 3) } // 소괄호 바깥으로 빼내고 생략

val result3 = high("Kim", ::inc) // 매개변수 없이 함수의 이름만 사용할 때

val result4 = high("Sean") { x -> x + 3 } // 람다식 자체를 넘겨준 형태

val result5 = high("Sean") { it + 3 } // 매개변수가 1개인 경우 생략
```

람다식이 하나인 경우 소괄호 바깥으로 빼낼 수 있습니다. 기본값을 사용하는 경우에는 ::함수 이름 형태로 사용할 수 있습니다. 또한 람다식을 매개변수로 넣을 수도 있습니다.

클로저

람다식을 사용하다 보면 내부 함수에서 외부 변수를 호출하고 싶을 때가 있습니다. 클로저(Closure)란 람다식으로 표현된 내부 함수에서 외부 범위에 선언된 변수에 접근할 수 있는 개념을 말합니다. 이때 람다식 안에 있는 외부 변수는 값을 유지하기 위해 람다식이 포획(Capture)한 변수라고 부릅니다.

기본적으로 함수 안에 정의된 변수는 지역 변수로 스택에 저장되어 있다가 함수가 끝나면 같이 사라집니다. 하지만 클로저 개념에서는 포획한 변수는 참조가 유지되어 함수가 종료되어도 사라지지 않고 함수의 변수에 접근하거나 수정할 수 있게 해 줍니다. 클로저의 조건은 다음과 같습니다.

- final 변수를 포획한 경우 변수 값을 람다식과 함께 저장한다.
- final이 아닌 변수를 포획한 경우 변수를 특정 래퍼(wrapper)로 감싸서 나중에 변경하거나 읽을 수 있게 한다. 이때 래퍼에 대한 참조를 람다식과 함께 저장한다.

자바에서는 외부의 변수를 포획할 때 final만 포획할 수 있습니다. 따라서 코틀린에서 final이 아닌 변수를 사용하면 내부적으로 변환된 자바 코드에서 배열이나 클래스를 만들고 final로 지정해 사용됩니다. 클로저의 간단한 예를 살펴봅시다.

코딩해 보세요! **클로저 테스트하기** • 참고 파일 ClosureTest.kt

```
package chap10.section1

fun main( ) {
    val calc = Calc( )
    var result = 0 // 외부의 변수
    calc.addNum(2,3) { x, y -> result = x + y } // 클로저
    println(result) // 값을 유지하여 5 출력
}

class Calc {
    fun addNum(a: Int, b: Int, add: (Int, Int) -> Unit) { // 람다식 add에는 반환값이 없음
```

```
        add(a, b)
    }
}
```

```
실행 결과
5
```

이 코드에서 result는 var로 선언되었습니다. Calc 클래스의 메서드인 addNum( )이 호출되면 result는 자신의 유효 범위를 벗어나 삭제되어야 하지만 클로저의 개념에 의해 독립된 복사본을 가집니다.

람다식에서 반환값은 Unit으로 선언되어 반환되는 값이 없습니다. 하지만 result = x + y와 같이 result에 값을 저장함으로써 포획된 변수 result에 값을 저장할 수 있었습니다. 위의 코드는 역컴파일하면 다음과 같이 변환됩니다.

```
// 역컴파일 자바 코드
public final class ClosureTestKt {
   public static final void main(@NotNull String[] args) {
      Intrinsics.checkParameterIsNotNull(args, "args");
      Calc calc = new Calc( );
      final IntRef result = new IntRef( );
      result.element = 0;
      calc.addNum(2, 3, (Function2)(new Function2( ) { // 익명 함수로 처리됨
         public Object invoke(Object var1, Object var2) {
            this.invoke(((Number)var1).intValue( ), ((Number)var2).intValue( ));
            return Unit.INSTANCE;
         }
         public final void invoke(int x, int y) { // 람다식이 변환된 모습
            result.element = x + y;
         }
      }));
      int var3 = result.element;
      System.out.println(var3);
 ...
```

코드에서 보는 것과 같이 result는 final로 선언되었으며 addNum( )에서 세 번째 인자는 익명 함수로 처리되어 외부의 변수 result의 값을 바꾸도록 invoke( )를 호출하고 있습니다. 또 하나의 예를 봅시다.

```
// 길이가 일치하는 이름만 반환
fun filteredNames(length: Int) {
    val names = arrayListOf("Kim", "Hong", "Go", "Hwang", "Jeon")
    val filterResult = names.filter {
        it.length == length  // 바깥의 length에 접근
    }
    println(filterResult)
}
...
filteredNames(4)
```

```
실행 결과
[Hong, Jeon]
```

filter는 ArrayList의 멤버 메서드로 람다식을 전달받고 있습니다. 이때 length는 람다식 바깥의 변수로 인자로 입력받은 길이에 일치하는 요소 목록을 반환해 filterResult에 저장하고 출력합니다.

이렇게 클로저를 사용하면 내부의 람다식에서 외부 함수의 변수에 접근해 처리할 수 있어 효율성이 높습니다. 또 완전히 다른 함수에서 변수에 접근하는 것을 제한할 수 있습니다. 코틀린의 표준 라이브러리는 이러한 개념이 사용되어 설계되었습니다.

코틀린의 표준 라이브러리

이제 람다식을 사용하는 코틀린의 표준 라이브러리에서 let( ), apply( ), with( ), also( ), run( ) 등 여러 가지 표준 함수를 활용해 볼 때가 되었습니다. 표준 함수를 통해 기존의 복잡한 코드를 단순화하고 효율적으로 만들 수 있습니다. 먼저 각 함수의 차이점을 비교해 보고 하나씩 자세히 살펴보겠습니다.

확장 함수의 람다식 접근 방법

함수 이름	람다식의 접근 방법	반환 방법
T.let	it	block 결과
T.also	it	T caller (it)
T.apply	this	T caller (this)
T.run 또는 run	this	block 결과
with	this	Unit

위의 모든 함수가 람다식을 이용하고 있으며 접근 방법과 반환 방법의 차이로 구분합니다.

let( ) 함수 활용하기

let( ) 함수는 함수를 호출하는 객체 T를 이어지는 block의 인자로 넘기고 block의 결괏값 R을 반환합니다. 먼저 표준 함수의 정의를 살펴보겠습니다.

```
public inline fun <T, R> T.let(block: (T) -> R): R { ... return block(this) }
```

let( ) 함수는 제네릭의 확장 함수 형태이므로 어디든 적용할 수 있습니다. 매개변수로는 람다식 형태인 block이 있고 T를 매개변수로 받아 R을 반환합니다. let( ) 함수 역시 R을 반환하고 있습니다. 본문의 this는 객체 T를 가리킵니다. 이것은 람다식 결과 부분을 그대로 반환한다는 뜻입니다. 이 함수를 호출한 객체를 인자로 받으므로 이를 사용하여 다른 메서드를 실행하거나 연산을 수행해야 하는 경우 사용할 수 있습니다.

코딩해 보세요! let( ) 함수 사용해 보기 • 참고 파일 LetTest.kt

```
package chap10.section1

fun main( ) {
    val score: Int? = 32
    // var score = null

    // 일반적인 null 검사
    fun checkScore( ) {
        if (score != null) {
            println("Score: $score")
```

```
        }
    }

    // let 함수를 사용해 null 검사를 제거
    fun checkScoreLet( ) {
        score?.let { println("Score: $it") } // ①
        val str = score.let { it.toString( ) } // ②
        println(str)
    }
    checkScore( )
    checkScoreLet( )
}
```

```
실행 결과
Score: 32
Score: 32
32
```

score는 null 가능성이 있는 변수로 선언되었기 때문에 checkScore( )에서 if문을 사용해 null 검사를 하고 있습니다. ①번의 checkScoreLet( )을 보면 score에 멤버 메서드를 호출하듯 let 함수를 사용했는데 매개변수가 람다식 하나일 때는 let({ ... })에서 표현이 소괄호가 생략되어 let { ... }과 같이 작성할 수 있습니다. 그리고 score?.처럼 null에 안전한 호출을 위해 세이프 콜(?.)을 사용했습니다. 만일 score가 null일 경우 람다식 구문은 수행되지 않습니다. null이 아니라면 자기 자신의 값 score를 it으로 받아서 처리할 수 있습니다.
②번을 보면 toString( )을 사용해 it을 문자열로 변환한 후 반환된 값을 str에 할당합니다. 이때 세이프 콜(?.)을 사용하지 않았습니다. 만일 score가 null이라면 str에는 null이 할당됩니다. 세이프 콜(?.)을 사용하더라도 람다식을 사용하지 않게 되므로 str은 String?으로 추론되어 null이 할당됩니다.

커스텀 뷰에서 let( ) 함수 활용하기

이제 let( ) 함수를 활용한 몇 가지 예를 들어 보겠습니다. 먼저 안드로이드의 커스텀 뷰에서 Padding(여백) 값을 지정하기 위해 다음과 같은 구문을 사용한다고 해 봅시다.

```
val padding = TypedValue.applyDimension(
        TypedValue.COMPLEX_UNIT_DIP, 16f, resources.displayMetrics).toInt( )

setPadding(padding, 0, padding, 0) // 왼쪽, 오른쪽 padding 설정
```

TypedValue.applyDimension( )을 통해 얻은 값을 정수형으로 변환한 후 padding에 할당했습니다. 이때 padding이 한 번만 사용되면 변수 할당을 하느라 자원 낭비가 있을 수 있습니다. 이때 다음과 같이 let( ) 함수를 사용할 수 있습니다.

```
TypedValue.applyDimension(TypedValue.COMPLEX_UNIT_DIP, 16f,
        resources.displayMetrics).toInt( ).let { padding ->
    setPadding(padding, 0, padding, 0) // 계산된 값을 padding이라는 이름의 인자로 받음
}
```

여기서는 얻은 값을 let( )을 통해 람다식으로 보내고 람다식의 본문 코드에서는 setPadding( ) 함수를 호출해 얻은 값을 지정하고 있습니다. 이제 따로 변수를 할당할 필요가 없게 되었습니다. 인자가 1개밖에 없으므로 다음과 같이 it으로 간략화할 수 있습니다.

```
TypedValue.applyDimension(TypedValue.COMPLEX_UNIT_DIP, 16f,
        resources.displayMetrics).toInt( ).let {
    setPadding(it, 0, it, 0) // padding 대신 it 사용
}
```

null 가능성 있는 객체에서 let( ) 함수 활용하기

앞에서 살펴본 것과 같이 let( ) 함수를 세이프 콜(?.)과 함께 사용하면 if (null != obj)와 같은 null 검사 부분을 대체할 수 있습니다.

```
var obj: String? // null일 수 있는 변수 obj
...
if (null != obj) { // obj가 null이 아닐 경우 작업 수행(기존 방식)
    Toast.makeText(applicationContext, obj, Toast.LENGTH_LONG).show( )
}
```

이것을 다음과 같이 세이프 콜과 let( ) 함수를 사용해 변경합니다.

```
obj?.let { // obj가 null이 아닐 경우 작업 수행
    Toast.makeText(applicationContext, it, Toast.LENGTH_LONG).show( )
}
```

만일 다음과 같이 else문이 포함된 긴 문장을 변경하려면 어떻게 할까요?

```
val firstName: String?
var lastName: String
...
// if문을 사용한 경우
if (null != firstName) {
    print("$firstName $lastName")
} else {
    print("$lastName")
}
```

firstName의 변수에 다음과 같이 let( )과 엘비스 연산자(?:)를 적용해 변경하면 아래와 같이 한 줄로 단순화할 수 있습니다.

```
// let을 사용한 경우
firstName?.let { print("$it $lastName") } ?: print("$lastName")
```

메서드 체이닝을 사용할 때 let( ) 함수 활용하기

메서드 체이닝이란 여러 메서드 혹은 함수를 연속적으로 호출하는 기법이라고 여러 번 공부했습니다. 다음과 같이 let( ) 함수를 체이닝 형태로 사용할 수 있습니다.

```
var a = 1
var b = 2

a = a.let { it + 2 }.let {
    val i = it + b
    i // 마지막 식 반환
}
println(a) // 5
```

두 번째 let( )의 람다식 마지막 구문이 반환되어 a에 재할당됩니다. let( ) 함수가 유용하기는 해도 코드의 가독성을 고려한다면 너무 많이 사용하는 것은 권장하지 않습니다.

also( ) 함수 활용하기

also( ) 함수는 함수를 호출하는 객체 T를 이어지는 block에 전달하고 객체 T 자체를 반환합니다. 선언부의 let( ) 함수와 also( ) 함수의 차이점을 비교해 봅시다.

```
public inline fun <T, R> T.let(block: (T) -> R): R = block(this)
public inline fun <T> T.also(block: (T) -> Unit): T { block(this); return this }
```

also( ) 함수는 let( ) 함수와 역할이 거의 동일해 보입니다. 하지만 자세히 보면 반환하는 값이 다른데, let( ) 함수는 마지막으로 수행된 코드 블록의 결과를 반환하고 also( ) 함수는 는 블록 안의 코드 수행 결과와 상관없이 T인 객체 this를 반환하게 됩니다. 짧은 코드로 확인해 봅시다.

```
var m = 1
m = m.also { it + 3 }
println(m) // 원본 값 1
```

위의 코드처럼 연산 결과인 4가 할당되는 것이 아니라 it의 원래의 값 1이 다시 m에 할당됩니다. 간단한 활용 예를 작성해 봅시다.

코딩해 보세요! let( ) 함수와 also( ) 함수 비교해 보기 • 참고 파일 AlsoTest.kt

```
package chap10.section1

fun main( ) {
    data class Person(var name: String, var skills : String)
    var person = Person("Kildong", "Kotlin")
    val a = person.let {
        it.skills = "Android"
        "success" // 마지막 문장을 결과로 반환
    }
    println(person)
    println("a: $a") // String
    val b = person.also {
        it.skills = "Java"
```

```
        "success" // 마지막 문장은 사용되지 않음
    }
    println(person)
    println("b: $b") // Person의 객체 b
}
```

```
실행 결과
Person(name=Kildong, skills=Android)
a: success
Person(name=Kildong, skills=Java)
b: Person(name=Kildong, skills=Java)
```

let( ) 함수와 also( ) 함수를 비교해 보면 let( ) 함수는 person 객체에서 skills를 변경하고 마지막 표현식인 "success"를 반환해 a에 할당합니다. 반면에 also( )는 람다식이 본문을 처리하지만 마지막 표현식이 b에 할당되는 것이 아닌 person 객체 자신에 할당됩니다. 따라서 b는 Person의 객체 person을 반환하고 새로운 객체 b가 할당되어 만들어집니다.

특정 단위의 동작 분리

디렉터리를 생성하는 함수를 다음과 같이 만들었다고 가정해 봅시다.

```
// 기존의 디렉터리 생성 함수
fun makeDir(path: String): File {
    val result = File(path)
    result.mkdirs( )
    return result
}
```

디렉터리를 만드는 makeDir( ) 함수에서 경로 path를 매개변수로 받습니다. 그런 다음 File( )을 통해 결과를 result에 할당합니다. File 객체의 멤버 메서드 mkdirs( )를 호출해 파일 경로를 생성하고 File 객체의 result는 그대로 반환합니다. 여기서 let( ) 함수와 also( ) 함수의 특징을 이용하면, 이와 같은 함수를 간단하게 개선할 수 있습니다.

```
// let( )과 also( )를 통해 개선된 함수
fun makeDir(path: String) = path.let{ File(it) }.also{ it.mkdirs( ) }
```

체이닝 형태로 구성해 앞에서 만든 함수와 동일한 역할을 하게 됩니다. let( ) 함수는 식의 결과를 반환하고 그 결과를 다시 also( ) 함수를 통해 넘깁니다. 이때는 중간 결과가 아니라 넘어온 결과만 반환되는 것이죠. 4줄 이상의 코드가 한 줄이 되었습니다!

apply( ) 함수 활용하기

apply( ) 함수는 also( ) 함수와 마찬가지로 호출하는 객체 T를 이어지는 block으로 전달하고 객체 자체인 this를 반환합니다. 계속 이전 함수와 비교해 선언부를 살펴보겠습니다.

```
public inline fun <T, R> T.let(block: (T) -> R): R = block(this)
public inline fun <T> T.also(block: (T) -> Unit): T { block(this); return this }
public inline fun <T> T.apply(block: T.( ) -> Unit): T { block( ); return this }
```

apply( ) 함수는 특정 객체를 생성하면서 함께 호출해야 하는 초기화 코드가 있는 경우 사용할 수 있습니다. apply( ) 함수와 also( ) 함수의 다른 점은 T.( )와 같은 표현에서 람다식이 확장 함수로 처리된다는 것입니다. 그러면 관련 예제를 한번 작성해 보겠습니다.

코딩해 보세요! apply( ) 함수 사용해 보기 • 참고 파일 ApplyTest.kt

```
package chap10.section1

fun main( ) {
    data class Person(var name: String, var skills : String)
    var person = Person("Kildong", "Kotlin")
        person.apply { this.skills = "Swift" }  // 여기서 this는 person 객체를 가리킴
    println(person)

    val retrunObj = person.apply {
        name = "Sean"      // this는 생략할 수 있음
        skills = "Java"  // this 없이 객체의 멤버에 여러 번 접근
    }
    println(person)
    println(retrunObj)
}
```

```
실행 결과
Person(name=Kildong, skills=Swift)
Person(name=Sean, skills=Java)
Person(name=Sean, skills=Java)
```

apply( )는 확장 함수로서 person을 this로 받아오는데 클로저를 사용하는 방식과 같습니다. 따라서 객체의 프로퍼티를 변경하면 원본 객체에 반영되고 또한 이 객체는 this로 반환됩니다. this.name = "Sean"과 같은 표현은 this가 생략 가능하기 때문에 name = "Sean"과 같이 작성할 수 있습니다. 이때 this로부터 반환된 객체를 retrunObj에 할당하고 있습니다.
그러면 also( ) 함수와 무엇이 다른 걸까요? 바로 객체를 넘겨받는 방법이 다릅니다. also( ) 함수에서는 it을 사용해 멤버에 접근합니다. 위 코드에서 person 객체의 skills에 접근하는 방법을 보면 차이를 바로 알 수 있습니다.

```
...
person.also { it.skills = "Java" } // it으로 받고 생략할 수 없음
person.apply { skills = "Swift" } // this로 받고 생략
...
```

also( ) 함수에서는 it을 생략할 수 없지만 apply( ) 함수에서는 this가 생략되어 멤버 이름만 사용하고 있습니다. 이것을 활용하면 특정 객체를 초기화하는 데 아주 유용합니다. 활용 사례를 살펴볼까요?

레이아웃을 초기화할 때 apply( ) 함수 활용하기

안드로이드에서 사용하는 레이아웃을 초기화할 때 일반적으로 다음과 같이 새로운 LayoutParams 객체를 생성하고 속성을 지정합니다.

```
// 기존의 코드
val param = LinearLayout.LayoutParams(0, LinearLayout.LayoutParams.WRAP_CONTENT)
param.gravity = Gravity.CENTER_HORIZONTAL
param.weight = 1f
param.topMargin = 100
param.bottomMargin = 100
```

위 코드에서는 LinearLayout을 초기화하기 위해 생성된 변수에 일일이 멤버를 호출해 값을 지정하고 있습니다. 여기에 apply( ) 함수를 적용하면 다음과 같이 변경할 수 있습니다.

```
val param = LinearLayout.LayoutParams(0, LinearLayout.LayoutParams.WRAP_CONTENT).apply {
    gravity = Gravity.CENTER_HORIZONTAL
    weight = 1f  // param을 사용하지 않고 직접 값을 지정할 수 있음
    topMargin = 100
    bottomMargin = 100
}
```

apply( ) 함수를 사용해 param의 각 멤버를 초기화하고 이것을 그대로 반환해 param에 할당할 수 있게 됩니다. 간략하고 훨씬 보기 좋은 코드가 되었습니다.

디렉터리를 생성할 때 apply( ) 함수 활용하기

앞에서 본 디렉터리 생성 예제를 apply( )에서도 사용할 수 있습니다. 다음은 기존의 디렉터리 생성 함수입니다.

```
// 기존 코드
fun makeDir(path: String): File  {
    val result = File(path)
    result.mkdirs( )
    return result
}
```

사실 이런 함수를 설계할 필요 없이 apply( ) 함수를 사용하면 다음 한 줄로 같은 효과를 볼 수 있습니다.

```
File(path).apply { mkdirs( ) }
```

File(path)에 의해 생성된 결과를 람다식에서 this로 받습니다. File 객체의 mkdirs( )를 호출해 파일 경로를 생성한 후 결과가 아닌 객체 this를 반환합니다.

run( ) 함수 활용하기

run( ) 함수는 인자가 없는 익명 함수처럼 동작하는 형태와 객체에서 호출하는 형태, 2가지로 사용할 수 있습니다. 객체 없이 run( ) 함수를 사용하면 인자 없는 익명 함수처럼 사용할 수 있죠.

```
public inline fun <R> run(block: ( ) -> R): R  = return block( )
public inline fun <T, R> T.run(block: T.( ) -> R): R = return block( )
```

이번에는 block이 독립적으로 사용됩니다. 이어지는 block 내에서 처리할 작업을 넣어 줄 수 있으며, 일반 함수와 마찬가지로 값을 반환하지 않거나 특정 값을 반환할 수도 있습니다. 간단한 사용 예를 봅시다.

```
var skills = "Kotlin"
println(skills) // Kotlin

val a = 10
skills = run {
    val level = "Kotlin Level:" + a
    level // 마지막 표현식이 반환됨
}
println(skills) // Kotlin Level:10
```

run( ) 함수의 block이 독립적으로 사용되어 마지막 표현식을 반환했습니다. 이번엔 apply( ) 함수와 비교해 봅시다.

코딩해 보세요! apply( ) 함수와 run( ) 함수 비교해 보기 • 참고 파일 RunTest.kt

```
package chap10.section1

fun main( ) {
    data class Person(var name: String, var skills : String)
    var person = Person("Kildong", "Kotlin")
    val retrunObj = person.apply {
        this.name = "Sean"
        this.skills = "Java"
        "success" // 사용되지 않음
    }
    println(person)
    println("retrunObj: $retrunObj")
```

```
    val retrunObj2 = person.run {
        this.name = "Dooly"
        this.skills = "C#"
        "success"
    }
    println(person)
    println("retrunObj2: $retrunObj2")
}
```

```
실행 결과
Person(name=Sean, skills=Java)
retrunObj: Person(name=Sean, skills=Java)
Person(name=Dooly, skills=C#)
retrunObj2: success
```

run( ) 함수와 apply( ) 함수의 차이점을 보면 run( ) 함수도 해당 객체를 this로 받아 변경할 수 있지만 apply( ) 함수는 this에 해당하는 객체를 반환한 반면에, run( )함수는 마지막 표현식 "success"를 반환했음을 알 수 있습니다. 물론 마지막 표현식을 구성하지 않으면 Unit이 반환됩니다.

with( ) 함수 활용하기

with( ) 함수는 인자로 받는 객체를 이어지는 block의 receiver로 전달하며 결괏값을 반환합니다. with( ) 함수는 run( ) 함수와 기능이 거의 동일한데, run( ) 함수의 경우 receiver가 없지만 with( ) 함수에서는 receiver로 전달할 객체를 처리하므로 객체의 위치가 달라집니다.

```
public inline fun <T, R> with(receiver: T, block: T.( ) -> R): R  = receiver.block( )
```

with( ) 함수는 매개변수가 2개이므로 with( ) { ... }와 같은 형태로 넣어 줍니다. 함수 선언에서 보여주듯 with( )는 확장 함수 형태가 아니고 단독으로 사용되는 함수입니다. with( ) 함수는 세이프 콜(?.)을 지원하지 않기 때문에 다음의 let( ) 함수와 같이 사용되기도 합니다.

```
supportActionBar?.let {
    with(it) {
        setDisplayHomeAsUpEnabled(true)
        setHomeAsUpIndicator(R.drawable.ic_clear_white)
    }
}
```

위 코드에서는 let( ) 함수로 null 검사를 하고 넘겨진 객체를 with( ) 함수에 의해 it으로 받아서 처리하고 있습니다. run( ) 함수에서 객체는 this를 받아서 생략할 수 있었듯이 with( ) 함수의 본문에서 it으로 받았습니다.
사실 let( ) 함수와 with( ) 함수의 표현을 병합하면 run( ) 함수로 다음과 같이 표현할 수 있습니다.

```
supportActionBar?.run {
    setDisplayHomeAsUpEnabled(true)
    setHomeAsUpIndicator(R.drawable.ic_clear_white)
}
```

물론 null이 아닌 경우가 확실하다면 with( ) 함수만 사용해도 됩니다. 다음과 같이 예제를 작성해 봅시다.

코딩해 보세요! with( ) 함수 사용해 보기 • 참고 파일 WithTest.kt

```
package chap10.section1

fun main( ) {
    data class User(val name: String, var skills: String, var email: String? = null)
    val user = User("Kildong", "default")

    val result = with (user) {
        skills = "Kotlin"
        email = "kildong@example.com"
    }
    println(user)
    println("result: $result")
}
```

```
실행 결과
User(name=Kildong, skills=Kotlin, email=kildong@example.com)
result: kotlin.Unit
```

예제와 같이 객체 이름을 with( ) 함수에 인자로 넣고 본문에서 멤버 이름만 사용해 접근할 수 있습니다. 그리고 기본적으로 Unit이 반환되지만, 필요한 경우 마지막 표현식을 반환할 수 있습니다.

```
...
val result = with (user) {
    skills = "Java"
    email = "kildong@example.com"
    "success" // 마지막 표현식 반환
}
...
```

이 경우에 result는 "success"를 할당하는 String형의 변수가 됩니다.

use( ) 함수 활용하기

보통 특정 객체가 사용된 후 닫아야 하는 경우가 생기는데 이때 use( ) 함수를 사용하면 객체를 사용한 후 close( ) 함수를 자동적으로 호출해 닫아 줄 수 있습니다. 내부 구현을 보면 예외 오류 발생 여부와 상관 없이 항상 close( )를 호출을 보장합니다. 선언부를 확인해 봅시다.

```
public inline fun <T : Closeable?, R> T.use(block: (T) -> R): R
```

먼저 T의 제한된 자료형을 보면 Closeable?로 block은 닫힐 수 있는 객체를 지정해야 합니다. 예를 들면 파일 객체의 경우에 사용하고 나서 닫아야 하는 대표적인 Closeable 객체가 됩니다. 파일 처리는 10-2에서 배우지만 먼저 use( ) 함수의 사용법을 살펴보겠습니다.

코딩해 보세요! use( ) 함수 사용해 보기 • 참고 파일 UseTest.kt

```
package chap10.section1

import java.io.File
import java.io.FileOutputStream
import java.io.PrintWriter

fun main( ) {
    PrintWriter(FileOutputStream("d:\\test\\output.txt")).use {
        it.println("hello")
    }
}
```

PrintWriter( )는 파일 등에 내용을 출력합니다. 이때 인자로 FileOutputStream( )을 사용해 파일 output.txt를 지정하고 있습니다. 따라서 output.txt에 hello를 출력하고 use( )에 의해 내부적으로 파일을 닫게 됩니다.

다음은 output.txt 파일에 "hello"라는 문자열을 저장하는 소스 코드입니다. 일반적으로 파일 작업을 하고 나면 close( )를 명시적으로 호출해야 하는데, use 블록 안에서는 그럴 필요가 없습니다. 물론 파일에서 읽어 들일 때도 사용할 수 있습니다. 먼저 d:\test\contents.txt에 파일을 생성하고 "Hello World" 문자열을 작성해 둡니다. 이제 use( ) 함수를 사용해 다음과 같이 읽을 수 있습니다.

구체적인 파일 처리에 대해서는 10-3 파일 입출력에서 다시 살펴보겠습니다.

```
...
val file = File("d:\\test\\contents.txt")
file.bufferedReader( ).use {
    println(it.readText( ))
}
```

기타 함수의 활용

takeIf( ) 함수와 takeUnless( ) 함수의 활용

takeIf( ) 함수는 람다식이 true이면 결과를 반환하고, takeUnless( ) 함수는 람다식이 false이면 결과를 반환합니다. 선언부를 확인해 보겠습니다.

```
public inline fun <T> T.takeIf(predicate: (T) -> Boolean): T?
  = if (predicate(this)) this else null
```

takeIf( ) 함수의 정의에서 볼 수 있듯이 predicate는 T 객체를 매개변수로서 받아오고, true 이면 this를 반환하고 아니면 null을 반환합니다. takeUnless( ) 함수는 !predicate( )가 사용되어 false일 때 반환됩니다. 예를 살펴보겠습니다.

```
// 기존 코드
if (someObject != null && someObject.status) {
   doThis( )
}
// 개선한 코드
if (someObject?.status == true) {
   doThis( )
}
// takeIf( ) 함수를 사용해 개선한 코드
someObject?.takeIf { it.status }?.apply { doThis( ) }
```

null 검사와 someObject 객체의 status의 상태를 검사해 true인 경우에 apply( )를 적용해 doThis( )를 호출합니다.
다음과 같이 엘비스 연산자(?:)를 함께 사용해 처리할 수도 있습니다.

```
val input = "Kotlin"
val keyword = "in"

// 입력 문자열에 키워드가 있으면 인덱스를 반환하는 함수를 takeIf( ) 함수를 사용하여 구현
input.indexOf(keyword).takeIf { it >= 0 } ?: error("keyword not found")

// takeUnless( ) 함수를 사용하여 구현
input.indexOf(keyword).takeUnless { it < 0 } ?: error("keyword not found")
```

시간의 측정

앞에서 시간 측정 함수를 만든 것을 기억할 것입니다. 코틀린에는 람다식을 사용하는 시간 측정 함수를 표준 라이브러리에서도 제공합니다. 코틀린 kotlin.system 패키지에 있는 2개의 측정 함수 measureTimeMillis( )와 measureNanoTime( )을 사용할 수 있습니다. 표준 라이브러리의 Timing.kt에 보면 두 함수는 다음과 같이 선언되어 있습니다.

```
// kotlin.system 패키지의 Timing.kt 파일
public inline fun measureTimeMillis(block: ( ) -> Unit): Long {
    val start = System.currentTimeMillis( )
    block( )
    return System.currentTimeMillis( ) - start
}

public inline fun measureNanoTime(block: ( ) -> Unit): Long {
    val start = System.nanoTime( )
    block( )
    return System.nanoTime( ) - start
}
```

표준 라이브러리 Timing.kt 파일의 코드를 보면 밀리초(ms)와 나노초(ns)를 측정하는 함수 2개가 람다식으로 작성되어 `block` 코드의 내용을 측정할 수 있습니다.

```
val executionTime = measureTimeMillis {
    // 측정할 작업 코드
}
println("Execution Time = $executionTime ms")
```

측정하려는 코드를 `measureTimeMillis( )` 함수의 본문에 작성하면 측정 시간을 Long형 값으로 얻을 수 있습니다. 함수의 성능을 평가할 때 유용합니다.

난수 생성하기

난수를 생성하려면 자바의 java.util.Random을 사용할 수도 있었지만 JVM에만 특화된 난수를 생성하기 때문에 코틀린에서는 멀티 플랫폼에서도 사용 가능한 kotlin.random.Random 패키지를 제공합니다. 다음 소스 코드의 `number`는 0부터 21 사이의 난수를 제공합니다.

```
import kotlin.random.Random
...
    val number = Random.nextInt(21)  // 숫자는 난수 발생 범위
    println(number)
```

10-2 람다식과 DSL

코틀린의 고차 함수와 람다식 같은 특징을 이용하면 개발에 집중할 수 있도록 읽기 좋고 간략한 코드를 만들 수 있었습니다. 이러한 특징을 잘 이용하면 DSL(Domain-Specific Language)이라는 개념으로 특정 주제에 특화된 언어를 만들어 낼 수 있습니다.
사실 DSL 개념은 범용 언어와는 반대로, 특정 애플리케이션의 도메인을 위해 특화된 언어이기 때문에 사용되는 목적에 따라 달라집니다. 예를 들어 데이터베이스에 접근하기 위한 SQL이 대표적인 DSL입니다. SQL은 오로지 데이터베이스만 다룰 수 있는 언어인 셈이죠. 이런 DSL의 특징을 이용해 화면 레이아웃을 단순화한 DSL이나 웹 접근을 단순화한 DSL 등의 많은 프레임워크가 만들어지고 있습니다.

코틀린에서 DSL 사용하기

코틀린은 범용 언어의 목적을 가지고 있지만 앞에서 배운 람다식과 확장 함수 등의 개념을 적절히 활용하면 코틀린 안에서 충분히 DSL 형태의 언어를 만들어 낼 수 있게 됩니다. 물론 잘 만들어진 서드파티의 프레임워크 라이브러리를 이용할 수도 있습니다. 예를 들어 나중에 배우게 될 Anko의 레이아웃을 표현하기 위한 언어가 대표적입니다. 우리는 여기서 파서를 가진 독립적인 DSL 언어가 아닌 코틀린 코드 안에서 DSL을 활용해 만드는 방법을 살펴보겠습니다.

DSL 경험해 보기

고객의 정보를 구체화하는 DSL을 직접 만들어 봅시다. 우리가 목표로 할 DSL 코드는 다음과 같습니다.

```
val person = person {
    name = "Kildong"
    age = 40
    job {
        category = "IT"
        position = "Android Developer"
        extension = 1234
    }
}
```

클래스의 객체 선언처럼 보이지만 범용적인 문법과 다르죠? 선언부의 키워드가 보이지 않고 변수와 값 형태만 남아 있어 읽기 쉽게 구성된 모습을 보여주고 있습니다. 이것이 DSL 형태입니다. 이것을 구성하기 위해서는 먼저 데이터 모델을 만들어야 합니다.
데이터 클래스를 이용해 다음과 같은 Person과 Job 클래스를 만들어 봅시다.

```
data class Person(
    var name: String? = null,
    var age: Int? = null,
    var job: Job? = null)

data class Job(
    var category: String? = null,
    var position: String? = null,
    var extension: Int? = null)
```

data class 키워드로 Person과 Job의 프로퍼티가 정의되었습니다. 이 모델을 사용해 다음과 같은 person( ) 함수를 만들어 봅시다. person( ) 함수는 람다식을 매개변수로 가지고 Person 객체를 받습니다.

```
fun person(block: (Person) -> Unit): Person {
    val p = Person( )
    block(p)
    return p
}
```

함수의 마지막 매개변수가 람다식이면 소괄호 바깥으로 빼낼 수 있었습니다. 여기에는 매개변수가 람다식만 있으므로 함수 person({ ... })을 person { ... }과 같이 소괄호를 생략할 수 있게 됩니다. 이 함수는 Person 객체를 생성하고 람다식 블록 p에 넘겨집니다. 그리고 이 p를 반환합니다.
물론 반환 전에 초기화되어야 하므로 이 함수는 다음과 같이 사용할 수 있습니다.

```
val person = person {
    it.name = "Kildong"
    it.age = 40
}
```

람다식 함수의 매개변수는 1개이므로 it을 사용할 수 있고 이것은 Person의 객체를 가리킵니다. 여기서 it을 제거한 표현식을 사용하려면 람다식을 Person에서 받도록 확장 함수 형태로 변경합니다.

```
fun person(block: Person.( ) -> Unit): Person {
    val p = Person( )
    p.block( )
    return p
}
...
fun main( ) {
    val person = person {
        name = "Kildong" // this.name으로 접근하며 this는 생략 가능
        age = 40 // this.age
    }
}
```

이렇게 되면 it 대신에 this를 사용해 접근할 수 있으며 this는 생략 가능합니다. 훨씬 읽기 좋은 형태가 되었습니다.
apply( )를 적용하면 객체를 블록에 전달하고 객체 자체인 this를 반환하게 되므로 다음과 같이 코드를 축약할 수 있습니다.

```
fun person(block: Person.( ) -> Unit): Person = Person( ).apply(block)
```

이제 job에 대한 항목을 작성하기 위해 확장 함수 방법을 사용해 봅시다.

```
fun Person.job(block: Job.( ) -> Unit) {
    job = Job( ).apply(block)
}
```

이제 이것으로 우리가 목표로 한 DSL의 형태의 Person을 구성할 수 있게 되었습니다.

```
val person = person {
    name = "Kildong"
    age = 40
    job {
```

```
        category = "IT"
        position = "Android Developer"
        extension = 1234
    }
}
```

이제 읽기도 좋고 이해하기도 좋은 person의 정의가 만들어졌습니다. 왠지 마법 같지요? 단순하고 읽기 좋을수록 그 뒷면에 감춰진 기법이 많다는 것을 알게 되었을 것입니다. 하지만 일단 완성되면 굉장히 편리해집니다. 위에서 설명한 코드의 최종적인 예는 다음과 같습니다.

코딩해 보세요! Person을 위한 DSL 만들어 보기 • 참고 파일 PersonDSL.kt

```
package chap10.section2

data class Person(
    var name: String? = null,
    var age: Int? = null,
    var job: Job? = null)

data class Job(
    var category: String? = null,
    var position: String? = null,
    var extension: Int? = null)

fun person(block: Person.( ) -> Unit): Person = Person( ).apply(block)

fun Person.job(block: Job.( ) -> Unit) {
    job = Job( ).apply(block)
}

fun main( ) {
    val person = person { // 간단한 DSL이 적용된 생성 방법
        name = "Kildong"
        age = 40
        job {
            category = "IT"
            position = "Android Developer"
            extension = 1234
        }
    }
    println(person)
}
```

실행 결과

```
Person(name=Kildong, age=40, job=Job(category=IT, position=Android Developer,
extension=1234))
```

DSL을 구현하는 요소

앞에서 만들어 본 간단한 DSL 이외에 다음과 같은 기법을 활용하면 더 복잡한 DSL을 구현하는 것도 가능해집니다.

DSL을 만들기 위한 요소

기법	DSL 문법	일반 문법
연산자 오버로딩	collection += element	collection.add(element)
자료형 별칭	typealias Point = Pair	더 짧은 형식으로 대체 가능
게터/세터	map["key"] = "value"	map.put("key", "value")
분해(디스트럭처링)	val (x, y) = Point(0, 0)	val p = Point(0, 0) val x = p.first val y = p.second
괄호 바깥의 람다식	list.forEach { ... }	list.forEach({ ... })
확장 함수	mylist.first( );	독립된 함수
중위(infix) 함수	1 to "one"	1.to("one")
수신자와 람다식	ClassName( ).apply { ... }	없음
문맥 제어	@DslMarker	없음

여기서 새롭게 보이는 `@DslMarker` 애노테이션은 코틀린 1.1부터 제공되며 사용자 애노테이션 클래스에 적용해 DSL로 사용하기 위한 정의입니다. 직접 DSL을 구성하는 경우가 많지는 않겠지만 자주 사용되는 특정 데이터 패턴을 DSL로 만들어 두면 아주 유용합니다. Anko 라이브러리의 레이아웃을 구성하는 부분도 이러한 DSL을 이용해 만들어졌습니다. Anko Layouts는 UI 요소를 DSL로 만들었기 때문에 레이아웃을 아주 쉽게 구성할 수 있습니다. Anko는 넷째마당에서 살펴볼 예정입니다.

DSL을 사용한 사례

Spring 프레임워크

Spring 프레임워크는 오픈소스로 개발되었으며 의존성 주입과 엔터프라이즈 개발을 편하게 해 주는 경량급 애플리케이션 프레임워크입니다. Spring 프레임워크의 5.0 버전에서는 코틀린 확장을 지원하며 DSL을 이용해 웹 프레임워크를 쉽게 다룰 수 있습니다. 더 자세한 내용은 다음 문서를 확인하세요.

```
https://docs.spring.io/spring/docs/current/spring-framework-reference/
```

Spark 프레임워크

Spark 프레임워크는 원래 자바의 웹 프레임워크로 시작했지만 코틀린의 DSL을 추가했으며, REST API를 사용해 웹 애플리케이션을 손쉽게 만들 수 있습니다. 다음의 예를 봅시다.

```
val userDao = UserDao( )

path("/users") {
    get("") { req, res ->
        jacksonObjectMapper( ).writeValueAsString(userDao.users)
    }

    get("/:id") { req, res ->
        userDao.findById(req.params("id").toInt( ))
    }

    get("/email/:email") { req, res ->
        userDao.findByEmail(req.params("email"))
    }

    post("/create") { req, res ->
        userDao.save(name = req.qp("name"), email = req.qp("email"))
        res.status(201)
        "ok"
    }
...
```

예제에서 DSL을 이용해 REST API의 get/post를 처리합니다. 자세한 것은 다음 URL을 확인하세요.

```
https://github.com/perwendel/spark-kotlin/
```

Ktor 프레임워크

Ktor 프레임워크는 젯브레인즈에서 개발된 프레임워크로 HTTP 요청 처리를 위한 파이프라인 기능과 비동기 프로그래밍 모델을 제공합니다. 코틀린의 코루틴과 DSL을 사용하고 대부분의 API가 람다식으로 구성되어 있습니다.

```
...
fun main( ) {
    val server = embeddedServer(Netty, port = 8080) {
        routing {
            get("/") {
                call.respondText("Hello World!", ContentType.Text.Plain)
            }
            get("/demo") {
                call.respondText("HELLO WORLD!")
            }
        }
    }
    server.start(wait = true)
}
```

이 코드에서 서버를 구동하기 위해 DSL이 사용되고 있음을 알 수 있습니다.
위 사례에서 알 수 있듯이 DSL을 통해 기존의 복잡한 표현을 단순화하고 읽기 좋은 코드로 작성할 수 있기 때문에 다양한 프레임워크에서 이용되고 있습니다.

10-3 파일 입출력

데이터를 다루기 위해 중요한 2가지 작업은 입력과 출력(I/O: Input/Output)입니다. 입력과 출력 작업을 통해 데이터를 필요로 하는 개체에 전송하고 중요한 데이터는 파일에 저장하거나 불러올 수 있죠. 코틀린에서 표준 입력과 출력을 다루는 방법을 알아보고 파일을 저장하고 읽어 오는 방법을 살펴봅시다.

표준 입출력의 기본 개념

입력과 출력은 프로그래밍의 세계에서 빈번하게 일어나는 활동입니다. 우리가 앞에서 많이 사용했던 print( )와 println( )은 내부적으로는 표준 출력 라이브러리인 자바의 System.out.println( )을 호출합니다. System.out은 표준 출력을 위한 라이브러리를 가리킵니다.

그렇다면 표준 입력은 어떻게 다룰까요? 표준 입력의 가장 기본적인 API로 readLine( ) 함수가 있습니다. 함수의 선언부를 보면 다음과 같습니다.

```
fun readLine( ): String? = readLine(System.`in`, decoder)
internal fun readLine(inputStream: InputStream, decoder: CharsetDecoder): String? {
...
```

기본적으로 표준 입력인 System.in을 사용하고 in은 코틀린의 범위 연산자이기 때문에 백틱(`)으로 감싸 지정했습니다. 그런 다음 오버로딩된 가시성 지시자 internal로 지정된 내부 함수 readLine( )을 호출하고, 이것의 매개변수에 InputStream과 CharsetDecoder를 사용해 입력 처리를 구현하고 있습니다.

readLine( ) 함수 사용해 보기

readLine( ) 함수를 다음과 같이 간단히 테스트해 봅시다.

코딩해 보세요! 명령 행 콘솔에서 입력받기 • 참고 파일 ReadLineTest.kt

```
package chap10.section3

fun main( ) {
```

```
    print("Enter: ")
    val input = readLine( )!!
    println("You entered: $input")
}
```

```
실행 결과
Enter: 123
You entered: 123
```

input에는 표준 입력 장치인 콘솔로부터 입력받아 String형으로 할당하고 있습니다. 입력에 실패할 경우 null 가능성이 생기기 때문에 !! 혹은 ?를 사용해 NPE 발생 여부를 처리합니다. 입력받은 값들은 문자열 값이 기본이기 때문에 입력 직후 정수형으로 변환하려면 readLine( )!!.toInt( ) 형태로 호출할 수 있습니다.

입력에는 앞에서 몇 번 사용했던 자바 표준 라이브러리인 Scanner를 이용할 수도 있습니다. 자바 라이브러리인 java.util.*을 임포트하고 사용해야 합니다.

```
import java.util.*
...
val reader = Scanner(System.`in`)
var integer: Int = reader.nextInt( )
```

이때는 nextInt( )라는 멤버 메서드를 사용해 정수형으로 값을 입력받을 수 있습니다. 그 밖에 nextLong( ), nextFloat( ), nextDouble( ), nextBoolean( ) 형식으로도 입력받을 수 있죠. 문자열은 nextLine( )을 통해 입력받습니다.

오리의 프로그래밍 노트 코틀린 입출력 라이브러리 설명

코틀린의 입출력 라이브러리 설명은 다음 위치에서 확인할 수 있습니다.

```
https://kotlinlang.org/api/latest/jvm/stdlib/kotlin.io/index.html/
```

Kotlin의 입출력 API

그러면 표준 라이브러리에서 제공하는 패키지를 정리해 보겠습니다. 먼저 kotlin.io 패키지는 다음과 같은 자바 라이브러리를 확장한 것입니다.

처리 목적	관련 자바 라이브러리
파일 처리	java.io.File
바이트 단위의 입력 처리	java.io.InputStream
바이트 단위의 출력 처리	java.io.OutputStream
문자 기반 읽기 처리	java.io.Reader
문자 기반 쓰기 처리	java.io.Writer
버퍼를 가진 읽기 처리	java.io.BufferedReader

이러한 라이브러리는 파일이나 콘솔과 같은 스트림(Stream)에서 읽거나 쓸 수 있는 API를 제공합니다. 스트림은 데이터가 강물에 띄운 것처럼 흘러간다는 의미로 데이터가 머물러 있지 않고 전달되는 개념을 말합니다. 처리할 데이터의 양에 따라 간단한 데이터에는 `readBytes`, `readLines`, `readText` 계열의 함수를 사용할 수 있습니다. 대량의 데이터에는 `copyTo`, `forEachBlock`, `forEachLine`과 같은 API를 써야 합니다. `InputStream`, `Reader`, `Writer`를 쓸 때는 호출 후 사용이 완료되면 반드시 닫아야 합니다.

자바의 io, nio의 개념

자바에는 입출력을 위한 기본적인 패키지 java.io와 기능이 대폭 확장된 java.nio 패키지가 있습니다. nio(New Input Output)는 자바 7부터 강화된 라이브러리입니다. 코틀린에서는 자바 라이브러리를 그대로 사용할 수도 있으니 알아 두어야 합니다. 비동기 관련 루틴은 코틀린의 코루틴(coroutine)에서 지원하고 있으므로 비동기 관련 부분은 11장에서 살펴보고 여기서는 입출력에 집중하겠습니다. java.io와 java.nio의 기본적인 차이점은 버퍼 사용에 있죠. 다음 표를 봅시다.

java.io와 java.nio의 비교

구분	java.io	java.nio
입출력	스트림(Stream) 방식	채널(Channel) 방식
버퍼 방식	넌버퍼(Non-buffer)	버퍼(Buffer)
비동기 지원	지원 안 함(블로킹 방식)	지원함(넌블로킹 지원)

입출력의 구분으로는 발생한 데이터를 물 흐르듯 바로 전송시키는 스트림 방식과 여러 개의 수로를 사용해 병목 현상을 줄이는 채널 방식이 있습니다. 버퍼는 송/수신 사이에 임시적으로 사용하는 공간이 있는지에 따라 결정됩니다. 공간이 있는 버퍼 방식은 좀 더 유연한 처리가 가능합니다. 비동기 지원 여부로 구분하면 java.io의 경우 블로킹 방식으로 비동기 동작을 지원하지 않는 대신에 단순하게 구성이 가능하고 java.nio는 넌블로킹을 지원해 입출력 동작의 멈춤 없이 또 다른 작업을 할 수 있는 비동기를 지원합니다. 이제 두 방식의 개념을 좀 더 자세히 공부해 보겠습니다.

스트림과 채널

스트림(Stream)은 데이터가 흘러가는 방향성에 따라 입력 스트림(InputStream)과 출력 스트림(OutputStream)으로 구분됩니다. 데이터를 읽고 저장하는 양방향성을 가지는 작업을 할 때, 예를 들어 파일의 경우 `FileInputStream`과 `FileOutputStream`으로 두 작업을 별도로 지정해야 합니다.

채널(Channel) 방식은 양방향으로 입력과 출력이 모두 가능하기 때문에 입출력을 별도로 지정하지 않아도 됩니다. 여러 개의 수로를 가진다고 비유하면 이해하기 좋습니다. 예를 들어 파일을 처리하기 위해 `FileChannel`을 생성하면 입력과 출력을 동시에 사용할 수 있게 되는 것이죠. 채널을 위한 nio 패키지는 다음과 같은 것들이 있습니다.

nio 패키지의 구성

nio 패키지	포함되어 있는 내용
java.nio	다양한 버퍼 클래스
java.nio.channels	파일 채널, TCP/UDP 채널 등
java.nio.charset	문자 세트, 인코더, 디코더 등
java.nio.file	파일 및 파일 시스템 접근 클래스

넌버퍼와 버퍼 방식

스트림 방식에서는 1바이트(Byte)를 쓰면 입력 스트림이 1바이트를 읽습니다. 버퍼를 사용해 다수의 데이터를 읽는 것보다 상당히 느리게 동작하죠. 그래서 io 방식에서는 버퍼와 병합해 사용하는 `BufferedInputStream`과 `BufferedOutputStream`을 제공해 사용하기도 합니다. nio에서는 기본적으로 버퍼를 사용하는 입출력을 하기 때문에 데이터를 일일이 읽는 것보다 더 나은 성능을 보여줍니다.

블로킹과 넌블로킹

프로그램에서 만일 쓰려고(write) 하는데 쓸 공간이 없으면 공간이 비워질 때까지 기다리게 됩니다. 마찬가지로 읽으려고(read) 하는데 읽을 내용이 없으면 기다리게 됩니다.

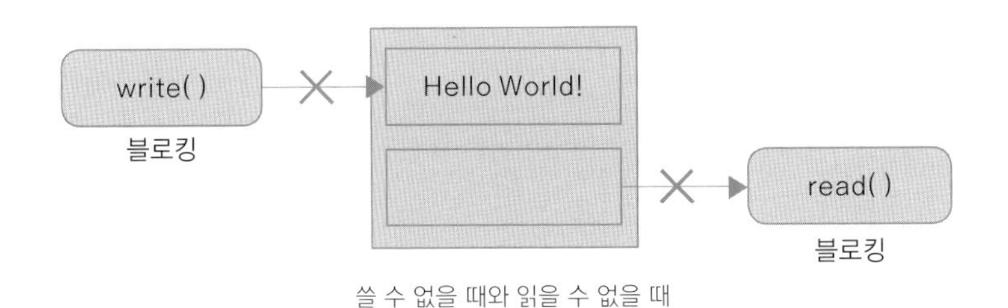

쓸 수 없을 때와 읽을 수 없을 때

따라서 공간이 비워지거나 채워지기 전까지는 쓰고 읽을 수 없기 때문에 호출한 코드에서 계속 멈춰 있는 것을 블로킹(Blocking)이라고 합니다. 스스로 빠져나올 수 없는 거죠.
하지만 메인 코드의 흐름을 방해하지 않도록 입출력 작업 시 스레드나 비동기 루틴에 맡겨 별개의 흐름으로 작업하게 되는 것을 넌블로킹(Non-blocking)이라고 합니다. 따라서 쓰거나 읽지 못해도 스스로 빠져나와 다른 작업을 진행할 수 있게 됩니다. 다만 코드가 복잡해질 수 있습니다.
기본적인 입출력에 대한 개념은 이 정도로 정리하겠습니다. 그러면 관련 API를 하나씩 사용해 보면서 이해해 봅시다.

파일에 쓰기

먼저 `Files` 클래스와 그와 연관된 `Paths`, `StandardOpenOption`을 살펴보겠습니다. `Files` 클래스는 java.nio.file에 속해 있으며 파일 조작을 위한 각종 `static` 메서드로 구성되어 있습니다.

오리의 프로그래밍 노트 자동 임포트 기능 이용하기

IntelliJ IDEA에서는 자동 임포트 기능을 이용할 수 있습니다. 필요한 클래스, 예를 들어 Files라고 코드에 입력한 후 해당 단어에서 잠시 기다리면 다음과 같은 창이 뜹니다. 여기서 Alt + Enter를 입력하면 손쉽게 코드 위쪽에 import문이 완성됩니다.

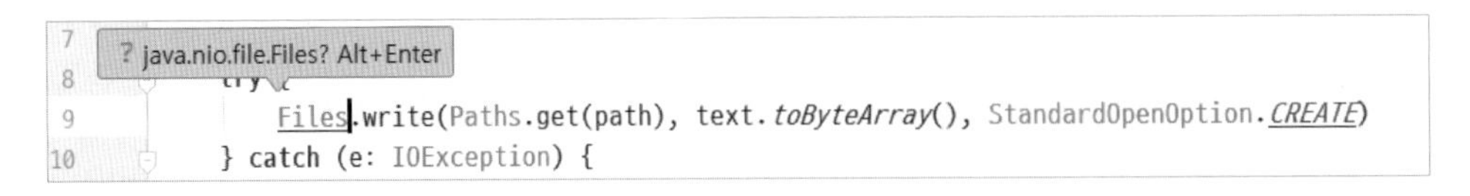

만일 여러 개의 이름이 중복될 경우 목록을 보여주며 필요한 요소를 선택할 수 있습니다. 만일 도움말이 뜨기 전에 Alt + Enter를 누르면 해당 코드에서 수행할 수 있는 몇 가지 기능이 나오는데 여기서는 [import] 메뉴를 통해 생성할 수도 있습니다.

더 자세한 Files 클래스의 정보는 오라클의 API 문서를 확인해 봅니다.

```
https://docs.oracle.com/javase/7/docs/api/java/nio/file/Files.html/
```

그러면 Files의 write( ) 메서드를 사용하는 코드를 작성하고 분석해 보겠습니다.

코딩해 보세요! Files의 write( ) 메서드를 사용해 파일 생성하기 • 참고 파일 FileWriteTest.kt

```
package chap10.section3

import java.io.IOException
import java.nio.file.Files
import java.nio.file.Paths
import java.nio.file.StandardOpenOption

fun main( ) {
    val path = "D:\\test\\hello.txt" // 파일을 생성할 경로를 지정
    val text = "안녕하세요! Hello World!\n"

    try {
        Files.write(Paths.get(path), text.toByteArray( ), StandardOpenOption.CREATE)
    } catch (e: IOException) {
    }
}
```

Files 클래스의 write( )를 사용해 경로에 지정된 파일을 생성하고 내용을 씁니다. 윈도우를 사용할 경우 경로는 드라이브 이름과 백슬래시(\)를 조합한 이름으로 지정하세요! 경로는 Paths 클래스를 사용하고 있고 지정된 문자열 text를 toByteArray( )로 변환하여 지정하고 있습니다. 파일을 생성할 때의 옵션으로 StandardOpenOption을 사용하고 있는데 주요 옵션은 다음과 같습니다.

StandardOpenOption의 주요 옵션

옵션 이름	의미
READ	파일을 읽기용으로 연다
WRITE	파일을 쓰기용으로 연다
APPEND	파일이 존재하면 마지막에 추가한다
CREATE	파일이 없으면 새 파일을 생성한다

파일 경로는 문자열로 지정할 수도 있지만 URI 객체로 특정 콘텐츠 자료형에 대한 위치도 허용합니다. 오버로딩된 get( ) 메서드의 인자를 볼까요?

```
Paths.get(String first, String...more)
Paths.get(URI uri)
```

오리의 프로그래밍 노트 URI란?

URI란 Uniform Resource Identifier의 약자로서 URL과 비슷하게 사용되는데 각종 자원의 위치를 식별하기 위해 사용하는 규약입니다. 예를 들어 https://somewhere.com/abc.gif/와 같은 표현법입니다.

그리고 파일을 처리할 때 발생할 수 있는 예외를 처리하도록 try~catch문을 사용해 IOException을 처리해야 합니다. 이제 프로그램을 실행하면 지정한 경로에 hello.txt 파일이 생성됩니다. 윈도우 탐색기에서 해당 경로를 확인해 보세요! 코틀린에서는 한글 텍스트가 윈도우의 완성형이 아닌 유니코드(UTF-8) 형식으로 저장됩니다.

File의 PrintWriter 사용하기

이번에는 java.io 패키지에서 자주 사용되는 PrintWriter와 BufferedWriter 클래스를 사용해 보겠습니다. PrintWriter의 경우 기본적인 printWriter( ) 외에도 print( ), println( ), printf( ), write( )처럼 파일에 출력하는 메서드를 제공하고 있어 기존에 콘솔에 출력하듯이 바이트 단위로 파일에 쓸 수 있습니다. BufferedWriter는 버퍼를 사용해 데이터를 메모리 영역에 두었다가 파일에 쓰는 좀 더 효율적인 파일 쓰기를 지원하고 있습니다.
먼저 다음과 같이 PrintWriter를 사용해 봅시다. 앞으로 이 파일을 기준으로 파일 쓰기의 모든 API를 테스트해 볼 것입니다.

코딩해 보세요! PrintWriter로 파일에 쓰기 • 참고 파일 WritingFunctions.kt

```
package chap10.section3

import java.io.File
import java.io.FileWriter
import java.io.PrintWriter

fun main( ) {
    val outString: String = "안녕하세요!\tHello\r\nWorld!." // ① 문자열의 구성
```

```
    val path = "D:\\test\\testfile.txt"

    val file = File(path)
    val printWriter = PrintWriter(file)

    printWriter.println(outString) // ② 파일에 출력
    printWriter.close( )
}
```

①번처럼 파일에 쓸 내용을 구성할 때 이스케이프 문자를 사용하면 특수 문자를 표현할 수 있습니다. 이때 주의해야 할 것은 \n만 사용하면 유닉스 기반의 줄 바꿈(LineFeed)만 사용되기 때문에 윈도우에서 줄 바꿈을 하려면 \r\n과 같이 사용해 CR LF로 표기합니다. ②번처럼 printWriter 객체의 멤버 메서드인 println( )을 사용하면 파일인 testfile.txt에 출력하는 것이므로 파일 쓰기를 하는 것과 같습니다.

보통 파일을 사용한 후 닫게(close) 됩니다. 코틀린의 use( )를 사용하면 닫을 수 있는 객체를 자동으로 닫아 주는데요. 따라서 close( ) 메서드를 호출할 필요가 없으므로 코드를 다음과 같이 간략하게 줄일 수 있습니다.

```
File(path).printWriter( ).use { out -> out.println(outString) }
```

인자가 1개이므로 더 줄여 볼까요?

```
File(path).printWriter( ).use { it.println(outString) }
```

이렇게 보니 코드가 더 직관적으로 표현되면서도 양은 줄었습니다. 코틀린의 표준 함수 use( )를 printWriter( )와 함께 사용하면 람다식으로 전달 받은 개체가 사용된 뒤 자동으로 안전하게 닫아 준다는 것을 기억해야 합니다. 즉, use( ) 내부적으로 close( )를 호출합니다.

File의 BufferedWriter 이용하기

BufferedWriter는 버퍼를 사용한다는 차이점만 빼면 사용법은 PrintWriter와 같습니다. bufferedWriter( )를 사용하면 먼저 내용을 메모리에 특정 공간에 저장한 뒤 파일로 다시 쓰여집니다. 기존의 printWriter( )는 다음과 같이 바꿀 수 있습니다.

```
File(path).bufferedWriter( ).use { it.write(outString) }
```

File의 writeText( ) 사용하기

이번에는 코틀린에서 확장해 감싼(wrapped) 메서드로 제공하는 writeText( )를 사용해 봅시다. 감싼 메서드란 기존의 존재하는 메서드를 또 다른 메서드로 감싼 후 기능을 더 추가해 편리하게 사용할 수 있게 한 메서드입니다.

```
val file= File(path)
file.writeText(outString)
file.appendText("\nDo great work!") // 파일에 문자열을 추가
```

writeText( )를 사용하고 appendText( )에서 문자열을 파일에 추가할 수 있습니다. 이후에 닫기(close) 처리가 보이지 않습니다. 왜 그런지 한번 분석해 봅시다. writeText에 커서를 두고 Ctrl + B 혹은 Ctrl + Alt + B를 눌러 선언부나 구현부로 이동해 봅시다.

```
public fun File.writeText(text: String, charset: Charset = Charsets.UTF_8): Unit =
writeBytes(text.toByteArray(charset))
```

다시 writeBytes에서 Ctrl + B를 눌러 이동합니다.

```
public fun File.writeBytes(array: ByteArray): Unit = FileOutputStream(this).use {
it.write(array) }
```

그러면 writeText( )가 결국에 FileOutputStream을 사용하고 있으며 표준 함수 use( )를 이용해 write( )가 사용되고 있었다는 것을 알 수 있습니다! 그러므로 use( )에 의해 close( )가 다시 호출되는 것을 예상할 수 있습니다. 이제 원본 소스로 돌아가려면 열었던 창을 닫거나, Ctrl + Alt + ←를 여러 차례 눌러서 보고 있던 소스로 돌아갑니다.
한편 null인 내용을 파일에 쓰는 경우 printWriter( )는 null을 파일에 쓸 수 있지만, bufferedWriter( )는 NPE를 발생할 수 있습니다. writeText( )를 사용하는 경우에는 자료형 불일치 오류가 발생할 수 있으니 주의해야 합니다.

FileWriter 사용하기

이번엔 FileWriter를 사용해 볼까요? 이번에도 기본적인 사용 방법은 다음과 같습니다.

```
val writer = FileWriter(path, true) // 인자: 경로, append 여부
try {
    writer.write(outString)
} catch (e: Exception) {
    // 오류 발생!
} finally {
    writer.close( )
}
```

try~catch~finally 블록을 통해 예외 처리를 완료한 후 close( )를 호출하고 있습니다. 그러면 이 구조도 코틀린의 use 함수를 사용해 다음 한 줄로 처리해 봅시다. use 함수도 선언부를 따라가 보면 try~catch~finally로 close( )를 처리하고 있고 이것은 인라인 함수로 설계되어 있음을 알 수 있습니다.

```
FileWriter(path, true).use { it.write(outString) }
```

파일에서 읽기

다양한 파일 쓰기에 대한 API를 살펴보았는데 이번에는 코틀린에서 활용할 수 있는 파일 읽기 기법에 대해 생각해 봅시다. 읽기 작업은 앞에서 공부한 파일의 쓰기의 반대 과정이며 쓰기에 사용한 것과 반대되는 API들이 있습니다.

File의 FileReader 사용하기

FileReader를 이용하기 위해 먼저 테스트를 위한 파일을 한번 작성해 봅시다. '오버 더 레인보우(Over the Rainbow)'의 가사를 이용해 보죠. 다음을 작성하고 적당한 디렉터리에 'Over the Rainbow.txt'라는 파일 이름으로 저장해 둡시다.

```
Somewhere over the rainbow, way up high, there's a land that I heard of once in a lullaby.
무지개 너머 저 어딘가에, 아주 높은 곳에, 자장가에서 한 번 들었던 나라가 있어요.

Somewhere over the rainbow, skies are blue.
무지개 너머 저 어딘가에, 하늘은 파래요.

and the dreams that you dare to dream really do come true.
그리고 당신이 감히 꿈꾸는 그 꿈들이 정말로 이루어져요.
```

이때 파일의 형식은 유니코드(UTF-8)로 저장해 두어야 합니다. 윈도우는 완성형 한글을 사용하고 있기 때문에 일반 메모장보다는 Notepad++과 같은 편집기를 통해 파일 인코딩 형식을 UTF-8로 바꿉니다. 그런 다음 아래와 같이 코드를 작성해 봅시다.

코딩해 보세요! FileReader로 파일 읽기 • 참고 파일 FileReadTest.kt

```
package chap10.section3

import java.io.*

fun main( ) {
    val path = "D:\\test\\Over the Rainbow.txt"

    try {
        val read = FileReader(path)
        println(read.readText( ))
    } catch (e: Exception) {
        println(e.message)
    }
}
```

실행 결과

```
Somewhere over the rainbow, way up high, there's a land that I heard of once in a lullaby.
무지개 너머 저 어딘가에, 아주 높은 곳에, 자장가에서 한 번 들었던 나라가 있어요.

Somewhere over the rainbow, skies are blue.
무지개 너머 저 어딘가에, 하늘은 파래요.

and the dreams that you dare to dream really do come true.
그리고 당신이 감히 꿈꾸는 그 꿈들이 정말로 이루어져요.
```

텍스트 파일은 FileReader로부터 선언된 read의 readText( ) 멤버 메서드를 통해 읽어 오고 있습니다. readText( )는 내부적으로 StringWriter( )를 호출해 텍스트를 메모리로 가져온 후 그 내용을 반환합니다.

자바의 파일 읽기를 코틀린으로 변경하기

이제 자바에서 자주 사용되는 파일 읽기의 방법을 살펴보고 이것을 코틀린의 방법으로 변환해 봅시다. 먼저 일반적인 자바 코드의 모습을 살펴보겠습니다.

```
// 자바로 만들어진 파일 읽기 코드
BufferedReader reader = null;
try {
    reader = new BufferedReader(
        new InputStreamReader(getAssets( ).open("datafile.json"), "UTF-8"));

    // 보통 루프를 사용해 파일이 끝날 때까지 줄을 읽음
    String mLine;
    while ((mLine = reader.readLine( )) != null) {
       // 읽은 줄의 처리
       ...
    }
} catch (IOException e) {
    // 예외 처리 로그
} finally {
    if (reader != null) {
         try {
             reader.close( );
         } catch (IOException e) {
             // 예외 처리 로그
         }
    }
}
```

자바에서 파일 입력을 위해 보통 많이 볼 수 있는 코드입니다. 핵심은 BufferedReader의 인자로 전달된 InputStreamReader를 통해 datafile.json 파일을 UTF-8 인코딩 방식으로 열고 readLine( )을 통해 읽어 들인다는 점입니다. 모든 것이 정상적으로 끝나면 finally 블록에서 close( )를 호출해 안전하게 파일을 닫습니다. 위의 코드는 핵심 코드보다 블록 구문의 자잘한 코드가 더 많아 한눈에 흐름이 파악되지 않습니다.

오리의 프로그래밍 노트 JSON이란

JSON(JavaScript Object Notation)은 데이터의 구조를 표현하기 위해 만들어진 경량의 데이터 교환 형식입니다. xml보다 읽기 쉽고 코드에서 변환이 쉽기 때문에 데이터 전송에 많이 사용하고 있습니다.

앞에서 만든 예제를 코틀린 코드로 단순 변환해 봅시다.

코딩해 보세요! **자바 읽기 코드의 단순 변환** • 참고 파일 FileReadMethod.kt

```
package chap10.section3

import java.io.*

fun main( ) {
    val path = "D:\\test\\Over the Rainbow.txt"
    ...
    // 단순 변환
    val file = File(path)
    val inputStream: InputStream = file.inputStream( )
    val inputStreamReader = InputStreamReader(inputStream)
    val sb = StringBuilder( )
    var line: String?
    val br = BufferedReader(inputStreamReader)
    try {
        line = br.readLine( )
        while (line != null) {
            sb.append(line, '\n')
            line = br.readLine( )
        }
        println(sb)
    } catch (e:Exception) {

    } finally {
        br.close( )
    }
}
```

실행하는 데 문제는 없지만 단순히 코드를 코틀린에 대응하도록 바꾸었기 때문에 여전히 보기 좋지 않고 코드 양도 별로 줄지 않았습니다. 먼저 use( )를 사용해 close( ) 부분을 삭제하겠습니다. 위 소스 코드에서 '단순 변환'의 이하 부분을 모두 주석 처리하고 다음과 같이 작성해 봅시다.

```
val file = File(path)
val inputStream: InputStream = file.inputStream( )
val text = inputStream.bufferedReader( ).use { it.readText( ) }
println(text)
```

앞에서 본 단순 변환 코드를 코틀린의 방법으로 다시 작성하면 단 몇 줄 만에 같은 효과를 내도록 바뀝니다. 여기서 주의할 점은 자바의 InputStream 클래스에는 bufferedReader( )라는 멤버 메서드가 없지만 코틀린의 kotlin.io 라이브러리 패키지에서 확장 함수 기법으로 InputStream에 추가되었다는 점입니다.
좀 더 간단하게 file 객체를 생략하고 BufferedReader로만 구성해서 다음과 같이 코드를 수정해도 됩니다.

```
val bufferedReader: BufferedReader = File(path).bufferedReader( )
val inputString = bufferedReader.use { it.readText( ) }
println(inputString)
```

줄 단위로 처리하려면 use( ) 대신 useLines( )를 사용할 수 있습니다. useLines( )는 코틀린의 시퀀스를 이용하고 있으며 마찬가지로 처리가 완료된 뒤 파일을 닫습니다.

```
val bufferedReader = File(path).bufferedReader( )
val lineList = mutableListOf<String>( )
bufferedReader.useLines { lines -> lines.forEach { lineList.add(it) } }
lineList.forEach { println(">  " + it) }
```

여기서는 변경 가능한 컬렉션인 mutableListOf를 사용했습니다. 각 줄 단위로 람다식에 의해 List 컬렉션에 add( )로 채워집니다.
이제 BufferedReader까지 생략하고 파일을 직접 사용해 봅시다.

```
val lineList = mutableListOf<String>( )
File(path).useLines { lines -> lines.forEach { lineList.add(it) } }
lineList.forEach { println(">  " + it) }
```

이렇게 코틀린의 표준 함수와 함께 파일 읽기와 쓰기를 구현하면 코드를 간략하게 작성할 수 있습니다.

copyTo( ) 사용하기

코틀린에서 확장된 copyTo( )는 이름에서 알 수 있듯이 파일에 대한 복사 작업을 처리하고 있습니다. 코틀린 표준 라이브러리를 보면 다음과 같이 선언되어 있습니다.

```
public fun File.copyTo(target: File, overwrite: Boolean = false, bufferSize: Int = DE-
FAULT_BUFFER_SIZE): File
```

copyTo( )는 목적지인 target에 파일을 버퍼 크기만큼 한 번에 복사합니다. 이때 기존에 파일이 존재하면 덮어쓸지 결정하기 위해 overwrite 매개변수를 통해 결정할 수 있습니다. bufferSize 매개변수는 버퍼 크기를 설정합니다. 함수 선언부에서 보듯 overwrite나 bufferSize는 기본값이 설정되어 있어 생략할 수 있습니다.

특정 파일을 다른 파일로 복사하기 위해 다음과 같이 간단히 테스트해 볼 수 있습니다.

```
File(path).copyTo(File("D:\\test\\file2.txt"))
```

만일 복사하려는 첫 번째 대상인 path가 없으면 FileNotFoundException 오류가 발생합니다. 또한 복사할 대상은 오로지 파일이어야만 합니다. 파일 용량이 크다면 복사되는 도중에는 블로킹하면서 멈출 수 있습니다.

그 밖에 코틀린에서는 파일을 다루기 위해 다음과 같은 함수를 지원하고 있습니다. 파일 내용을 각 줄에 맞춰 처리하거나 바이트, 줄, 텍스트 단위의 읽기 메서드를 사용할 수 있습니다.

```
// 파일의 내용 출력하기
File(path).forEachLine { println(it) }

// 바이트 단위로 읽기 (쓰기는 writeBytes( ))
val bytes = File(path).readBytes( )
println(Arrays.toString(bytes))

// 줄 단위로 읽기
val lines = File(path).readLines( )
lines.forEach { println(it) }

// 텍스트 단위로 읽기 (쓰기는 writeText( ))
val text = File(path).readText( )
println(text)
```

지금까지 파일 입출력 기법에 대해 간단히 살펴봤습니다. 좀 더 복잡한 파일의 입출력 또는 전송을 처리하려면 넌블로킹과 비동기화 기법이 도입되어야 합니다. 기존의 블로킹 방법은 작성은 단순하다는 장점이 있는 반면 처리할 데이터에 따라 프로그램이 멈출 수 있는 단점이 있습니다. 기다리는 동안 다른 일을 할 수 있다면 프로그램의 성능은 좋아질 것입니다. 하지만 여러 가지 일을 한꺼번에 처리하다 보면 데이터의 일관성과 값의 보호 등 생각해야 될 문제가 많이 생기죠. 이런 문제는 대부분 코루틴과 동시성 프로그래밍으로 해결할 수 있습니다.

스스로 확인하는 10장 마무리 문제

Q1 다음 코드를 코틀린의 표준 람다식 함수인 let을 사용하여 바꿔 보세요.

```
var property: Int? = 42

fun someMethod( ) {
    if (property != null) {
        println("someMethod: $property")
    }
}
```

Q2 객체 person에 대한 멤버에 접근할 때 객체 이름을 생략하여 접근하려면 어떻게 해야 할까요?

```
val person = Person( ).____________________ {
    name = "홍길동"
    age = 30
}
```

Q3 넌-널(nun-null) 단정 코드를 잘 사용하지 않는 이유는 ____________________가 발생할 수 있기 때문입니다.

정답 Q1 property?.let { println("letMethod: $it") } Q2 apply
Q3 NPE, 보통은 let( ) 함수나 엘비스 연산자 등을 사용합니다.

11

코루틴과 동시성 프로그래밍

프로그램이 복잡하다는 것은 수많은 객체들의 상호작용이 있다는 뜻입니다. 이때 프로그램의 어떤 루틴이 또 다른 루틴의 값을 읽어 오려 할 때 값을 줄 준비가 되지 않았다면 멈추게 될 것입니다. 사용자 입장에서는 반응성이 좋지 못한 결과를 가져오겠지요. 여기서 동시성 프로그램이라는 개념이 나타납니다. 전통적으로 여러 개의 실행 루틴을 동작시키는 멀티 스레드를 사용하곤 했지만, 디버깅이 어렵고 컴퓨팅 환경에 따라 결과를 예측하기 힘든 단점이 있었기 때문에 좀 더 다루기 쉬운 코루틴이 나타났습니다. 이 장에서는 코틀린의 코루틴과 동시성 프로그래밍 기법에 대해 배워 봅니다.

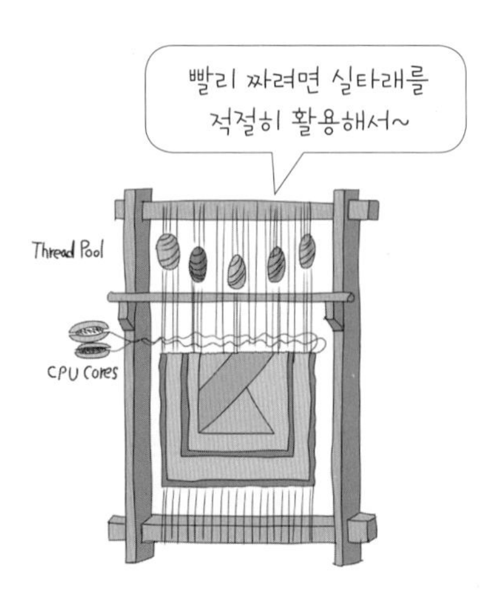

11-1 동시성 프로그래밍

프로그래밍에서 순서대로 작업을 수행하여 1개의 루틴을 완료한 후 다른 루틴을 실행하는 방식을 동기적(synchronous)으로 수행한다고 말합니다. 현재의 프로그래밍은 순차적인 프로그램보다 다양한 기능이 한꺼번에 일어나는 다중 실행 환경에 있는 경우가 많아졌습니다. 예를 들면 화면에서 로딩되는 UI를 보여줄 때 네트워크는 데이터를 다운로드해야 하고, 목록을 끌어올리면 지속적으로 UI를 갱신하며 아이템 목록을 업데이트하는 경우가 대표적인 다중 작업 프로그램입니다. 이렇듯 여러 개의 루틴이 선행 작업의 순서나 완료 여부와 상관없이 실행되는 방식을 비동기적(asynchronous)이라고 합니다. 이러한 비동기 프로그래밍은 RxJava, Reactive와 같은 서드파티(third-party) 라이브러리에서 제공하고 있습니다.

오리의 프로그래밍 노트 서드파티 라이브러리란?

보통 기본으로 제공되는 표준 라이브러리가 아닌 다른 개발자(제3자)가 만든 라이브러리를 말합니다. 개발을 편리하게 해 주는 플러그인, 프레임워크, 유틸리티 API 등을 제공하고 있습니다.

코틀린에서는 코루틴(Coroutine)을 서드파티가 아닌 기본으로 제공하고 있습니다. 하나의 개별적인 작업을 루틴(routine)이라고 부르는데 코루틴이란 여러 개의 루틴들이 협력(co)한다는 의미로 만들어진 합성어입니다.

순차적으로 루틴을 실행하는 동기 코드는 코드의 복잡도가 낮습니다. 하지만 코드의 여러 구간에서 요청된 작업이 마무리가 될 때까지 멈춰 있는 현상이 나타나게 됩니다. 이를 블로킹된 코드라고 부릅니다. 여기저기 블로킹된 코드를 개선하고 성능을 향상하려면 넌블로킹 기법의 코드를 구성해야 합니다. 보통 다중 작업을 하려면 스레드와 같은 비동기 코드를 작성해야 하는데 이때 코드가 복잡해집니다. 하지만 코틀린의 코루틴을 사용하면 넌블로킹(Non-blocking) 또는 비동기 코드를 마치 동기 코드처럼 쉽게 작성하면서도 비동기 효과를 낼 수 있습니다! 그렇다면 블로킹과 넌블로킹, 동기와 비동기란 정확히 무엇일까요? 동시성 프로그래밍에 사용되는 용어부터 먼저 정리해 봅시다.

블로킹과 넌블로킹

블로킹 동작

다음 다이어그램을 보고 블로킹 동작을 이해해 봅시다.

블로킹 형태의 태스크 수행

다음은 2개의 태스크(Task)가 있는 일반적인 형태의 프로그램 흐름입니다. 먼저 태스크 A에서 블로킹 구간을 발견할 수 있습니다. 입출력 과정인 읽기나 쓰기(R/W) 과정이 수행될 때 태스크 A의 코드가 더 이상 진행되지 않고 내부 메모리 영역에서 해당 작업이 마무리될 때까지 코드는 멈추게 됩니다. 이런 상황을 코드가 '블로킹'하고 있다고 말합니다.

태스크 A가 블로킹하는 동안 운영체제의 스케줄링 정책에 따라 우선순위가 낮은 또 다른 태스크 B가 실행될 수 있습니다. 우선순위가 높은 태스크 A의 실행이 재개되면 우선순위가 낮은 태스크 B는 블로킹하고 태스크 A가 종료되면 다시 태스크 B가 재개됩니다.

넌블로킹 동작

같은 상황에서 넌블로킹으로 동작하는 프로그램은 어떻게 동작하는지 살펴보겠습니다.

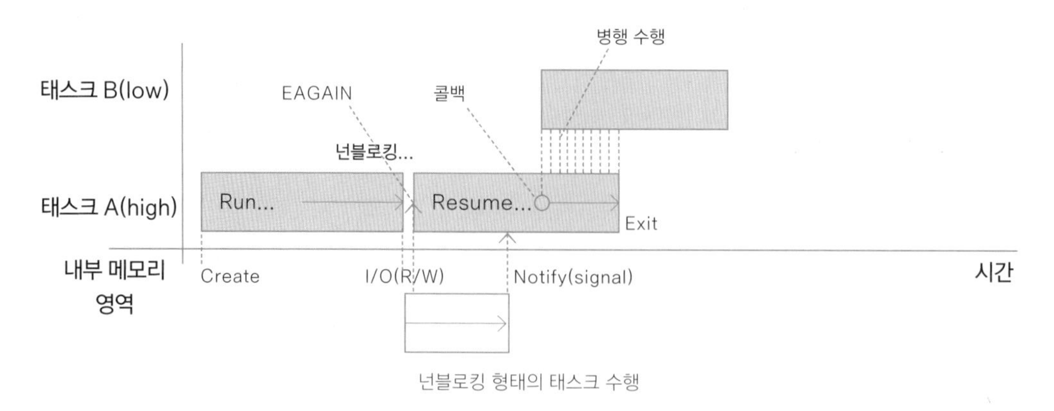

넌블로킹 형태의 태스크 수행

넌블로킹 형태의 프로세스에서는 입출력 요청을 하더라도 운영체제에 의해 EAGAIN과 같은 시그널을 태스크 A가 받아서 실행을 재개할 수 있습니다. 이때 태스크 A는 다른 루틴을 수행하다가 내부적으로 입출력 완료 시그널을 받은 후 콜백 루틴(Callback Routine) 등을 호출해 완료된 이후의 일을 처리할 수 있습니다. 이러한 처리는 코드의 흐름을 멈추지 않고 다른 루틴을 먼저 수행할 수 있기 때문에 실행 시간이 더 빠르고 좀 더 좋은 성능을 보여줍니다.
태스크 A를 수행하는 도중에 또 다른 태스크 B가 생성될 수 있는데 이때 태스크 A와 B는 비동기적으로 수행될 수 있습니다. 이 경우에는 A와 B의 실행 시점이 운영체제에 의해 결정되기 때문에 어떤 것이 어떻게 수행될지는 프로그래머가 알 수 없고 2개의 태스크 사이에 운영체제의 스케줄링 기법에 의해 결정됩니다. 위 다이어그램에서는 2개의 태스크가 동시에 수행되는 것처럼 보이나 프로세서 코어 수에 따라 동시에 수행될 수도 있고 2개의 태스크를 자주 교환해 동시에 수행되는 것처럼 보이게 할 수 있습니다. 여러 개의 코어가 태스크가 동시에 수행되는 것을 병행 수행(Concurrency)이라고 합니다.

프로세스와 스레드

프로세스와 스레드의 개념

태스크는 큰 실행 단위인 프로세스나 좀 더 작은 실행 단위인 스레드를 말합니다. 하나의 프로그램이 실행되면 프로세스가 시작되는데 프로세스는 실행되는 메모리, 스택, 열린 파일 등을 모두 포함하기 때문에 프로세스 간 문맥 교환(Context-Switching)을 할 때 많은 비용이 듭니다. 반면 스레드는 자신의 스택만 독립적으로 가지고 나머지는 대부분 스레드끼리 공유하므로 문맥 교환 비용이 낮아 프로그래밍에서 많이 사용됩니다. 다만 여러 개의 스레드를 구성하면 코드가 복잡해집니다. 이러한 멀티 스레드(multi-thread)를 구현하기 위해서는 저수준에서 운영체제의 개념과 스케줄링, 스레드와 프로세스에 대해 깊은 이해가 있어야 합니다.

오리의 프로그래밍 노트 문맥 교환, 프로세스와 스레드

문맥 교환 혹은 컨텍스트-스위칭(Context-Switching)은 운영체제론에서 많이 사용되는 용어입니다. 문맥 교환이란 하나의 프로세스나 스레드가 CPU를 사용하고 있는 상태에서 다른 프로세스나 스레드가 CPU를 사용하도록 하기 위해, 이전의 프로세스의 상태(문맥)를 보관하고 새로운 프로세스의 상태를 적재하는 과정을 말합니다. 그렇다면 프로세스나 스레드는 어떻게 구성되어 있을까요?

프로세스는 코드, 데이터, 열린 파일의 식별자, 동적 할당 영역, 스택 등을 가지고 있는데, 이러한 것들을 문맥(Context)이라고 합니다. 프로세스와 프로세스는 서로 완전히 독립되어 있기 때문에 프로세스 간의 실행을 전환하려면 이러한 문맥을 저장해 두었다가 새로운 프로세스의 문맥을 불러들이는 과정을 거쳐야 합니다.

스레드는 프로세스의 코드, 데이터, 열린 파일 등을 공유하는 작은 독립된 실행 단위입니다. 스레드는 레지스터와 스택만 독립적으로 가지고 있고 대부분의 문맥은 프로세스 안에서 공유하기 때문에 스레드 간 문맥 전환은 프로세스 간 전환보다 훨씬 빠르고 운영체제 입장에서 비용이 낮습니다.

프로세스 1
코드
데이터
파일
힙
스택

프로세스 2
코드
데이터
파일
힙
{main}
스레드1 스레드2 스레드3
레지스터 레지스터 레지스터
스택 스택 스택

프로세스와 스레드

보통 멀티코어 프로세서를 가진 시스템에서 성능을 위해서 스레드 풀(Thread Pool)을 사용해 미리 초기화해 둔 스레드를 사용하고 있습니다. JVM에서는 Runnable 태스크를 가진 Executor에 의해 사용됩니다. 코루틴은 이러한 자바의 메커니즘을 이용하고 있습니다.

그렇다면 응용 프로그래머 입장에서 운영체제를 깊게 이해하지 않더라도 동시성 프로그래밍을 이용할 수 있는 방법이 있을까요? 코틀린에서는 새롭게 등장한 코루틴 개념을 사용하면 이러한 전통적인 스레드 개념을 만들지 않고도 좀 더 쉽게 비동기 프로그래밍을 할 수 있습니다. 코루틴은 문맥 교환이 없고 최적화된 비동기 함수를 통해 비선점형으로 작동하는 특징이 있어 협력형 멀티태스킹(Cooperative Multitasking)을 구현할 수 있게 해 줍니다.

오리의 프로그래밍 노트 협력형 멀티태스킹

프로그램에서 태스크를 수행할 때 운영체제를 사용할 수 있게 하고 특정한 작업에 작업 시간을 할당하는 것을 '선점한다'라고 합니다. 선점형 멀티태스킹(Preemptive Multitasking)은 운영체제가 강제로 태스크의 실행을 바꾸는 개념이고 협력형 멀티태스킹은 태스크들이 자발적으로 양보하며 실행을 바꿀 수 있는 개념입니다.

스레드 생성하기

코틀린의 코루틴 프로그래밍을 해 보기 전에 기존 자바에서 사용하던 스레드를 생성하는 방법을 잠깐 알아봅시다. 스레드 루틴을 만들려면 `Thread` 클래스를 상속받거나 `Runnable` 인터페이스를 구현합니다. 물론 이러한 자바 클래스들은 코틀린에서도 사용할 수 있습니다. 다음 코드를 작성해 봅시다.

코딩해 보세요! 기본 스레드 생성해 보기 • 참고 파일 ThreadTest.kt

```
package chap11.section1

// ① Thread 클래스를 상속받아 구현하기
class SimpleThread: Thread( ) {
    override fun run( ) {
        println("Current Threads: ${Thread.currentThread( )}")
    }
}

// ② Runnable 인터페이스로부터 run( ) 메서드 구현하기
class SimpleRunnable: Runnable {
    override fun run( ) {
        println("Current Threads: ${Thread.currentThread( )}")
    }
}

fun main( ) {
    val thread = SimpleThread( )
    thread.start( )

    val runnable = SimpleRunnable( )
    val thread1 = Thread(runnable)
    thread1.start( )
}
```

실행 결과

```
Current Threads: Thread[Thread-0,5,main]
Current Threads: Thread[Thread-1,5,main]
```

①번에서는 Thread 클래스를 직접 상속받아 구현했습니다. 이 경우에는 다중 상속이 허용되지 않기 때문에 Thread 이외의 클래스를 상속할 수 없습니다. ②번에서는 Runnable 인터페이스를 구현한 것이므로 다른 클래스를 상속할 수도 있습니다. 스레드에서 실행할 코드는 run( ) 메서드를 오버라이딩해서 구현해 둡니다. 이것을 실행하려면 해당 클래스 객체의 start( ) 메서드를 호출하면 각 스레드의 run( ) 본문을 수행하는 독립된 실행 루틴이 동작하게 됩니다.

익명 객체를 사용하면 클래스의 객체를 만들지 않고도 다음과 같이 실행할 수 있습니다.

```
object : Thread( ) {
    override fun run( ) {
        println("Current Threads(object): ${Thread.currentThread( )}")
    }
}.start( )
```

이 코드는 코틀린의 객체 표현식에 의해 익명 클래스로 생성하고 run( ) 메서드를 오버라이딩해서 구현했습니다. 그리고 start( ) 메서드를 통해 스레드를 실행합니다.

```
Thread({
    println("Current Threads(lambda): ${Thread.currentThread( )}")
}).start( )
```

이 코드는 Runnable을 전달하는 람다식입니다. 소괄호는 생략 가능합니다.

사용자 함수를 통한 스레드 생성하기

start나 기타 매개변수로 상태 제어가 쉽도록 다음과 같이 추가 람다식을 직접 만들어도 됩니다. 다음 예제를 작성해 봅시다.

코딩해 보세요! Thread 클래스를 손쉽게 사용하도록 함수 만들기 • 참고 파일 ThreadCustomFunc.kt

```
package chap11.section1

// 람다식을 추가로 만들어 실행
public fun thread(start: Boolean = true, isDaemon: Boolean = false,
                  contextClassLoader: ClassLoader? = null, name: String? = null,
                  priority: Int = -1, block: ( ) -> Unit): Thread {
    val thread = object : Thread( ) {
        public override fun run( ) {
            block( )
```

```
        }
    }
    if (isDaemon) // 백그라운드 실행 여부
        thread.isDaemon = true
    if (priority > 0) // 우선순위 (1: 낮음 ~ 5: 보통 ~ 10: 높음)
        thread.priority = priority
    if (name != null) // 이름
        thread.name = name
    if (contextClassLoader != null)
        thread.contextClassLoader = contextClassLoader
    if (start)
        thread.start( )
    return thread
}

fun main( ) {
    // 스레드의 옵션 변수를 손쉽게 설정할 수 있음
    thread(start = true) {
        println("Current Threads(Custom function): ${Thread.currentThread( )}")
        println("Priority: ${Thread.currentThread( ).priority}") // 기본값은 5
        println("Name: ${Thread.currentThread( ).name}")
        println("Name: ${Thread.currentThread( ).isDaemon}")
    }
}
```

```
실행 결과
Current Threads(Custom function): Thread[Thread-0,5,main]
Priority: 5
Name: Thread-0
Name: false
```

이렇게 하면 스레드의 우선순위, 백그라운드 여부, 이름 등 스레드가 가져야 할 각종 옵션 변수를 손쉽게 설정할 수 있습니다. 옵션을 비우면 기본값이 사용되기 때문에 문제 없습니다. 따라서 보일러플레이트한 코드를 숨길 수 있으므로 thread( ) 함수만으로 깔끔한 코딩이 가능합니다.

우선순위(priority)는 보통 운영체제에 따라 다르지만 JVM에서는 10단계의 우선순위 레벨을 가질 수 있습니다. 값이 높으면 높은 우선순위로 먼저 처리하게 됩니다. 기본값은 5가 할당됩니다.

데몬 여부를 결정하는 isDaemon은 백그라운드 서비스를 제공하기 위한 스레드를 생성합니다. 보통 데몬 스레드는 운영체제에 의해 낮은 우선순위가 부여됩니다.

오리의 프로그래밍 노트 보일러플레이트

보일러플레이트(Boilerplate)한 코드란 반복되어 자주 쓰지만 매번 작성하기 번거롭고 읽기 어려운 많은 양의 코드입니다. 보일러플레이트한 코드를 제거해서 자주 사용되는 루틴을 간략화하는 것이 코틀린의 목표이기도 하죠.

스레드 풀 사용하기

애플리케이션의 비즈니스 로직을 설계할 때는 스레드가 자주 재사용됩니다. 따라서 몇 개의 스레드를 먼저 만들어 놓고 필요에 따라 재사용하도록 설계할 수 있습니다. 보통 이런 경우에는 newFixedThreadPool( )로 스레드를 인자의 수만큼 만들고 작업을 수행할 때 여기에서 재사용 가능한 스레드를 고르게 합니다. 예를 들어 8개의 스레드로 특정 백그라운드 서비스를 하도록 만든다고 했을 때 다음과 같이 코드를 작성할 수 있습니다.

```
val myService:ExecutorService = Executors.newFixedThreadPool(8)
var i = 0

while (i < items.size) {  // 아주 큰 데이터를 처리할 때
    val item = items[i]
    myService.submit {
        processItem(item) // 여기서 아주 긴 시간 동안 처리하는 경우
    }
    i += 1
}
```

기본적인 동시성 프로그래밍의 필요성과 용어, 이전에 자주 사용하던 스레드의 생성 방법을 간단히 살펴봤습니다. 사실 코루틴을 사용하면 이런 방식을 사용하지 않아도 됩니다. 다만 기존의 동시성 프로그래밍의 방법에 대해 알아 둘 필요는 있습니다.

11-2 코루틴의 개념과 사용 방법

스레드와 같은 기법으로 구성하는 넌블로킹 코드는 성능이 뛰어나지만 코드가 복잡하므로 안전하지 못한 코드를 만들 가능성이 높아집니다. 코틀린은 코루틴을 통해 코드의 복잡성을 줄이고도 손쉽게 일시 중단하거나 다시 시작하는 루틴을 만들어 낼 수 있습니다. 코루틴을 이용하여 손쉽게 함수를 정의하고 여러 개의 루틴으로 멀티태스킹을 실현해 보겠습니다.

코루틴의 기본 개념

프로세스나 스레드는 해당 작업을 중단(stopped)하고 다른 루틴을 실행하기 위한 문맥 교환을 시도할 때 많은 비용이 듭니다. 코루틴은 비용이 많이 드는 문맥 교환 없이 해당 루틴을 일시 중단(suspended)해서 이러한 비용을 줄일 수 있습니다. 다르게 표현하면 운영체제가 스케줄링에 개입하는 과정이 필요하지 않다는 것입니다. 또한 일시 중단은 사용자가 제어할 수 있습니다.

코루틴 라이브러리 추가하기

코루틴은 코틀린 1.1 버전 이후에서 사용 가능하고 1.2까지는 실험적 성격의 라이브러리였습니다. 따라서 코틀린 1.2 버전을 이용하는 경우 0.3x 버전의 코루틴 라이브러리를 사용해야 합니다. 코틀린 1.3 이후 버전에서는 코루틴 1.0 버전이 정식 라이브러리가 되면서 패키지 이름에 '실험적'이라는 뜻의 단어 experimental이 빠지게 됩니다. 따라서 코틀린 1.3 이후 버전을 이용하는 경우 1.0.x 이후 버전의 코루틴을 추가합니다. 코루틴의 버전 업데이트에 대한 내용을 참조하려면 다음 웹사이트를 방문하세요.

```
https://github.com/Kotlin/kotlinx.coroutines/
```

1. 새로운 라이브러리를 추가하기 위해 [File 〉 Project Structure] 메뉴를 선택하고 Project Structure 대화상자에서 [Libraries] 메뉴의 [+] 버튼을 누릅니다. 나타난 목록에서 [From Maven]을 선택하면 원격 Maven 저장소를 지정할 수 있는 대화상자가 나옵니다.

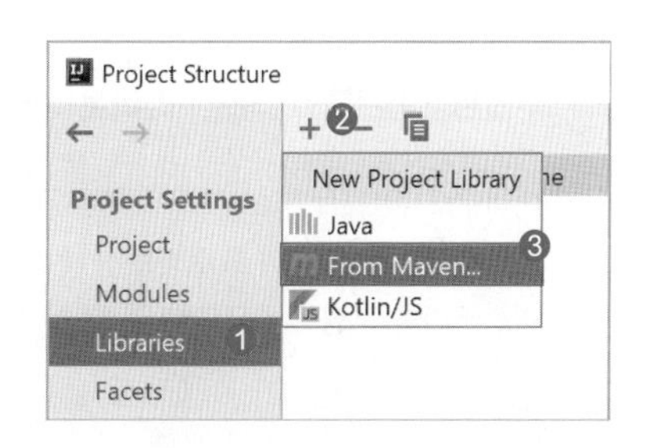

2. 여기서 Kotlinx-coroutines라고 입력한 후 돋보기 모양의 검색 버튼을 누르면 추천되는 저장소 라이브러리가 나열됩니다. 추천 목록이 나열되기까지 약간의 시간이 필요합니다. 검색이 완료되면 콤보 버튼을 누른 후 필요한 라이브러리를 선택합니다. org.jetbrains.kotlinx:kotlinx-coroutines-core:〈버전〉을 선택하는데 코틀린 1.3은 1.0.x 이후 버전을 선택하고 [OK] 버튼을 누릅니다. 이 책의 집필 시점에서는 1.1.1이 최신 버전입니다.

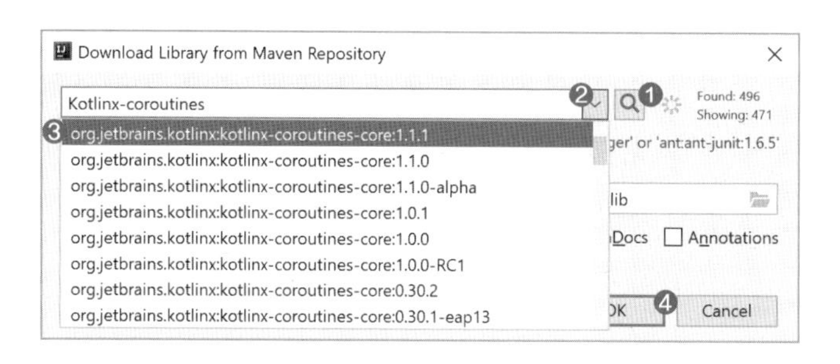

코틀린의 버전은 IntelliJ IDEA나 Android Studio에서 [Tools > Kotlin > Configure Kotlin Plugin Updates] 메뉴를 선택하면 확인할 수 있습니다.

```
org.jetbrains.kotlinx:kotlinx-coroutines-core:0.30.2 → 코틀린 1.2를 사용할 때 예
org.jetbrains.kotlinx:kotlinx-coroutines-core:1.1.1 → 코틀린 1.3을 사용할 때 예
```

3. Choose Modules 대화상자에서 적용할 프로젝트 모듈을 선택한 후 [OK] 버튼을 누릅니다. 그러면 관련 라이브러리가 프로젝트 디렉터리 하부의 lib에 다운로드될 것입니다. kotlinx-coroutines-core와 kotlinx-coroutines-common이 다음과 같이 추가되면서 이제 관련 라이브러리를 사용할 수 있게 됩니다. [OK] 버튼을 누르고 프로젝트에 반영합니다.

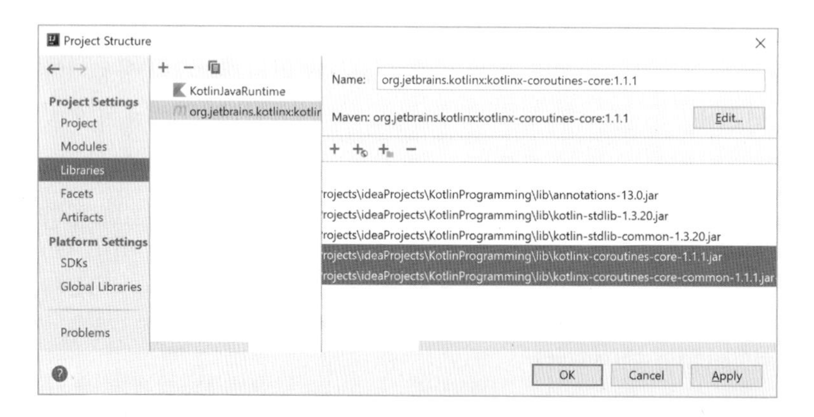

오리의 프로그래밍 노트 라이브러리가 다운로드되지 않을 때

가끔 여러 가지 이유로 Maven으로부터 라이브러리를 다운로드하는 데 실패하는 경우가 있습니다. 이런 경우 라이브러리를 직접 다운로드해 프로젝트의 [lib] 폴더에 넣어두고 사용할 수 있습니다. 다음 웹사이트에 방문하면 필요한 라이브러리를 직접 다운로드할 수 있습니다.

```
https://search.maven.org/
```

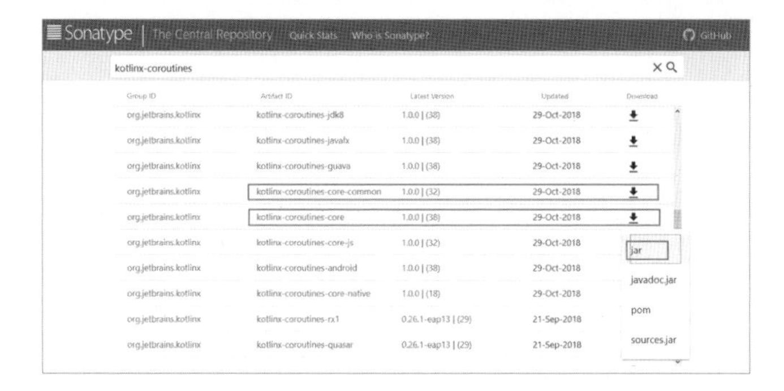

웹사이트에서 kotlinx-coroutines-core-common과 kotlinx-coroutines-core를 각각 검색해 원하는 버전의 .jar 파일을 다운로드하고 프로젝트의 [lib] 폴더에 넣어 둡니다. 이후 [File > Project Structure] 메뉴에서 [Java]를 선택하고 해당 라이브러리를 직접 추가합니다.

코루틴의 주요 패키지

코틀린 1.2까지는 라이브러리를 사용하기 위해 kotlinx.coroutines.experimental.* 형태로 코드에서 임포트할 수 있었습니다. 코틀린 1.3부터는 코루틴은 정식 버전이 되면서 kotlinx.coroutines.*로 접근합니다. 먼저 common 패키지와 core 패키지에서 제공하는 주요 기능을 소개하겠습니다.

common 패키지의 주요 기능

기능	설명
launch / async	코루틴 빌더
Job / Deferred	cancellation 지원
Dispatchers	Default는 백그라운드 코루틴을 위한 것이고 Main은 Android나 Swing, JavaFx를 위해 사용
delay / yield	상위 레벨 지연(suspending) 함수
Channel / Mutex	통신과 동기화를 위한 기능
coroutineScope/supervisorScope	범위 빌더
select	표현식 지원

core 패키지의 주요 기능

기능	설명
CommonPool	코루틴 문맥
produce / actor	코루틴 빌더

launch와 async

kotlinx.coroutines 패키지에 있는 요소를 사용해 가장 기본적인 예제를 작성해 보겠습니다.

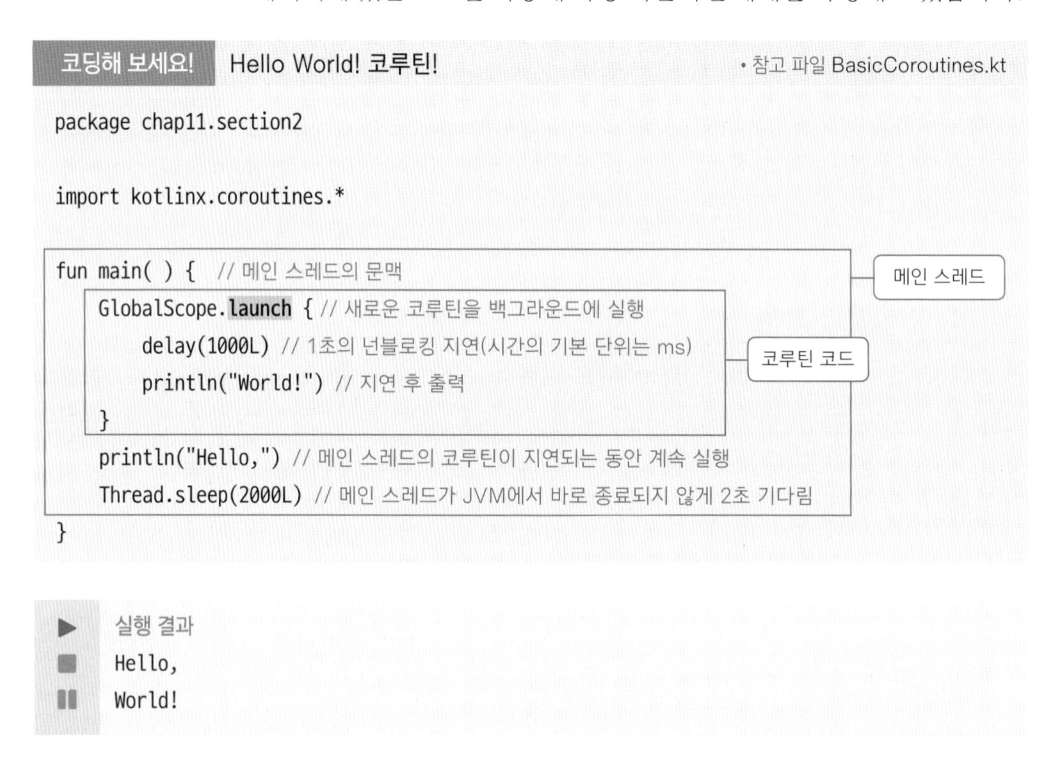

코딩해 보세요! Hello World! 코루틴!   • 참고 파일 BasicCoroutines.kt

```
package chap11.section2

import kotlinx.coroutines.*

fun main( ) {  // 메인 스레드의 문맥
    GlobalScope.launch { // 새로운 코루틴을 백그라운드에 실행
        delay(1000L) // 1초의 넌블로킹 지연(시간의 기본 단위는 ms)
        println("World!") // 지연 후 출력
    }
    println("Hello,") // 메인 스레드의 코루틴이 지연되는 동안 계속 실행
    Thread.sleep(2000L) // 메인 스레드가 JVM에서 바로 종료되지 않게 2초 기다림
}
```


실행 결과

```
Hello,
World!
```

우리가 지금까지 사용한 main( ) 함수의 블록은 메인 스레드로서 작동하게 됩니다. 실행 결과를 보면 "Hello"는 메인 스레드에 의해 바로 출력됩니다.

"World!"는 코루틴 코드의 부분으로 메인 스레드와 분리되어 백그라운드에서 1초 뒤 실행됩니다. 따라서 메인 스레드의 코드보다 지연되어 실행됩니다. 또한 메인 스레드와 별도로 실행되므로 넌블로킹 코드이기도 합니다.

코루틴에서 사용되는 함수는 suspend( )로 선언된 지연 함수여야 코루틴 기능을 사용할 수 있습니다. suspend로 표기함으로서 이 함수는 실행이 일시 중단(suspended)될 수 있으며 필요

한 경우에 다시 재개(resume)할 수 있게 됩니다. IntelliJ IDEA에는 지연 함수인 delay( )가 사용된 곳에 다음과 같은 아이콘을 확인할 수 있습니다.

```
1       package chap11.section2
2
3       import kotlinx.coroutines.*
4
5  ▶    fun main(args: Array<String>) {
6           GlobalScope.launch { this: CoroutineScope
7               delay( timeMillis: 1000L)
8               println("World")
9           }
10          println("Hello, ")
11          Thread.sleep( millis: 2000L)
12      }
```

예제 코드의 delay( )에서 Ctrl + B를 누르고 선언부를 살펴봅시다.

```
// kotlinx-coroutines-core의 DelayKt.class의 일부
public suspend fun delay(timeMillis: kotlin.Long): kotlin.Unit { /* compiled code */ }
```

delay( )는 suspend와 함께 선언된 함수로 코루틴 블록에서 사용할 수 있게 됩니다. suspend 키워드는 사용자 함수에서도 사용할 수 있습니다. suspend 함수는 사용자가 실행을 일시중단할 수 있음을 의미하고 코루틴 블록 안에서 사용할 수 있습니다. 만일 suspend 함수를 코루틴 블록 외에 사용하면 다음과 같은 오류를 만날 수 있습니다.

```
Error:(9, 5) Kotlin: Suspend function 'delay' should be called only from a coroutine or
another suspend function
```

사용자 함수를 추가하기 위해 예제에 다음과 같은 suspend 함수를 직접 선언하고 코루틴에서 사용해 봅시다.

```
suspend fun doSomething( ) {
    println("Do something!")
}
```

컴파일러는 suspend가 붙은 함수를 자동적으로 추출해 Continuation 클래스로부터 분리된 루틴을 만듭니다. 이러한 지연 함수는 코루틴 빌더인 launch와 async에서 사용할 수 있지만 메인 스레드에서는 사용할 수 없습니다. 지연 함수는 또 다른 지연 함수 내에서 사용하거나 코루틴 블록에서만 사용해야 합니다. 중요하니 잘 기억해 두세요!

launch 코루틴 빌더 생성하기

이렇게 launch를 통해 코루틴 블록을 만들어 내는 것을 코루틴 빌더의 생성이라고 합니다. launch 이외에도 코루틴 블록을 생성할 수 있는 몇 가지 방법이 있는데 차근차근 살펴보겠습니다. launch는 현재 스레드를 차단하지 않고 새로운 코루틴을 실행할 수 있게 하며 특정 결괏값 없이 Job 객체를 반환합니다. Job 객체를 받아 코루틴의 상태를 출력해 보는 예제를 작성해 봅시다.

코딩해 보세요! Job 객체의 반환 • 참고 파일 CoroutinesReturn.kt

```
package chap11.section2

import kotlinx.coroutines.*

fun main( ) {
    val job = GlobalScope.launch { // Job 객체의 반환
        delay(1000L)
        println("World!")
    }
    println("Hello,")
    println("job.isActive: ${job.isActive}, completed: ${job.isCompleted}")
    Thread.sleep(2000L)
    println("job.isActive: ${job.isActive}, completed: ${job.isCompleted}")
}
```

실행 결과

```
Hello,
job.isActive: true, completed: false
World!
job.isActive: false, completed: true
```

launch를 살펴보면 실행 범위를 결정하는 GlobalScope가 지정되어 있습니다. 이것은 코루틴의 생명 주기가 프로그램의 생명 주기에 의존되므로 main( )이 종료되면 같이 종료됩니다. 코루틴을 실행하기 위해서는 내부적으로 스레드를 통해서 실행될 수 있습니다. 단 실행 루틴이 많지 않은 경우에는 내부적으로 하나의 스레드에서 여러 개의 코루틴을 실행할 수 있기 때문에 1개의 스레드면 충분합니다.

이제 지연(suspend) 함수를 2개 만들고 delay( )를 사용해 보겠습니다.

코딩해 보세요! **코루틴의 순차적 실행** • 참고 파일 LaunchSuspend.kt

```
package chap11.section2

import kotlinx.coroutines.*

suspend fun doWork1( ): String {
    delay(1000)
    return "Work1"
}

suspend fun doWork2( ): String {
    delay(3000)
    return "Work2"
}

private fun worksInSerial( ) {
    // 순차적 실행
    GlobalScope.launch {
        val one = doWork1( )
        val two = doWork2( )
        println("Kotlin One : $one")
        println("Kotlin Two : $two")
    }
}

fun main( ) {
    worksInSerial( )
    readLine( ) // main( )이 먼저 종료되는 것을 방지하기 위해 콘솔에서 [Enter]키 입력 대기
}
```

실행 결과

```
Kotlin One : Work1
Kotlin Two : Work2
```

suspend 키워드를 사용한 2개의 함수 doWork1( )과 doWork2( )를 정의하고 그 안에 시간이 다른 delay( )를 사용했습니다. main( )이 먼저 종료되는 것을 방지하기 위해 readLine( )을 사용해 콘솔을 입력 대기 상태로 두었습니다. Enter 를 누르면 main( )을 빠져나가면서 프로그램이 종료됩니다.

launch에 정의된 doWork1( )과 doWork2( ) 함수는 순차적으로 표현할 수 있습니다. 이 2개의 함수는 내부적으로 비동기 코드로서 동시에 작동할 수 있지만 코드만 봤을 때는 순차적으로 실행되는 것처럼 표현함으로서 프로그래밍의 복잡도를 낮추게 됩니다.

async 코루틴 빌더 생성하기

이번에는 async를 사용해 보겠습니다. async도 새로운 코루틴을 실행할 수 있는데 launch와 다른 점은 Deferred<T>를 통해 결괏값을 반환한다는 것입니다. 이때 지연된 결괏값을 받기 위해 await( )를 사용할 수 있습니다. 위 코드에서 다음 함수를 추가해 봅시다.

```
...
private fun worksInParallel( ) {
    // Deferred<T>를 통해 결괏값을 반환
    val one = GlobalScope.async {
        doWork1( )
    }
    val two = GlobalScope.async {
        doWork2( )
    }

    GlobalScope.launch {
        val combined = one.await( ) + "_" + two.await( )
        println("Kotlin Combined : $combined")
    }
}
...
    workInParellel( )
    ...
```

```
실행 결과
Kotlin Combined : Work1_Work2
```

doWork1( )과 doWork2( )는 async에 의해 감싸져 있으므로 완전히 병행 수행할 수 있습니다. 여기서는 delay( )로 1초만 지연시킨 doWork1( )이 먼저 종료되리라 예측할 수 있습니다. 그러나 좀 더 복잡한 루틴을 작성하는 경우에는 많은 태스크들과 같이 병행 수행되므로 어떤 루틴이 먼저 종료될지 알기 어렵습니다. 따라서 태스크가 종료되는 시점을 기다렸다가 결과를 받을 수 있도록 await( )를 사용해 현재 스레드의 블로킹 없이 먼저 종료되면 결과를 가져올 수 있습니다. 여기서는 combined라는 변수에 2개의 비동기 루틴이 종료되고 결과가 반환되면 문자를 합쳐서 할당합니다.

이런 기법은 어디에서 주로 사용할까요? 예를 들어 안드로이드 UI 스레드에서 블로킹 가능성이 있는 코드를 사용하면 애플리케이션이 중단되거나 멈추는 경우가 발생할 수 있는데, 이 경우 await( )를 사용하면 UI를 제외한 루틴만 블로킹되므로 UI가 멈추는 경우를 해결할 수 있습니다.

코루틴의 문맥

코루틴이 실행될 때 여러 가지 문맥은 CoroutineContext에 의해 정의됩니다. launch { ... }와 같이 인자가 없는 경우에는 CoroutineScope에서 상위의 문맥이 상속되어 결정되고 launch(Dispatchers.Default) { ... }와 같이 사용되면 GlobalScope에서 실행되는 문맥과 동일하게 사용됩니다. GlobalScope는 메인 스레드의 생명주기가 끝나면 같이 종료됩니다.

내부적으로 보통 CommonPool이 지정되어 코루틴이 사용할 스레드의 공동 풀(pool)을 사용하게 됩니다. 이것은 이미 초기화되어 있는 스레드 중 하나 혹은 그 이상이 선택되며 초기화하기 때문에 스레드를 생성하는 오버헤드가 없어 빠른 기법입니다. 그리고 하나의 스레드에 다수의 코루틴이 동작할 수 있습니다. 만일 특정 스레드 개수를 직접 지정하려면 다음과 같이 사용자 문맥을 만들어 지정할 수 있습니다.

```
val threadPool = Executors.newFixedThreadPool(4)
val MyContext = threadPool.asCoroutineDispatcher( )
...
async(MyContext) { ... }
...
```

시작 시점에 대한 속성

필요한 경우 launch( )나 async( )에 인자를 지정해 코루틴에 필요한 속성을 줄 수 있습니다. 먼저 launch( ) 함수의 원형을 간략히 살펴보겠습니다.

```
public fun launch(
    context: CoroutineContext,
    start: CoroutineStart,
    parent: Job?,
    onCompletion: CompletionHandler?,
    block: suspend CoroutineScope.( ) -> Unit): Job {
    ...
}
```

context 매개변수 이외에도 start 매개변수를 지정할 수 있는데 CoroutineStart는 다음과 같은 시작 방법을 정의할 수 있습니다.

- DEFAULT: 즉시 시작
- LAZY: 코루틴을 느리게 시작(처음에는 중단된 상태이며 start( )나 await( ) 등으로 시작됨)
- ATOMIC: 최적화된 방법으로 시작
- UNDISPATCHED: 분산 처리 방법으로 시작

예를 들어 매개변수 이름을 사용해 다음과 같이 지정하면 start( ) 혹은 await( )가 호출될 때 실제로 루틴이 시작됩니다.

```
val job = async(start = CoroutineStart.LAZY) { doWork1( ) }
...
job.start( ) // 실제 시작 시점으로 또는 job.await( )으로 시작됨
```

runBlocking의 사용

runBlocking은 새로운 코루틴을 실행하고 완료되기 전까지 현재 스레드를 블로킹합니다. 다음과 같이 runBlocking에서는 지연 함수를 사용할 수 있습니다. 이것은 블록을 2초 정도 붙잡아 둡니다.

```
runBlocking {
    delay(2000)
}
```

앞 예제에서는 main 블록, 즉 메인 스레드가 종료되어 나가는 것을 방지하기 위해 readLine( ) 함수를 사용했는데 메인 스레드 자체를 잡아두기 위해 다음과 같이 main( ) 함수 자체를 블로킹 모드에서 실행할 수 있습니다.

코딩해 보세요! main( )을 블로킹 모드로 동작시키기 • 참고 파일 RunBlockingTest.kt

```
package chap11.section2

import kotlinx.coroutines.*

fun main( ) = runBlocking<Unit> { // main( ) 함수가 코루틴 환경에서 실행
    launch { // 백그라운드로 코루틴 실행
        delay(1000L)
        println("World!")
    }
    println("Hello")  // 즉시 이어서 실행됨
    // delay(2000L)   // delay( ) 함수를 사용하지 않아도 코루틴을 기다림
}
```

실행 결과

```
Hello
World!
```

main( ) 함수에서 블로킹 모드로 동작하기 때문에 main( ) 함수 내부의 코루틴이 모두 작동할 때까지 delay( ) 함수를 사용해 기다리지 않아도 자동적으로 블로킹하면서 제네릭에서 지정된 자료형인 <unit>은 생략 가능합니다. 코틀린 1.3 버전부터는 다음과 같이 main( ) 함수에도 suspend를 지정할 수 있습니다.

```
suspend fun main( ) = coroutineScope { // 코틀린 1.3 부터는 main( ) 함수에 suspend 지정 가능
```

runBlocking( )은 다음과 같이 클래스 내의 멤버 메서드에서도 사용할 수 있습니다.

```
class MyTest {
   ...
   fun mySuspendMethod( ) = runBlocking<Unit> {
        // 코드
   }
}
```

join( ) 함수의 결과 기다리기

명시적으로 코루틴의 작업이 완료되는 것을 기다리게 하려면 Job 객체의 join( ) 함수를 사용하면 됩니다. launch에서 반환하는 값은 Job 객체이므로 이것을 이용해 main( ) 함수에서 join( ) 함수를 호출할 수 있습니다.

```
...
fun main( ) = runBlocking<Unit> {
    val job = launch { // Job의 객체를 반환
        delay(1000L)
        println("World!")
    }
    println("Hello")
    job.join( ) // 명시적으로 코루틴이 완료되길 기다림. 취소할 경우 job.cancel( ) 함수를 사용
}
```

launch는 Job 인스턴스를 반환합니다. 이 경우에 main( ) 함수는 job에서 지정한 작업이 완료되기 전까지 기다립니다. 작업을 취소하려면 cancel( ) 함수를 사용할 수 있습니다.

오리의 프로그래밍 노트 Job이 궁금해요

Job은 백그라운드에서 실행하는 작업을 가리킵니다. 개념적으로는 간단한 생명주기를 가지고 있고 부모-자식 관계가 형성되면 부모가 작업이 취소될 때 하위 자식의 작업이 모두 취소됩니다. 보통 Job( ) 팩토리 함수나 launch에 의해 job 객체가 생성됩니다. job 객체는 다음의 상태를 가집니다.

Job의 상태

상태	isActive	isCompleted	isCancelled
New	false	false	false
Active (기본값 상태)	true	false	false
Completing	true	false	false
Cancelling	false	false	true
Cancelled (최종 상태)	false	true	true
Completed (최종 상태)	false	true	false

Job의 상태를 판별하기 위해 job에는 isActive, isCompleted, isCancelled 변수가 있습니다. 보통 Job이 생성되면 활성화 상태인 Active를 가집니다. 하지만 Job( ) 팩토리 함수에 인자로 CoroutineStart.LAZY를 설정하면 아직은 Job이 활성화되지 않고 New 상태로 만들어집니다. Job을 Active 상태로 만들기 위해서는 start( ) 나 join( ) 함수를 호출하면 됩니다.
job을 취소하려면 cancel( ) 함수를 사용할 수 있습니다. 그러면 Job은 Cancelling 상태로 즉시 바뀌고 이후 Cancelled 상태로 바뀝니다.

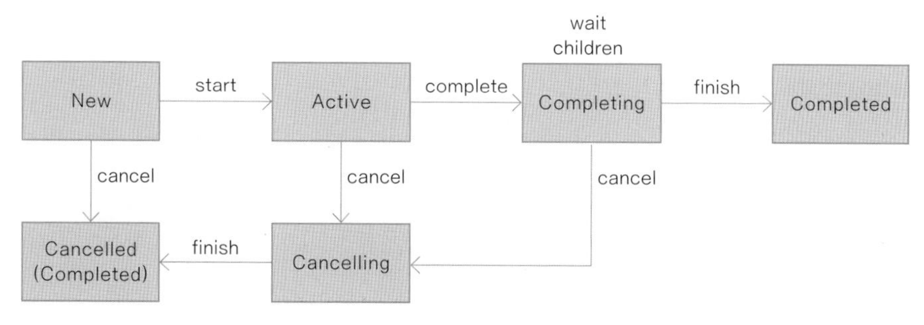

Job의 상태 흐름도

그 밖의 자세한 함수 설명은 다음 웹사이트 공식 문서를 참조하세요.

```
https://kotlin.github.io/kotlinx.coroutines/kotlinx-coroutines-core/kotlinx.coroutines/-job/index.html/
```

async( ) 함수의 시작 시점 조절하기

async에서 기본 인수는 문맥을 지정할 수 있는데 문맥 이외에도 몇 가지 매개변수를 더 지정할 수 있습니다. 함수의 선언부를 살펴봅시다.

```
public fun <T> async(context: ..., start: ...CoroutineStart, parent: ...Job?,
onCompletion: ...CompletionHandler?, block: suspend ...CoroutineScope.( ) -> T):
kotlinx.coroutines.experimental.Deferred<T> { }
```

여기서 start 매개변수를 사용하면 async( ) 함수의 시작 시점을 조절할 수 있습니다. 예를 들어 CoroutineStart.LAZY를 사용하면 코루틴의 함수를 호출하거나 await( ) 함수를 호출하는 시점에서 async( ) 함수가 실행되도록 코드를 작성할 수 있습니다.

코딩해 보세요! **시작 시점 늦춰 보기** • 참고 파일 AsyncStart.kt

```
package chap11.section2.starttest

import kotlinx.coroutines.*
import kotlin.system.measureTimeMillis

suspend fun doWork1( ): String {
    delay(1000)
    return "Work1"
}

suspend fun doWork2( ): String {
    delay(3000)
    return "Work2"
}

fun main( ) = runBlocking {
    val time = measureTimeMillis {
        val one = async(start = CoroutineStart.LAZY) { doWork1( ) }
        val two = async(start = CoroutineStart.LAZY) { doWork2( ) }
        println("AWAIT: ${one.await( ) + "_" + two.await( )}")
    }
    println("Completed in $time ms")
}
```

실행 결과

```
AWAIT: Work1_Work2
Completed in 4038 ms
```

많은 작업의 처리

10만 개의 코루틴을 List로 생성하고 각 루틴으로 화면에 점(.)을 찍도록 작성해 봅시다.

코딩해 보세요! **많은 양의 작업 생성하기** • 참고 파일 WorkAlot.kt

```
...
fun main( ) = runBlocking {
    val jobs = List(100_000) { // 많은 양의 코루틴을 위한 List
        launch {
            delay(1000L)
            print(".")
        }
    }
    jobs.forEach { it.join( ) } // 모든 jobs가 완료될 때가지 기다림
}
```

이런 코드를 스레드로 바꾸면 Out-of-memory 오류가 발생합니다. 하지만 코루틴으로 작업하면 내부적으로 단 몇 개의 스레드로 수많은 코루틴을 생성해 실행할 수 있기 때문에 오류가 발생하지 않습니다. 또 메모리나 실행 속도 면에서 큰 장점을 가집니다.
또 다른 방법으로 repeat( ) 함수를 사용하면 손쉽게 많은 양의 코루틴을 생성할 수 있습니다.

```
repeat(100_000) {
    launch {
        delay(1000L)
        print("#")
    }
}
```

코루틴과 시퀀스

코틀린의 표준 라이브러리 중에서 sequence( )를 사용하면 아주 많은 값을 만들어 내는 코드로부터 특정 값의 범위를 가져올 수 있습니다. sequence( ) 함수는 Sequence<T>를 반환하는데 Sequence( ) 함수 내부에서 지연 함수를 사용할 수 있고 코루틴과 함께 최종 형태를 나중에 결정할 수 있는 늦은(lazy) 시퀀스를 만들 수도 있습니다. 늦은 시퀀스란 특정 요소가 완전히 구성되기 전에 사용 범위와 시점을 결정할 수 있다는 뜻이죠. 예를 들면 무제한 스크롤링을 구현하는 UI에 적용할 목록을 가져올 때 이용할 수 있습니다.

코틀린 1.2 이전에는 sequence( ) 대신 buildSequence( )를 사용했습니다.

그러면 Sequence( ) 함수의 선언부를 살펴보겠습니다.

```
@SinceKotlin("1.3")
public fun <T> sequence(@BuilderInference block: suspend SequenceScope<T>.( ) -> Unit):
Sequence<T> = Sequence { iterator(block) }
...
public fun <T> buildSequence(builderAction: suspend SequenceBuilder<T>.( ) -> Unit):
Sequence<T> = Sequence { buildIterator(builderAction) }
```

람다식을 넘겨받는 block을 보면 suspend로 정의되어 있음을 알 수 있습니다. 그리고 SequenceScope를 통해 확장 함수를 실행합니다. 그러면 피보나치 수열을 만드는 예제에서 sequence( ) 함수를 사용해 봅시다.

코딩해 보세요! sequence( ) 함수를 사용한 피보나치 수열 • 참고 파일 FibonacciSeq.kt

```
package chap11.section2

val fibonacciSeq = sequence {
    var a = 0
    var b = 1
    yield(1)  // ① 지연 함수가 사용됨

    while (true) {
        yield(a + b)  // ②
        val tmp = a + b
        a = b
        b = tmp
    }
}

fun main( ) {
    println(fibonacciSeq.take(8).toList( )) // ③ 8개의 값을 획득
}
```

실행 결과

```
[1, 1, 2, 3, 5, 8, 13, 21]
```

①번의 sequence 블록에서 지연 함수인 yield( ) 함수를 호출하면서 코루틴을 생성합니다. ②번의 while 루프는 매 단계를 무한하게 순회할 때 코루틴에서 다음 수를 계산하도록 실행

됩니다. ③번에서 take( ).toList( )에 의해 무한한 피보나치 수열 중 8개를 List로 변환해 화면상에 출력합니다.

여기서 핵심은 yield( ) 함수의 작동 방식입니다. 각 표현식을 계속 진행하기 전에 실행을 잠시 멈추고 요소를 반환합니다. 이것은 값을 산출(yielding)한다고 이야기할 수 있습니다. 그리고 멈춘 시점에서 다시 실행을 재개하죠. ①번과 ②번은 작업이 일시 중단되었다가 다시 재개되는 부분입니다. ③번에서 이렇게 가져온 데이터는 사실 일회성이기 때문에 어딘가에 저장되어 있지 않고 단 한 번 사용될 뿐입니다. 위 소스 코드를 다음과 같이 수정해 봅시다.

```
val seq = sequence {
    val start = 0

    yield(start) // 단일 값 산출
    yieldAll(1..5 step 2) // 반복 값 산출
    yieldAll(generateSequence(8) { it * 3 }) // 무한한 시퀀스에서 산출
}
...
println(seq.take(7).toList( ))
```

```
실행 결과
[0, 1, 3, 5, 8, 24, 72]
```

여기서는 yieldAll( )을 사용해 반복적으로 멈추게 되면서 특정 범위의 값을 산출할 수 있습니다. 또한 yieldAll( )을 사용해 무한한 시퀀스를 만들어 내는 generateSequence( ) 함수를 사용해서도 요소 값을 산출할 수 있습니다.

모든 요소는 일회성이기 때문에 각 요소에 대한 다음 요소를 직접 지정하려면 iterator( )를 통해 next( ) 메서드를 사용해야 합니다.

```
val saved = fibonacciSeq.iterator( )
...
println("${saved.next( )}, ${saved.next( )}, ${saved.next( )}")
```

```
실행 결과
1, 1, 2
```

11-3 코루틴 동작 제어하기

코루틴을 사용하다 보면 특정 문맥에서 실행되면서 반복하거나 작업의 취소, 실행의 보장이나 시간 만료의 처리처럼 다양한 동작을 제어해야 합니다. 이제 코루틴의 동작을 제어하는 몇 가지 방법을 정리해 보겠습니다.

코루틴의 문맥

코루틴은 항상 특정 문맥에서 실행됩니다. 이때 어떤 문맥에서 코루틴을 실행할지는 디스패처(Dispatcher)가 결정합니다. 다음 예에서 디스패처의 실행 문맥을 지정해 봅시다.

코딩해 보세요! **실행 문맥 지정하기** • 참고 파일 CoroutineDispatcher.kt

```
package chap11.section3

import kotlinx.coroutines.*

fun main( ) = runBlocking<Unit> {
    val jobs = arrayListOf<Job>( )
    jobs += launch(Dispatchers.Unconfined) { // 메인 스레드에서 작업 ❸
        println("Unconfined:\t\t ${Thread.currentThread( ).name}")
    }
    jobs += launch(coroutineContext) { // 부모의 문맥, 여기서는 runBlocking의 문맥
        println("coroutineContext:\t ${Thread.currentThread( ).name}")
    }
    jobs += launch(Dispatchers.Default) { // 디스패처의 기본값 ❶
        println("Default:\t\t ${Thread.currentThread( ).name}")
    }
    jobs += launch(Dispatchers.IO) { // 입출력 중심의 문맥 ❷
        println("IO:\t\t ${Thread.currentThread( ).name}")
    }
    jobs += launch { // 아무런 인자가 없을 때
        println("main runBlocking: ${Thread.currentThread( ).name}")
    }
    jobs += launch(newSingleThreadContext("MyThread")) { // 새 스레드를 생성 ❹
```

```
        println("MyThread:\t\t ${Thread.currentThread( ).name}")
    }
    jobs.forEach { it.join( ) }
}
```

```
실행 결과
Unconfined:  main
Default: DefaultDispatcher-worker-2
IO: DefaultDispatcher-worker-1
MyThread:  MyThread
coroutineContext: main
main runBlocking: main
```

코루틴은 CoroutineContext으로 구현된 형식의 문맥을 가집니다. CoroutineDispatcher는 추상 클래스로 몇 가지 디스패처 객체를 정의하고 있습니다. 다음은 디스패처 객체를 정리한 것입니다.

❶ 기본 문맥

먼저 Dispatchers.Default는 기본 문맥인 CommonPool에서 실행되고 GlobalScope로도 표현됩니다. 따라서 launch(Dispatchers.Default) { ... }와 GlobalScope.launch { ... }는 같은 표현입니다. 이것은 공유된 백그라운드 스레드의 CommonPool에서 코루틴을 실행하도록 합니다. 다시 말하면 스레드를 새로 생성하지 않고 기존에 있는 것을 이용합니다. 따라서 연산 중심의 코드에 적합합니다.

❷ I/O를 위한 문맥

Dispatchers.IO는 입출력 위주의 동작을 하는 코드에 적합한 공유된 풀입니다. 따라서 블로킹 동작이 많은 파일이나 소켓 I/O 처리에 사용하면 좋습니다.

❸ Unconfined 문맥

Dispatchers.Unconfined는 호출자 스레드에서 코루틴을 시작하지만 첫 번째 지연점까지만 실행합니다. 특정 스레드나 풀에 가두지 않고, 첫 번째 일시 중단 후 호출된 지연 함수에 의해 재개됩니다. 이 옵션을 사용하는 것은 권장하지 않습니다.

❹ 새 스레드를 생성하는 문맥

newSingleThreadContext는 사용자가 직접 새 스레드 풀을 만들 수 있습니다. 새 스레드를 만들기 때문에 비용이 많이 들고 더 이상 필요하지 않으면 해제하거나 종료시켜야 합니다. 이 옵션은 성능상의 이유로 향후 변경될 가능성이 큽니다.
코루틴 안에 또 다른 코루틴을 정의하면 자식 코루틴이 됩니다. 부모가 취소(cancel)되는 경우 자식 코루틴은 재귀적으로 취소됩니다. 따라서 필요한 경우 join( ) 함수를 사용해 명시적으로 처리를 기다리도록 만들 수 있습니다.

기본 동작 제어하기

repeat( ) 함수를 사용한 반복 동작하기

앞의 예제처럼 지속적으로 반복하는 코드를 작성하기 위해 repeat( ) 함수를 이용할 수 있습니다. 그러면 백그라운드에서 실행하는 일종의 데몬(daemon) 스레드를 구성할 수 있습니다.

```
fun main( ) = runBlocking<Unit> {
    GlobalScope.launch { // 만일 launch만 사용하면 종료되지 않음
        repeat(1000) { i ->
            println("I'm sleeping $i ...")
            delay(500L)
        }
    }
    delay(1300L)
}
```

1,000회를 반복하기 위해 repeat( ) 함수에 1000이라는 인자를 주고 있습니다. 하지만 GlobalScope로 생명주기를 한정했기 때문에 메인 스레드가 종료되어 버리면 더 이상 진행되지 않습니다. 여기서는 1.3초 뒤 종료되므로 약 3번 정도만 진행되고 중단됩니다. 만일 GlobalScope를 제거하면 모든 횟수를 진행할 때까지 프로그램이 종료되지 않습니다.

코루틴 작업 취소하기

만일 join( ) 함수만 사용하면, main( ) 함수가 job의 완료를 기다리기 때문에 repeat( ) 함수의 1,000번의 반복 실행이 모두 진행됩니다. cancel( ) 함수를 사용하면 job은 1.3초 뒤 작업을 취소하고 main( ) 함수가 종료됩니다.

```
val job = launch {
    repeat(1000) { i ->
        ...
    }
}
delay(1300L)
job.cancel( )
```

finally의 실행 보장

try~finally 구문을 사용해 finally 블록에서 코루틴의 종료 과정을 처리하도록 할 수 있습니다. 다음 블록을 넣어 수정해 봅시다.

```
fun main( ) = runBlocking<Unit> {
    val job = launch {
        try {
            repeat(1000) { i ->
                println("I'm sleeping $i ...")
                delay(500L)
            }
        } finally {
            println("Bye!")
        }
    }
    delay(1300L)
    job.cancelAndJoin( ) // 작업을 취소하고 완료될 때까지 기다림
    println("main: Quit!")
}
```

```
실행 결과
I'm sleeping 0 ...
I'm sleeping 1 ...
I'm sleeping 2 ...
Bye!
main: Quit!
```

일반적인 finally 블록에서 지연 함수를 사용하려고 하면 코루틴이 취소되므로 지연 함수를 사용할 수 없습니다. 그 외에 파일을 닫거나 통신 채널을 닫는 등의 작업은 넌블로킹 형태로 작동하며 지연 함수를 포함하고 있지 않기 때문에 문제가 없습니다.
만일 finally 블록에 시간이 걸리는 작업이나 지연 함수가 사용될 경우 실행을 보장하기 위해서는 `NonCancellable` 문맥에서 작동하도록 해야 합니다.
이것을 위해 `withContext(NonCancellable) { ... }`을 사용해 다음과 같이 finally 블록을 구성할 수 있습니다. 다음은 1초 이후에도 `println( )` 함수의 실행을 보장하는 예입니다.

```
...
} finally {
    withContext(NonCancellable) { // finally의 완전한 실행을 보장함
        println("I'm running finally")
        delay(1000L)
```

```
        println("Non-Cancellable") // 1초를 지연해도 취소되지 않음
    }
}
...
```

실행 상태의 판단

만일 코드를 중단하기 위해 코루틴에 조건식을 넣으려고 할 때 연산이 마무리되기 전까지는 조건식에 의해 루틴이 중단되지 않는다는 것을 기억해야 합니다. 다음 코드를 봅시다.

```
fun main( ) = runBlocking<Unit> {
    val startTime = System.currentTimeMillis( )
    val job = GlobalScope.launch {
        var nextPrintTime = startTime
        var i = 0
        while (i < 5) { // 조건을 계산에 의해 반복
            if (System.currentTimeMillis( ) >= nextPrintTime) {
                println("I'm sleeping ${i++} ...")
                nextPrintTime += 500L
            }
        }
    }
    delay(1300L)
    println("main: I'm tired of waiting!")
    job.cancelAndJoin( )
    println("main: Now I can quit.")
}
```

delay(1300L) 이후 작업 취소 함수에 의해 시그널을 받아 루틴이 바로 취소될 것 같지만 while (i < 5) { ... } 루프를 사용하면 루프가 완료될 때까지 루틴이 끝나지 않습니다.

```
I'm sleeping 0 ...
I'm sleeping 1 ...
I'm sleeping 2 ...
main: I'm tired of waiting!
I'm sleeping 3 ...
I'm sleeping 4 ...
main: Now I can quit.
```

취소 시그널을 받아 루프를 중단하려면 소스 코드에서 `while (i < 5)`를 `while(isActive)`로 변경합니다. 다시 실행하면 의도한 시간에 루프가 취소되어 중단됩니다.

```
I'm sleeping 0 ...
I'm sleeping 1 ...
I'm sleeping 2 ...
main: I'm tired of waiting!
main: Now I can quit.
```

코루틴의 시간 만료

이번엔 일정 실행 시간 뒤에 코루틴을 취소할 수 있도록 해 봅시다. 실습 코드의 핵심 함수인 `withTimeout( )`의 선언부는 다음과 같습니다.

```
public suspend fun <T> withTimeout(timeMillis: kotlin.Long, block: suspend kotlinx.corou-
tines.CoroutineScope.( ) -> T): T { /* compiled code */ }
```

다음은 시간이 만료되면 block을 취소시키고 `TimeoutCancellationException` 오류가 발생하는 코드입니다. 예외를 발생하지 않고 null로 처리하려면 `withTimeoutOrNull( )`을 사용합니다.

```
fun main( ) = runBlocking<Unit> {
    try {
        withTimeout(1300L) { // Timeout 예외 발생, null로 처리하는 경우 withTimeoutOrNull( )을 사용
            repeat(1000) { i ->
                println("I'm sleeping $i ...")
                delay(500L)
            }
        }
    } catch (e: TimeoutCancellationException) {
        println("timed out with $e")
    }
}
```

실행 결과

```
I'm sleeping 0 ...
I'm sleeping 1 ...
I'm sleeping 2 ...
timed out with kotlinx.coroutines.experimental.TimeoutCancellationException: Timed
out waiting for 1300 MILLISECONDS
```

채널의 동작

채널(Channel)은 자료를 서로 주고받기 위해 약속된 일종의 통로 역할을 합니다. 코루틴의 채널은 넌블로킹 전송 개념으로 사용되고 있습니다. 채널을 구현할 때는 SendChannel과 ReceiveChannel 인터페이스를 이용해 값들의 스트림을 전송하는 방법을 제공합니다. 실제 전송에는 다음과 같이 지연 함수의 send( )와 receive( ) 함수를 사용합니다.

코틀린의 채널은 put( )/take( )를 사용하는 자바 8의 BlockingQueue와 비슷합니다.

- SendChannel의 suspend fun send(element: E)
- ReceiveChannel의 suspend fun receive( ): E

코틀린 채널을 사용하는 간단한 예제를 작성해 보겠습니다.

코딩해 보세요! **send( )와 receive( ) 함수로 채널 사용해 보기** • 참고 파일 ChannelTest.kt

```
package chap11.section3

import kotlinx.coroutines.*
import kotlinx.coroutines.channels.Channel

fun main( ) = runBlocking<Unit> {
    val channel = Channel<Int>( )
    launch {
        // 여기에 다량의 CPU 연산 작업이나 비동기 로직을 둘 수 있음
        for (x in 1..5) channel.send(x * x)
    }
    repeat(5) { println(channel.receive( )) } // 5개의 값을 채널로부터 받음
    println("Done!")
}
```

실행 결과

```
1
4
9
16
25
Done!
```

채널을 통해 send( ) 함수로 값을 보내 놓으면 이후 receive( ) 함수를 통해 값을 받을 수 있습니다. 일반 큐와는 다르게 더이상 전달 요소가 없으면 채널을 닫을 수 있습니다. 보통 for문을 구성해 채널을 받고 close( )를 사용하면 바로 채널을 닫는 것이 아니라 닫겠다는 특수한 토큰을 보냅니다.

```
fun main( ) = runBlocking<Unit> {
    val channel = Channel<Int>( )
    launch {
        for (x in 1..5) channel.send(x * x)
        channel.close( ) // 모두 보내고 닫기 명시
    }
    for (element in channel) println(element) // for문을 사용해 끝까지 읽기
    println("Done!")
}
```

여기서 보내는 쪽과 받는 쪽에 몇 가지 중요한 상태가 있습니다. 송신자는 SendChannel에서 채널이 꽉 차있는지, 즉 isFull 값이 true인지 살펴보고 꽉 차 있으면 일시 지연됩니다. 만일 close( )에 의해 닫으면 isClosedForSend가 true로 지정되어 isFull은 false를 반환할 수 있습니다. 수신자는 isEmpty가 true라면 비어 있으므로 가져갈 게 없는 루틴은 일시 지연됩니다. 마찬가지로 닫을 경우 isClosedForReceive에 의해 false를 반환할 수 있습니다. 그 밖의 SendChannel과 ReceiveChannel에는 다음과 같은 메서드를 사용할 수 있습니다.

```
SendChannel.offer(element: E): Boolean // 가능하면 요소를 채널에 추가. 채널이 꽉 찬 경우 false를 반환
ReceiveChannel.poll( ): E? // 요소를 반환. 채널이 비어 있으면 null을 반환
```

오리의 프로그래밍 노트 확장된 채널 자료형도 있어요

기본 채널 개념 이외에도 몇 가지 확장된 채널 자료형이 있습니다.

- RendezvousChannel: 내부에 버퍼를 두지 않는 채널입니다. 모든 send 동작은 receive가 즉각 가져가기 전까지는 일시 중단됩니다. 물론 반대로 모든 receive도 누군가 send하기 전까지는 일시 중단됩니다.

- ArrayChannel: 특정한 크기로 고정된 버퍼를 가진 채널입니다. 따라서 해당 버퍼가 꽉 차기 전까진 send가 지연되지 않고 보낼 수 있게 됩니다. receive도 버퍼가 비어 있기 전까지 계속 받을 수 있습니다.

· LinkedListChannel: 링크드 리스트 형태로 구성했기 때문에 버퍼의 크기에 제한이 없어 send 시 일시 중단인 상태를 가지지 않습니다. 다만 send를 지속할 경우 메모리 부족 오류를 만날 수 있습니다. receive는 비어 있는 경우 일시 중단됩니다.

· ConflatedChannel: 버퍼는 하나의 요소만 허용하기 때문에 모든 send 동작은 일시 지연되지는 않습니다. 다만 기존의 값을 덮어 씌웁니다.

---

produce 생산자 소비자 패턴

produce는 채널이 붙어 있는 코루틴으로 생산자 측면의 코드를 쉽게 구성할 수 있습니다. 채널에 값을 보내면 생산자로 볼 수 있고 소비자는 consumeEach 함수를 확장해 for문을 대신 해서 저장된 요소를 소비합니다.

코딩해 보세요! **생산자 소비자 형태의 구성** • 참고 파일 ProduceTest.kt

```
package chap11.section3

import kotlinx.coroutines.*
import kotlinx.coroutines.channels.*

// 생산자를 위한 함수 생성
fun CoroutineScope.producer( ): ReceiveChannel<Int> = produce {
    var total: Int = 0
    for (x in 1..5) {
        total += x
        send(total)
    }
}

fun main( ) = runBlocking {
    val result = producer( ) // 값의 생산
    result.consumeEach { print("$it ") } // 소비자 루틴 구성
}
```

실행 결과

```
1 3 6 10 15
```

위의 프로그램에서 produce<E>는 값을 생산하고 ReceiveChannel<E>를 반환합니다. 그런 다음 result에서 ReceiveChannel의 확장 함수인 consumeEach를 사용하여 각 요소를 처리합니다.

버퍼를 가진 채널

채널에는 기본 버퍼가 없으므로 send( ) 함수가 먼저 호출되면 receive( ) 함수가 호출되기 전까지 send( ) 함수는 일시 지연됩니다. 반대의 경우도 receive( ) 함수가 호출되면 send( ) 함수가 호출되기 전까지 receive( ) 함수는 지연되죠. 하지만 채널에 버퍼 크기를 주면 지연 없이 여러 개의 요소를 보낼 수 있게 됩니다. Channel( ) 생성자에는 capacity 매개변수가 있으며 이것이 버퍼 크기를 정합니다.

코딩해 보세요! 버퍼를 가진 채널 구성하기 • 참고 파일 BufferedChannel.kt

```
package chap11.section3

import kotlinx.coroutines.*
import kotlinx.coroutines.channels.*

fun main( ) = runBlocking<Unit> {
    val channel = Channel<Int>(3) // 버퍼 capacity 값을 줌
    val sender = launch(coroutineContext) { // 송신자 측
        repeat(10) {
            println("Sending $it")
            channel.send(it) // 지속적으로 보내다가 꽉 차면 일시 지연
        }
    }
    delay(1000) // 아무것도 받지 않고 1초 기다린 후
    sender.cancel( ) // 송신자의 작업을 취소
}
```

실행 결과

```
Sending 0
Sending 1
Sending 2
Sending 3
```

select 표현식

다양한 채널에서 무언가 응답해야 한다면 각 채널의 실행 시간에 따라 결과가 달라질 수 있는데 이때 select를 사용하면 표현식을 통해 결과를 받을 수 있습니다.

코딩해 보세요! select 표현식 이용해 보기 • 참고 파일 SelectTest.kt

```
package chap11.section3

import kotlinx.coroutines.*
import kotlinx.coroutines.channels.*
import kotlinx.coroutines.selects.*
import java.util.*

fun main( ) = runBlocking {
    val routine1 = GlobalScope.produce {
        delay(Random( ).nextInt(1000).toLong( ))
        send("A")
    }
    val routine2 = GlobalScope.produce {
        delay(Random( ).nextInt(1000).toLong( ))
        send("B")
    }
    val result = select<String> { // 먼저 수행된 것을 받게 된다.
        routine1.onReceive { result -> result }
        routine2.onReceive { result -> result }
    }
    println("Result was $result")
}
```

실행 결과

```
Result was B
```

produce로 만든 2개의 루틴은 무작위로 지정된 시간에 각각 A, B라는 문자열을 채널에 보내게 됩니다. 이때 select 블록의 onReceive를 통해 채널로부터 이 값을 받아 먼저 완성된 결과를 가져오게 됩니다.

11-4 공유 데이터 문제 알아보기

병행 프로그래밍에서는 전역 변수 같은 변경 가능한 공유 자원에 접근할 때 값의 무결성을 보장할 수 있는 방법이 필요합니다. 자바에서는 synchronized 키워드를 사용해 메서드나 특정 코드를 동기화하고 보호합니다. 코틀린에서는 추가로 공유 자원의 보호와 스레드 안전(Thread-safe)을 구현하기 위해 원자 변수(Atomic Variable), 스레드 가두기(Thread Confinement), 상호 배제(Mutual Exclusion) 등을 사용할 수 있습니다. 기존 자바의 기법과 코틀린에서 추가된 기법들을 알아볼까요?

동기화 기법

synchronized 메서드와 블록

자바에서 synchronized는 메서드나 코드 블록에 사용할 수 있습니다. 스레드 간 서로 공유하는 데이터가 있을 때 동기화해서 데이터의 안정성을 보장합니다. 특정 스레드가 이미 자원을 사용하는 중이면 나머지 스레드의 접근을 막는 것입니다. 코틀린에서 이것을 메서드에 사용하려면 @Synchronized 애노테이션 표기법으로 사용해야 합니다.

```
@Synchronized fun synchronizedMethod( ) {
  println("inside: ${Thread.currentThread( )}")
}
```

@Synchronized 애노테이션 표기법은 내부적으로 자바의 synchronized를 사용하는 것과 같습니다. 물론 특정 코드 블록에도 적용할 수 있습니다.

자바의 volatile

자바의 volatile도 같은 방법으로 사용할 수 있습니다. 보통 변수는 성능 때문에 데이터를 캐시에 넣어 두고 작업하는데 이때 여러 스레드로부터 값을 읽거나 쓰면 데이터가 일치하지 않고 깨집니다. 이것을 방지하기 위해 데이터를 캐시에 넣지 않도록 volatile 키워드와 함께 변수를 선언할 수 있습니다. 또 volatile 키워드를 사용하면 코드가 최적화되면서 순서가 바뀌는 경우도 방지할 수 있습니다. 쉽게 말해 volatile을 사용하면 항상 프로그래머가 의도한 순서대로 읽기 및 쓰기를 수행합니다. 그런데 두 스레드에서 공유 변수에 대한 읽기와 쓰기 연산이 있으면 `volatile` 키워드만으로는 충분하지 않습니다. 이 경우 `synchronized`를 통해 변수의 읽기 및 쓰기 연산의 원자성(Atomicity)을 보장해 줘야 합니다. 단, 한 스레드에서 `volatile` 변수의 값을 읽고 쓰고, 다른 스레드에서는 오직 `volatile` 변수의 값을 읽기만 할 경우, 읽는 스레드에서는 `volatile` 변수가 가장 최근에 쓰여졌다는 것을 보장합니다. 다음 예를 작성해 봅시다.

코딩해 보세요! @Volatile 사용하기 • 참고 파일 VolatileFieldTest.kt

```
package chap11.section4

import kotlin.concurrent.thread

@Volatile private var running = false
private var count = 0

fun start( ) {
    running = true
    thread(start = true) {
        while (running) println("${Thread.currentThread( )}, count: ${count++}")
    }
}

fun stop( ) { running = false }

fun main( ) {
    start( )
    start( )
    Thread.sleep(10)
    stop( ) // 여기서 상태를 바꿈
}
```

실행 결과

```
Thread[Thread-0,5,main], count: 0
Thread[Thread-1,5,main], count: 1
Thread[Thread-0,5,main], count: 2
Thread[Thread-1,5,main], count: 3
...
```

일정 시간이 지난 후 `stop( )` 함수에 의해 `running`의 상태를 변경하고 `start( )` 함수의 while 조건이 false가 되면서 프로그램이 중단됩니다. 하지만 `@Volatile`은 값 쓰기에 대해서는 보장하지 않습니다. 여전히 원자성 보장이 필요합니다.

원자 변수

원자 변수(Atomic Variable)란 특정 변수의 증가나 감소, 더하기나 빼기가 단일 기계어 명령으로 수행되는 것을 말하며 해당 연산이 수행되는 도중에는 누구도 방해하지 못하기 때문에 값의 무결성을 보장할 수 있게 됩니다. 단일 기계어 명령이란 CPU가 명령을 처리할 때의 최소 단위입니다. 이 최소 단위는 누구도 방해할 수 없죠. 다음 코드를 작성하고 여러 번 실행될 때마다 결과를 살펴보세요!

코딩해 보세요! **원자 변수 사용 전 문제점** • 참고 파일 AtomicVar.kt

```
package chap11.section4

import kotlinx.coroutines.*
import kotlin.system.measureTimeMillis

var counter = 0 // 병행 처리 중 문제가 발생할 수 있는 변수

suspend fun massiveRun(action: suspend ( ) -> Unit) {
    val n = 1000 // 실행할 코루틴의 수
    val k = 1000 // 각 코루틴을 반복할 수
    val time = measureTimeMillis {
        val jobs = List(n) {
            GlobalScope.launch {
                repeat(k) { action( ) }
            }
        }
        jobs.forEach { it.join( ) }
    }
    println("Completed ${n * k} actions in $time ms")
}

fun main( ) = runBlocking<Unit> {
    massiveRun {
        counter++ // 증가 연산에서 값에서 무결성에 문제가 발생할 수 있음
    }
    println("Counter = $counter")
}
```

실행 결과

```
Completed 1000000 actions in 45 ms
Counter = 289676
```

이 코드에서는 counter 변수의 값을 증가시키는 연산을 하고 있습니다. 순차적 프로그램에서는 문제가 없으나 많은 수의 독립적인 루틴이 이 코드에 접근해 counter를 공유하면 언제든 코드가 중단될 수 있음을 생각해야 합니다. 중단 시점은 CPU의 최소 단위인 명령어가 실행될 때 결정됩니다. 코드상에서는 counter++ 이라는 한 줄의 코드이지만 이것이 컴파일되서 CPU가 실행할 명령어로 변환되면 여러 개의 명령어로 분할되므로 프로그래머가 예상하지 못한 결과를 초래할 수도 있습니다. 즉, counter의 증가를 시작했지만 CPU의 최소 명령어가 마무리되지 않은 시점에 루틴이 중단되어서 다른 루틴이 counter를 건드릴 수 있습니다. 코드상에서는 한 줄로 작성된 코드에 진입한 것처럼 보이지만 결국 내부적으로는 값이 증가되지 못하고 다른 루틴이 실행되어 버린 것이죠. 이때 다른 루틴이 해당 변수를 조작할 수 있기 때문에 값의 무결성을 보장할 수 없게 됩니다. 이렇게 되면 실행 결과가 매번 달라질 수 있게 됩니다. 원자 변수를 사용하면 이때 counter의 증가 연산 부분을 CPU의 기계어 명령 하나로 컴파일하게 됩니다. 따라서 값이 무결성을 보장하죠. 위 코드를 다음과 같이 변경합니다.

코딩해 보세요! **원자 변수 적용해 보기** • 참고 파일 AtomicVar.kt

```
package chap11.section4

import kotlinx.coroutines.*
import java.util.concurrent.atomic.AtomicInteger
import kotlin.system.measureTimeMillis

// var counter = 0 // 병행 처리 중 문제가 발생할 수 있는 변수
var counter = AtomicInteger(0) // 원자 변수로 초기화

suspend fun massiveRun(action: suspend ( ) -> Unit) {
    val n = 1000 // 실행할 코루틴의 수
    val k = 1000 // 각 코루틴을 반복할 횟수
    val time = measureTimeMillis {
        val jobs = List(n) {
            GlobalScope.launch {
                repeat(k) { action( ) }
            }
        }
        jobs.forEach { it.join( ) }
    }
    println("Completed ${n * k} actions in $time ms")
}

fun main( ) = runBlocking<Unit> {
```

```
    massiveRun {
        // counter++ // 증가 연산 시 값의 무결성에 문제가 발생할 수 있음
        counter.incrementAndGet( ) // 원자 변수의 멤버 메서드를 사용해 증가
    }
    // println("Counter = $counter")
    println("Counter = ${counter.get( )}") // 값 읽기
}
```

counter 변수는 원자 변수의 정수형으로 선언되었습니다. 그래서 증가할 때나 값을 가져올 때는 incrementAndGet( )이나 get( )과 같은 전용 메서드를 사용해야 합니다. 전용 메서드는 코드를 단일 기계어 명령으로 변환하므로 값의 무결성을 보장하고 예상할 수 있는 값으로 실행됩니다. 코드를 여러 번 실행해 결과를 살펴보세요!

실행 결과

```
Completed 1000000 actions in 16 ms
Counter = 1000000
```

스레드 가두기

또 다른 방법으로 특정 문맥에서 작동하도록 단일 스레드에 가두는(Thread Confinement) 방법이 있습니다. 보통 UI 애플리케이션에서 UI 상태는 단일 이벤트에 따라 작동해야 합니다. 이때 단일 스레드 문맥인 newSingleThreadContext를 사용할 수 있습니다.

코딩해 보세요! 스레드에 가두기 • 참고 파일 ThreadConfinement.kt

```
package com.acaroom.kotlin.chap11.section04.confinement

import kotlinx.coroutines.*
import kotlin.coroutines.CoroutineContext
import kotlin.system.measureTimeMillis
// 단일 스레드 문맥을 선언
val counterContext = newSingleThreadContext("CounterContext")
var counter = 0

suspend fun massiveRun(context: CoroutineContext, action: suspend ( ) -> Unit) {
    val n = 1000
    val k = 1000
    val time = measureTimeMillis {
```

```
        val jobs = List(n) {
            GlobalScope.launch(context) {
                repeat(k) { action( ) }
            }
        }
        jobs.forEach { it.join( ) }
    }
    println("Completed ${n * k} actions in $time ms")
}

fun main( ) = runBlocking<Unit> {
    massiveRun {
        withContext(counterContext) { // 단일 스레드에 가둠
            counter++
        }
    }
    println("Counter = $counter")
}
```

```
실행 결과
Completed 1000000 actions in 1483 ms
Counter = 1000000
```

스레드에 가두는 방법은 실행 시간이 많이 걸립니다. 실행을 조금 더 빠르게 하기 위해서는 다음과 같이 massiveRun( )에 스레드 가두기를 직접 적용하면 됩니다.

```
fun main( ) = runBlocking<Unit> {
    massiveRun(counterContext) {
        counter++
    }
    println("Counter = $counter")
}
```

```
Completed 1000000 actions in 39 ms
Counter = 1000000
```

앞의 방법은 모두 원자 변수 방법보다는 약간 느린 결과를 보여줍니다. 어쨌든 스레드는 문맥상 counter를 독립적으로 가지며 처리하기 때문에 공유 변수 counter의 연산의 무결성을 보장할 수 있습니다. 다만 공간이 필요하므로 좀 느려진다는 점을 알아두기 바랍니다.

상호 배제

상호 배제(Mutual Exclusion)는 코드가 임계 구역(Critical Section)에 있는 경우 절대로 동시성이 일어나지 않게 하고 하나의 루틴만 접근하는 것을 보장합니다. 임계 구역 또는 공유 변수 영역은 병렬 컴퓨팅에서 둘 이상의 스레드가 동시에 접근해서는 안 되는 배타적 공유 자원의 영역으로 정의할 수 있습니다. 임계 구역은 잘못된 변경이 일어나지 않도록 보호해야 하는 코드가 있는 구역이므로 임계 영역의 처리가 필요한 경우 임계 구역에 들어간 루틴은 다른 루틴이 못 들어오도록 잠가야 합니다.

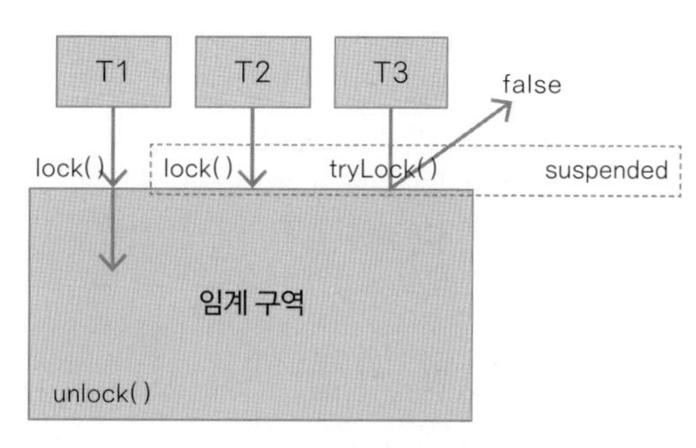

상호 배제와 임계 구역

상호 배제의 특징으로 소유자(Owner) 개념이 있는데 일단 잠근 루틴만이 잠금을 해제할 수 있다는 뜻입니다. 다른 루틴은 잠금을 해제할 수 없습니다. 자바에서는 비슷한 개념으로 보통 synchronized 키워드를 사용해 코드를 보호했습니다. 코틀린의 코루틴에서는 Mutex의 lock과 unlock을 사용해 임계 구역을 만들 수 있습니다.

그림에서 보이듯 T1처럼 특정 루틴 혹은 태스크가 lock( )을 걸고 임계 구역 코드에서 실행 중일 때는 다른 어떤 태스크도 방해하지 못합니다. T2와 같이 또 다른 lock( )이 호출되면 T2는 일시 중단됩니다. T3와 같이 tryLock( )을 사용하면 이미 잠겨 있을 경우 false를 반환하고 바로 빠져나옵니다. holdsLock( )을 사용하면 소유자에 의한 잠금인지 확인합니다. 기본적인 코딩은 다음과 같습니다.

```
val mutex = Mutex( )
...
mutex.lock( )
... // 보호하고자 하는 임계 구역 코드
mutex.unlock( )
...
```

람다식 withLock을 사용하면 mutex.lock( ); try { ... } finally { mutex.unlock( ) }와 같은 패턴을 손쉽게 사용할 수 있습니다. 앞서 만든 코드를 다음과 같이 변경할 수 있습니다.

```
val mutex = Mutex( )
var counter = 0
...
fun main( ) = runBlocking<Unit> {
    massiveRun {
        mutex.withLock {
            counter++ // 임계 구역 코드
        }
    }
    println("Counter = $counter")
}
```

```
실행 결과
Completed 1000000 actions in 598 ms
Counter = 1000000
```

이 밖에도 Mutex에는 검사를 위한 프로퍼티 isLocked가 있습니다. isLocked는 mutex가 잠금 상태일 때 true를 반환합니다. onLock은 잠금 상태로 들어갈 때 select 표현식을 사용해 특정 지연 함수를 선택할 수 있습니다.

actor 코루틴 빌더

코루틴의 결합으로 만든 actor는 코루틴과 채널에서 통신하거나 상태를 관리합니다. 다른 언어의 actor 개념은 들어오고 나가는 메일 박스 기능과 비슷하지만 코틀린에서는 들어오는 메일 박스 기능만 한다고 볼 수 있습니다.

메일 박스란 특정 연산, 상태, 메시지 등을 담아 보내는 것으로 위치에 상관없이 완전히 비동기적으로 수행되도록 디자인된 개념입니다.

```
data class Task (val desc: String)

val me = actor<Task>  {
    while(!isClosedForReceive) {
        println(receive( ).desc.repeat(5))
    }
}
```

actor는 한 번에 1개의 메시지만 처리하는 것을 보장합니다. 이 코드에서는 특정 루프를 만들고 isClosedForReceive로 닫힌 상태가 아니라면 receive( )를 사용해 desc를 반복 출력하도록 했습니다. 만일 채널이 닫히게 되면 ClosedSendChannelException을 만나게 됩니다. 다음 코드를 작성하여 자세히 알아보겠습니다.

```
...
sealed class CounterMsg {
    object IncCounter : CounterMsg( ) // counter를 증가하기 위한 단방향 메시지
    class GetCounter(val response: SendChannel<Int>) : CounterMsg( ) // 응답 채널의 요청
}
// 새로운 counter actor를 위한 함수
fun CoroutineScope.counterActor( ) = actor<CounterMsg>(CommonPool) {
    var counter = 0 // actor의 상태로 공유되지 않음
    for (msg in channel) { // 들어오는 메시지 처리
        when (msg) {
            is CounterMsg.IncCounter -> counter++
            is CounterMsg.GetCounter -> msg.response.complete(counter)
        }
    }
}

fun main( ) = runBlocking<Unit> {
    val counter = counterActor( ) // actor의 생성
    GlobalScope.massiveRun {
        counter.send(IncCounter)
    }
    // actor의 counter 값을 얻기 위해 요청
    val response = CompletableDeferred<Int>( )
    counter.send(GetCounter(response))
    println("Counter = ${response.await( )}")
    counter.close( ) // actor의 중단
}
```

위의 프로그램은 함수로 쓰인 actor 블록을 생성하고 실행합니다. actor는 코루틴이고 순차적으로 실행되며 각 상태는 특정 actor 코루틴에 한정되므로 공유된 변경 가능한 상태에도 문제가 없습니다. 이 방법은 lock 기법보다 유용한데 문맥 전환이 없기 때문입니다. 들어오는 메시지 msg는 CounterMsg 자료형입니다. 만일 IncCounter가 사용되면 counter 상태를 증가시킵니다. actor는 어떤 특정 상태를 관리하기 위한 백그라운드 태스크에 유용합니다.

이벤트 루프

앞에서 배운 바와 같이 넌블로킹과 비동기 프로그래밍을 구현하다 보면 관련 라이브러리를 많이 접할 수 있게 됩니다. 예를 들면 코틀린에 Promises를 추가한 Kovenant나 가벼운 스레드를 제공하는 Quasar, 비동기 이벤트 방식의 I/O 모델을 지원하는 libuv와 같은 라이브러리가 있습니다. 보통 이러한 라이브러리를 통해 이벤트 처리를 위한 프로그래밍 모델을 만들기 위해 이벤트 루프(Event Loop)를 사용하곤 합니다. 그러면 이벤트 루프란 무엇일까요? 간단히 개념만 알아보겠습니다.

먼저 웹 애플리케이션을 만든다고 생각해 봅시다. 네트워크도 연결해야 하고 UI도 구성해야 합니다. 또한 네트워크로 무언가 받고 있는 도중에도 사용자가 화면에 존재하는 목록이나 버튼을 클릭하면 즉각 응답해 주어야 합니다. 사용자와 상호작용하기 위해서는 항상 이벤트를 기다리며 감시하는 주체가 필요하며(wait for event), 이벤트가 발생하면 이것을 처리(dispatch)하기 위해 특정 루틴을 동작시켜야 합니다. 바로 이러한 것들이 이벤트 루프가 할 일입니다.

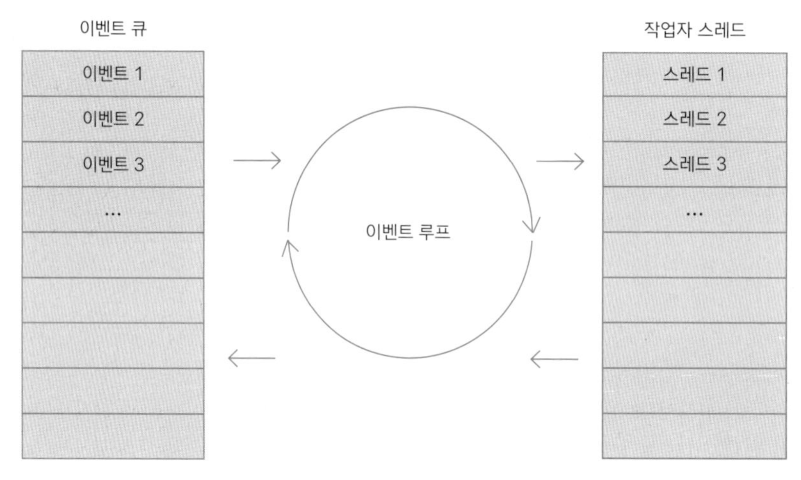

이벤트 루프의 개념도

이벤트 루프는 각 이벤트 요청에 대한 이벤트 큐를 가지며 이벤트 큐는 이벤트 루프에 의해 처리할 핸들러인 작업자 스레드가 결정되어 실행됩니다. 이벤트 큐의 실행이 끝나면 이벤트 루프에 의해 다시 이벤트 큐의 위치로 돌아갑니다.

11장 마무리 문제

Q1 프로세스나 스레드가 가지고 있는 메모리, 열린 파일, 스택 등을 ____________이라고 합니다. 만약 서로 다른 프로세스나 스레드가 실행되면 ____________ 교환을 통해 주 프로세스 또는 스레드가 변경됩니다.

Q2 빈 칸을 참고하여 블로킹 코드에서 코루틴 빌더를 적용해 보세요.

```
fun main( ) {
    ____________ {
        delay(1000L)
        println("World!")
    }
    Thread.sleep(2000L)
}
```

Q3 코루틴 작업의 완료를 기다릴 때 명시적으로 호출하는 함수는 무엇인가요?

① join( )

② end( )

③ wait( )

④ run( )

정답 Q1 문맥(context) Q2 GlobalScope.launch Q3 ①

넷째마당

안드로이드 앱 개발과 응용

넷째마당에서는 지금까지 배운 코틀린을 바탕으로 안드로이드를 개발하는 방법을 배울 것입니다. 기존의 공식 언어였던 자바가 코틀린으로 대체될 만큼 안드로이드 개발에서 코틀린은 빼놓을 수 없는 필수 요소가 되었습니다. 이 책에서 안드로이드 개발의 모든 것을 배울 수는 없겠지만 코틀린이 어떻게 안드로이드 개발에 도움을 주는지, 또 코틀린 안드로이드 확장과 Anko 확장 등을 활용하는 방법은 무엇인지 알아보겠습니다.

12

안드로이드 앱 개발과 코틀린

이 장에서는 지금까지 배운 코틀린을 안드로이드 개발에 적용해 프로그래밍하는 방법을 살펴봅니다. 안드로이드에 대한 기본 개념을 잘 몰라도 따라 하는데 무리가 없도록 실습을 구성했지만 내용을 좀 더 쉽게 이해하려면《Do it! 안드로이드 앱 프로그래밍》과 같은 안드로이드 관련 서적을 참고하는 게 좋습니다. 먼저 안드로이드 개발 환경에서 코틀린을 이용하는 방법을 이해하고 코틀린의 추가 확장을 통해 좀 더 효율적으로 개발하는 방법을 살펴봅시다.

12-1 개발 환경 준비하기

코틀린을 안드로이드 개발에 응용해 봅시다. 앞서 배운 것처럼 코틀린을 사용함으로써 얻을 수 있는 장점 몇 가지를 나열하면 다음과 같습니다.

- 수많은 보일러플레이트 코드를 축약할 수 있다.
- 읽기 쉽고 이해하기 쉬운 코드로 표현할 수 있다.
- null 예외를 안전하게 회피할 수 있다.
- 기존 자바 코드와 잘 호환된다.

이와 같은 장점 덕분에 코틀린은 안드로이드 애플리케이션 개발에서도 좀 더 생산성이 높은 코드를 만들어 낼 수 있습니다. 안드로이드의 모든 내용을 이 장에서 모두 다루기는 힘들지만 여기서 한 단계씩 따라 하다 보면 어떻게 안드로이드에서 코틀린을 사용하고 애플리케이션을 개발할 수 있는지에 대한 개념을 습득할 수 있습니다.

안드로이드 스튜디오 3.x 설치하기

구글에서는 안드로이드 개발을 위한 통합 개발 환경인 안드로이드 스튜디오를 제공하고 있습니다. 안드로이드 스튜디오는 원래 젯브레인즈에서 제공하는 통합 개발 환경이므로 생김새는 지금까지 다뤄 온 IntelliJ IDEA와 거의 동일합니다.

1. Android Developers 웹사이트(https://developer.android.com/studio/)에 접속해서 안드로이드 스튜디오 3.x의 최신 버전을 다운로드합니다.

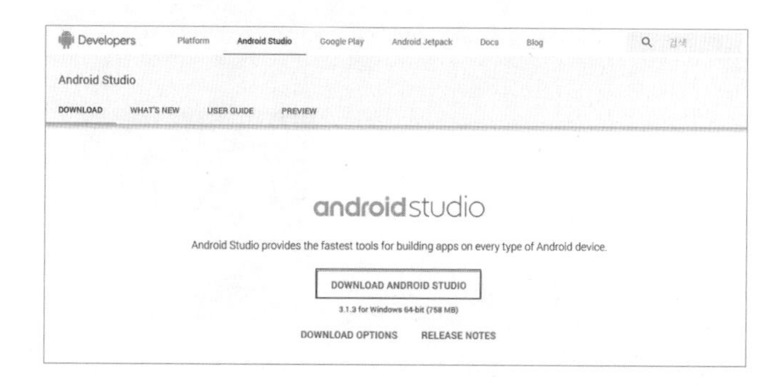

2. 다운로드한 파일을 더블클릭해 설치를 진행합니다. 다음과 같이 Choose Components 화면이 나오면 모두 선택하고 [Next] 버튼을 누릅니다.

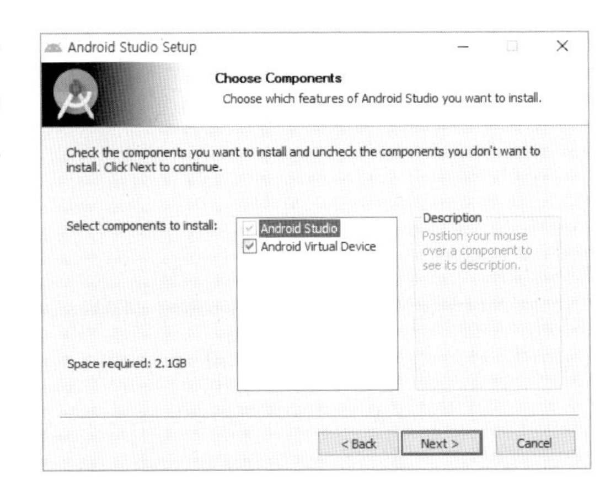

3. 설치할 위치를 확인한 후 계속 [Next] 버튼을 눌러 진행합니다.

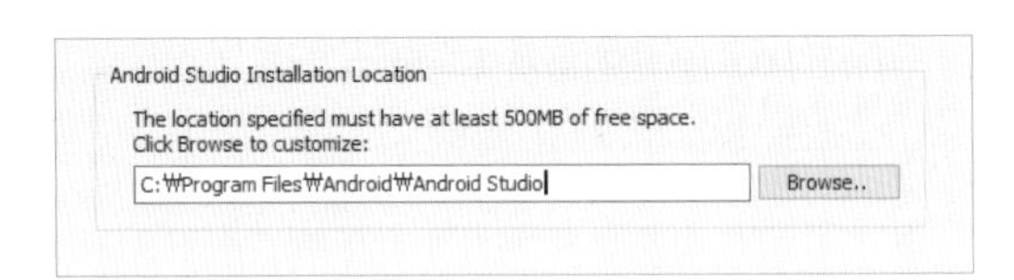

4. 설치를 완료하면 다음과 같이 설정을 가져오는 옵션이 나옵니다. 새로 설치하는 경우 [Do not import settings]를 선택하고 [OK] 버튼을 누릅니다.

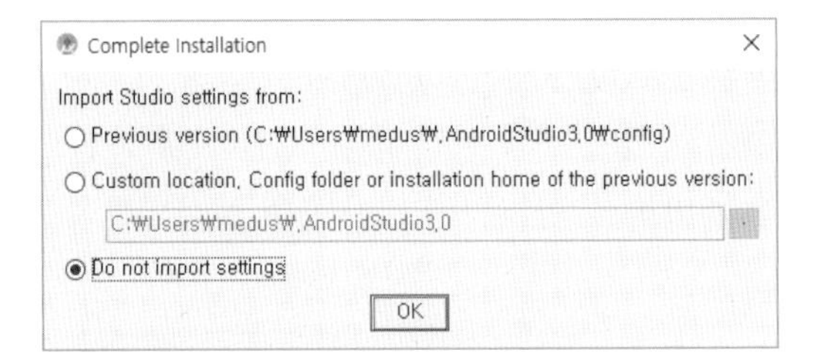

5. 안드로이드 스튜디오를 실행하면 다음의 형식을 선택할 수 있습니다. [Custom]을 선택하고 계속 진행해 봅시다.

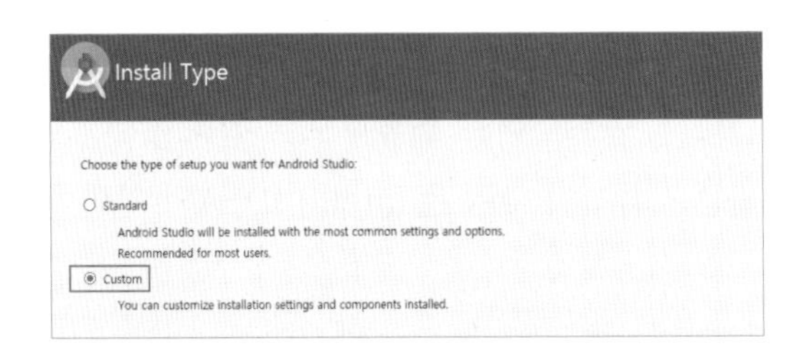

6. UI 선택 화면에서 취향에 따라 테마를 선택합니다. 여기서는 기본인 [IntelliJ]를 선택하겠습니다.

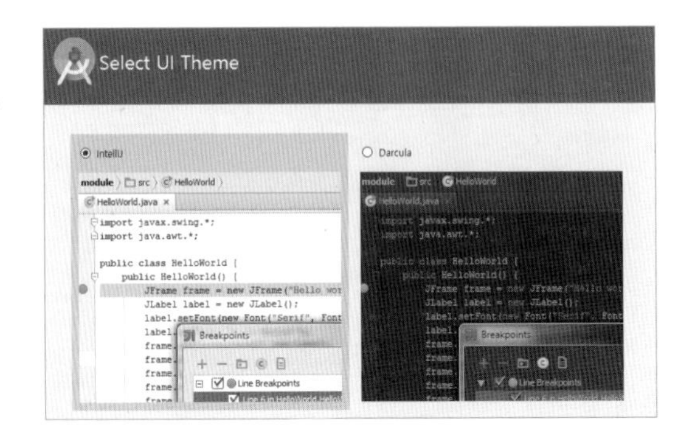

7. 이제 안드로이드 개발을 위한 SDK와 기타 패키지를 다운로드합니다. 모두 선택하고 진행하되 이때 SDK가 설치되는 위치를 잘 확인해 둡니다. 용량이 크므로 공간이 넉넉한 드라이브를 선택하는 것이 좋습니다.

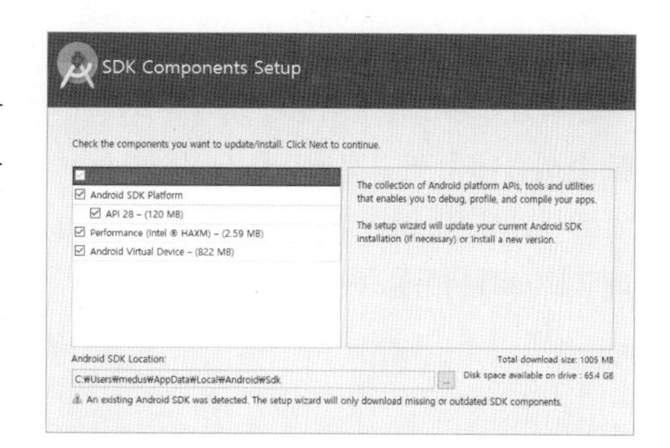

8. 에뮬레이터에서 사용할 메모리를 설정합니다. 추천되는 메모리가 시스템마다 다르므로 자신의 시스템에 추천되는 메모리를 기본으로 선택합니다. 다운로드와 설치가 완료되면 안드로이드 스튜디오의 시작 화면을 볼 수 있습니다.

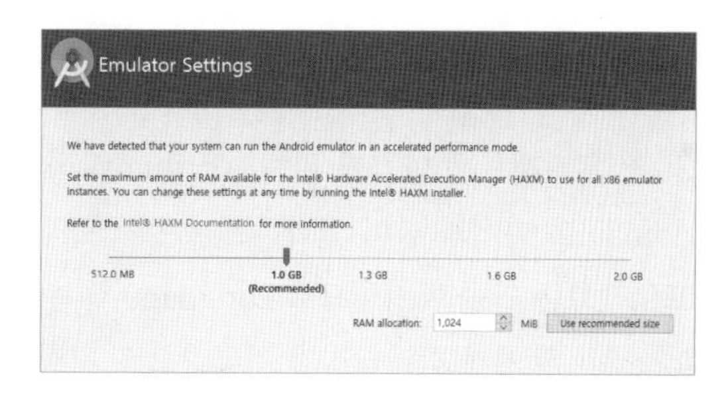

안드로이드 스튜디오 프로젝트 생성하기

안드로이드 스튜디오에서 프로젝트를 생성하는 방법은 앞에서 배운 IntelliJ IDEA의 방법과 비슷합니다. 다만 안드로이드에서는 기본적으로 그래들(Gradle)이라는 빌드 시스템을 사용하고 있습니다.

㉧ 손쉽게 선택할 수 있는 애플리케이션에 대한 템플릿도 제공합니다.

1. 첫 실행 화면에서 다음과 같은 메뉴를 볼 수 있습니다. 이제 [Start a new Android Studio project]를 눌러 새로운 프로젝트를 시작해 봅시다.

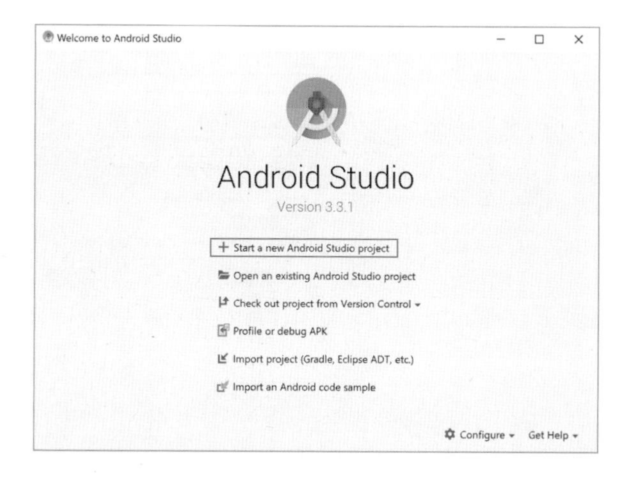

2. 프로젝트를 위한 기본 템플릿을 보여주는 화면이 나오는데 다양한 형식을 고를 수 있습니다. 빈 프로젝트를 생성하기 위해 여기서 [Empty Activity]를 선택하고 [Next] 버튼을 누릅니다.

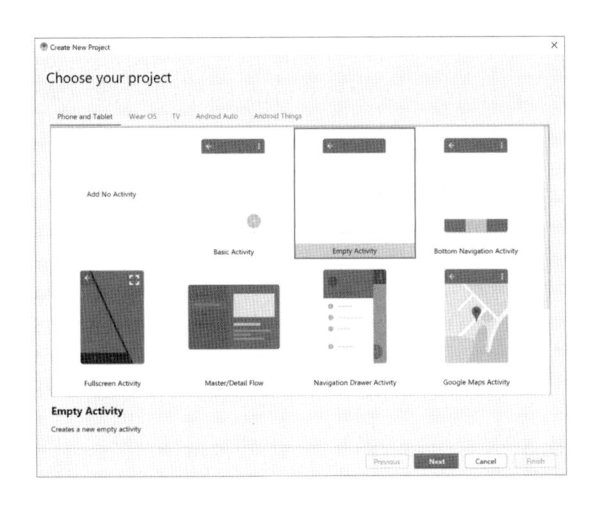

3. 첫 프로젝트를 만들기 위해 Application name과 패키지 이름으로 사용될 Company domain을 다음과 같이 입력하고 프로젝트의 위치를 확인해 둡니다. 여기서는 코틀린 지원 프로젝트를 만들 예정이므로 Language 항목에 [Kotlin]이 지정되었는지 확인합니다. Save location은 계정 디렉터리가 기본값으로 지정되어 있는데 다른 공간으로 바꿀 수 있습니다. 이때 한글이 포함되거나 경로가 너무 깊은 곳은 피하는 것이 좋습니다. 좋은 예로 다음과 같이 짧게 지정해 보세요.

```
D:\ideaProjects\HelloAndroid
```

그런 다음 안드로이드 개발을 위한 최소한의 SDK API 레벨을 설정합니다. 여기서는 [Help me choose]를 누르고 현재 API가 어디까지 지원되고 있는지 확인할 필요가 있습니다. 모든 기기를 지원하려면 API 레벨을 최소한으로 낮춰야 하고 최신 기능을 제공하려면 API 레벨이 높아져야 하므로 적절한 레벨을 선택합니다. 여기서는 API 19인 Android 4.4 (KitKat)을 선택하고 [Finish] 버튼을 누릅니다.

4. HelloAndroid 프로젝트가 생성되었습니다. 이제 앞에서 진행한 IntelliJ IDEA와 거의 동일한 작업 화면이 나타납니다.

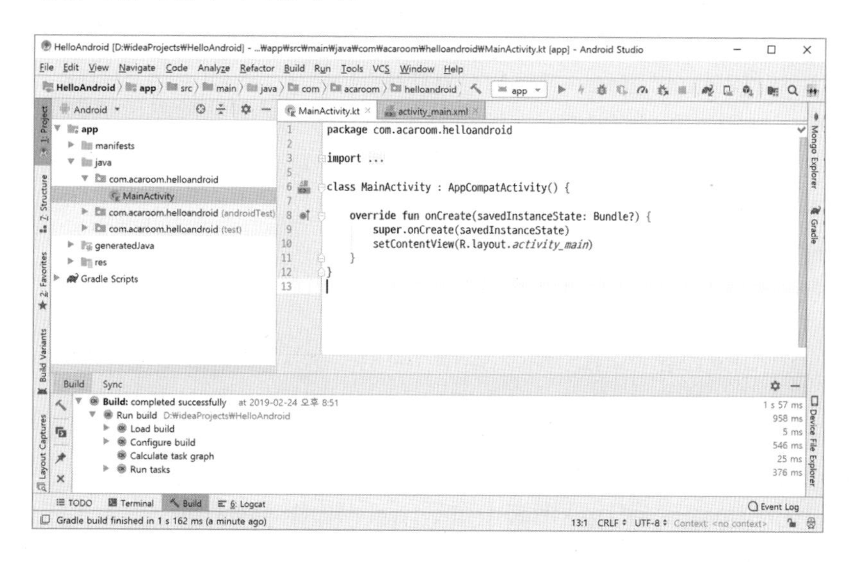

대부분의 화면 구성이 IntelliJ IDEA와 동일하지만 몇 가지 안드로이드를 위한 메뉴가 더 있습니다. 특히 기본 빌드 시스템인 그래들(Gradle)을 먼저 이해하는 것이 중요합니다.

그래들 빌드 파일의 이해

안드로이드는 기본적으로 그래들 스크립트 기반의 빌드 시스템을 통해 빌드 자동화를 지원하고 있습니다. 그래들은 Groovy라는 언어를 활용한 DSL 스크립트를 사용해 다양한 설정을 읽기 쉬운 형태로 작성합니다. 그래들은 다양한 플러그인과 유연성 때문에 안드로이드 이외에도 다른 언어에서도 사용하고 있습니다.

화면 왼쪽 Android 창을 보면 [Gradle Scripts] 아래에 2개의 build.gradle 파일을 확인할 수 있습니다. 실제로는 디렉터리에 따라 파일이 분할되어 있지만 Android 뷰에서는 한꺼번에 모아서 보여줍니다.

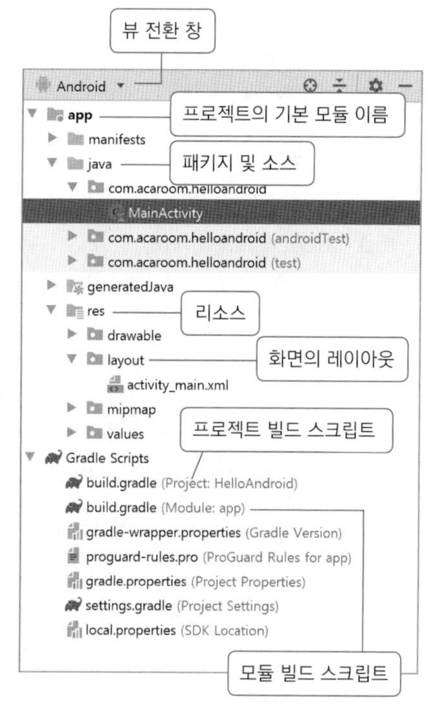

Android 창의 각 폴더 구조

HelloAndroid 프로젝트의 build.gradle 파일 중 하나는 프로젝트 전체에 대한 설정이고 또 하나는 프로젝트 모듈 단위의 설정입니다. 여기서 모듈 이름은 app이라고 지정되어 있습니다. 보통 모듈을 추가하지 않는 한 프로젝트에 하나의 모듈이 있을 것입니다.

그러면 먼저 프로젝트 단위의 build.gradle 파일을 살펴보겠습니다.

코딩해 보세요! 프로젝트 전체의 빌드 스크립트 • 참고 파일 build.gradle

```
buildscript {
    ext.kotlin_version = '1.3.20' // ① 코틀린 버전
    repositories {
        google( )
        jcenter( )
    }
    dependencies {
        classpath 'com.android.tools.build:gradle:3.3.1'
        classpath "org.jetbrains.kotlin:kotlin-gradle-plugin:$kotlin_version"
                                                        // ② 코틀린 플러그인
...
    }
}

allprojects {
    repositories {
        google( )
        jcenter( )
    }
}

task clean(type: Delete) { // ③ 프로젝트 클린 시 규칙
    delete rootProject.buildDir
}
```

자동 생성된 위 스크립트에는 ①번의 코틀린 버전을 가리키는 변수인 ext.kotlin_version이 있습니다. 이 변수에는 안드로이드 스튜디오에 설치된 최근 코틀린 버전이 사용되며 코틀린의 버전은 지속적으로 업데이트될 수 있으므로 버전에 따른 코틀린의 변경 사항에 유의합니다. repositories는 저장소를 나타내고, dependencies는 의존성 패키지를 나타냅니다. 의존성은 프로젝트를 빌드할 때 필요한 라이브러리를 나열하게 됩니다. 보통 의존성에 기술된 패키지가 저장소를 통해서 다운로드되는데, 프로젝트 단위에서는 그래들의 버전이 기술되어

빌드 관련 라이브러리가 다운로드됩니다. ②번에서는 코틀린 플러그인이 지정되는데 앞서 지정된 코틀린 버전이 변수로 명시되었습니다. 마지막 블록인 ③번의 `task clean`은 프로젝트를 클린(clean)했을 때 동작을 정의합니다. `task clean`은 빌드된 디렉터리를 삭제하는 역할을 합니다.

이제 모듈 단위의 build.gradle 파일을 열어서 내용을 살펴보겠습니다.

코딩해 보세요! app 모듈의 빌드 스크립트 • 참고 파일 build.gradle

```
apply plugin: 'com.android.application'
apply plugin: 'kotlin-android' // ①
apply plugin: 'kotlin-android-extensions' // ②

android {
    compileSdkVersion 28
    defaultConfig {
        applicationId "com.acaroom.helloandroid"
        minSdkVersion 19
        targetSdkVersion 28
        versionCode 1
        versionName "1.0"
        testInstrumentationRunner "android.support.test.runner.AndroidJUnitRunner"
    }
    buildTypes {
        release {
            minifyEnabled false
            proguardFiles getDefaultProguardFile('proguard-android.txt'),
                                                    'proguard-rules.pro'
        }
    }
}

dependencies {
    implementation fileTree(dir: 'libs', include: ['*.jar'])
    implementation"org.jetbrains.kotlin:kotlin-stdlib-jdk7:$kotlin_version" // ③
    implementation 'com.android.support:appcompat-v7:28.0.0'
    implementation 'com.android.support.constraint:constraint-layout:1.1.3'
    testImplementation 'junit:junit:4.12'
    androidTestImplementation 'com.android.support.test:runner:1.0.2'
    androidTestImplementation 'com.android.support.test.espresso:espresso-core:3.0.2'
}
```

여기서는 apply plugin을 통해 적용할 플러그인을 선택하는데 특히 코틀린 프로그래밍을 위해서는 ①번과 ②번에 명시된 kotlin-android와 kotlin-android-extensions가 반드시 지정되어야 합니다.

android 블록에서는 애플리케이션에 대한 상세 설정으로, 컴파일되는 SDK의 버전과 최소 SDK API 레벨, 애플리케이션의 Id와 버전 정보를 지정할 수 있습니다. buildTypes 블록에서는 디버그나 릴리즈 모드에서 애플리케이션의 최적화 방법을 기술하고 있습니다.

마지막으로 dependencies 블록은 애플리케이션 개발에 필요한 의존된 라이브러리나 추가 모듈을 나열합니다. 나열된 기능이 없는 경우에는 저장소로부터 다운로드해 빌드가 진행됩니다. 여기서 ③번은 코틀린 표준 라이브러리를 위한 org.jetbrains.kotlin:kotlin-stdlib-jdk7:<코틀린 버전>이 지정되어 자바와 연동할 수 있게 만들어 줍니다. 가끔 새로운 버전이나 이름이 변경된 경우 취소선이나 알림이 뜨기 때문에 변경 사항을 쉽게 알 수 있습니다.

오리의 프로그래밍 노트 업데이트된 라이브러리 바로 적용하기

특정 라이브러리는 버전이 향상될 수 있는데 이때 버전 이름 옆에서 Alt + Enter를 누르면 추천되는 버전을 보여주어 해당 버전으로 변경할 수 있습니다. 경우에 따라서는 최신 버전에서 애플리케이션 빌드가 되지 않을 수도 있으므로 기존 버전을 주석으로 명시하고 업데이트하기를 추천합니다.

빨간 밑줄에서 이름을 Alt + Enter로 자동적으로 고치기

그래들 빌드 파일은 이 정도만 이해하고 넘어가겠습니다. 좀 더 자세한 것은 다음 코틀린 공식 문서를 확인하세요.

```
https://kotlinlang.org/docs/reference/using-gradle.html/
```

HelloAndroid 코드의 이해

자동 생성된 프로젝트는 안드로이드 스튜디오의 화면 왼쪽에 있는 Project 탐색기로 볼 수 있는데 Project 탐색기를 Android 뷰로 설정하면 다음과 같이 구성되어 있을 것입니다.

app 모듈의 디렉터리 구조

디렉터리			설명
app/	manifests/		애플리케이션의 메인 환경 파일인 AndroidManifest.xml 파일 애플리케이션이나 액티비티 및 서비스 설정
	java/		애플리케이션의 소스 파일인 MainActivity.kt 파일
	res/		각 리소스의 디렉터리
		drawable/	그림이나 배경 색상과 같은 리소스
		layout/	액티비티에 대한 UI를 정의한 레이아웃 xml 파일
		mipmap/	런처를 위한 아이콘 리소스
		values/	프로그램에 사용할 색상, 문자열, 스타일 등의 xml 파일

각 디렉터리에 있는 중요한 파일을 설명하겠습니다.

애플리케이션의 필수 정보를 제공하는 AndroidManifest.xml

AndroidManifest.xml은 안드로이드 애플리케이션의 이름과 사용될 액티비티가 지정되어 있는 중요한 파일입니다. 액티비티란 UI를 가진 일종의 객체로 애플리케이션은 하나 이상의 액티비티를 가집니다. 먼저 Android 창에서 app/manifests/AndroidManifest.xml 파일을 열어 봅니다.

코딩해 보세요! 자동 생성된 AndroidManifest.xml • 참고 파일 AndroidManifest.xml

```
<?xml version="1.0" encoding="utf-8"?>
<manifest xmlns:android="http://schemas.android.com/apk/res/android"
    package="com.acaroom.edu.helloandroid">

    <application
        android:allowBackup="true"
        android:icon="@mipmap/ic_launcher"
        android:label="@string/app_name"
        android:roundIcon="@mipmap/ic_launcher_round"
```

```
        android:supportsRtl="true"
        android:theme="@style/AppTheme">
        <activity android:name=".MainActivity">
            <intent-filter>
                <action android:name="android.intent.action.MAIN" />

                <category android:name="android.intent.category.LAUNCHER" />
            </intent-filter>
        </activity>
    </application>

</manifest>
```

이 파일은 xml로 표현되어 있으며 애플리케이션의 이름이나 테마, 아이콘 설정은 <application> 태그 안에 정의되어 있습니다. AndroidManifest.xml에서는 <activity> 태그를 통해 최초로 구동되는 UI가 무엇인지 반드시 알려줘야 합니다. 여기서는 <intent-filter>의 <action> 태그와 <category> 태그에 각각 action.MAIN, action.LAUNCHER로 지정함으로써 기본적으로 런처가 실행할 UI를 지정했습니다. 만약 액티비티가 추가되면 새로운 태그를 AndroidManifest.xml에 지정해야 합니다.

주요 UI 화면을 처리하는 MainActivity.kt

기본 프로젝트 모듈은 app이라는 명칭으로 자동 생성되었으며 app 하부에는 프로그램 소스와 리소스 파일들이 위치하고 있습니다. 먼저 app/java/MainActivity.kt 클래스 파일을 열어 봅니다.

코딩해 보세요! 기본 화면을 제어하는 메인 액티비티 • 참고 파일 MainActivity.kt

```
package com.acaroom.helloandroid

import android.support.v7.app.AppCompatActivity
import android.os.Bundle

class MainActivity : AppCompatActivity( ) { // 안드로이드 하위 호환성을 위한 액티비티 클래스를 상속
    override fun onCreate(savedInstanceState: Bundle?) { // 생명주기의 하나인 콜백 함수
        super.onCreate(savedInstanceState)
        setContentView(R.layout.activity_main)
    }
}
```

앞의 코드를 보면 AppCompatActivity 클래스의 하위 클래스로 MainActivity가 만들어진 것을 알 수 있습니다. 여기서 AppCompatActivity는 안드로이드 애플리케이션의 낮은 레벨의 API를 사용하는 기기의 하위 호환성을 위해 안드로이드에서 지원되는 클래스이며 android.support.v7.app 패키지로부터 사용되고 있음을 알 수 있습니다.

MainActivity 클래스는 애플리케이션을 구동하기 위한 여러 단계의 콜백 함수를 가지고 있는데 그중 하나인 onCreate( ) 메서드를 오버라이딩하고 있습니다. onCreate( )는 애플리케이션이 최초 실행되어 생성 단계에서 진입하는 메서드입니다. 여기에 setContentView( )를 통해 리소스로 존재하는 레이아웃 xml 코드를 실제 화면으로 변환해 UI 화면을 구성합니다.

UI의 화면을 구성하는 activity_main.xml

이번에는 레이아웃 파일인 app/res/layout/activity_main.xml을 열어 보겠습니다. 코드 창 아래에 [Design] 탭과 [Text] 탭이 있는데, 각각 Design 모드와 Text 모드를 표시합니다.

코딩해 보세요! 화면을 구성하는 레이아웃 파일(Text 모드) • 참고 파일 activity_main.xml

```
<?xml version="1.0" encoding="utf-8"?>
<android.support.constraint.ConstraintLayout
    xmlns:android="http://schemas.android.com/apk/res/android"
    xmlns:app="http://schemas.android.com/apk/res-auto"
    xmlns:tools="http://schemas.android.com/tools"
    android:layout_width="match_parent"
    android:layout_height="match_parent"
    tools:context=".MainActivity">

    <TextView
        android:layout_width="wrap_content"
        android:layout_height="wrap_content"
        android:text="Hello World!"
        app:layout_constraintBottom_toBottomOf="parent"
        app:layout_constraintLeft_toLeftOf="parent"
        app:layout_constraintRight_toRightOf="parent"
        app:layout_constraintTop_toTopOf="parent" />

</android.support.constraint.ConstraintLayout>
```

Text 모드로 보면 레이아웃 파일도 xml 태그로 구성되어 있음을 알 수 있습니다. 화면 각각의 UI 요소인 뷰가 태그로 표현되어 있습니다. 여기서는 컨테이너 역할을 하는 <ConstraintLayout> 태그와 화면에 보이는 뷰 요소인 <TextView>가 사용되었습니다. 안드로이드 스튜디오에서는 화면을 xml 코드로 작성하는데 간단한 화면은 Design 모드에서 위지위그 형태로 구성할 수도 있습니다.

오리의 프로그래밍 노트 위지위그

위지위그(WYSIWYG)란 What You See Is What You Get의 약자로 보이는 대로 얻는다는 말이며 화면의 UI를 보이는 대로 작성할 수 있다는 뜻입니다.

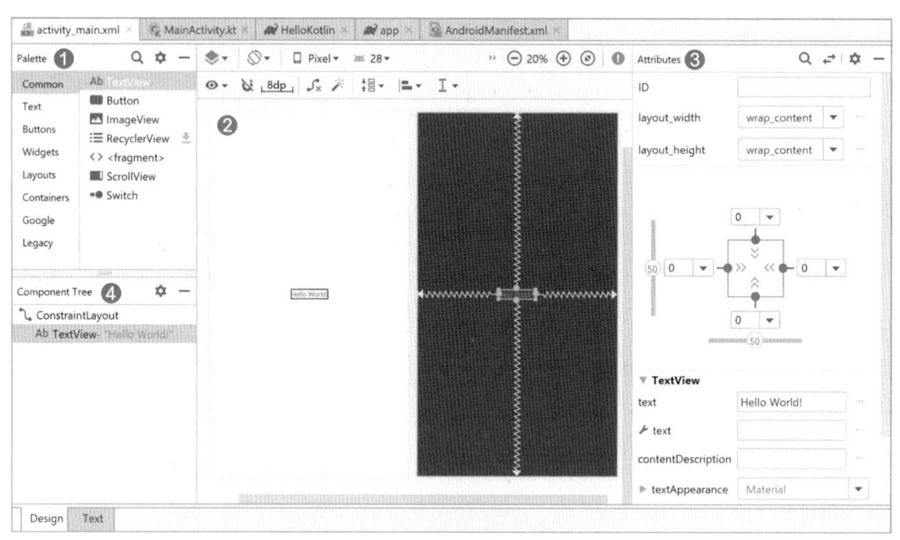

레이아웃 파일의 디자인 탭 화면

레이아웃 파일의 [Design] 탭을 누르면 각종 UI 뷰 요소를 가지고 있는 ❶번 Palette 창이 있고, ❷번 창을 통해 직접 뷰 요소를 드래그 앤드 드롭(Drag-and-Drop) 방식으로 구성할 수 있는 위지위그 화면이 있습니다. 각 뷰의 요소를 선택하면 해당 요소의 속성을 ❸번 창을 통해 확인하거나 설정할 수 있습니다. ❹번 창에서는 트리 구조로 각 요소의 의존 관계를 보여주고 있습니다. ConstraintLayout의 내부 자식 요소로서 TextView가 사용된 것을 알 수 있습니다.

안드로이드는 다양한 크기의 스크린을 가진 기기를 지원하기 위해 UI 요소 크기에 절댓값을 사용하기보다는 상대적인 속성을 사용해 화면을 구성하길 권장하고 있습니다. 요소의 너비와 높이에 해당하는 layout_width와 layout_height는 부모 요소에 따라 배치되기 위해 wrap_content나 match_parent를 사용할 수 있습니다.

- wrap_content: 현재 뷰 요소의 콘텐츠 크기에 맞춰 구성한다.
- match_parent: 부모 뷰의 요소에 맞춰 콘텐츠 크기를 구성한다.

다양한 화면을 위한 UI를 만들고 싶다면 레이아웃 각 요소의 특징을 잘 파악해야 합니다. 그러나 모든 UI의 특징을 나열하는 것은 이 책의 범위를 벗어나므로 이 부분은 따로 안드로이드 개발 서적을 참조할 것을 권장합니다. 여기서는 프로젝트를 위한 필수적인 화면 구성에 대해서만 설명합니다.

프로젝트 실행하기

프로젝트를 빌드한 후 실행하기 위해서는 실제 안드로이드 기기나 에뮬레이터가 필요합니다. 실제 기기에서 실행하려면 개발자 모드가 활성화되어 있어야 하고 에뮬레이터는 개발 PC에 따라 가상으로 생성해 주어야 합니다. 실제 기기를 연결하는 방법과 에뮬레이터를 사용하는 방법을 따라 해 봅시다.

안드로이드 실제 기기에 연결하기

1. 실제 기기에서 애플리케이션을 실행하려면 개발자 모드를 활성화해야 합니다. 스마트폰의 Settings(설정)에 [About phone(디바이스 정보) 〉 Software information(소프트웨어 정보)]으로 들어가 [Build number(빌드번호)]를 일곱 번 정도 누르면 개발자 모드가 활성화됩니다.

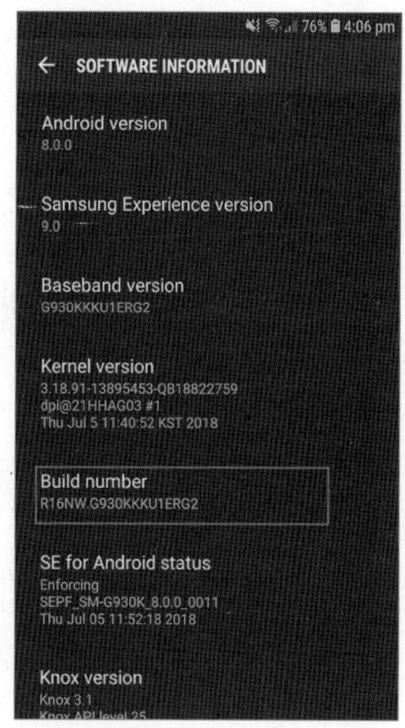

갤럭시 화면 예시

2. Settings에 [Developer options(개발자 옵션)]가 활성화되는데, 여기서 [USB debugging(USB 디버깅)] 메뉴를 활성화해 둡니다.

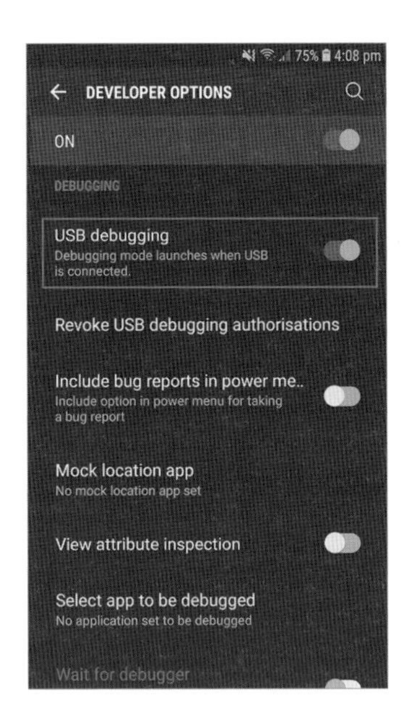

3. 기기를 개발 PC에 USB로 연결하고 안드로이드 스튜디오에서 [Run > Run 'app'] 메뉴를 선택합니다. 그러면 기기의 접근 허용을 묻게 되는데 허용하면 실제 기기에서 애플리케이션을 실행할 수 있게 됩니다. 연결된 해당 기기를 선택한 후 [OK] 버튼을 누르면 해당 애플리케이션이 설치되고 기기에서 실행되는 것을 알 수 있습니다. 이후 Logcat 창을 통해서 기기에서 발생하는 각종 로그 메시지를 확인할 수 있습니다.

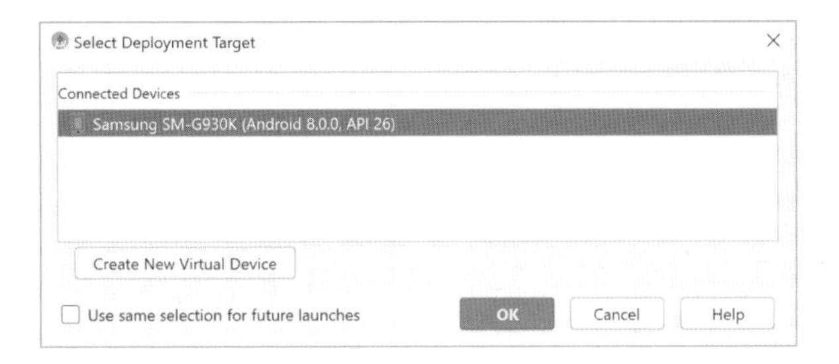

에뮬레이터에서 실행하기

실제 기기를 사용하기 어려운 경우 에뮬레이터에서 애플리케이션을 실행할 수 있습니다. 에뮬레이터는 가상의 이미지를 통해 기기를 만들어 실행므로 PC의 메모리와 CPU 자원을 많이 사용하며 실제 기기보다는 느립니다. 하지만 기기가 없어도 된다는 장점이 있습니다.

1. 안드로이드 스튜디오에서 [Tools > AVD Manager] 메뉴를 선택하고 나타나는 대화상자에서 [Create Virtual Device] 버튼을 누릅니다.

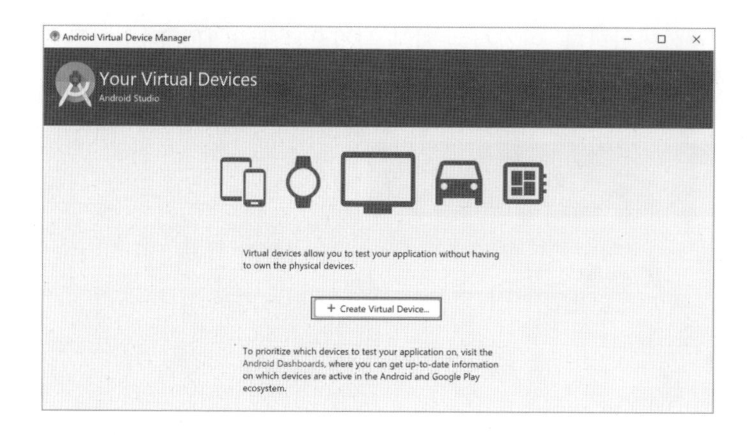

2. 미리 정의된 템플릿이 나타나면 타깃 기기로 적당한 것을 선택하고 [Next] 버튼을 누릅니다. 여기서는 Nexus 4를 선택하겠습니다. 만일 플레이 스토어 접근이 필요하면 플레이 스토어 아이콘이 있는 기기를 선택하면 됩니다.

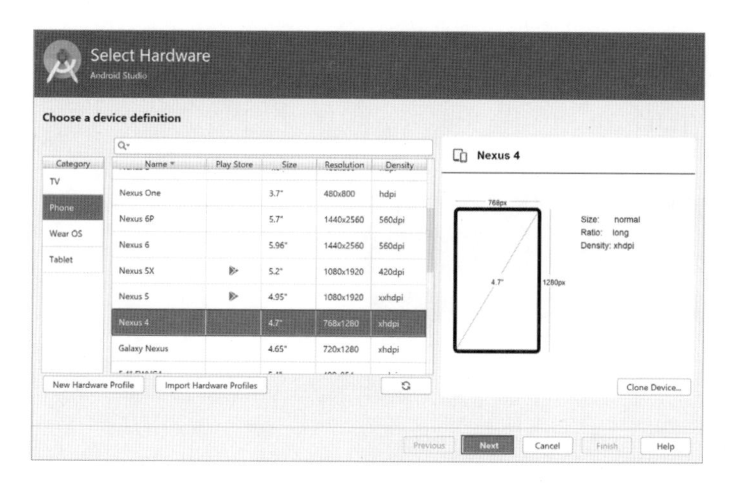

3. 실행할 시스템 이미지가 나타납니다. 목표로 하는 API 레벨의 이미지를 선택해 줍니다. 만일 이미지가 없다면 [Download]를 눌러 다운로드할 수 있습니다. 여기서는 Oreo API 레벨 28을 다운로드한 후 [Next] 버튼을 누릅니다.

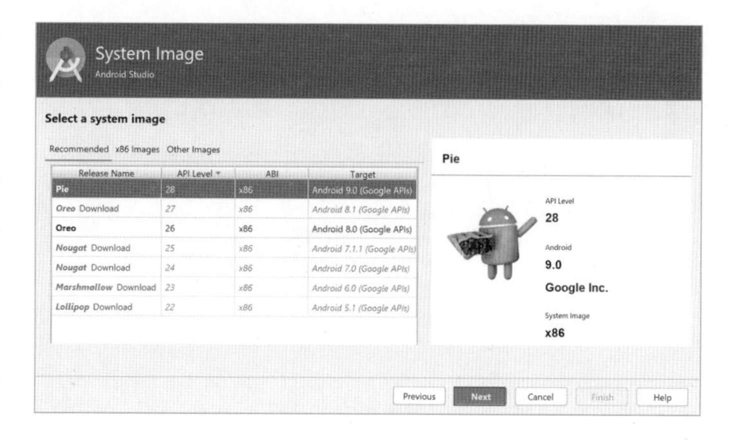

4. 디바이스의 자원을 설정하는 화면입니다. 여기서는 기본 설정으로 두고 [Finish] 버튼을 누릅니다.

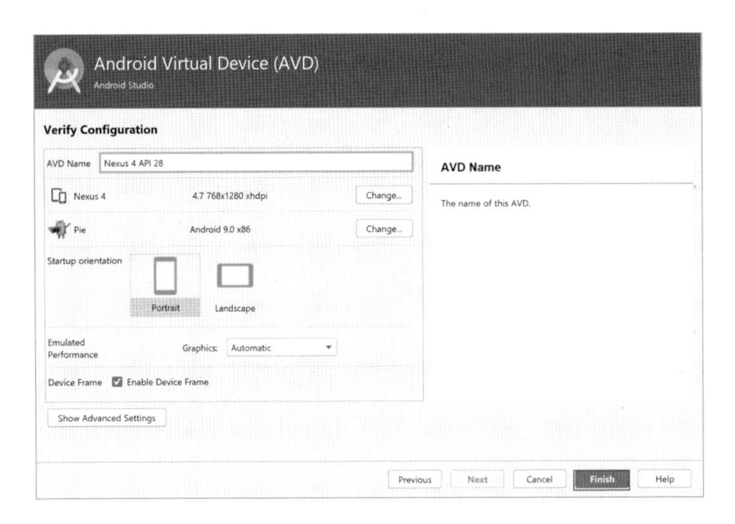

5. 이제 가상 디바이스가 구동되었다면 메인 창의 실행 버튼을 누르고 다음과 같이 새로운 가상 디바이스로 실행할 수 있게 됩니다.

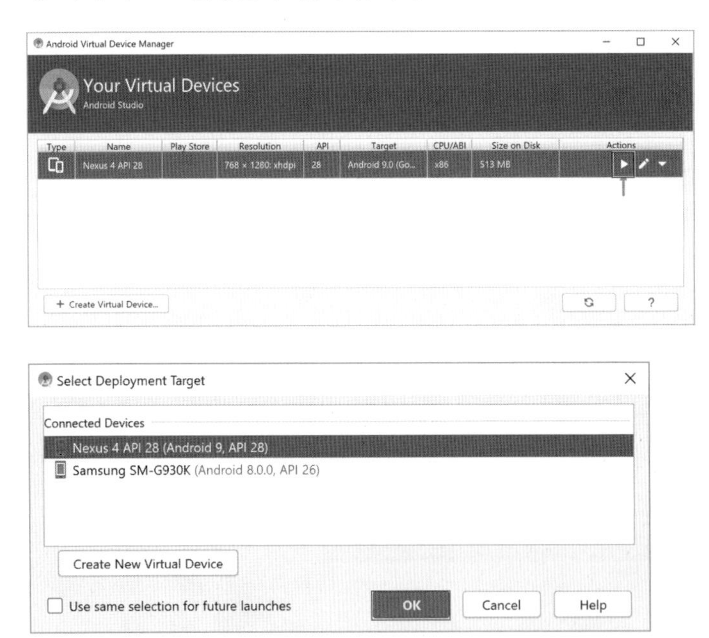

12-2 안드로이드의 구성 요소 알아보기

안드로이드 애플리케이션을 이해하고 프로그래밍하기 위해서는 안드로이드를 구성하는 4대 요소인 액티비티(Activity), 서비스(Service), 방송 수신자(Broadcast Receiver), 콘텐츠 제공자(Content Provider)를 알아야 합니다. 4대 요소 이외에도 인텐트(Intent)나 뷰(View), 프래그먼트(Fragment)도 알아 두면 좋습니다. 안드로이드 개발을 위해서는 이런 요소들이 애플리케이션 안에서 서로 어떻게 작동하는지를 이해해야 합니다. 다음 그림을 보며 각 요소에 대해 하나씩 설명해 보겠습니다.

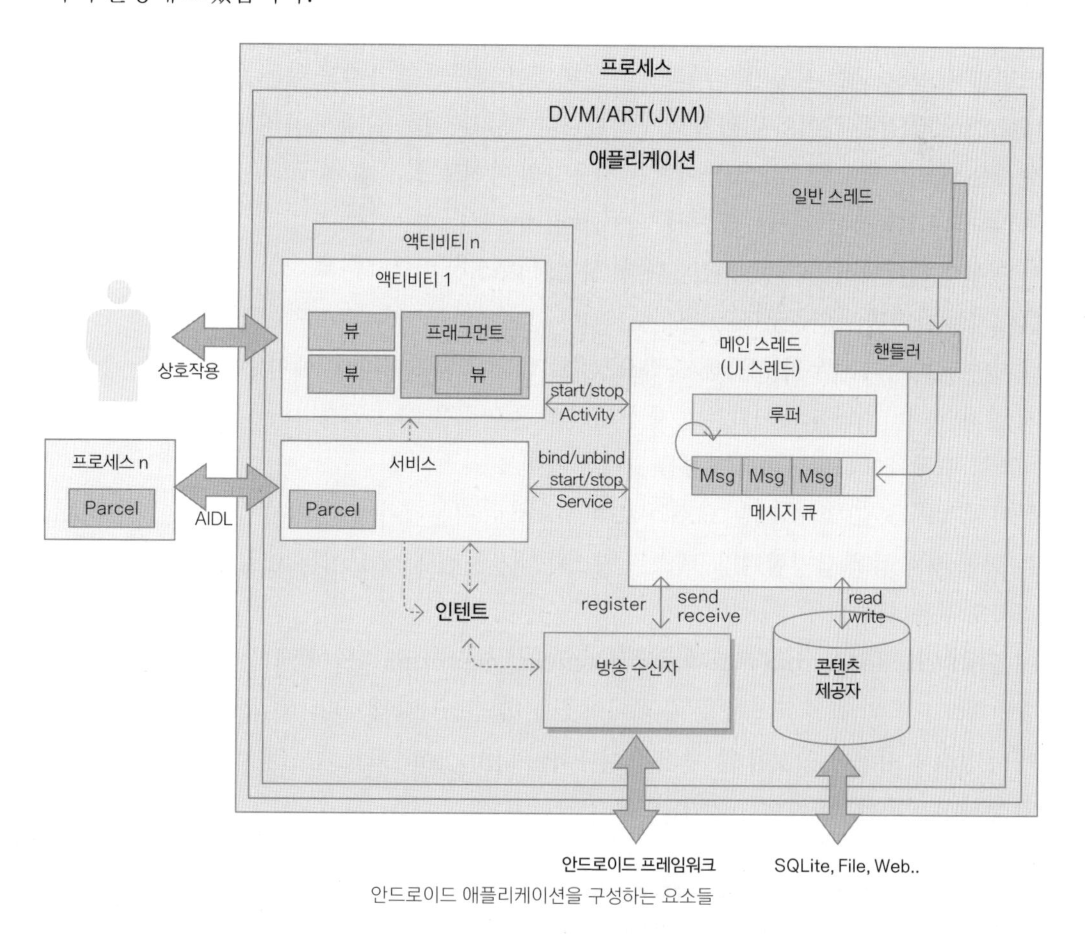

안드로이드 애플리케이션을 구성하는 요소들

그림이 매우 복잡해 보이죠? 하지만 하나씩 개념들을 살펴보고 다시 보면 이해할 수 있을 것입니다. 먼저 액티비티부터 시작해 봅시다.

UI 화면을 나타내는 액티비티

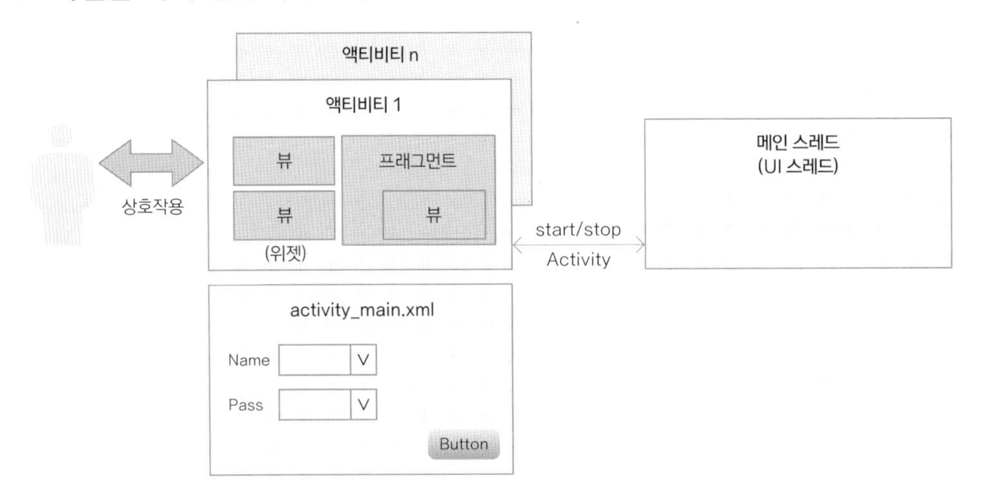

액티비티(Activity)는 사용자가 바라보는 인터페이스 화면을 가지고 있는 요소이며 activity_main.xml과 같은 레이아웃 파일로 구성합니다. 액티비티는 실제 애플리케이션의 동작을 구현하는 코드가 필요합니다. 코드에서는 사용자의 이벤트를 처리하고 UI를 갱신합니다. 또, 하나의 애플리케이션은 하나 이상의 액티비티를 가질 수 있습니다. 화면이 여러 장 만들어져야 한다면 당연하겠죠?

액티비티는 작은 화면의 단위인 프래그먼트(Fragment)라는 요소로 구성할 수도 있습니다. 프래그먼트는 액티비티에 속해야 합니다.

그러면 액티비티는 누가 시작해 줄까요? 바로 메인 스레드입니다. 메인 스레드는 눈에 보이지 않지만 액티비티를 제어하는 통제 센터와 같은 역할을 하고 있습니다. 메인 스레드가 액티비티를 구동시키고 액티비티는 뷰를 그리는 것이죠.

한편 뷰(View)는 보이지 않는 요소와 보이는 요소로 구분됩니다. 보이지 않는 레이아웃 요소는 화면 배치 등을 담당합니다. 텍스트 박스나 버튼처럼 눈에 보이는 요소는 위젯(Widget)이라고도 부릅니다.

예를 들어 HelloAndroid 프로젝트에서 activity_main.xml 파일이 액티비티의 레이아웃을 담당하고 다음과 같은 코드를 통해 레이아웃을 화면에 나타냅니다. 상위의 Activity 클래스에서 상속해 사용하는 것을 알 수 있습니다. HelloAndroid 프로젝트의 MainActivity.kt 파일을 다시 살펴볼까요?

```
class MainActivity : AppCompatActivity( ) { // 상위의 Activity 클래스로부터 상속
    override fun onCreate(savedInstanceState: Bundle?) {
        super.onCreate(savedInstanceState)
        setContentView(R.layout.activity_main) // UI의 화면을 나타내는 xml을 해석
    }
```

애플리케이션이 구동되면 메인 스레드가 오버라이딩된 `onCreate( )` 함수를 호출하며 액티비티를 시작시킵니다. 앞에서 진행한 코틀린 프로그램의 진입점인 `main( )` 함수처럼 `onCreate( )` 함수는 이제 안드로이드 애플리케이션의 진입점 역할을 합니다. 여기서 `super.onCreate( )` 함수에 의해 부모 클래스에서 할 일을 먼저 처리한 후 `setContentView( )` 함수를 처리합니다. `setContentView( )` 함수는 리소스로 존재하는 activity_main.xml 레이아웃 파일을 코드를 통해 변환 처리해 UI를 구성합니다.

액티비티의 생명주기

액티비티는 실행의 진입점 역할을 하는 `onCreate( )` 콜백 함수 이외에도 메인 스레드가 제어하기 위한 여러 가지 콜백 함수를 호출합니다. 필요에 따라 이런 콜백 함수를 오버라이딩하여 작성해 두어야 합니다. 이것을 생명주기에 대한 콜백 함수라고 합니다. 다음 그림은 액티비티의 생명주기를 보여줍니다.

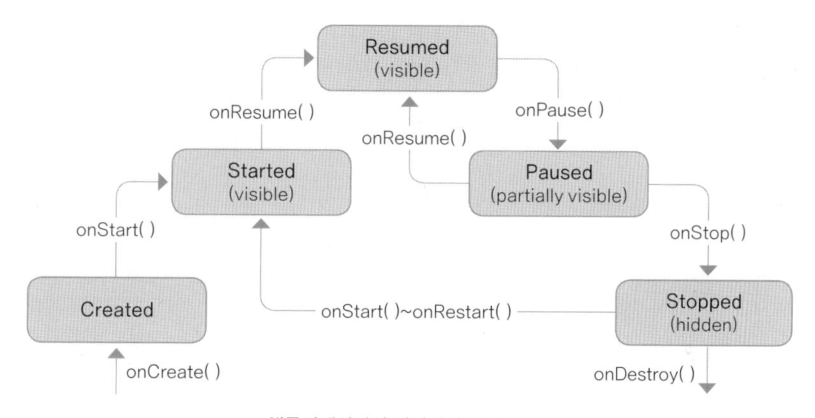

애플리케이션의 액티비티 생명주기

이 함수들은 메인 스레드의 명령 이벤트에 따라 호출되기 때문에 콜백 함수라고 합니다. `onCreate( )` 함수는 액티비티가 생성될 때 호출되고 반드시 구현해야 합니다. 그리고 이 안에서 `setContentView( )` 함수를 사용해 레이아웃을 지정하여 화면을 그립니다. 생명주기의 또 다른 콜백 함수인 `onPause( )`는 애플리케이션이 다른 것에 의해 가려진 경우 호출되며 애플리케이션의 일시 중단을 나타냅니다. 다시 시작하면 `onResume( )`이 호출되어 재개됩니다.
만일 안드로이드 기기의 [Back]키를 연속해서 누르면 백 스택에 들어 있는 액티비티가 다 빠져 나오는데 백 스택에 액티비티가 없으면 `onDestroy( )`가 호출됩니다. 또는 안드로이드 시스템에 의해 리소스가 부족하면 시스템에 의해 강제 종료되며 `onDestroy( )`가 호출될 수도 있습니다.

액티비티가 갑자기 종료되면 액티비티가 가진 데이터가 사라질 수 있으므로 해당 데이터를 저장하기 위해 onSaveInstanceState( )와 onRestoreInstanceState( )를 오버라이딩해 상태를 저장하고 복구해야 합니다.

액티비티에 대한 개념은 좀 어려울 것입니다. 하지만 아주 중요한 개념이므로 반드시 이해해야 합니다. 애플리케이션의 실행을 세밀하게 제어하기 위해 안드로이드 프레임워크에서 오랜 기간 걸쳐서 만들어진 개념이므로 단번에 이해하는 데는 무리가 있을 수 있습니다. 하지만 익숙해지면 아주 잘 만들어진 개념이라는 것을 알게 될 것입니다! 일단 가볍게 읽고 나중에 여러 가지 예제를 진행하면서 완전하게 이해해 봅시다.

오리의 프로그래밍 노트 백 스택이란?

애플리케이션이 여러 개의 액티비티를 가지고 있을 때 새로운 액티비티가 호출되면 이전 액티비티는 백 스택(Back Stack)에 쌓아 두고 화면에서 가려지므로 보이지 않게 됩니다. 기기의 [Back]키가 눌리면 이전 액티비티로 돌아가고 스택에서 빠져나옵니다. 이때 다시 화면에 노출되며 전면에 나타납니다. 따라서 백 스택은 후입 선출의 개념으로 동작하며, 백 스택을 구성하기 위한 여러 가지 옵션이 있습니다. 다음 그림을 살펴봅시다.

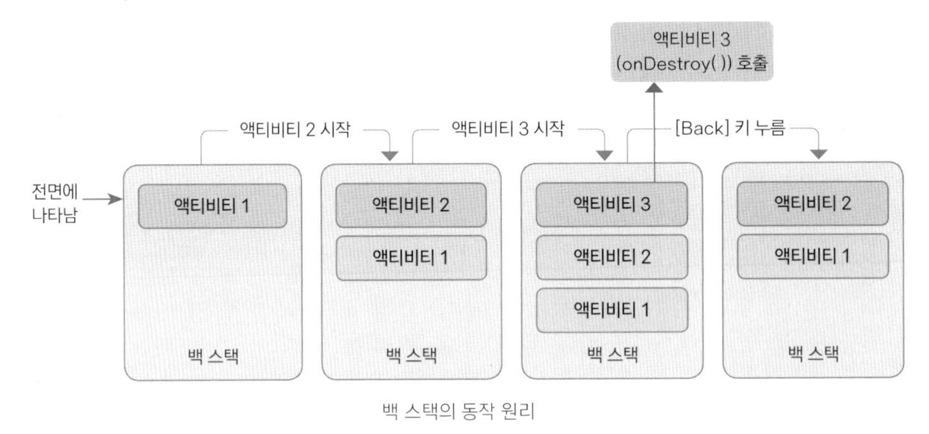

백 스택의 동작 원리

만일 [Back]키를 계속 눌러서 더 이상의 액티비티가 남아 있지 않으면 애플리케이션이 종료됩니다.

화면의 작은 단위인 프래그먼트의 생명주기는 액티비티와 비슷하지만 몇 단계의 콜백 함수가 더 있습니다. 액티비티에 여러 프래그먼트가 붙을 수 있기 때문에 액티비티에 프래그먼트를 추가할 때는 onAttach( ), 제거할 때는 onDetach( )가 사용되고 프로그램 실행 중간에 onCreateView( )를 통해 UI를 구성하는 View를 반환할 수 있습니다. 완전하게 UI가 구성된 다음에는 나머지 동작 코드를 onActivityCreated( )에서 구성합니다.

안드로이드 콜백 함수에 lateinit 사용하기

안드로이드는 앱의 생명주기에 해당하는 콜백 함수가 많이 사용되는데 각 콜백 함수의 호출 시기가 정해져 있지 않기 때문에 특정 UI 요소를 사용할 때는 보통 lateinit을 사용해 객체를 선언하면 아주 유용합니다.

```
class MainActivity : AppCompatActivity( ) {
    private lateinit var mWelcomeTextView: TextView // 지연 초기화를 위한 선언

    override fun onCreate(savedInstanceState: Bundle?) { // 앱의 생명주기
        super.onCreate(savedInstanceState)               (생성 시 호출되는 콜백 함수)
        setContentView(R.layout.activity_main)

        mWelcomeTextView = findViewById(R.id.msgView) as TextView // 지연 초기화 시점
    }
}
```

UI 요소로 사용할 TextView를 lateinit으로 선언한 후 오버라이딩된 콜백 함수인 onCreate( ) 내의 블록에서 findViewById( )를 사용해 기존 리소스를 할당하고 있습니다. as 키워드는 자료형 변환에 사용되어 TextView 형식으로 변환한 뒤 할당합니다.
혹은 다음과 같이 안드로이드의 시스템 서비스를 초기화할 때도 lateinit을 사용할 수 있습니다.

```
class MainActivity : AppCompatActivity( ) {

    lateinit var alarmManager: AlarmManager // 알람 시스템 서비스의 선언

    override fun onCreate(savedInstanceState: Bundle?) { // 앱의 생명주기
        super.onCreate(savedInstanceState)               (생성 시 호출되는 콜백 함수)
        alarmManager = getSystemService(AlarmManager::class.java) // 지연 초기화 시점
}
```

이 소스 코드에서도 클래스 안의 객체로 선언된 프로퍼티인 alarmManager는 lateinit으로 선언되어 앱의 생명주기 중 하나인 생성 단계의 콜백 함수 onCreate( )에서 초기화할 수 있습니다. 만일 onCreate( )가 진행되기 전에 alarmManager를 초기화하면 IllegalStateException 오류가 발생합니다.
getSystemService( )는 안드로이드 프레임워크의 시스템 서비스를 서로 연결하기 위한 API로 시스템 서비스 중 AlarmManager::class.java를 가리키고 있습니다. 안드로이드 프레임워

크는 자바로 만들어져 있기 때문에 자바의 요소를 사용하려면 ::class.java 같은 문장을 덧붙여 사용해야 합니다.

오리의 프로그래밍 노트 시스템 서비스란?

안드로이드의 내부의 프레임워크에는 시스템에 기본적으로 필요한 서비스들이 구동되고 있습니다. 예를 들어 네트워크, 알람, 디스플레이, 위치 등의 서비스가 스마트폰이 켜지면 백그라운드에서 구동하게 됩니다. 이것을 애플리케이션에서 연결하기 위해서 getSystemService( ) 함수를 사용합니다.

안드로이드에서 lazy를 사용해 UI 요소 초기화하기

by lazy { ... }와 같이 람다식을 사용하는 위임 형식의 초기화는 안드로이드에서 아주 유용하게 사용됩니다. 뷰 요소가 서로 다른 생명주기에서 초기화되어야 하는 경우를 살펴봅시다.

```
class MainActivity : AppCompatActivity( ) {
    private val messageView : TextView by lazy {
        // messageView의 첫 접근에서 초기화
        findViewById(R.id.message_view) as TextView
    }
    override fun onCreate(savedInstanceState: Bundle?) {
        super.onCreate(savedInstanceState)
        onSayHello( )
    }
    fun onSayHello( ) {
        messageView.text = "Hello" // 이 시점에 초기화됨
    }
}
```

여기에서 MainActivity 클래스의 프로퍼티인 messageView는 TextView의 객체라는 것을 알 수 있습니다. lazy의 { ... } 본문에서 UI를 위한 리소스 id인 message_view를 찾아 초기화하기 위해 findViewById( ) 함수를 사용했습니다. 이 블록은 해당 리소스에 처음 접근되는 시점에서 실행됩니다.

즉, by lazy는 바로 실행되는 것이 아니라 message_view라는 리소스에 접근할 때까지 기다립니다. 화면이 초기화되는 시점은 onCreate( ) 콜백 함수가 호출되고 onSayHello( ) 함수가 실행되어 그 안에 messageView.text = "Hello"가 실행되는 순간 일어납니다.

백그라운드에서 계속 실행되는 서비스

서비스(Service)는 눈에 보이지 않는 백그라운드에서 실행됩니다. 이것도 메인 스레드가 제어하죠. 즉, UI가 없는 서비스는 오랫동안 실행되는 작업에 사용됩니다.

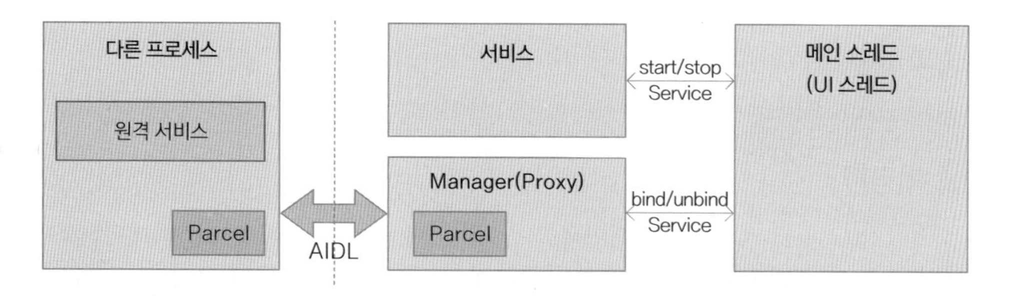

위 그림을 통해 서비스의 실행 과정을 간단히 알아볼까요? 애플리케이션(프로세스) 내에 서비스가 있다면 startService( )나 stopService( )로 서비스를 시작하거나 중단할 수 있습니다. 만일 실행하고자 하는 서비스가 또 다른 애플리케이션이나 시스템의 또 다른 프로세스에 있다면 다른 메모리 위치에 있는 원격 서비스를 구동하게 됩니다. 이때는 보통 xxxManager 역할을 하는 중간 매개체(Proxy)의 서비스를 거쳐서 통신을 위한 AIDL(Android Interface Definition Language)이라는 정의 언어를 통해 원격 서비스에 명령을 내릴 수 있게 됩니다. 이때 필요한 데이터는 Parcel을 통해 서로 전달됩니다. 이때는 서비스를 시작한다는 개념보다는 '붙인다'라는 개념으로 bindService( )를 사용하고 다 사용한 후에는 '떼어낸다'라는 개념으로 unbindService( )를 사용합니다.

안드로이드는 프로세스 간 통신 기법으로 운영체제 내부에 있는 바인더(Binder)라는 요소를 사용합니다. 바인더는 두 프로세스 간의 메시지를 전달해 줍니다. 이때 통신에 사용하는 인터페이스를 만들기 위해 AIDL을 이용합니다. 한 번 시작된 서비스는 애플리케이션이 종료되고 다른 애플리케이션으로 이동해도 계속 백그라운드에서 실행될 수 있습니다.

서비스도 생명주기에 해당하는 콜백 함수를 가지고 있습니다. 생명주기는 startService( )로부터 시작되어 onCreate( ), onStartCommand( )를 호출하고 stopService( )에 의해 onDestroy( )를 호출합니다. 특히 bindService( )의 경우에는 onBind( )를 호출하며 unbindService( ) 명령은 onUnbind( ) 콜백 함수를 호출합니다.

방송 수신자

방송 수신자(Broadcast Receiver)는 안드로이드에서 발생하는 다양한 이벤트 및 정보를 받고 전달하는 요소입니다. 예를 들면 시스템 부팅, 배터리 부족, 전화/문자 메시지 수신, 네트워크 끊김 등을 알려주는 것이 방송(Broadcast)인데 방송은 애플리케이션의 필터를 통해 받거나 무시할 수 있습니다.

콘텐츠 제공자

콘텐츠 제공자(Content Provider)는 데이터를 관리하거나 다른 애플리케이션에 데이터를 제공하는 요소입니다. 데이터를 저장하기 위해 SQLite나 파일, 웹 등을 이용할 수 있습니다. 데이터의 고유한 이름으로 URI(Uniform Resource Identifier)를 사용해 구분합니다.

인텐트

그다음 중요한 요소로 인텐트(Intent)가 있는데 인텐트는 안드로이드의 4대 요소 간에 메시지를 전달합니다. 인텐트는 특정 클래스를 지정하는 명시적 인텐트와 특정 데이터에 대해 수행할 액션을 지정하는 묵시적 인텐트가 있습니다. 묵시적 인텐트는 특정 클래스를 지정하지 않기 때문에 여러 개의 연관된 요소를 호출할 수 있다는 장점이 있죠. 예를 들어 사진을 찍은 후 처리를 위해 [보내기]를 누르면 여러 이미지 처리 애플리케이션이 선택되도록 대화상자가 뜨는데 이것은 묵시적 인텐트를 모든 애플리케이션에 보낸 것입니다. 이 인텐트를 처리할 수 있는 애플리케이션만 응답한 것이죠.

핸들러와 메시지 큐

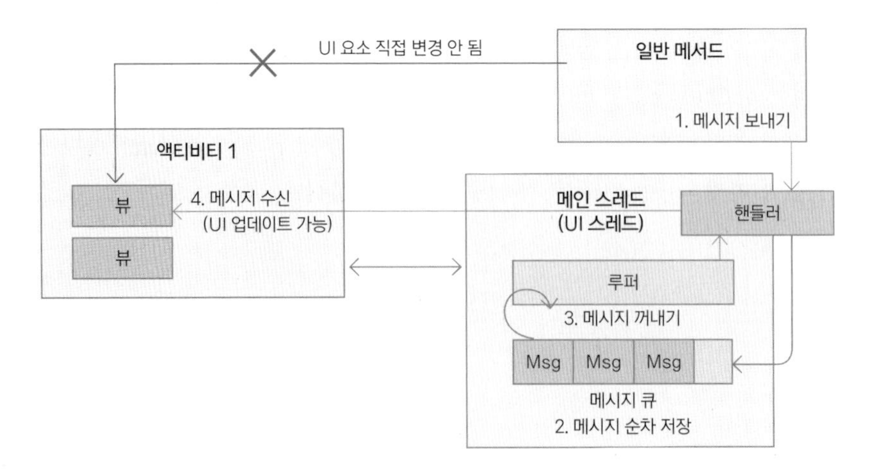

안드로이드의 애플리케이션을 실행하는 순간 메인 스레드가 생성되는데 여기에서 메시지 큐(MessageQueue)와 루퍼(Looper)가 항상 자동으로 생성됩니다. 일반 스레드(Normal Thread)는 시스템이나 사용자에 의해 나중에 생성되는데 일반 스레드에서 UI 요소를 직접 변경하는 코드를 넣게 되면 애플리케이션이 깨지며 불완전 종료될 수 있습니다. 즉, UI 요소의 갱신과 변경은 오로지 메인 스레드를 통해서만 변경되어야 합니다. 따라서 UI 요소의 변경 명령은 메인 스레드의 메시지 큐에 차례로 보내 두었다가 하나씩 꺼내 액티비티의 UI 요소를 변경하는 방법을 사용해야 합니다. 루퍼는 메시지 큐를 반복적으로 들여다보고 있다가 무언가 오면 처리하는 반복 루틴입니다.

UI 요소 하나를 변경하기 위해 이렇게 번거로운 작업을 하는 것은 불편한 일입니다. 그래서 안드로이드 개발팀에서는 이 번거로운 작업을 개선하기 위해 AsyncTask 등을 만들었지만 이 방법도 여전히 번거롭습니다. 이때 코루틴을 사용하면 손쉽게 UI 요소를 변경할 수 있는 문맥을 사용할 수 있습니다! 이것은 다음 장에서 좀 더 자세히 알아봅시다.

오리의 프로그래밍 노트 기타 요소가 궁금한가요?

만일 안드로이드 요소에 좀 더 이해가 필요한 경우 구글이 제공하는 다음 리소스를 둘러 보세요. 일부는 한글로 번역이 되어 있고 코틀린으로 작성된 샘플을 제공하고 있습니다.

```
https://developer.android.com/docs/
https://developer.android.com/guide/
https://developer.android.com/samples/
```

12-3 안드로이드의 코딩 규칙 알아보기

프로그램을 개발하려면 함수, 변수 등의 이름을 짓는 방법이나 함수를 구성하는 방법 등의 규칙을 기술한 문서를 먼저 익혀 두어야 합니다. 회사에서는 팀 단위로 프로그램을 개발하는데 서로 코딩하는 방법이 다르면 의사소통에 문제가 생길 수 있기 때문이죠. 만약 표준 스타일 가이드가 궁금하다면 다음 웹사이트에서 제공하고 있으므로 읽어 보는 것이 좋습니다.

- 안드로이드 코딩 규칙: https://android.github.io/kotlin-guides/style.html/
- 코틀린 코딩 규칙: https://kotlinlang.org/docs/reference/coding-conventions.html/

여기서는 몇 가지 중요한 스타일 규칙만 소개해 보겠습니다.

이름 지정하기

메서드나 프로퍼티, 함수나 변수의 이름에는 소문자로 시작하는 카멜 표기법(camelCase)를 사용합니다. 언더스코어(_)는 읽기 좋은 정도만 사용하고 되도록 사용하지 않습니다. 클래스나 인터페이스 선언과 같은 경우에는 대문자로 시작하는 파스칼 표기법(PascalCase)의 이름을 사용합니다. 파일 하나의 상위 클래스가 하나만 존재하면 파일명은 해당 클래스 이름과 동일하게 지정할 수 있습니다.

```
abstract class Foo { ... }
class FooImpl : Foo { ... } // 클래스 상속의 표현
class CarEngine { } // 파스칼 표기법
fun Runnable.toBar( ): Bar = // 확장 함수 선언
fun processDeclarations( ) { ... } // 일반 함수 선언

@Test fun pop_emptyStack( ) { // 애노테이션 및 언더스코어
    ...
}
const val MAX_COUNT = 8 // 상수 표현
val USER_NAME_FIELD = "UserName" // 대문자 표현
```

```
val variable = "var"
val nonConstScalar = "non-const" // 카멜 표기법
val mutableCollection: MutableSet<String> = HashSet( ) // 최상위 객체 생성
```

저작권 표기하기

저작권(Copyright)을 표기하기 위해 다음과 같이 주석을 사용합니다. 특히 안드로이드에서는 /**로 시작하는 KDoc-style의 주석이나 1줄 주석은 사용하지 않는 것을 권장합니다.

```
/*
 * Copyright 2017 MyCompany, Inc.
 *
 * ...
 */
```

판단문의 괄호 표기하기

else가 없는 if나 when을 사용할 때 단일 표현식으로 구성해 한 줄에 표현합니다. 필요한 경우 중괄호를 사용할 수 있습니다. 그리고 들여쓰기는 탭이 아닌 공백으로 4칸을 띄웁니다.

```
if (string.isEmpty( )) return // 단일 표현식은 한 줄에 구성
```

```
when (value) {
    0 -> return
    // … 여러 줄인 경우
}
```

```
if (string.isEmpty( ))
    return // 틀린 표현!

if (string.isEmpty( )) {
    return // 좋음! 한 줄인 경우에도 중괄호를 사용
}
```

블록 구성하기

블록을 구성하는 중괄호를 사용할 때는 공백 한 칸을 띄우고 함수 이름의 소괄호는 붙여서 사용합니다. 제어문과 같은 예약어의 소괄호는 공백을 한 칸 띄웁니다.

```
return Runnable {
    while (condition( )) { // 제어문 옆에는 소괄호 사용 시 공백을 둠
        foo( )
    }
}

return object : MyClass( ) { // 블록이 복합적으로 있는 경우
    override fun foo( ) {
        if (condition( )) {
            try {
                something( )
            } catch (e: ProblemException) {
                recover( )
            }
        } else if (otherCondition( )) {
            somethingElse( )
        } else {
            lastThing( )
        }
    }
}
```

비어 있는 블록을 구성할 때도 닫힌 중괄호는 내려 씁니다.

```
try {
    doSomething( )
} catch (e: Exception) {} // 틀린 표현!

try {
    doSomething( )
} catch (e: Exception) {
} // 블록이 비어 있더라도 중괄호는 내려 씀
```

공백의 사용

각 예약된 키워드에 괄호가 같이 사용되는 경우 공백을 같이 사용합니다.

```
for(i in 0..1) { // 틀림!
}
for (i in 0..1) { // 좋음
}
```

```
}else { // 틀림!
}
} else { // 좋음
}
```

중괄호를 사용할 때도 표현식에 공백을 사용하고 이진 연산자를 사용할 때도 공백을 추가합니다.

```
if (list.isEmpty( )){ // 틀림!
}
if (list.isEmpty( )) { // 좋음
}
```

```
val two = 1+1 // 틀림!
val two = 1 + 1 // 좋음
```

콜론 사용과 공백

클래스를 선언하는 콜론(:)을 사용하는 경우에도 공백을 통해 구분해야 합니다. 일반 매개변수를 지정하는 경우에는 공백을 사용하지 않습니다.

```
class Foo: Runnable // 틀림!
class Foo : Runnable // 좋음
```

```
fun <T: Comparable> max(a: T, b: T) // 틀림!
fun <T : Comparable> max(a: T, b: T) // 좋음
```

```
fun <T> max(a: T, b: T) where T: Comparable<T> // 틀림!
fun <T> max(a: T, b: T) where T : Comparable<T> // 좋음
```

xml 리소스의 id

xml에서 사용하는 리소스의 id는 정해진 규칙은 없지만 팀이나 회사 혹은 널리 인정된 규칙을 만들어 따르는 것이 좋습니다. 보통 소문자로 구성하고 언더스코어(_)를 허용하는 이름으로 구성합니다.

xml 뷰 요소의 id 접두사 지정의 예

뷰 요소	접두사
TextView	〈layout_name〉_tv_
ImageView	〈layout_name〉_img_
Button	〈layout_name〉_btn_
RecylerView	〈layout_name〉_rv_
EditText	〈layout_name〉_edit_

동일한 프로젝트 내의 레이아웃이 다르고 뷰 요소가 다른 경우 동일한 id 이름을 허용합니다. 하지만 프로젝트가 커지면 구분을 위해서 레이아웃 이름을 앞에 붙여 주면 좋습니다.

xml 레이아웃 요소의 id 접두사 지정의 예

뷰 요소	접두사
Activity	activity_
Fragment	fragment_
Dialog	dialog_
AdapterView Item	item_
Menu	menu_

그 밖에 상수나 주석 처리 방법, 애노테이션 표기 방법, 한 줄의 최대 문자수는 100으로 제한하는 등의 추가 정보를 앞서 언급한 코딩 규칙 가이드에서 읽어볼 수 있습니다. 이러한 코딩 규칙을 지켜서 코드를 일관성 있게 작성하면 코드가 더욱 읽기 쉬워지며 서로 협업하는 팀에서 의사소통이 원활해집니다.

Q1 다음은 안드로이드 프로그래밍에서 코틀린 확장을 사용하여 리소스를 사용한 것인데 잘못 입력한 코드가 있습니다. 삭제해야 할 코드는 무엇일까요?

```
override fun onCreate(savedInstanceState: Bundle?) {
...
    val tvTitle = findViewById<TextView> (R.id.tvTitle) // ①
    tvTitle.text = "Hello Kotlin!" // ②
```

Q2 다음은 프래그먼트를 사용해 UI를 구성하는 코드입니다. 어느 콜백 함수 안에서 UI 업데이트를 처리해야 할까요?

```
class Fragment : Fragment( ) {

    override fun onCreateView(...): View? {
        ... ①
    }

    override fun onViewCreated(...) {
        ... ②
    }
}
```

Q3 안드로이드 애플리케이션을 실행하면 ______________와 ______________는 기본으로 생성되어 UI 스레드에 필요한 메시지를 처리할 수 있습니다.

정답 **Q1** ①, findViewById는 사용하지 않아도 됩니다(리소스 id tvTitle에 직접 접근).
Q2 ②, UI가 구성된 다음에 동작하는 onViewCreated( ) 함수에 UI를 재구성하는 코드를 넣어야 합니다.
Q3 메시지 큐(MessageQueue), 루퍼(Looper)

13

코틀린 안드로이드 확장

코틀린은 안드로이드 확장을 위한 여러 가지 기능을 제공하고 있습니다. 코틀린 안드로이드 확장(kotlin-android-extensions)을 안드로이드 앱에 적용하면 기존의 자바로 작성할 때보다 빠른 코딩이 가능해집니다. 또한 읽기 좋은 코드를 만들어 주기 때문에 코드의 유지 보수에도 도움이 됩니다. 그러면 확장 기능을 하나씩 살펴보고 간단한 미니 프로젝트를 통해 사용법을 이해하도록 합시다!

13-1 뷰의 바인딩

안드로이드에서는 UI를 화면에 나타낼 때 레이아웃 파일인 xml 파일에 UI의 요소를 태그 표기법으로 작성합니다. xml 파일을 코드에서 사용하려면 뷰(View)로 불리는 UI 요소의 id를 코드에서 지정해야 하는데 이 작업을 '뷰의 바인딩'이라고 합니다.
뷰의 바인딩을 이용하려면 코틀린 안드로이드 확장이 build.gradle 파일에 지정되어야 합니다. 모듈 단위의 build.gradle 파일에 다음 플러그인이 명시되어 있는지 확인합니다.

```
apply plugin: 'kotlin-android-extensions'
```

그러면 kotlin-android-extensions 플러그인을 통해 안드로이드 개발의 여러 가지 기법을 사용해 보겠습니다.

레이아웃과 코드 식별하기

안드로이드에서 뷰 바인딩이 되는 원리를 이해하고 안드로이드 확장을 이용해 이것을 단순화하는 방법을 살펴봅시다. 안드로이드 프로그래밍에서는 뷰의 리소스 식별자인 id를 코드상에서 불러오기 위해 `findViewById( )` 함수를 자주 사용하는데 이것 때문에 코드가 읽기 어렵고 길어집니다. 리소스와 코드의 관계를 다음 그림으로 확인해 봅시다.

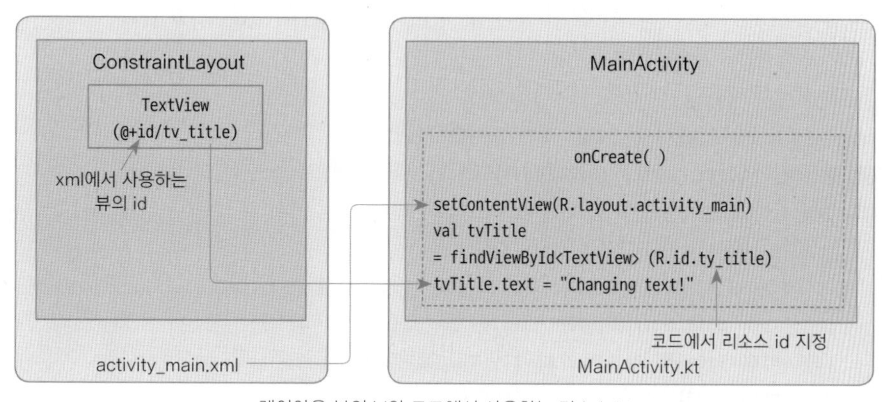

레이아웃 뷰의 id와 코드에서 사용하는 리소스 id

xml에서는 리소스를 식별하기 위해 뷰의 식별자를 @+id/name 형태로 작성하고, 리소스를 코드로 불러오는 findViewById( ) 함수에 지정하기 위해 R.id.name 형태로 작성해야 합니다. 여기서 리소스 tv_title은 지정된 객체 이름 tvTitle을 통해 이 UI 뷰 요소에 접근해 내용을 변경할 수 있습니다.

그래서 기존 자바에서는 리소스를 간편하게 바인딩하기 위해 ButterKnife와 같은 서드파티 라이브러리를 사용하곤 했습니다. 그러나 코틀린 안드로이드 확장이 있으면 이제 서드파티 라이브러리가 필요 없습니다.

기존 코드에서 리소스 사용하기

먼저 뷰 바인딩을 하기 위해 기존의 코드가 어떻게 바뀌는지 확인해 봅시다. 자바와 비교하기 위해 자바에서 리소스를 사용하는 코드부터 살펴보겠습니다.

```
public class MainActivity extends AppCompatActivity
    private TextView tvTitle; // 선언을 필요로 함
    private Button btnEdit;
...
    protected void onCreate(Bundle savedInstanceState) {
      super.onCreate(savedInstanceState)
      setContentView(R.layout.activity_main);

      tvTitle = (TextView) findViewById(R.id.tv_title); // 각 객체 변수는 리소스와 연결 필요
      btnEdit = (Button) findViewById(R.id.btn_edit);
...
```

ButterKnife를 사용하면 다음과 같이 애노테이션 표기법으로 바꿀 수 있었습니다.

```
// ButterKnife를 사용한 방법
public class MainActivity extends AppCompatActivity
    @BindView(R.id.tv_title) TextView tvTitle; // 선언만으로 리소스가 정의됨
    @BindView(R.id.brn_edit) Button btnEdit;
...
    protected void onCreate(Bundle savedInstanceState) {
        super.onCreate(savedInstanceState)
        setContentView(R.layout.activity_main);
        ButterKnife.bind(this); // 여기서 해당 리소스를 바인딩함
...
```

기본 코드보다 간략해졌지만 bind( )라는 추가 API를 사용해야 하고 애노테이션이 보기에 좋지 않다는 단점이 있습니다.

코틀린에서 리소스 사용하기

이제 코틀린으로 돌아와 HelloAndroid 프로젝트에 다음 내용을 추가로 작성해 봅시다.

코딩해 보세요! findViewById( )로 리소스 연결하기 • 참고 파일 MainActivity.kt

```
package com.acaroom.helloandroid

import android.support.v7.app.AppCompatActivity
import android.os.Bundle
import android.widget.TextView

class MainActivity : AppCompatActivity( ) {

    override fun onCreate(savedInstanceState: Bundle?) {
        super.onCreate(savedInstanceState)
        setContentView(R.layout.activity_main)

        val tvTitle = findViewById<TextView>(R.id.tv_title)
        tvTitle.text = "Hello Kotlin!"
    }
}
```

리소스의 이름인 tv_title을 찾아서 선언할 수 있도록 findViewById<자료형> (리소스 이름) 형태로 선언했습니다. 아직 리소스의 id를 지정하지 않았으므로 activity_main.xml 레이아웃 파일을 열고 리소스의 id를 지정하겠습니다.

오리의 프로그래밍 노트 단축키로 자동 임포트하기

코드를 작성하다가 임포트되지 않은 클래스나 특정 요소를 입력하면, 다음과 같이 임포트할 요소를 코드 가이드로 표시해 줍니다. 이때 Alt + Enter를 누르면 손쉽게 import문이 코드 위쪽에 자동 작성됩니다.

```
6   class MainActivity : AppCompatActivity() {
7
8       override fun onCreate(savedInstanceState: Bundle?) {
9           super.onCreate(savedInstanceState)
10          setContentVi  ? android.widget.TextView? Alt+Enter
11
12          val tvTitle = findViewById<TextView>()
13      }
14  }
```

코딩해 보세요! xml 리소스의 이름 부여하기 • 참고 파일 activity_main.xml의 일부

```
<TextView
    android:id="@+id/tv_title"
    android:layout_width="wrap_content"
    android:layout_height="wrap_content"
    android:text="Hello World!"
    ...
```

activity_main.xml 파일을 열고 텍스트를 직접 편집하기 위해 [Text] 탭을 선택하고 작성합니다. 이렇게 작성이 끝났으면 실행해 봅시다.
이제 실행하면 화면의 텍스트가 바뀐 것을 확인할 수 있습니다. 간결하긴 한데 findViewById( )가 여전히 사용되고 있습니다.

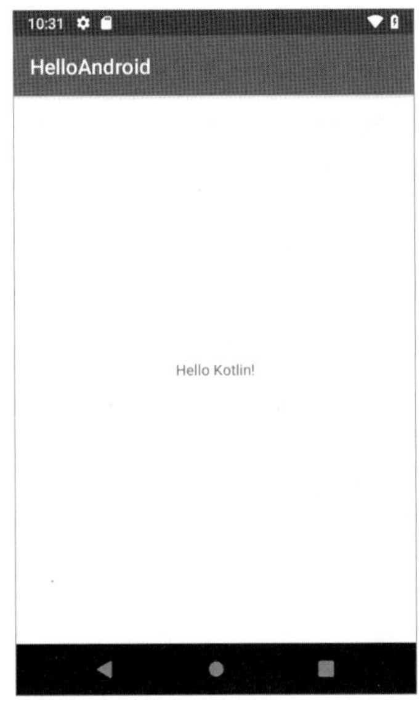

실행 화면

합성 프로퍼티 사용하기

이번에는 코틀린 확장 기능을 이용해 findViewById( )를 주석 처리하고 다음과 같이 합성 프로퍼티(Synthetic Property)로 접근하도록 바꿉니다.

코딩해 보세요! 합성 프로퍼티로 직접 접근하기 • 참고 파일 MainActivity.kt의 일부

```
import kotlinx.android.synthetic.main.activity_main.*
...
public class MainActivity : AppCompatActivity
    override fun onCreate(savedInstanceState: Bundle?) {
        super.onCreate(savedInstanceState)
        setContentView(R.layout.activity_main)

        // val tvTitle = findViewById<TextView>(R.id.tv_title)
        // tvTitle.text = "Hello Kotlin!"
```

```
        tv_title.text = "Hello Kotlin! again!~" // 합성 프로퍼티의 사용
    }
}
```

이제 findViewById( ) 함수를 사용할 필요가 없어졌습니다. 코틀린 확장을 사용하면 단 한 줄로 tv_title을 객체처럼 사용할 수 있게 됩니다. import 선언을 보면 kotlinx.android.synthetic.main.<레이아웃 이름>.*이 자동으로 포함되는지 확인하기 바랍니다. 이 import 구문을 통해 레이아웃의 id로 지정된 리소스에 직접 접근할 수 있게 된 것입니다. 단, xml 리소스의 선언된 id와 변수 이름은 동일해야 합니다.

합성 프로퍼티는 xml 레이아웃 파일의 <TextView>에 id 속성과 같은 이름을 사용할 수 있게 합니다. 코틀린 코드에서 뷰 인스턴스에 접근할 수 있도록 지원하기 위해 코틀린 안드로이드 확장은 클래스 안에 뷰 id 이름으로 된 가상의 프로퍼티를 생성합니다. 이렇게 코틀린 코드 외부의 요소와의 조합을 통해 만들어진 프로퍼티를 합성 프로퍼티라고 부릅니다.

뷰 바인딩의 원리

그렇다면 어떤 방식으로 리소스의 id를 읽어 오게 되는지 안드로이드 스튜디오에서 [Tools > Kotlin > Show Kotlin Bytecode] 메뉴를 선택한 뒤 역컴파일한 자바 코드를 살펴봅시다.

```
// 역컴파일 변환된 자바 코드
public final class MainActivity extends AppCompatActivity {
   private HashMap _$_findViewCache;

   protected void onCreate(@Nullable Bundle savedInstanceState) {
      super.onCreate(savedInstanceState);
      this.setContentView(2131296283);
      TextView var10000 = (TextView)this._$_findCachedViewById(id.tv_title); // ①
      Intrinsics.checkExpressionValueIsNotNull(var10000, "tv_title");
      var10000.setText((CharSequence)"Hello Kotlin!");
   }

   public View _$_findCachedViewById(int var1) { // ②
      if (this._$_findViewCache == null) { // ③
         this._$_findViewCache = new HashMap( );
      }

      View var2 = (View)this._$_findViewCache.get(var1); // ④
```

```
        if (var2 == null) {
            var2 = this.findViewById(var1); // ⑤
            this._$_findViewCache.put(var1, var2);
        }
...
```

변환된 코드의 주석이 붙은 번호를 순서대로 따라가면 결국 findViewById( )를 통해 호출되고 있는 것을 알 수 있습니다. 코틀린 확장을 통해 이러한 일이 내부적으로 일어나는 것이죠. 덕분에 코틀린 코드에서는 훨씬 간략한 표현으로 프로그래밍할 수 있다는 것을 알 수 있습니다. 그리고 findViewById( )를 통해 매번 리소스를 읽으면 프로그램이 느려지므로 캐시를 통해서 읽어 올 수 있도록 처리되고 있습니다.

캐시된 내용의 읽기

리소스의 id를 매번 읽어 올 경우, 읽을 때마다 리소스 id를 변환하는 것보다 최초에 읽은 내용을 캐시에 두고 이후 읽게 되면 훨씬 빨리 처리할 수 있습니다. 캐시된 내용을 읽으려면 확장 함수와 같은 기법을 사용해 리소스를 지정해 둡니다. 이번에는 확장 함수를 만들어 리소스의 내용을 작성해 두고 호출해 봅시다.

코딩해 보세요! **확장 함수 형태로 접근하기** • 참고 파일 MainActivity.kt의 일부

```
class MainActivity : AppCompatActivity( ) {
    override fun onCreate(savedInstanceState: Bundle?) {
...
        titleOn( ) // 확장 함수 호출
    }
}

fun MainActivity.titleOn( ) { // 확장 함수 형태로 사용
    tv_title.text = "Hi There!"
    tv_title.visibility = View.VISIBLE
}
```

MainActivity에 확장 함수를 추가하고 tv_title의 text와 visibility의 속성을 사용하면 onCreate( )에서 titleOn( )이 호출될 때 캐시된 정보를 읽기 때문에 빠르게 처리됩니다.

13-2 RecyclerView 미니 프로젝트 만들기

뷰의 UI 요소 중에서 RecyclerView는 다량의 데이터를 보여주기 위해 안드로이드에서 자주 사용되는 클래스입니다. 스크롤링이 가능하며 뷰 자체를 목록으로 가질 수 있기 때문에 아주 유용합니다. 꽃 이름을 나열하는 간단한 프로젝트로 시작해 애완동물 목록을 보여주는 미니 프로젝트로 발전시켜 봅시다!

1단계: RecyclerView 사용하기

RecyclerView를 사용하려면 몇 가지 추가 클래스들과 연동해야 합니다. 먼저 뷰를 보관하는 객체인 뷰홀더(ViewHolder)를 사용해 RecyclerView에 표현해야 하는데, 뷰홀더에 지정해야 할 값은 안드로이드 확장을 통해 쉽게 사용할 수 있습니다. 데이터 목록은 배열로 작성하고 목록 아이템은 뷰가 됩니다. 보통 화면에 보이는 항목만 표시하고 스크롤해서 올리게 되면 나머지 목록 아이템인 뷰들을 로드해 메모리를 아낄 수 있습니다. RecyclerView를 구성하기 위해선 다음 세 부분이 필요합니다.

- 화면 레이아웃을 관리하는 레이아웃 매니저(LayoutManager)
- RecyclerView에 뷰를 놓을 뷰홀더(ViewHolder)
- 데이터를 연결하는 어댑터(Adapter)

이들의 관계를 그림으로 나타내면 다음과 같습니다.

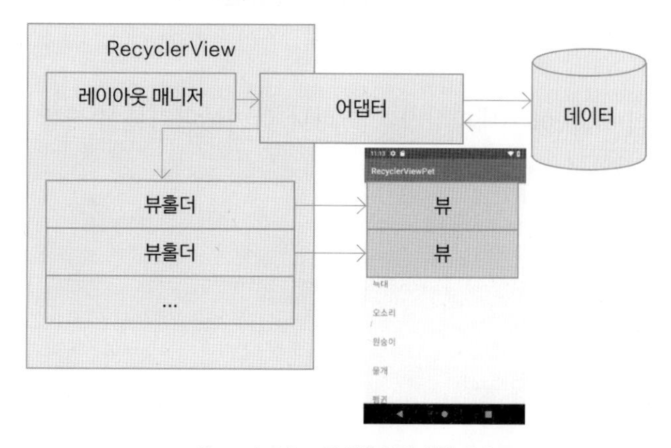

RecyclerView를 사용하기 위한 요소

RecyclerView의 화면을 구성하려면 레이아웃 매니저(LayoutManager)가 필요합니다. 또한 데이터 연결을 위해 어댑터(Adapter)가 필요하며 가져온 데이터는 뷰로 구성되어 뷰홀더에 놓입니다. 레이아웃 파일에는 <RecyclerView>를 사용해 화면을 구성합니다. 어댑터는 새로운 항목을 생성하고 뷰홀더에 구성해 띄우는 역할을 합니다.

RecyclerViewPet 프로젝트 생성하기

[Empty Activity] 템플릿을 선택한 후 RecyclerViewPet이라는 이름으로 새로운 프로젝트를 만들고 한 단계씩 진행해 보도록 합니다. 새 프로젝트 생성 단계는 앞서 진행한 HelloAndroid 프로젝트 생성 과정을 참고해 이름만 다른 프로젝트를 생성합니다.

RecyclerView에 목록 보여주기

1. app/res/layout/activity_main.xml을 열고 기존의 <TextView .../> 태그는 삭제합니다. [Design] 탭을 누르고 Palette 창에서 [Common > RecyclerView]를 찾습니다. 검색 버튼을 이용해 찾을 수도 있습니다. RecyclerView를 화면 정중앙에 드래그하여 놓습니다.

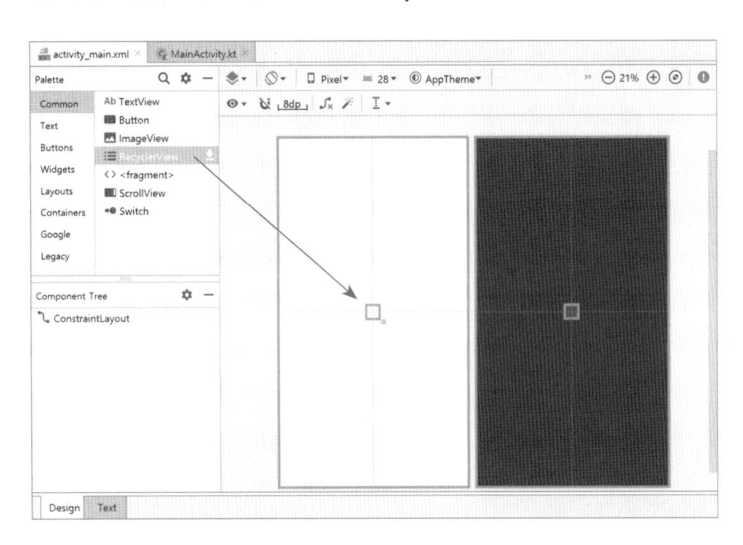

2. Add Project Dependency 대화상자가 나타나 라이브러리를 추가할 것인지 묻습니다. [OK] 버튼을 누릅니다.

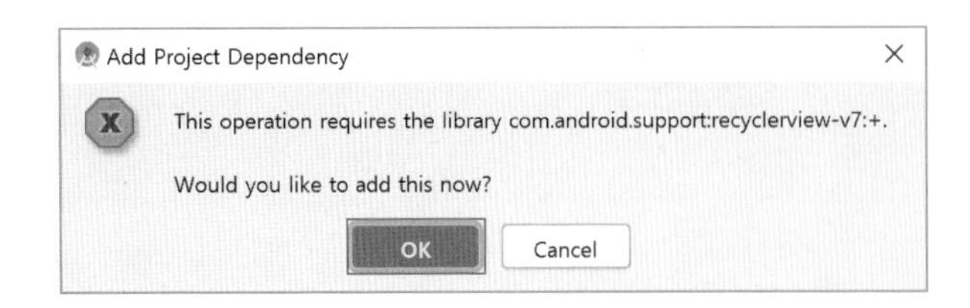

이렇게 하게 되면 실제로 모듈 단위의 build.gradle 파일에서 `dependencies` 블록에 다음과 같이 `RecyclerView`를 위한 라이브러리가 추가됩니다.

코딩해 보세요! **추가된 라이브러리** • 참고 파일 app 모듈의 build.gradle 일부

```
implementation 'com.android.support:recyclerview-v7:28.0.0'
```

3. activity_main.xml의 [Text] 탭을 누르고 기존 레이아웃과 `RecyclerView` 태그의 속성은 지운 뒤 다음과 같이 다시 작성합니다.

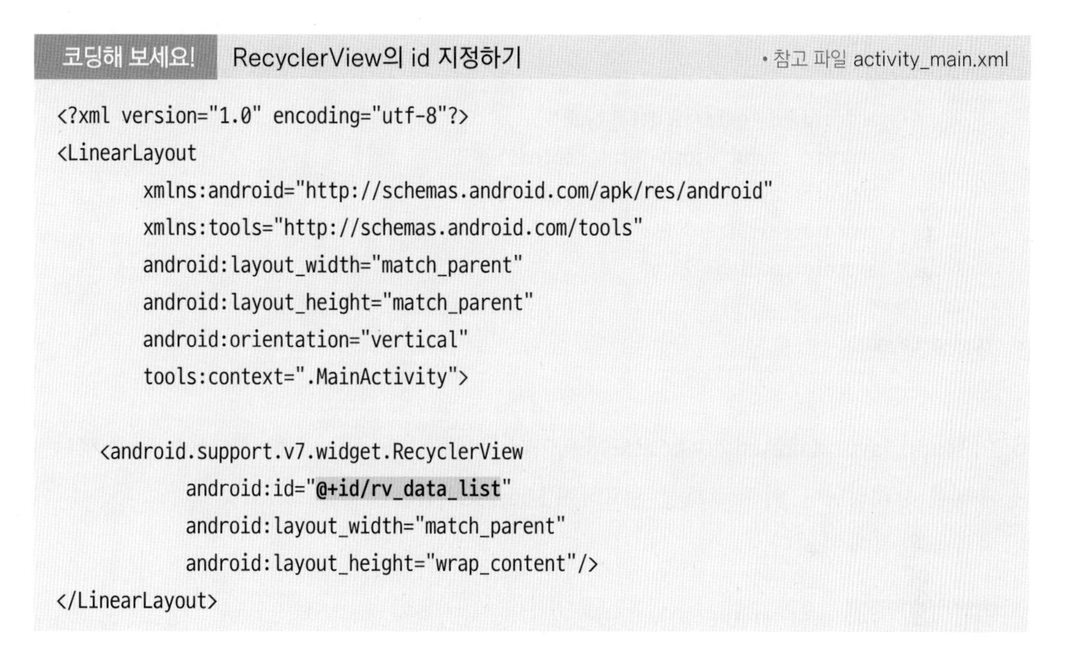

코딩해 보세요! **RecyclerView의 id 지정하기** • 참고 파일 activity_main.xml

```
<?xml version="1.0" encoding="utf-8"?>
<LinearLayout
        xmlns:android="http://schemas.android.com/apk/res/android"
        xmlns:tools="http://schemas.android.com/tools"
        android:layout_width="match_parent"
        android:layout_height="match_parent"
        android:orientation="vertical"
        tools:context=".MainActivity">

    <android.support.v7.widget.RecyclerView
            android:id="@+id/rv_data_list"
            android:layout_width="match_parent"
            android:layout_height="wrap_content"/>
</LinearLayout>
```

4. 새로운 레이아웃 파일을 생성하기 위해 app/res/layout/에서 Alt + Insert 를 누르고 [Layout resource file]을 선택합니다. New Resource File 대화상자에서 다음과 같이 작성하고 [OK] 버튼을 누르면 레이아웃 파일 data_list_item.xml이 추가됩니다.

LinearLayout은 레이아웃에 포함된 하위 뷰를 수평이나 수직 한 방향으로 나열하는 레이아웃 클래스입니다.

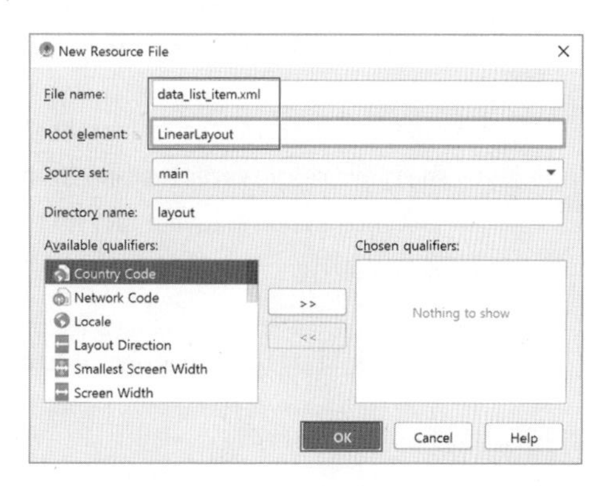

5. 새로 만든 data_list_item.xml 파일에서 다음과 같이 LinearLayout의 속성과 TextView 작성하고 id를 tv_data_type으로 지정합니다.

코딩해 보세요! 데이터 목록의 요소를 위한 레이아웃 작성하기 • 참고 파일 data_list_item.xml

```
<?xml version="1.0" encoding="utf-8"?>
<LinearLayout
        xmlns:android="http://schemas.android.com/apk/res/android"
        android:layout_width="match_parent"
        android:layout_height="wrap_content"
        android:orientation="horizontal">

    <TextView
            android:id="@+id/tv_data_type"
            android:layout_width="wrap_content"
            android:layout_height="wrap_content"
            android:textSize="20sp"
            android:padding="20dp"
    />
</LinearLayout>
```

6. 이제 app/java/MainActivity.kt 코드에 데이터 목록을 작성해 넣을 차례입니다. 아래 코드를 참고하여 MainActivity.kt 파일을 완성해 봅시다.

ⓖ 소스 코드 작성 시 새로운 클래스나 함수에서 Alt + Enter 를 누르면 import문을 자동 완성할 수 있습니다.

코딩해 보세요! 메인 액티비티 완성하기 • 참고 파일 MainActivity.kt

```
...
import kotlinx.android.synthetic.main.activity_main.*

class MainActivity : AppCompatActivity( ) {
    val dataArray: ArrayList<String> = ArrayList( ) // ① 빈 배열 목록 선언

    override fun onCreate(savedInstanceState: Bundle?) {
        super.onCreate(savedInstanceState)
        setContentView(R.layout.activity_main)
        addDataArray( ) // ② 배열 내용 로드

        rv_data_list.layoutManager = LinearLayoutManager(this) // ④ 레이아웃 매니저를 생성
        // ⑤ RecyclerView 어댑터에 접근해 데이터를 로드
```

```
        rv_data_list.adapter = DataAdapter(dataArray, this) // DataAdapter 작성 예정
    }

    // ③ 배열 내용을 채우는 함수
    private fun addDataArray( ) {
        dataArray.add("오리")
        dataArray.add("호랑이")
        dataArray.add("여우")
        dataArray.add("늑대")
        dataArray.add("오소리")
        dataArray.add("원숭이")
        dataArray.add("물개")
        dataArray.add("펭귄")
        dataArray.add("하마")
        dataArray.add("미어캣")
        dataArray.add("타조")
    }
}
```

먼저 ①번에서 데이터 목록을 저장해 둘 빈 배열 목록을 만듭니다. ②번을 작성할 때 해당 함수 이름을 작성한 후 빨간색이 되었을 때 Alt + Enter 를 누르면 사용자 함수를 손쉽게 만들 수 있도록 코드 가이드가 나옵니다. ③번은 기본적으로 add로 채웠지만 향후 네트워크나 데이터베이스로부터 원본 데이터를 로드하도록 만들 수 있습니다.

④번의 LinearLayoutManager에는 RecyclerView의 각 아이템들을 배치하고, 아이템이 더 이상 보이지 않을 때 재사용할 것인지 결정하는 역할을 합니다. 레이아웃 매니저는 다음 3가지 형식 중 하나를 선택하여 사용하면 됩니다.

- LinearLayoutManager
- GridLayoutManager
- StaggeredGridLayoutManager

레이아웃 매니저는 아이템을 재사용할 때 어댑터에게 뷰의 요소를 다른 데이터로 대체할 것인지 판단합니다.

여기서는 LinearLayoutManager를 이용합니다. 이외에도 사용자가 추상 클래스를 확장해 임의의 레이아웃을 만들 수도 있습니다.

⑤번에서는 어댑터를 통해 데이터를 불러들이도록 하는 부분입니다. 아직 DataAdapter를 작성하지 않았으므로 편집기 화면에서 빨간색으로 표기됩니다.

7. MainActivity가 있는 패키지에서 Alt + Insert를 누르고 [Kotlin File/Class]를 선택합니다. New Kotlin File/Class 대화상자에서 Name에 DataAdapter.kt를 입력한 후 [OK] 버튼을 누르면 DataAdapter.kt 파일이 추가됩니다. 아래와 같이 코드를 작성합니다.

코딩해 보세요! 데이터 어댑터 클래스 만들기 • 참고 파일 DataAdapter.kt

```
package com.acaroom.recyclerviewpet

import ... // 생략

class DataAdapter( // ①
        val items : ArrayList<String>,
        val context: Context
) : RecyclerView.Adapter<ViewHolder>( ) {
    // ② 목록 개수를 반환
    override fun getItemCount( ): Int {
        return items.size
    }
    // ③ 뷰를 띄움
    override fun onCreateViewHolder(parent: ViewGroup, viewType: Int): ViewHolder {
        return ViewHolder(LayoutInflater.from(context).inflate(
                R.layout.data_list_item,
                parent,
                false
        ))
    }
    // ④ ArrayList의 각 데이터를 바인드
    override fun onBindViewHolder(holder: ViewHolder, position: Int) {
        holder.tvDataType.text = items[position]
    }
}
// ⑤ 데이터를 로드해 보여주기 위한 뷰홀더
class ViewHolder (view: View) : RecyclerView.ViewHolder(view) {
    // TextView에 각 데이터 항목을 가져오기 위해 리소스로부터
    val tvDataType = view.tv_data_type!! // ⑥ 안드로이드 확장을 통해 리소스 id 사용
}
```

이 파일에서는 ①번의 RecyclerView 어댑터를 구현하기 위해 DataAdapter 클래스를 생성합니다. 2개의 매개변수는 ArrayList와 Context로 지정할 것입니다. 그리고 어댑터의 메서드인 ②~④번 getItemCount, onCreateViewHolder, onBindViewHolder( ) 메서드를 오버라이딩해서 구현해 주어야 합니다. 추가적으로 ⑤번 ViewHolder 클래스를 생성하고 TextView를 통해 각 데이터를 로드하도록 합니다. 다음은 오버라이딩한 메서드의 간략한 설명입니다.

- getItemCount( ): RecyclerView( )로 만들어지는 item의 총 개수를 반환한다.
- onCreateViewHolder( ): 만들어진 뷰가 없는 경우 xml 파일을 inflate하여 ViewHolder를 생성한다.
- onBindViewHolder( ): onCreateViewHolder( )에서 만든 뷰와 실제 입력되는 각각의 데이터를 연결한다.

⑥번처럼 리소스를 뷰홀더의 프로퍼티로 두면 뷰홀더의 생성자에 의해 리소스를 미리 읽어 들인 것과 같기 때문에 여러 개의 뷰를 사용하더라도 매번 리소스를 찾는 것을 방지합니다.

8. 이렇게 해서 RecylerViewPet 프로젝트가 완성되었습니다. Shift + F10을 눌러 애플리케이션을 실행해 확인해 봅니다.

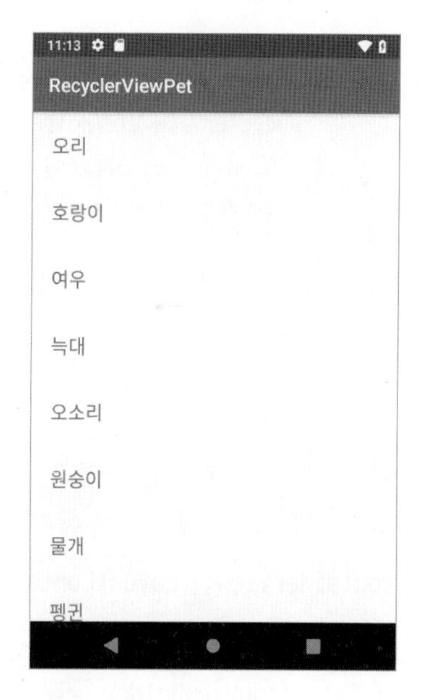

2단계: LayoutContainer 지원 사용하기

이번에는 일반 함수에서 뷰를 사용해 캐시를 추가하는 안드로이드 확장의 향상된 컨테이너 인터페이스를 살펴보겠습니다. 모듈 단위의 build.gradle 파일에서 다음과 같이 실험적 기능인 experimental을 true로 활성화해야 LayoutContainer의 지원을 사용할 수 있습니다.

코딩해 보세요! **app 모듈의 빌드 스크립트에 실험적 기능 추가하기** • 참고 파일 app 모듈의 build.gradle

```
...
dependencies {
...
}
androidExtensions { // 안드로이드 확장의 실험적 기능 활성화
    experimental = true
}
```

코드를 입력한 후 화면 위쪽에 표시되는 [Sync Now]를 클릭하면 활성화됩니다.

이제 LayoutContainer 인터페이스를 구현하는 뷰홀더 클래스를 생성할 수 있으며 containerView에는 뷰홀더에서 표시할 뷰의 인스턴스를 할당할 수 있습니다. DataAdapter.kt 파일 하단에 다음과 같은 클래스를 추가해 봅시다.

코딩해 보세요! **추가 클래스 작성하기** • 참고 파일 DataAdapter.kt

```
...
class ExtensionViewHolder(override val containerView: View)
    : RecyclerView.ViewHolder(containerView), LayoutContainer { // 확장을 통해 제공되는
    fun bind(title: String) {                                      인터페이스
        tv_data_type.text = "Hello Kotlin!" // 직접 접근 가능
    }
}
```

뷰홀더(ViewHolder)나 사용자가 만든 확장 뷰홀더(ExtensionViewHolder)는 LayoutContainer 인터페이스에서 하위 뷰들을 찾을 수 있는 뷰를 제공합니다. 이 인터페이스는 안드로이드 코틀린 확장을 통해 제공되며 어떤 클래스든 캐시 메커니즘을 사용할 수 있게 만들어 줍니다. 즉, containerView는 LayoutContainer로부터 오버라이딩한 뷰 객체로 ViewHolder가 잡고 있는 뷰가 됩니다.

또 ExtensionViewHolder 클래스의 모든 메서드에서, 예를 들면 bind( )라는 이름의 메서드 안에서 리소스로부터 변환된 뷰에 직접 접근할 수 있게 됩니다. 내부적으로는 캐시를 이용하는 _findCachedViewById( )를 사용해 호출되므로 리소스를 불러들이기 위한 속도도 저하되지 않습니다.

이제 MainActivity.kt 파일에 다음 부분을 수정해 봅시다.

코딩해 보세요! **확장 데이터 어댑터 추가하기** • 참고 파일 MainActivity.kt

```
class MainActivity : AppCompatActivity( ) {
...
    override fun onCreate(savedInstanceState: Bundle?) {
        super.onCreate(savedInstanceState)
        setContentView(R.layout.activity_main)
...
        // rv_data_list.adapter = DataAdapter(dataArray, this)
        rv_data_list.adapter = ExtensionDataAdapter(dataArray) // 추가
    }
...
```

이제 새로운 파일을 추가하고 확장 뷰홀더를 사용할 수 있는 ExtensionDataAdapter 클래스를 작성합니다.

코딩해 보세요! **확장 데이터 어댑터 추가하기** • 참고 파일 ExtensionDataAdapter.kt

```
package com.acaroom.recyclerviewpet
import ...

// 추가 어댑터
class ExtensionDataAdapter(
        val items: ArrayList<String>
) : RecyclerView.Adapter<ExtensionViewHolder>( ) {
    override fun getItemCount( ): Int {
        return items.size
    }
    override fun onCreateViewHolder(parent: ViewGroup, viewType: Int): ExtensionViewHolder {
        return ExtensionViewHolder(LayoutInflater.from(parent.context).inflate(
                R.layout.data_list_item,
                parent,
                false
        ))
    }
    override fun onBindViewHolder(holder: ExtensionViewHolder, position: Int) {
        holder.tv_data_type.text = items[position] // 캐시된 리소스 뷰
    }
}
```

2단계가 완성되었습니다! UI 측면에서 달라진 것은 없습니다. 여기서는 3개의 메서드가 오버라이딩되었습니다. getItemCount( )는 목록의 개수를 반환합니다. onCreateViewHolder( )는 앞서 만든 ExtensionViewHolder로부터 레이아웃을 전개할 수 있도록 inflate( )가 사용되어 반환됩니다. 목록에 붙일 아이템은 onBindViewHolder( )에서 처리되며 캐시된 리소스를 사용해 나타내게 됩니다. 실행 결과는 동일하지만 사용자가 만든 bind( ) 함수에서 UI 리소스를 사용하고 캐시에서 읽을 수 있게 되었습니다.

기본 어댑터와 확장 어댑터 비교

DataAdapter.kt에서 기존의 코드와 변경된 코드를 비교해 보기 위해 [Tools 〉 Kotlin 〉 Show Kotlin Bytecode] 메뉴를 선택해 역컴파일해 보면 변환된 자바 코드를 살펴볼 수 있습니다. 여기서 어떤 부분이 향상되었는지 알아볼까요?

```
// DataAdapter.java
...
public final class DataAdapter extends Adapter {
...
   @NotNull
   public ViewHolder onCreateViewHolder(@NotNull ViewGroup parent, int viewType) {
...
   public void onBindViewHolder(@NotNull ViewHolder holder, int position) { // ①
      Intrinsics.checkParameterIsNotNull(holder, "holder");
      holder.getTvDataType( ).setText((CharSequence)this.items.get(position));
   }
...
   public DataAdapter(@NotNull ArrayList items, @NotNull Context context) {
...
   }
}
// ViewHolder.java
...
public final class ViewHolder extends android.support.v7.widget.RecyclerView.ViewHolder {
   @NotNull
   private final TextView tvDataType; // ②

   @NotNull
   public final TextView getTvDataType( ) { // ③
      return this.tvDataType;
```

```
    }

    public ViewHolder(@NotNull View view) {
        Intrinsics.checkParameterIsNotNull(view, "view");
        super(view);
        TextView var10001 = (TextView)view.findViewById(id.tv_data_type); // ④
...
        this.tvDataType = var10001;
    }
}
```

기존의 코드는 먼저 ④번에서 ViewHolder 생성자를 통해 리소스를 가져오려고 할 때 findViewById( )를 사용하고 있습니다. id가 tv_data_type인 화면 구성 요소는 캐시되어 있지 않기 때문에 ②번과 같은 멤버 변수인 tvDataType에 지정한 후 ③번의 getTvDataType( ) 메서드를 이용해 읽도록 ①번의 onBindViewHolder( ) 안에 코드와 같이 읽도록 하고 있습니다. 따라서 멤버 변수를 사용하지 않으면 onBindViewHolder( )에서 findViewById( )가 호출되기 때문에 뷰가 많은 경우 성능이 저하된다고 볼 수 있습니다.
이번에는 코틀린 확장을 사용하는 어댑터를 변환해 봅시다.

```
// ExtensionDataAdapter.java
...
public final class ExtensionDataAdapter extends Adapter {
...
   @NotNull
   public ExtensionViewHolder onCreateViewHolder(@NotNull ViewGroup parent, int viewType) {
...
public void onBindViewHolder(@NotNull ExtensionViewHolder holder, int position) { // ①
      Intrinsics.checkParameterIsNotNull(holder, "holder");
      TextView var10000 = (TextView)holder._$_findCachedViewById(id.tv_data_type); // ②
      Intrinsics.checkExpressionValueIsNotNull(var10000, "holder.tv_data_type");
      var10000.setText((CharSequence)this.items.get(position));
   }
...

// ExtensionViewHolder.java
...
public final class ExtensionViewHolder extends android.support.v7.widget.RecyclerView.
ViewHolder implements LayoutContainer {
```

```
    @NotNull
    private final View containerView;
    private HashMap _$_findViewCache; // ③

    public final void bind(@NotNull String title) {
        Intrinsics.checkParameterIsNotNull(title, "title");
        TextView var10000 = (TextView)this._$_findCachedViewById(id.tv_data_type); // ④
        Intrinsics.checkExpressionValueIsNotNull(var10000, "tv_data_type");
        var10000.setText((CharSequence)"Hello Kotlin!");
    }
...
    public View _$_findCachedViewById(int var1) { // ⑤
        if (this._$_findViewCache == null) {
            this._$_findViewCache = new HashMap( );
        }
...
```

변경된 코드에서는 ①번의 onBindViewHolder( )에서 보는 것처럼 ②번 코드와 같이 캐시를 사용하는 findCachedViewById( )를 사용하기 때문에 리소스 이름을 직접 사용해도 성능 저하의 문제가 없습니다. LayoutContainer로 구현된 ExtensionViewHolder 클래스는 ③번에서 보는 것과 같이 HashMap을 사용해 캐시 메커니즘을 사용하고 있습니다. 따라서 ④번과 같이 내부에서 사용된 bind( ) 함수에서도 findCachedViewById( )를 직접 사용하고 있습니다. ⑤번 코드는 캐시를 적재하고 삭제하는 코드입니다.

3단계: 데이터 클래스 이용하기

이번에는 약간 복잡한 형태의 애완동물 데이터를 위한 Pet 데이터 클래스를 만들고 이미지와 애완동물 정보가 포함된 뷰를 구성해 보겠습니다. 또한 아이템을 클릭하면 클릭 이벤트를 처리해 Toast로 띄워 하나의 아이템으로 목록에 나타낼 것입니다. com.acaroom.recyclerviewpet 패키지에서 새로운 파일 Pet.kt를 만들어 아래와 같이 작성합니다.

코딩해 보세요! 데이터 클래스 선언하기 • 참고 파일 Pet.kt

```
package com.acaroom.recyclerviewpet
// 데이터를 위한 클래스
data class Pet (val breed: String, val gender: String, val age: String, val photo: String)
```

애완동물을 위한 Pet 데이터 클래스를 추가하고 프로퍼티로 품종(breed), 성별(gender), 나이(age), 사진(photo)을 정의합니다.

항목을 위한 뷰 디자인하기

다음과 같은 목록 아이템을 위한 뷰 화면을 디자인해 봅시다. 프로퍼티의 정보를 표시하기 위해 ImageView와 3개의 TextView가 필요합니다.

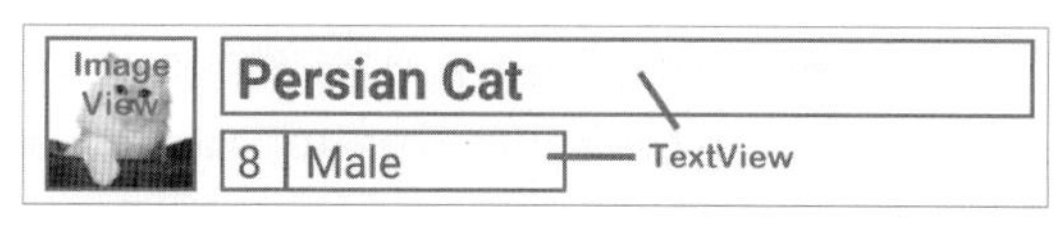

하나의 항목을 위한 뷰 디자인

먼저 ImageView에서 사용할 사진은 미리 제공된 CatImages.zip 파일을 압축 해제한 후 관련 이미지를 복사하고 res/drawable에 붙여 넣습니다. 이것은 drawable의 리소스가 되며 향후 ImageView의 setImageResource( ) 메서드를 통해 읽을 수 있습니다.
화면을 구성하기 위해 res/layout/에 data_list_item.xml 파일을 열고 [Text] 탭을 누른 후 기존 코드는 모두 삭제하고 아래와 같이 다시 작성합니다.

코딩해 보세요! 하나의 항목을 위한 뷰 디자인 • 참고 파일 data_list_item.xml

```
<?xml version="1.0" encoding="utf-8"?>
<android.support.constraint.ConstraintLayout
    xmlns:android="http://schemas.android.com/apk/res/android"
    android:layout_width="match_parent"
    android:layout_height="60dp"
    xmlns:app="http://schemas.android.com/apk/res-auto"
    xmlns:tools="http://schemas.android.com/tools"
    android:layout_marginTop="2dp"
    android:layout_marginBottom="2dp"
    android:layout_marginStart="4dp"
    android:layout_marginEnd="4dp">

    <ImageView
        android:id="@+id/img_pet"
        android:layout_width="54dp"
        android:layout_height="54dp"
```

```
        android:layout_marginBottom="4dp"
        android:layout_marginStart="8dp"
        android:layout_marginTop="4dp"
        app:layout_constraintBottom_toBottomOf="parent"
        app:layout_constraintStart_toStartOf="parent"
        app:layout_constraintTop_toTopOf="parent"
        app:srcCompat="@mipmap/ic_launcher_round" />

    <TextView
        android:id="@+id/tv_breed"
        android:layout_width="wrap_content"
        android:layout_height="wrap_content"
        android:layout_marginStart="16dp"
        android:textSize="20sp"
        android:textStyle="bold"
        app:layout_constraintStart_toEndOf="@+id/img_pet"
        app:layout_constraintTop_toTopOf="@+id/img_pet"
        tools:text="Breed"/>

    <TextView
        android:id="@+id/tv_age"
        android:layout_width="wrap_content"
        android:layout_height="wrap_content"
        android:textSize="16sp"
        app:layout_constraintBottom_toBottomOf="@+id/img_pet"
        app:layout_constraintStart_toStartOf="@+id/tv_breed"
        tools:text="Age" />

    <TextView
        android:id="@+id/tv_gender"
        android:layout_width="wrap_content"
        android:layout_height="wrap_content"
        android:layout_marginStart="16dp"
        android:textSize="16sp"
        app:layout_constraintBottom_toBottomOf="@+id/tv_age"
        app:layout_constraintStart_toEndOf="@+id/tv_age"
        app:layout_constraintTop_toTopOf="@+id/tv_age"
        tools:text="Gender" />
</android.support.constraint.ConstraintLayout>
```

화면 UI는 xml 코드로 구성되기 때문에 꽤 장황한 코드가 작성되었습니다. 태그 기반이기 때문에 먼저 `<ConstraintLayout>` 태그 안에 1개의 `<ImageView>`와 3개의 `<TextView>`를 구성했습니다. 각각의 뷰는 식별을 위해서 id 속성을 작성하고 각종 세부 속성을 추가합니다. 이 레이아웃은 뷰홀더에 의해 하나의 애완동물 데이터를 표현할 것입니다. 그리고 RecyclerView의 하나의 항목으로서 사용됩니다.

ConstraintLayout 이해하기

레이아웃은 보이지 않는 일종의 틀과 같은 개념으로서, 안드로이드에서는 여러 가지 종류의 레이아웃을 제공하고 있습니다. 그중에서도 ConstraintLayout은 안드로이드 API 9부터 사용할 수 있으며 다양한 화면을 제공하기 위해 RelativeLayout보다 많은 표현 방식을 제공하고 있습니다. 먼저 용어부터 정리하고 이해해 봅시다.

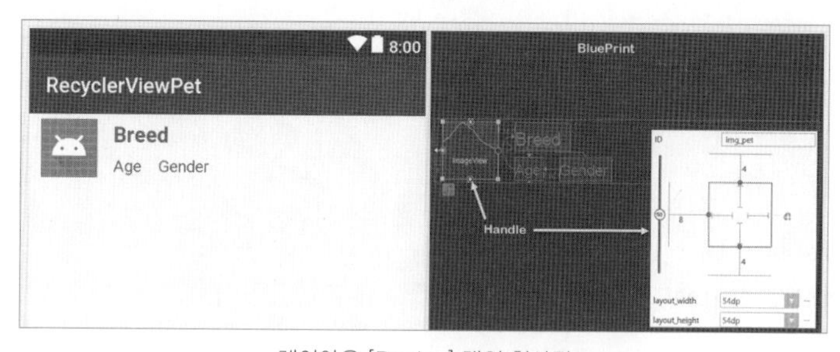

레이아웃 [Design] 탭의 청사진

레이아웃의 [Design] 탭에서는 실제 UI의 모습뿐만 아니라 푸른색의 청사진(Blueprint)을 보여줍니다. 여기서 각 요소의 관계를 볼 수 있는데, 하나의 뷰 요소를 클릭하면 핸들(Handle)이 나타납니다. 핸들에서 일종의 제약 조건에 해당하는 몇 가지 속성을 지정하여 뷰 요소를 배치합니다. 먼저 화면에 보이는 뷰 요소인 위젯(Widget)은 방향성을 가지고 있습니다.

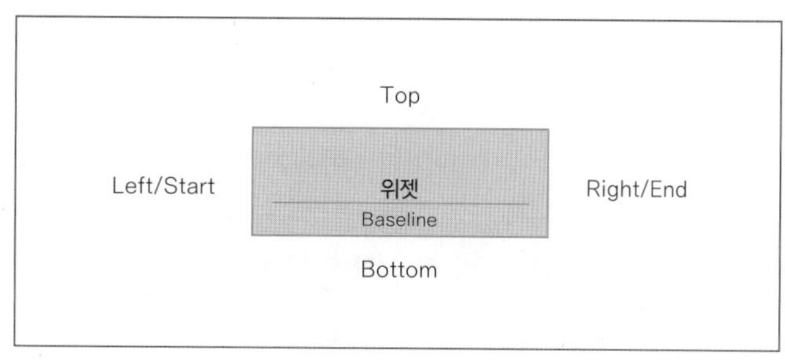

위젯 요소의 방향성

이러한 방향성을 부모 요소나 특정 뷰 요소를 제약해 위치 기준을 잡을 수 있습니다.

```
layout_constraint<A>_to<B>Of = "[viewId¦parent]"
```

먼저 자식의 뷰의 위치를 잡는 기준으로 <A>의 방향을 부모나 뷰 요소의 <B>의 방향 위치에 정렬합니다. 예를 들어 다음 속성은 아래 그림과 같이 표현됩니다.

```
app:layout_constraintLeft_toLeftOf="parent"
```

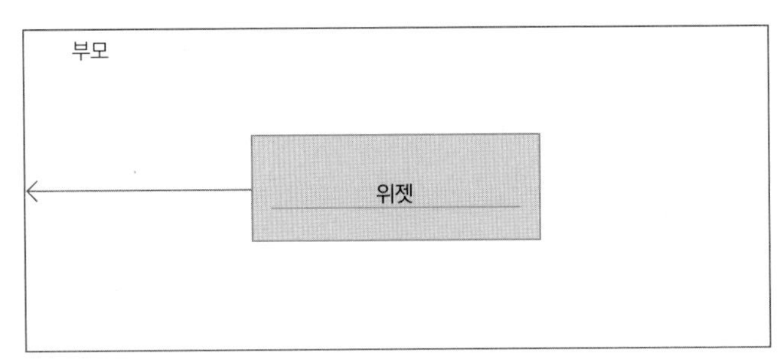

왼쪽 부모 요소에 정렬하는 경우

그리고 위젯은 왼쪽에 붙어서 정렬됩니다. 만일 다음과 같이 속성 2개의 값을 설정하면 어떻게 될까요?

```
app:layout_constraintLeft_toLeftOf="parent"
app:layout_constraintRight_toRightOf="parent"
```

양쪽에 용수철을 단 것처럼 중앙에 배치됩니다.

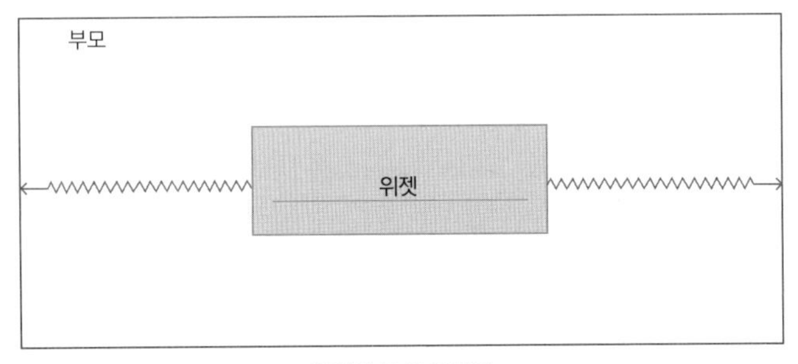

위젯이 중앙 정렬됨

중앙에서 왼쪽으로 혹은 오른쪽으로 좀 더 치우치게 하려면 bias라는 속성을 지정합니다. 백분율로 지정하며 50%는 정중앙을 나타냅니다. 예를 들어 0.2라고 하면 20%가 되어 위젯이 왼쪽으로 치우친 상태를 표현할 수 있습니다.

```
app:layout_constraintHorizontal_bias="0.2"
```

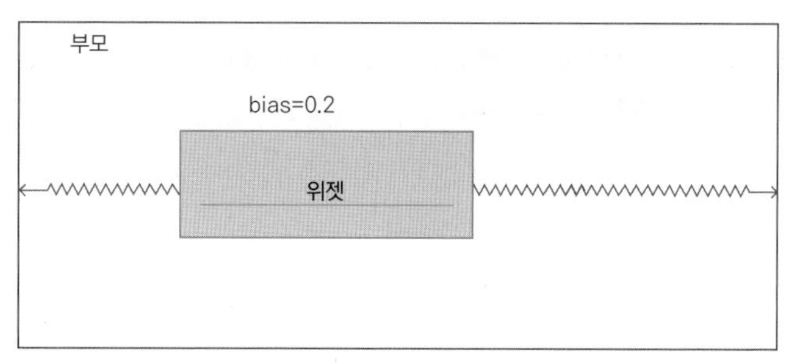

bias가 적용된 경우

그냥 정확한 간격 값을 입력해도 될 것 같은데, 왜 이런 식으로 배치할까요? 그것은 안드로이드 기기의 스크린 크기가 다양하기 때문입니다. 절대 좌표에 UI 요소를 배치하면 스크린이 달라졌을 때 대응할 수 없습니다. 따라서 각종 UI 요소의 상대적인 배치가 필요합니다. ConstraintLayout의 활용 방법은 더 많습니다.
원활한 UI 설계를 위해서는 반드시 익혀 두는 것이 좋은데요. 지면상 모든 내용은 다룰 수는 없으므로 참조할 만한 링크를 남겨 두겠습니다.

```
https://constraintlayout.com/
```

어댑터 재구성하기

이제 앞에서 만든 데이터와 새로운 목록 뷰 디자인을 사용하도록 ExtensionDataAdapter를 아래와 같은 코드로 다시 재구성해 보겠습니다. 먼저 기존의 DataAdapter.kt는 지우고 ExtensionDataAdapter.kt 파일에 특정 부분과 이너 클래스를 작성해 넣을 것입니다. 파일을 열고 아래와 같이 특정 부분을 수정합니다.

코딩해 보세요! **새로운 데이터 적용하기** • 참고 파일 ExtensionDataAdapter.kt의 일부

```
...
class ExtensionDataAdapter(
        val items: ArrayList<Pet>, // ① 데이터 클래스 목록으로 변경
        val context: Context,
        val itemSelect: (Pet) -> Unit // ② 클릭 이벤트를 처리하기 위한 람다식(핸들러)
) : RecyclerView.Adapter<ExtensionDataAdapter.ExtensionViewHolder>( ) {
    override fun getItemCount( ): Int {
        return items.size
    }
    override fun onCreateViewHolder(parent: ViewGroup, viewType: Int): ExtensionViewHolder
{
```

```
        val view = LayoutInflater.from(parent.context).inflate(
                R.layout.data_list_item,
                parent,
                false
        )
        return ExtensionViewHolder(view, itemSelect)
    }

    override fun onBindViewHolder(holder: ExtensionViewHolder, position: Int) {
        holder.bind(items[position], context)
    }
    // ③ 이너 클래스로 사용자 뷰홀더 클래스를 지정
    inner class ExtensionViewHolder(override val containerView: View, itemSelect: (Pet) ->
Unit)
        : RecyclerView.ViewHolder(containerView), LayoutContainer {
        fun bind(pet: Pet, context: Context) { // ⑤ 데이터를 연결
            if (pet.photo != "") { // 애완동물 이미지
                val resourceId = context.resources.getIdentifier(
                        pet.photo,
                        "drawable",
                        context.packageName
                )
                img_pet?.setImageResource(resourceId)
            } else { // 없으면 기본 아이콘으로
                img_pet?.setImageResource(R.mipmap.ic_launcher)
            }
            // findViewById( ) 없이 리소스 이름 사용
            tv_breed.text = pet.breed
            tv_age.text = pet.age
            tv_gender.text = pet.gender

            // ④ 항목이 클릭되면 itemSelect 람다식을 처리
            itemView.setOnClickListener( ) { itemSelect(pet) }
        }
    }
}
```

①번에서 데이터 클래스를 ArrayList로 구성했습니다. ②번에서 하나의 매개변수를 더 추가했는데 Pet을 매개변수로 가지고 반환값은 Unit인 람다식을 지정했습니다. 이 람다식은 클릭 이벤트에 핸들러로 사용할 예정입니다. ③번에서는 이너 클래스로 사용자 뷰홀더 클래스인 ExtensionViewHolder를 지정했는데 마찬가지로 람다식인 itemSelect: (Pet) -> Unit이 마지막 매개변수로 지정되었습니다. ④번에서 볼 수 있듯이 클릭 리스너를 설정하는 함수 setOnClickListener에 itemSelect(pet)이 사용되고 있습니다. 이것은 MainActivity에서 구현하고 있습니다. 마지막으로 onBindViewHolder( )에서 ⑤번의 bind( )를 호출하면서 데이터를 연결합니다.

이제 MainActivity에 기존의 데이터였던 dataArray의 선언과 addDataArray( ) 함수를 지웁니다. 이번에는 Pet을 위한 기초 데이터를 작성하고 어댑터에 적용합니다. 다음과 같이 MainActivity.kt를 수정합니다.

코딩해 보세요! 새 데이터 작성하고 어댑터 연결하기 • 참고 파일 MainActivity.kt

```
...
class MainActivity : AppCompatActivity( ) {
    private val petList = arrayListOf<Pet>( // ①
            Pet("British Shorthair", "Male", "4", "british_shorthair"),
            Pet("Persian Cat", "Male", "8", "persian_cat"),
            Pet("Siamese Cat", "Female", "12", "siamese_cat"),
            Pet("Maine Coon", "Male", "9", "maine_coon"),
            Pet("Ragdoll", "Male", "3", "ragdoll"),
            Pet("Sphynx Cat", "Male", "1", "sphynx_cat"),
            Pet("Abyssinian", "Female", "9", "abyssinian")
    )

    override fun onCreate(savedInstanceState: Bundle?) {
        super.onCreate(savedInstanceState)
        setContentView(R.layout.activity_main)

        rv_data_list.layoutManager = LinearLayoutManager(this) as RecyclerView.Layout
Manager?
        rv_data_list.setHasFixedSize(true) // RecyclerView의 크기 재구성 방지

        // ② 람다식 매개변수를 통한 클릭 이벤트 핸들러 처리
        rv_data_list.adapter = ExtensionDataAdapter(petList, this) {
            Toast.makeText(
```

```
                this,
                "Breed: ${it.breed}, Age: ${it.age}",
                Toast.LENGTH_SHORT
            ).show( )
        }
    }
}
```

①번에서 데이터 클래스의 생성자를 통해서 객체를 바로 만들어 내며 이것을 ArrayList에 구성했습니다. 그리고 ②번에서는 ExtensionDataAdapter( )를 생성할 때 마지막 식은 람다식에 의해 소괄호에서 빠져나왔으며 이 내용은 클릭 이벤트의 처리 내용이 됩니다. 따라서 RecyclerView 위의 목록 아이템에서 클릭 이벤트가 발생하면 Toast에 의해 화면에 품종과 나이의 내용을 띄웁니다.

이렇게 해서 코틀린의 안드로이드 확장과 람다식, 데이터 클래스를 사용해 클릭 이벤트까지 추가한 RecyclerViewPet 예제의 3단계가 완성되었습니다. 이제 실행해 봅시다. 새롭게 만든 레이아웃의 뷰가 아이템이 되어 나타납니다. 이때 아이템을 클릭하면 toast를 통해서 정보를 화면에 보여줍니다.

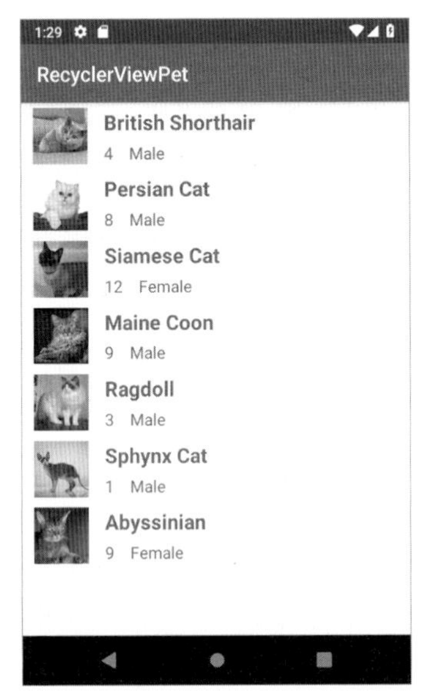

RecyclerViewPet의 실행 화면

13-3 기타 확장 기능과 통신 객체

여기에서는 코틀린 안드로이드 확장의 기타 기능을 커스텀 뷰에서 사용하는 방법을 간단히 살펴보고 통신을 위해 Parcelable 인터페이스를 손쉽게 구현하는 법을 배워 봅니다. 안드로이드에서는 프로세스 간 통신을 위해 바인더(Binder)라는 리눅스 커널의 컴포넌트를 이용합니다. 상위의 안드로이드 프레임워크는 이것을 이용하기 위해 특수한 통신용 인터페이스들을 사용합니다. 이 인터페이스들이 사용하는 핵심 요소가 바로 Parcel이며 Parcel을 전달하는 클래스는 Pacelable 인터페이스를 구현해야 합니다.

커스텀 뷰를 작성하는 방법

안드로이드 확장을 커스텀 뷰에서 사용하는 방법에 대해 이야기해 보겠습니다. 커스텀 뷰는 사용자가 직접 생성하는 뷰로 만들고자 하는 기반의 뷰를 상속해 구성하고 생성자와 해당 메서드들을 오버라이딩해야 합니다. 하지만 @JvmOverloads 애노테이션을 사용하면 필요한 생성자를 간단히 구성할 수 있습니다.

커스텀 뷰를 위해 모든 생성자 선언하기

먼저 기존 커스텀 뷰의 생성 방법을 보겠습니다. 기본 뷰를 통해 MyView를 만든다고 했을 때 생성자를 지정하지 않으면 오류가 납니다.

```
class MyView : View {
}
```

만일 특정 생성자를 하나만 지정한 경우에도 이 뷰를 xml에 사용하려고 할 때 오류가 납니다.

```
class MyView(context: Context?) : View(context) {
}
```

어떤 클래스를 확장해 새롭게 정의할 때는 기반 클래스에서 필요한 모든 생성자를 구성해야 합니다. 따라서 View에서 제공되는 생성자도 다음과 같이 모두 구현해야 하죠.

```
class MyView : View {
    constructor(context: Context) : this(context, null) // this는 인자 수에 따라 두 번째 생성자를 가리킴
    constructor(context: Context, attrs: AttributeSet?) : this(context, attrs, 0)
                                                                   // this는 세 번째 생성자
    constructor(context: Context, attrs: AttributeSet?, defStyleAttr: Int) : super(context,
attrs, defStyleAttr) { // super는 부모 클래스인 View의 인자가 3개인 생성자를 가리킴
        //...
    }
}
```

다중으로 구성된 생성자에는 this와 super가 사용되었습니다. 앞에서 학습한 것처럼 this는 현재 MyView 클래스의 다른 생성자를 가리키게 됩니다. 최종적으로는 super를 통해 부모 클래스인 View의 생성자를 호출하도록 만들어 줍니다.

안드로이드의 확장을 통해 생성자 표현 단순화하기

안드로이드 확장이 제공하는 좀 더 쉬운 방법인 @JvmOverloads 애노테이션을 사용해 봅시다. 다음 화면처럼 Alt + Enter 를 누르면 코드 가이드가 나타나고 애노테이션 표기법으로 완성할 수 있는 메뉴를 선택하면 자동으로 구성됩니다. 코드는 다음과 같이 몇 가지 인자가 기본값으로 설정되며 자동 완성됩니다.

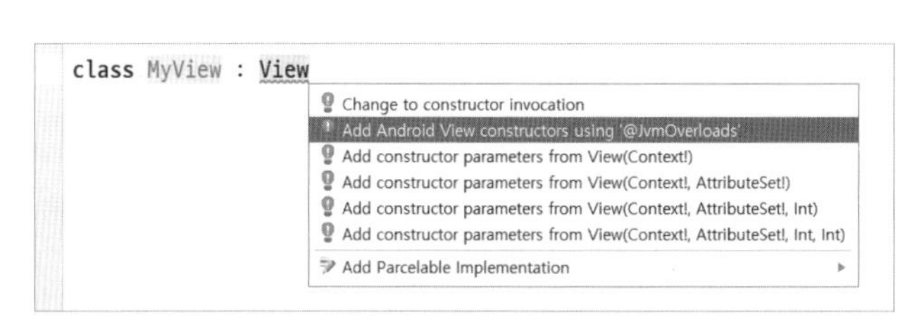

코드 가이드에 의한 작성

```
class MyView @JvmOverloads constructor(
    context: Context, attrs: AttributeSet? = null, defStyleAttr: Int = 0
) : View(context, attrs, defStyleAttr)
```

TextView와 같은 경우 super를 사용해 반드시 부모 클래스의 생성자를 호출해야 하므로 @Jvm Overloads가 모든 뷰에 대한 해결책은 아닙니다. 그러나 몇 가지 뷰에서 애노테이션 표기는 생성자를 모두 나타내지 않고도 간단히 선언할 수 있는 기법입니다. 그럼 실습을 통해 사용해 봅시다.

커스텀 뷰 만들기

이제 커스텀 뷰를 직접 만들어 보겠습니다.

TextVew, EditText, LinearLayout, SwitchCompat를 이용해 커스텀 뷰를 구성해 보겠습니다. 목표는 다음과 같습니다.

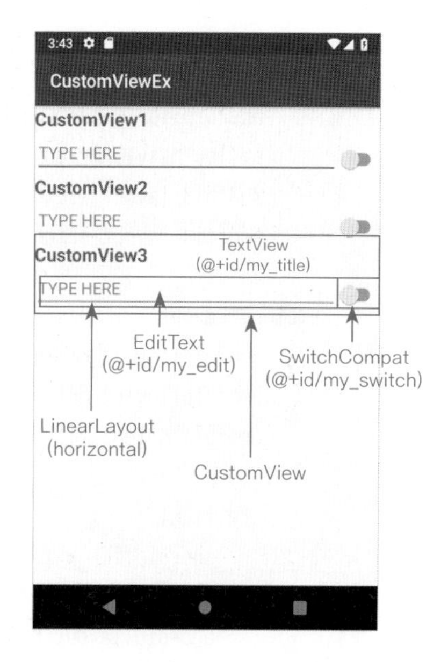

1. 지금까지 실습한 방법으로 CustomViewEx라는 이름의 빈 프로젝트를 만듭니다. 그래들 빌드가 완료되면 app/res/layout/에 Alt + Insert 를 누르고 [Layout resource file]을 선택한 다음 그림과 같이 구성한 뒤 [OK] 버튼을 누릅니다.

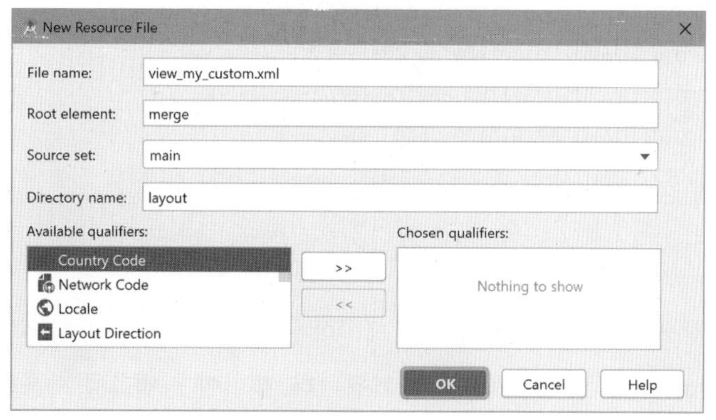

커스텀 뷰를 위한 레이아웃 xml 파일 작성

2. 새로 생성된 view_my_custom.xml 파일에 다음과 같이 작성합니다.

코딩해 보세요! **커스텀 뷰를 위한 레이아웃** • 참고 파일 view_my_custom.xml

```
<?xml version="1.0" encoding="utf-8"?>
<merge xmlns:android="http://schemas.android.com/apk/res/android"
    android:layout_width="match_parent"
    android:layout_height="match_parent">

    <TextView
        android:id="@+id/my_title"
        style="@style/my_custom_title"
        android:layout_width="match_parent"
        android:layout_height="wrap_content" />

    <LinearLayout
        android:layout_width="match_parent"
        android:layout_height="wrap_content"
        android:orientation="horizontal">

        <EditText
            android:id="@+id/my_edit"
            android:layout_width="0dp"
            android:layout_height="wrap_content"
            android:layout_weight="1"
            android:inputType="text" />

        <android.support.v7.widget.SwitchCompat
            android:id="@+id/my_switch"
            android:layout_width="wrap_content"
            android:layout_height="wrap_content"
            android:layout_gravity="end|center"
            android:layout_marginTop="6dp" />
    </LinearLayout>
</merge>
```

이 레이아웃의 <merge> 태그는 기존의 부모 레이아웃에 병합하기 위해 사용합니다. 레이아웃이 합쳐지면 <merge> 태그는 내부적으로 제거됩니다. 레이아웃 태그를 사용해 감싸는 것보다 시간을 아낄 수 있습니다.

3. LinearLayout을 상속해 새로운 커스텀 뷰를 만들어 봅시다. app/java/에 있는 패키지 이름에서 Alt + Insert를 누르고 [Kotlin File/Class]를 선택한 다음 Name에 CustomView를 입력하고 [OK] 버튼을 누릅니다. 앞에서 살펴본 것과 같이 @JvmOverloads를 사용해 다음과 같이 작성합니다.

코딩해 보세요! CustomView 작성하기 • 참고 파일 CustomView.kt

```
package com.acaroom.edu.customviewex

// ... import 구문 생략

@TargetApi(Build.VERSION_CODES.LOLLIPOP) // ① 롤리팝 이전 버전에서 충돌을 막기 위해 정의
class CustomView @JvmOverloads constructor(
        context: Context,
        attrs: AttributeSet? = null,
        defStyle: Int = 0,
        defStyleRes: Int = 0
) : LinearLayout(context, attrs, defStyle, defStyleRes) {
    init { // ② 주 생성자의 부분으로 초기화되어야 할 코드를 작성
        LayoutInflater.from(context).inflate(R.layout.view_my_custom, this, true)
        orientation = VERTICAL

        attrs?.let { // ③ 코틀린의 표준 함수 let을 사용
            // 속성을 리소스에서 읽어 옴
            val typedArray = context.obtainStyledAttributes(
                    it, // attrs 객체를 가리킴
                    R.styleable.CustomView,
                    0,
                    0
            )
            val title = resources.getText(typedArray
                    .getResourceId(
                            R.styleable.CustomView_my_custom_title,
                            R.string.view_title1
                    ))
            // 리소스 id에 값 지정
            my_title.text = title
            my_edit.hint = resources.getString(R.string.hint_text)

            typedArray.recycle( ) // typedArray의 재사용
        }
    }
}
```

①번에서 이전 버전에서의 충돌을 막기 위해 `@TargetApi` 애노테이션을 사용해 클래스 위쪽에 정의합니다.

그리고 ②번에서 주 생성자의 init 블록이 사용되어 앞에서 만든 view_my_custom.xml 레이아웃을 띄우고 초기화되어야 할 내용의 코드를 작성합니다. ③번에서 `AttributeSet`의 변수인 `attrs`는 null 가능하도록 지정되었으므로 `attrs?.let { ... }` 형태로 구성합니다. 여기서 사용된 코틀린 표준 함수는 호출하는 객체 `attrs`를 이어지는 블록의 인자 `it`으로 넘기고 블록의 결괏값을 반환합니다.

여기에 구현된 것은 다음에 만들 커스텀 속성으로부터 읽어 오도록 구성합니다. `typedArray`는 리소스 attr의 텍스트를 추출해 타이틀과 힌트를 리소스 id에 지정합니다.

4. app/res/values/에서 Alt + Insert 를 누르고 [Values resource file]을 선택하여 attrs.xml을 만든 뒤 다음과 같이 읽어 올 커스텀 뷰의 속성을 생성합니다.

코딩해 보세요! **커스텀 뷰의 속성 정의하기** • 참고 파일 attrs.xml

```
<?xml version="1.0" encoding="utf-8"?>
<resources>
    <declare-styleable name="CustomView">
        <attr name="my_custom_title" format="reference" />
    </declare-styleable>
</resources>
```

5. res/layout/의 activity_main.xml 파일을 열고 다음과 같이 커스텀 뷰를 추가합니다. 이때는 패키지 이름과 커스텀 뷰의 클래스 전체의 이름을 지정합니다.

코딩해 보세요! **커스텀 뷰 추가해 보기** • 참고 파일 activity_main.xml

```
<?xml version="1.0" encoding="utf-8"?>
<LinearLayout xmlns:android="http://schemas.android.com/apk/res/android"
    xmlns:app="http://schemas.android.com/apk/res-auto"
    xmlns:tools="http://schemas.android.com/tools"
    android:layout_width="match_parent"
    android:layout_height="match_parent"
    tools:context=".MainActivity"
```

```
    android:orientation="vertical">

    <com.acaroom.edu.customviewex.CustomView
        android:layout_width="match_parent"
        android:layout_height="wrap_content"
        app:my_custom_title="@string/view_title1" />

    <com.acaroom.edu.customviewex.CustomView
        android:layout_width="match_parent"
        android:layout_height="wrap_content"
        app:my_custom_title="@string/view_title2" />

    <com.acaroom.edu.customviewex.CustomView
        android:layout_width="match_parent"
        android:layout_height="wrap_content"
        app:my_custom_title="@string/view_title3" />
</LinearLayout>
```

여기서 `app:my_custom_title`이 사용되어 타이틀이 지정되었습니다. 이것은 앞에서 지정한 속성 리소스에서 읽힙니다. 그리고 `@string/view_title1`은 다음과 같이 String 리소스에 추가된 문자열을 나타냅니다. 직접 문자열을 작성하는 것보다 리소스를 사용해 추가하는 것이 나중에 여러 언어를 가지는 국제화를 위해서도 좋습니다.

6. res/values/에서 Alt + Insert를 누르고 [Values resource file]을 선택하여 strings.xml 파일을 열어 다음과 같이 수정합니다.

코딩해 보세요! 커스텀 뷰를 위한 타이틀 문자열 추가하기 • 참고 파일 strings.xml

```
<resources>
    <string name="app_name">CustomViewEx</string>
    <string name="view_title1">CustomView1</string>
    <string name="view_title2">CustomView2</string>
    <string name="view_title3">CustomView3</string>
    <string name="hint_text">TYPE HERE</string>
</resources>
```

이제 모든 과정이 끝났습니다. 이제 애플리케이션을 실행하여 처음 목표했던 화면이 나오는지 확인합니다.

프래그먼트에서 사용하기

프래그먼트(Fragment)는 액티비티와 비슷하면서 좀 더 작은 단위의 화면을 구성할 때 사용합니다. 문제는 뷰가 재생성될 때 프래그먼트 인스턴스는 계속 살아 있다는 것인데, 이것은 캐시가 유효하지 않다는 뜻입니다. 하지만 코틀린에서는 내부적으로 캐시 비우기를 호출하기 때문에 안전한 코드가 됩니다.

```
// 프래그먼트 클래스를 정의한 예
class Fragment : Fragment( ) {
    // 생명주기 콜백 함수로 뷰가 생성될 때 호출
    override fun onCreateView(inflater: LayoutInflater, container: ViewGroup?, savedIn-
stanceState: Bundle?): View? {
        return inflater.inflate(R.layout.fragment, container, false)
    }
    // 생명주기 콜백 함수로 뷰의 생성이 완료되어 UI 구성이 끝날 때 호출
    override fun onViewCreated(view: View?, savedInstanceState: Bundle?) {
        super.onViewCreated(view, savedInstanceState)
        tvTitle.text = "Hello Kotlin!"
    }
}
```

여기서는 많은 콜백 함수 중에 onCreateView( )와 onViewCreated( )를 오버라이딩해 구현하고 있습니다. UI 뷰를 다룰 때는 화면이 완전히 구성된 상태인 onViewCreated( ) 단계의 콜백 함수에서 사용해야 합니다. 그리고 여기에는 보이지 않지만 내부적으로 변환된 코드에 추가적인 콜백 함수인 onDestroyView( )를 사용해 캐시를 비우고 있습니다.

```
// $FF: synthetic method
public void onDestroyView( ) {
    super.onDestroyView( );
    this._$_clearFindViewByIdCache( );
}
```

Parcelable의 지원

Parcelable 인터페이스를 이해하려면 데이터 전송의 개념을 이해해야 합니다. 먼저 자바의 직렬화부터 알아본 뒤 Parcelable의 특징을 살펴보겠습니다.

자바의 직렬화

객체의 직렬화(Serializable)는 객체의 내용을 바이트 단위로 변환하여 파일 또는 네트워크를 통해서 스트림(송수신) 형태로 데이터를 전송하는 것입니다. 입출력 형식에 구애받지 않고 객체를 서로 교환할 수 있는 장점이 있습니다. 시스템 기준으로 생각하면 이런 객체의 교환은 JVM의 메모리에 있는 데이터를 영속화(Persistence)한 후 이것을 다시 상대방의 메모리에 올리는 것입니다.

특정 객체를 직렬화하기 위해서는 Serializable 인터페이스를 구현해야 합니다. 문자열 형식의 직렬화도 많이 사용되고 있는데 읽기 좋고 간단히 처리할 수 있기 때문입니다. 대표적인 예로 콤마로 구분된 CSV나 구조적 태그를 사용하는 xml, 태그를 사용하지 않고도 구조적으로 데이터를 표현하는 JSON이 대표적입니다. 이런 파일을 직렬화를 통해 서로에게 데이터를 보낼 수 있습니다.

오리의 프로그래밍 노트 JSON이란?

JSON은 JavaScript Object Notation의 약자이며 자바스크립트에서 경량의 데이터 교환 형식을 위해 개발되었습니다. xml보다 읽기 좋고 사이즈도 작기 때문에 지금은 거의 모든 언어에서 JSON을 다룰 수 있습니다.

직렬화를 사용하는 가장 큰 이유는 전송 방법에 신경 쓸 필요 없이 최종 목적지에서 전달된 객체를 바로 사용하면 되기 때문입니다. 보통 자바에서는 ObjectOutputStream 객체의 writeObject( )와 readObject( )를 이용해 각각 보내고 읽습니다. 자바의 직렬화는 이 정도로 소개하겠습니다. 사실 자바의 직렬화는 앞으로 소개할 Parcelable 보다는 성능이 좋지 않기 때문에 안드로이드 개발에서는 Serializable보다 Parcelable을 이용합니다.

안드로이드의 Parcelable

Parcel은 우리말로 '소포'나 '꾸러미' 정도로 번역됩니다. 어떤 객체가 Parcelable을 구현하면 소포를 보내듯이 Parcel 객체에 필요한 데이터를 담고 묶은 다음 이것을 보내면 상대방이 풀어서 필요한 데이터를 사용하게 됩니다. 다음 그림을 확인해 봅시다.

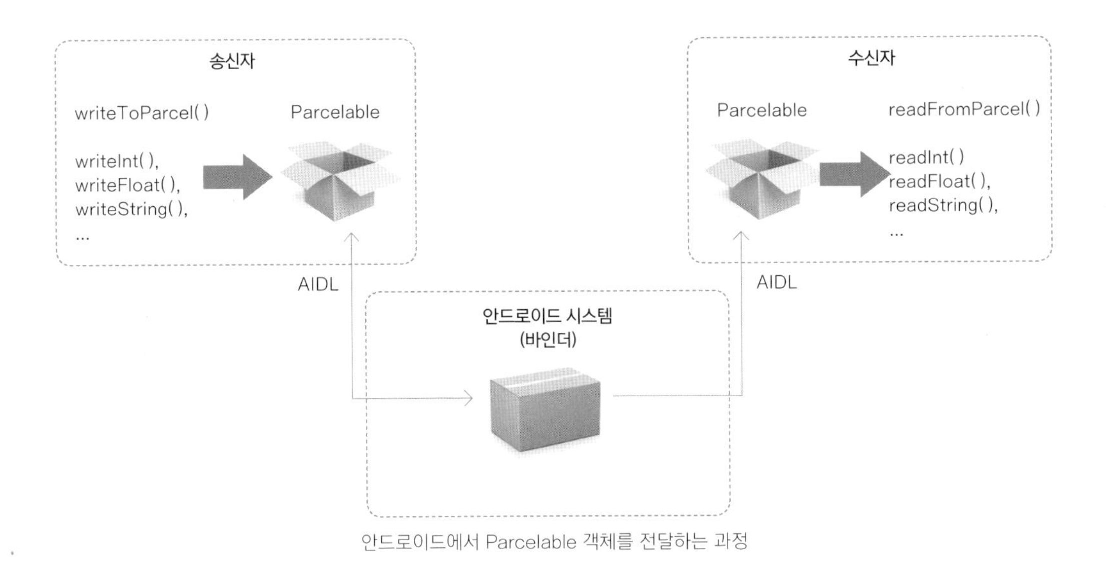

안드로이드에서 Parcelable 객체를 전달하는 과정

안드로이드의 바인더(Binder)는 특정 데이터 구조를 상대 객체나 프로세스에 그대로 넘겨주기 위한 통신 기법으로 하위의 운영체제가 제공합니다. 상위의 안드로이드 애플리케이션 프레임워크에 바인더를 위한 특별한 인터페이스가 있는데 이것들은 통신에 사용하는 특수한 인터페이스로 AIDL(Android Interface Definition Language)을 통해 만들어집니다. 일반적인 사용에서는 우리가 신경 쓸 필요 없이 `Parcelable`을 이용하면 내부적으로 통신용 인터페이스가 자동 생성됩니다. 다만 우리가 통신용 서비스를 설계할 때만 직접 AIDL로 필요한 인터페이스를 정의해 주어야 합니다.

데이터를 `Parcel` 객체에 담아 보내기 위해 안드로이드의 `Parcelable` 인터페이스를 구현해 `writeToParcel( )`과 같은 메서드를 사용해야 합니다. `Parcel` 객체에 데이터를 담기 위해 `writeXXX( )` 형태의 멤버 메서드를 이용하고, 꺼내기 위해서는 `readXXX( )` 형태의 멤버 메서드를 이용합니다. 여기서 `XXX`는 Int, Float형과 같은 각 자료형입니다. Parcel은 송신자에서 수신자로 데이터를 보낼 때 담겨진 순서대로 꺼내야 합니다.

Parcelable의 구현

특정 데이터 클래스의 `Parcelable` 인터페이스를 상속해 구현하기 위해서는 다음과 같은 메서드가 준비되어야 합니다.

- describeContents( )와 writeToParcel(Parcel dest, int flags)
- 컴패니언 객체(static 멤버인 Creator)
- createFromParcel(Parcel source)
- newArray(int size)

describeContents( ) 메서드는 Parcel의 내용을 기술하는데 보통은 0을 반환합니다. writeToParcel( ) 메서드는 매개변수 Parcel 안에 데이터를 넣는 작업을 합니다. 이때 몇 가지 플래그(flag)를 설정할 수 있습니다.

컴패니언 객체는 Creator를 통해 안드로이드 애플리케이션 내부에서 서로의 id를 확인한 후 통신할 수 있기 때문에 Parcelable.Creator<T>로 선언되어 나중에 Parcel로 목적지에서 풀어낼 때 필요합니다.

createFromParcel( ) 메서드는 Parcel된 데이터를 다시 원래대로 만들어 주는 작업을 하고 newArray( ) 메서드는 Parcel.createTypeArray( )을 호출했을 때 불립니다.

이제 소스 코드가 길어져 모든 것을 보여주기 힘들기 때문에 파일로 제공된 FragmentEx 프로젝트를 참조합니다. 먼저 자료 전달을 위한 데이터 클래스를 정의합니다.

```
data class Person(val name: String, val age: Int)
```

이제 위와 같은 클래스를 Parcelable 객체로서 구현하려면 다음과 같이 작성합니다.

코딩해 보세요! Parcelable 가능한 데이터 클래스 작성하기 • 참고 파일 Person.kt

```
data class Person(val name: String, val age: Int) : Parcelable {
    private constructor(p: Parcel) : this(
        name = p.readString( ),
        age = p.readInt( ))

    override fun writeToParcel(dest: Parcel, flags: Int) {
        dest.writeString(name)
        dest.writeInt(age)
    }

    override fun describeContents( ) = 0

    companion object {
        @JvmField val CREATOR = object : Parcelable.Creator<Person> {
            override fun createFromParcel(parcel: Parcel) = Person(parcel)

            override fun newArray(size: Int) = arrayOfNulls<Person>(size)
        }
    }
}
```

오리의 프로그래밍 노트 Parcelable 자동 생성하기

Parcelable을 매번 구현하기란 번거롭기 때문에 Parcelable을 자동으로 생성하는 플러그인을 이용하는 것이 좋습니다. 먼저 이 플러그인을 설치해 봅시다. Ctrl + Alt + S를 눌러 Settings 대화상자를 불러오고 [Plugins] 검색 창에 parcelable을 검색해서 나오는 [Parcelable Code Generator(for kotlin)]를 설치합니다.
플러그인을 설치한 후 안드로이드 스튜디오를 재시작해야 합니다. 다음과 같이 관련 코드에서 Alt + Insert를 누르고 [Parcelable(kotlin)]을 선택해서 코드를 자동 생성해 봅시다. 프로퍼티 선언에 따라 Parcelable이 자동 구현되는 것을 확인할 수 있습니다.

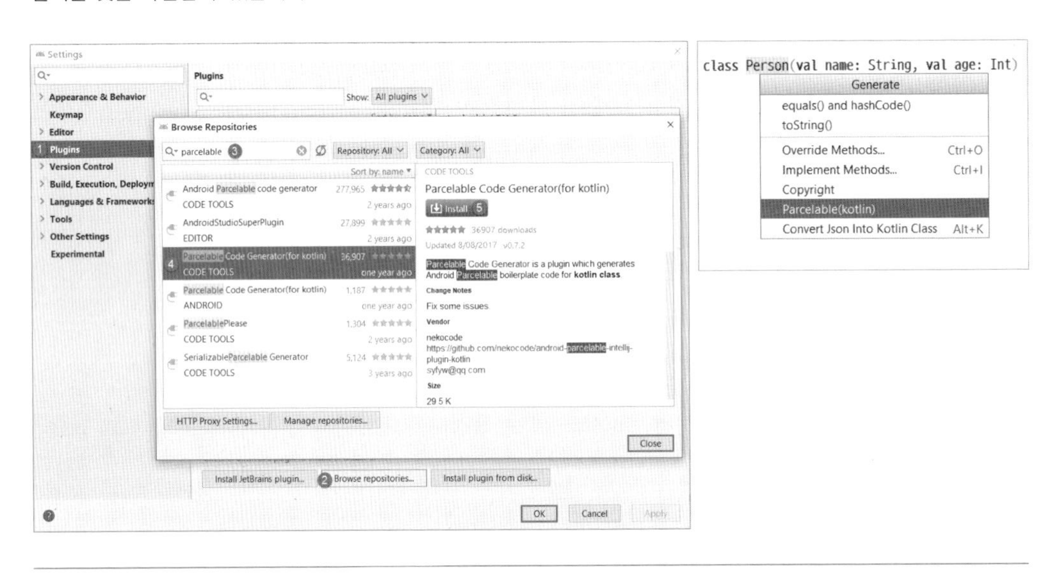

인텐트를 사용한 객체 전달

인텐트(Intent)를 사용하면 Parcelable 객체를 내부의 다른 액티비티에 쉽게 보내고 받을 수 있습니다. 인텐트 내부에서 통신을 사용합니다.

코딩해 보세요! 번들 데이터와 함께 다른 액티비티 호출하기 • 참고 파일 MainActivity.kt

```
...
val intent = Intent(this, SubActivity::class.java)
var bundle = Bundle( )
bundle.putParcelable("selected_person", person)
intent.putExtra("myBundle",bundle)
startActivity(intent)
```

인텐트의 Bundle에는 간단한 데이터를 담아 전달할 수 있습니다. 여기에 Parcelable 객체인 person을 putParcelable( )을 통해 담아 둡니다. 이것을 다른 액티비티인 SubActivity에 보내도록 startActivity( )를 사용해 해당 번들이 담긴 인텐트를 함께 인자로 보냅니다.

코딩해 보세요! 보내진 인텐트의 번들로부터 데이터 읽기 • 참고 파일 SubActivity.kt

```
...
override fun onCreate(savedInstanceState: Bundle?) {
...
val bundle = intent.getBundleExtra("myBundle")
var person = bundle.getParcelable<Person>("selected_person") as Person
```

SubActivity에서 번들 데이터를 받을 때는 위의 코드와 같이 selected_person의 키를 가지는 객체를 getParcelable( )로부터 가져와 할당할 수 있습니다.

애노테이션 이용하기

앞에서 살펴본 코드의 Person 클래스에 구현한 것과 같이 대부분의 Parcelable은 이와 비슷한 구조로 만들어집니다. 하지만 매번 코딩하기가 번거롭고 코드가 장황하다는 단점이 있으므로 코틀린의 확장을 이용해서 자동화하는 것이 좋습니다. 만일 안드로이드 확장의 experimental이 true로 설정되어 있다면 @Parcelize 애노테이션을 이용해 내부적으로 Parcelable 관련 부분을 자동으로 구현해 줍니다. 아직 실험적인 이 기능을 이용하려면 다음 기능이 활성화되어 있어야 합니다.

코딩해 보세요! 실험적 기능 활성화하기 • 참고 파일 app 모듈의 build.gradle

```
...
androidExtensions {
    experimental = true
}
```

@Parcelize 애노테이션과 Parcelable 인터페이스를 상속하면 관련 메서드가 자동적으로 생성됩니다. person.kt의 기존의 코드는 주석 처리하고 다음 코드를 작성해 봅시다.

코딩해 보세요! **애노테이션 표기법으로 바꾸기** • 참고 파일 Person.kt

```
import kotlinx.android.parcel.Parcelize

@Parcelize
class User(val firstName: String, val lastName: String, val age: Int): Parcelable
```

@Parcelize 애노테이션이 정상적으로 작동하려면 주 생성자에 val이나 var를 사용하는 프로퍼티가 선언되어 있어야 합니다. 만일 읽기와 쓰기 구현을 직접 구현하려면 내부에 컴패니언 객체를 사용합니다.

```
@Parcelize
data class User(val firstName: String, val lastName: String, val age: Int) : Parcelable {
    private companion object : Parceler<User> {
        override fun User.write(parcel: Parcel, flags: Int) {
            // 사용자 쓰기 구현부
        }

        override fun create(parcel: Parcel): User {
            // 사용자 읽기 구현부
        }
    }
}
```

@Parcelize가 지원하는 자료형은 다음과 같습니다.

- Int형, Long형과 같은 기본형(박스 자료형)
- 객체와 열거형
- String, CharSequence
- Exception
- Size, SizeF, Bundle, IBinder, IInterface, FileDescriptor
- SparseArray, SparseIntArray, SparseLongArray, SparseBooleanArray
- 모든 Serializable, Parcelable 구현(Date 포함)
- List, Set, Map 등과 같은 컬렉션
- 모든 자료형의 배열
- null 가능한 모든 버전의 자료형

@Parcelize가 지원되지 않는 자료형

@Parcelize가 지원되지 않는 자료형의 경우에 다음과 같이 직접 Parceler를 통해 Parcelable이 가능한 클래스로 만들 수 있습니다.

```
class ExternalClass(val value: Int)

object ExternalClassParceler : Parceler<ExternalClass> {
    override fun create(parcel: Parcel) = ExternalClass(parcel.readInt( ))

    override fun ExternalClass.write(parcel: Parcel, flags: Int) {
        parcel.writeInt(value)
    }
}
```

이제 @TypeParceler나 @WriteWith와 같은 애노테이션을 사용해 Parcelable을 적용할 수 있습니다.

```
// Class-local parceler
@Parcelize
@TypeParceler<ExternalClass, ExternalClassParceler>( )
class MyClass(val external: ExternalClass)

// Property-local parceler
@Parcelize
class MyClass(@TypeParceler<ExternalClass, ExternalClassParceler>( ) val external: Ex-
ternalClass)

// Type-local parceler
@Parcelize
class MyClass(val external: @WriteWith<ExternalClassParceler>( ) ExternalClass)
```

이렇게 코틀린이 제공하는 안드로이드 확장의 실험적 특징을 이용하면 안드로이드의 기능을 손쉽게 만들어 낼 수 있는 장점이 있습니다. 다만 아직은 실험적 특징이기 때문에 향후 변경될 수 있으므로 코틀린 언어가 버전이 올라가면 안드로이드 확장의 변경 로그를 꼭 확인하기 바랍니다.

13-4 안드로이드 UI 프로그래밍

안드로이드에서 UI를 가지는 모든 애플리케이션은 UI를 위한 단일 스레드를 가집니다. 보통 메인 스레드가 UI를 전담하며 특정 이벤트가 일어나면 스레드는 UI를 업데이트하게 됩니다. 만일 UI를 전담하는 메인 스레드가 아닌 일반 스레드에서 UI를 업데이트하려고 시도하면 오류가 생길 수 있습니다. 코루틴을 이용하면 이러한 UI 스레드의 작업을 대신할 수 있습니다.

기존의 안드로이드를 위한 UI 처리

메인 스레드인 UI 스레드는 화면상에 UI를 그리는 작업을 합니다. 여기에 긴 연산의 코드를 넣으면 처리가 오래 걸려 UI가 반응이 없는 상태가 발생하기 때문에 사용자는 응답성이 낮은 애플리케이션이라고 불평할 수 있습니다. 그리고 안드로이드 시스템 입장에서도 ANR(Application Not Responding) 메시지를 내보내게 됩니다. 메인 스레드에서 실행되는 코드는 최소한의 일을 해야 합니다. 특히 `onCreate( )`나 `onResume( )` 같은 안드로이드의 초기 생명주기에 속한 콜백 함수에서는 가능한 한 적은 일을 수행해야 합니다. 따라서 시간이 걸리는 작업은 다음과 같이 처리해야 합니다.

- 시간 소모가 많은 작업은 일반 스레드를 통해 처리한다.
- 프로그레스바(ProgressBar) 등을 이용해 작업의 진행 과정을 보여준다.

시간이 많이 걸리는 작업을 일반 스레드로 분리해 처리할 때는 메인 스레드와 일반 스레드 간의 통신을 고려해야 합니다. 일반 스레드에서 메인 스레드인 UI 스레드에 메시지를 보내 UI를 갱신할 수 있습니다. 이것을 하기 위해 기존에는 3가지 방법으로 처리할 수 있었습니다.

- 메시지, 루퍼 및 핸들러 사용
- AsyncTask 사용
- runOnUiThread( ) 사용

메시지, 루퍼 및 핸들러 사용하기

첫 번째로 안드로이드 프레임워크에서 메시지(Message), 루퍼(Looper) 및 핸들러(Handler)를 이용해 두 스레드의 통신을 구현하는 방법을 살펴봅시다.

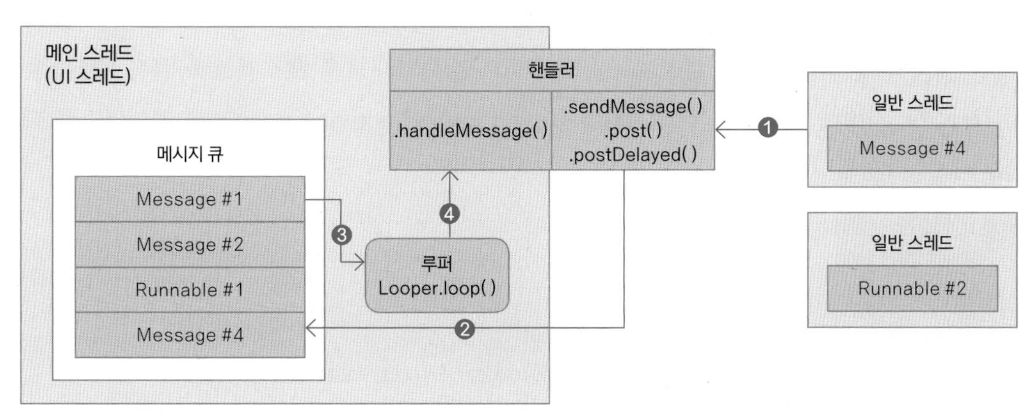

메인 스레드와 일반 스레드의 통신

먼저 메인 스레드와 일반 스레드의 통신의 기본 구조에서 각각의 역할을 간단히 정의해 보겠습니다.

- **메인 스레드**(Main Thread): UI 스레드로도 불리며 UI의 내용을 그리거나 갱신하며 사용자와 직접 상호작용하는 역할을 한다.
- **일반 스레드**(Normal Thread): UI를 직접 그리지 못하며 대부분 연산이나 시간이 오래 걸리는 백그라운드 작업을 한다.
- **메시지 큐**(Message Queue): 일반 스레드로부터 들어온 메시지를 담는 공간이다.
- **루퍼**(Looper): 담겨진 메시지를 감시하며 하나씩 꺼내 오는 역할을 한다.
- **핸들러**(Handler): 메시지를 보내거나 받아서 처리하는 루틴을 구성한다.

일반 스레드는 `Message` 클래스를 통해서 메시지를 정의하고 만들 수 있습니다. 혹은 스레드 루틴 자체를 보낼 수 있는데 이때는 `Runnable` 객체를 메시지로 보낼 수도 있습니다. 메시지를 보낼 때는 ①번과 같이 핸들러를 통해서 `sendMessage( )`와 같은 메서드를 사용합니다.

핸들러는 ②번과 같이 메시지 큐에 메시지를 차례로 담아둡니다. 이제 루퍼는 `loop( )` 함수를 통해 애플리케이션이 실행되는 동안 무한으로 돌면서 메시지가 도착해 있는지 감시합니다. 메시지가 도착해 있다면 이것을 꺼내 핸들러의 실행 루틴인 `handleMessage( )`에서 처리합니다. 대부분 이곳에서는 메시지에 의해 UI를 갱신하거나 새롭게 그리는 처리를 할 수 있습니다.

애플리케이션이 실행되면 메인 스레드에 있는 메시지 큐와 루퍼는 우리가 따로 작성하지 않아도 내부적으로 가지고 있습니다. 핸들러는 구현 루틴이 있는 곳이므로 만들어 줘야 합니다. 만일 메시지를 UI 스레드에서 일반 스레드에 거꾸로 보내려면 어떻게 할까요? 이때는 일반 스레드가 루퍼를 가지고 있지 않기 때문에 직접 작성해 주어야 합니다.

간단한 예를 통해서 이해해 봅시다. 빈 프로젝트로부터 새로운 프로젝트 이름을 MessageUiThread로 지정해 생성합니다. 먼저 app/res/layout/에 activity_main.xml 레이아웃을 다음과 같이 작성합니다.

코딩해 보세요! **카운트를 위한 레이아웃 만들기** • 참고 파일 activity_main.xml

```
<?xml version="1.0" encoding="utf-8"?>
<android.support.constraint.ConstraintLayout
        xmlns:android="http://schemas.android.com/apk/res/android"
        xmlns:app="http://schemas.android.com/apk/res-auto"
        xmlns:tools="http://schemas.android.com/tools"
        android:layout_width="match_parent"
        android:layout_height="match_parent"
        tools:context=".MainActivity">

    <ProgressBar
            android:id="@+id/progressBar"
            style="?android:attr/progressBarStyleHorizontal"
            android:layout_width="match_parent"
            android:layout_height="wrap_content"
            android:layout_alignParentStart="true"
            android:layout_alignParentTop="true"
            app:layout_constraintEnd_toEndOf="parent"
            app:layout_constraintStart_toStartOf="parent"
            app:layout_constraintTop_toTopOf="parent" />

    <TextView
            android:id="@+id/tv_count"
            android:layout_width="wrap_content"
            android:layout_height="wrap_content"
            android:layout_alignParentTop="true"
            android:layout_centerHorizontal="true"
            android:layout_margin="8dp"
            android:layout_marginTop="120dp"
            android:text="Count"
            android:textSize="36sp"
```

```
            app:layout_constraintEnd_toEndOf="parent"
            app:layout_constraintStart_toStartOf="parent"
            app:layout_constraintTop_toBottomOf="@+id/progressBar" />

    <Button
            android:id="@+id/start_progress"
            android:layout_width="wrap_content"
            android:layout_height="wrap_content"
            android:layout_centerVertical="true"
            android:layout_margin="16dp"
            android:layout_marginTop="156dp"
            android:text="Start"
            android:textSize="18sp"
            app:layout_constraintEnd_toEndOf="parent"
            app:layout_constraintStart_toStartOf="parent"
            app:layout_constraintTop_toBottomOf="@+id/tv_count" />
</android.support.constraint.ConstraintLayout>
```

그리고 MainActivity에서 다음과 같이 작성합니다.

코딩해 보세요! **핸들러 메시지 스레드 작성하기** • 참고 파일 MainActivity.kt

```
package com.acaroom.messageuithread

import ...

class MainActivity : AppCompatActivity( ) {
    lateinit var mHandler: Handler // ① 핸들러 선언
    lateinit var mThread: Thread
    private val START = 100 // 일종의 메시지의 종류를 나타내기 위한 구분 값(시작)
    private val COUNT = 101 // 일종의 메시지의 종류를 나타내기 위한 구분 값(카운트)

    override fun onCreate(savedInstanceState: Bundle?) {
        super.onCreate(savedInstanceState)
        setContentView(R.layout.activity_main)

        progressBar.max = 100

        // ② 버튼 클릭 처리
```

```
        start_progress.setOnClickListener {
            if (!mThread.isAlive) {
                mHandler.sendEmptyMessage(START) // ③ 카운트 시작 메시지 보내기
            }
        }

        // ④ 일반 스레드의 생성
        mThread = Thread(Runnable {
            for (i in 0..100) {
                Thread.sleep(100)
                // 메시지의 구성
                val message = Message( )
                message.what = COUNT // 메시지의 종류
                message.arg1 = i // 메시지의 값

                mHandler.sendMessage(message) // ⑤ 카운트 값 메시지 보내기
            }
        })
    }

override fun onResume( ) {
        super.onResume( )
    mHandler = MyHandler(this) // 핸들러 생성
    }

    companion object {
        class MyHandler(private val activity: MainActivity) : Handler( ) { // ⑥ 핸들러 정의
            override fun handleMessage(msg: Message) {
                super.handleMessage(msg)
                if (msg.what == activity.START) {
                    // 일반 스레드의 시작
                    if(activity.mThread.state == Thread.State.NEW)
                        activity.mThread.start( )

                } else if (msg.what == activity.COUNT) {
                    activity.progressBar.progress = msg.arg1
                    activity.tv_count.text = "Count " + msg.arg1 // UI의 갱신
                }
            }
        }
    }
}
```

핸들러와 스레드를 ①번과 같이 지연 초기화 방법인 lateinit을 통해서 선언했습니다. 이 객체의 최초 접근 시점에서 초기화됩니다. 그 밖에 메시지(Message) 객체에서 사용할 시작과 카운트에 대한 구분 값 START와 COUNT를 선언했습니다. 메시지 구분은 임의의 값으로 지정해도 무방합니다.

이제 애플리케이션이 생성되는 onCreate( ) 콜백 함수의 구현 부분을 살펴보면 ②번의 버튼 클릭 이벤트를 처리하는 부분과 ④번의 일반 스레드를 생성하는 부분이 작성되어 있습니다. 이후 onResume( )에 진입해 핸들러를 생성하게 됩니다. 클릭 이벤트는 리소스 id인 start_progress에 직접 클릭 처리 루틴을 설정할 수 있는 setOnClickListener를 구현합니다. 여기서는 버튼을 클릭하면 ③번과 같이 START 구분 값 메시지의 핸들러 객체를 sendEmptyMessage( )를 통해 보내게 됩니다. 이때 Message 객체의 인자를 제외하고 구분 값만 보냅니다.

④번에서는 일반 스레드를 Runnable 객체로 생성하고 있습니다. 여기서는 for문을 사용해 지속적으로 증가되는 카운트를 Message 객체에 담아 보냅니다. 이때 메시지 객체의 멤버인 what에는 종류를, arg1에는 인자 값을 넣어 구성합니다. 값은 argN 형태로 몇 개 더 넣을 수도 있습니다. 완전한 형태의 메시지를 보낼때는 ⑤번과 같이 sendMessage(메시지 객체)와 같은 형태로 사용합니다.

이제 액티비티의 onResume( ) 콜백 함수에서 사용된 핸들러 생성 부분을 봅시다. 여기서는 ⑥번에 정의된 컴페니언 객체를 동해 핸들러를 정의하였습니다. 핸들러를 생성할 때 반드시 handleMessage( ) 메서드를 오버라이딩해 구현해 줘야 합니다. handleMessage( )는 루퍼가 메시지를 전달해 주면 처리해야 할 루틴이 들어가며 보통 액티비티의 UI 갱신 처리 부분을 작성할 수 있습니다. 인자로 Message를 Looper가 내부적으로 보내줍니다. 따라서 받아진 인자인 msg에 따라 스레드를 시작하거나 UI를 갱신하는 코드를 작성하면 됩니다. 이제 프로젝트를 실행해 다음과 같이 START 버튼을 누를 때 카운트 값이 갱신되는지 확인합니다.

AsyncTask 사용하기

그다음 방법으로는 AsyncTask가 있습니다. 메시지나 루퍼의 기능을 구현하지 않아도 AsyncTask를 통해 UI 작업을 쉽게 사용할 수 있습니다. 다음 그림을 확인해 봅시다.

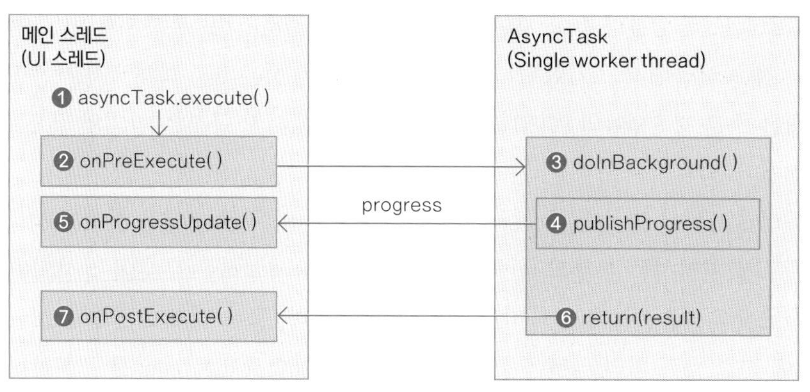

메인 스레드와 AsyncTask

AsyncTask의 동작은 먼저 execute( )로부터 실행됩니다. onPreExecute( )는 백그라운드 작업 전 실행해야 할 코드를 작성합니다. 이후 doInBackground( )를 통해 단일 스레드에서 처리할 연산 코드 등을 작성합니다. 처리 도중에는 publishProgress( ) 함수를 사용하면 onProgressUpdate( )가 호출되면서 UI를 갱신할 수 있습니다. 이때는 publishProgress( )를 필요한 만큼 사용할 수 있습니다. 모든 작업이 끝나면 최종적으로 onPostExecute( )에서 처리한 후 할 일을 구현하면 됩니다.

onPreExecute( ), onProgressUpdate( ), onPostExecute( ) 이 3가지 오버라이딩된 메서드에서는 UI 업데이트 코드를 사용해도 문제가 없습니다. AsyncTask의 선언부를 보면 다음과 같습니다.

```
AsyncTask<Params, Progress, Result>
```

AsyncTask는 제네릭 형식으로 선언되어 있으며 다음과 같은 의미를 가집니다.

- Params: doInBackground( ) 매개변수 형식으로 execute( )의 인자가 된다.
- Progress: doInBackground( ) 작업 시 진행 단위의 형식으로 onProgressUpdate( )의 매개변수가 된다.
- Result: doInBackground( )의 반환값으로 onPostExecute( )의 매개변수가 된다.

AsyncTask는 오래 걸리지 않는 작업에 유용하고, 작업 취소가 용이하며 로직과 UI 조작이 동시에 일어나야 할 때 유용한 기법입니다. 단, API 레벨이 16인 JellyBean 미만 버전에서는 UI 스레드에서 AsyncTask 선언을 해 주지 않으면 오류가 발생합니다. 또 AsyncTask는 재사용이 불가능하고 기본 처리 작업 개수가 1개라는 단점이 있습니다.

runOnUiThread( ) 사용하기

runOnUiThread( )는 현재 스레드가 UI 스레드에 있는 경우 즉시 실행하고 현재 스레드가 UI 스레드에 있지 않으면 메시지를 UI 스레드의 이벤트 큐에 전달하는 기법입니다.

```
this@MainActivity.runOnUiThread(java.lang.Runnable {
    progressBar.visibility = View.GONE  // 프로그레스바를 화면에서 제거
})
//... 또는
(context as Activity).runOnUiThread {
    // UI 갱신 코드를 사용할 수 있음
    progressBar.visibility = View.GONE
}
```

이렇듯 기존 UI 처리 기법은 사용하기 좀 복잡하기도 하고 각기 단점이 있는 편입니다. 이제 코루틴을 사용해서 UI를 다루는 방법을 살펴보겠습니다.

코루틴을 사용한 UI 처리

UI 처리를 위해 새로운 프로젝트 CountdownEx를 만들고 코루틴 라이브러리를 추가해 봅시다. 프로젝트 생성은 HelloAndroid에서 진행한 방법대로 생성합니다. 이후 과정을 따라 해 봅시다.

코루틴을 활용해 카운트다운 애플리케이션 만들기

1. 새로운 프로젝트를 생성한 후 프로젝트와 모듈의 build.gradle 파일에서 코틀린 버전을 확인하고 코루틴을 위한 코어, 공통 및 안드로이드 라이브러리를 지정합니다.

코딩해 보세요! 프로젝트의 빌드 스크립트 • 참고 파일 build.gradle

```
buildscript {
    ext.kotlin_version = '1.3.21'
...
```

코딩해 보세요! app 모듈의 빌드 스크립트 • 참고 파일 build.gradle

```
...
dependencies {
    implementation fileTree(dir: 'libs', include: ['*.jar'])
```

```
    implementation"org.jetbrains.kotlin:kotlin-stdlib-jdk7:$kotlin_version"
...
    // 코루틴을 위한 라이브러리
    implementation "org.jetbrains.kotlinx:kotlinx-coroutines-core:1.1.1"
    implementation "org.jetbrains.kotlinx:kotlinx-coroutines-core-common:1.1.1"
    implementation "org.jetbrains.kotlinx:kotlinx-coroutines-android:1.1.1"
}
```

2. 화면 UI를 위해 res/layout/의 activity_main.xml을 다음과 같이 작성합니다.

코딩해 보세요! 화면 레이아웃 수정하기 • 참고 파일 activity_main.xml

```
<?xml version="1.0" encoding="utf-8"?>
<LinearLayout
        xmlns:android="http://schemas.android.com/apk/res/android"
        xmlns:tools="http://schemas.android.com/tools"
        android:layout_width="match_parent"
        android:layout_height="match_parent"
        tools:context=".MainActivity" android:orientation="vertical">

    <LinearLayout
            android:orientation="horizontal"
            android:layout_width="match_parent"
            android:layout_height="wrap_content">
        <Button
                android:text="Start"
                android:layout_width="wrap_content"
                android:layout_height="wrap_content"
                android:id="@+id/btn_start"
                android:layout_weight="1"/>
        <Button
                android:text="Stop"
                android:layout_width="wrap_content"
                android:layout_height="wrap_content"
                android:id="@+id/btn_stop"
                android:layout_weight="1"/>
    </LinearLayout>
```

```
    <TextView
            android:id="@+id/tv_count"
            android:layout_width="match_parent"
            android:layout_height="wrap_content"
            android:text="Hello World!"
            android:textAlignment="center"
            android:textSize="24sp"/>
</LinearLayout>
```

3. 이제 MainActivity.kt에 사용자 함수를 만들고 카운트다운을 하는 코루틴을 만들 것입니다. 이때 UI를 직접 갱신할 것이기 때문에 UI의 문맥에서 작동하도록 코드를 작성해야 합니다.

코딩해 보세요! 메인 액티비티 수정하기 • 참고 파일 MainActivity.kt

```
package com.acaroom.countdownex

import ...

class MainActivity : AppCompatActivity( ) {

    override fun onCreate(savedInstanceState: Bundle?) {
        super.onCreate(savedInstanceState)
        setContentView(R.layout.activity_main)

        countTask(tv_count, btn_start, btn_stop) // ① 합성 프로퍼티에 의한 리소스의 접근
    }
}

fun countTask(count: TextView, start: Button, stop: Button) {
    // ② Dispatchers.Main -> UI 문맥에서 코루틴 실행, ③ 늦은 실행을 위한 LAZY 지정
    val job = GlobalScope.launch(Dispatchers.Main, start = CoroutineStart.LAZY) {
        for (i in 10 downTo 1) { // 카운트다운
            count.text = "Countdown $i ..." // ④ UI 업데이트
            delay(1000)
        }
        count.text = "Done!"
    }
    start.setOnClickListener { job.start( ) }
    stop.setOnClickListener { job.cancel( ) }
}
```

①번에서 리소스의 id에 해당하는 합성 프로퍼티에 직접 접근해 `countTask( )`에 인자로 넘기고 있습니다. `countTask( )`는 사용자가 만든 함수로 UI 요소를 인자로 받아 카운트다운을 처리할 코루틴을 작성합니다. ②번에서 `Dispatchers.Main`을 문맥으로 사용하면 메인 스레드인 UI 문맥에서 작동하는 코루틴을 작성할 수 있습니다. ③번에 의해 코루틴은 바로 실행되지 않고 [Start] 버튼을 눌러야만 실행됩니다. [Start] 버튼은 `job` 객체의 `start( )`를 호출해 작동시킵니다. ④번에서 UI 요소인 `TextView`의 `text` 속성에 카운트다운 문자열을 계속해서 갱신할 수 있게 됩니다.

오리의 프로그래밍 노트 **문맥이란 무엇인가요?**

프로세서(CPU)에서 처리 중인 코드는 명령, 데이터, 메모리 등 여러 가지 정보를 가지고 있는데 이것을 문맥(context)이라고 합니다. 만일 특정 프로세스나 스레드로 실행 흐름이 바뀌면 문맥이 바뀌기 때문에 CPU는 이것을 저장해 두었다가 다시 돌아올 때 복구해야 합니다. 이처럼 UI 문맥이란 UI를 갱신하거나 새롭게 그릴 수 있는 처리 루틴에 있다는 의미입니다. 일반 스레드 문맥에서는 UI를 갱신할 수 없죠.

4. 애플리케이션을 실행하면 다음과 같은 화면을 볼 수 있습니다.

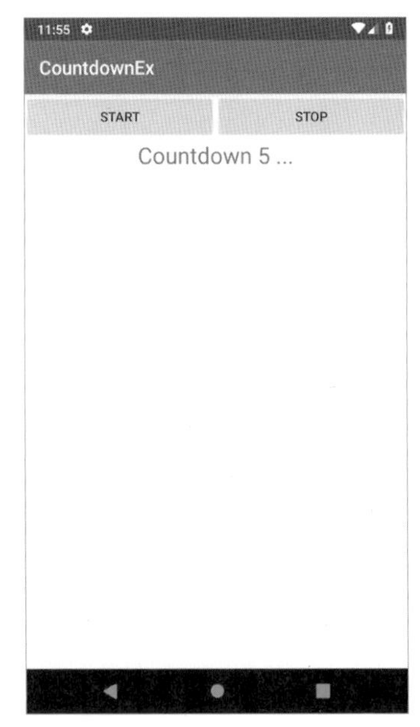

UI 문맥에서 작동하는 카운트다운

네트워크로부터 데이터 읽기

UI에서 클릭 같은 이벤트를 통해 네트워크 요청을 하면 데이터를 읽어 들이는 과정에서 지연 등으로 문제가 발생할 수 있습니다. 네트워크 특성상 클릭과 동시에 바로 응답하기 어렵기 때문입니다. 바로 응답하기 어렵다는 것은 UI의 업데이트가 중단되어 응답이 없는 상태가 나타날 수 있다는 뜻입니다.

```
fun fetchUserString(userId: String): String {
// 네트워크에 사용자 데이터 요청
// 사용자 데이터 반환 받기
}

fun deserializeUser(userString: String): User {
// 역직렬화 과정 거치기
// User 반환
}

button.setOnClickListener { // 클릭 이벤트 처리
  val userString = fetchUserString("1") // 1번 사용자의 데이터를 네트워크로 요청
  val user = deserializeUser(userString)
  showUserData(user)
}
```

위 코드에서는 setOnClickListener에서 클릭이 발생한 시점부터 fetchUserString( ) 함수를 사용해 사용자 데이터를 네트워크로 받으려고 시도하고 있습니다. 이렇게 작성하면 fetchUserString( ) 함수가 길게 응답하지 않을 경우 ANR 문제가 발생할 수 있습니다.
코루틴을 이용해 fetchUserString( )과 deserializeUser( )는 suspend로 지정하고 launch( )를 이용해 결과를 기다립니다.

```
button.setOnClickListener {
  GlobalScope.launch(Dispatchers.Main) {
    val userString = fetchUserString("1").await( )
    val user = deserializeUser(userString).await( )
    showUserData(user)
  }
}
```

병행 수행을 통해 두 함수를 개별적으로 처리하는 경우에는 코루틴의 async를 이용합니다.

```
val user = async {
  val userString = fetchUserString("1")
  val user = deserializeUser(userString)
  user
}.await( )
```

async는 Deferred<T>를 반환하며 await( )가 실제 계산 결과를 얻을 때까지 기다리게 됩니다. 예외 처리를 포함해 이것을 함수에 적용하면 다음과 같이 변경할 수 있습니다.

```
fun fetchUserString(userId: String) = async {
  ...
}
fun deserializeUser(userString: String) = async {
 ...
}
...
GlobalScope.launch(Dispatchers.Main) {
  progressBar.visibility = View.VISIBLE
  try {
    val userString = fetchUserString("1").await( )
    val user = deserializeUser(userString).await( )
    showUserData(user)
  } catch (ex: Exception) {
    log(ex)
  } finally {
    progressBar.visibility = View.GONE
  }
}
```

네트워크 처리에 대한 부분은 알아야 할 개념이 이보다 더 많지만 코루틴을 적용하는 사례 수준에서 마무리하겠습니다.

Q1 다음은 안드로이드 확장에서 제공하는 Parcelable을 구현하여 사용한 것입니다. 빈 칸에 알맞은 구문을 넣어 자동 구현을 완성하세요.

```
____________
data class User(val firstName: String, val lastName: String, val age: Int) :
{
    ...
}
```

Q2 Parcelize가 지원하지 않는 형식은 무엇인가요?

① Int, Long형과 같은 기본 자료형

② String, CharSequence

③ List, Set, Map 등과 같은 컬렉션

④ 애노테이션 클래스

Q3 코틀린에서 View를 상속해 새로운 MyView를 정의하려고 합니다. 이때 모든 생성자를 정의하지 않아도 필요한 생성자를 자동으로 오버로딩하도록 애노테이션을 빈 칸에 채워 넣어 보세요.

```
class MyView ____________ constructor(
        context: Context, attrs: AttributeSet? = null, defStyleAttr: Int = 0
) : View(context, attrs, defStyleAttr)
```

정답 **Q1** @Parcelize, Parcelable **Q2** ④ **Q3** @JvmOverloads

14

Anko 확장 활용

Anko 라이브러리는 젯브레인즈에서 공식 지원하고 있는 라이브러리로 안드로이드 개발을 좀더 쉽고 빠르게 개발하도록 도와주는 라이브러리입니다. 특히 DSL로 작성된 레이아웃은 기존의 xml을 사용하지 않고 코드에서 쉽게 구성할 수 있으며 xml에 의한 변환 작업이 필요 없어지기 때문에 UI에 좀 더 빠른 성능을 기대할 수 있습니다. 그 밖에 Anko의 공통 라이브러리에서 간략화된 다양한 다이얼로그를 제공하며 Anko SQLite나 Anko Coroutines를 통해 기존 방법보다 더 쉽게 접근합니다.

Anko를 이용하면 레이아웃
xml이 필요 없어요!
Anko
Layout

14-1 Anko 라이브러리

Anko 라이브러리는 DSL(Domain-Specific Language)을 제공합니다. 이를 통해서 xml로 레이아웃을 구성하지 않고도 코드상에서 더 빠르게 표현이 가능합니다. 기존의 xml은 자바 코드로 변환하는 작업을 하게 되면서 CPU나 배터리를 좀 더 소비하는 단점이 있었습니다.
Anko 라이브러리는 아래의 GitHub 웹사이트에서 살펴볼 수 있습니다. 웹사이트에서 버전을 확인하고 변경사항을 알아 두는 것이 좋습니다.

```
https://github.com/Kotlin/anko/
```

먼저 Anko 라이브러리는 4가지로 나누어져 있습니다.

- Anko Commons: Dialog와 Toast 등의 공통 유틸리티 클래스를 제공한다. Toast 메시지를 띄우거나 다이얼로그를 간단하게 작성할 수 있도록 도움을 준다.
- Anko Coroutines: Kotlinx.coroutines 라이브러리를 기반으로 코루틴을 좀 더 편리하게 사용할 수 있도록 한다.
- Anko SQLite: 안드로이드의 데이터베이스인 SQLite에 쿼리나 DSL, 파서 등의 기능을 제공한다.
- Anko Layouts: 레이아웃에 사용되는 xml 코드를 코틀린 메인 코드에서 작성할 수 있게 해 준다. 뷰가 복잡해질수록 Anko Layouts를 사용하면 많은 성능 향상을 가져올 수 있다.

라이브러리 추가하기

라이브러리를 추가하기 위해 모듈 단위의 build.gradle 파일에 다음과 같이 지정할 수 있습니다.

코딩해 보세요! app 모듈의 빌드 스크립트 • 참고 파일 build.gradle

```
dependencies {
    implementation "org.jetbrains.anko:anko:$anko_version"
}
```

스크립트를 추가한 후 화면 위쪽에 뜨는 [Sync Now]를 클릭하면 Anko의 4가지 모든 라이브러리 기능을 사용할 수 있습니다. 프로젝트의 build.gradle에서는 다음과 같이 버전을 명시해 줍니다.

코딩해 보세요! **프로젝트의 빌드 스크립트** • 참고 파일 build.gradle

```
buildscript {
    ext.kotlin_version = '1.3.21'
    ext.anko_version = '0.10.8' // 추가
    ...
}
```

만일 라이브러리 기능을 개별적으로 추가하려면 다음과 같이 지정합니다.

```
dependencies {
    // 모든 라이브러리에 대한 지정
    implementation "org.jetbrains.anko:anko:$anko_version"

    // Anko Commons
    implementation "org.jetbrains.anko:anko-commons:$anko_version"

    // Anko Layouts
    implementation "org.jetbrains.anko:anko-sdk25:$anko_version" // sdk15, sdk19, sdk21, sdk23
    implementation "org.jetbrains.anko:anko-appcompat-v7:$anko_version"

    // Coroutine listeners for Anko Layouts
    implementation "org.jetbrains.anko:anko-sdk25-coroutines:$anko_version"
    implementation "org.jetbrains.anko:anko-appcompat-v7-coroutines:$anko_version"

    // Anko SQLite
    implementation "org.jetbrains.anko:anko-sqlite:$anko_version"
}
```

몇 가지 라이브러리는 안드로이드 지원 라이브러리에 따라 anko-sdk15~25에서 선택하거나 anko-appcompat-v4~7 등을 선택할 수 있습니다. 필요에 따라 라이브러리 하나만 선택해서 작성해 주거나 모든 라이브러리가 필요한 경우에는 anko로 지정된 라이브러리를 사용합니다. 그러면 Anko Commons에서 제공하는 기능부터 하나씩 살펴볼까요?

Anko Commons 활용하기

Anko Commons 라이브러리에는 안드로이드 SDK를 위한 수많은 도구가 있습니다. 일종의 유틸리티 개념으로 가볍게 사용할 수 있는 기능들이 주를 이루고 있습니다. 이번에는 AnkoCommonsEx라는 빈 프로젝트를 생성해서 이 라이브러리를 연습해 보겠습니다. 프로젝트 생성 방법은 이전과 동일합니다.

다이얼로그 표시하기

먼저 다양한 다이얼로그를 띄우는 방법을 봅시다. Anko Commons를 이용하면 안드로이드의 다양한 다이얼로그 기능들을 좀 더 간략한 표현법으로 대체할 수 있습니다. 빌드 스크립트를 수정해서 다음 라이브러리 의존성을 추가해 봅시다.

코딩해 보세요! **프로젝트의 빌드 스크립트** • 참고 파일 build.gradle

```
buildscript {
    ext.kotlin_version = '1.3.21'
    ext.anko_version = '0.10.8'
...
```

코딩해 보세요! **app 모듈의 빌드 스크립트** • 참고 파일 build.gradle

```
apply plugin: 'com.android.application'
apply plugin: 'kotlin-android'
apply plugin: 'kotlin-android-extensions'

android {
    compileSdkVersion 27
    defaultConfig {
        applicationId "com.acaroom.ankocommonsex"
        minSdkVersion 19
        targetSdkVersion 27
        ...
    }
    ...
}

dependencies {
    implementation fileTree(dir: 'libs', include: ['*.jar'])
    implementation "org.jetbrains.kotlin:kotlin-stdlib-jdk7:$kotlin_version"
    implementation 'com.android.support:appcompat-v7:27.1.1'
```

```
    implementation 'com.android.support.constraint:constraint-layout:1.1.3'
    ...
    implementation "org.jetbrains.anko:anko:$anko_version"
    implementation "org.jetbrains.anko:anko-design:$anko_version"
}
```

이 책의 집필 시점에서 Anko 0.10.8 버전은 SDK 28과 호환되지 않으므로 한 단계 낮춘 SDK 27로 변경하고 dependencies에 anko와 anko-design을 추가합니다. 그리고 화면 위쪽에 뜨는 [Sync Now]를 클릭해서 빌드 시스템에 반영합니다.
이제 레이아웃을 만들어 봅시다. res/layout/activity_main.xml와 res/values/strings.xml을 열고 각 다이얼로그를 테스트할 버튼 태그와 문자열 리소스를 작성합시다.

코딩해 보세요! **버튼을 추가한 레이아웃 수정하기** • 참고 파일 activity_main.xml

```
<?xml version="1.0" encoding="utf-8"?>
<LinearLayout xmlns:android="http://schemas.android.com/apk/res/android"
    xmlns:app="http://schemas.android.com/apk/res-auto"
    xmlns:tools="http://schemas.android.com/tools"
    android:layout_width="match_parent"
    android:layout_height="match_parent"
    android:orientation="vertical"
    tools:context=".MainActivity">

    <Button
        android:id="@+id/btn_toast"
        android:layout_width="match_parent"
        android:layout_height="wrap_content"
        android:text="Toast" />

    <Button
        android:id="@+id/btn_snackbar"
        android:layout_width="match_parent"
        android:layout_height="wrap_content"
        android:text="Snackbar" />
    <Button
        android:id="@+id/btn_alert"
        android:layout_width="match_parent"
        android:layout_height="wrap_content"
        android:text="Alert" />
```

```
    <Button
        android:id="@+id/btn_progress"
        android:layout_width="match_parent"
        android:layout_height="wrap_content"
        android:text="Progress" />

    <Button
        android:id="@+id/btn_sub"
        android:layout_width="match_parent"
        android:layout_height="wrap_content"
        android:text="SubActivity" />
</LinearLayout>
```

코딩해 보세요! **strings.xml 수정하기** • 참고 파일 strings.xml

```
<resources>
    <string name="app_name">AnkoCommonsEx</string>
    <string name="message">Hello World!~</string>
</resources>
```

리소스의 id를 코드에서 사용할 것이므로 잘 기억해 둡니다. 이제 각 버튼에 클릭 이벤트를 처리하도록 setOnClickListener를 설정할 것입니다. 첫 번째로 onCreate( ) 콜백 함수에 기존의 다이얼로그 중의 하나인 Toast를 작성하고 어떻게 단순화되었는지 살펴보겠습니다.

코딩해 보세요! **기존의 Toast 코드** • 참고 파일 MainActivity.kt

```
...
class MainActivity : AppCompatActivity( ) {
    override fun onCreate(savedInstanceState: Bundle?) {
        super.onCreate(savedInstanceState)
        setContentView(R.layout.activity_main)
        btn_toast.setOnClickListener { // 첫 번째 버튼의 클릭 이벤트 처리
            // 기존의 Toast
            Toast.makeText(
                this, // Toast를 보일 문맥
                "안녕하세요!", // 보여줄 텍스트
                Toast.LENGTH_SHORT // 길이
            ).show( )
        }
...
```

기존의 코드를 실행하고 첫 번째 버튼을 누르면 아래쪽에 다음과 같은 다이얼로그가 뜹니다.

Toast의 실행

이제 기존의 Toast 코드를 지우고 Ctrl + Alt + O를 누릅니다. 그러면 필요 없는 import 구문이 최적화되면서 삭제되는 것을 알 수 있습니다. 이제 지운 부분에 아래의 간략화된 코드를 사용해 봅시다.

코딩해 보세요! Anko의 toast 코드 • 참고 파일 MainActivity.kt

```
...
class MainActivity : AppCompatActivity( ) {

    override fun onCreate(savedInstanceState: Bundle?) {
        super.onCreate(savedInstanceState)
        setContentView(R.layout.activity_main)

        btn_toast.setOnClickListener {
            // Anko의 Toast
            toast("안녕하세요!") // ① 짧은 길이의 Toast
            toast(R.string.message) // ② 리소스의 메시지 직접 사용하기
            longToast("메시지가 긴 길이를 가지고 있을 때 사용") // ③
        }
    }
}
```

실행할 때는 겹치므로 ①, ②, ③번을 한 줄씩 작성해서 실행합니다. 짧은 길이와 긴 길이에 따른 함수가 2가지가 있어 해당 인자를 줄일 수 있고 문맥도 생략했기 때문에 훨씬 단순화되었습니다. 이와 같이 다른 다이얼로그 기법도 단순화되어 사용하기 수월해졌습니다.
이제 두 번째 버튼에 다음과 같은 스낵바를 새로 추가 작성합니다. 마찬가지로 각 스낵바를 하나씩 작성해 테스트해 보세요.

코딩해 보세요! Anko의 스낵바 코드 • 참고 파일 MainActivity.kt

```
...
class MainActivity : AppCompatActivity( ) {
    override fun onCreate(savedInstanceState: Bundle?) {
        btn_toast.setOnClickListener {
            ...
        }
        // 스낵바의 추가 작성
        btn_snackbar.setOnClickListener {
            it.snackbar("스낵바입니다.") // view.snackbar와 같이 호출
            it.snackbar(R.string.message)
            it.longSnackbar("메시지가 긴 길이를 가지고 있을 때 사용")
        }
    }
}
```

여기서 it은 람다식에서 받는 인자로 btn_snackbar의 뷰 객체가 됩니다. view.snackbar( )와 같은 형태입니다. 실행하면 다음과 같습니다.

스낵바의 실행

스낵바에는 클릭해서 선택할 수 있는 내용을 작성할 수 있습니다. 그러면 클릭 리스너를 넣어줘야 하는데 기존의 클릭 리스너가 들어간 스낵바는 다음 코드처럼 꽤 장황합니다.

```
// 기존의 클릭 이벤트를 처리할 수 있는 스낵바의 자바 코드
Snackbar snackbar = Snackbar.make(
    view,
    "실행할까요?",
    Snackbar.LENGTH_SHORT
);

snackbar.setAction("실행", new View.OnClickListener {
    @Override
    public void onClick(View view) {
      // 클릭 이벤트의 처리 내용
    }
});

snackbar.show( );
```

이것을 Anko 라이브러리를 활용하면 아주 짧아집니다. 기존 스낵바의 내용을 주석 처리하고 다음을 작성해 넣은 다음 실행해 봅시다.

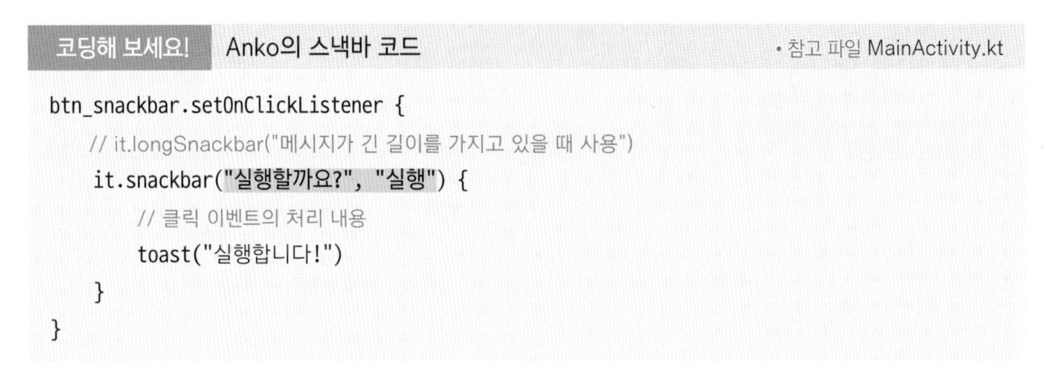

코딩해 보세요! Anko의 스낵바 코드 • 참고 파일 MainActivity.kt

```
btn_snackbar.setOnClickListener {
    // it.longSnackbar("메시지가 긴 길이를 가지고 있을 때 사용")
    it.snackbar("실행할까요?", "실행") {
        // 클릭 이벤트의 처리 내용
        toast("실행합니다!")
    }
}
```

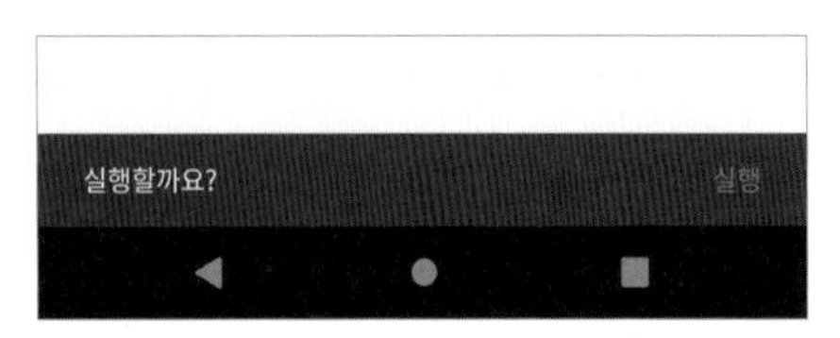

클릭 이벤트가 포함된 스낵바

이번에는 세 번째 버튼의 클릭 이벤트 처리에 `alert` 다이얼로그를 띄워 봅시다. 다음을 `btn_snackbar.setOnClickListener { ... }` 아래쪽에 계속해서 추가하고 실행합니다.

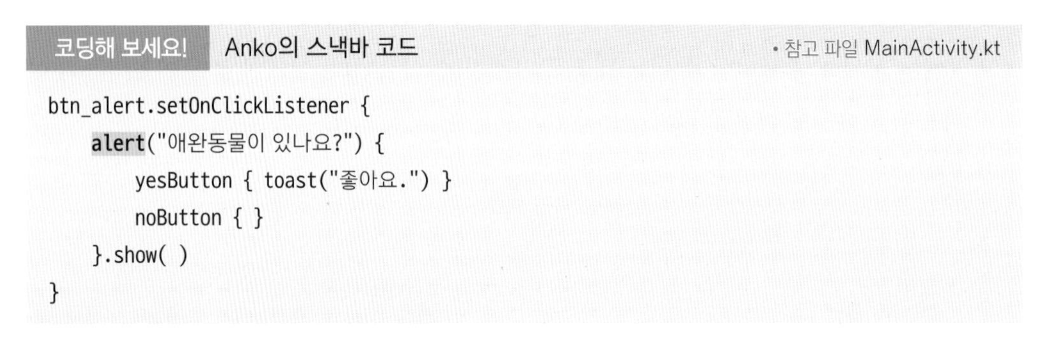

코딩해 보세요! Anko의 스낵바 코드 • 참고 파일 MainActivity.kt

```
btn_alert.setOnClickListener {
    alert("애완동물이 있나요?") {
        yesButton { toast("좋아요.") }
        noButton { }
    }.show( )
}
```

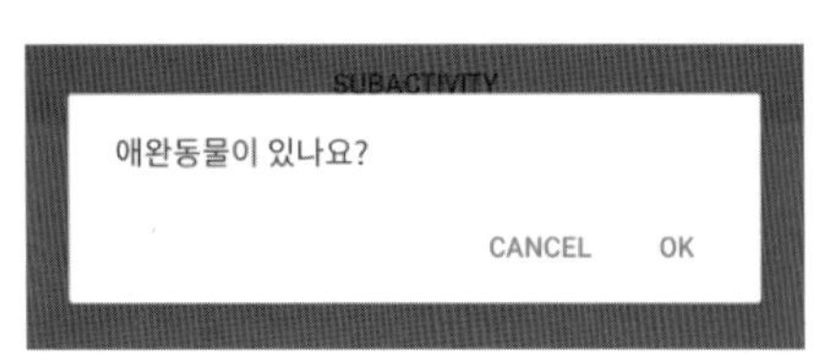

alert의 다이얼로그

질문에 선택할 수 있는 부분은 `yesButton { ... }`과 `noButton { ... }`으로 단순화되었습니다. 사실 이런 문법은 람다식을 사용해 DSL로 만든 것입니다. 단순 문자열 다이얼로그는 다음과 같이 띄웁니다.

```
alert(Appcompat, "Some text message").show( ) // Appcompat의 alert
```

alert( ) 함수는 커스텀 뷰와 같은 Anko의 레이아웃을 지원합니다.

```
// 커스텀 뷰 DSL이 포함된 alert 다이얼로그
alert {
    customView {
        editText( )
    }
}.show( )
```

Selector는 여러 개의 목록 중 선택할 수 있는 다이얼로그입니다.

```
val countries = listOf("한국", "미국", "일본", "호주")
 // 선택 가능한 다이얼로그
 selector("어디서 오셨나요?", countries) { dialog, i ->
    toast("그럼 ${countries[i]}에서 살고 있겠군요.")
}
```

그 밖에 프로그레스바와 같은 함수를 사용할 수 있습니다. 다음을 btn_alert.setOnClickListener { ... } 아래에 추가하고 실행해 보세요.

코딩해 보세요! Anko의 프로그레스바 사용하기 • 참고 파일 MainActivity.kt

```
btn_progress.setOnClickListener {
    val dialog = horizontalProgressBar( )
    dialog.progress = 50
}
```

Anko의 인텐트 사용하기

Anko의 인텐트를 사용하면 기존에 수행하던 액티비티 시작 방법을 단순화할 수 있습니다. 이번에는 액티비티를 하나 추가하고 추가한 액티비티를 시작시키는 인텐트를 정의해 보겠습니다. 계속해서 AnkoCommonsEx 프로젝트에 추가로 진행할 것입니다. 액티비티를 추가하는 빠른 방법은 다음과 같은 메뉴를 이용하는 것입니다. 패키지 이름에서 Alt + Insert를 누르고 activity라고 입력하면 다음과 같은 화면이 나옵니다.

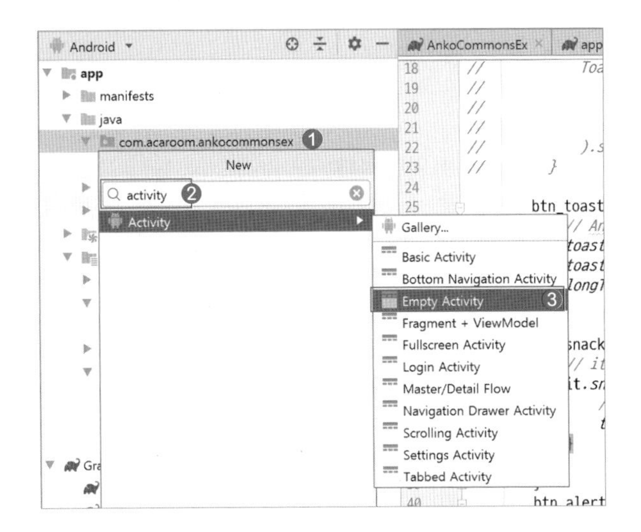

여기서 [Empty Activity]를 선택하고 새로운 액티비티의 이름을 SubActivity로 지정한 후 [Finish]를 누릅니다.

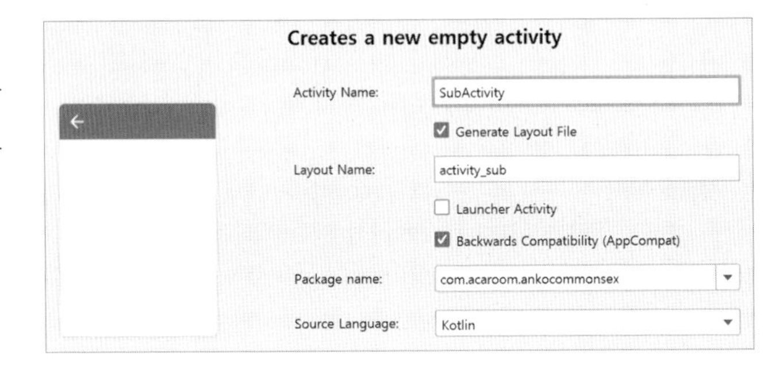

이제 서브액티비티가 새롭게 생성되어 소스 코드 SubActivity.kt와 레이아웃 파일 activity_sub.xml이 생성되고 AndroidManifest.xml 파일에 `<activity>` 태그가 자동으로 추가됩니다. 먼저 서브액티비티의 레이아웃에 텍스트 뷰를 하나 추가하겠습니다. 다음을 작성하세요.

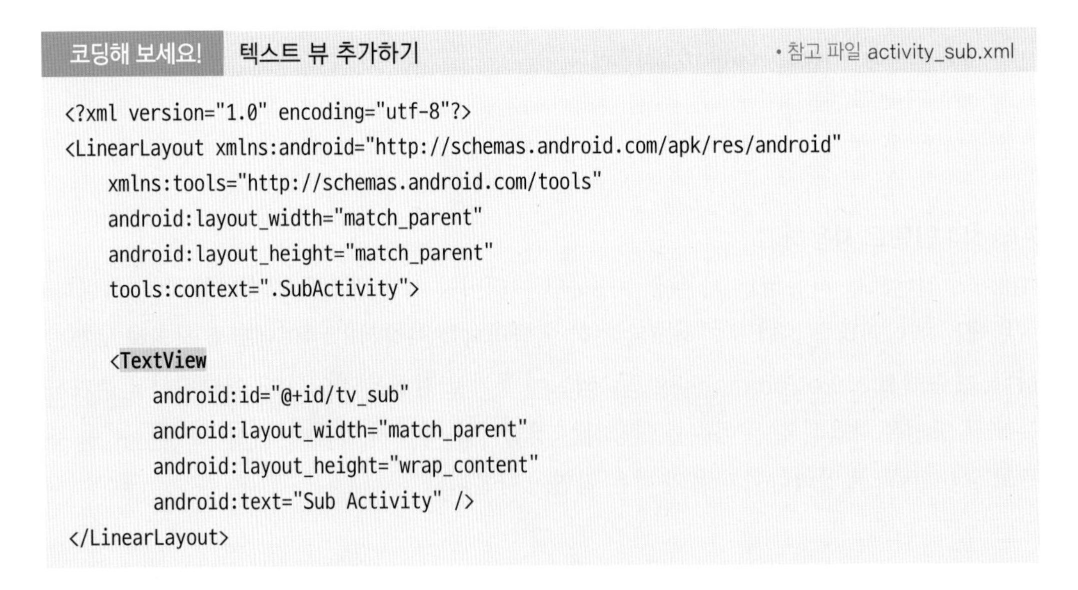

코딩해 보세요! **텍스트 뷰 추가하기** • 참고 파일 activity_sub.xml

```
<?xml version="1.0" encoding="utf-8"?>
<LinearLayout xmlns:android="http://schemas.android.com/apk/res/android"
    xmlns:tools="http://schemas.android.com/tools"
    android:layout_width="match_parent"
    android:layout_height="match_parent"
    tools:context=".SubActivity">

    <TextView
        android:id="@+id/tv_sub"
        android:layout_width="match_parent"
        android:layout_height="wrap_content"
        android:text="Sub Activity" />
</LinearLayout>
```

메인 액티비티에 남은 버튼인 btn_sub로 서브액티비티를 시작시키겠습니다. 안드로이드에서 액티비티를 시작시키기 위해서는 인텐트를 정의하고 필요한 옵션 플래그를 정의한 다음 startActivity( )를 호출합니다. 메인 액티비티의 btn_progress.setOnClickListener { ... } 아래에 다음을 추가 작성합니다.

코딩해 보세요! 서브액티비티를 부르도록 버튼에 코드 추가하기 • 참고 파일 MainActivity.kt

```
...
btn_sub.setOnClickListener {
    // 일반적인 액티비티의 시작
    val intent = Intent(this, SubActivity::class.java)
    intent.putExtra("id", 5)
    intent.flags = Intent.FLAG_ACTIVITY_SINGLE_TOP
    startActivity(intent)
}
```

인텐트를 정의하고 생성자에 시작시킬 액티비티인 SubActivity::class.java를 지정합니다. 이때 ::class.java는 자바로 만들어진 프레임워크이기 때문에 붙인 형태입니다. 이렇게 만들어진 인텐트는 추가 데이터를 같이 보내는 경우에 putExtra( ) 메서드를 사용해 보내거나 특정 플래그를 flags에 지정할 수 있습니다. 여기서는 FLAG_ACTIVITY_SINGLE_TOP이 사용되었는데 동일한 액티비티가 연속적으로 쌓이면 하나만 재사용합니다. 최종적으로 startActivity( )를 호출하면서 인자로 설정된 인텐트의 객체를 넣어줍니다.
이것을 Anko가 제공하는 startActivity를 사용하면 좀 더 단순하게 변경할 수 있습니다. 위에서 작성한 코드를 주석 처리하고 아래의 한 줄로 바꿔서 실행해 봅시다.

코딩해 보세요! Anko가 제공하는 함수로 액티비티 시작하기 • 참고 파일 MainActivity.kt

```
...
btn_sub.setOnClickListener {
    startActivity(intentFor<SubActivity>("id" to 5).singleTop( ))
}
```

플래그나 추가 데이터가 없으면 다음과 같이 더욱 단순해집니다.

```
startActivity<SubActivity>("id" to 5)
startActivity<SubActivity>( ) // 데이터가 없을 때
```

Anko는 이렇게 인텐트를 사용하는 몇 가지 래퍼 함수를 다음과 같이 제공합니다.

Anko가 제공하는 인텐트 래퍼

목표	방법
전화 걸기	makeCall(number)
문자 메시지 보내기	sendSMS(number, [text])
웹 탐색하기	browse(url)
텍스트 공유하기	share(text, [subject])
이메일 보내기	email(email, [subject], [text])

표에서 보여주는 래퍼 함수의 매개변수 중 대괄호([ ])로 표현한 부분은 생략 가능한 옵션입니다. 이 함수들은 인텐트가 보내지면 true를 반환합니다.

로그 기록을 위한 AnkoLogger

안드로이드는 로그를 기록하기 위해 `android.util.Log` 클래스를 제공합니다. 보통 `TAG`라는 인자를 사용해 어떤 액티비티에서 발생한 것인지 간단한 문자열을 지정하곤 했는데 `AnkoLogger`에서는 이것을 생략했습니다. 역시 기존의 AnkoCommonsEx 프로젝트에 `btn_toast.setOnClick Listener { ... }` 의 윗부분에 다음과 같이 작성해 봅시다.

코딩해 보세요! AnkoLogger로 로그 기록용 함수 사용해 보기 • 참고 파일 MainActivity.kt

```
class MainActivity : AppCompatActivity( ), AnkoLogger { // ① 추가 선언
    override fun onCreate(savedInstanceState: Bundle?) {
        super.onCreate(savedInstanceState)
        setContentView(R.layout.activity_main)

        info("onCreate( ) - info message") // 일반 정보
        debug(5) // .toString( )이 호출되 문자열로 바뀜
        warn(null) // null로 출력

        btn_toast.setOnClickListener {
...
```

AnkoLogger는 인터페이스이므로 ①번과 같이 추가 선언해 줍니다. 이후 원하는 위치에서 각종 로그 함수를 사용하면 됩니다. 편집기 화면에서는 실행 후 Alt + 6을 누르면 Logcat 창이 나오며 각 로그의 내용을 살펴볼 수 있습니다. 위에서 작성한 메시지가 나왔는지 확인하세요! 기존의 안드로이드 로그 함수보다 사용이 편리하며 다음과 같은 종류의 로그 함수가 있습니다.

안드로이드 기본 Log 클래스와 AnkoLogger 함수 이름 비교

android.util.Log	AnkoLogger	의미
v( )	verbose( )	모든 로그 메시지 출력
d( )	debug( )	디버그
i( )	info( )	정보
w( )	warn( )	경고
e( )	error( )	오류
wtf( )	wtf( )	치명적 오류(What a terrible failure)

이 메서드를 표현하는 방법은 2가지가 있습니다.

```
info("onCreate( )" + "info message") // 일반 표현
info { "onCreate( )" + "info message" } // lazy 표현(람다식)
```

다음과 같이 AnkoLogger를 일반 객체 스타일로 작성할 수도 있습니다.

```
class SomeActivity : Activity( ) {
    private val log = AnkoLogger<SomeActivity>(this)
    private val logWithASpecificTag = AnkoLogger("my_tag")

    private fun someMethod( ) {
        log.warning("Warning!")
    }
}
```

지금까지 Anko Commons 라이브러리의 기능을 살펴봤습니다. 기존에 다이얼로그 표현이나 인텐트, 로그 등의 표현을 더욱 간략하게 표현할 수 있었습니다.

14-2 DSL을 이용한 레이아웃 만들기

기존에 안드로이드에서 xml로 작업하는 뷰는 코드를 재활용하기 불편하고 불필요한 xml 파싱으로 인해 CPU 자원을 사용해서 그로 인한 배터리 소모로 성능이 저하되는 결과를 가져옵니다. 레이아웃을 위한 DSL인 Anko Layouts는 이런 단점을 극복하기 위해 소스 코드상에서 직접 뷰의 코드를 작성해 xml 변환에 따른 오버헤드를 없앨 수 있습니다. 다만 위지위그 디자인 에디터를 제공하지 않으므로 빌드 과정을 거쳐 실행해 봐야만 화면 구성을 확인할 수 있다는 단점이 있습니다.

Anko Layouts 활용하기

새로운 프로젝트 AnkoLayoutEx를 만들고 Anko Layouts를 배워 봅시다. 앞에서 진행한 것처럼 Anko Layouts 라이브러리를 다음과 같이 프로젝트와 모듈 단위의 build.gradle에 추가하고 SDK API 레벨을 27로 변경해 둡니다.

코딩해 보세요! **프로젝트의 빌드 스크립트** • 참고 파일 build.gradle

```
buildscript {
    ext.kotlin_version = '1.3.21'
    ext.anko_version = '0.10.8'
...
```

코딩해 보세요! **app 모듈의 빌드 스크립트** • 참고 파일 build.gradle

```
apply plugin: 'com.android.application'
apply plugin: 'kotlin-android'
apply plugin: 'kotlin-android-extensions'

android {
    compileSdkVersion 27
    defaultConfig {
        applicationId "com.acaroom.ankocommonsex"
```

```
        minSdkVersion 19
        targetSdkVersion 27
        ...
    }
    ...
}

dependencies {
    implementation fileTree(dir: 'libs', include: ['*.jar'])
    implementation"org.jetbrains.kotlin:kotlin-stdlib-jdk7:$kotlin_version"
    implementation 'com.android.support:appcompat-v7:27.1.1'
    implementation 'com.android.support.constraint:constraint-layout:1.1.3'
    ...

    implementation "org.jetbrains.anko:anko:$anko_version"
    implementation "org.jetbrains.anko:anko-design:$anko_version"
}
```

추가한 후에는 편집기 위쪽에 [Sync Now]를 눌러서 빌드 시스템에 반영합니다.

Anko DSL로 UI 구성하기

기존에 xml이 아닌 소스 코드에서도 UI를 구성할 수 있었지만 가독성이 상당히 떨어지고 잘못하면 메모리 누수와 같은 상황이 생길 수도 있어 관리하기 어렵습니다. 다음 코드는 Anko를 사용하기 전의 UI 내용을 직접 소스 코드에서 작성한 것입니다.

```
// 기존의 UI 소스 코드
val act = this
val layout = LinearLayout(act)
layout.orientation = LinearLayout.VERTICAL
val name = EditText(act)
val button = Button(act)
button.text = "Say Hello"
button.setOnClickListener {
    Toast.makeText(act, "Hello, ${name.text}!", Toast.LENGTH_SHORT).show( )
}
layout.addView(name)
layout.addView(button)
```

이것을 DSL이라는 형식으로 작성하면 읽기 쉽고 실행 시간에 변환 오버헤드가 없는 빠른 UI를 구성할 수 있습니다. 기존의 xml을 변환하는 함수는 주석으로 처리하고 다음을 작성해 봅시다.

코딩해 보세요! DSL을 이용한 레이아웃 작성 • 참고 파일 MainActivity.kt

```
...
class MainActivity : AppCompatActivity( ) {
    override fun onCreate(savedInstanceState: Bundle?) {
        super.onCreate(savedInstanceState)
        // setContentView(R.layout.activity_main) // 주석 처리하기

        // DSL 형태의 UI 작성
        verticalLayout { // vertical 속성을 가진 LinearLayout
            val name = editText( ) { hint = "Name" } // EditText의 객체
            button("Say Hello") { // Button 뷰
                onClick { toast("Hello, ${name.text}!") } // 클릭 이벤트 처리
            }
        }
    }
}
```

기존의 xml을 변환하는 setContentView( )는 사용하지 않습니다. 이 코드에서는 onClick 블록에서 코루틴을 지원하기 때문에 async( )를 사용하지 않고도 지연 함수나 람다식을 이용할 수 있습니다. 실행 결과는 다음과 같습니다.

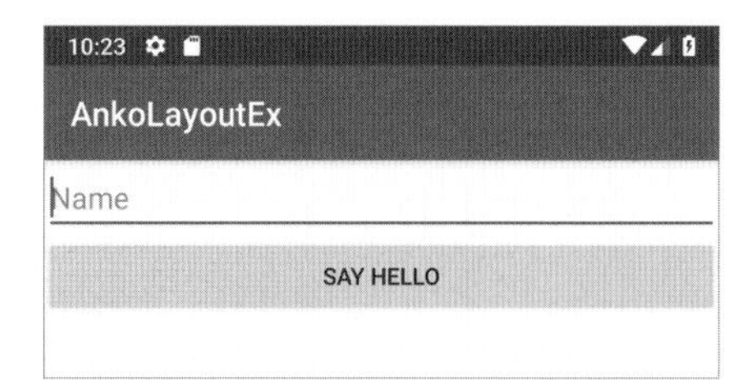

DSL을 이용한 레이아웃 실행 결과

필요하면 기존의 xml도 그대로 이용할 수 있는데 다음과 같이 find( )에서 리소스의 id를 사용할 수 있습니다.

```
// findViewById( )와 동일하지만 좀 더 간단하게
val name = find<TextView>(R.id.name)
name.hint = "Enter your name"
name.onClick { /*do something*/ }
```

물론 앞에서 살펴본 것처럼 안드로이드 확장을 통해 합성 프로퍼티 접근으로 사용할 수도 있습니다.

분리된 클래스에서 레이아웃 작성하기

관리의 편의성을 위해 AnkoComponent 인터페이스를 이용하면 액티비티와 분리된 클래스에 DSL을 정의할 수 있습니다. 또한 이것을 사용하면 DSL 레이아웃을 미리 볼 수도 있습니다. 다음과 같이 수정해 분리해 볼까요?

코딩해 보세요! 분리된 클래스에서 레이아웃 작성하기 • 참고 파일 MainActivity.kt

```
...
class MainActivity : AppCompatActivity( ) {
    override fun onCreate(savedInstanceState: Bundle?) {
        super.onCreate(savedInstanceState)

        MainUI( ).setContentView(this)
    }
}

// 분리된 레이아웃을 위한 클래스
class MainUI : AnkoComponent<MainActivity> {
    override fun createView(ui: AnkoContext<MainActivity>): View = with(ui) {
        // DSL 형태의 UI 작성
        verticalLayout {
            val name = editText( ) { hint = "Name" }
            button("Say Hello") {
                onClick { toast("Hello, ${name.text}!") }
            }
        }
    }
}
```

AnkoComponent 인터페이스를 상속하는 MainUI 클래스를 만들고 createView( ) 메서드를 오버라이딩해 구현하고 있습니다. with( ) 함수는 인자로 받는 객체를 이어지는 블록에 전달하며 블록의 결괏값을 반환합니다. 여기서 DSL의 레이아웃 코드가 사용됩니다. 이것을 setContentView(this)에 의해 MainActivity에 화면을 구성하게 됩니다. 여기서 this는 MainActivity를 가리킵니다.

LayoutParams 이용하기

안드로이드의 LayoutParams는 레이아웃의 속성으로 위젯의 상세한 위치를 지정할 수 있습니다. xml에서는 태그에 다음과 같은 방법으로 속성을 이용하곤 합니다.

```
<ImageView
    android:layout_width="wrap_content"
    android:layout_height="wrap_content"
    android:layout_marginLeft="5dip"
    android:layout_marginTop="10dip"
    android:src="@drawable/something" />
```

Anko에서 LayoutParams를 사용하기 위해 View 이름 옆에 lparams( )를 사용해 코드 블록 안에 구성합니다. width, height를 지정하지 않으면 wrap_content가 기본값이 됩니다. 계속해서 MainUI 클래스의 verticalLayout 부분을 확장해 봅시다.

코딩해 보세요! 레이아웃 속성을 사용해 뷰를 구성하기 • 참고 파일 MainActivity.kt

```
...
verticalLayout {
    val name = editText( ) { hint = "Name" }
    button("Say Hello") {
        onClick { toast("Hello, ${name.text}!") }
    }.lparams(width = wrapContent) { // width와 height에 wrapContent, matchParent 설정 가능
        horizontalMargin = dip(5) // 왼쪽과 오른쪽 마진 설정 <-> verticalMargin
        topMargin = dip(10) // margin을 사용하면 4개의 모든 마진 설정
    }
}
...
```

button에 { ... }.lparams( ) { ... }와 같이 체이닝을 통한 접근으로 사용하고 있습니다. 인자로 width, height를 받을 수 있는데 필요한 인자만 설정하도록 width = wrapContent 형태로 사용되었습니다. 여기서는 마진(여백) 설정을 위해 horizontalMargin과 topMargin을 DIP 단위로 사용하고 있습니다. 실행하면 다음과 같이 버튼이 변경되는 것을 알 수 있습니다.

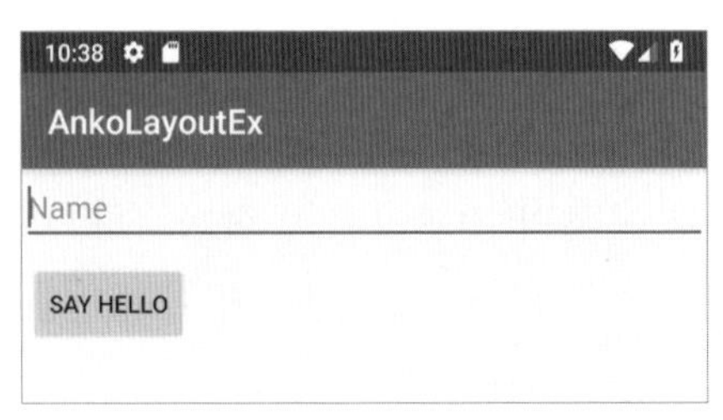

변경된 버튼의 레이아웃

오리의 프로그래밍 노트 DIP란?

DIP는 Density-Independent Pixels의 약어입니다. 픽셀과 화면의 밀도는 서로 다를 수 있기 때문에 이 차이를 막기 위해 사용하는 치수입니다. 안드로이드 기기는 특히 여러 화면과 다양한 픽셀 밀도를 가지고 있기 때문에 이와 같은 치수를 사용합니다.

이벤트 리스너 처리하기

각 요소마다 이벤트를 처리하기 위한 여러 가지 콜백 함수가 있었죠? button을 사용할 때는 onClick을 다음과 같이 처리할 수 있었습니다.

```
verticalLayout {
    val name = editText( ) { hint = "Name" }
    button("Say Hello") {
        onClick { toast("Hello, ${name.text}!") }
    }.lparams(width = wrapContent) {
        horizontalMargin = dip(5)
        topMargin = dip(10)
    }
}
```

다음 코드와 같이 checkBox에 이벤트를 넣을 때도 onClick { ... }를 사용하거나 setOnClickListener { ... }를 사용할 수 있습니다. 추가적으로 setChecked( )는 체크 여부를 나타냅니다. 다음 코드를 button { ... } 위에 추가해 봅시다.

코딩해 보세요! ckeckBox 뷰 요소를 추가해 보기 • 참고 파일 MainActivity.kt

```
...
checkBox {
   text = "checkbox"
   setOnClickListener { // onClick으로도 처리 가능
       // 클릭하면 처리하는 코드
       delay(2000) // UI 문맥에 있으므로 지연 함수 사용 가능
       isChecked = true // 체크 설정 true, false로 설정 가능
   }
   setChecked(true) // isChecked = true와 같은 표현
}
button("Say Hello") {
...
}
```

사실 setChecked( ) 메서드는 프로퍼티 isChecked에 게터로 접근이 가능하기 때문에 직접 isCheck = true라고 표현해도 됩니다. 실행하고 체크 박스를 클릭해 해제하면 2초 뒤 다시 설정되는 것을 볼 수 있습니다. 따라서 이벤트 처리 부분에 UI 문맥을 가진 코루틴을 사용할 수 있습니다.

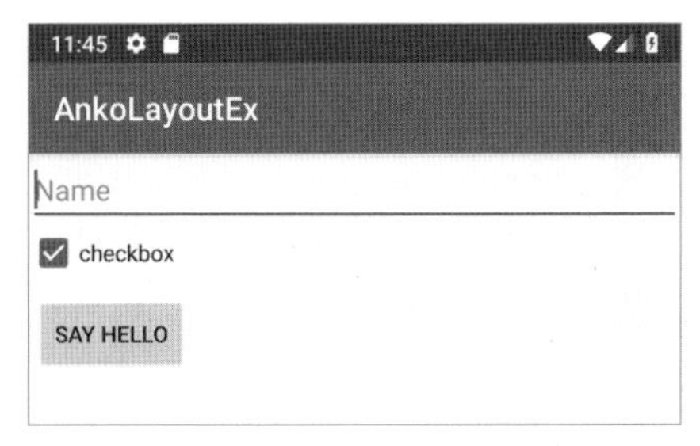

체크 박스가 포함된 레이아웃

일반 코드의 클릭 이벤트를 구현할 때는 다음과 같이 launch( ) { ... } 블록을 넣어 줘야 합니다.

```
// 일반 코루틴 핸들러 코드
button.setOnClickListener(object : OnClickListener {
    override fun onClick(v: View) {
        GlobalScope.launch(Dispatchers.Main) {
            val result = longWork( ).await( )
                showResult(result)
        }
    }
})
```

DSL 코드에서는 onClick { ... }을 사용할 때 기본적으로 UI 문맥인 Dispatchers.Main을 사용합니다.

```
// DSL 코드
button("Login") {
    onClick {  // ① onClick(Dispatchers.Main)과 같음
    val result = longWork( ).await( )
        showResult(result)
    }
}
```

이벤트 처리 블록은 기본적으로 UI 문맥인 Dispatchers.Main을 사용하고 있으므로 코루틴의 지연 함수를 사용할 수 있습니다. 만일 사용자가 정의한 특정 문맥이 있다면 ①번 부분을 다음과 같이 변경할 수 있습니다.

```
onClick(yourContext) {
...
```

다량의 메서드가 있는 리스너 처리하기

인터페이스를 상속해 구현할 때는 해당 인터페이스의 오버라이딩 가능한 메서드를 모두 구현하거나 빈 메서드로 가져야 합니다. 만일 이벤트를 처리하는 리스너가 오버라이딩해야 하는 다량의 빈 메서드를 가지고 있다면 Anko를 사용해 축소할 수 있습니다.

```
// 탐색 바에서 구현해야 할 오버라이딩된 메서드들
seekBar.setOnSeekBarChangeListener(object : OnSeekBarChangeListener {
    override fun onProgressChanged(seekBar: SeekBar, progress: Int, fromUser: Boolean) {
        // Something
    }
    override fun onStartTrackingTouch(seekBar: SeekBar?) {
        // 빈 메서드
    }
    override fun onStopTrackingTouch(seekBar: SeekBar) {
        // 빈 메서드
    }
})
```

이와 같은 DSL 코드에서는 필요한 메서드 이외에는 생략할 수 있습니다. 이번에도 다음과 같은 코드를 추가해 테스트해 보겠습니다. 버튼과 체크 박스 사이에 탐색 바를 넣어 봅시다.

코딩해 보세요! **텍스트 뷰와 탐색 바 추가해 보기** • 참고 파일 MainActivity.kt

```
checkBox {
...
}

val percent = textView( ) { text = "Seek!" }
seekBar {
    onSeekBarChangeListener { // 필요한 메서드 이외의 오버라이딩해야 하는 메서드 생략 가능
        onProgressChanged { seekBar, progress, fromUser ->
            percent.text = progress.toString( )
        }
    }
}

button("Say Hello") {
...
}
```

필요 없는 오버라이딩 메서드가 보이지 않으니 코드가 깔끔합니다. 이제 실행을 하고 탐색 바의 슬라이드를 움직여 봅시다.

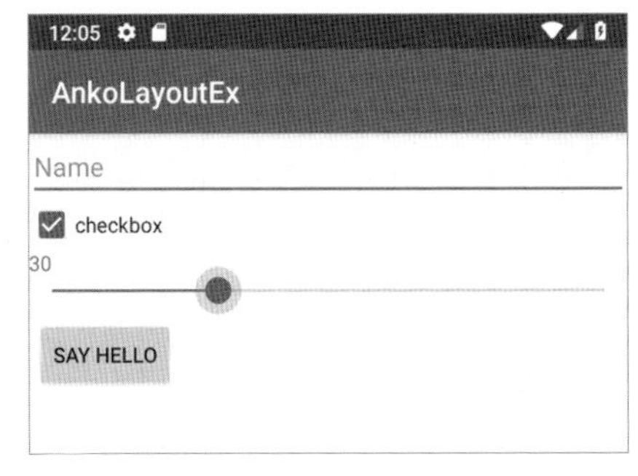

탐색 바가 적용된 레이아웃

다양한 뷰의 속성

안드로이드가 제공하고 있는 UI 요소는 다음 그림과 같이 상당히 많습니다. 이 그림 또한 요약된 것입니다. 이러한 모든 뷰를 이 책에서 학습할 수는 없지만, 몇 가지의 뷰와 속성을 알고 있다면 혼자서 학습하는 데 무리가 없을 것입니다. 여기서는 몇 가지 예를 통해서 속성을 설정하는 방법을 살펴보겠습니다.

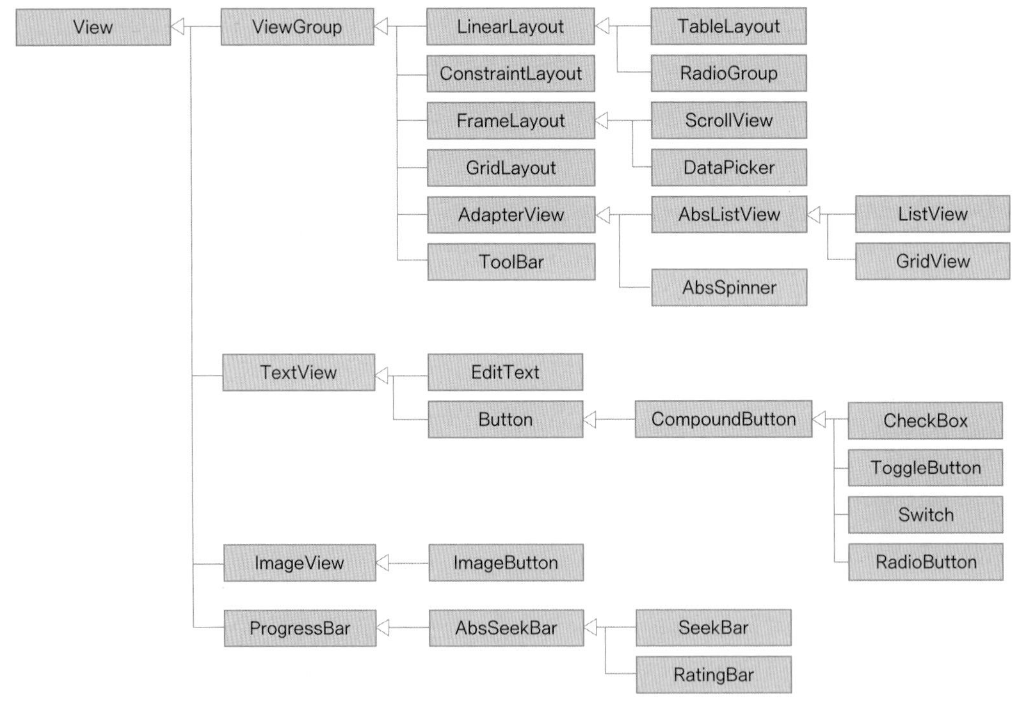

뷰의 종류에 대한 클래스 다이어그램

보통 ViewGroup에 속해 있는 레이아웃 요소는 눈에 보이는 요소는 아니지만 뷰의 배치를 담당하고 있기 때문에 화면을 구성할 때 제일 먼저 시작되는 요소입니다.

```
// 내재된 레이아웃
verticalLayout { // 레이아웃의 시작(verticalLayout,linearLayout,relativeLayout...)
    linearLayout { // 내부의 레이아웃
        // 버튼 같은 레이아웃의 콘텐츠
        button("Some text")
    }
}
```

레이아웃 요소에 또 다른 레이아웃이 포함될 수 있습니다. Button 같은 뷰 요소는 눈에 보이는 요소이며 다음과 같이 객체 변수에 할당해 리스너 같은 곳에서 사용할 수 있습니다.

```
verticalLayout {
    var buttonOne = button("Text of button") // 객체 변수 이름을 buttonOne으로 지정
}
```

ListView를 배치할 때, 너비와 높이를 부모 요소에 맞추기 위해 matchParent 속성을 사용한다고 가정해 봅시다. 이때 다음과 같이 lparams( )를 사용해 너비와 높이의 속성을 지정합니다.

```
verticalLayout {
    linearLayout {
        button("Button");
    }
    view_list = listView {
    }.lparams(width = matchParent, height = matchParent) {}
}
```

너비와 높이 이외에 특정 속성에 대한 설정이 필요하다면 코드 블록인 중괄호({ })에 다음과 같이 구성합니다.

```
checkBox {
    text = "Checkbox text"
}.lparams( ) {
    topMargin = dip(6)
    bottomMargin = dip(6)
}
```

그 밖에도 코드 블록 안에 margin, horizontalMargin 등과 같은 해당 뷰가 가지고 있는 속성을 설정할 수 있습니다. 텍스트를 가진 요소는 textSize, text, textColor 등의 속성을 사용할 수 있습니다. 모든 요소에는 padding = dip(N)과 같이 공간을 위한 패딩을 줄 수 있습니다. 다음은 속성을 지정한 뷰의 예입니다.

```
// TextView
textView {
    text = "This is a text"
    textSize = 24f
    textColor = Color.GREEN
    textAlignment = View.TEXT_ALIGNMENT_CENTER
}

// ListView
var view_list = listView {
}.lparams(width = matchParent, height = matchParent) {  }

// EditText
editText {
    hint = "Placeholder of text"
    textSize = 24f
}

// ImageView
imageView {
    setImageResource(R.drawable.image)
}
```

이것으로 Anko Layouts 라이브러리 사용법을 대략적으로 알아봤습니다. 사용자 경험을 잘 전달하는 UI를 구성하기 위해서는 많은 실험이 필요하며, 필요에 따라서는 사용자가 직접 뷰를 설계해야 합니다.

14-3 로그인 처리 미니 프로젝트 만들기

로그인 처리 애플리케이션 만들기

여기에서는 지금까지 배운 Anko 확장을 이용해서 로그인 처리를 할 수 있는 SignInEx 프로젝트를 만들어 보겠습니다. 먼저 SignInEx라는 이름의 빈 프로젝트를 만들어 보세요. 기존에 생성된 xml 레이아웃은 사용하지 않을 것입니다.

이제 생성된 프로젝트에서 프로젝트와 모듈 단위의 build.gradle 파일을 열고 앞에서 진행한 것처럼 사용할 Anko 버전과 라이브러리를 추가해 둡니다. 이들 버전은 수시로 갱신되기 때문에 서로 잘 맞는 버전을 알아 둘 필요가 있습니다.

코딩해 보세요! 프로젝트의 빌드 스크립트 • 참고 파일 build.gradle

```
buildscript {
    ext.kotlin_version = '1.3.21'
    ext.anko_version = '0.10.8'
...
```

코딩해 보세요! app 모듈의 빌드 스크립트 • 참고 파일 build.gradle

```
...
android {
    compileSdkVersion 27
    defaultConfig {
        ...
        targetSdkVersion 27
        ...
    }
    ...
}

dependencies {
    implementation fileTree(dir: 'libs', include: ['*.jar'])
    implementation"org.jetbrains.kotlin:kotlin-stdlib-jdk7:$kotlin_version"
    implementation 'com.android.support:appcompat-v7:27.1.1'
    ...
    implementation "org.jetbrains.anko:anko:$anko_version"
}
```

1단계: Anko Component를 이용한 뷰 생성하기

1. 패키지 이름에 Alt + Insert를 누르고 새로운 코틀린 파일 SignInUI.kt를 추가합니다. 이 파일에서 AnkoComponent를 상속하는 레이아웃용 클래스를 만들 것입니다.

코딩해 보세요! 화면 구성을 위한 클래스 • 참고 파일 SignInUI.kt

```
...
class SignInUI : AnkoComponent<MainActivity> {
    override fun createView(ui: AnkoContext<MainActivity>): View {
        TODO("not implemented") //...
    }
}
```

코딩의 팁을 주자면, 첫 번째 줄을 완성한 후 클래스 이름에 빨간 밑줄이 생길 때 Alt + Insert를 누르면 대화창이 뜨면서 오버라이딩해야 할 createView( )를 선택할 수 있습니다. 선택하면 코드가 자동 완성되고 TODO( ) 함수가 지정됩니다. TODO( )는 코드가 호출될 때 예외를 발생시켜 작성해야 하는 곳임을 확실히 알려줍니다.

2. 위젯에서 사용할 id를 정의할 리소스를 만들어 봅시다. res/values/에 ids.xml 파일을 만들고 다음과 같이 작성합니다. 이 id는 DSL 블록에서 사용할 예정입니다.

코딩해 보세요! res/values/에 리소스 추가하기 • 참고 파일 res/values/ids.xml

```
<?xml version="1.0" encoding="utf-8"?>
<resources>
    <item name="edit_username" type="id" />
</resources>
```

3. 이 id 리소스를 사용할 수 있도록 SignInUI.kt의 createView( )에 TODO( )를 지우고 다음과 같이 작성해 봅시다.

코딩해 보세요! 화면 구성을 위한 클래스 • 참고 파일 SignInUI.kt

```
...
class SignInUI : AnkoComponent<MainActivity> {
    override fun createView(ui: AnkoContext<MainActivity>): View = with(ui) {
        verticalLayout { // ①
            editText {
```

```
                id = R.id.edit_username
                textSize = 24f
                hintResource = R.string.sign_in_username // ②
            }
        }
    }
}
```

①번 verticalLayout은 vertical 속성을 가진 LinearLayout과 동일합니다. 속성 중에 ②번 hintResource는 strings.xml 리소스에 sign_in_username이 아직 작성되어 있지 않기 때문에 빨간 줄로 표시됩니다. 만일 hint 속성을 사용하면 리소스 없이도 직접 문자열을 지정해 줄 수 있습니다.

4. 여기서는 리소스를 이용하기 위해 빨간 줄로 표시된 코드에서 Alt + Insert를 누르고 [Create string value resource]를 선택하여 Resource value에 Username을 입력합니다. 그러면 새로운 문자열 리소스가 다음과 같이 한 줄 추가됩니다.

코딩해 보세요! 문자열 리소스 추가하기 • 참고 파일 res/values/strings.xml

```
<resources>
    <string name="app_name">SignInEx</string>
    <string name="sign_in_username">Username</string>
</resources>
```

5. 같은 방법으로 SignInUI 레이아웃을 다음과 같은 코드로 완성해 봅시다.

코딩해 보세요! 화면 구성을 위한 클래스 • 참고 파일 SignInUI.kt

```
...
class SignInUI : AnkoComponent<MainActivity> {
    override fun createView(ui: AnkoContext<MainActivity>): View = with(ui) {
        verticalLayout {
            lparams(width = matchParent, height = matchParent)

            editText {
                id = R.id.edit_username
                hintResource = R.string.sign_in_username
                textSize = 24f
```

```
        }.lparams(width = matchParent, height = wrapContent)

        editText {
            id = R.id.edit_password
            hintResource = R.string.sign_in_password
            textSize = 24f
        }.lparams(width = matchParent, height = wrapContent)

        button {
            id = R.id.btn_sign_in
            textResource = R.string.sign_in_button
        }.lparams(width = matchParent, height = wrapContent)
      }
    }
}
```

6. UI 화면이 제대로 나오는지 MainActivity.kt에 다음과 같이 작성한 후 실행해 봅시다.

코딩해 보세요! **메인 액티비티에서 UI 클래스 호출하기** • 참고 파일 MainActivity.kt

```
...
class MainActivity : AppCompatActivity( ) {
    override fun onCreate(savedInstanceState: Bundle?) {
        super.onCreate(savedInstanceState)
        SignInUI( ).setContentView(this)
    }
}
```

아직 어떤 이벤트도 처리하지 못하지만 이번 단계에서는 다음과 같은 화면을 만들어 냈습니다.

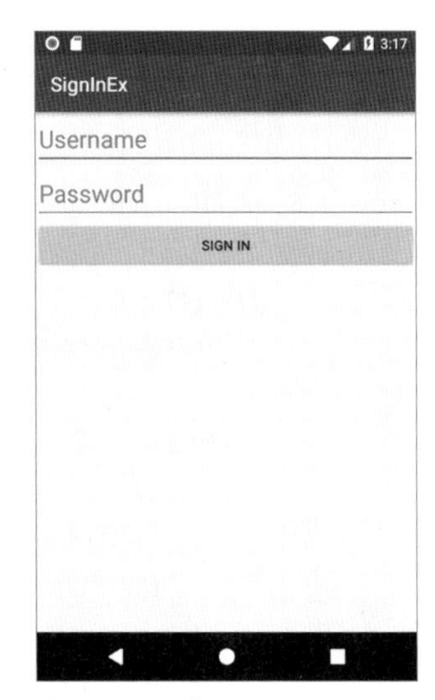

레이아웃 구성 후 모습

오리의 프로그래밍 노트 Anko Layouts 미리 보기 플러그인

젯브레인즈에서 제공하는 플러그인 중에서 Anko Support를 설치하면 Anko Layouts Preview 창이 생겨나고 실행 전에 빌드를 해 놓으면 이 창을 통해 UI의 모습을 미리 볼 수 있습니다. xml의 위지위그 디자인 편집기보다는 기능이 많이 떨어지지만 코드상에서 작성하는 UI의 모습을 미리 볼 수 있기 때문에 편리합니다.

설치하려면 [File > Settings > Plugins] 메뉴에서 [Browse Repositories] 버튼을 누른 후 Anko로 검색하면 Anko Support를 찾을 수 있습니다. Anko Support를 설치한 후 안드로이드 스튜디오를 재실행하고 [View > Tool Windows > Anko Layouts Preview] 메뉴를 선택합니다.

2단계: 이벤트와 비즈니스 로직 만들기

버튼을 눌렀을 때 로그인을 위한 처리를 할 수 있도록 클릭 이벤트에 대한 핸들러를 작성할 것입니다. 이벤트 처리도 DSL 안에서 쉽게 구현할 수 있습니다. 이벤트 처리를 위해 기존의 뷰 요소를 변수로 만들어 두는 것이 필요합니다. 대략적으로 다음과 같이 변수를 이벤트 처리 블록에서 사용할 것입니다.

```
override fun createView(ui: AnkoContext<MainActivity>) = with(ui) {
  val username = editText {
    ...
  }
  ...

  button {
    ...
    onClick { toast("Hello ${username.text}") }
  }
}
```

editText의 username은 button에서 onClick { ... } 이벤트 처리 핸들러 안에서 사용될 수 있습니다. 관련 부분을 업데이트하고 실행하면 입력한 사용자 이름을 toast로 띄워 주게 됩니다.

그다음 사용자 이름과 패스워드를 담을 데이터 클래스와 이것을 검사할 로직을 만들 것입니다. 필요한 파일은 다음과 같습니다.

- 비즈니스 로직을 위한 인터페이스: app/java/<패키지 이름>/logic/ISignInBL.kt
- 인터페이스를 구현한 클래스: app/java/<패키지 이름>/logic/SignInBL.kt
- 정보를 위한 데이터 클래스: app/java/<패키지 이름>/model/Auth.kt

비즈니스 로직 구성하기

1. 소스의 패키지 이름 위에서 Alt + Insert를 누르고 [Package]를 선택한 후 패키지 이름으로 model을 입력하고 [OK] 버튼을 눌러 패키지를 만듭니다. 같은 방법으로 logic 패키지도 만들어 둡니다. 그러면 패키지 하위에 다음과 같이 폴더 모양이 생깁니다.

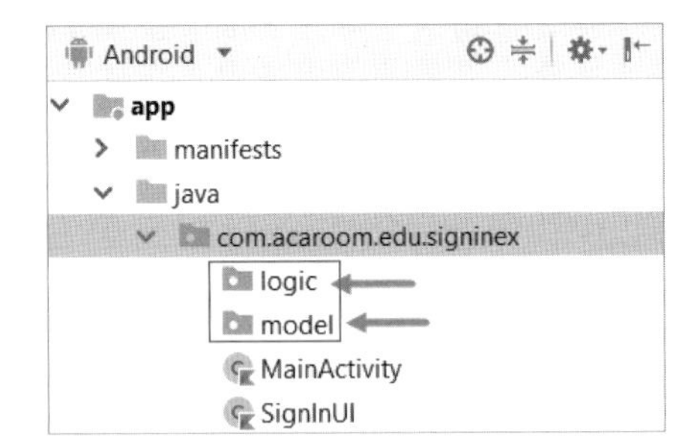

2. 각 폴더에 파일을 만들어 보겠습니다. 데이터 클래스를 위한 Auth.kt 파일을 만들기 위해 model/에서 Alt + Insert를 누르고 [Kotlin File/Class]를 선택한 후 파일 이름으로 Auth.kt를 입력하고 [OK] 버튼을 클릭합니다. Auth.kt 파일의 코드를 다음과 같이 작성합니다.

코딩해 보세요! 데이터 클래스 만들기 • 참고 파일 model/Auth.kt

```
package com.acaroom.edu.signinex.model

data class AuthCredentials(val username: String, val password: String)
```

3. 검사 로직을 위해 logic/에 ISignInBL.kt 파일을 만들고 다음과 같이 작성합니다.

코딩해 보세요! 검사 로직을 위한 인터페이스 • 참고 파일 logic/ISignInBL.kt

```
package com.acaroom.edu.signinex.logic

import com.acaroom.edu.signinex.model.AuthCredentials

interface ISignInBL {
    fun checkUserCredentials(credentials: AuthCredentials): Boolean
}
```

4. 이 인터페이스를 구현하는 SignInBL.kt 파일을 같은 폴더에 생성하고 관련 메서드를 오버라이딩한 후 구현합니다.

코딩해 보세요! 인터페이스를 구현하는 클래스 • 참고 파일 logic/SignInBL.kt

```
package com.acaroom.edu.signinex.logic

import com.acaroom.edu.signinex.model.AuthCredentials

class SignInBL : ISignInBL {
    override fun checkUserCredentials(auth: AuthCredentials): Boolean {
        return ("user" == auth.username && "pass" == auth.password)
    }
}
```

이제 checkUserCredentials( )를 통해 사용자 이름과 패스워드를 검사할 것입니다. 사용자 데이터와 비교해야겠지만 여기서는 단순히 user, pass라는 문자열과 일치하는지 검사해 보겠습니다.

5. SignInUI.kt에서 EditText를 위한 username, password 변수를 선언하고 클릭 이벤트 핸들러에서 함수를 만들어 봅시다.

코딩해 보세요! 이벤트 핸들러 구성하기 • 참고 파일 SignInUI.kt

```
...
class SignInUI : AnkoComponent<MainActivity> {
    override fun createView(ui: AnkoContext<MainActivity>): View = with(ui) {

        verticalLayout {
            lparams(width  = matchParent, height = matchParent)

            val username = editText {
                id = R.id.edit_username
                hintResource = R.string.sign_in_username
                textSize = 24f
            }.lparams(width = matchParent, height = wrapContent)

            val password = editText {
                id = R.id.edit_password
```

```
            hintResource = R.string.sign_in_password
            textSize = 24f
        }.lparams(width = matchParent, height = wrapContent)

        button {
            id = R.id.btn_sign_in
            textResource = R.string.sign_in_button
            onClick {
                handleOnSignIn( // 입력 인자가 비었는지 검사하는 사용자 메서드
                        ui = ui,
                        username = username.text.toString( ),
                        password = password.text.toString( )
                )
            }
        }.lparams(width = matchParent, height = wrapContent)
    }
}

private fun handleOnSignIn(ui: AnkoContext<MainActivity>, username: String, password:
String) {
    if(username.isBlank( ) || password.isBlank( )) {
        with(ui) {
            alert(title = R.string.invalid_user_title,
                    message = R.string.invalid_user_message) {
                positiveButton(R.string.button_close) { }
            }.show( )
        }
    }
}
}
```

handleOnSignIn( )이 새롭게 추가되었는데 여기서는 사용자 이름과 패스워드를 isBlank( )를 사용해 비어 있는지 검사하고 하나라도 비어 있으면 다이얼로그를 통해 메시지를 표시하도록 합니다.

6. alert 다이얼로그를 위해 strings.xml의 리소스에 다음과 같이 추가합니다.

코딩해 보세요! Alert 다이얼로그를 위한 문자열 추가하기 • 참고 파일 res/values/strings.xml

```
...
    <string name="sign_in_button">Sign In</string>
    <string name="invalid_user_title">Sign In Failed!</string>
    <string name="invalid_user_message">Invalid username or password</string>
    <string name="button_close">Close</string>
...
```

이제 애플리케이션을 실행해 보면 사용자 이름 및 패스워드 중 어느 한쪽이 비어 있거나 둘 다 비어 있는 경우 다이얼로그를 통해 잘못되었다는 것을 알릴 수 있게 되었습니다. 하지만 정상적으로 user와 pass를 입력하면 아직 아무 일이 일어나지 않습니다.

alert 다이얼로그의 모습

7. 정상 입력하면 통과하도록 MainActivity.kt에 authorizeUser( ) 함수를 만들어 봅시다.

코딩해 보세요! 로그인 검사 조건 넣기 • 참고 파일 MainActivity.kt

```
package com.acaroom.edu.signinex
...
class MainActivity : AppCompatActivity( ) {
    private val signInBL: ISignInBL = SignInBL( )
    private lateinit var signInUI: SignInUI // ①

    override fun onCreate(savedInstanceState: Bundle?) {
        super.onCreate(savedInstanceState)
```

```
        signInUI = SignInUI( )
        signInUI.setContentView(this)
    }

    fun authorizeUser(username: String, password: String) { // ②
        doAsync {
            val authorized = signInBL.checkUserCredentials(
                    AuthCredentials(username = username, password = password))
            activityUiThread {
             if (authorized) toast("Signed!!!") else signInUI.showAccessDeniedAlertDialog( )
            }
        }
    }
}
```

먼저 SignInBL과 SignInUI에 대한 변수를 선언합니다. 특히 ①번의 signInUI는 lateinit에 의해 객체에 접근할 때 초기화되도록 하고 있습니다. ②번의 authorizeUser( )는 doAsync와 activityUiThread를 사용해 Anko가 제공하는 백그라운드 스레드 루틴으로 작성되었습니다. activityUiThread는 UI 요소를 업데이트할 수 있습니다.

8. SignInUI.kt 파일로 가서 showAccessDeniedAlertDialog( )와 호출 조건을 작성해 봅시다.

코딩해 보세요! 다이얼로그 띄우기 추가 수정하기 • 참고 파일 SignInUI.kt

```
...
class SignInUI : AnkoComponent<MainActivity> {

    private lateinit var ankoContext: AnkoContext<MainActivity> // ①

    override fun createView(ui: AnkoContext<MainActivity>): View = with(ui) {

        ankoContext = ui // ②

        verticalLayout {
                ...
            }.lparams(width = matchParent, height = wrapContent)
        }
    }
```

```
    private fun handleOnSignIn(ui: AnkoContext<MainActivity>, username: String, password: String) {
        if(username.isBlank( ) || password.isBlank( )) {
            with(ui) {
                alert(title = R.string.invalid_user_title,
                        message = R.string.invalid_user_message) {
                    positiveButton(R.string.button_close) { }
                }.show( )
            }
        } else { // ③ MainActivity의 메서드 호출
            ui.owner.authorizeUser(username, password)
        }
    }

    fun showAccessDeniedAlertDialog( ) { // ④
        with(ankoContext) {
            alert(title = R.string.access_denied_title,
                    message = R.string.access_denied_msg) {
                positiveButton(R.string.button_close) {}
            }.show( )
        }
    }
}
```

여기서도 ①번에서 AnkoContext<MainActivity>에 의해 ②번에서 전역 변수인 ankoContext 변수를 lateinit으로 정의했습니다. 이것은 ④번 showAccessDeniedAlertDialog( )의 with문에서 사용됩니다. 결국 ui 문맥을 사용하는 것입니다. ③번에서는 ui.owner를 통해 MainActivity의 메서드인 authorizeUser( )를 호출해 검사하도록 합니다. 이 메서드에서는 바로 ④번 showAccessDeniedAlertDialog( )를 호출하는 것입니다.

9. 다이얼로그의 문자열을 지정하기 위해 strings.xml에 다음 두 태그를 추가해 봅시다.

코딩해 보세요! 문자열 추가하기 • 참고 파일 res/values/strings.xml

```
...
    <string name = "access_denied_title">Access Denied</string>
    <string name = "access_denied_msg">You do not have permission</string>
</resources>
```

이제 애플리케이션을 실행해서 모든 경우에 정상 작동하는지 확인해 봅시다.

10. SignInUI.kt의 DSL로 표현된 로그인 레이아웃의 모양을 조금 다듬어서 실행해 봅시다. 여백이 없으니 답답해 보일 것입니다. `verticalLayout`에 여백(padding)을 줍니다.

코딩해 보세요! **UI 속성 설정으로 다듬기** • 참고 파일 SignInUI.kt

```
...
verticalLayout {
    padding = dip(20)
    ...
  val username = editText {
    ...
    //textSize = 24f
  }.lparams(width = matchParent, height = wrapContent)

  val password = editText {
    ...
    //textSize = 24f
  }.lparams(width = matchParent, height = wrapContent)
...
}.applyRecursively { view ->
    when (view) {
        is EditText -> view.textSize = 24f
    }
}
```

`textSize = 24f`와 같이 반복적으로 사용되는 속성은 `applyRecursively { ... }`를 사용해 빼낼 수 있습니다. 이렇게 해서 기본적인 로그인 처리를 위한 미니 프로젝트가 완성되었습니다!

14장 마무리 문제

Q1 다음과 같이 Anko 확장을 사용해 alert 다이얼로그를 구성한 것입니다. 코드의 빈 칸을 부분을 채워 보세요.

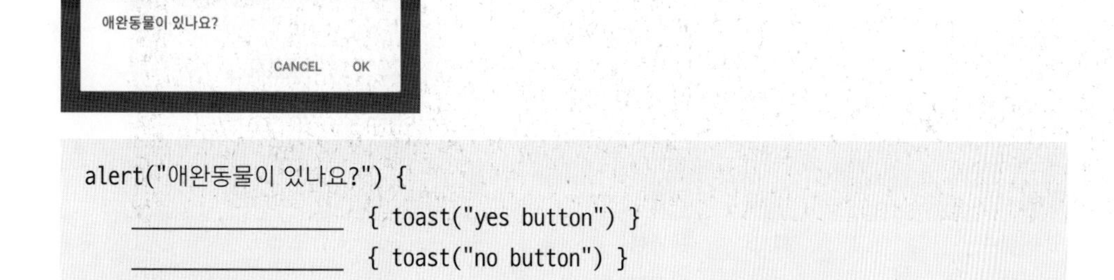


```
alert("애완동물이 있나요?") {
    ______________ { toast("yes button") }
    ______________ { toast("no button") }
}.show( )
```

Q2 Anko의 레이아웃은 어떤 기술을 이용한 것인가요?

Q3 다음 코드를 보고 버튼의 클릭 이벤트를 포함하는 레이아웃 코드를 빈 칸에 작성해 보세요.

```
verticalLayout {
    val name = editText( ) { hint = "Name" }
    button("Say Hello") {
        ___________ { toast("Hello, ${name.text}!") }
    }.lparams(width = wrapContent) {
        horizontalMargin = dip(5)
        topMargin = dip(10)
    }
}
```

정답 Q1 yesButton, noButton
Q2 DSL(Domain-Specific Language), xml 파싱에 따른 추가 비용(오버헤드)를 없앨 수 있습니다. Q3 onClick

<한글>

u ~ z

<특수문자, 숫자>

Web Programming Course

웹 프로그래밍 코스

웹 기술의 기본은 HTML, CSS, 자바스크립트!
기초 단계를 독파한 후 응용 단계로 넘어가세요!

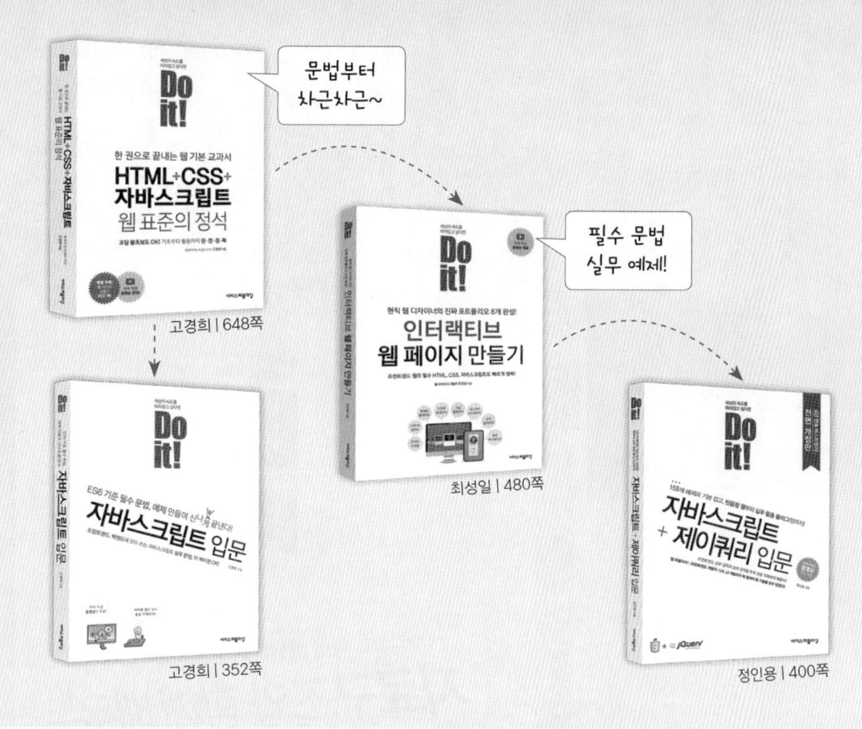

나는 어떤
코스가
적합할까?

A 웹 퍼블리셔가 되고 싶은 사람

- Do it! HTML+CSS+자바스크립트 웹 표준의 정석
- Do it! 인터랙티브 웹 만들기
- Do it! 자바스크립트+제이쿼리 입문
- Do it! 반응형 웹 페이지 만들기
- Do it! 웹 사이트 기획 입문

B 웹 개발자가 되고 싶은 사람

- Do it! HTML+CSS+자바스크립트 웹 표준의 정석
- Do it! 자바스크립트 입문
- Do it! 클론 코딩 영화 평점 웹서비스 만들기
- Do it! 클론 코딩 트위터
- Do it! 리액트 프로그래밍 정석